선맥과 풍류해석학으로 본
한국 종교와 한국교회

선맥과 풍류해석학으로 본

한국 종교와
한국교회

이호재 지음

동연

일러두기

1. 변찬린의 저서 4부작은 『聖經의 原理』(文岩社, 1979), 『聖經의 原理 中』(榮一文化社, 1980), 『聖經의 原理 下』(가나안, 1982), 『요한계시록신해』(홍일문화사, 1986)가 초판으로 출간되었으나, 이 책에서는 2019년 한국 신학연구소에서 개정출간된 책의 쪽수로 통일했다. 자주 나오는 변찬린의 논저는 아래와 같이 약어로 표시하여 본문에 반영하였다.

    上: 『성경의 원리 上』(한국 신학연구소, 2019)
    中: 『성경의 원리 中』(한국 신학연구소, 2019)
    下: 『성경의 원리 下』(한국 신학연구소, 2019)
    啓: 『요한계시록신해』(한국 신학연구소, 2019)
    攷: 僊(仙)攷 (「甑山思想硏究」, 1979)

2. 부록으로 실은 변찬린의 "僊(仙)攷"는 맞춤법, 한자, 외래어 등을 포함하여 원문에 있는 그대로 실었으며, 명확한 오기나 단순한 오탈자 등은 수정자를 [ ] 안에 첨자로 병기하여 보완하였다.

머리말

　우리는 종교의 시대가 가고 과학의 시대가 왔다는 말조차 과거가 되어버린 탈종교와 초과학의 영성(靈聖) 시대[1]에 직면해 있다. 생명공학과 로봇공학, 나노공학 등 첨단과학의 발전은 복제인간, AI, 로봇인간 등을 등장시켰고 우리에게 인간 존재의 본질에 대한 새로운 개념 정립을 고민하게 만든다. 우리는 이러한 포스트휴먼 시대에 살고 있다. 과학기술의 발달이 야기한 공간혁명, 시간 혁명에 따라 이를 인식하는 인간 자체에 혁명을 요하는 미증유의 시대인 것이다. 이처럼 과학적 유토피아가 예측하는 미래 세계는 인간 자체에 대한 전망을 불투명하게 한다.

　이런 상황에서 한국 종교 전통이라는 '선맥'(僊/仙脈)과 이를 체계화하려는 풍류해석학은 시대착오적 발상이 아니냐고 묻는다면 이 책은 단연코 "그렇지 않다"고 대답한다. 왜냐하면 우리가 살펴보려는 한국의 '선맥'과 풍류해석학은 만물의 영장인 인간에 대한 궁극적인 탐구와 검증학으로 인간이 존재하는 한 물어야 할 본질적 화두이기 때문이다. 선맥적 인간, 곧 풍류적 인간은 어떠한 존재 양태, 인식 체계와 더불어 행동 양식을 가지고 있을까? 이는 동시에 한국 종교 문화의 맥락에서 궁극적 인간에 대한 질문이다. 이 질문은 반드시 다종교적 언어, 간텍스트적 해석, 과학적 발견을 포함한 학제적 연구에 기초하여 한국의 종교 문화적 맥락에서 규정되고 또한 보편성의 지평에서 검증을 받아야 한다. 과

---

1 '영성(靈聖)'은 영성(靈性)이 아니다. '영성(靈聖)'은 일상생활을 성인과 같이 신성하게 살며, 죽을 때는 풍류체로서 존재 탈바꿈한다는 의미를 가진 '풍류적 인간'이다. '영성생활인(靈聖生活人)'과 유사한 의미이다. 이 책에서의 영성은 '영성(靈聖)'을 의미한다.

연 우리는 그럴만한 도맥(道脈)을 가지고 있을까? 우리는 한국의 종교 전통이라고 하여 화석화된 과거 종교 담론이라고 생각해서는 안 된다. '지금, 여기의 나'와 무관한 전통은 전통이 아니다. 종교 전통은 과거와 현재의 가교 담론이기도 하지만 미래 문명의 방향성을 결정하는 담론으로서 상당한 의미를 가진다. 해석학적 관점이 전환되면 동일한 질문일지라도 새로운 해석의 지평에서 다른 응답을 하기 마련이다.

한국의 종교 전통의 맥락을 이해하기 위한 첫 발걸음은 어디에서 비롯되는 걸까? 한국의 역사적 공간을 관통하는 종교 도맥을 찾지 못한다면 한국의 종교 문화는 사대주의와 식민주의로 점철된 외래 종교 문화의 수용사에 불과할 뿐이다. 한국 종교 역사에서 선맥과 무맥(巫脈), 환웅신화에 담긴 홍익인간과 이화 세계를 포함한 고조선 문명, 포함(包含)삼교(유교, 불교, 도교)의 풍류(風流) 그리고 근대 민족종교의 개벽 세계와 지상선경의 이상향은 한국의 종교 문화의 근저를 형성하는 도맥이다. 그러나 한국 종교 문화는 화이(華夷) 세계관, 근대와 현대의 그리스도교 세계관, 일제강점기에 강압된 역사적 사대주의로 인해 한국 종교의 전통적 맥락이 제대로 조명되지 못한 채 외래 종교의 전개사로 묘사되고 있다. 이처럼 한국의 역사적 인식 공간 자체가 상당히 왜곡되어 있다.

한국 종교의 왜곡된 인식은 그 뿌리부터 시작된다. 신화적 기억의 역사적 기록인 삼국유사에 담긴 고대 한국의 신화, 특히 단군신화에 담긴 환인-환웅-단군의 신관, 홍익인간이라는 인간관, 재세이화의 세계관은 평화와 신선의 선맥을 담지한 텍스트이다. 특히 요하 문명, 산동 지역, 발해 지역 등지에서 발굴된 유적과 유물은 한국의 종교 전통을 새로 조명해야 할 소중한 실증 자료로서 부각되고 있지만, 강단사학은 여전히 실증사학과 식민사학의 테두리를 벗어나지 못하고 있다. 이로 인해 선화적(仙化的) 인물인 최치원이 「난랑비서」(鸞郎碑序)에 기록한 현묘지도인

'풍류'가 '포함삼교', '접화군생'(接化群生)한다는 종교 문화적 특성과 풍류의 연원이 『선사』(仙史)라는 책에 담겨있다고 한 데서 알 수 있듯이 선맥이 한국의 전통적 도맥임을 알 수 있다. 또한 근대 서세동점의 시기에 조선은 동도서기(東道西器)라는 문화적 정통을 내세워 토착화된 근대의 재발견을 한 민족종교는 하늘 신앙의 재발견과 개벽을 통한 지상선경이라는 미래 세계를 예견하고 있다. "물질이 개벽하니 정신을 개벽하자"라는 과학 세계의 비약적 발전에 따른 인간 의식의 고양, "성통공완"(性通功完)한 완전한 인간, "신선"이라는 존재 탈바꿈한 인간 등 한국 민족종교는 개벽 세계의 인간관에 대한 새로운 해석을 기다리고 있다.

이 책은 한국 종교의 전통적 도맥인 '선맥'(僊脈)을 발굴하고 이를 현대적 언어로 해석하여 풍류해석학으로 체계화하려는 데 그 목적이 있다. 선맥과 풍류해석학은 '인간' 자체에 궁극적 관심을 두고 있다. 풍류해석학은 만물의 영장인 인간의 진정한 가치가 존재론적으로 어떻게 한국의 종교 문화의 전통에서 발현되었고, 인식론적으로 어떻게 텍스트를 해석하여 사유 체계를 형성하였고, 또한 실천론적으로 어떻게 일상생활에서 행동 체계를 구현하였는지를 연구하는 인간연구의 학문이다. 한국의 도맥인 선맥은 바로 인간 존재 탈바꿈의 해석학이며, 텍스트 회통을 통한 창발의 해석학이자 행동의 해석학이다. 한마디로 평화롭고 조화로운 한국의 선맥을 계승한 만물의 영장으로서 인간다운 인간으로 발현하는 '인간'학이라고 할 수 있다. 그렇기에 인간을 인간답게 만드는 인간에 대한 연구가 풍류해석학이다. 선맥과 풍류해석학은 '인간' 자체가 선맥 텍스트이자 풍류 텍스트이며 진리 텍스트이다. 인간 자체가 진리 실험의 영생적 기제이다.

이 책은 선맥과 풍류해석학을 한국 종교 문화의 맥락에서 규범적이고 서술적으로 묘사하는 데 목적을 두지는 않는다. 한국 종교 전통은 교과서적인 종교 문화의 서술도 중요하지만, 그동안 망각되었던 선맥이라는 도맥, 풍류해석학이 지닌 궁극적 인간에 대한 관심 그리고 한국의 궁극적 인간이 발현하는 존재론적인 측면, 인식론적 측면, 실천론적인 측면의 종교 현상에 주의를 환기시키는 데 오히려 그 목적이 있다.

한국의 종교 전통은 '종교 아닌 종교'인 선맥과 무맥이 기축을 형성하기에 특정 시대에 일부 종교가 강세를 보이지만 어느 시대나 다양한 종교들이 평화롭게 공존하는 양상으로 나타난다. 이는 현대에도 선맥과 무맥, 유교, 불교, 도교 등의 전통 종교 문화와 근대에 자생한 동학(천도교), 증산교, 대종교, 원불교 등 민족종교, 외래 종교인 천주교와 개신교(통칭 '그리스도교')[2]가 중첩적으로 축적되어 공존하는 한국의 종교 지형에서 잘 나타나고 있다. 우리는 종교 전통의 공존을 당연한 것처럼 인식하지만 같은 조상에서 유래하는 유대교, 그리스도교, 이슬람교는 서로 배타적이고 적대적인 경향이 강하다. 특히 한국 종교 역사와는 전혀 이질적인 종교적 전통에서 형성된 천주교와 개신교가 한국 종교의 지평에서 비교적 평화롭게 공존하는 종교 현상과 묘한 대조를 이룬다. 이런 한국 종교 전통의 평화와 조화의 힘은 어디에서 나오는 것일까?

한국의 주류 종교는 천주교와 개신교 그리고 불교라고 할 수 있다. 그중에 외래 종교인 그리스도교가 짧은 기간에 이룩한 양적 성장은 세계 그리스도교계를 놀라게 할 정도이다. 한국교회는 한국에 전래된 이후 선교 초기에 선교 사업뿐만 아니라 의료 기관과 교육단체의 설립, 해방 이후에는 반독재 민주화 쟁취 운동, 남북통일과 민족 화해를 위해서도 적지 않은 기여를 하였다. 한국교회의 이런 긍정적 활동이 세계 교회가

---

2 이 책에서 천주교와 개신교를 통칭할 때는 '그리스도교'라고 부른다. 필자는 인터뷰와 개신교 언론지에 투고한 일부 글에서 그리스도교를 '기독교'라고 표현한 부분도 있으나 기본적으로 '그리스도교'라 기술한다.

놀랄 만큼 짧은 시간에 한국 내 그리스도교의 양적인 교세 성장을 가져온 동력이다. 그러나 한편으로는 권력과 결탁한 건물 성전의 확산, 자본 신앙과 기복 신앙에 함몰된 교회 신앙 현상, 교의학의 교회 개념과 동떨어진 교회 매매와 교회 세습의 폐습 그리고 한국의 종교 문화를 존중하지 않고 배타적으로 대하는 경직된 교회 문화는 아직도 한국인의 종교적 심성에 자리매김을 하지 못한 과도기적 역사 현상으로 보인다. 이를 필자는 '성서와 예수 그리스도의 정신'이 한국교회 문화와 상당한 영성적 거리를 발현하고 있는 '격의(格義) 그리스도교'[3] 종교 현상이라고 규정한다. 이런 '격의 그리스도교' 문화의 발현은 우리의 종교 전통과는 전혀 이질적인 서구 신학과 서구 그리스도교가 한국의 종교적 심성에 뿌리내리지 못한 데서 기인한다.

한국 종교 역사에서 불교의 원효, 유교의 퇴계와 율곡 등 위대한 종교인에 의해 불교와 유교가 한국 종교 역사에서 자리매김을 하였듯이 한국교회도 그리스도교의 원효와 퇴계와 율곡을 탄생시켜 한국교회다운 교회가 탄생하여야 '격의 그리스도교' 문화 현상이 사라질 것이다. 개신교의 교파 교회가 천주교의 교회 혁신운동으로 탄생되었다면 한국에서도 성서에 바탕을 둔 천주교와 개신교의 혁신운동이 일어나 한국교회가 세계 교회가 봉착한 문제점을 해결할 가능성도 얼마든지 있다. 세계 종교사에서 아브라함을 종교적 조상으로 두는 유대교, 천주교, 개신교 그리고 이슬람교 등의 유일신 신앙은 서로 다른 종교 문화와 신앙 현상을

---

3 '격의'(格義, Ge-Yi)는 인도불교가 중국에 전래 되었을 때 다른 세계관의 종교적 언어를 표현할 방법이 마땅치 않아 유교와 도교적 언어로 불경을 해석하던 과도기적 현상을 말한다. 중국에서는 이 과도기의 불교를 '격의불교'라고 한다. '격의(格義) 그리스도교' 현상은 성서의 정신과 상당한 영성적 거리를 가진 그리스도교 문화가 한국의 종교적 심성에 안착하지 못하는 종교 현상을 말한다. 중국에서는 '격의불교' 단계를 거쳐 선불교를 탄생한 종교 역사가 있다. 구체적인 내용은 2부 1장 III '격의(格義) 그리스도교 문화의 극복'을 참고할 것.

나타나면서 개별 종교로 자리 잡고 있다. 개신교의 다양한 교파가 천주교에서 독립하여 독일, 영국, 스위스, 미국 등지에서 자신의 역사적 전통과 종교·정치 문화의 정황에 근거한 신앙고백으로 형성된 독립 교회가 '정통'이라면, 한국의 역사 문화와 종교 문화에 의거하여 신앙고백되어 형성된 교회도 '정통'으로 인정하는 것이 세계 교회사의 역사적 변천과 변화의 관점에서 보더라도 정당하다. 이를 차치하더라도 서구의 역사 문화적 맥락에서 해석된 교회 전통이 한국의 종교 문화적 전통과 제대로 직면한 적은 거의 없다. 토착화신학이라는 것도 한국 종교 문화를 재단하는 선교론적인 작업의 토착화 성과물에 불과할 뿐 서구 신학을 뛰어넘는 한국 신학으로 한국교회의 자양분을 삼는 신앙 문화로 정착하기에는 아직도 까마득한 현실이다. 또한 서구 담론인 종교다원주의 담론에 발맞추어 한국의 종교와 대화를 시도하려는 시기가 있었지만, 천주교와 개신교는 한국 종교 문화를 제대로 존중하지 않고 배타적인 태도로 한국 종교 문화를 서구 신학의 안목으로 재단하려는 선교 신학의 의도가 강조되었다. 우리의 종교적 심성의 맥락과 무관하게 형성된 '교리와 신학'으로 한국 종교 전통을 재단하려는 '토착화'와 '종교 간의 대화'가 한국의 종교 문화에서 수용될 수 있을지 긴 역사적 안목에서 한국 종교 문화를 사색해 보아야 한다.

필자가 제기하는 이런 문제는 새삼스러운 것이 아니다. 다만 이런 문제의식이 자유롭게 학문의 장에서 토론되지 못하는 종교(신학)계의 견고한 '침묵의 카르텔'이 형성되어 있는 것 같아 큰 아쉬움을 느낀다.[4] 종교 단체와 관련된 연구자는 호교론적인 입장에서 연구 주제를 설정하

---

4 김상근, "[심포지엄: 민주화 20년, 비판과 전망] 한국 신학과 민주사회 정착과정, 1987~2007: 신학의 게토화, 침묵의 카르텔, 그리고 미국 기독교의 세계화 첨병", 「시대와 민중신학」 10 (2008), 233-252.

는 근본적인 한계가 있으며, 그리스도교 신앙을 가진 종교학자도 표면상 한국교회와 한국 종교의 가교 담론을 전개하는 듯하지만 담론 형성 지점 자체가 불평등한 측면이 적지 않다. 신학자는 말할 필요도 없고 그리스 도교 신앙을 가진 종교학자 등 이해관계자가 '정통과 이단' 시비 혹은 한국교회의 경직된 분위기 탓에 내재화된 '자기검열'을 하는 것도 무시 할 수 없는 요인 가운데 하나이다. 이런 점을 감안하여 이 책은 선맥과 풍류해석학을 중심으로 한국 종교와 한국교회가 공존할 수 있는 화해 담론을 제시한다. 화해 담론은 한국의 풍류적 심성이 '평화'와 '조화', '공존'과 '상생'에 바탕을 두기 때문이다. 어찌 보면 이 책은 인간 존재의 근본적 변형을 추구한 '선맥 = 풍류'를 통하여 한국 종교와 한국교회 그리 고 이의 종교적 영향권에 있는 한국인에 대한 진리 탐색 보고서라고 할 수 있다.

지구촌 사유가 합류하고 종교 정보가 공유되는 시점에 살면서 종교 인과 비종교인이 어울리고, 수많은 종교들이 한국 종교 문화의 역사에서 다채롭게 꽃을 피우고 열매를 맺고 있다. 선맥의 발현과 인간에 내재된 영생적 기제를 발현시키는 풍류해석학은 낡은 문명의 집결지이자 새 문명의 방향타가 될 가능성을 가진 한반도에서 풍류 의례의 일상화로 풍류 르네상스를 가져오는 계기가 될 것이다.

책의 구성은 크게 네 부분으로 되어 있다. 1부는 한국의 종교 전통은 과학기술 혁명에 의한 시공간의 확대와 새로운 과거의 유물 발견에 따라 선맥과 풍류해석학으로 해석학적 전환을 요청하는 에피스테메5의 개념 을 도입한다. 1장은 고조선의 역사적 공간에서 발견된 유물(적)과 불로

---

5 에피스테메(επιστήμη, episteme)는 특정한 시대를 지배하는 인식과 사물에 질서를 부여하 는 무의식적인 체계를 말하며 푸코의 용어이다. 이 책에서는 '선맥과 풍류'라는 한국 종교 문화에 내재된 영성 의식이란 개념으로 사용하며, '선맥 = 풍류'로 한국 종교와 한국교회를 해석한다는 의미도 포함된다.

장생의 과학적 유토피아는 영생의 도맥인 선맥이 새롭게 해석되어야 함을 밝힌다. 2장에서는 그동안 선맥의 연원과 계승에 대한 가설적인 주장이 아니라 실체적인 텍스트의 논증으로 영생의 도맥인 신선 신앙의 본고장이 고조선 문명임을 고증한다. 또 선맥과 무맥이 가진 종교 현상의 동질성과 유사성, 차별성과 변별성을 고찰하여 도맥의 원류인 풍류가 풍류선맥정통론으로 귀결되어야 함을 논증한다.

2부는 한국 종교와 한국교회가 봉착하고 있는 현실을 성서 텍스트, 교회의 신앙 문화, 한국 신학, 전문가와의 인터뷰 등 네 범주로 구분하여 살펴본다. 1장은 한국교회가 한국 종교 문화의 역사적 맥락에서 지향해야 할 종교적 제언을 바탕으로 자본 신앙과 기복 신앙에 경도된 신앙 현상, 호교론적 선교 신학 등 '성서의 정신'과 상당한 영성적 거리가 있는 '격의 그리스도교' 종교 현상을 지적하고, 한국 교회 문화의 역사적 과오와 양적 성장의 폐단을 극복할 대안을 모색한다. 2장은 한국의 종교적 심성으로 독보적인 성서해석을 한 『성경의 원리』 사부작의 저술가인 변찬린과 필자의 가상 인터뷰 형식을 통해 성서 텍스트에서 주장할 수 없는 성서적 '이단', 기독교에서 주장할 수 없는 '왜곡된' 신앙 현상, 역사적인 '사이비' 종교 현상에 대해 문답 형식으로 구성하였다. 3장은 한국 토착화신학의 최대 성과물인 풍류신학의 비판적 성찰을 시도한다. 성서를 통전적으로 해석한 『성경의 원리』 사부작의 해석 체계인 '흔붉성경해석학'을 바탕으로 전개된 선맥 신학은 동이족의 선맥과 성서의 부활 신앙을 포월하는 해석학적 준거로서 전개된 동방 신학이다. 또한 성경의 '도'의 맥락을 포착하여 신학적 사유를 전개한 도맥 신학은 위기에 봉착한 세계 신학을 선도하는 대안 신학으로 학계에 보고한다. 4장은 종교학자의 눈에 비친 한국 (민족)종교와 한국 기독교의 실상, 성서학자가 통찰한 한국 성서해석의 본질과 동향, 신학자의 안목으로 본 한국 신학의 현주소 그리고 원로목사가 토로한 바람직한 한국교회 문화의 진단과 제언 등에 대해 4명의 전문가와 인터뷰를 통해 종교 현장의 정보를 제공한다.

3부는 한국 종교와 한국교회가 봉착한 종교적 과제에 대한 대안 담론을 제시한다. 한국교회는 한국 종교 문화와는 다른 전통에서 형성된 신학 체계와 교회 문화를 한국의 종교적 심성에 안착하여야 한다는 과제를 안고 있다. 한국 종교는 한국교회를 포용하여야 하고, 한국교회는 한국 종교의 구성원이 되어야 한다. 즉, 양자는 다원적인 종교 질서 속에서 배타적이 아니라 포용적이고 창발적으로 만나야 한다. 이를 위해 우주관, 신관, 구원관, 인간관, 공동체관, 구도자관 등 여섯 개의 화해를 위한 가교 담론을 제시한다. 1장은 동방의 선맥적 우주관과 성서의 변화 우주와 부활 우주에 대한 우주 담론을 제시한다. 2장은 한국 종교 전통의 신관과 한국교회의 신관이 공존할 수 있는 하늘 신앙에 나타난 신명(神明)의 정체성을 밝히며, 선맥에서 발현하는 지고신이 동서 신관의 차별성을 해결할 수 있다는 조화 담론를 제공한다. 3장은 전통 종교인 유교와 불교와 도교에 대해 종교학적 측면에서 '구원'관을 살펴보며, 성서의 '구원'관과 비교종교학적인 관점에서 '구원'이란 무엇인가에 대한 사색 담론을 제공한다. 4장은 3장에서 제기된 '구원'관에 대한 근본적인 문제를 성찰하며, 선맥에서 발현하는 새로운 인간형이 다양한 종교의 궁극적 인간을 포용할 수 있다는 대안 담론을 제시한다. 5장에서는 신명의 종교적 영성과 신명 공동체라는 한국의 전통적 공동체 문화가 외래 종교 사상을 포월할 수 있다는 문명 담론을 제시한다. 6장에서는 한국 종교와 한국교회가 무엇보다도 종교적 영성을 회복하기 위해서는 진리의 본향을 찾아가는 '도의 나그네'로서 구도자로서의 본래 모습을 회복하여야 함을 강조한다.

4부는 사대주의와 식민주의로 점철된 왜곡된 기억 공동체의 잔상을 벗어던지고 한국 종교 전통의 도맥을 계승한 풍류적 인간이 풍류 신화의 현대화인 풍류 의례를 통하여 우주적 차원의 문명 의례를 집전해야 하는 점을 강조한다. 이를 바탕으로 새 문명의 새벽을 밝힐 풍류적 인간이 풍류 텍스트를 진리의 도구로 삼아 풍류해석학을 완성하여야 한다는 점을 결론으로 삼는다. 부록으로 궁극적 인간의 도맥인 선맥에 대한 선구적 논문인 변찬린의 "僊(仙)攷"(1979)를 원문 그대로 실었다.

새 축 시대는 제도 종교와 직업 종교인에 의한 낡은 종교 문화의 문법을 탈피하여 종교적 인간이 구도자의 자세로 특정 종교 텍스트만을 고집하지 않고 교차적인 경전 텍스트의 배움을 통해 실천하고 검증하는 영성 시대이다. 선맥과 풍류해석학은 인간 자체가 성전인 '풍류적 인간 = 인간 성전'이라는 점을 강조한 주체적인 영성운동이며, 초종교와 초과학 시대를 대비한 역사적 인간의 가능성에 대한 성찰이다.

한국 종교와 한국교회가 공명하여 '성경의 정신'을 발현해 세계 종교사의 바람직한 종교 현상으로 큰 족적을 남기는 데 이 책이 조금이라도 도움이 되기를 바란다.

이 책은 기독교 언론매체인 「에큐메니안」 측으로부터 청탁받은 '흔붉 변찬린(1934~1985)의 종교 사상'에 대해 2020년 1월부터 2021년 5월까지 약 1년 6월간 격주간으로 37회에 걸쳐 쓴 글이 바탕이 된다. 또한 그동안 동일한 주제 의식 아래 학회지에 게재한 논문, 교회 언론지에서 원고 청탁을 받거나 특별 기고한 글, 민족종교 관련 학술잡지에 게재한 글, 민족종교협의회에 게재한 논문을 포함하였다(권말 부록 참고). 책의 주제에 집중하기 위해 연재한 글의 일부 내용을 취사선택하여 독자들이 좀 더 편하게 읽도록 재구성, 재편집하였다. 약간의 중복되는 부분이 있으나 필자의 문제의식을 강조하거나 논지 전개를 위해 부득이 필요한 부분은 그대로 두었기에 독자들의 양해를 바란다.

　마지막으로 장기간 연재를 허락해 준 「에큐메니안」의 홍인식 발행인과 이정훈 편집인 그리고 바쁜 가운데도 인터뷰에 응해주신 윤승용, 조용식, 김홉영, 이경수 선생께 감사드린다. 또한 선뜻 출판을 승낙해 주신 동연 출판사 김영호 사장과 편집진에게 고마운 마음을 전한다.

2022년 9월
보랏빛 하늘 아래
이호재

차례

풍류해석학은 시대적 요청에 응답하는 한반도발 해석학이다. 지구촌의 사유 체계와 행동 체계가 합류해 낡은 문명과 새 문명이 충돌하는 지구 차원의 문제 집결지가 한반도이다. 세계 종교인 불교와 그리스도교, 동아시아의 종교인 유교와 도교, 다양한 민족종교 등이 공존하는 한국의 종교 지형, 냉전의 유산인 자본주의와 공산주의가 펼쳐진 정치 경제 지형, 풍류의 현대적 표현인 한류가 지구촌에 확산되는 문화 예술 지형, 한국전쟁의 폐허에서 세계 10대 경제 대국으로 발돋움한 경제 지형 등의 시대적 상황으로 세계의 관심이 한국에 쏠릴 수밖에 없다. 특히 한국의 종교인문학적 지형은 인류 종교 전통의 축적지이며, 낡은 인류의 이데올로기를 놓고 현재 고민하는 '수난의 국가'로서 미래 문명의 지향성을 담지한 새 문명의 역사적 실험장이다.

이런 문명 전환기에 '한국의 종교 문화의 기저에 흐르는 바탕은 무엇일까? 한국 종교 문화의 종교적 도맥(道脈)은 무엇일까?'라는 질문에 독자는 당혹해할지도 모른다. 종교적 도맥의 탐구가 탈종교와 초종교의 영성 시대를 주장하고, 미시 세계와 거시 세계의 발견으로 인한 지리적 공간 확장과 우주 팽창에 따른 체감시간의 가속화, 과학적 유토피아가 제공하는 미래 세계의 주류 담론 속에 화석화된 질문이라고 회피할지 모른다.

그러나 "물질이 개벽하면 정신이 개벽한다"는 말이 있듯이 물질 문화를 상징하는 과학(적 방법)과 의식 문화를 대표하는 종교(적 태도)는 서로 호응하는 상호의존적 관계에 있다. 과학의 발견에 인간의 해석이 접목되어 해석학적 가치가 부여되고, 인간의 해석이 과학적 확인을 통해 새로운 해석학적 준거를 갖추기 마련이다. 과학기술의 발달은 물질문명뿐만 아니라 인문학적 해석학에도 지대한 영향을 미친다. 첨단과학의 도움으로 잊혀진 고대 문명의 유적과 유물을 발굴하는 것은 과학기술의 영역이지만, 이를 해석하여 인간의 삶과 역사에 가치를 부여하는 것은 인문학의 영역이기 때문이다.

풍류해석학은 동이족의 신화적 역사 담론을 중추로 하여 유·불·도·기(儒·佛·道·基)의 종교 문화 수용, 근대 민족종교의 창조적 종교성을 포함한 현재적 해석으로 인류 문명의 미래를 밝히는 미래학이다. 한국 종교의 전통문화와 정통 도맥을 분석해 보는 일은 과거를 알고 현재의 시점에서 미래의 종교적 인간을 전망하는 좋은 기회가 될 것이다. 즉, 한국 종교의 도맥인 '선맥'(僊/仙脈)을 밝히는 작업은 한국 종교사의 서론인 고조선 문명을 재조명하고 식민주의와 사대주의로 얽매인 한국 종교사의 본론을 새롭게 해석하며 근현대의 자생적 민족종교와 외래 종교인 그리스도교를 관통하는 해석학적 도구로 제공될 것이다. 그 중심적인 종교적 기제가 한국 종교의 도맥인 선맥이다.

그러면 문명의 전환기에 발생한 공간 혁명과 시간 혁명의 좌표 아래에서 한국 종교 전통의 맥락인 풍류해석학은 어떤 역사적 상황에 놓여있는지 인문학적 환경을 살펴보기로 하자.

1장
풍류 우주의 드라마 서곡

I. 동방의 선맥 르네상스

과거는 현재의 기억에 축적되고 현재는 불확실하며 미래는 예측의 영역이다. 그럼에도 과학적 인간이 발견한 공간 혁명, 시간 혁명은 인류에게 새로운 세계관의 사유를 강제하는 형국이다. 이런 상황에서 선맥의 영생적 기제는 다음의 물음에 대답할 수 있어야 한다.

1. 선맥은 초과학과 초종교 시대에 유효한 대안적 세계관을 제시할 수 있는가?
2. 선맥 담론은 '교학과 신학과 도학과 유학'에서 제시한 담론을 뛰어넘는 새 문명의 패러다임을 제시할 수 있는가?
3. 선맥이 제시하는 궁극적 인간은 과학적 유토피아가 제시하는 인간형과 공생할 수 있다고 확신할 수 있는가?

1970년대 중반부터 새 시대 과학(New Age Science)은 뉴턴적 세계관을 대체할 새로운 과학적 세계관으로 재편되고 있다. 우주에 대한 비밀은 과학적 가설과 검증, 탐사를 통해 속속 밝혀지고 있다. 우주 과학은 인류가 속한 우주 공간이 139억 년 전에 빅뱅으로 시작하였다는 우주빅뱅설과 우주팽창설을 통해 공간과 시간이 확대되는 우주 모델을 지지하고 있다.[1]

한편 미시 세계에서는 양성자, 중성자, 하이퍼론, 쿼크 등 궁극적 입자의 검증과 중력, 약력, 강력, 전자기력 등의 원초적 힘에 대한 상호관계를 규명하기 위해 '통일장이론' 등 다양한 가설 아래 실험을 진행하고 있다.

그러나 하이젠베르크가 발견한 입자의 위치와 운동량을 모두 정확하게 알 수 없다는 '불확정성의 원리'(uncertainty principle)를 기본으로 하는 코펜하겐 해석은 미시 세계가 확률 세계임을 말하고 있다. 더 나아가 괴델은 경험과학의 논리적 체계는 완전하지 않고 불완전하다는 것을 불완전성의 원리(Gödel's incompleteness theorems)를 통하여 과학 이성의 한계를 수학적 공식으로 입증하였다. 경험과학은 실험을 통해 과학적 사실을 밝혀내지만, 거시과학과 미시과학은 가설-실험-입증의 단계를 거친다. 즉, 과학 세계는 이미 경험과학을 뛰어넘어 초논리적 근거에 따라 (초)과학 세계를 펼치고 있다. 반면에 제도 종교인은 아직도 첨단 과학 정보가 제공하는 '신의 은총(?)'을 충분히 소화하지 못한 채 초과학 세계가 한껏 펼치는 세계에 동참하지 못한 '철'부지가 될 위기에 처해 있다. 기껏해야 종교의 영역과 과학의 영역은 다르다는 '창조와 진화'의 이분법적인 사고 연장에서 '초종교와 초과학'의 세계를 바라보는 방관자에 불과한지도 모른다.

---

1 평행우주론을 포함한 다중우주론과 같은 우주 천문학에 대한 입문서는 다음을 참고할 것. 브라이언 그린, 『멀티 유니버스』, 박병철 옮김 (김영사, 2012); 칼 세이건, 『코스모스』, 홍승수 옮김 (사이언스북스, 2006).

지금 지구촌에 우후죽순처럼 문명사적 거대 담론이 돌발하는 것도 알고 보면 공간의 확장과 시간 팽창의 결과로 인한 '텅 빈 사유 공간'에 채워지는 담론이라고 할 수 있다. 특히 우주천문학과 이론물리학이 밝히는 인식 공간의 확장, 시간의 가속화, 생명공학이 밝히는 유전자의 비밀, 나노공학이 규명하는 물질의 성질 등 우주를 구성하는 제반 여건은 '이기적 유전자'에 인공지능을 탑재한 로봇 인간의 탄생이 상상이 아닌 실재의 영역에서 발생하고 있는 사건이다. 이로 볼 때 공간 혁명, 시간 혁명, 인간 혁명이 동시다발적인 문명 전환기는 1차 혁명, 2차 혁명, 3차 혁명, 4차 혁명…, N차 혁명 시리즈의 연속적인 혁명의 순간이 아니다. 또한 통합적이지 않고 차별적인 인식을 하는 분절적 인간에 의해 미래 세계가 전개된다면 여전히 문명과 야만, 전쟁과 평화, 선과 악이라는 극복되어야 할 배타적이고, 분별적이고, 이원론적인 분절적 세계가 우주 공간에서 확장되고 확산하는 데 그칠 것이다. 유토피아는 영원한 이상이고, 디스토피아는 현실이 되는 것이다. 영원한 우주 역사는 하늘과 땅과 인간이 조화롭게 공생하고 공명하는 통합 우주를 지향한다. 통합 우주의 원형을 역사 시대 이래로 은장(隱藏)하고 체화(體化)하는 민족은 고대의 동이족이자 현대의 한국인이라 할 수 있다.

한편 현대과학은 우주 역사가 빅뱅으로 시작한다고 주장하지만, 빅뱅우주론은 현대과학의 관찰 패러다임과 관측 장비의 한계에 따른 우주관에 불과하다. 우리는 우주천문학이 밝힌 139억 년 전에는 영원의 하나님이 도대체 무엇을 하고 있었느냐고 되물을 줄 알아야 한다. 우리의 시대 구분은 민족 흥망사와 왕조 교체사라는 역사가 아닌 창조적 단위의 시간 단위이다. 시공 우주의 생성과 소멸을 주기로 하는 창조 단위의 역사이다. 공간의 역사도 지구와 태양 우주만을 전제로 한 역사 인식이 아니다. 무한한 창조 세대의 우주 역사 속에 유한한 지구 역사라는 시공

인식 체계는 과학이 발견한 우주 역사의 시간 단위를 뛰어넘는다. 우리는 하나의 창조 단위의 우주에 속해 있으며, 이 광대한 우주 속에서 지구의 인간으로서 살고 있다. 무한한 창조 세대의 우주 역사 속에 유한한 지구 역사라는 관점에서 '성경'을 읽어야 한다. 이렇게 읽을 때 비로소 세계 경전은 '초종교와 초과학의 시대'에도 현존하는 인간과 관계성을 갖고 재현성을 가진 경전으로서의 가치를 지닌다고 할 수 있다.[2]

우주의 시간 역사의 축적과 공간 거리의 폭발적 확장은 인간의 사유마저 폭발하며 의식의 확대와 비약을 가져와 새로운 사유 체계를 형성하게 마련이다. 한 마디로 '의식 혁명은 인간 혁명을 수반한다.' 의식 혁명을 통한 인간 혁명이 동반되지 않는 닫힌 미래 세계는 과학적 미신의 유토피아가 펼쳐질 따름이다. 열린 미래는 인간의 내장된 '영성의 대폭발'이 전제되어야 한다. '영성의 대폭발'은 궁극적 인간을 탄생시키는 영생(Eternal Life)의 기제이다. 이 영생의 기제가 바로 선맥이다.

우리가 동방의 선맥 르네상스를 말한다고 하여 고조선 문명을 부흥하자는 말은 결코 아니다. 고조선 문명의 재발견이자 재해석을 통해 '지금, 여기'에 한국인의 도맥으로 재현시키자는 현실적 질문이다. 동방 르네상스는 낡은 문명의 집결지인 역사적 공간과 한국인에게 내재된 홍익인간과 이화 세계, 선맥의 도맥과 풍류의 정신, 개벽 세계와 지상선경 그리고 자비와 용화 세계, 부활과 천년왕국 등의 문명의 기제를 동방의 구도자와 수행자가 일구어내는 문명사의 새벽이다. 과학적 인간이 내세우는 과학적 유토피아와 역사적 인간이 조망하는 미래 사회를 뛰어넘어 동방의 구도자는 궁극적 인간의 가치를 조망하며 열린 세계관에서 자유자재한 삶을 추구한다. 이를 관통하는 키워드가 '한국의 도맥인 선맥'이다. 선맥은 지금 시점에서 작동하는 구도자와 수행자의 지향점이다. 선

---

2 이호재, 『한국 종교사상가 — 흰 붉 변찬린』 (문사철, 2017), 227-230.

맥은 혈맥(血脈)과 육맥(肉脈)의 연계로 죽어가는 역사적 인간의 차원을 탈피하여 영생의 차원으로 고양시키는 도맥이다. 또한 선맥은 시공 우주에서 분열적 인간이 형성한 분열적 세계관을 탈피하여 통합적 인간으로 거듭나 통합적 세계관으로 우주와 세계를 생명의 눈으로 바라보는 온유한 마음의 심맥(心脈)이다. 더 나아가 선맥은 몸과 맘을 거추장스럽고 무겁게 하는 세상의 '명예와 권력과 자본'의 탐욕과 거리를 두고, 우주의 고난과 생명의 수난과 만물의 고통을 지고 낡은 문명을 살풀이하여 새 문명을 여는 구도의 나그네이다.

최치원의 표현인 '풍류'는 선맥의 또 다른 이름이다. 풍류의 속성인 '접화군생'(接化群生)한다는 참 의미는 풍류적 인간이 인식하는 우주에는 선맥이라는 생명 에너지로 인해 생명의 약동만이 존재할 뿐이다. 선맥에는 생명의 자유와 자재와 자발과 자각만이 있을 뿐이다. 선맥은 고통과 고난과 수난을 짊어진 역사적 책무를 지고도 '늘', '스스로', '그럴 뿐'이라는 풍류적 인간이 지닌 도맥이다. 풍류적 인간은 일상생활에서 민중과 동고동락하며 같이 살다가 죽을 때는 영성 차원으로 바람과 같이 사라지는 새로운 존재 양태이다. 선맥의 풍류해석학은 인간을 진리의 실험장으로 궁극적 인간을 구현해내는 영생적 기제이다. 바야흐로 선맥 르네상스 시대가 도래하였다.

II. 영생을 꿈꾸는 인간

인류가 공통적으로 공감 의식을 가지는 한계상황은 무엇일까? 보편적인 종교적 기원에 대한 탐구는 종교학에서 포기한 지 오래되었다, 그러나 개체의 죽음과 공동체의 사멸은 종교적 인간(Homo Religiosus)이 봉착하는 실존적인 한계이다. 더구나 과학적 인간은 유전자 편집을 통해 생명 형태를 조작할 뿐만 아니라 복제인간을 생산하고, 생명공학과 로봇 공학이 결합한 사이보그 등 제삼의 생명체를 만들며 인간 생명의 영속성을 담보하는 과학적 유토피아를 약속하고 있다.

종교적 인간이 "종교의 시대는 가고 (초)과학의 시대가 왔다"는 소식에 위기감을 느끼게 만드는 강력한 도전자는 '성전 매매와 성전 세습', '자본 신앙과 기복 신앙'에 경도된 종교 내부의 부패와 신자 감소라는 현상뿐만 아니라 과학적 인간이 제시하는 영생에 대한 과학적 유토피아의 도래이다. 생명공학과 인공지능 등의 과학적 창조물을 통해 불사의 욕망을 달성하려는 과학적 유토피아는 마치 진시황이 자연물인 불사약을 먹고 영생을 추구하고 외단 등 인공물을 복용하여 장생을 추구하려던 것의 유비적 현상이다.

인류는 그리스도교의 사유 체계에서 창조주가 인간을 창조하였다면, 창조된 그 인간이 과학기술의 도움을 받아 영생을 꿈꾸며, 인간을 능가할 수도 있는 새로운 형태의 생명체를 창조하려는 순간에 살고 있다. 그러나 종교학자 카렌 암스트롱은 종교적 인간은 축 시대의 사유를 뛰어 넘지 못하고 있다고 진단한다. 종교적 인간은 인류가 봉착한 생태계의 위기와 과학적 유토피아 사이에서 문명론적 고민을 하고 있다. 바야흐로 축 시대의 깨달음과 이성적 지성과 믿음의 주춧돌에 대한 전면적인 반성이 필요한 시점이 도래한 것이다.[3] 이런 반성 자체가 "너 자신을 알라"던 소크라테스의 인간 가치에 대한 포기이며, "나는 길이요 진리요 생명이다"라고 선언하면서 십자가의 고난을 당한 예수의 보살행에 대한 모독이며, 보리수 아래 피골이 상접하며 무상정각을 성취한 후 '니르바나'를

---

3 필자는 과학자가 제시하는 과학적 미래 설계를 존중하지만, 이 글은 '만물의 영장'이라는 인간의 가능성에 대한 논지를 중점적으로 전개하고 있음에 유의하기 바란다.

설법한 석가모니에 대한 모욕이자, '홍익인간 접화군생'의 풍류 도맥을 계승한 동방의 후예들에 대한 오욕이다.

종교적 인간은 실존적 한계를 돌파하며 개체와 공동체의 영속성을 추구하려는 경향을 띤다. 개체로서의 인간은 불사의 욕망을 꿈꾸며, 공동체는 구성원의 동질감과 연대감을 확인하는 공동체 의례를 통해 문화 공동체의 지속성을 유지한다. 무엇보다도 종교적 인간은 삶과 죽음이라는 대립적인 상황보다는 영생을 추구하는 원초적 욕망을 가지고 있다. 종교적 신앙이라는 측면에서 엄밀히 말하면 영생에 대한 종교적 기제는 종교의 핵심적인 요소 가운데 하나이다.

종교 공동체는 죽음이 삶의 단절적 사건이 아닌 삶과 죽음의 영속적 사건으로 죽음 의례를 설계한다.[4] 유교적 인간은 관혼상제, 특히 제사 의례를 통한 종법 체계의 계승과 확산을 통해 영속성의 기제를 확보하고, 불교적 인간은 연기 체계의 단절을 통해 열반의 경지를 추구하며, 도교적 인간은 죽지 않겠다는 인간의 '불사의 욕망'을 직접적으로 대면하며 다양한 영생 방법을 개발해 왔다.[5] 그리스도교적 인간은 '부활'에 대해 다양한 해석적 신앙을 가지고 있다. 모든 종교는 구원의 기제를 가지고 있다. 구원의 기제를 상실한 종교는 역사 속에서 생존하지 못한다.

이런 문명의 전환기에 '풍류선맥정통론'(風流僊脈正統論)을 거론하는 것은 복고풍의 한민족 지상주의를 부르짖는 종교적 선전이나 한가한 담론을 제기하고자 함이 아니다. 풍류선맥정통론은 종교적 인간의 가능성을 탐구하는 실존적 담론이자 궁극적 인간을 지향하는 호모 사피엔스의 구도(求道)의 정점에 대한 동방 후예의 문명사적 대답이다.

---

4 존 바우커, 『강단사학로 보는 죽음의 의미』, 박규태 외 (청년사, 2005); 전남대학교 아시아문화원형연구사업단, 『동아시아인의 통과의례와 생사의식』 (전남대학교출판부, 2010); 한국종교학회, 『죽음이란 무엇인가』 (창, 2012).
5 자세한 사항은 3부 3장 "한국 전통 종교의 구원관"을 참고할 것.

과연 인류는 죽음을 극복하였는가? 죽음은 인간실존의 어쩔 수 없는 숙명이자 운명인가? 죽은 다음에 영혼이 하늘나라에 간다는 것이 생명의 본질인가? 그렇지 않다는 것이 선맥의 하늘을 개창한 고대 한국인이 전승하여온 종교적 영성이며, 『선사』에 연원을 둔 '풍류'의 정체성이자 근대 신종교의 동학, 증산교, 대종교 등 선맥을 중흥한 창교자의 종교적 선포이다.

그럼에도 풍류선맥정통론은 종교적 인간 자체의 가능성에 대한 풍류 담론이 과거 지향적인 담론에 매몰되어있거나 한국의 고유 종교 사상의 정체성이라는 점에 치중하여 영성 시대의 열린 담론으로서 자리매김하지 못하고, 오히려 '국수주의적'이고 '민족주의적'이라는 혐의(?)에서 자유롭지 못한 실정이다. 또한 무교와의 차별성을 분별하지 못하고 혼융된 상태로 이해되고 있다. 심지어 토착화된 근대의 종교적 영성의 발현이라는 민족종교도 열린 미래의 담론으로 정착시키는 데 그다지 성공적이지 못하다. 그뿐만 아니라 한국의 독창적인 선맥의 영성을 토착화신학자의 호교론적 담론으로 풍류신학에서 풍류도의 본질을 왜곡시키고, 한국의 고유한 종교의 도맥이 화랑도 혹은 팔관회 등 조직문화로 계승되었다는 것은 맥락 착오적인 진단에 불과하다. 한국의 종교적 영성인 선맥은 한국인의 '인간 그 자체'에 발현되는 영성이다.

다른 한편 성서[6]는 인류에게 제시된 "선(僊)의 문서"임에도 불구하고

---

6 이 글에서 말하는 '성서'는 그리스도교의 종교 문헌을 말하며, '성경'은 다양한 종교 경전을 일컫는 일반명사이다. 지역과 풍속과 문화권의 차이에 따라 성경은 해당 종교 문화를 주도해온 나침반 구실을 한다. 그리스도교에는 성서(the Bible, the Scripture), 유교 경전에는 사서삼경을 비롯한 유장(儒藏), 불교에는 경율론을 집대성한 대장경, 도교에는 노장 사상을 포함한 도장(道藏)이 있다. 민족종교에는 천도교의 『동경대전』, 증산교에는 『대순전경』, 대종교의 『대종교 경전』, 원불교의 『원불교전서』 등이 있다. 종단에 따라 통일된 경전을 사용하는 경우도 있고 종단마다 다른 경전을 사용하기도 한다. 개방되어 있는 경전으로서의 성경은 이해관계자의 의향과 의도에 따라 다양한 용도로 사용될 수 있는 개연성이 있다.

희랍적 이원론[7]의 해석에 의해 성서에 담긴 영생의 도맥을 충분히 발굴하지 못하고 피안 문서로 이해하는 경향이 있다. 성경에 제시된 다양한 영생의 차원을 종교적 인간의 '피안 감성'과 '피안 의식'에서 형성된 피안적 세계관은 역사 시대를 죽음의 문명으로 만들어버렸다. 영성적 기제인 풍류(체)는 동방의 선맥과 성서의 부활과 변화의 도맥이 이해 지평의 융합을 이루는 '포월적 준거점'이며, 풍류선맥정통론은 종교적 인간의 가능성과 궁극적 가치에 대한 동방의 대선언이다. 변찬린은 이렇게 말한다.

> 외래 종교에 의해 윤간당한 '한(恨)의 심성'에 풍류도(風流道)의 거문고 줄을 다시 매어 심금의 올을 바르게 하면 하나님은 새날의 말씀을 성경을 통해 우리들에게 계시할 것이다. (중략) 성경은 '선(僊)의 문서'인데 2천 년 동안 서양의 지혜는 이 도맥(道脈)을 발굴하지 못했다. 현묘(玄妙)한 풍류도(風流道)인 동방의 지혜는 낡은 하늘의 쪼각나고 흩어진 모든 종교를 구원할 수 있는 새날의 대기(大器)이며 더럽고 추한 모든 종교싸움을 종식시킬 화쟁(和諍)의 신기(神器)이다.[8]

풍류선맥정통론은 공간적으로 동방의 선맥과 다양한 성경을 융합시키고 시간적으로 과거 지향적인 복고 담론이 아니라 영성 시대에 과학적

---

7 희랍적 이원론에 대해서는 중세 신학부터 현재에도 서구의 사유 틀로 작동되고 있다. 이정우는 이렇게 말한다. "종교/신학은 철학의 도움 없이는 어떤 사상도 플라톤, 아리스토텔레스, 플로티누스의 그늘을 벗어날 수 없다. (중략) 중세란 이들의 쌍을 종교/신학의 차원으로 끌어들여 기존의 교리들을 정교화해간 시대"였다고 말한다. 이정우, 『세계철학사 1』 (길, 2011), 731. 서구는 그리스도교의 세계관을 표준으로 다른 종교 문화를 판단하는 것은 그들 종교적 사유의 바탕이다. Robert A, Segal, "The Invention of World Religions; or, How European Universalism Was Preserved in the Language of Pluralism", *Journal of Religion* 87/1 (Jan 2007), 146-148.
8 변찬린, 『성경의 원리 下』 (한국 신학연구소, 2019). 10.

유토피아에 대응할 수 있는 가교 담론으로 작동한다.

III. 영생적 기제, 선맥

우리는 일반적으로 절대 우주와 상대 우주, 천상 우주와 지상 우주, 본체계와 현상계, 열반 우주와 윤회 우주가 중첩된 이원화된 세계로 분리하여 사유한다. 이런 사유의 틀은 우주의 상대적 인식뿐만 아니라 인간관까지도 사유의 연장을 초래한다. 인간을 형성하는 생체 인자, 즉 영과 육과 혼, 정과 기와 신, 색·수·상·행·식의 오온 등의 결합은 삶이며, 생체 인자의 분리와 해체는 죽음이다. 죽음 이후에는 생체 인자의 특정 부분이 분리 혹은 생체 잔여물(예: 기, 영혼 등)이 과거의 생체인자를 담지하여 계승한다는 이원론적 사유가 종교적 패러다임의 기본 틀을 형성하고 있다.[9]

이런 죽음 인식에 대해 성경은 어떻게 말하고 있는가? 성서에서는 야훼 하나님이 아담과 하와에게 선과 악을 알게 하는 지식 열매를 따 먹으면 죽는다고 하였다. 그렇다면 만일 죽음에 이르도록 하는 선악과를 따 먹지 않았다면 어떤 성서의 세계가 전개되었을까? 무명에서 시작하여 죽음으로 끝나는 불교의 연기관은 윤회의 순환고리이지만, 고제(苦諦)·집제(集諦)·멸제(滅諦)·도제(道諦)의 사성제(四聖諦), 정견(正見)·정사유(正思惟)·정어(正語)·정업(正業)·정명(正命)·정정진(正精進)·정념(正念)·정정(正定)의 팔정도(八正道), 보시(布施)·지계(持戒)·인욕(忍辱)·정진(精進)·선정(禪定)·지혜(智慧)의 육바라밀을 실천하여 해탈한 차원, 본래

---

9 물론 여기에는 무아 사상을 주장하는 불교적 인간관에서 '윤회의 주체가 누구인가'라는 난제가 있다.

면목을 회복한 열반 세계는 어떻게 전개될까? 선가의 문헌인 『도덕경』에서 말한 일반적인 '도'(道)와 그럴듯한 '가도'(可道)의 차별 세계가 아닌 도의 본의를 지칭하는 '상도'(常道)와 '대도'(大道)의 세계는 어떻게 전개되었을까?[10]

통합적 세계관에서 통합적 인간이 바라보는 생사관과 분절적 세계관에 사는 분절적 인간이 바라보는 생사관의 해석학적 거리는 그야말로 하늘과 땅 차이라고 할 수 있다. 통합적 인간은 인식 대상과 생활 세계를 포용적으로 바라보면서 삶과 죽음을 초극하는 '영생'의 차원을 추구하지만, 분열적 인간은 배타적이고 이원론적인 사유 체계를 벗어나지 못하고 삶과 죽음을 별개의 사건 혹은 연장선의 사건 혹은 기억의 사건으로 인식하는 피안 세계관에 경도된다.

성경은 만물의 영장인 인간의 본래 모습인 '영생'을 찾아가는 구도의 문서이며, 이상 세계를 실현해 나가는 종교적 방법론이 적혀있는 설계도이다. 종교에서 말하는 '영생'은 무엇일까? 해탈의 경지는 어떤 차원을 말하는 것일까? 선가에서 말하는 '우화등선'과 바울이 말한 '신령한 몸'은 무엇일까? 이런 질문은 종교적 사유의 근본 물음이지만 그동안 '신비'와 '신화'와 '이단'의 영역에 가두어 두고 치열하게 묻지 않았다.[11] 이는 만물

---

10 필자는 노자 1장의 도가도비상도(道可道非常道)를 道·可道·非·常道로 구두점을 찍어 道와 可道는 常道가 아니며, 노자 18장의 대도폐유인의(大道廢有仁義)는 "대도가 은폐한 뒤에 인의가 나타났다"로 해석한다. 이렇게 읽을 경우 道와 可道는 仁義의 차원의 道와 可道이며 大道만이 常道라는 해석이 가능하다.

11 죽음에 대한 연구는 다음을 참고할 것: 한림대학교 생사학연구소에서 발행한 케네스 폴 크레이머의 『죽음의 성스러운 기술 — 세계 종교는 어떻게 죽음을 이해하는가』, 김경재의 『죽음과 부활 그리고 영생 — 기독교 생사관 깊이 읽기』 등의 생사학연구총서(2018)와 생명교육총서(2018), '모시는사람들'이 발행한 타나토스총서(2015) 등이 있다. 특히 2005년 발족한 한국죽음학회를 결성한 최준식에 의해 삶과 죽음의 종교 고전인 『티벳사자의 서』를 빗대어 『한국 사자의 서』를 포함한 종교 영성탐구시리즈는 죽음학에 관련된 세계 동향까지 소개하고 있다. 또한 한국인의 종교 문화에 나타난 『한국인의 생사관』(2008)과 『죽음이란 무엇인가』(2009)도 참고할 만하다. 무엇보다 칸트와 대척점에서 영성 세계를

의 영장인 인간의 궁극적 가치를 포기한 것이다. 우리는 끊임없이 인간 사유의 종말인 죽음에 관해 묻고 대답하여야 한다. 인간 자체를 진리 실험의 도구로 삼아야 한다.

삶이라는 인간의 시작과 죽음이라는 인간의 마지막에 대해 제도 종교마다 표현은 다를지언정 '영생'이라는 종교적 기제를 제시한다. 인류의 사주팔자는 죽음이다. 죽음은 인간이 극복해야 할 생명 현상이지 순응해야 할 운명이 아니다. 인간이 죽으면 시체를 무덤에 남기고 영혼만이 구원 받는다는 '영혼불멸설'과 기억의 공동체에서 전승된다는 유교식 영생, 시체를 화장(火葬)하고 조장(鳥葬)하는 불교식 죽음 처리법, 육신의 장생불사를 추구한 원시 도교의 생사관 등은 망각된 영생의 기억을 더듬는 피안 감성에 의한 죽음 이해에 불과하다.

이런 상대적인 죽음 이해에 대해 변찬린은 영생의 존재인 인간이 선악과 열매를 먹거나 무명 상태에 빠지는 등 특정한 사건으로 인해 발생하는 비본래적인 생명 현상을 죽음이라고 이해한다. 즉, 동물의 죽음과 인간의 죽음은 다른 차원의 생명 이해라는 것이다. 죽은 다음에 영혼을 수거하는 '죽은 자의 하나님'이 아닌 '산 자의 하나님'을 만나는 종교적 언어가 바로 '선'(僊)이자 '선'(仙)이다. 그러면 선(僊)이란 무엇이고 선(仙)이란 무엇인가? 이 분야의 선구적인 연구자인 변찬린은 선(僊)과 선(仙)을 엄격하게 구별하여 사용하고 있다. 왜 그럴까? 선맥과 풍류도를 복원한 그의 "僊(仙)攷"에서 이렇게 말한다(攷 179-212). 선(僊)은 십삼경, 『도덕경』에 출전을 두지 않고 전국 시대인 『장자』, "재유제십일"(在宥第十一)에 비로소 '僊'이 보인다. '선'(僊)은 갑골문에도 없고, 『설문해자』(說文解字)에 "비양승고"(飛揚升高: 높은 곳에 오르는 것)라고 주석한다. 선(仙)자는 「석명」(釋名) '석장유'(釋長幼)에 "늙어도 죽지 않는 것을 선(仙)이라 한다. 선(仙)은 천(遷)이며, 산으로 옮겨 들어간다"고 한다. 속세를 떠나 산속에 살며 수행을 쌓고 승천한 사람을 신선이라 생각하였다. 자형의 형성을 보더라도 복잡한 형태에서 단순한 형태로 바뀌는 것이 일반적이듯이 선(僊)이 앞선 글자이고, 선(仙)은 후대에 형성된다. 변찬린의 언어 맥락에 의하면 선(僊)은 현존하는 인간이 죽지 않고 우화등선하는 변화의 신체 변형을 지칭하는 종교적 언어이고, 선(仙)은 선(僊)의 길을 망각한 후 인간이 한 번 죽음을 경험한 후 살아나는 시해선(屍解仙)적 신체 변형을 지칭하는 종교적 언어이다.

> 선(僊)의 도비가 그 맥이 끊어진 후 선(仙)으로 나타난 듯하다.
> 선(仙)은 산(山)사람이란 뜻이지만 선(僊)은 천거된 사람이란 뜻이 있기 때문이다. 산(山)사람 선(仙)과 천거(遷去)된 사람 선(僊)은 동의어인 듯하나 차이가 있다. "천거(遷去)된 사람"이란 자리를 옮긴 사람이다. 죽어서 자리를 옮긴 것이 아니라 살아서 자리를 옮겨 신선된 사람을 선(僊)이라 한다. 이승에서 "새 이승"으로 삼차원 세계에서 사차원 세계로 자리를 옮긴 사람을 선(僊)이라 한다. 또 선(僊)의 본의는 "비양승고"(飛揚昇高)로서 하늘로 올라가는 사람이란 뜻이다. 이 비양승고는 죽어서 그 영혼이 귀천(歸天)하는 것이 아니라 살아서 승천(昇天)하는 것을 말하고 있다. (攷 189)

선(僊)과 선(仙)은 신선(神僊), 신선(神仙) 등으로 병용되다가 현재는 대부분 후자의 용어를 사용한다. 선가의 이상적 인간을 말한다. 선(僊)과 선(仙)은 한국 종교사에서 본격적인 관심을 가지고 연구한 것은 그리 오래되지 않았고, 해석을 기다리는 종교적 언어이다.[12]

---

12 변찬린은 한국의 종교적 바탕인 선맥을 고증하기 위해 떼이야르 드 샤르댕, 『성경』, 『장자』,

변찬린은 성서의 변화와 부활 사상과 동이족의 생명관을 '僊(仙)'이라는 종교적 언어로 '맥락'적으로 회통하고 재맥락화하여 현대적 언어로 보편화시켰다. 즉, "선(僊)은 장생불사(長生不死), 천의무봉(天衣無縫), 환골탈태(換骨奪胎), 우화등천(羽化登天)하는 변화의 도맥"과 "선(仙) = 생로병사, 묘지인봉(墓地印封), 시해선(屍解仙)"하는 부활의 도맥으로 구별한다(上 73). 더 나아가 그는 존재의 탈바꿈을 의미하는 "풍류체"라는 존재론, 학제적인 회통적 사유 체계인 "풍류심"이라는 인식론, 자유자재한 몸(몸+맘)살림을 말하는 '풍류객'이라는 실천론으로 확장하며 새 문명의 사유 체계를 설계한다.

노자 『도덕경』, 『중용』, 『시경』, 『성경통지』, 『삼국사기』, 『대순전경』, 『삼일신고』, 송호수 편, 『민족정통사상의 탐구』, 『동방사상논총』, 이능화의 『조선도교사』, 최인의 『한국학강의』, 『단재전서』, 『동문선』, 『포박자』, 『고려도경』을 참고하여 그의 논지를 전개한다. 1979년에는 발표된 "僊(仙)攷"는 1987년 류병덕이 『한국철학사』(상)의 "화랑도와 풍류사상", 1988년에 김상일이 『한밝 문명론』, 또 유동식이 책임 편집한 『한국 종교사상사』(증산교, 대종교, 무교)에도 인용된 이 연구 분야의 선구적인 논문이다. 독자들의 이해를 돕기 위해 논문 전문을 부록으로 실었다.

2장
한국 종교 도맥의 이중창

I. 신선 신앙의 본향, 고조선

신화는 역사의 생명이며, 역사는 신화의 발현이다. 신화는 의례를 통하여 반복적으로 재현되어 역사적으로 계승되며 공동체 위기 상황에서는 신화가 재창조되어 역사의 구심점으로 작용한다. 신화는 공동체의 기원이다.

역사 공동체로서 한국은 환웅신화, 단군신화, 해모수신화, 동명신화, 주몽신화, 혁거세신화, 알영신화 등의 신화소를 기억 공동체에 의해 공유한다. 우리가 집단 전승하는 신화들의 공통점은 무엇일까? 바로 태양신화이다. 환인(桓因)의 환은 '환하다'는 의미로 태양 자체를 말하며, 환웅은 천상의 해가 지상에 강림한 '햇살과 같은 존재'이다. 부여의 동명신화와 이를 차용한 주몽신화에서 동명(東明)이라는 말 자체가 동방의 빛, '새볽'이라고 읽힌다. 혁거세(赫居世)는 세상을 밝히는 불이자 태양이다. 알도 태양을 상징한다. 고대 신화는 온통 해와 관련된 광명 세계이다.[1]

---

1 '새'에는 새롭다는 의미뿐만 아니라 동쪽이란 의미도 있다. 예를 들면 동쪽에서 부는 바람을 새바람이라고 한다. 동이족의 신화와 고대 가요에 대한 어원과 의미는 다음을 참고할 것:

최남선은 불함문화론2을 말하고, 김경탁은 '붉족'3이라고 한다. 동이족은 빛의 근원인 '본태양'의 후예이자 빛의 공동체이다. 변찬린의 언어 맥락에서 빛은 동이족의 선맥(僊脈)의 기의이자 성서의 모세가 시내산에서 내려올 때의 얼굴 광채(출 34:29-35), 예수의 변화산의 '빛'(눅 9:29)과 맥락이 상통하는 근본어이기도 하다. 그래서 변찬린은 '흔붉'이라는 호를 쓰며 동방의 선맥과 서방의 부활 사상을 포월하려고 한다. '선맥 르네상스'의 대선언이다. 동이족의 신화는 의례화되어 역사적 광장에서 재현된다. 부여는 영고(迎鼓)라는 해맞이 '국중대회'(國中大會) 종교 행사에서 청각적인 북 의례를 하여 홍익인간의 공동체 정신을 함양하고, 고구려는 동맹(東盟)이라는 제천 의례로 동명(東明), 즉 시각적인 해맞이 의례를 통해 제세이화의 평화 세계를 다짐한다. 동옥저, 예, 마한과 진한도 제천 의례를 한다고 하였듯이 고대 한국인에게는 태양이 곧 하늘이고, 하늘이 곧 태양이다. 태양과 더불어 동이족의 역사는 시작된다. 이런 빛을 신성화하고 빛 자체가 되고자 하는 '알타이 문화'의 바른 맥락이 동이족 선맥의 기층을 이루고 있다.

그러나 우리는 선맥을 잊어버린 역사에 살고 있다. 창조적 종교성인 선맥은 역사적 공간에서 사대주의와 식민주의로 인해 그 도맥이 발현되지 않고 은폐되었다. 이런 선맥은 역사학에서는 신화적인 상상력으로, 유교에서는 사문난적으로, 불교의 몰이해로, 과학적 합리성의 이름으로, 그리스도교의 비신화론으로 종교 역사의 뒤안길에서 허황된 기념품으로만 장식되어 있다.

임재해, 『고조선문명과 신시문화』 (지식산업사, 2018), 309-462; 양주동, 『古歌研究』 (동국대학교 출판부, 1995), 1-12.

2 최남선/정재승·이주현 옮김, 『불함문화론』 (우리역사연구재단, 2008).

3 김경탁, "韓國原始宗教史(二)", 『韓國文化史大系』 VI (고려대학교 민족문화연구소 출판부, 1970), 116-130.

사실 한국 도교의 자생설은 이능화를 시발로 최삼룡, 도광순, 김홍철, 안동준 등을 포함한 한국 도교학자 상당수가 주장하고 있다.[4] 특히 이능화는 『조선도교사』에서 원래 한국의 신선 사상이 중국에서 도교화되어 한국에 역수입되었다고 하고, 김범부도 "신선의 선도(仙道)는 한국에서 발생하였"으며, 전국 시대에 비로소 선인, 신인설이 등장하여 신선기원설을 주장한다.[5] 앞에서 언급했지만 변찬린은 1978년 "선고"(僊(仙)攷)에서 당시 자생설로 언급되던 상당한 문헌을 인용하며 한국의 선맥은 중국 도교와는 다른 동이족의 독창적인 도맥이라고 주장한다.

문제는 자생설을 주장하는 학자들이 '신선'과 '진인'(眞人) 등 주장하는 개념이 현대인과 소통되는 언어로 정립되지 않아 오해가 생긴다. 신선이라고 하면 세상을 등지고 자연 속에서 바람과 이슬을 먹으면서 구름을 타고 흰 도포 자락을 휘날리는 모습을 연상하거나 세상의 인간과는 동떨어진 기인으로 묘사한다. 그렇다면 성서에서 예수가 죽은 지 나흘이나 되는 나사로를 살려내는 기적(요한복음 11장)이나 태어날 때부터 맹인이었던 사람을 "땅에 침을 뱉어 진흙을 이겨 그의 눈에 발라" 눈을 뜨게 하는 일(요한복음 9장)은 어떻게 인식하여야 할까? 또한 예수가 죽은 지 사흘만에 부활하고 승천하는 사건은 어떻게 이해하여야 할까? 신선은 우리와 동질의 인간으로서 구도의 과정을 완성한 '완전한 인간'의 선가적 표현이다. 필자는 동아시아의 신선과 성서의 에녹, 엘리야, 모세, 예수 등을 '선화적 인간'(僊化的 人間, Homo Spiritus) 혹은 '풍류체'(風流體) 혹은 '영성생활인'(靈聖生活人)이라고 문맥에 따라 혼용하여 쓰기로 한다. 간단하게 말하여 시공 우주에서는 성인처럼 무소유의 삶을 살다가 영성

---

4 정재서, 『한국도교의 기원과 역사』 (이화여자대학교 출판부, 2006), 69-96. 그러나 해외 도교 학자들은 신선 신앙의 한국자생설을 인정하지 않는 것이 통설이다. 野崎充彦, 『道教の大事典』 (菅英志, 1994).
5 김범부, 『풍류정신』 (정음사, 1986), 145.

우주로 갈 때는 존재 탈바꿈을 하는 인간을 말한다. 생물학적인 개념으로 선화적 인간은 호모 사피엔스 다음에 출현하는 새로운 종의 인간을 말한다.[6]

　한국 도교의 자생설의 중핵은 동이족의 신선 신앙이다. 그러나 신선 신앙은 중국 도교에 가탁되어 유교의 '괴력난신'의 장막에서 대화 상대조차 되지 못하였고, 도사들은 불교와의 논쟁과 유·불·도가 합일하는 시대적 추세에 자리매김하지 못한 역사가 있다.[7] 단지 문학작품과 무술 영화에서 신이(神異)한 인물로 묘사되어 현대 종교 담론의 공간에 들어설 엄두조차 못 내고 있다. 여기에 한국 도교 자생설 혹은 기원론을 주장하려면 풀어야 할 더 큰 난제가 급부상하였다. 바로 요하 문명의 존재이다. 1980년 초에 내몽고 등지에서 발굴된 요하 문명은 세계 고고학계를 뒤흔든 문명사적 사건이다. 중화민족은 상고 시대부터 황제족의 후예로서 황화 문명에 뿌리를 둔다고 역사를 서술했지만, 황하 문명보다 더 오래되고 발전된 요하 문명이 발굴되자 전혀 문명의 결이 다른 요하 문명도 황제족이 형성했다고 선전하고 있다.

　현대 중국은 자신의 강역 안에서 발생한 다민족의 역사도 중국 역사라는 "통일적 다민족국가론"이라는 역사관을 수립하여 우리의 고대사인 고조선, 부여와 고구려의 역사마저 중국의 변경사로 재단하고 있다. 중국 정부의 주도하에 진행된 하상주단대공정(夏商周斷代工程), 중화

---

6 풍류체는 존재 탈바꿈한 이율배반적인 존재 양태를 강조하며, 영성생활인(靈聖生活人)은 시공 우주에서 무소유의 삶을 사는 일상 생활인의 측면을 강조하고, 선화적 인간은 생물학적으로 호모 사피엔스 다음에 출현하는 새로운 종이라는 측면을 강조한 의미이다. 풍류체는 3부 4장 IV "풍류체의 존재론적 양태"를 참고할 것.

7 최근에 김용옥이 "노자는 고조선의 사상가이다. 나는 그렇게 생각한다. 아니 그렇게 느낀다. (중략) 근거는 노자가 중국에서 잘 이해되지 않았고 지금도 노자는 열심히 중국 사상가들에 의해 배척당하고 있기 때문이다"라고 말하고 있다. 김용옥, 『노자는 옳았다』(통나무, 2020), 500. 이런 학문적인 방법을 김범부는 오증론 가운데 '혈증'(血證)이라고 한다.

문명탐원공정(中華文明探源工程), 동북공정 등의 역사 공정은 중국의 21세기 '대중화주의건설'을 위한 치밀한 국가 전략이다.[8] 우실하의 "동북공정의 최종판은 요하문명론"이라는 지적은 고대사의 역사적 이해관계를 가진 우리에게 새로운 역사 담론을 형성할 수 있는 지점이라는 것을 자명하게 드러낸다. 이로 인해 동이족의 역사적 공간이었던 요하 문명의 발굴은 신화적 담론이 아닌 역사적 담론으로 전환시킨 계기가 되었으며, 동시에 환웅신화, 단군신화, 부여신화, 해모수신화, 동명신화 등 고대사 연구 자료가 절대적으로 부족하던 역사학계에 다량의 역사 텍스트가 제공된 고고학적 사건이기도 하다.[9]

사실 한국 도교의 자생설은 신선 사상과 노장철학, 내·외단적 연금술, 음양오행 등 민간 신앙이 혼잡된 중층적이고 다의적인 도교 개념[10]임에도 자생한 한국 도교가 무엇인지조차 모호하기 짝이 없는 채로 각자의 주장이 전개된 경향이 있다. 일반적으로 '도교는 중국의 토생토장(土生土長)의 종교'라는 고착된 언어로 통용되고 있는데, 실체가 없는 주장은 '국수주의와 민족주의'로 오해 받기 십상인 것이 한국 도교 자생설의 한계적 상황이다.[11]

그런데 정재서가 『한국 도교의 기원과 역사』에서 언급한 "안동준 역시 고구려 도교와 관련하여 한국 도교의 독자적 발생 가능성을 타진하고 있어 한국 도교의 자생설에 대한 논의는 새로운 단계에 접어들었다"

---

8 우실하, "동북공정의 최종판 요하 문명론", 「단군학연구」 15 (2006), 5-35; 정경희, "백두산 서편의 제천유적과 B.C.4000년~A.D.600년경 요동요서 한반도의 환호를 두른 구릉성 제천시설에 나타난 맥족의 선도제천문화권", 「단군학연구」 40 (2019), 74-81.
9 이에 대해 주의를 환기하는 최신의 연구 성과로는 임재해 외, 『고대에도 한류가 있었다』 (지식산업사, 2007); 신용하 외, 『고조선문명총서』, 6권 (지식산업사, 2018) 등이 있다.
10 도교의 정의는 다음을 참고할 것: 酒井忠夫·福井文雅, "道教とわ何か", 『道教 1』 (平河出版社, 1985), 5-27.
11 卿希泰·詹石窗, 『中國道敎通史』, 全5卷 (人民出版社, 2020).

고 지적하는 글은 필자에게 상당한 지적 충격으로 다가왔다.[12] 왜냐하면 한국도교학회 회장인 안동준은 『한국도교문화의 탐구』에서 한국 도교 자생설을 단순한 선언적 주장이 아니라 문헌 자료와 유적 자료로 고증한 '실체'를 바탕으로 주장했기 때문이다.

우리의 논제에 집중하면, 요하 문명은 동이족의 선맥을 실체적으로 밝힐 수 있는 중요한 실마리가 될 수도 있다. 안동준의 학문적 전략은 상당히 치밀하다.[13] 선맥에 대해 상당한 식견과 체험이 있음에도 불구하고 우선적으로 제도적인 도교 문화의 '동북 지역 발생설'을 주장하는 우회로를 선택하고 있다. 그는 주장한다. ① 도교의 신념 체계와 의례 체계의 주요한 부분이 요동 반도에서 기원하여 태평도와 오두미교, 백가 도의 강남 도교 등에 영향을 미쳤다. ② 음양팔괘 사상도 고구려 고분벽화에 먼저 나타나 중국 내륙으로 전파되었다. ③ 신선 사상은 청구인 동북 지역에서 발생하여 중국에 전래되었고, 춘추전국 시대의 방외인과 그들의 신선 사상은 연과 제나라에서 전래되었는데 이곳이 요동 반도와 발해만 지역이다.[14] 즉, ①, ②, ③의 발상지가 동이계의 신화 구역인 고조선과 부여, 고구려 지역임을 말하고 있다. 도교는 이처럼 1) 신선 사상, 2) 노장 등 도가 사상, 3) 외단과 내단의 연금술, 4) 음양오행과 무교 등 민간 신앙이 혼합된 하나의 종교 체계이다. 일부 선학들이 선맥의 자생 설을 주창했다면 안동준은 이를 포함하여 도교 문화 자체가 동이계의

---

12 정재서, 『한국도교의 기원과 역사』, 86.
13 이 분야에 관심 있는 독자는 안동준의 연구 성과를 참고할 것: 『한국홍산 문화의 탐구』 (지식산업사, 2008); "광개토대왕 비문에 보이는 '西城山'의 도교적 함의", 「고조선단군학」 30 (2014), 183-211; "태을천존 신앙의 연원", 『삼신·선·후천개벽』 (상생출판, 2021), 225-256; "요동 반도 영성자 고분벽화의 신선 신앙", 「단군학연구」 46 (2021), 163-203; "신선 사상 기원설에 대한 비판적 검토 —'황제동도설'을 중심으로", 「단군학연구」 43 (2020), 49-94.
14 안동준, "한국 도교의 죽음 의식", 「洌上古典研究」 54 (2016), 231.

북방 지역에서 중원에 전파되었다는 주장을 하고 있다.

그는 고구려의 도교사가 "김부식의 유교사관으로 말미암아 잘려 나가고, 일연의 불교사관에 따라 또 다시 분쇄된 것"[15]이라고 진단하며 도교의 발상지는 중원이 아닌 고구려의 서성산을 중심으로 한 서성산파(西城山派)라고 예단한다. 서성산(西城山)은 도교의 성지인 10대 동천(洞天)의 하나로서 요동성 환인현의 오녀산으로 추정되는 제삼동천이다. 이곳은 요양 출신인 서성왕군 왕포(王褒)와 해주 출신인 백중리(白仲理)가 구도한 곳이다. 특히 백중리는 강남 백가도(帛家道)의 조사로서 영보파(靈寶派)와 상청파(上淸派)의 모태가 되었다는 점에서 서성산은 새롭게 인식되어야 한다고 그는 주장한다.

만약 독자들이 도교에 약간의 관심이 있다면 『포박자』에서 말한 한족의 시조인 황제가 청구(靑丘)에 가서 자부선인(紫府仙人)을 만나고 「삼황내문」(三皇內文)을 받았다는 얘기를 들어보았을 것이다. '청구'와 「삼황내문」은 도교 자생설을 주장할 때 반드시 언급되는 지역이고 문서이다. 바로 이 「삼황문」이 고구려 서성산파 백중리를 조사로 받드는 백가도의 주요 경전이고, 이 백가도는 위진 시대 천사도(天師道), 즉 오두미교(五斗米敎)의 일파라는 점에서 중국의 강남 도교와도 관계를 갖는다고 논증한다. 다시 강조하면 도교의 중심 경전인 「삼황문」이 고구려의 초기 도읍지인 오녀산에서 출현하고, 이 경전은 요동 출신인 백화에게 전수된 중국 도교의 경전이 아닌 오히려 고조선 혹은 고구려 계열의 부록파(符籙派)의 경전으로 추정된다는 것이다. 선학들이 주장한 도교 자생설은 그에 의해 지역(명)과 인물과 경전이 특정되어 중국 도교에 미친 구체적인 정황들로 제시되고 있다.

---

15 안동준, 『한국도교문화의 탐구』, 97.

[좌] 창덕궁 후원 연경당의 태일문 [우] '太一門'의 현판 2020. 5. 21. 필자 촬영

그뿐만 아니라 부여와 고구려 등 북방계의 천문 신앙과 신격과 제천 의례가 오두미교와 태평도 등 중국 초기 도교에 전유되었다고 밝히고 있다. 예를 들면 "부여와 고구려에서는 태일성(太一星)에 천제(天帝)라 는 신격을 부여했는데 이러한 천제 사상이 북방계 신화의 근원으로 작용 하면서 제의도교의 태일 신앙으로 이어지는 점을 감안한다면 송대에 등장한 신소파(神霄派) 계열의 『옥추경』(玉樞經)은 고조선 지역의 신화 에 남아있는 무교적 요소를 도교적으로 변용하였다"고 말한다.[16] 또 다 른 예로 고구려 등 북방계 도교의 특징인 태일성신(太一星神)과 태일 신앙을 중시하는 고구려의 신격은 지고신인 태일성신으로 추정되는데 이는 정명도의 태일 신앙과 상청파, 영보파, 신소파 등과도 일정한 관계 를 맺고 있는 유력한 증거로 제시하고 있다. 우리가 중국 도교의 신앙으 로 알던 태일신과 태일 신앙은 조선 시대까지 태일전에서 의례가 거행되 었다(사진 참고). 경북 의성의 빙계계곡과 충남 태안의 백화산에는 태을 전의 흔적이 남아 있다.

서울 삼청동의 삼청(三淸: 원시천존, 영보천존, 태상노군으로 도교의 최 고신격)과 삼청동문(三淸洞門), 사대문의 성곽 중 하나인 창의문은 자하

---

16 안동준, 『한국도교문화의 탐구』, 36.

문(紫霞門)이며, 도봉산의 도봉계곡에는 제일동천, 북악산에 도화동천(桃花洞天), 부암동 백사실에는 백석동천(白石洞天) 등도 도교의 남겨진 흔적 가운데 일부이다.

고조선 지역의 도교가 중원 도교의 밑바탕을 형성했다는 안동준의 주장은 이에 그치지 않는다. 도교의 최고신인 옥황상제와 원시천존도 고조선의 신격에서 유래하였으며, 그가 주재하는 도교의 이상향은 동방의 부상국(扶桑國)이라고 제시하고 있다. 중국도교학회는 옥황상제의 연원을 부려원시천존(浮黎元始天尊)이라 하는데 이 부려는 부상(扶桑)을 가탁한 언어로 요동 지역의 부여와도 밀접한 관계를 가진다. 또한 고구려의 오방 사상, 즉 오방성두(五方星斗) 사상이 후한 장릉이 창시한 오방성두를 신앙하는 오두미교의 연원이 되며 도교 영보파에서도 동방의 부려토(浮黎土)를 중시한다. 부려는 나라이기도 하고 최고신의 이름이기도 한 '태일'(太一) 또는 '태을'(太乙)이라고도 하며, 부려토는 도교의 지고신인 원시천존이 주재하는 동방정토이다. 그런데 중국의 도교와 불교의 논쟁에서 원시천존이 중국 동북방의 최고신격인 부려천존 신격이라는 정체가 드러나 불교 측에서 동방의 지리적 공간이 고구려나 백제가 아닌가라는 반격을 받고 도교사에서 은폐된다. 중국 학자가 고증한 "옥황상제의 실체가 동방 부려토를 주재하는 '부려원시천존'"이라는 점은 우리가 기존에 알고 있던 도교의 최고신의 연원에 일대 전환을 요구하고 있다.[17]

필자는 안동준의 주장을 담론화하자는 측면에서 아주 간략하게 소개하였다. 필자는 그의 기존의 연구 성과보다는 앞으로 발표될 연구 성과에 더욱 관심을 가져야 한다고 강조하고 싶다. 왜냐하면 그는 유·불·도의 경전에 대한 충분한 전문지식을 가지고 고고학, 천문학, 신화학,

---

17 안동준, "최치원과 오방사상", 「고조선단군학」 37 (2017), 77-105.

문헌학, 도상학, 도교 신학 등을 포함한 융합적이고 학제적인 방법을 연구에 응용하기 때문이다. 이 글에서도 동북 도교 기원설의 방증 자료로서 제시한 동이족의 신화와 의례에 관련되는 부분은 책의 주제에서 벗어나기 때문에 언급조차 하지 못하였다. 당장 눈앞의 과제로서 "1) 사라진 부여의 동명왕과 그 신화도 중국 도교사에서 변용되어 출현하는가? 2) 부여의 영고와 고구려의 동맹 등 의례공동체에서 사용하던 역사적 흔적도 고증할 수 있는가?" 이외에도 우리가 그동안 오해하였던 한국 도교 문화에 대한 많은 부분이 그의 치밀한 연구를 통해 세상에 얼굴을 내밀 것으로 기대한다.

II. 선맥과 무맥

우리는 한국의 선맥인 신선 신앙과 이를 중심으로 한 도교는 고조선 문명의 뿌리를 이루고 있는 동이족의 본맥이자 정맥(正脈)으로 우리의 풍류적 심성에 내장되어 있는 선맥임을 알 수 있다. 그러면 신선 사상인 선맥과 무맥(巫脈)이라는 종교 전통의 도맥은 어떻게 이해하여야 할까? 한국 종교의 중핵인 선맥과 무맥의 유사성, 차별성, 변별성에 대해 구체적으로 살펴보기로 하자.

1. 선맥의 풍류성과 무맥의 무교성

한국 종교 문화에서 선맥과 무맥은 종교적 인간의 '맥'(脈)에서 발흥한다는 측면에서 같은 실재에 바탕을 두지만 신앙 현상은 어떻게 표현될까? 문화인류학자 조흥윤은 신들림 현상과 음주가무 등의 무교 의례도 신명이 제대로 나지 않는 등 "오늘날의 무는 퇴화된 모습이다"라고 말하고 있다.[18] 한국 종교 문화의 원형이 무교라고 말하는 학자의 견해도 조흥윤과 별반 다르지 않다. 즉, 고대의 무교와 현대의 무교는 종교적 언어는 같이 사용할지라도 혼합되어 분별이 쉽지 않다고 하지만, 선맥과는 뚜렷한 차별성을 가지고 계승되는 도맥이다.

첫째, 선맥의 풍류성과 무맥의 무교성은 각자 발현하는 신이 다른 차별성을 가진다. 하늘의 지고신이 발현하는 종교 현상은 선맥 의례이고, 다양한 신령과 강신을 체험하는 종교 현상은 무교 의례라고 말할 수 있다. 선맥의 풍류성은 한국의 신화와 제천 의례에서 지고신을 신앙하지만, 무교성은 지고신보다는 오히려 다신(령)적인 신관에서 발현되는 종교 현상이다. 고조선 문명 이래로 제천 의례에서 집단 전승된 지고신과 신선 신앙에 바탕을 둔 선맥 의례는 최치원에 의해 삼교를 포월하는 종교적 영성으로 규정된다. 선맥은 하늘 신앙과 선적(仙的) 신명에 바탕을 둔 창조적 영성이다. 우리는 홍익인간과 이화 세계, 광명 세계와 평화 세계의 고대 동이족의 역사적 사실(史實)을 신화적 사건으로 이해해서는 안 된다. 윤승용은 "한민족의 근본 신앙은 하늘 신앙과 제천 의례이고, 그것을 조형으로 하여 한민족의 종교성을 대표하는 선적 신명(仙的 神明)과 다른 한쪽은 북방 시베리아 전역에 걸쳐있는 종교성인 무적 신명(巫的 神明), (중략) 그리고 고유한 천지신명이 있다"고 구별하고 있다.[19] 이처럼 하늘의 지고신에게 드리는 제천 의례와 다양한 신령이 강신하는 무교 의례와는 구별되어야 한다. 최제우의 종교 체험은 토착화된 지고신의 종교 체험이다. 동학 이후 발생한 민족종교는 공통적으로 개벽 세계

---

18 조흥윤, 『巫와 민족문화』(한국학술정보, 2004), 21.

19 윤승용, "민족종교의 기본사상", 『한국 민족종교의 기본사상 ―단군, 개벽, 신명』(한국민족종교협의회, 2019), 23-31; 류병덕, "한국 종교 맥락에서 본 원불교 사상", 『문산 김삼룡박사 외집기념논문집』(원광대학출판부, 1985, 41).

와 지상선경이라는 미래 세계를 이상향으로 제시하고 있다. 이는 무속적 세계관이 아닌 풍류적 세계관에서 전개되는 종교 사상이다. 반면에 무맥의 무교성은 강신무라는 의례 전문가에 의해 신도의 종교적 요구에 부응하여 다양한 신령의 기능신(Function God)[20]을 불러 청신(請神), 오신(娛神), 송신(送神)의 과정을 통해 길흉화복을 조정하며 조화로운 세상을 지향한다. 한국의 신명 세계는 선맥의 하나님과 다양한 신령이 공존하는 평화 세계이다.

둘째, 한국의 선맥의 신관과 그리스도교 전통 신학에서 규정하는 신관은 동일하지 않는 차별성이 있다. 일부 토착화신학자는 한국의 '하나(느)님'과 최제우의 신 체험을 내재적이고 초월적인 범재신론이라고 주장하며 그리스도교의 유일신관과 유비적으로 이해하고 있다. 그럼에도 '다시 개벽' 후 선화적 인간이 사는 지상선경에 대해서는 거의 관심을 두지 않는다. 선교 신학자가 한국 종교 문화에서 나타나는 '하늘님'이 범재신론이라고 주장하는 것은 서구 신학의 맥락에서 형성된 신학적 언어로 한국의 신관을 재단하려는 호교론적 신론으로, 이는 한국의 신관을 왜곡할 가능성이 다분하다. 윤이흠은 "한국인의 지고신 관념에서 재래의 하느님 관념은 중국적 관념과는 동질성을 유지하는 선에서 혼용하고 있으나, 기독교의 유일신 관념과는 아직 타협점을 찾지 못한 단계이다"[21]라고 지적하고 있다. 한국의 신관과 그리스도교 신관의 화해 담론은 III부 2장에서 자세하게 논하겠다. 한국 종교 역사에서 그리스도교식의 신관이 뚜렷하게 형성되지 않은 까닭은 한국 종교 역사에서는 지고신

---

20 무속연구가 김태곤은 한국의 무신(巫神)을 273종으로 보고하고 있다. 김태곤, "한국 무신의 계통", 「文化人類學」 3 (1970), 69-78. 이외에도 무신에 대해서는 다음을 참고할 것: 村山智順, 「朝鮮의 鬼神」, 노성환 옮김 (民音社, 1990), 115- 218; 조흥윤, 「한국巫의 세계」 (민족사, 1997), 178-203.

21 윤이흠, 「한국인의 종교관」 (서울대학교 출판부, 2001), 48.

과 다양한 신명이 평화와 조화의 세계에서 공존하기 때문에 야훼 신앙과 같은 '나 이외에 다른 신을 믿지 말라'는 식의 투쟁과 질투의 면모는 나타내지 않는다. 선맥의 하나님은 다양한 신령을 부리며 풍류적 인간은 '신난다'라는 신명을 지피는 주체적인 신앙 현상으로 발현된다. 이런 종교 전통은 민족종교뿐만이 아니라 자기 수련적 전통을 가진 풍류적 인간에 의해 발현하는 살아있는 종교 현상이다.

셋째, 풍류성은 신인합발(神人合發)의 줄탁동기의 종교성이지만, 무교성은 신인합일의 타력적 영성이다. 풍류성은 인간에 내재된 신성을 자발적인 수련에 호응한 지고신의 발현 현상으로 지속성을 가진 종교성이지만, 무교성은 타력적인 신령의 '신병'(神病) 현상에 의한 합일 현상으로 '무당 삼 년', '신명 5년'이라는 말에서도 알 수 있듯이 영속적인 종교적 기제가 아니다.

넷째, 풍류성은 선맥과 연계되어 선화적(仙化的) 인간으로 존재 탈바꿈을 한다. 풍류적 인간은 영성생활인으로서 세속에서는 풍류심의 마음을 가지고 풍류객으로 살다가 풍류체로서 존재 변형하는 영성이다. 반면 무교성은 존재론적인 인격 변화 혹은 존재 탈바꿈에 대한 특성은 드러내지 않고 현실 지향적인 조화를 추구하는 영성이다. 무맥은 선맥에 의해 완결되는 구조이지만, 무맥은 선맥의 수용성만을 공유할 뿐 존재 비약이라는 존재 변형의 현상을 보이지 않는다. 이 점이 두 맥을 구별하는 가장 큰 변별성이라고 할 수 있다.

다섯째, 풍류성과 무교성은 종교 조직으로 제도화되지 않는 유사성을 가진다. 종교학적 측면에서 풍류성은 아직까지 제도 종교로서 조명된 적이 없다. 풍류성은 문자 그대로 '바람의 흐름'이기에 특정한 조직에 창조적 영성을 불어넣을 수는 있지만 그 실체가 조직화된 적은 없다. 무교도 종교학에서는 하나의 종교 현상이다. 무교, 무속, 무, 샤머니즘,

민속과 무속의 중첩성 등 필요에 따라 다양하게 불려 개념 설정이 모호하다는 것은 그만큼 실체적인 '무엇'이라고 규정하기 어렵다는 말이기도 하다. 이로 인해 풍류도를 화랑도와 동일시하거나 선맥의 풍류가 발현하는 현상과 무속 신앙이 유비적인 현상을 나타내기에 혼동하는 근거가 되기도 한다. 그러나 종교성으로서의 풍류성과 무교성은 제도 조직 속의 실체로서 발현되지 않는다. 따라서 무당은 흔히 강신무, 세습무, 학습무로 분류하지만, 신령이 무당의 몸속에 깃드는 신내림 현상은 강신무에게만 체험된다. 종교 사제로서 강신무의 고유한 신적 체험 현상이다. 세습무와 학습무 등과 같이 신적 내림 현상이 없는 종교 사제는 그 영역에서 그다지 높은 평가를 받지 못한다. 다시 말하면 한국 종교 문화의 맥락에서 종교 사제는 자기 수련적 전통의 자발성 안에 깃드는 하늘(님) 체험으로 발현되는 신인합발(神人合發)의 '신나는' 풍류적 인간이지, 제도 종교의 교육 시스템에서 양성되는 직업 종교인을 말하는 것은 아니다.

여섯째, 풍류성은 자발적인 창조적 영성이며, 무교성은 타력적인 수동적 영성이다. 풍류성은 '홍익(弘益)하는 인간' 혹은 '홍익할 수 있는 인간'이 온 우주를 재세이화하여 조화로운 공동체를 만든다는 개혁적인 지향점을 가지며, 개인 차원에서도 자발적이고 지속적인 종교적 수련 의례로 의식의 고양 등 인간 자체의 변화를 시도한다. 반면에 무교성은 현세 기복적인 면이 강조되면서 타율적이고 수동적이며 현실 타협적인 신앙 현상을 보이는 경향이 강하다.

일곱째, 선맥의 풍류성은 무맥의 무교성을 포용하는 종교성이지만, 무맥의 무교성은 선맥의 풍류성을 포착하지 못한다. 풍류성은 포함론(包含論), 즉 내재한 창발적 기제로 외래 사상을 수용하고도 남음이 있는 창조적인 에피스테메를 형성하지만, 무교성은 습합론(褶合論)으로 단순하게 외래 사상을 수용하는 수동적인 혼합주의적인 양상을 드러낸다.

한국 종교의 역사에서 풍류성이 강조될 때는 원효의 통불교운동, 의상의 정혜결사(定慧結社)운동 등이 민중의 무교성과 결합되어 사회를 혁신시키는 영성운동으로 확대되고 확산된다. 그러나 민중의 무교성과 단절된 퇴계와 율곡의 성리학의 성과물은 개인 차원의 풍류성의 발휘에 머물고 만다. 풍류성의 바람이 불면 주체적이며 창발적인 종교의 사회화 운동으로 공동체의 분위기를 개혁하는 경향이 있지만, 무교성이 강조될 때는 종교 사대주의와 교파(학) 식민주의가 주를 이루어 기복적이고 현실 안주의 사회 분위기를 조성한다. 이런 관점에서 한국에 그리스도교가 전래된 이래 서구 신학의 대리전 양상을 띠는 한국 그리스도교의 모습은 풍류성이 발휘되지 않고 무교성이 작동된다고 평가할 수 있다. 특히 교회 매매와 교회 세습, 사회적 공감을 얻지 못하는 일부 교회와 목회자의 종교 행위, 기복 신앙과 자본 신앙에 매몰된 교회 현상은 한국인의 풍류적 심성에 안착하지 못한 수입 종교의 한계를 드러내는 실례라고 할 수 있다. 이는 풍류성을 가진 창조적 소수자가 그리스도교의 직업 종교인에게 부족하다는 방증이며, 대부분의 직업 종교인이 무교성에 의지하여 기복 신앙에 치중하는 그리스도교 생태계의 자화상의 한 단면이라고 할 수 있다. 이는 다른 종교도 마찬가지이다.

한국의 전통 도맥인 창조적인 풍류성은 '접화군생'하는 선맥이며, 수동적인 무교성은 '사대성'과 '식민성'의 담지체의 역할을 담당할 뿐이다. 다시 말하면 풍류성은 한국의 도맥을 발현하여 외래 사상을 주체적으로 해석하여 보편성을 가진 창조적 기제로 작동시키고, 무교성은 한국의 종교 문화가 외래 종교와 사상의 전래사 혹은 수용사로서 강제된다는 차이점이 있다.

풍류성과 무교성은 한국 종교 문화의 기저에 흐르는 도맥이다. 풍류성은 엘리트 종교의 경향을 가지며, 무교성은 민중 종교의 공동체 성향을 가지며 한국 종교사에서 인체 DNA의 이중나선구조와 같이 공존하고 있다.

구분	선맥의 풍류성	무맥의 무교성
신앙 대상	지고신	신령
지고신과 신령의 관계	공존과 조화	배타
종교 체험	신인합발(神人合發)	신인합일(神人合一)
종교적 기제	능동적 기제: 자발성, 창발성, 포용성, 개혁적 영성	수동적 기제 : 타발성, 수용성, 종합성, 현실구복적 영성,
존재론적 차원	존재 탈바꿈	없음
인식론적 차원	포함론(包含論) ⊃ 유교+불교 + 도교 + 그리스도교… * 주체적 수용	습합론(褶合論) ≒ 유교+불교+도교+그리스도교 * 외래 종교 전래사
실천론적 차원	엘리트 지향으로 사회개혁	대중 지향으로 공동체성 강조
전승 매체	인간	인간
제도화	제도화되지 않음	제도화되지 않음
두 맥의 관계	선맥에 의해 무맥이 완성	무맥은 선맥의 수용성만 발현

[도표 1] 선맥의 풍류성과 무맥의 무교성의 비교 (1)

2. 풍류 담론과 풍류선맥정통론

예시 1: 혹자가 '신선'이라는 말을 들으면 구름을 타고 긴 지팡이를 들고 흰 머리를 휘날리는 인간의 모습을 상기할 터이고, 혹자는 불룩 나온 배에 온화한 미소를 띠고 지팡이를 가진 산신 옆에 익살스런 호랑이와 소나무 가지에 까치가 있는 한국의 신선도를 연상할 것이다. 눈 밝은 이는 엘리야가 회오리바람을 타고 승천하는 모습을 상상할 터이다. 그러면 예수가 십자가에 못 박힌 후 로마 군병이 찢으려고 한 속옷이 "호지 아니하고 위에서부터 통으로 짠 것이라"는 성구는 어떻게 이해할까? 이 통으로 짠 속옷이 바로 영화(靈化)하고 선화(仙化)하는 궁극적 인간이 입는 천의무봉(天衣無縫)이다.

예시 2: 종교학자인 동료 교수가 한국 목회자의 초청으로 강연을 한 후 질의에 대한 응답 과정에서 나온 얘기라고 한다.

목회자 : 강의는 잘 들었습니다. 그런데 구름 타고 우화등선하는 신선의 얘기를 정말로 믿습니까?

종교학자 : 그러면 목사님들은 예수가 빈 무덤에 세마포를 남겨두고 부활했다는 얘기를 믿으십니까?

목회자들 : …

예시 3: 변찬린은 니고데모와 예수의 대화에서 말하는 '거듭난 자'가 단지 도덕적인 개과천선이 아닌 '영으로 거듭난 사람'을 의미한다고 하며 다음과 같이 말한다.

바람이 임의로 불매 네가 그 소리는 들어도 어디서 와서 어디로 가는지 알지 못하나니 성령으로 난 사람도 다 그러하니라(요 3:8).
성령으로 거듭난 사람은 바람 같다 하였다. 바람! 바람은 무엇을 암시하는가? 바람은 아무 곳에도 머물지 않고 집착하지 않고 항상 흐른다. 절대 자유한 존재는 바람처럼 머물거나 집착하지 않고 흘러야 한다. 그러므로 바람은 절대 자유한 자이다. 율법과 죽음에서 해방 받은 자이다. 진리로 자유하게 된 존재이다. 절대 자유한 자는 풍류체가 되어야 한다. 무애자유한 거듭난 사람, 이것이 영으로 다시 난 사람의 정체이다. (下 483-494)

선(僊)은 한국 종교 문화의 기층을 형성하는 원류이자 본류이다. 중국의 13경에도 보이지 않고, 『노자』에도 없으며, 춘추 시대를 지나 전국 시대(BC 403~BC 221)의 『장자』에 와서야 신선설이 등장한다.[22] 그러나 『산해경』 등 설화집을 포함한다면 그 기원은 더 올라갈 수도 있다.

도교는 신선 사상을 기반으로 노장 사상 그리고 유교와 불교와 교섭하면서 다양한 중국 민중 신앙을 받아들여 형성된 중국 종교로 알려져 있다. 교단 도교는 중국에서 자생한 제도 종교이지만, 도교의 핵심 사상인 신선 사상의 원류는 동이족이다. 장생불사를 종교적 기제로 탄생한 도교가 중국의 제도 도교에서 홀대시되는 것과 부활과 변화의 영생적 기제를 담은 성서가 그리스도교 문화에서 홀대받는 것은 묘한 유사성을 보이는 대목이다.

선맥(僊脈)의 전통은 동이족이 살던 청구(靑丘)가 발상지이며, 선맥의 하늘을 개천한 사람은 동이족이다.[23] 선맥은 한국의 종교 기층을 형성하는 종교의 핵이다. 선맥 전통은 고조선 문명의 종교적 핵심이며, 최치원(857~?)의 「난랑비서」에서 그 종교적 정체성이 규정된다. 이런 선맥의 종교 문화적 명칭을 그는 '풍류'라고 한다. 풍류와 풍류도(風流道, 풍류의 길)는 고대로부터 전승되어 온 광명한 세계에서 펼쳐진 홍익인간과 재세이화하는 평화의 선맥을 말한다. 풍류는 신화와 의례를 통해 한국인의

---

22 김범부, "단학과 선도", 『풍류정신』, 205.
23 한국도교와 신선 사상에 대해서는 다음을 참고할 것: 이능화, 『조선도교사』, 이종은 옮김 (보성문화사, 1985); 정재서, 『한국도교의 기원과 역사』; 정재서, 『不死의 신화와 사상』 (민음사, 1994); 안동준, 『한국도교문화의 탐구』; 임채우, 『한국의 신선』 (소명출판, 2018); 김윤경, 『한국도교사』 (문사철, 2022).

도맥(道脈)의 본바탕을 형성하는 종교적 기제이다.

최치원은 신선(神仙)을 상징하는 난랑(鸞郎)이라는 화랑을 기리며 쓴 비문에 "나라에 현묘(玄妙)한 도(道)가 있으니 일컬어 풍류(風流)라 한다. 가르침의 근원이 선사(仙史)에 자세히 적혀있다. 풍류는 삼교(三敎)를 포함(包含)하고 뭇 생명을 제 길수대로 조화롭게 한다"고 하며 풍류에는 삼교의 이치를 다 포함하고도 남는다는 한국 영성의 정체성을 「난랑비서」 76자에 기록하고 있다. 그의 역사적 기록이 권위를 갖는 것은 한국 종교의 역사 인물 가운데 유·불·도 삼교에 정통한 역사적 문헌을 남겨놓았을 뿐 아니라 선화적 인물로 기억되기 때문이다. 최치원은 당나라에 유학을 가 문필을 떨친 엘리트 학자이다. 당시 장안은 동서 종교의 교류지인 국제도시였다는 점을 잊어서는 안 된다. 그는 사후에 문창후(文昌候)에 추시(追諡)되어 문묘에 배향되고 제향될 정도로 한국 유학사에서 자리매김하고 있다. "지증대사비문"(智證大師碑文)에서 신라 선종사(新羅禪宗史)를 기술하고 화엄종에 관련되는 글을 20여 종이나 썼으며 승려 현준과 정현 등과 교유하며, 말년에 가야산 해인사에서 칩거했다는 기록이 보이는 등 불교에도 조예가 깊었다. 게다가 당나라에서 고변의 종사관으로 있으면서 도교의 수련술을 배워 귀국하였으며, 『계원필경』에는 도교 제초 의례에도 정통한 것을 입증할 만한 초제가 14편이 있다. 한편 그는 당나라에서 시해술(尸解術)을 배운 후 귀국했지만, 잊고 있다가 친형인 승려 현준에게 다시 배워 '가야보인법'(伽倻步引法)이라는 수련서를 남기고, 선거(仙去)했다고 회자되는 역사적 인물이다(사진 1, 2, 3 참조).[24]

---

24 최삼룡, 『한국문학과 도교사상』 (새문사, 1990), 73-74, 281-298: 특히 최치원과 가야보인법
　에 대한 구체적인 연구는 안동준, "최치원의 가야보인법과 현묘지도", 「도교문화연구」 37
　(2012), 47-73을 참고할 것.

[좌] 최치원의 동상 [중,우] 최치원이 새겼다는 해운대 석각. 2020.8.11. 필자 촬영.

이처럼 '풍류'의 종교성은 유·불·도에 정통한 국제적인 종교 전문가이자 당대 최고 문장가의 글이기에 한국 종교를 언급할 때 지나칠 수 없는 신빙성 있는 종교 자료로 평가된다. 이런 풍류도의 가치를 재발견하고 담론의 장으로 이끌어 낸 사상가는 김범부(1897~1966: 본명은 정설(鼎卨) 혹은 기봉(其鳳), 아호는 범부)이다.[25] 그는 세간에 그다지 알려져 있지 않지만, 미당 서정주는 그를 기리며 "신라의 제주(祭主) 가시나니"라고 하면서 "하늘 밑에서는 제일로 밝던 머리"라고 조사(弔詞)하고, 김지하는 "현대 한국의 최고 천재"라고 칭송하기도 한다.

아직도 당시 그의 명망에 비해 불분명한 그의 생애는 더 밝혀져야 하지만 김범부는 유·불·도 및 동서고금의 현대학문에 폭넓은 식견을 가지고 신라의 풍류도를 재발현시켜 경주(동학의 발상지)를 발원지로 하여 '동방 르네상스'를 주창한 문명사가이다.[26] 또한 독창적인 학문적

---

25 김범부는 풍류도와 화랑 그리고 동학에 대한 관련 글을 발표하였다. 김범부, 『東方思想論叢
—李鍾益博士學位紀念論文集』, 동방사상논총간행위원회 편 (보련각, 1975), 1-76, 371-382;
金凡父, 『花郞外史』 (이문출판사, 1981). 또한 범부연구회가 결성되어 연구총서가 발행되
고 있다. 정다운, 『범부 김정설의 풍류사상』, (신인, 2010); 범부연구회, 『범부 김정설 연구
논문자료집』 (신인, 2010); 최재목·정다운, 『凡夫 金鼎卨 단편선』 (신인, 2009); 최재목,
『범부 김정설의 풍류·동학 그리고 동방학』 (지식과 교양, 2018).
26 김지하, 『율려란 무엇인가』 (한문화, 1999), 20; 김용구, "범부 김정설과 동방 르네상스",
『한국사상과 시사』 (불교춘추사, 2002), 260-290.

방법인 오증론(五證論)[27]을 통해 한국의 풍류 정신을 바탕으로 새로운 형이상학을 구축하려 한 동방 학자임과 동시에 신라의 화랑 정신을 현대의 건국 방략의 정신으로 되살려 부국강병을 꿈꾸었던 혁명적 경세가라고 할 수 있다.

그러면 김범부가 재발견한 풍류도는 무엇인가? 그의 풍류 담론은 고대 한국인의 종교적 영성이던 '풍류도와 풍류 정신', 신라 시대의 '화랑도와 화랑 정신', 근대의 '동학과 동방 정신'을 역사적 데자뷰로 삼아 해방 정국에 재현되어야 할 '국민운동'이자 '국민윤리'의 이데올로기로서 제기된다. 특히 풍류 정신이 꽃핀 화랑제도가 통일신라의 밑바탕이 된 것처럼 물계자, 백결, 김유신, 김정호, 이의립 등과 같이 순수한 지정(至情: 당위 명령)적 국가관을 가지고 종교적 신앙, 예술적 멋, 군사적 용기로 뭉쳐진 화랑의 후예들을 현대에 육성해야 한다는 건국 방략을 제시하고 있다. 그의 『화랑외사』, 『풍류정신』과 『정치철학특강』 등을 포함한 글들은 이런 정신을 갖고 쓴 글이다.

그의 풍류 담론은 "무속은 샤마니즘계의 신앙유속으로서 신라의 풍류도의 중심 사상이 바로 이것이고, 또 풍류도의 연원인 신도설교(神道說敎)도 다름 아닌 이것(= 무속)이다"라고 한다.[28] 이런 그의 언설은 범부 연구회 회장이었던 최재목이 "3, 4천 년 전 몽고계의 고대문화와 공통성을 가진 사상(동방사상)으로서의 '神道思想'이었던 샤마니즘 = 무속(→ 萬神 = 神仙)의 정신이 우리나라 신라에서 다시 융성하여 '나라의 샤먼'인 화랑도의 도(= 花郎道) = 국선의 도(국선도, 선도) = 풍류도가 독창적으로 성립되었다고 본다. (중략) 화랑의 운동은 원래 신라에서 중심적이었지

---

27 문헌 등의 문증(文證), 유물 등의 물증(物證), 구비전설 등의 구증(口證), 민속 및 풍속 등의 사증(事證), 심정과 혈맥을 통해 체험되는 '혈증'을 말한다. 金凡夫, 『花郎外史』, 228-229.
28 김범부, 『풍류정신』 (정음사, 1986), 89.

만, 다시 조선에 이르러 수운의 동학(→갑오동학란)으로 꽃피고, 일제 강점기의 3.1운동 의거나 당시(1950, 60년대)에 이르기까지(아마도 범부는 4.19, 5.16도 상정한 것으로 보임) 그 혈맥은 의연히 약동하고 있다고 본다"고 범부의 풍류 정신의 맥락을 정리하고 있다.[29]

그렇다면 이 시점에서 김범부의 풍류 담론은 어떻게 정초시키는 것이 정당한가도 되물어보아야 한다. 왜냐하면 그의 풍류 담론은 미래지향적인 '동방 르네상스' 담론으로 형성되지 못한 채 단순히 전통 부활론이라는 지점에서 해석되기 때문이다. 이로 인해 그의 본의와는 상관없이 그의 사상이 민족주의적 국가주의의 도구로 이용될 가능성이 농후하다. 최근 범부연구회의 해체도 이와 밀접한 관계가 있다.[30] 우리의 논제에 집중하면 첫째로 고대의 샤머니즘과 선맥이 어떠한 관계가 있으며, 선사(仙史)에 기록된 풍류의 연원과 동학의 강령체험이 무속의 연장선상에서 이해될 수 있는가? 둘째, 한국 고유의 선맥이 제도와 경전에 의거하지 않는다고 하면서 '화랑도(花郎道) = 풍류도(風流道)' 혹은 '화랑 정신은 화랑의 제도에 있지 않으며, 백결과 물계자와 같은 혈맥(血脈)이 있다"는 그의 상반된 듯한 견해에 대해서도 재평가해 보아야 한다.[31] 이런 측면에서 동방사상연구소에서 당대 지성인을 대상으로 한 '동방사상강좌'의 연속강의 가운데 제12강 단학과 선도, 제13강 정기신의 내단은 그의 학문적 지향을 알 수 있는 좋은 참고자료이다. 그의 강좌 기획 의도를 고려할 때 무속적인 맥락에서 풍류 담론을 해석하기에는 적당하지 않는 하나의 방증이라고 할 수 있다.[32]

---

29 최재목, 『범부 김정설의 풍류·동학 그리고 동방학』 (지식과교양, 2018), 98-99.

30 최재목, 『범부 김정설의 풍류·동학 그리고 동방학』, 5.

31 金凡夫, 『花郎外史』, 序.

32 김범부, 『풍류정신』, 145-149. 이외에도 김범부의 언어 맥락에서 신선의 기원이 동이족이라는 점을 명확히 하고 있다. "神仙「仙」자는「莊子」와 屈原의 楚辭에서부터 나와요. 그 以前

김범부는 고대 한국은 신선의 본향이라고 말한다. 그러나 선과 화랑의 어원, 풍류의 연원이 담긴『선사』와 동학의 '신내림' 등을 무속적 경향이라고 지나치게 강조하는 등 풍류 해석에 샤마니즘을 해석학적 도구로 활용함으로 김범부의 본의와는 달리 풍류에 담긴 선맥을 선명하게 드러내지 못하고 있다. 1960년에 발표한 "풍류정신과 신라문화―풍류도론 서언"에서 '현묘'에 대한 치밀한 성찰, 유·불·도의 가르침을 단순히 포함(包涵)한다는 의미가 아닌 삼교의 도리를 내포함과 동시에 포월하는 창조성이라고 포함(包含)을 해석한다. 특히 풍류도의 맥락에서 꽃 핀 '화랑정신'은 상마이도의(相磨以道義), 상열이가락(相悅以歌樂), 유오산수(遊娛山水), 무원부지(無遠不至) 등 종교적, 예술적, 군사적 의미를 갖지만, 상대적으로 군사적 의미만이 강조되고 있다고 지적하며, 풍류는 굳이 표현한다면 '멋'이라고 하며 '조화'의 정신이 바탕이 된다고 규정하여 현재 학계에서 통설적으로 이해되는 풍류 담론을 정초한다.[33] 그럼에도 불구하고 그의 풍류 담론은 유동식의 풍류신학과 한중일의 풍류 사상을 비교한 종합저서라고 할 수 있는 신은경의『風流―동아시아 美學의 근원』(2000)에서 언급조차 되지 않는다.

한편 변찬린은 1960년대 중반부터 풍류에 대한 언급을 시작한다. 1979년에는 "선고僊(仙)攷"에서 동이족의 선맥 사상, 풍류도를 성경 텍스트와 이해 지평에서 융합시키는 작업을 시도한다. 이때는 변찬린이

文獻에는「仙」자는 없습니다. 十三經(四書三經에 六經을 가한 것)에도「仙」자는 한字도 없어요「봉선기」라는 것이 있는데 봉선기에 볼 것 같은면 秦始皇이나 神仙의 이야기가 나오지만 그것이 모두 中國사람이 아닌 齊人이나 燕人이라고 그랬어요. 그게 우리나라 사람을 두고 말한 것 같아 事實 다른 民族으로써 漢人하고 비교할 수 있는 文學을 가진 사람이 어디 있느냐, 文化로서 비교할 수있는 것은 韓國 以外엔 없다고 그래요." 최재목·정다운 엮음, "우리民族의 長短",『凡夫 金鼎卨 단편선』(선인, 2009), 65.
33 김범부, "풍류정신과 신라문화",『東方思想論叢』, 371-382;『화랑 정신』, 86-90;『花郎外史』, 214-240.

저술한 『성경의 원리(상)』가 세간에 선보이며 새 교회 운동을 펼치던 시기이다. 변찬린은 "당나라에 유학하고 돌아와서도 풍류의 얼을 고이 간직한 고운"이라는 표현을 쓰면서 한국의 주체적 종교심을 강조하고 있다.

그런 그가 "왜 나라에 현묘한 도가 있으니 이를 풍류라고 했을까?"라는 질문하며, 풍류의 본질을 탐구한다. 그는 풍류의 첫 출전인 「난랑비서」의 난랑(鸞郞) 자체가 신선을 일컬으며, 난랑은 신선의 다른 이름이라고 논증한다. 난랑의 난새(鸞)는 봉황(鳳凰)이고, 봉황은 동방에서 난 신선을 상징하는 바람새(鳳凰은 風+鳥, 風+皇의 합성어이다)라고 해석한다 (攷 200-201). 이처럼 풍류를 한국 종교사에서 선맥이라고 규정하고 동서양의 영생적 종교성으로 통합적으로 해석한 것은 변찬린이 최초이다.

『삼국유사』의 미시랑(未尸郞)도 미륵불의 은어이며, 시신을 남기지 않기에 미시(未尸)라고 표현한다고 하며, 미륵불의 용화 세계도 잃어버린 선맥의 자취라고 고증한다. 이런 선맥은 근대의 최제우와 강일순 등에 의해 주체적인 토착화된 종교 체험의 표현으로 드러난다. 근대 신종교의 창교자가 동이족의 고유한 하늘님 체험을 통해 공통적으로 개벽과 신선 사상을 주장하는 것은 토착화된 근대의 풍류도의 재현이라 할 수 있다. 이를 '원시반본'(原始反本)이라 한다(攷 199-210).

또한 변찬린은 이를 고대의 대무(大巫)와 현대의 소무(小巫)를 구별하여 인식하고 있다.

上古의 巫의 槪念은 오늘날 市井에서 점을 치는 타락한 小巫들과는 區別해야 한다. 儒의 大道를 깨치고 聖神의 降神을 받고 神仙의 秘義를 깨치고 터득하는 大巫의 槪念으로 理解해야 한다. 巫字와 卜字는 古代時代에는 大道에서 사용한 글자였으나 인간이 타락함으로 인하여 오늘날 巫字와 卜字는 下次元의 心靈들을 상대하여 점이나 치는 低級 迷信으로 전락되고

말았다. (攷 199)

최근에 새롭게 발굴한 그의 글 가운데 샤마니즘과 풍류도의 차이를
이렇게 말하고 있다.

> (전략) 최치원(崔致遠)의 「난랑비서」(鸞郎碑序)에 보면 이 나라에 현묘
> (玄妙)한 도(道)가 있으니 곧 풍류(風流)라고 했다. 풍류도(風流道)는 샤
> 마니즘처럼 유불선(儒佛仙)을 혼합(混合)한 종교가 아니라 본래부터 풍
> 류도(風流道)는 삼교(三敎)의 진리를 그 안에 내포(內包)하고 있다고 설
> 명하고 있다.
> 그러므로 샤마니즘과 풍류도(風流道)를 혼돈하지 말아야 한다. 우리는 풍류
> 도(風流道)의 심원(深源)과 도맥(道脈)을 발굴하여 샤마니즘의 식성(食
> 性)에 먹혀버린 유불선(儒佛仙)과 기독교를 그 본래의 모습대로 회복(回
> 復)하여 풍류도(風流道)의 심기(心器)에 담을 줄 아는 대지(大智)의 소유
> 자가 되어야 한다. 이 나라에 본래부터 있는 풍류도의 정신이야말로 핵분
> 열처럼 열교화(裂敎化)한 모든 고등종교를 하나로 통일(統一)하고 조화
> (調和)할 수 있는 신기(神器)임을 깊이 자각해야 한다.[34]

변찬린은 "풍류도는 선(僊)"이라고 단언하며 '풍류선맥론'을 제기하
면서 풍류도를 동서의 사유 체계를 통합하는 해석학적 도구로 이용한다.
윤이흠은 한국 고유 종교 전통을 샤마니즘과 '하늘신 신앙'과 풍류도를
'자기 수련적 전통'으로 이해한다.[35] 최삼룡도 신교적(神敎的) 신앙과
선교적(仙敎的) 수련이라고 하면서 선가(仙家)로서 화랑도를 조명하고

---

34 玄黎民, "巫의 식성食性", 「종교신문」 1982. 4. 14. 玄黎民은 변찬린의 필명 가운데 하나다.
35 윤이흠, 『한국의 종교와 종교사』 (박문사, 2016), 135-138.

있다.[36] 그러나 변찬린은 풍류도를 화랑도와 혼돈하는 학계의 통설을 비판하며 "풍류도의 일부분이 화랑도로 화하여 꽃핀 것은 사실이지만 풍류도 = 화랑도가 아닌 것이다. 화랑도는 대도인 풍류도가 폐한 연후에 나타난 한 아류에 지나지 않는다"고 논변한다. 풍류도에는 종파와 교파의 분리 현상이 발현되지 않는다고 강조한다(攷 188).

이처럼 한국 종교 문화의 원류는 무맥(巫脈)이 아닌 선맥이며, 선맥의 관점에서 죽어가는 실존인 인간의 한계상황을 극복하는 것은 바로 잃어버린 선맥의 복원에 달려있다. 고조선 문명에서 발원한 동이족의 신선 신앙은 중국 도교에 전파된 후 방사에 의해 왜곡된 채 고구려, 백제, 신라 등에 중국 도교로서 한국에 역수입되었다. 또한 근현대에는 희랍의 헬레니즘에 의해 해석된 서구 신학의 해석 전통은 '산 자의 하나님'을 증언하는 성서 텍스트가 신학자에 의해 '죽은 자의 영혼'이나 구원하는 피안 세계관으로 왜곡되어 그리스도교 문화로 한국에 전래하였다.

구분	선맥의 풍류성	무맥의 무교성
본류	한국 종교 전통의 도맥	보편적 종교 현상
풍류도와 화랑도의 관계	풍류도 ≠ 화랑도	풍류도 = 화랑도
무속과 풍류도의 관계	풍류도 ≠ 무속(교)	풍류도 ≒ 무속
무교적 표현	대무(大巫)	소무(小巫)
포함삼교의 이해	포함론(包含論) ⊃ 포함(包涵論)	습합론
인간형	존재 변형한 창조적 소수자: 신선	현실 조화/안주를 추구하는 대중

[도표 2] 선맥의 풍류성과 무맥의 무교성의 비교 (2)

---

36 최삼룡, 『한국문학과 도교사상』 (새문사, 1990), 56-78.

3. 요청된 풍류해석학

우리의 문명적 시야는 사대주의와 식민주의 관념에서 형성된 테두리에서 벗어나 요하 문명을 창출하는 데 공헌한 세계 5대 문명의 역사적 주역이라는 주체성을 가지고 '신화와 역사, 종교와 유적(물)'을 해석하고 오늘날 재현해내어야 한다는 큰 과제를 안고 있다.

알타이 문화의 한 맥을 이루는 동이족의 신화는 '태양'이라는 기표를 지시하지만, 그 속내는 '선맥'을 지향하고 있다. '태양신화와 선맥'이라는 한 축이 요하 문명의 핵인 홍산 문화가 적봉(赤峯)이라는 '붉은 산'에서 타올랐지만, 문명의 새 빛은 동방의 역사 속에서 선맥으로 은폐되어 면면약존(綿綿若存)하고 있다. 변찬린이 말한 "빛은 동방으로부터"라는 말은 "동방의 빛은 선맥으로 발현된다"는 말과 동의어이다.

우리는 지구촌의 사유가 합류하는 지점에 인간 생명에 대한 새로운 인식의 패러다임을 가져야 한다. 축 시대에 개별 문명권에서 형성된 다양한 문화와 시대적 맥락에 따라 축적된 인간 의식의 지층을 통합적으로 바라볼 수 있는 포월적 준거를 확보하여야 한다. 이런 관점에서 '영생'이라는 키워드는 인류의 한계상황을 융합하고 돌파하는 데 유일한 종교적 기제일 수 있다. 고조선 문명의 선맥(僊/仙脈)이라는 영생의 기억은 수메르 문명, 메소포타미아 문명, 황하 문명, 인도 문명, 요하 문명 등 신화적 사건과 역사적 사건으로 중첩된 유물과 성경과 인간의 문화적 유전자에 새겨져 있다.

우리는 배타적이고 이원론적인 사유 체계를 벗어나 인식 대상과 생활 세계를 포용적으로 바라보는 풍류의 심성을 회복하여야 한다. 사유의 한계는 행동의 한계이며, 행동의 한계는 인간의 한계이다. 한계적 사유의 원초적 분열 의식을 벗어버리고 성경이 학문분석의 대상만이 아닌 인간의 몸을 진리 실험의 도구로 삼아 소우주인 인간과 대우주인 통합 우주가 공생하는 관계임을 입증하여야 한다. 그 첫걸음은 선맥(仙脈) 우주에 사는 자각한 인류가 교파와 교학과 도학과 유학에 의해 형성된 피안 세계관의 외피를 벗겨내고 종교적 황금률을 실천하면 영생할 수 있다는 굳센 믿음을 바탕삼아 궁리하고 실천하여 깨달음의 종교 체험을 통하여 만물의 영장으로서 재탄생해야 한다.

바야흐로 풍류해석학의 에피스테메는 끊임없이 새 문명의 세계관과 새로운 인간에 대해 질문하고 응답하기를 요청한다.

풍류해석학은 풍류적 인간이 구도자의 품위를 회복하여 수행자의
자세로 삶을 살아가는 현장 담론이다. 이런 관점에서 한국 종교와 한국
교회는 어떤 모습으로 비쳐질까? 우리는 한국의 역사적 지평에서 한국
종교의 비판적 성찰을 바탕으로 한국교회의 실상을 교회의 신앙 문화,
한국 신학의 현주소, 종교 현장의 목소리로 구분하여 직접 들어보기로
한다.

1장
한국 종교와 한국교회

이 장은 한국 종교와 한국교회에 내재된 구조적 모순과 그 대안을 제시한다. 종교인은 코로나 팬데믹 이후에 펼쳐질 새로운 문명 전환기에 한국 종교계가 짊어져야 할 역사적 과제와 사명을 누구보다 명확히 직시하여야 한다. 그러나 한국 종교계는 시대를 선도하는 주체적인 모습보다는 오히려 사회가 종교를 걱정한다는 우려가 이곳저곳에서 나오고 있다. 한국 종교계는 이미 자정 능력을 상실한 것일까? 특히 성서의 정신과 동떨어진 건물 성전의 매매와 세습 현상을 포함한 '격의 그리스도교' 종교 현상을 표출하는 한국교회에는 어떤 구조적인 병폐가 숨겨져 있는 것일까?

I. 한국 종교의 실상

1. 신행(信行) 불일치로 인한 성속 분리의 종교 생활

외부인의 눈으로 볼 때 종교인은 무언가 달라야 한다는 긍정적인 기대감이 있다. 다시 말하면 역사적인 삶의 정황에서 제도 종교와 그

구성원은 사회에 긍정적이며 선도적인 역할을 해 달라는 사회적 약속이 전제되어 있다. 종교 체제는 창교자의 삶을 당대에 재현하고자 종교 지도자는 신념 체계와 의례 체계를 집행하면서 신자에게 영성 서비스를 제공하고, 신자들은 신앙 대상과 종교 지도자에게 무형의 존경과 헌신, 유형의 물질적 지원을 통해 유지된다. 이처럼 제도 종교의 중추는 직업 종교인이다. 직업 종교인은 건물 성전에서 절대적 권위를 상징한다. 직업 종교인의 절대적 종교 권위는 창교자의 삶과 창교의 동기와 지향점과 온전히 일치할 때에 인정받는다. 하지만 일부 종교 지도자는 세속적인 안목 기준에도 미치지 못하는 일탈과 이를 종교 조직에서 자체적으로 정화시키지 못하는 병폐로 사회적 분노를 야기시키고 있다. 심지어 이런 종교적 폐해를 일부 종교 지도자 혹은 일부 종교 조직의 일탈 행위로 치부하지만, 본질은 해당 종교의 생태계 자체가 그렇기 때문에 암묵적이고 관습적이었던 관례적 관행이 고착화, 결정화되어 표출되었다고 판단하는 것이 오히려 타당하다.

종교 지도자는 신자에게 끊임없이 창교자의 삶과 초기 종교 공동체의 '고난'과 '희생' 그리고 '헌신'과 '무소유' 정신을 가르쳐야 한다. 하지만 대부분의 직업 종교인은 시류에 편승하여 안일한 종교적 삶을 추구하면서 세속에 영합하는 자본 신앙을 조장하고 있다. 종교 공동체는 창교의 동기와 목적과 이상적 지향점에 대해 영성적 '희생'이 뒷받침되어야 함에도 불구하고, 자본 신앙을 축적하고 건물 성전을 확장하는 데만 주력하고 있다. 이런 한국 종교의 생태계에서 어찌 구도자적인 자비 실천, 순교자적인 사회 정의를 구현할 수 있겠는가?

희생과 자비의 실천이 없는 신행 불일치의 신앙생활은 나태할 수밖에 없다. 편안하게 믿고, 현세에서 복을 받고, 죽은 다음에는 천국이나 천당에 간다는 직업 종교인의 논리와 이런 영성 서비스를 요구하는 신자

간에는 암묵적인 신앙 카르텔이 고착화되어 있는지도 모른다. 종교 지도자와 신자는 '편의주의적 신앙, 기복 신앙, 자본 신앙'을 맹신하기에 건물 성전 안에서의 신성한 종교적 행위의 믿음과 실천이 건물 성전의 밖에서 생활화되지 못하는 것이다. 종교적 신앙은 건물 성전만이 아니고 일상적으로 생활화되어 실천되어야 한다. 하지만 소유욕에 가득 찬 신앙생활은 종교 생태계마저 피폐하게 만드는 신앙과 행동의 불일치의 현상을 초래하는 것이 작금의 한국 종교 문화의 현실이다. 이러한 상황을 목도하면서 한국 종교 생태계는 이미 종교계 자체적으로 자성과 개혁을 외치는 구두선으로는 회복하기 힘든 절대 위기의 순간을 맞이하고 있음을 자각해야 한다.

2. 건물 성전의 양적 확산

자본 신앙에 물든 한국 종교 현장은 주체적이고 자율적인 종교적 신앙인이 '인격 성전'을 세우는 길을 포기하고 건물 성전을 만드는 '쉬운 길'을 선택하였다. 즉, 그리스도교와 불교는 경전의 핵심적 가르침인 인격 성전을 세우기보다는 건물 성전의 양적 성장에만 치우쳐 왔다.

모름지기 세계 경전은 '인간 = 성전'임을 가르치고 있다. 우리가 굳이 불경의 초기 경전과 혜능의 『육조단경』을 언급하지 않더라도 '자각한 내가 부처'이며, 불교적 성인인 보살을 탄생시키는 것이 불교가 지향하는 일차적인 합목적성이다. 또한 "너희는 너희가 하나님의 성전인 것과 하나님의 성령이 너희 안에 계시는 것을 알지 못하느냐"(고전 3:16)는 성서가 말하는 '인간 = 성전인 인격 성전'의 가르침을 의도적으로 회피하며 '종교적 사기' 행위를 하고 있는 것은 아닌가? 현세와 내세가 분리된 피안 신앙을 강요하고, 건물 성전에 구원이 있다는 노예 신앙을 선전하며, 특정 경전에 얽매인 종파 신앙에 열중하는 것이 건물 성전에서 직업 종교인이 펼치는 종교적 작태이다. 종교가 인격적 신앙과 이를 토대로 한 제도 종교 문화로 구성된다면, 한국 종교계는 '속알'인 인격적 신앙은 버리고 제도 종교의 권위만을 내세우는 주객이 전도된 신앙생활을 하고 있다고 말할 수 있다.

건물 성전은 사회적 약자의 구호, 창교자의 삶의 실천을 사회적으로 확대한다는 외형적인 종교적 구호가 있지만, 속내는 직업 종교인의 종교적 권위의 유지 및 강화이다. 이는 건물 성전의 양적 성장에 따른 종교적 자본이 어디에 사용되는지 검증해 보면 잘 알 것이다. 아마 대부분 직업 종교인의 인건비와 건물 유지비라는 고정비용으로 소요되지는 않은가. 이런 실태는 인격 성전으로서 무소유의 삶을 실천한 창교자의 삶과 전혀 동떨어진 부패한 종교 현상이다. 창교자의 무소유와 고난에 동참한다면 이를 계승한 종교 공동체와 직업 종교인이 무슨 '소유'가 필요한가. 직업 종교인은 건물 성전의 자본(신앙)을 축적하기 위해 종교가 지닌 '깨달음, 구원, 은혜' 등 영성 서비스로 사탕발림할 것이다. 하지만 위대한 종교인은 삶을 제도화하지 않고, 삶의 운동으로서 빛의 성인으로서 띠끌의 민중과 더불어 동고동락한다(和光同塵). 이럴진대 직업 종교인은 많은 사회적 약자를 위해 구호와 지원에 더 많은 자본이 필요하다는 강변을 하지 말아야 한다. 오히려 건물 성전을 다 팔아서 사회적 약자에게 나누어 줘보라. 가톨릭을 정점으로 하는 다국적 종교기업과 자영업자와 같은 개신교의 상업교회가 종교적 영업과 같은 행위를 중지해 보라. 다른 종교 단체도 마찬가지이다. 어떤 사회적 현상이 발생할까?

남모르는 종교적 실천을 하는 종교인이 있음을 모르지 않지만, 탐욕적인 대부분의 직업 종교인은 종파 종교인과 비종교인을 그들의 신념 체계에 포획하여 물질적인 제공을 하는 건물 성전의 성장 동력으로 만들려 혈안이 되어 있다. 직업 종교인이 말하는 '구제와 구원'은 현실 세계에서 실현되지 않고, 늘 오지 않는 종말론적 미래만 상정한다. 마치 도스토옙스키의 한 작품에 등장하는 대심판관처럼 직업 종교인은 재림예수와 미륵불이 이 세상에 오지 않기를 마음속 깊이 바랄지도 모른다.

'내가 하나님의 성전'이라는 말과 '내가 곧 부처다'라는 말이 건물 성전의 핵심적인 가르침이 되어, 인격 성전인 내가 인격 공동체를 형성하여 사랑과 자비, 희생과 봉사를 하여 이 땅을 '유토피아'로 만드는 것이 종교적 신앙의 본질이다. 그러나 건물 성전으로 인격 성전을 대체하고 호도하는 직업 종교인의 종교적 허위가 한국 종교계를 혼탁하게 만드는 근본 원인이며, 이것이 한국 종교의 민낯이다.

3. 제국형 직업 종교인의 양산

우리를 둘러싸고 있는 종교 사유의 지형을 거칠게 살펴보면, 서구 신학에 전통을 둔 그리스도교적 사유, 중국을 통해 받아들인 불교적 사유 그리고 동아시아에서 발생된 유교적 사유와 도교적 사유가 한국의 종교적 심성(!)에 의해 수용되어 왔다. 또한 한국 근대에 발생한 동학과 증산교, 대종교와 원불교 등 민족종교도 제외시킬 수 없다.

하지만 현실적으로 선맥과 무맥의 종교적 전통은 아직도 정당한 종교성을 인정받지 못하고 있으며, 한국 불교는 역사적 전통에도 불구하고 원효와 같은 소수의 불교인을 제외하고는 독창적인 불교적 사유를 세계 불교계에 선보이지 못하고 있다. 또한 서구 신학의 해석학적 전통과 교리적 변증 체계에 뿌리박고 있는 그리스도교는 가톨릭과 개신교가 주류를 이루고 있다. 호교론적이고 선교론적인 그리스도교는 배타적인 종교관으로 인해 한국 토착화신학의 큰 성과인 '민중신학'과 '풍류신학'과 같은 새로운 신학 담론에도 불구하고, 조선 시대의 '성리학' 이외에는 사문난적으로 치부하던 배타적인 역사적 유비 현상을 재현시키고 있다.

대부분의 직업 종교인은 제도 종교의 사유의 연장선상에서 종교활동을 한다. 즉, 그리스도교의 경우, 특수한 경우를 제외하고 신학 전통의 사유 표준은 서구 유럽과 영미권의 지리적 권위에서 비롯된다. 불교의 경우도 원효·의상과 같은 소수의 고승을 제외하고는 중국 불교의 사유 담론의 한계를 넘어선 적이 거의 없다. 이는 종교계만이 아닌 학문적 제국주의의 영향을 받은 우리 학계의 식민주의적, 사대주의적 경향 때문이기도 하다. 이처럼 한국이라는 종교 지형에서 새로운 사상과 종교인은 늘 유교, 불교, 도교, 그리스도교에 의해 분류되어 범주화됨으로써 한국의 주체적인 종교 사상과 종교인은 늘 제국주의적 종교에 의해 해체되어 '아류'나 '이단'으로 평가되는 악순환이 전개되곤 하였다.[1]

한국 종교 지형은 '한국'과 '한국적 사유'가 배제되면서 세계 종교의 외피를 입은 제국형 종교의 사유 체계를 가진 직업 종교인이 종주국 신앙의 대리인으로 한국의 종교 문화를 파괴하고 있다고 하면 과장된 표현일까? 이로 인해 한국 종교계는 세계에 내세울 만한 종교인과 세계적인 종교 담론을 생산해내지 못한 것은 어찌 보면 당연하다고 할 수 있다. 이는 제국주의적 학문 경향에서 탈피하지 못한 한국 종교계의 고질적인 병폐이다.

---

1 이런 현상은 동아시아의 역사에서 통치자 계급에 의해 '반란'과 '폭력'과 '음란'의 상징으로 체제 비판적인 측면에서 왜곡되어 역사에 전해지고 있다. 그러나 종교학자에 의해 중국에서는 '민간 종교'로 한국에서는 '신종교 혹은 민족종교'로 정당한 평가가 이루어지고 있다. 중국의 경우 Hubert Seiwert, *Popular Religious Movements and Heterodox Sects in Chinese History* (Brill, 2003); 马西沙, 『中国民间宗教史』上, 下 (中国社会科学出版社, 2017)와 한국의 경우 김탁, 『조선의 예언사상』 상, 하 (북코리아, 2016); 박광수 외, 『한국 신종교의 지형과 문화』 (집문당, 2015)를 포함하여 2019년 민족종교협의회에서 한국의 민족종교를 집대성한 『한국민족종교문화대사전』이 출간되었다.

그러면 문명사적 전환기에 한국 종교와 한국교회가 나아가야 할 바른 방향은 무엇인가? 우리는 한국교회를 중심으로 살펴보기로 하자.

II. 한국의 이단 기독교와 기독교 이단 그리고 하나님의 말-씀

종교(학)에서는 '정통과 이단'이라는 고정된 개념이 없으며 다양한 종교 문화와 신앙 현상이 존재한다. '정통'과 '이단'은 상호 의존적인 개념으로 다원적인 사회에서는 성립되지 않는 화석화된 용어이다. 지구촌 사유가 합류하고 다원화된 종교 시대에도 어느 종교에서나 '정통과 이단'을 판별하고 차별화하는 시대착오적인 사고방식을 하는 근본주의자들이 있다. 역설적이지만 근본주의는 초기 종교의 정체성을 형성한 종교적 기제이기도 하다. 이는 특히 기독교 역사 자체가 '정통과 이단의 논쟁으로 성장해 온 역사라고 해도 과언은 아니다. 학술적으로 이 절의 제목은 "한국의 그리스도교 '이단'과 그리스도교 '이단' 그리고 '말씀'"이라고 해야 한다. 하지만 그리스도교 독자에게 편하게 전달하기 위해 통용화된 사회적 언어를 사용함을 양해 바란다. 어찌 보면 통용화된 용어 자체가 특정 종교가 다른 교파와 종교를 보는 사회적 잣대라고 할 수도 있다.

아마 보수 성향의 기독교에 소속된 기독교인일 경우 '한국의 이단 기독교' 하면 쉽게 떠오르는 종교 단체가 있을 것이다. 이단 기독교는 특정 기독교 단체가 배타적인 성서해석권을 기준으로 종교 시장에서 이해관계에 있는 기독교를 판별하면서 생겨난다. 반면에 '기독교 이단'이라고 하면 독자들에게 생소한 개념일 수도 있다. 이 개념은 기독교 내부에서 기독교적이지 않은 현상을 패러디하여 필자가 특별히 붙인 종교적 용어이다. 전자가 서구 신학에 바탕을 둔 소위 주류 기독교에서 서구 신학과 다른 새로운 성서해석과 기성 기독교의 종교 권위에 도전하는 기독교를 표방하는 단체에 적용하는 배타적 방어기제라면, 후자는 한국의 역사적 종교 전통의 맥락을 존중하지 않고, 사회적으로 성서의 기본 정신과 기독교의 본질, 즉 창교 자격인 예수 그리스도의 삶과 괴리되어 나타나는 신행 불일치 현상, 사회적 문제가 되고 있는 교회 세습, 교회 매매 등과 같은 기독교적 현상을 말한다.

1. 종교적 권위의 독단과 성서해석권 남용으로 양산되는 이단 기독교

한국의 종교 문화는 풍류와 무교적 심성이 바탕이 되어 수용된 유교적 전통, 불교적 전통, 도교적 전통이 축적된 다원적인 종교 지형으로 형성되었다. 한국 근대가 들어설 즈음 서구의 기독교가 전래되었으며, 거의 동시에 동학이 효시가 되어 증산교, 대종교 등 다양한 신종교가 창교됨에 따라 오늘날과 같은 다원적이고 다층적인 종교 지도를 가지게 된다.

한국 종교 역사의 '막내'격인 기독교는 초창기의 열정적인 전도, 교육, 의료기관의 설립, 한글 성서 번역 등 한국 사회에 긍정적 바람을 불어넣었다. 반면에 해방 전후에 일제강점기의 신사참배, 반공을 내세운 정권과의 정치적 결탁, 사회 차원보다는 개인 구원을 내세운 자본 신앙과 결탁한 성장 신학으로 세계 교회가 놀랄만한 양적 성장을 이루어 내기도 한다. 그럼에도 고난을 극복하며 위대한 신학을 만들어 낸 기독교 역사처럼 일제강점기의 민족적 시련, 한국전쟁의 참화, 독재정권에 항거한 민주화 투쟁, 열강의 힘의 역학에서 분단된 남북한이라는 시련의 역사에서 이에 걸맞은 한국 신학과 한국 기독교 문화를 창출하였는가, 더 나아가 한국의 기독교인 상이 정립되어 있는가라는 질문에는 명확한 답을 하기가 쉽지 않다. 고난과 역경 속에 찬란한 기독교 문화를 꽃피운 기독교의 저력은 왜 우리나라에서는 꽃을 피우지 못하였는가? 이는 우리가 살펴보려는 이단 기독교 현상과 필연적인 인과관계가 있다.

해방 전후 역사에서 우치무라 간조(1861~1930)에게 신학적 세례를 받았던 함석헌(1901~1989)은 무교회주의자라는 이단 혐의를 받은 적이 있다. 1956년 『사상계』에 함석헌의 "한국기독교는 무엇을 하고 있는가?"라는 기독교 비판과 대안 제시는 천주교 윤창중 신부와 몇 차례 지상 논쟁이 있었지만 '찻잔 속의 태풍'으로 건전한 기독교 담론으로 수용되지 못한다. 사실 '무교회'는 어감상 교회를 부정한다는 편견을 가질 수 있지만, 우치무라의 교회론은 제도교회가 끊임없이 개혁되어야 한다는 성서 정신과 부합하는 의미를 가진다. 또한 민중신학의 거두인 서남동(1918~1984)은 1970년에 통일교의 『원리강론』을 '종교적 상상력과 독창성에 있어서 최고'라는 신학적 평가[2]를 한 것이 개신교계의 반발을 사 재임하던 대학교를 떠나는 결정적인 계기가 된다. 신학자가 성서에 토대를 둔 종교 조직, 예를 들면 초기 통일교의 경전, 신천지 예수교 증거장막성전의 경전 등을 연구하는 것은 지극히 당연한 학문적 권리이자 책임이라고 할 수 있다. 더불어 감리교신학대학교 학장이었던 변선환(1927~1995)은 "교회 밖에도 구원이 있다"는 종교다원주의 입장에서 누구보다 적극적으로 불교와의 대화를 추진한 것이 빌미가 되어 1992년 감리교단으로부터 목사 자격과 신자로서 지위를 박탈당하고 제명된 불행한 역사가 있다. 더불어 2003년에는 이찬수 교수의 해임 사건, 2017년 손원영 교수의 파면 사건[3]도 불교계와 직간접적인 영향이 되어 강단을 떠나게 만드는 계기가 되었다.

---

2 徐南同, "統一敎會 原理 講論의 批判的 硏究", 「현대와 신학」 6(1970), 46-96.
3 손원영교수불법파면시민대책위원회, 『연꽃십자가』 (모시는사람들, 2020).

그러나 생각해 보라. 다원화된 종교적 전통을 가진 한국 사회에서 기독교와 다른 종교와의 대화는 적극적으로 권장되어야 할 종교 행위임에도 불구하고, 기득권 종교 권위는 종교자유가 보장된 나라에서 교권 수호를 위해 '아전인수'식의 비이성적인 결정을 내려 이들을 상아탑에서 배제시키려 시도한다. 이런 나쁜 선례는 어느 신학 교수도 교단 소속의 범위를 벗어나는 신학적 범주를 가지고 학문적으로 조명하는 것을 꺼리게 만드는 주요한 원인으로 작동하는 계기가 됨을 부인하기 어렵다.

　　그러면 우리는 기독교 내부로 들어가 보자. 일반적으로 기독교는 로마 가톨릭과 동방정교회, 개신교로 범주화할 수 있다. 한국 개신교만 보더라도 장로교, 감리교, 성결교 등 다양한 교파가 존재하고 있다. 최대 교단인 장로교는 신사참배와 친일 청산 문제, 역사비평 도입, 세계교회협의회(WCC)에 대한 견해 차이로 다양한 교파로 나누어지게 되며, 지금은 수백 개의 교파로 분열되어 있다.

　　종교적 상식이지만 종교 내의 분열은 늘 진리와 교권 수호를 외형적 명목으로 내세우지만, 현실적으로는 교권과 교세의 확산과 확장을 위한 세속적 자리다툼이 주요한 동기로 작동한다. 그러기에 일정한 교세와 교단을 형성하면 이해 당사자 간의 이단 투쟁은 상호 간의 '침묵의 카르텔'로 잠복한다. 이로 인해 거칠게 표현한다면 교단 소속의 신학자는 끊임없이 '신학적인 자기검열' 속에 대부분 충실히 교단이 허용하는 신학적 사유의 범주 안에서 교단의 목소리에 추종하는 대변자의 역할을 하고 있는 것이 내면화되어 있는지도 모른다.

　　이런 틈을 타 이단 기독교를 판별하고 확산하는 일부 직업 종교인은 기독교와 비기독교, 교회와 비교회라는 이분법적 도식에서 형성되어온 서구 기독교 담론에서 구축된 교리 체계를 신봉하면서 '이단 사냥'에 열중한다. 이 과정에서 건전한 양식 있는 다수의 기독교인의 목소리는 덮이고 만다. 만일 '이단' 투쟁의 정당성이라는 측면에서 본다면 천주교와 개신교, 기장과 예장, 예장 내의 합동과 통합, 감리교와 장로교 등 다양한 분파 현상을 보이는 기독교 내부에서 교단과 교파 사이에서 '이단 판정의 동일성'은 유지하고 있는가라는 근본적인 물음을 해 보자. 누구나 쉽게 말하기를 주저하지만 결국은 이해관계자의 종교 권력 투쟁의 산물에 불과할 뿐이라고 말하는 것이 타당하지 않은가. 특히 이단 기독교 연구가에게 어디 '하나님의 자비와 예수 그리스도의 사랑'이 있는가? 마치 예수를 정죄하려던 유대교의 종교 지도자의 바리새적인 태도로 일관하고 있지는 않은지 물어볼 뿐이다. 이단 직업 종교인이 기독교계 내부마저 이런 시선인데 다른 종교에 대한 이단 기독교를 판정하는 직업 종교인의 태도는 더욱 배타적이고 독선적이지 않을 수밖에 없다. 독선적인 이단 판정은 사실을 왜곡하는 뒤틀린 결과를 만들어 내는지도 모른다. 심지어 어느 교단은 이단을 해제하고, 다른 교단은 이단을 유지하는 이율배반적인 이단 판정을 사회가 어떻게 평가할지 외부인의 시선으로서는 우려스럽기 짝이 없다.

기독교계가 우려하는 이단 기독교가 한국 종교사에 부단하게 출현하는 것은 기성 기독교의 결핍을 채우려는 '한국적인 기독교' 문화라는 종교학자 윤승용의 비평에 귀를 기울여 봄직도 하다.[4] 종교학자의 입장에서 다원적 종교 전통을 가진 한국에서 서구 신학의 전통과 이를 바탕으로 형성된 '성서해석권'을 기준으로 한국적 기독교를 이단 기독교라고 하는 것은 제국형 식민 신학의 확산이자 오만이라고 할 수 있다. 이단 논쟁은 이해관계자의 종교 시장을 유지하고 확산하려는 종교 현상에 불과하다. '정통과 이단'은 짝 개념으로 등장한다. 기독교 2천여 년 역사는 '정통과 이단'의 분열사이자 교체사였다고 하여도 과언이 아니다. 정

---

4 윤승용, "한국 종교사에서 본 '한국적인 기독교'", 「뉴스레터」 153 (2011).

통종교도 없고, 이단 종교도 없다. 오직 하나의 종교 문화만이 있을 뿐이다. 함석헌은 적절하게 지적한다. "이단은 없다. 누구를 이단이라는 맘만이 이단이람 유일한 이단일 것이다."

2. 자본 신앙과 건물 성전에 함몰된 기독교 이단

기독교 이단은 신앙 대상인 예수와 같이 세속적 권력을 탐하지 않고 겸손의 자리에 있는 것이 아니라 직업 종교인이 권력 지향적인 모습을 보이고, 경제적 무소유를 지향하지 않고 자본 신앙을 추구하는 탐욕적 모습을 보이며, 사회적 명예를 멀리하지 않고 세속적 명성을 추구하는 기독교(인)을 말한다. 또한 다원주의 전통의 한국 종교 문화를 존중하지 않고 다른 종교와 관계 설정에 배타적이고 독선적인 기독교 현상을 말한다. 이런 기독교 이단은 다음과 같은 현상으로 나타난다.

첫째, 건물 교회와 인격 교회를 혼돈하여 건물 교회를 세습하거나 매매하는 종교적 행위이다. 성서의 언어 맥락에서 성전은 모세의 장막 성전, 솔로몬의 예루살렘 성전 등 유형적인 건물 성전 시대를 지나 예수를 기점으로 '참 성전'은 건물 성전이 아닌 인격 성전과 인격 공동체 시대임을 성서는 말한다. 기독교인이 스스로 '하나님의 성전'이라고 선전하는 '교회'를 사유재산화하여 '세습'하고 '매매'하는 곳에서 무슨 하나님을 거론하는가? 이런 사태를 보고도 성전에 대한 근본정신인 인격 교회, 인격 공동체를 형성하자는 목소리는 거의 들리지 않는다. 말라기 선지자가 말한다: "너희가 내 제단 위에 헛되이 불사르지 못하게 하기 위하여 너희 중에 성전 문을 닫을 자가 있었으면 좋겠도다"(말 1:10). 예수가 말한다: "너희가 이 성전을 헐라 내가 사흘 동안에 일으키리라"(요 2:19). 사도행전 2장의 공동체 성령 체험과 새로운 생활 모형에 대한 인격 공동체에 대한 성경의 진술과 바울서신에 "너희는 너희가 하나님의 성전인 것과 하나님의 성령이 너희 안에 계시는 것을 알지 못하느냐"(고전 3:16-17), "너희 몸은 성령의 전이다"(고전 6:19)라고 말한 것처럼 성도는 살아계신 하나님의 성전, 즉 인격 성전 = 인격 교회이다. 그럼에도 최근에 대형교회의 사회적 일탈은 "자본 신앙과 세속 권력과 사회적 명예"에 얽매인 일부 직업 종교인의 일탈이라고 보기에는 기독교의 생태계가 심각한 상태에 온 것은 아닌가 우려가 된다. 스데반이 건물 성전을 비판한 것이 원인이 되어 기독교 최초의 순교자 된 성서 기사가 있지만, 오늘날도 교회를 '예수 그리스도의 몸 된 교회'인 듯 선전하면서 교회를 매매하는 직업 종교인이 출현하는 것이 기독교 이단 현상이다.

둘째, 자본 신앙과 기복 신앙에 종속되어 개인의 구원에 매몰된 신앙 현상이다. 기독교 이단은 '예수 그리스도의 사랑과 자비'의 근본정신을 도외시하고 다른 종교를 정죄하는 권한을 창조주에게서 위임받은 지상의 대리인으로 자처하면서 과학의 도전, 생태계의 위험, 이데올로기 전쟁에 무력한 기독교가 바로 기독교 이단 현상이다. 또한 기복 신앙과 자본 신앙에 충실하여 사회적 약자를 돌보지 않고 건물 교회 안에서만 구원 받는 신자를 양산하는 것이 기독교 이단의 모습이다. 심지어 사회법의 수준에도 미치지 못하는 M 교회의 성직 세습, 또 다른 M 교회의 성직자 윤리적 문제, S 교회의 도로불법전용, 또 다른 S 교회의 자금 횡령 문제 등은 '빙산의 일각'이다. 이런 직업 종교인과 종교 조직의 행태는 뜻있는 기독교인들의 빛나는 종교적 행위마저 평가절하하는 역기능을 한다. 심각하게 고려해 보아야 할 것은 한국 기독교의 생태계가 '빛과 사랑'으로 넘친다면 이런 어두운 그림자마저 생기지 않았을 것이다. 한국교회가 '자기 십자가를 지고 예수 그리스도를 따르는' 참사람만이 있는 조직인지, 직업 종교인의 인건비와 건물 교회의 유지비와 교세 확장을 위해 신자 확보에 혈안이 되어 있는 것은 아닌지 자문해 보아야 한다. '자본 신앙과 세속 권력과 사회적 명예'를 추구하는 기독교인들은 기독교의 본질을 훼손하고 사회로부터 기독교를 존경의 대상이 아닌 배척의 대상으로 만드는 주범이다.

셋째, 주체적인 한국 신학의 부재로 인한 종교 간의 대화와 공존을 부정하는 종교적 행위이다. 한국인의 삶의 정황을 도외시하고 배타적이고 독선적인, 오직 '자신의 종교만이 옳다'는 유아독존의 태도를 가진 교단과 교파가 있다면, 다원화된 한국 종교 지형과 한국의 종교 역사를 부정하는 기독교 이단이다. 이는 서구 신학의 전통과 서구 신학자의 사유 체계를 빌리지 않고는 주체적인 자신의 신학을 전개하지 못한 뼈아픈 한국 기독교의 아픔이다. 지구촌의 모든 문제를 안고 있는 한국적 정황에서 세계적인 신학을 만들어 내놓지 못하고 칼 라너, 본회퍼, 칼 바르트, 몰트만, 판넨베르크 등 서구 신학자의 신학 성과를 식민화하여 한국 기독교계를 서구 신학의 대리전을 치르게 하는 제국주의적 식민 신학 현상이 심각한 기독교 이단 현상이다. 한 신학교 교수가 사찰에서 절을 했다는 것을 빌미로 재임용에 탈락시키는 기독교계 학교, 기독교인의 불상 훼손에 대신 사과하고 헌금을 모은 대승적인 행동을 한 신학교 교수를 해임하는 교육 현장의 적폐가 기독교 이단의 모습이다. 이런 시대적 흐름을 거스르는 식민 기독교와 제국 기독교의 행태가 한국 기독교에 큰 기대를 걸고 있는 필자를 포함하여 양식 있는 대중을 절망하게 한다.

3. 하나님 말-씀의 재현: 영성생활인(靈聖生活人)의 탄생

이단 기독교와 기독교 이단이 발생하는 근본 원인은 성서 텍스트가 서술하는 '말-씀'을 오해하기에 생기는 현상이다. 2015년 통계청의 종교

인구의 통계에 따르면 기독교 인구는 천만 명을 훌쩍 넘는다. 이렇게 많은 기독교 인구 가운데 '예수 그리스도의 사랑'을 실천하고, 세상에 '빛과 소금'이 되는, 예수와 같이 사회적 약자와 더불어 사는 기독교 인구가 얼마나 되는가? 세계 최고의 교세 성장을 자랑하면서도 자기 십자가를 지고 예수의 삶을 실천하는 기독교 인구는 얼마나 되는가!

우리는 이 시점에서 기독교가 지향하는 바가 무엇인가에 대한 본질을 다시 생각해 보아야 한다. 종교개혁 500주년이 단순한 기념행사로 지나갔고, 3.1 운동 100주년 종교 행사도 또 한 페이지의 과거 역사로 넘어갔다. '기념과 선언'으로 새로운 기독교 역사는 만들어지지 않는다. 지금은 믿음을 통한 실체 없는 개인 구원과 '남녀 차별'의 기독교 전통, 또한 '이미 그러나 아직'이라는 신학적 용어로 자기만족만 할 수 있는 로마 시대가 아니다. 낡은 문명과 새 문명의 전환기에 처한 문명사적 시간 속에 냉전 이데올로기가 여전히 대척점에 있는 지구촌의 하나뿐인 분단 한국에 사는 기독교인은 새로운 혁명적 결단을 하여야 한다.

한국의 기독교는 말-씀을 회복하여야 한다. '말-씀'을 회복해 새로운 기독교인 상을 만들어 내야 한다. 말-씀의 회복은 말(logos)을 쓰는(씀, praxis) 영성생활인(靈聖生活人)의 탄생이다. 정통신학에서 태초에 감추어진 비밀이 '예수의 성육신 사건'을 통하여 영성 시대의 첫 열매가 되었다. 이처럼 성서 텍스트를 신앙하는 기독교인은 성서의 근본어인 하나님이 자기에게 준 말, 예를 들면 평화, 사랑, 고난, 믿음, 은혜, 봉사, 섬김, 구원 등의 근본어로 이루어진 다양한 말(言)을 자기 마음의 성전에 고이 간직하고, 로고스의 창조적 행위의 참여자(요 1장, 요일 1장 참조)로서 '말씀이 육신이 되신' 사건과 관계성을 맺고 일상생활의 현장에서 재현하여야 한다. 그래서 자신의 삶과 관계를 맺고 재현하여 '예수 그리스도의 복음 안'에서 자신만의 그리스도의 향기를 내어야 한다. 하늘 나라인 영적인 차원에 뿌리를 박고, 일상생활에서 성스러운 행동을 하는 영성생활인으로 거듭나야 한다. 제도 크리스천이 아닌 '하나님의 성전으로 지어져 가는' 참 그리스도인으로서 '복음의 향기'를 싱그럽게 뿜어내는 화신체로서 말이다. 말씀의 회복, 성서 텍스트에 면면히 흐르는 바탕의 말을 자신의 것으로 내면화하여 '사랑'의 화신체, '평화'의 전도사, '청빈'의 섬김이 등으로 거듭나 '기독교인다운 기독교인', 즉 영성생활인을 육성하는 것이 기독교의 목표가 되어야 한다.

이런 영성생활인이 한반도의 삶의 정황에서 평화 통일의 주역이 되어야 한다. 더불어 통일한국의 영성생활인이 새 문명의 조명탄으로서 인류 역사에 새 문명을 창출하는 '빛과 소금'이 되어야 한다. 거듭난 인격 신앙의 주체로서 인격 성전이 되어 인격 성전과 인격 성전이 중첩적이고 다층적으로 연대한 거대한 인격 공동체가 한반도에 산적한 세계사적 문제를 해결하는 모습을 세계에 보여주어야 한다. 이것이 새 시대 기독교의 사명이 되어야 한다.

만일 이단 기독교와 기독교 이단을 판별하는 유일한 '이단' 판정 기준이 있다면, 예수 그리스도의 삶과 성서 텍스트의 황금률을 일상생활에서 구현하는지 여부이다. 즉, 영성생활인만이 참 기독교인이라는 새로운 '선포'에서 한국 기독교는 새롭게 거듭나야 한다.

III. 격의 그리스도교 문화의 극복

1. 창조주가 되려는 인간

인류는 과학적 유토피아의 전개와 생태계 위기로 인해 지구의 생존마저 위협받는 극단의 선택지를 눈앞에 두고 있다. 이런 인류 존망의 위기 상황에서 그리스도교는 현대 학문과 과학 혁명의 성과를 창조적으로 수용하여야 한다. 새로운 성경해석을 바탕으로 사랑과 희생의 황금률을 소규모 인격 공동체에서 전개하는 새 종교혁명이 전제되어야 한다. 다시 말하면 종교적인 측면에서 다원적 종교 전통의 역사적 유전자를 지닌 한국인, 문명사적인 측면에서 제국주의의 희생자이며, 낡은 냉전의 그림자가 여전히 남아 있는 지구상의 유일한 분단인 한국이 지닌 역사적 숙명이다. 한국교회는 '수난과 고난'의 역사적 아픔을 자각하여 새 종교개혁 운동의 전개로 낡아지는 인류 문명에 생기를 불어넣어야 한다. 이것이 한국교회에 부여된 역사적 사명이 아닐까.

그리스도교 세계관에서 발생한 16세기의 '종교개혁'은 중세 유럽 가톨릭의 면죄부로 상징되는 부패 사건에 대한 루터의 95개 조의 종교 선언으로 촉발되었다. 교회혁신 운동의 하나인 종교개혁은 고대 그리스 인문학의 재발견에 따른 학문적 역량 축적이 그 배후적 역할을 하였음은 물론이다. 이어서 영국에서 발생한 산업혁명의 여파로 물리적 힘을 축적한 유럽은 아시아, 아프리카 등지로 식민지 개척에 나선다. 이런 제국주의 시대를 거쳐 두 차례 세계대전은 헬레니즘과 헤브라이즘에 기초한 서구 문명의 본질에 대해 세계인은 심각한 성찰을 하게 된다. 더불어 뉴턴과 데카르트의 기계론적 이원론이 지탱하던 절대 시공의 세계관은 상대성 이론과 불확정성의 원리 등 신과학의 발달로 설 자리를 잃게 된다. 물론 현실 세계에서는 여전히 영향력을 미치고 있지만. 또한 19세기 찰스 다윈이 발표한 생물진화론을 바탕으로 허버트 스펜서는 사회진화론으로 사회의 변화와 발전 방향을 조망한다. 이런 진화의 개념은 사회 진보와 인류 발전이라는 속성으로 과학적 유토피아의 사유 관성으로 작용하고 있다. 더구나 나노공학(NT), 생명공학(BT), 정보기술(IT), 인지과학(CS)

의 융합으로 미래 인류는 유기체인 인간과 비유기체인 인간로봇으로 분류할 수 있다는 예견마저 나오는 세계에 살고 있다.

반면에 성인의 말씀이 담긴 경전은 새로운 해석을 거부하면서 경전의 해석학적 전통이 축적되며 형성된 '전통과 정통'이라는 교리 체계 안에서 화석화되어 가고 있다. 종교의 시대는 가고 과학의 시대를 거쳐 초과학의 시대에 진입하고 있는 현실이지만, 종교적 인간은 과학적 인간이 지닌 오만을 제지할 수 있는 겸손의 미덕과 사랑의 실천이라는 모범조차 보이지 못하고 있다. 아직도 창조/진화론 논쟁에서 벗어나지 못한 일부 신학자와 신자의 종교적 사유로는 새 시대를 맞이할 수 없다. 마치 역사의 가을에 여름의 무성한 옷으로 치장하여 열매 없는 무화과처럼 과거의 영광만을 뽐내고 있는 것이 작금의 그리스도교의 종교적 현상이라고 하면 과언일까?

필자가 그리스도계가 다소 불편할 수도 있는 화제를 언급하는 것은 그리스도교적 사유는 축 시대를 이끌어 온 큰 공적이 있기 때문이다. 만약 한국의 그리스도계가 현대과학과 학문 그리고 다른 종교와 대화할 수 있는 열린 자세를 가진다면 얼마든지 성경의 새로운 해석을 통해 새 문명의 조명탄이 될 수 있는 미개발의 광맥을 발견할 수 있다.

보라! 바야흐로 과학 혁명을 통하여 자신을 얻는 인간이 스스로 창조주의 고민을 하는 시대이다. 인간은 생명과학과 로봇공학의 도움으로 영생을 꿈꾸지만, 인간이 만든 AI(인공로봇)가 인간의 영역을 침범하여 인간 영역을 초월하리라는 예측은 이제 기삿거리도 되지 않는 세상이다. 인간은 한편으로는 인간 자체가 과학기술과 의학 기술의 도움으로 영생을 꿈꾸지만, 인간이 창조한 AI가 인간의 사고영역을 벗어나 영생을 꿈꿀 수도 있다는 예측도 있다. 먼 훗날의 얘기가 아니다. 이 역설적인 딜레마에 빠진 인간은 마치 선악과를 따 먹은 인간이 생명과를 따 먹고 영생하기를 걱정하는 창조주의 고민을 하는 창조 설화의 현대판 재현이 아닌가. 폭발적으로 늘어나는 정보량과 과학기술의 발전 추세를 볼 때 미래 사회의 변화의 폭과 깊이는 상상을 초월한다. 과학은 절대 종교의 시녀가 아니고, 종교가 이미 과학의 시녀가 된 시점에 살고 있는 것이다. "인간(류)이 신이 된다"는 호사가들의 말에 '불경죄'를 물을 수 없는 '특이점'의 시대, '오메가 포인트'의 시대는 현실적으로 다가오고 있다. 이런 불확실성의 시대를 선도하지 못하는 종교 문화는 역사 시대의 쓰레기로 처해질 운명에 놓일 수밖에 없다. 과학 혁명의 도전에 한국 그리스도교계는 어떻게 대답할 것인가?

2. 종말론적인 교회 문화 현상

한국교회에 종말론적 심판이 시작되는 듯한 혼돈이 일고 있다. 코로나19 시대를 맞아 민낯을 여실히 드러내고 있다. 그동안 기복 신앙과 권력 신앙으로 폭발적 성장을 이룬 한국교회는 세계적 대형교회로 위세를 과시해 왔다. 그러나 최근 교회 매매·세습, 성직자 윤리 문제 등 교회 내부 문제가 대외적으로 공론화하면서 교회 공동체가 여타 사회조직에 못 미치는 대처 시스템을 가지고 있음이 폭로됐다. 성서 정신과 동떨어진 한국교회의 비·반교회적 행태는 특정 종교인이 아니라 교회 공동체 자체에 문제가 있는 게 아닌지 근원적 성찰을 요구한다. 교회가 이익단체로 전락해 자정 능력을 상실한 게 아닌지 의구심마저 든다. 한국교회가 회개 없이 현재 모습대로 운영된다면 '사회가 교회를 걱정하는 사태'가 지속될 것이 자명하다.

한국교회는 새로 시작해야 한다. 개축과 리모델링이 아닌 새 신앙의 터 위에 다시 시작해야 한다. 한국 종교 역사에서 거의 막내 격인 한국 그리스도교가 한국인의 종교 심성에 '한국의 종교'로 자리매김하기 위해서는 뼈를 깎는 성찰과 실천이 선행돼야 한다.

초창기 한국교회는 교육·의료 사업, 신분 질서 타파 등 사회 혁신에 상당한 역할을 하며 교세를 확장했다. 또한 일제강점기 3.1 운동의 한 축으로 나서고, 독재에 맞서 민주 사회를 위한 투쟁에서 앞장선 역사가 있다. 그러나 일제강점기 신사참배 역사는 한국 종교사의 어두운 그림자다. 로마교황청 명령을 받은 천주교 지도자들은 거리낌 없이 신사참배를 감행했고, 대다수 개신교 목회자도 신사참배에 동참해 해방 후 교단 분열의 빌미를 제공했다.[5] 신사참배는 조상 제사에 참여하는 유교 의례와는 차원이 다르다. 십계명을 정면으로 위배한 우상숭배이자 신성모독이다. 이렇게 변절했던 한국교회가 과연 참회와 반성 후 새롭게 출발했는지 다시 물어야 한다. 역사는 반복되기 때문이다.

기독교 전래 이후 한국에는 서구 기독교 신학에 뿌리를 둔 교파·교회가 우후죽순으로 세워졌고, 지금도 상당한 교세를 자랑하고 있다. 그러나 교회가 과연 한국의 다른 종교와 공존하며 조화롭게 성장해 왔는지 돌아봐야 한다. 한국교회가 진정 한국인의 종교 심성에 뿌리내린 것인지는 의문의 여지가 많다. 종교학자이자 신학자 이찬수가 지적하듯 "그리스도교가 한국적이기 위하여" 가야 할 길은 아직도 멀다.

한국교회는 수입·번역된 신학을 중심으로 서구 신학이 각축을 벌이는 대리 경연장에 불과하다. 한국에서 자생한 교회는 '이단'으로 치부되고, 교단 신학을 뛰어넘은 용기 있는 신학자는 축출당했다. 대표적으로 감리교에서는 종교 간 대화에 물꼬를 튼 변선환, 포스트모던 신학을 주

---

5 민경배, 『한국기독교회사』(연세대학교 출판부, 2007), 506-512; 한국기독교역사학회, 『한국기독교의 역사 II』(기독교문사, 2012), 257-270. 당시 신사참배에 대응하는 그리스도교인의 신앙 심리적인 분석은 다음을 참고할 것: 이진구, "신사참배에 관한 조선기독교계의 대응양상연구 —신념 체계 분석을 중심으로", 「宗教學研究」 7 (1988), 67-133.

장한 홍정수 등은 출교되고, '민중신학' 한 축을 개척한 연세대 서남동은 해직당했다. 그 후로도 한국교회의 서구 신학 추종은 심화해 왔다.

한국 천주교도 1997년 광주가톨릭대 이제민 신부, 서강대 교수 정양모·서공석 신부가 교황청 신앙교리성 경고를 받은 신학적 자유 침해 사태가 있었다. 한국 교계에는 칼 라너, 칼 바르트, 폴 틸리히, 장 칼뱅, 위르겐 몰트만 등 서구 신학자들 목소리만 울려 퍼지고 한국다운 신학은 거의 찾아볼 수 없다. 이렇게 한국 신학이 부재한 상태에서 펼쳐지는 신학 활동은 결국 서구 신학을 한국 종교 문화에 이식하는 '사대 신학' 내지 '식민 신학'일 수밖에 없다. 조선 시대에 성리학만이 '정통'이고 이외 학문은 좌도(左道)·이도(異道)·음사(淫事)로 치부됐던 일이 한국교회에서도 그대로 전개되고 있다. 이런 상황 속에서 교단 소속 신학자는 교단 신학을 위해 복무하며 서구 신앙·신학을 한국에 전파하는 나팔수에 불과하다.

그리스도교가 가진 강력한 무기는 '정통과 이단'이라는 개념이다. 정통과 이단은 사실상 자본의 양과 신도의 수에 따라 결정되는 경우가 많다. 만일 '정통과 이단' 기준이 절대적이라면 각 교파·교단이 정죄하는 '이단'이 저마다 다른 이유는 무엇이며, 우리 민족 시조인 단군상(像)과 단군 성전을 세우는 일을 반대하는 종교적 정당성을 누가 부여했는지 물어야 한다. 단군상이 우상숭배라면 가톨릭 성당에 있는 성모마리아 상, 성화, 교회마다 솟은 십자가는 과연 우상숭배가 아닌지 동일한 관점에서 물어야 한다.

천주교 순교자뿐만 아니라 허균, 홍경래, 전봉준 등이 처형된 아픈 역사의 현장을 로마교황청이 '천주교 서울 순례길'로 지정한 일은 일제 강점기에 로마교황청이 신사참배를 지령했던 제국 종교의 횡포와 겹쳐 보이기도 한다.

기복 신앙과 자본 신앙 토대 위에서 교회가 매매·세습되며 기독교 신앙 자체를 희화화하는 일이 성서가 가르치는 일인가. '예수의 몸 된 성전'이라는 교회를 사고팔고, 세습하는 일은 드러난 일부 대형교회뿐만 아니라 중소형 교회에서 더 많이 일어난다. 이런 상황 속에서도 신학자, 목회자, 신자는 "살아서 편안하게 믿고, 죽어서는 구원 받는다"는 값싼 구원, 값싼 은총을 위해 침묵으로 일관하며 카르텔을 형성하고 있다. 성찰의 목소리가 들리지 않고, '회칠한 무덤' 같이 적막하다. 한국교회는 새로 시작해야 한다.

3. 인격 교회와 건물 교회의 혼란

최근 일부 대형교회가 교회법에 위반되는 교회 세습을 편법으로 용인하고, 사회법에 저촉되는 지하 예배당 건축으로 사회적 물의를 일으키고 있다. 특히 교회 매매와 세습은, 종교 의례를 행하는 장소를 '성당'이라고 하는 천주교가 아닌 개신교에서 나타나는 특수한 현상이다. 교의학에서 교회는 '비가시적 교회'와 '가시적 교회'라는 용어를 사용하지만, 이 글에서는 '가시적 교회'인 지상 교회가 일반 부동산과 같이 매매되고 세습되기에 부동산 개념인 '건물 교회'라고 표현한다. 신앙적 교회와 건물 교회의 혼란에 대한 비평적 대안을 제시하는 글이기에 오히려 필자가 만든 단어인 '건물 교회'가 독자와 소통하는 데 적합한 용어라고 판단한다.

한국교회의 현실은 어떠한가. 천주교는 성당이라는 부동산 개념으로 표현한다. 하지만 대부분의 개신교는 '국명 혹은 소속 교단 명칭 혹은 지역'을 혼용하며, 대부분 마지막에는 교회 명칭을 붙인다. 과연 이것이 개혁교회가 규정한 교회의 본질과 동일한가. 굳이 언어철학과 공자의 정명론(正名論)을 언급하지 않더라도 언어와 실재는 명실상부해야 한다. 즉, 교회는 교회다워야 한다. 개신교의 대부분 건물 교회가 '교회'라는 명칭을 사용하는 것은 명실상부한가. 대부분 교회를 지을 때는 '하나님의 성전 혹은 예수 그리스도의 몸 된 성전'으로 헌금을 거두어 교회를 성대하게 짓는다. 따라서 목사 등 직업 종교인이 이것을 매매하거나 세습하는 것은 기독교 신앙의 근본을 붕괴시키는 신성모독이다. 더구나 종교 자유가 보장되는 한국에서 최근 벌어지고 있는 교회 매매와 세습, 사회법을 위반하는 교회 사태는 신앙 공동체의 구조적 모순이다. 이는 일부 대형교회 문제라기보다 한국교회 공동 책임이다. 더 우려스러운 점은 이런 사태를 직면하고도 기독교 구성원의 담론 형성 지점을 보면 한국교회 미래를 더욱 암울하게 만든다.

교회 신앙체의 근본인 교회, 즉 '예수 그리스도의 몸 된 교회'를 사고 팔고 세습하는 '대사건'인데도 진작 기독교 구성원들이 보이는 "그럴 줄 알았다"는 당연하다는 듯한 반응과 "어쩔 수 없다"는 무기력한 반응은 외부인 시선으로는 의아하기까지 하다. 도대체 기독교는 그동안 무엇을 신앙하고 있었는가. 일부 진보적 기독교 지도층은 검찰 개혁에 서명을 하는 등 사회적 발언에 용기를 보이지만, 진작 기독교 신앙의 근거인 교회 존립의 근간을 흔드는 교회 매매와 세습에 대한 소극적 태도에는 상대적으로 신앙 공동체의 '침묵의 카르텔'을 보이는 경향마저 감지된다. 생각해 보라. '교회 안에만 구원이 있다'는 전통적 구원관의 근간을 흔드는 교회 매매와 세습에 대해 그동안 한국 기독교의 중추적 역할을 해 온 기독교 지도층의 책임 있는 목소리가 어디에서 들리고 있는가. 건물 교회가 '교회'라는 비성서적인 망상이 현실에서 용인되는 부정직한 신앙 태도에서 벗어나야 한다.

교회 용어 사전에서 교회는 "문자적으로는 '밖으로 불러 모으다'는 뜻으로, 죄악 세상에서 불러 모아진 성별(聖別)한 자들의 모임, 곧 예수 그리스도를 구주로 고백하는 성도의 모임을 가리킨다(엡 1:22-23; 히 2:12)"고 정의한다. 과연 교회라는 명칭을 건물 장소에 붙이는 것은 성서적 맥락에 맞는가. '예수 그리스도의 몸 된 성전'이라는 교회를 매매하고 세습한다는 것은 기독교적 맥락에서 어떤 의미일까.

교회 역사는 모세의 장막 성전, 예루살렘 성전 시대를 거쳐 성직자의 제도교회에서 형제자매의 공동체로서 역사적 변천을 거듭해 왔다. 초기 신앙 공동체는 자발적이고 자율적인 생활 공동체의 양상을 띤다(고전 3장 참조). 그러나 313년 콘스탄티누스 황제의 기독교 공인을 시발로 로마의 기독교는 국가교회로 변모한다. 또한 기독교 변증가에 의해 "교회 바깥에는 구원이 없다"(Salus extra ecclesiam non est)라는 사도 계승이 교리화되고 국가 차원의 거대한 위계적인 성직자 제도와 이를 정교화한 종교 의례가 만들어진다. 특히 가톨릭 신학에서는 예수의 제자 베드로를 적통으로 세우고 324년 니케아공의회와 381년 콘스탄티노플 공의회에서 '하나의', '거룩한', '보편적', '사도적'이라는 성격을 가톨릭 교회관의 전통으로 삼는다. 이를 바탕으로 교황을 정점으로 추기경-주교-사제 등의 위계질서를 가진 성직자 제도로서 보편 교회를 추구하고 있다. 이에 대한 성서적 근거는 마태복음 16장 18-19절이다. "너는 베드로라 내가 이 반석 위에 내 교회를 세우리니 음부의 권세가 이기지 못하리라 내가 천국 열쇠를 네게 주리니(하략)"라는 성구이다. 당시 이미 베드로 계열의 공동체, 바울 계열의 공동체, 야고보 공동체 등도 있었기에 종교적 권위를 내세우기 위해 위 성구는 사도를 계승한 성직자 교회로서 자리 잡게 하는 핵심적 성구가 된다.

반면 개신교는 가톨릭 중세 국가교회의 모순점을 비판하며 종교개혁가는 성직자들의 '객관적, 법적 제도'가 아니라 성도들의 교통, 선택받은 자들의 공동체를 교회의 본질로 강조한다. 다시 말하면 개신교 교회는 교황을 정점으로 하는 성직 교회가 아니라 교회는 본질적으로 성도들의 모임과 사귐을 천명하고 있다. 특히 퀌멜(W. Kümmel)은 마태복음 16장 18절에 출전을 둔 '에클레시아'(ekklesia)는 제도교회가 아닌 예수 부활 후 마가의 다락방에서 120명이 형성한 생활 공동체가 교회의 모형이라고 주장한다. 이에 대해서는 사도행전 2장의 공동체 성령 체험과 새로운 생활 모형인 인격 공동체에 대한 성서의 진술을 기억해 보자. 또한 칼 바르트와 에밀 브루너 같은 신학자도 '장소와 제도'로서의 교회가 아니고 '하나님이 말씀하시고 듣는 곳'이 교회이며, 민중신학도 민중 교회는 민중의 삶 속에 드러나는 공동체라고 말한다. 즉, 교회는 건물 교회가 아니고 '사건 혹은(과) 말씀 혹은(과) 삶'에서 드러나는 교회로 규정된다. 이런 사상은 몰트만도 교회 자체가 목적이 아니라 교회는 하나님 나라를 세우고자 하는 기독교인이 구원의 역사에 동참하기 위한 방편이라고 강조한다. 이처럼 신학자 입장에 따라 다른 맥락의 교회관을 가지는 것은 자연스러운 현상이지만, 고정된 장소가 '교회'가 아니라는 점에서는 일맥상통한다.

심지어 개혁교회는 성령을 받은 성도들의 자발적인 봉사와 헌신에 맞게 직분을 맡는 등 인위적인 성직자 계급이 존재하지 않는 만인사제설을 주장한다. 이처럼 가시적인 교회 조직은 비가시적인 교회를 본떠 위계질서와 계급 질서 등 일체의 차별과 차등이 존재하지 않는다는 것이 개혁교회의 본질적 정의이다. 그러나 개혁교회는 기독교 신앙 공동체의 정해진 제도의 틀에 의해 목회자가 육성되며 직분은 목사, 장로, 권사, 안수집사, 집사 등으로 차등화·차별화한 교회 신분으로 고착화해 가는 경향을 보이며, 만인사제설은 유명무실하게 되어 초기 개혁 정신을 찾아보기가 쉽지 않다.

종교 조직으로서 교회는 종교적 위계질서에 의해 점차 경직화하고 타율화하는 경향이 있다. 따라서 개혁교회가 내건 "개혁된 교회는 언제나 개혁되어야 한다"(ecclesia reformata semper reformanda)는 스스로의 종교적 구호에 충실해야 할 당위성이 있다.

4. '격의 그리스도교' 문화

한국의 그리스도교계에서 주류를 차지하는 보수 정통주의자들은 초기 선교사가 전해 준 문자주의와 근본주의로 무장된 '복음의 씨'를 한국의 종교적 심성에 이식시키려고 하였다. 엄격하게 말하면 현재의 한국 그리스도교는 예수교와 기독교가 아니라, 예수의 사랑 실천이 부족한 바울의 성서해석(특히 로마서)에 근거한 '바울교'이자 칼뱅주의적 성경해석이 주류를 차지하는 '칼뱅교'라고 하면 과장된 표현일까?

지구촌 사회에서 유대교의 경전인 타나크(구약성서)와 예수의 생애가 헬레니즘에 의해 해석된 전통만이 '정통'으로 간주되고 있다. 하지만 그리스도교 세계관을 구성한 신학과 교리 체계는 종교다원주의 시대와 과학 혁명에 적극적으로 대화하지 못하는 한계를 드러낸다. 역사적으로 다원주의적 종교 세계에 전래된 그리스도교는 아직 한국의 막내 종교로서 한국의 종교적 심성에 정착을 하지 못하고 있는 것이 양식 있는 신학자의 자기 점검이다.

토착화를 위한 신학계의 노력은 다른 종교와의 대화 유형에 따라 배타주의, 포괄주의 혹은 다원주의로 나타나지만, 가톨릭은 포괄주의, 개신교는 배타적인 태도가 주류의 추세를 보인다. 이를 필자는 '격의(格義) 그리스도교'[6] 현상이라고 부른다. 한국에서 토착화신학이라고 전개된 다양한 신학적 움직임은 종국에는 그리스도교를 중심한 포괄주의

---

6 머리말 각주 3을 참고할 것.

혹은 정복 신학일 수밖에 없는 신학적 관성을 지니고 있다. 왜냐하면 윤성범의 '성의 신학',[7] 안병무, 서남동, 함석헌, 김용복이 주도한 '민중신학',[8] 유동식의 '풍류신학',[9] 박종천의 '상생의 신학[10] 등도 우리의 종교적 심성에 뿌리를 내리는 새로운 '성서해석'의 차원과 그리스도교 혁신운동으로까지 전개되지 못하였기 때문이다. 서구 신학과 교리, 공의회와 신앙고백의 바탕 위에 한국적 옷을 입혀놓은 꼴밖에 되지 않는다.

그러면 한국교회에서 발현하고 있는 '격의(格義) 그리스도교' 문화의 징후는 무엇일까?

첫째, 교의학에서 교회는 '하나의 교회'를 말하지만, 천주교와 개신교는 동일한 경전을 사용하지 않고 있으며, 개신교는 다양한 번역본을 사용하는 추세이다. 1977년에 교회일치운동의 일환으로 천주교와 개신교에서 협력하여 공동번역한 성서를 출간하였으나 신명(神名), 외경의

---

7 윤성범, 『한국 유교와 한국적 신학』, 윤성범 전집 2 (감리교신학대, 1998). 이 책의 부록 논문에 실린 보수적 관점에서 김의환, 박아론의 성의 신학에 대한 비판과 김광식의 한국 신학의 가능성으로 비평한 것에 대한 상호 간의 이론(異論)은 아직도 평행선을 달리는 신학적 과제이다. 최근 이 분야의 연구인 김광묵, 『한국 신학의 두 뿌리』 (동연, 2021)의 문제의식도 복음의 토착화와 신학의 토착화에 대한 내면적인 갈등 해소를 시도한 연구 저서이다.

8 민중신학은 한국 신학 가운데 세계 신학계에 널리 알려진 신학이며, 기장을 중심으로 후학에 의해 연구가 계승되고 있다. 그러나 현재의 민중신학이 엘리트에 의해 만들어진 엘리트 신학인지, 민중에 의해 만들어진 민중신학인지 또한 예수는 민중이지만, 민중이 예수가 될 수 있는가에 대해서 대답을 하여야 한다. 다음을 참고할 것: 서남동·죽재서남동기념사업회 엮음, 『민중신학의 탐구』 (동연, 2018); 안병무, 『민중신학을 말한다』, 안병무전집2 (한길사, 1993); 안병무, 『예수 민중 민족』 (한국 신학연구소, 1992); NCC 신학연구위원회 편, 『민중과 한국 신학』 (한국 신학연구소, 1982); 김용복, 『한국민중과 기독교』 (형성사, 1981); 김용복, 『한국민중의 사회전기』 (한길사, 1987); 김용복, 『지구화 시대 민중의 사회전기』 (한국 신학연구소, 1998); 함석헌, 『뜻으로 본 한국역사』 (한길사, 1983); 이화선, 『민중신학비판』 (성광문화사, 1989); Jung Young Lee, *An Emerging Theology in World Perspective: Commentary on Korean Minjung Theology* (Twenty Third Publications, 1988).

9 2부 3장 II "풍류신학의 성과와 한계"를 참고할 것.

10 박종천, "한국 토착화신학의 모형 변화 ─誠의 신학에서 相生의 신학으로", 「신학과 세계」 27 (1993), 150-176.

수용 등을 포함한 여러 문제로 공동 경전으로는 사용하지 않고 있다.

둘째, 성서의 지고신의 이름이 다르다. 한민족의 고유한 '하늘님'[11]을 천주교는 하느님, 개신교는 하나님이라고 하며 신의 이름조차 통일시키지 못하고 한국의 하늘님을 분열시키고 있다. 이는 한국 종교의 맥락에서 심각한 종교적 문제를 야기시키는 종교적 기제이다. 왜냐하면 천주교와 개신교에서 다르게 사용하는 성서의 지고신의 이름과 한국인이 부르던 '하늘님' 신앙을 지칭하는 '하늘님, 하느님, 하늘' 등의 호칭과 천도교, 증산교, 대종교 등 민족종교에서 신앙하는 신의 이름이 서로 다른 것은 단순한 문제가 아니다. 신명(神名) 자체에 종교적 이데올로기가 담겨 있기 때문이다. 한국교회 내부의 다른 신명에 관한 문제는 교회의 내부 담론이지만, 천도교 등 민족종교와 대화할 경우에는 한국 종교 역사의 종교 담론으로 확장된다. 그리스도교에서는 분열된 천주교와 개신교가 교회일치운동이라는 종교 사업이 주요 항목이겠지만, 한국 종교 전통이라는 맥락에서 이 문제를 살핀다면 상황은 전혀 다르다.[12] 푸코가 말한 '언어와 권력'에 담긴 함축적 의미를 굳이 상기할 필요조차 없다고 할 것이다.

셋째, 수차례 언급했지만 교의학에서 정립된 교회의 명칭을 단 '교회'가 세습되거나 매매되기도 하는 교회 현상이다. 보이지 않은 교회가 보이는 교회로 만들어졌다는 '예수의 몸 된 성전'인 교회가 어떻게 '교회 매매와 교회 세습'의 대상이 될 수 있으며 이런 신성모독적인 신앙 행위에 대해 한국교회는 책임 있는 발언과 행동에 그다지 적극적인 모습을

---

11 필자가 '하늘님'이라고 표기하는 것은 천주교의 하느님과 개신교의 하나님과 구별한 한국의 고유한 지고신을 표현하기 위함이다. 고대 한국의 신화를 보더라도 한국의 하늘님에게는 창조주 개념이 없다. 하늘님은 늘 있는 존재로 상정이 되지 특정 시점에 활동하는 하늘님으로 한국인에게 인식되지 않는 것은 종교계의 상식이다.

12 이에 대해서는 3부 2장 "한국의 신관"을 참조할 것.

보이지 않는 이유가 무엇일까?

넷째, 천주교(회)사와 개신교(회)사가 균형 있는 관점에서 서술된 '한국 그리스도교사' 혹은 '한국 교회사'가 없다. 서구의 종교 맥락에서 천주교와 개신교는 차별화된 역사적 맥락이 있지만, 한국의 종교 문화에서 이를 그대로 수용하는 것이 과연 타당한지도 근본적으로 물어보아야 한다. 과연 천주교 교회사가나 개신교 교회사가 개별적으로 혹은 천주교와 개신교의 교회사가 협력하여 양자가 공인할 수 있는 '한국교회사'가 서술될 수 있을까? 한국의 종교 맥락과 전혀 다른 종교 전통을 가진 천주교와 개신교가 '교회일치운동'을 전개하는 것은 서구 교회 담론이지, 한국 종교사에서는 천주교와 개신교는 다른 종교 현상으로 이해하는 것이 타당한 것이 아닌지 검토되어야 한다.

다섯째, 역사적으로 일제강점기에 신사참배에 대한 천주교와 개신교의 신앙 태도는 그리스도교의 신관에 대한 심각한 의문을 불러일으키는 지점이다. 다른 종교와 비교할 때 유독 "나 이외에 다른 신을 믿지 말라"는 유일신 신앙을 고수하면서도 신사참배를 한 한국교회가 역사적 과오에 대해 공신력 있는 신앙적 회개를 한 적이 있는지 궁금하다. 이런 한국 역사에 몰이해적인 태도는 한국인의 종교적 심성에 뿌리내리기보다는 서구 문화에서 배태된 제국주의적 속성을 지닌 전위 부대로서 한국의 종교 문화와 조화롭게 공존하지 못하는 종교적 요인으로 작동한다. 이는 현대에 들어서도 그리스도교의 신앙 표준으로 단군상을 우상숭배라고 배척하는 종교적 행위, 한국의 역사적 지리 공간을 '순례의 길'이라는 명목으로 독점하는 현상, '천진암'과 '주어사'를 둘러싼 불교계와의 성지 분쟁 등은 여전히 한국 종교 역사와 화합하지 못하는 제국주의적 모습의 한 표현이라고 할 수 있다.

여섯째, 이스라엘의 야훼 신앙과 예수 그리스도의 십자가의 수난과 부활, 믿음 복음과 사랑 복음이 헬레니즘의 세례를 받아 신학화되고 교리화되어 서구 기독교로서 한국에 전래된 천주교와 개신교는 한국의 전통 종교와 근대 민족종교 그리고 한국인의 종교적 심성에 뿌리내리는 과정에 있다. 특히 다양한 교단과 교파로 분열되어 '교회' 앞에 종교적 이데올로기의 의미가 함의된 이름을 사용하는 것 자체가 격의(格義) 그리스도교 문화를 방증하는 대표적인 사례라고 할 수 있다.

한편 한국에서 토착화 작업과 다른 종교와의 대화에 적극적이었던 변선환, 홍정수 신학자에 대한 감리교의 종교재판을 상기해 보라. 엄격하게 말하면 교단에서 '이단'으로 정죄되지 않는 신학자는 서구 신학과 교단 신학의 테두리에서 신학적 사유를 하고 있다고 해도 과언이 아니다. 1992년, 감리교신학대학 학장으로 재직 중이던 변선환 교수가 종교재판에서 답변한 그의 목소리를 들어보자.

> 혹자는 인도 신학자 M.M. Thomas, Stanly Samartha, Raymond Panikkar의 신학을 힌두교적 혼합주의라고 비판하며 정죄합니다. 그러나 희랍철학이나 독일 철학을 사용하여서 만든 서구 신학은 혼합주의가 아니고 유독 힌두교나 불교나 유교와 같은 동양 철학의 범주를 가지고 복음을 재해석한 모든 아시아 신학은 아시아적 혼합주의라고 비판하는 이유를 본인은 아무리 생각하여도 이해할 길이 없습니다.[13]

이런 상황에서 자유스러운 경전 읽기와 이를 통한 새로운 경전 해석이 가능할까? 과연 '정통과 이단의 기준은 어디에 있는가? 한국의 신학적 전통과 목회 현장은 새로운 성서해석을 하는 풍토 자체가 봉쇄된 것은

---

13 기독교대한감리회 서울연회 재판위원회 편,『교리사건 재판자료: 정리·서술집(변선환, 홍정수)』(月刊 온세상위하여 2005), 380.

아닌가? 그렇다면 토착화(문화)신학은 한국 종교 문화를 서구 신학의 틀 안에서 조명하는 환원주의적 신학에 불과하지 않은가? 마치 조선 시대에는 주자학적인 관점으로 유가 경전을 보고 다른 관점의 유학을 '이단'시한 역사적 전통과 서구 전통에 뿌리를 둔 서구 신학의 관점에서 성서를 해독하여야 하며, 다른 성서해석을 이단시하는 것은 역사적 유비 현상으로 재현되고 있는 것은 아닌가.

'격의(格義) 그리스도교 문화'를 탈피하려는 가능성을 희박하게 하는 것은 한국 종교 전통이라기보다는 한국교회가 서구 교회와 서구 신학의 전통을 맹종하는 종교적 관성 때문에 초래되는 종교 현상이다.

5. 새로운 한국교회로 거듭나기 위하여

한국교회는 새 문명을 추동할 종교적 역량이 충분하다. 이제부터라도 새로운 신앙적 각성을 통하여 덩치만으로 세계 몇 위를 자랑하지 말고 새 신앙인의 모습으로 한국 사회와 인류 문명을 선도하는 모범을 보여주어야 한다. 그러기 위해서는 예수 그리스도의 말씀과 그리스도교인이라는 신앙적 정체성의 영성적 거리를 일치하려는 지향점을 가지고 '자신의 십자가를 지고 예수 그리스도를 따르는 실천'이 병행되어야 한다. 예수 그리스도, 즉 예수의 고난의 십자가 사건에 동참하고 그리스도의 영광인 성령의 열매를 맺는 신앙혁신의 길에 나서야 한다.

1) 모든 그리스도교인은 성서를 철저히 공부해야 한다

성서는 하나님이 그리스도교인에게 보낸 편지이자 인류의 경전이다. 성서 공부는 목사와 신학자 등 직업 종교인의 전유물이 아니다. 성서에는 영생의 말씀이 있고(요 5:39-40), 영생의 구원에 이르는 지혜가 담겨 있으며(딤후 3:15), 하나님이 '성도'에게 주는 안위와 소망이 담겨 있다(롬 15:4). 예수도 성서를 읽었고(막 14:49; 눅 24:27; 요 5:39), 베드로, 스데반, 바울 등 예수의 사도들도 성서를 읽고 예수를 증거했으며(행 2:14-40; 7:1-20; 28:23-31), 초대교회 베뢰아 성도도 날마다 성서를 상고했다(행 17:11-12).

성서는 하나님이 성도에게 제시한 장대한 구원의 파노라마이기 때문에 이를 공부하는 일은 신앙생활의 중요한 부분이다. 그리스도교인은 하나님 말씀이 담긴 성서에 정통해야 하고, 성령의 조명을 받으며 직접 해석·실천해야 한다. 예수를 믿으면서 성서에 정통하지 못한 그리스도교인은 십자가의 고난을 회피하는 행동하지 않는 예수 애호가일 뿐이다.

> 예수를 믿으면서 성경을 읽지 않는 사람은 비유컨대 학교에 다니는 학생이 책을 읽지 않음과 같다. 공부하지 않는 불량 학생은 악에 유혹될 소질이 있는 것 같이 성경을 읽지 않는 불량하고 부실한 성도들은 적그리스도와 거짓 선지자들의 유언비어에 쉽게 넘어가서 패가망신할 것이다.
> 온갖 세상 지식으로 교묘하게 꾸민 목자들의 영력(靈力) 없는 설교에 귀 기울이지 말고 성경으로 돌아가 성경을 읽자(上 27).

성서를 믿고 체화한 그리스도교인은 생명의 영(롬 8:2), 진리의 영(요 14:17, 15:26; 요일 4:6), 영원하신 영(히 9:14), 성결의 영(롬 1:4), 영광의 영(벧전 1:14), 약속의 영(엡 1:13), 은혜의 영(히 12:29), 생명의 영(롬 8:2)이신 성령의 열매를 맺고 그리스도의 향기가 나는 신앙생활을 하기 마련이다. 그리스도의 향기가 나지 않는 이는 그리스도교인이 아니다. 예를 들면 "너는 구제할 때에 오른손의 하는 일을 왼손도 모르게 하라"(마 6:32)고 예수가 명령하면, 예수를 신앙하는 신앙인은 그렇게 하면 된다. "너희가 하나님과 재물을 겸하여 섬기지 못하느니라"(마 6:24)라고 경고하면, 하나님과 재물을 선택하는 결단의 순간에 하나님을 선택하면 된다. 그리스도인에게 예수의 언행은 '절대 명령'이다. 그리스도교인이라면서 이를 '현재의 나'가 재현하지 못하면 어찌 그리스도교인이라고 할 수 있는가! 예수의 언행을 일상생활에서 실천하려면 성서에 정통하여야 한다.

　　죽은 자가 부활한다는 그리스도교의 근본 신앙을 믿는 한국의 주류 그리스도교인, '하나님 사랑과 이웃 사랑'을 실천하라는 예수의 계명을 금과옥조처럼 신앙하는 그리스도교인이 예수의 절대 명령을 실천하지 못할 까닭이 전혀 없다. 심지어 예수는 그리스도교인에게 다음과 같이 용기와 희망을 주기까지 한다. 예수는 자기를 따르면 하나님처럼 온전할 수 있다는 용기, 사랑 계명만 실천하면 '나의 친구'라고 격려와 희망의 메시지를 주고 있다. 성서를 바르게 읽는 참 그리스도교인이라면 어찌 예수의 당부를 실천하지 않을 수가 있겠는가! 성서의 예수가 이렇게 말한다.

누구든지 나를 따라오려거든 자기를 부인하고 자기 십자가를 지고 나를 따를 것이니라(막 8:24, 유사 성구: 눅 14:27; 마 10:38).

하늘에 계신 너희 아버지의 온전하심과 같이 너희도 온전하라(마 5:48). 내 계명은 곧 내가 너희를 사랑한 것 같이 너희도 서로 사랑하라 하는 이것이니라. (중략) 너희는 내가 명하는 대로 행하면 곧 나의 친구라(요 12:12-14).

2) 인격 교회와 인격 공동체

교회는 시멘트와 철골로 만든 건물에 '교회' 팻말을 붙인다고 만들어지는 게 아니다. 구약성서는 '인간 = 성전'이라는 '인간 성전' 개념을 말하고 있고(렘 31:33-34), 신약성서는 '인격 = 교회'(고전 3:16, 6:19; 요 2:21; 계 21:22)라는 '인격 교회', '인격 공동체'(엡 2:20-22)를 말하고 있다. 교의학에 서도 교회는 고정된 장소가 아니라고 말한다.

성서는 인간이 만든 건물에는 하나님이 부재한다고 한다. 말라기서 에서 하나님은 "성전을 닫으라"(1:10)고 말하고, 예수는 "성전을 헐라"(요 2: 19)고 명령한다. 교회가 인간 성전과 인격 교회라는 성서의 기본 가르 침을 수용하지 못하고, 외형적 건물을 교회라고 착각하기 때문에 그리스 도교인은 "자기 십자가를 지고 나를 따르라"는 예수의 명령 앞에서 주저 한다. 참 그리스도교인은 역사 속에서 고통당하는 민중의 아픔을 안고 십자가를 져야 한다. 자본, 권력, 명예, 탐욕을 버리고 오직 하나님의 의와 정의를 위해 사는 인격 교회로 거듭나야 한다.

'건물 = 교회'로 여기기 때문에 교회 매매·세습이 관례처럼 나타나는 것이다. 신자들은 건물이 아니라 '예수의 몸 된 성전'을 짓기 위해 헌금했 을 것이다. 그런데 예수의 몸 된 성전이 상품으로 매도되는 신성모독이 한국교회에서 빈번하게 발생하는데도 어찌 '통곡하는 목소리'가 들리지 않고 침묵하는가. 이런 일에 침묵하는 그리스도교인들을 어찌 그리스도 교인이라 할 수 있으랴.

한국의 초대형 교회 현상은 자본주의의 성장 논리를 답습한 교회 형태이다. 따라서 양식 있는 목회자는 인격 공동체가 작동하는 '작은교 회운동'을 전개하여야 한다. 신학자마다 다른 예수 이해는 그렇다 치더 라도 예수가 준 계명은 오직 하나밖에 없다. "네 이웃을 너 자신과 같이 사랑하라 하신 것이라. 이보다 더 큰 계명이 없느니라"(막 12:31). 역사적 예수가 실천한 것도 사회적 약자를 위해 사랑 실천한 것이고, 교회사적 으로 예수가 부재한 현 성령의 시대에도 인격적 공동체를 통해 서로서로 돕는 사랑 실천 이외에 그리스도교 교인에게 부여된 큰 사명이 어디 있는

가. 한국교회는 '믿음 구원', '은혜 구원'이라는 '바울교'와 사랑 실천이라는 예수의 복음 가운데 어느 방향을 지향하고 있는가? 혹시 예수가 준 유일한 계명인 사랑 실천보다는 개인 차원의 '믿음 구원'과 기복 신앙을 추구하고 있지는 않은가. 그렇지 않음에도 한국교회가 사회적으로 부정적인 평가를 받는 것이 단지 외부인의 편견이라고 무시할 수 있는 상황인가는 되물어보아야 한다.

사랑을 실천하는 예수의 참다운 행위는 절대로 로마가톨릭교회와 같이 거대한 초국적 종교 조직이 일사불란하게 할 수 있는 행위도 아니고, 교단과 교리 체계로 분열되어 '정통과 이단' 싸움에 골몰하는 개신교의 대형교회에서 실천할 수 있는 성스러운 행위도 아니다. 사랑의 공동체는 두세 사람이 예수 그리스도의 이름으로 일심이 되는 자리(마 18:20), 120명이 일심으로 성령에 충만해지는 공동체의 공동각(행 4:23-25)에 의해서만 이루어진 예수를 믿는 신자에게 주는 축복이다. 혼자가 아닌 골방의 두세 명과 다락방의 120명의 인격 공동체만이 사랑을 실천하는 진정한 예수를 믿는 신도이다. 작은 인격 공동체를 전개하자. 작은 인격 공공체가 서로 연대하는 곳에 예수의 복음과 사랑 실천은 꽃 피울 것이다.

바른 신앙고백이 있는 곳에 사랑 실천이 뒤따르고, 사랑 실천은 더 깊은 새로운 신앙을 낳는다. 한국의 그리스도교인은 과거의 성서해석을 금과옥조로 여기는 태도보다는 현재의 교회 현상을 근본적으로 성찰하여 새로운 성서해석을 통하여 진정으로 사랑의 십자가를 지고 예수가 간 부활과 승천의 길을 가야 한다. 그것이 다가오는 영성 시대의 첫 열매가 되고자 하는 신자가 가져야 할 종교적 자각이다. 새 하늘과 새 땅을 조망하는 진정한 그리스도교인은 대형교회에서 탈출하여 작은 인격 공동체 운동을 전개하여야 한다. 예수가 십자가 고난을 받고 부활한 후 마가 다락방에 모인 120명에게 성령이 내림으로 유무상통하는 신앙 공동체가 생긴다. 이 신앙 공동체는 신약성서에 처음으로 기술된 성령 공동체이다. 이들은 "믿는 무리가 한마음과 한뜻이 되어 모든 물건을 서로 통용하고 자기 재물을 조금이라도 자기 것이라 하는 이가 하나도 없더라"(행 4:32)는 오순절 체험 모습이 사도행전 2장과 4장에 기록되어 있다. 한 사람 안에서 발생하는 영육의 투쟁, 차별지, 분별지, 분열의 마음을 하나로 통일하는 것은 모든 종교의 지향점이다. 그러나 성서는 여러 사람의 마음을 하나로 만드는 '이심전심'의 방법론을 세계 경전 가운데 유일하게 제시한다. 이처럼 오순절 체험은 교회 공동체의 모형으로, 오늘날 재현해야 할 '인격 공동체'의 원형이다. 오순절 공동체는 자율적이고 자발적이고 자립적으로 민중의 삶 속에서 형성되는 열린 공동체이다. 오순절 공동체는 자발적인 공동체이지 타율적인 제도 공동체가 아니다.

말씀을 회복한 '인간 = 교회'인 인격 교회는 성서의 언어 맥락에서 말하는 참 교회인 '새 교회'이다. 반면에 인간이 만든 건물 교회는 늘 우상 숭배 근거지로 하나님이 부재하다고 증언하는 것이 성서의 근본정신이다. 참 그리스도인은 스스로가 인격 교회임을 선포하고 그리스도의 향기를 발해야 한다. 그리고 인격 교회와 인격 교회가 사랑의 마음으로 인격 공동체를 형성하는 것이 바른 교회관이다.

건물 성전이 축 시대의 성전이었다면, 하나님과 예수와 성령을 '인간(공동체) = 교회'에 모시는 인격(공동체)교회는 새 축 시대의 '새 교회'이다.

3) 참 그리스도인의 탄생

참 그리스도교인을 탄생시키지 못하고, 오히려 자본 신앙의 노예로서 건물 성전의 화려함과 대형화와 웅장함을 추구하며, 직업 종교인의 사적 탐욕의 장소로 악용되는 건물 성전은 해체되어야 한다. 위대한 종교인(인격 성전)이 출현하지 않으니 건물 성전이 확산되고 있는 것이다.

생각해 보라. 얼마나 죄인이기에 한평생 '죄인'의 길에서 벗어나지 못하고 직업 종교인의 노예로서 살아가는가. 예수를 '그리스도'라 고백하고 대속을 받았다면 간음한 여자의 사건처럼 다시는 죄를 짓지 않고 신앙생활을 하면 된다는 것이 성서의 가르침이다. 또한 예수의 부활 속에서 '죄인'이 어디 있는가? 그럼에도 불구하고 인격 성전인 인간이 건물 성전에 들어가 직업 종교인의 말을 듣는 블랙코미디가 도처에서 벌어지고 있는 것이다. 예수 그리스도의 정신을 체화한 위대한 한국인이자 그리스도인을 탄생시키는 것이 성서와 교회와 신학의 지향점이지 제도 종교의 양적 확산을 추구하는 것이 참 종교의 본질은 아니다. 한국교회는 교세의 확장보다는 오로지 참 인간이자 참 한국인이자 참 그리스도인을 탄생시키기 것을 소명으로 삼아야 한다.

> 일찍이 유·불·도에 의해 윤간당한 한국인의 심성은 마지막 때를 당해 맑스교와 기독교의 꼬임을 받고 세계의 갈보로 전락하였다. 그러나 더럽혀진 역사를 돌이켜 보면 원효 같은 위대한 화쟁혼이 있었고 당나라에 유학하고 돌아와서도 풍류의 얼을 고이 간직한 고운이 있었고 썩은 선비들이 사색당쟁의 개판을 칠 때도 퇴계와 율곡과 같은 사상의 거봉들이 정신의 산맥을 융기하지 않았던가. 그런데 어찌하여 기독교의 원효, 기독교의 고운, 기독교의 퇴계와 율곡은 없는가?(下 9-10)

위대한 그리스도교인을 탄생시키지 못하는 한국교회의 존재의의는 무엇일까? 코로나19는 문명사적 전환기다. 한국교회가 자기 십자가를 지고 '신사참배'라는 역사적 과오와 '교회 매매·세습'이라는 현재적 과오에 대한 무거운 참회가 선행해야 하며, 위대한 그리스도교인의 탄생이라는 열매를 세계에 내놓아야 한다. 지금은 새 문명을 밝히는 새벽이다.

새로운 빛으로 무장한 그리스도교인이 환골탈태해 새 문명의 밀알이
돼야 한다.

2장
한국교회와 신앙 문화

이 장에서는 성서 텍스트의 맥락 안에서 성립하기 어려운 종교적 주장과 창교자의 정신을 왜곡하며 형성된 신앙 형태 그리고 성서 텍스트가 지향하는 문명사관에 대해 흔붉 변찬린(이 장에서는 '흔붉 선생'이라 칭함)과의 가상 인터뷰 형식을 통해 살펴보기로 한다.

그는 조직신학적 방법을 이용해 성서를 성경론, 도맥론, 타락론, 하나님론, 예수론, 성령론, 대속론, 장자론, 천사론, 하늘론, 윤회론 등 18개 주제를 해석한 『聖經의 原理』(1979), 구약성서의 주요 사건과 인물에 대해 해석한 『聖經의 原理 中』(1980), 신약성서의 주요 사건과 인물을 해석한 『聖經의 原理 下』(1982) 그리고 요한계시록의 모든 장과 절을 통시적으로 해석한 『요한계시록 신해』(1986)를 저술했다. 상당 기간 절판되었다가 2019년 한국 신학연구소에서 '흔붉성경해석학시리즈'로 『성경의 원리』 사부작이 개정신판으로 발간되었다. 그의 성서해석의 일부는 『옥스퍼드 한국성서 핸드북』(*The Oxford Handbook of the Bible in Korea*, Oxford Hand- books Series, 2022)에 소개되고 각 방면의 학자에 의해 평가가 이루어지고 있다.

『聖經의 原理』 사부작 초판본

I. 성서적 '이단'

1. 성서적 '정통과 이단'의 비판적 준거: "성경과 교리화된 기독교를 혼동해서는 안 된다"

종교학자: 흔 붉 선생님. 대담의 초청에 응해주셔서 고맙습니다. 그리스 도교(계통)의 '이단' 현상에 대한 주제를 가지고 대화를 시작하겠습니다.[1] 사실 세계 종교사는 '정통'과 '이단'의 분쟁사이기도 합니다. 그만큼 새로 발생한 특정 종교(교파 혹은 종파)가 주류 종교로 자리 잡기 위해서는 기존 관련 종교와의 '이단' 논쟁이라는 통과의례를 거쳐야 하는 경우가 많습니다. 세계 종교 역사, 특히 그리스도교 역사에서 '이단' 논쟁은 어떤 의미를 가지고 있는지요?

흔 붉 선생: 한 종교가 발생하여 수백 수천 년의 세월이 흐르면 그 종교

---

1 이 글은 변찬린의 『성경의 원리』에서 말한 내용을 원의를 훼손시키지 않는 범위에서 '흔 붉 선생'과 종교학자의 가상 대화 형식으로 재구성하였다. 흔 붉 선생의 발언은 인터뷰 맥락에 맞게 재구성하였지만, 대화체로 수정한 것 외에는 원문은 그대로 인용하였다. 예) 00이다 → 00입니다. 00된다 → 00됩니다.

는 낡아 역사의 지층에 묻혀 화석이 되지 않을 수 없습니다. 발생 당시의 산 정신은 쇠퇴되고 생명의 종교는 의식화되고 형식화되어 죽은 종교로 전락하게 됩니다. 이때 화석화된 죽은 종교의 지층을 뚫고 새 종교의 싹이 움트게 됩니다. 새 종교가 탄생될 때 죽은 종교에 고착되어 주형화되고 경화된 낡은 종교꾼들이 새로 탄생된 진리를 이단으로 정죄하고 자기들만이 정통이라고 주장하게 됩니다(下 249).

모든 종교에서 있어서 이단과 정통의 시비는 숱한 '피의 사건'을 야기시킨 가증스러운 행위였습니다. 진리 때문에 정통과 이단의 시비가 비롯된 듯하지만 실상은 자기들의 교권을 빼앗기지 않으려는 낡은 무리 종교꾼들에 의하여 더러운 비판과 정죄의 행위가 시작되었던 것이라고 할 수 있습니다. 그리하여 교권을 획득한 다수는 정통으로 자처하였고 항상 앞서가는 소수의 무리들은 이단으로 낙인찍혀 박해받고 순교한 역사가 기독교의 역사였습니다. 가인이 아벨을 살해한 후 항상 비진리가 진리를 정죄하고, 거짓 선지자가 참 선지자들을 박해한 사건이 계속되었습니다. 바리새인들은 예수를 이단자로 몰아 십자가에 처형하였고, 가톨릭은 개혁자들을 이단자로 정죄하여 종교재판으로 화형을 했고, 개신교들도 자기 교권을 확립한 후 신흥종교를 이단자로 몰아 단죄하고 있는 악순환을 거듭하고 있습니다(下 249). 예를 들면 구약은 낡은 약속, 낡은 종교였습니다. 예수는 새 약속, 새 종교의 복음을 증거하기 위하여 왔는데 이단자로 몰아 살해하였습니다. 낡은 종교꾼들이 자기들의 교권의 상실을 두려워한 나머지 진리를 정죄하여 처형한 것이 마귀가 권세를 잡은 세상 나라의 정의였다고 할 수 있습니다. 시대에 뒤떨어진 종교는 정통의 껍데기를 뒤집어쓰고 앞서가는 선지자를 이단으로 정죄하는 우행은 현대에도 재현되고 있습니다(下 249).

종교학자: 한국 그리스도교의 종교 지형을 보면 당나라의 종파불교가 신라에 고스란히 재현되었듯이 서구 종교 지형에서 형성된 그리스도교가 한국의 종교 현장에 전래되어 있습니다. 그러나 가톨릭과 개신교의 다양한 교파 교회 내(간)의 성서해석은 상당한 해석학적 편차를 보임에도 상호 간의 '이단' 논쟁은 거의 발생하지 않는데 마치 '성서해석 카르텔'이 작동하는 것 같은 느낌입니다. '정통과 이단'은 상대적 개념인데 서구 그리스도교에 뿌리를 둔 종교 혹은 구성원의 대다수는 '그리스도교가 정통'이라는 시각에서 한국 종교 문화를 바라보는 종교적 관성이 작용하는 듯합니다. 서구의 다양한 교파들이 '전통을 가진 정통'이라면 다양한 교리와 교파가 형성된 원인은 어디에서 유래하는 것인지요?

흔붉 선생: 한국에 천주교가 전래된 지 200년이 되고 개신교가 들어온 지도 100년의 세월이 흘러가지만, 얼이 빠진 우리들은 아직도 종교적인 사대주의와 식민주의의 구습에서 벗어나지 못하고 있습니다. 선교사들이 전해준 교파의 주형에 찍혀 죽은 교리를 금과옥조(金科玉條)처럼 고집하면서 남을 정죄하고 이단시하는 독선과 아집과 교만이 교계에서 판을 치고 있습니다(下 8).

기독교는 입으로는 유일신을 부르고 있지만 사실상 다신교입니다. 핵분열되듯 수많은 교파로 찢겨나간 열교(裂敎)가 된 원인은 무수한 다신의 영들이 작용했기 때문입니다. 한 성령이 작용했다면 교파가 생길 까닭이 없습니다. 기독교가 열교로 분열되고 교파와 교리를 양산해낸 것은 성령을 가장한 다른 영들이 성(聖)교회에 침입했기 때문입니다. 겉옷 진리, 더구나 찢어진 한 조각을 자기의 소유로 만든 로마 군병처럼 성경 속의 몇 구절만 찢어내어 교리로 만들어 자기들만이 성경을 해석하는 열쇠를 지녔다고 선전하는 교파들의 나팔 소리는 허공을 치는 공허한 소리입니다. 어느 교파의 교리를 막론하
고 창세기부터 묵시록에 이르도록 일관
된 해석을 한 교파는 없습니다. 각 교파
는 자기들의 구미에 맞고 식성에 좋은 성
구 몇 가지만 성경에서 찢어내고 가위질
하여 사사로운 교리로 재편집하여 제각
기 다른 교파를 만들어내어 열교화되었
습니다. 로마 군병들이 예수의 겉옷을 찢
듯 성경을 오리가리 찢어 한 조각을 들고

30대 초반의 흔볽 변찬린

하나님을 믿는다고 선전하고 있으니 성령이 아닌 다신의 영들이 작용할
것은 불을 보듯 환한 사실이 아닙니까? 지금도 성경을 찢고 가위질하고
난도질하는 작업이 각 교파에서 진행되고 있습니다. 그리하여 오늘도
수많은 교파가 양산되고 있습니다. 한 교파 안에서도 몇 구절의 성경해
석이 다르면 또 분열되고 한 교회 안에서도 목사파, 장로파가 갈라지는
종교적 핵분열의 시대에 우리들이 살고 있습니다(下 541).

> 종교학자: 서구 그리스도교가 헬레니즘의 해석학적 도구를 통해 신학
> 체계와 교리 체계를 형성하여 세계 종교로 발돋움한 과정은 잘 알려진
> 사실입니다. 이런 과정이 성서의 진리를 왜곡시키며 다양한 그리스도교
> 의 교파가 생기는 배경이 되었다는 의미인지요?

흔볽 선생: 성경의 진리가 로마에 이식되면서부터 정치적으로 이용
되어 곡해되고 헬레니즘과 혼음한 후 기독교(가톨릭)라는 옷을 입고 서
양화됩니다(上 10). 서양에서 체계화되고 조직화된 기독교 신학은 순수
한 성경의 말씀이 아니고 성경과 헬레니즘 사상을 혼음시켜 출생시킨

혼혈 사생아임을 잊어서는 안 됩니다. 기독교의 지도자들도 유대교의 랍비들처럼 성경을 오해하고 하나님의 능력을 곡해하고 있습니다(中 315).

우리는 이날까지 성경해석을 서구 신학자들의 방법을 무조건 답습 (踏襲)했고 모방했습니다. 그들이 만들어낸 신학과 교리를 소화도 하지 못한 채 포식(飽食)만 하는 어리석음을 범했습니다. 서양 사람들이 인위적으로 만들어낸 교리만이 진리의 전부요 성경해석의 방법이지 그 밖의 것은 이단으로 정죄하고 타매(唾罵)하는 경향이 농후하였습니다. 서구 기독교가 우리에게 주입한 교리와 교파의 잘못된 선입 관념을 버리고 빈 마음자리에서 성경을 다시 읽어야 합니다. 우리는 성경과 교리화된 기독교를 혼동해서는 안 됩니다. 성경 = 기독교라는 등식에서 빨리 해방 되는 길만이 참 하나님과 예수 그리스도와 성신과 해후할 수 있는 첩경임 을 대각해야 합니다(上 486).

2. '피가름 교리' 비판[2]: "성경은 혈과 육은 하늘나라에 갈 수 없다고 잘라서 말하고 있다"

종교학자: 종교학에서는 '정통'종교와 '이단'종교라는 이분법적 도식으로 구별하지 않고, 역사적으로 나타난 하나의 종교 현상으로 이해합니다. 흔 붉 선생님은 "성경은 성경으로 풀이한다"는 해석학적 원칙을 가지고 성서를 해석하는데 이 관점을 수용한다면 성서에 준거를 둔 종교적 주장 과 성서적 준거를 가질 수 없는 종교적 주장으로 구별할 수는 있다는 생각 이 듭니다. 편의상 성서를 근거로 하면서 주장하기 어려운 혹은 할 수

---

2 박종천은 변찬린의 선맥 등 종교 사상을 소개하면서 한국 그리스도교계에서 변찬린의 '씨앗속 임'에 대한 성서해석을 그리스도교계에서 '피가름 교리'로 오독하고 오용했다고 지적하고 있다. 박종천, "풍류(風流)로 보는 한국 종교의 에토스", 「민족문화연구」 88 (2020), 99-102.

없는 '이단'적 종교 혹은 '이단'적 주장은 어떤 것이 있을 수 있습니까?

흰붉 선생: 하나님의 성령과 더불어 사탄, 마귀의 영들이 인간을 향해 도전해 오므로 무수한 교파가 양산되고 수많은 신흥종교가 급조됩니다(上 267). 이 시대 우리는 참 하나님과 적그리스도를 구별해야 하며, 참 영과 거짓 영을 분별해야 하며, 참 복음과 거짓 복음을 식별해야 하며, 참 목자와 삯군 목자를 감별해야 하는 어려운 과제를 안고 있습니다(上 268).

종교꾼들은 혈과 육의 계보로 하늘나라로 가는 줄 착각하고 있었습니다. 오늘날 혼음 종교의 교리로 혹세무민하고 있는 거짓 선지자들도 혈과 육의 바리새적 교리로 양들을 미혹하고 있습니다(下 512).

> 오늘날 '피가름의 교리'를 밀교화(密敎化)하고 있는 사이비 종교에서는 '씨앗 속임'의 음사(淫事)가 다반사처럼 일어나고 있다. 사교(邪敎)에 빠진 광신자들은 뱀의 씨를 잉태하고도 남편의 씨처럼 속이고 있는 것이다 (中 26).

혈대와 육맥으로는 하늘나라에 갈 수 없고 하나님과 대면할 수도 없습니다(上 66). "육으로 난 것은 육이요 영으로 난 것은 영이다"라는 것이 성경의 원리입니다(요 3:6). 혈과 육은 하나님 나라를 유업으로 받을 수 없습니다(고전 15:50; 下 426). 예를 들면 발람의 사건은 출애굽한 육십만 이스라엘의 낡은 무리가 멸망됨으로 끝나지 않고 혼음과 우상숭배의 맥은 요한계시록까지 이어져 가고 있음을 알 수 있습니다(계 2:14-15). 발람이 발락에게 귀엣말로 교시한 혼음의 밀교는 그 맥이 끊이지 않고 초대교회 때까지 면면하게 계승되고 있음을 알 수 있고 니골라당은 겉으로는 하나님을 믿으면서 혼음과 우상숭배의 밀교를 몰래 믿은 사탄의 무리였던 것입니다(中 307).

오늘날 교묘하게 그 교세를 확장하고 있는 자들 속에도 '피가름의 교리'를
주장하는 자들이 있는데 이들은 다 발람과 니골라당의 맥락을 계승한
사교임을 알아야 한다(中 308).

또한 바리새인의 정탐꾼들도 발견하지 못한 흔적을 오늘날 예수를
믿는 자들이 조작하여 예수와 막달라 마리아의 사이를 연인의 관계로
착각하고 있으니 이 얼마나 통탄할 일인가요? 더구나 사이비 종교의 교
주들은 자기들의 혼음교리의 정당성을 예수에게서 찾고 있으니 그들은
저주받을 사류(蛇類)들인 것입니다(下 313).

종교학자: 『성경의 원리』를 보면 '피가름 교리'에 대해서는 '거짓 선지자',
'적그리스도', '사교', '사이비' 등의 종교적 언어로서 『성경의 원리』 사부
작을 통하여 냉혹한 비판을 하고 있습니다. 그만큼 성서적으로 '피가름
교리'라는 구원적 기제는 성서적 언어 맥락과는 관계성을 가질 수 없다는
의미일 텐데, 이런 주장의 성서적 근거는 무엇인지요?

흰볽 선생: 혈과 육은 하늘나라를 유업으로 받을 수 없고 무익한 것입
니다. 혈과 육은 하갈적 모성이 낳은 죄의 종자이며 죽음에 이르는 절망
의 존재들인 것입니다.

살리는 것은 영이니 육은 무익하니라(요 6:63).
만일 너희 속에 하나님의 영이 거하시면 너희가 육신에 있지 아니하고
영에 있나니 누구든지 그리스도의 영이 없으면 그리스도의 사람이 아니

라(롬 8:9).

무릇 하나님의 영으로 인도함을 받는 사람은 곧 하나님의 아들이라. 너희
는 다시 무서워하는 종의 영을 받지 아니하고 양자의 영을 받았으므로
우리가 아빠 아버지라고 부르짖느니라. 성령이 친히 우리의 영과 더불어
우리가 하나님의 자녀인 것을 증언하시나니(롬 8:14-16).

예수의 보혈이 아닌 인간의 피는 무익한 것입니다. 현재 인간은 '피는
물보다 진하다'는 차원에 와 있으나 '영은 피보다 진하다'는 차원에는
이르지 못하고 있습니다. 예수의 보배로운 피가 육신을 따라 난 더러운
피의 죄악을 사해 주시고 우리를 성령으로 거듭나게 할 때 '영은 피보다
진한 차원'이 전개될 것입니다.

누가 내 어머니이며 내 동생들이냐. … 누구든지 하늘에 계신 내 아버지의
뜻대로 하는 자가 내 형제요 자매요 어머니이니라(마12:48-50).

예수 당시에도 종교 상인들은 혈맥을 중요시하였고 오늘날 거짓 선지자
와 적그리스도들은 피를 중요시하고 있는데 이는 다 비성경적 마귀의
교리다(上 87-88).

성경은 혈과 육은 하늘나라에 갈 수 없다고 잘라서 말하고 있습니다.
살리는 것은 영이며 혈과 육은 무익한 것입니다.

혈과 육은 하나님 나라를 이어받을 수 없고 또한 썩는 것은 썩지 아니하는
것을 유업으로 받지 못하느니라(고전 15:50; 中 217).

하늘나라는 혈과 육을 초월하여 영맥(靈脈)으로 이어지는 나라입니다. 이 성구(마 12:48-50)도 혈맥의 동기(同氣)보다는 영맥의 동기를 더 중요시하고 있습니다. 세상 나라에서 맺어진 혈육의 인연은 '피는 물보다 진하다'는 말로 요약할 수 있으나 하늘나라에서 맺어지는 영맥의 인연은 '영은 피보다 진하다'고 요약할 수 있습니다. 세상 나라는 '피의 연계'로 이어져 있으나 하늘나라는 '영의 연계'로 이루어진 나라입니다(下 550-551).

3. 육신 재림주 현상 비판: "재림주로 자처하는 자들은 다 '적그리스도'임을 알아야 한다"

종교학자: 불교적 인간은 미륵불이 탄생한 용화 세계를 기다리고, 그리스도교적 인간은 재림주가 다스리는 천년왕국에서 살기를 바라고 있습니다. 역사적 종교는 모두 나름의 이상 세계를 제시하는 것이 보편적인 종교 현상입니다. 한국 그리스도교(계통)의 역사에는 적지 않은 재림주가 출현하여 종교적 활동을 하고 있습니다. 다른 종교가 아닌 그리스도교에서 재림주가 육신으로 재림한다는 것은 성서적 근거가 있는 주장인지요?

흔뵑 선생: 재림주로 자처하는 자들은 다 '적그리스도'임을 알아야 합니다(上 124). 다시 오시는 예수는 인간의 육신으로 오지 않고 영광스러운 존재로 오십니다. 적그리스도들은 재림주도 육신을 쓰고 오신다고 양들을 미혹하고 있는데 종교적 사기꾼들의 유언비어임을 깨달아야 합니다. 불교의 사상은 윤회 사상이므로 부처의 출현이 다회적이지만 성경의 수육은 단 한 번뿐입니다. 예수가 몇 번 사람의 몸을 쓴다면 이는 다신교가 될 것입니다. 초림주가 부활하여 하나님 우편에 앉아 계시는데 만약 재림주가 한국 사람이나 미국 사람으로 온다면 그는 죽어 하나님 좌편

에 가서 좌정한다는 말인가요? 재림 예수가 인간의 몸으로 다시 온다는 사상은 성경을 정각(正覺)하지 못한 종교 사기꾼들의 무책임한 망어(妄語)임을 잊어서는 안 됩니다(上 223-224).

구약 사천년사에 이스라엘 민족의 최대의 소망이 메시아의 대망이 었는데 그들은 초림한 메시아를 맞이하지 못했습니다. 신약 이천년사에 기독교인들의 최대의 소망은 다시 오시는 재림주에 대한 대망입니다. 그러나 육적 이스라엘 민족이 초림주를 대망하면서 배반했듯이 제이의 이스라엘 격인 기독교도들도 재림주를 대망하지만 참으로 재림주를 맞이할 수 있을까? 재림주는 언제 어느 곳에 어떤 모습으로 오실 것인가? 한 가지 분명히 알아 둘 사실은 초림주에 대하여는 그가 언제 어느 곳에 어떤 모습으로 올 것이 자세히 예언되어 있지만 재림주에 대하여는 이와 같은 예언이 없다는 사실입니다. 다시 말해서 초림주는 성육(成肉)되어 사람의 아들로 오셨지만 재림주는 다시 여인의 몸을 통해 수육(受肉)되지 않는다는 사실입니다. 오늘날 성경을 잘못 풀고 있는 사람들은 재림주도 다시 육신을 쓰고 온다고 그를 믿고 있으며 이 틈을 타서 각처에서 거짓 재림주가 탄생하여 혹세무민하는 종교 사기극이 연출되고 있습니다(上 319).

종교학자: 성서에 초림주에 대해서는 구체적으로 장소, 시기, 전도할 모양 등이 자세하게 예언이 되어 있지만 재림주는 '아버지의 영광'으로 오기 때문에 구체적인 예언이 없다고 말씀해 주셨습니다. 그 가운데 재림주는 초림주와 같이 '여인의 몸을 통해' 세상에 오지 않는다는 점을 강조하셨는데 조금 더 상세하게 설명해 주실 수 있는지요?

흔붉 선생: 재림주에 대하여는 구약과 같이 확실한 예언이 없다는

사실에 우리는 주목해야 합니다. 재림주는 언제 어디서 어떻게 누구의 혈통으로 탄생될 것인지 전혀 예언되어 있지 않습니다. 이는 초림주와 재림주가 강림하는 차원이 다르고 방법이 다르기 때문입니다. 다시 말해서 초림주는 수육된 존재로 사람의 아들로 오시기 때문에 혈통, 장소, 시기가 자세히 예언되었으나 재림주는 영광의 존재로 오시기 때문에 혈통, 장소, 시기는 예언할 수 없는 것입니다. 초림주는 우리와 같은 '육의 질서' 속에 왔으나 재림주는 '영의 질서' 속에 오시기 때문에 초림주와 같은 예언이 있을 수 없는 것입니다. 이런 초보적인 진리를 모르기 때문에 육신을 쓴 형편없는 자들이 자칭 재림주로 자처하는 웃지 못할 연극이 연출되고 있습니다(上 324).

초림 때 예수는 독생자의 영광 곧 하나님의 아들로 수육되어 왔으나 재림 시에는 아버지의 영광으로 오시는 것입니다. 재림할 예수는 아버지의 영광으로 오지 아들의 영광으로는 오지 않는다는 사실입니다(마 16:27). 아들의 영광은 십자가의 고난으로 점철된 영광이었으나 아버지의 영광은 마귀를 멸하시는 심판주의 영광인 것입니다. 또 예수는 아버지 자신으로 오시므로 아들로 수육될 필요가 없는 것입니다. 초림주는 아들로, 재림주는 아버지로 오시는 비밀을 성도들은 깊이 인식해야 합니다. 또한 초림주는 예수라는 이름으로 왔으나 재림주는 새 이름으로 오실 것입니다. 마리아에게 계시하신 '예수'라는 이름 속에는 속죄의 피를 흘릴 내용이 암시되어 있으나 다시 오시는 예수는 예수라는 낡은 이름으로 오지 않을 것이 당연하지 않습니까(계 2:17, 3:12). 그러나 재림 때 먼저 적그리스도들이 이적과 기사를 행하면서 나타나는데 그들은 '예수'라는 낡은 이름을 도용(盜用)하여 올 것입니다. 왜냐하면 그들은 재림주의 새 이름을 모르기 때문입니다(마 25:5). '예수'라는 이름은 이미 낡은 이름입니다. 재림을 대망하는 참 성도들은 '예수'라는 낡은 이름을 초월하여 새 이름을 사모해야 합니다. 예수의 이름으로 우리가 구원 받았으나 이미 구원 받은 자리에서는 '예수'라는 이름은 이미 낡은 이름이 됩니다. 재림주는 '새 이름'으로 오실 것입니다(上 322- 323).

4. '시한부 종말론' 비판[3]: "재림의 시기는 아무도 모르는 천기이며 인봉된 비밀이다"

종교학자: 흔볽 선생께서는 1981년에 "노스트라다무스의 예언과 후천 개벽"이라는 글 가운데 특히 그리스도교계 종교를 언급하면서 '시한부 종말론'을 비판하는 글을 쓰신 적이 있습니다.[4] '시한부 종말론'은 그리스도교적 인간에게 신앙을 각성시키는 긍정적 효과가 있는 반면 특정 시기를 예언한 '시한부 종말론'은 또 다른 부정적인 사회 문제를 초래한 사례가 적지 않습니다. 성서에서 말하는 종말론은 어떤 종교적 의미가 있는지요?

흔볽 선생: 종말 의식은 성도들의 신앙의 추진력이 되어 왔음을 누구도 부인 못 할 사실입니다. 성도들은 어느 때든지 종말 의식에 사로잡히지 않은 때가 거의 없었으며 각 시대마다 그 시대의 위기의식은 종말관을 낳았습니다(上 526). 선의의 입장에서 보면 위기의식과 종말관은 성도들의 믿음을 진보시키는 추진력이 되는 동시에 많은 사교(邪敎)를 낳게 한 온상이 되어 왔음도 부인 못 할 사실입니다. 거짓 선지자들은 그릇된 위기의식을 조성하여 거짓 종말관을 날조하고 계시록을 잘못 풀어 혹세무민(惑世誣民)하였습니다(上 526).

---

3 대담에서는 재림의 시기에 한정하였으며, 재림에 대하여 관심 있는 사람은 다음을 참고할 것: 변찬린, 『성경의 원리 上』 제9장 초림과 재림론; 『요한계시록 신해』 (한국 신학연구소, 2019), 252-254.

4 변찬린, "노스트라다무스의 예언과 후천개벽", 「증산사상연구」 7 (1981), 197-213.

우리들이 일반적으로 말하는 종말이라는 의미는 정치적 판도가 뒤바뀌는 종말이 아니면 국가 흥망사의 종말인데, 성경에서 말하는 종말이란 이런 뜻의 종말이 아닙니다. 성경에서 말하는 종말은 악한 제도의 마지막, 즉 모든 죄악이 멸망당하고 하나님의 나라가 수립되는 종말입니다. 악마가 다스리던 세상 나라가 멸망 당하고 하나님의 나라가 건설되는 종말이며, 성도들이 모든 죄와 죽음에서 해방되는 종말입니다. 엄밀한 의미에서 성경적인 종말은 새로운 것의 시작이라는 데 주목해야 합니다. 악마와 그 권세의 주구인 세상 나라들의 종말은 곧 자기들의 멸망을 의미하므로 통곡해야 하겠지만 성도들은 찬송으로 고대해야 할 희망의 종말입니다. 역사 시대의 종말은 영의 시대가 개명되는 희망의 새벽이 됩니다. 지극히 낙관론적인 종말이 성경이 예고하는 종말론인 것입니다. 기대와 소망과 설렘이 뒤엉킨 신부의 심정으로 재림할 신랑 예수를 맞이해야 하는 희망에 찬 시작이 종말입니다(上 527).

종교학자: 그러면 '재림과 종말'은 짝의 개념인데 재림주가 오는 시기는 성서에 특정되어 있는지요? 그리스도교의 자본 신앙과 기복 신앙에 경도된 신앙 행태와 신성모독이라고도 볼 수 있는 교회 매매와 교회 세습 등의 문제는 심각한 것 같습니다. 그럼에도 불구하고 성서해석권을 가진 오늘날 한국교회가 '재림이 당대에는 오지 않는 것을 아는 듯이' 현실에 안주하는 모습을 보이는 것 같습니다. 성서에서는 재림시기를 어떻게 말하고 있는지요?

흰붉 선생: 올바른 종말관은 믿음의 추진력이 되어 성도들을 깨우치는 각성제가 되나 올바르지 못한 종말관은 믿음을 파산시키고 영혼을 병들게 하고 육신까지 망치는 아편이 됩니다(上 527). 재림의 시기는 하

나님의 일급 비밀이며, 이 천기(天機)는 아무도 모르게 인봉된 비밀입니다. 하나님은 모든 섭리를 예언자를 통해 예고하였는데 왜 재림 시기만은 예언하지 않을까? 그 이유는 적그리스도와 거짓 선지자와 도적(道賊)들 때문입니다. 재림의 때를 예언하지 않으므로 하나님의 성령을 받지 못한 적그리스도와 거짓 선지자들은 제멋대로 재림의 때를 예고하게 되는데 그때에 이르러 재림의 징조가 나타나지 않으면 그들은 스스로 거짓됨을 드러내게 됩니다. 모든 거짓 선지자들의 공통점은 재림시기를 제멋대로 정하고 있다는 사실입니다(上 511-512).

모든 성도들은 재림주를 학수고대하고 있습니다. 그러나 학수고대하는 성도들이 다 함께 재림주를 맞이할 수 있을까요? 유대인들도 초림주를 대망하였습니다. 그러나 그가 성경의 예언대로 왔지만 완고한 바리새인들과 제사장들은 예수를 맞이하지 못하였습니다. 재림 때도 이와 같은 일이 일어나지 않을까요? 청함을 받은 자는 많으나 택함을 받은 자는 적습니다.

청함을 받은 자는 많되 택함을 입은 자는 적으니라(마 22:14).

기독교인들은 청함을 받은 자들입니다. 그들 중에는 예복이 없는 부실 교인이 대부분입니다. 재림주를 맞이할 자는 신부의 예복을 준비해야 합니다. 신부가 아니면 신랑을 맞이할 수 없습니다. 우리는 신랑을 맞이할 신부가 되어 믿음의 순수성, 소망의 순진성, 사랑의 순결성을 굳게 지켜야 합니다(上 333).

초림의 시기는 다니엘 선지자를 통해 예고되었으나 재림의 시기는 아무도 모르게 인봉되어 있습니다. 이 비밀은 인간뿐만 아니라 천사들도 모릅니다.

그 날과 그 때는 아무도 모르나니 하늘의 천사들도, 아들도 모르고 오직
아버지만 아시느니라(마 24:36).

이처럼 재림의 시기는 아무도 모르는 천기(天機)이며 인봉된 비밀입
니다. 그런데 거짓 예수들은 어떤 시기를 정하여 그날이 재림의 날이라
공포하고 정한 그날에 아무런 징조가 없으면 시기가 연기되었다고 속이
고 있습니다. 재림주는 도적같이 번개같이 임하실 것입니다.

그러므로 깨어 있으라 어느 날에 너희 주가 임할는지 너희가 알지 못함이
니라 너희도 아는 바니 만일 집 주인이 도둑이 어느 시각에 올 줄을 알았더
라면 깨어 있어 그 집을 뚫지 못하게 하였으리라(마 24:42-43).
형제들아 때와 시기에 관하여는 너희에게 쓸 것이 없음은 주의 날이 밤에
도둑 같이 이를 줄을 너희 자신이 자세히 알기 때문이라(살전 5:1-2).
그러나 주의 날이 도둑같이 오리니…(벧후 3:10).
만일 일깨지 아니하면 내가 도둑같이 이르리니 어느 때에 네게 이를는지
네가 알지 못하리라(계 3:3).
번개가 동편에서 나서 서편까지 번쩍임같이 인자의 임함도 그러하리라
(마 24:27).

이처럼 재림 예수는 생각지 못한 때 도적같이 번개같이 오시므로 성도
들은 깨어 있어야 합니다. 깨어 있으면 시조(時兆)를 보아 그 시기를 짐작
할 수 있을 것입니다. 깨어 있는 자에게는 도적같이 임할 수 없고, 잠든
자에게만 도적같이 임할 것입니다.

형제들아 너희는 어둠에 있지 아니하매 그 날이 도둑같이 너희에게 임하

지 못하리니 너희는 다 빛의 아들이요 낮의 아들이라(살전 5:4-5; 上 327-328).

II. 기독교의 '왜곡된' 신앙

1. '성령' 신앙 왜곡 현상: "기복종교로 변질된 것이 기독교의 현주소 이다"[5]

종교학자: 최근의 한국교회는 교회 매매와 교회 세습 그리고 '값싼 구원'과 '값싼 은총'에 기댄 자본 신앙과 기복 신앙 현상으로 인해 곤욕을 치르고 있습니다. 양식 있는 목사, 신학자 등 직업 종교인의 자성의 목소리가 없는 것은 아니지만 한국 교계의 큰 울림으로까지는 반향을 내지 못하고 있습니다. 흰 붉 선생님은 오늘날 한국교회의 실상을 어떻게 생각하시는 지요?

흰 붉 선생: 현대는 만신과 만령이 도전하는 시대입니다. 현대는 종교 박람회 시대이며 역사상 발생했던 모든 종교들이 자기들의 주장을 관철 하는 백가쟁명(百家爭鳴), 백화제방(百花齊放)의 시대입니다. 하나님은 영적 언론자유를 허락해서 모든 영과 신들이 인간들과 공모하고 야합하 여 자기들의 주장을 떠벌리는 해원의 때를 허락하였습니다. 원(怨)과 한(恨)을 안고 죽은 모든 자들이 다시 인간으로 태어나서 제 뜻을 행하려

---

5 변찬린은 성령론에 대해 성서적 관점에서 다양한 해석을 하고 있지만, 여기서는 성령은 '진리 의 영'이라는 점을 강조하여 다른 영과의 혼합현상을 경계하는 변찬린의 언어 맥락에 따라 '성령' 신앙이라고 부제를 정하였다. 이 분야에 관심 있는 독자는 다음을 참고할 것: 변찬린, 『성경의 원리 上』, 240-274.

고 아우성을 치고 있는 혼돈의 시대인 것입니다. 하나님의 성령과 더불어 사탄, 마귀의 영들이 인간을 향해 도전해 오므로 무수한 교파가 양산되고 수많은 신흥종교가 급조됩니다. 어느 것이 참 종교이고 어느 것이 거짓 종교입니까? 어느 것이 성령이고 어느 것이 사령(邪靈)입니까? 어떤 목자가 참 선지자이고 어떤 목자가 거짓 선지자입니까? 어떤 복음이 참 복음이고 어떤 복음이 거짓 복음입니까? 이 시대 우리는 참 하나님과 적그리스도를 구별해야 하며, 참 영과 거짓 영을 분별해야 하며, 참 복음과 거짓 복음을 식별해야 하며, 참 목자와 삯군 목자를 감별해야 하는 어려운 과제를 안고 있습니다(上 267-278).

오늘날 기독교가 한 하나님, 한 예수, 한 성령을 부르면서 수백 종파로 핵분열을 일으킨 원인도 스스로가 타락된 종교임을 자증(自證)하고 있습니다. 기독교인들은 스스로는 유일신을 믿는 것처럼 착각하고 있으나 사실은 분열된 다신교를 믿고 있음을 자각해야 합니다(下 142-143). 기독교는 겉으로 보면 유일신교지만 사실은 다신교입니다. 기독교가 무수한 교파로 열교화(裂敎化)한 것은 하나님의 영이 작용하지 않고 다신(多神)인 천사들의 영을 받았기 때문입니다(啓 40).

종교학자: 흰볽 선생님의 주장처럼 그리스도교에 '하나님의 성령'이 아닌
'천사들의 영'이 수용되었다고 한다면 이로 인해 어떠한 신앙 현상이 나타
나는지요?

흰볽 선생: 거짓 목자들은 몇 마디 방언을 하고 이상한 신앙 체험을 하면 성령 받았다고 선전하고 있는데 거짓 복음의 병균에 오염된 양들도 제 꿈을 하나님이 계시하신 몽시로 착각하고 '물질 축복', '사업 축복', '영혼 축복'의 구원을 받았다고 떠벌리고 있으니 말세의 현상이 아닐

수 없습니다. 방언으로는 마음의 열매가 없으며(고전 14:14), 일만 마디 방언보다는 깨달은 말 다섯 마디가 낫다고(고전 14:19) 성경에는 분명히 기록이 되었는데도 방언만 하면 성령을 받았다고 나팔 불고 있으니 한심한 일이 아닐 수 없습니다. 무당도 방언을 하고, 불승(佛僧)도 방언을 할 줄 압니다. 성령은 진리의 영이므로 성령을 받은 자는 진리를 알게 됩니다. 진리는 모르면서 방언이나 이상 체험을 하는 자들은 다른 영, 사이비 영을 받은 기독교 무당들임을 잊어서는 안 됩니다(下 407). 오늘날도 말만 잘하는 약장사 같은 거짓 목자들이 많습니다. 웅변조로 설교하며 온갖 예화를 나열하여 요설과 괴변을 농(弄)하면서도 자기들은 한 방울의 땀도 흘리지 않는 불한당들이 모세의 자리에 앉아 있습니다. 교회에서 십일조를 강조하고 온갖 명목으로 헌금을 강요하여 국세청의 세리들보다 더 교묘한 수법으로 치부하는 종교 상인들이 목자의 자리에 앉아 있는 것이 말세의 현상입니다. 모든 상인들이 불경기에 시달려도 종교 상인 부흥 업자들만은 항상 호황을 누리고 있는 현실을 깊이 반성해야 합니다(下 217).

　오늘날 심령부흥회에서 일어나고 있는 강령 현상은 어떤 영들의 작용인가요? 진리의 영이 도전해 온 현상일까요 아니면 미혹의 영이 도전해 온 현상일까요? 사심과 허욕과 이기심을 버리지 못한 자들이 미혹의 영을 받아 뜻도 모를 방언을 지껄이며 사이비 은혜를 받고 참 성전에서 떨어져 무당의 춤을 추고 있는 곳이 기독교의 현장입니다. 기복종교로 변질된 것이 기독교의 현주소입니다. 하나님께 속하지 않고 세상에 속한 자들이 집단 최면, 집단 환상을 일으키는 곳이 심령 부흥회의 현실입니다. '은혜 충만', '말씀 충만', '축복 충만', '신유 충만', '능력 충만' 등등 온갖 허언과 교언이 난무하는 곳에 '미신 충만', '광신 충만', '욕심 충만', '공갈 충만', '욕설 충만'이 있을 뿐입니다(下 165-166). 그들은 부흥회와 산중 집회를 하면서 온갖 거짓 치병 능력을 행하면서 자기 스스로를 과대 선전하면서 카리스마적인 존재로 군림하고 있습니다. 심령학적인 집단 최면으로 병을 고치면서도 그들은 그 능력을 성령의 은사로 선전하고 있습니다. 자기 암시와 신념을 주입시켜 정신력의 기적을 일으키면서 그들은 신념을 믿음으로 오해시키는 작업을 행하고 있습니다. 심령적 현상을 종교적 현상으로 오해하고 있는 우매무지한 기독교인들이 복음의 참뜻을 그르치고 있습니다. 거짓 목자들은 자기 암시와 최면술로 병든 양들을 고치면서도 자기 자신을 하나님이 보내신 사자로 과대 선전하고 매스컴을 동원하여 '성령 충만', '신유 충만', '능력 충만', '축복 충만'을 나팔 불고 있습니다. 예수는 치병한 소문이 전파될까 염려하였으나 거짓 목자들은 자기들의 소문이 나지 않을까 두려워하여 매스컴의 물결을 타려고 광분하고 있습니다. 세계 최대의 집회, 세계 최대의 교회 건물, 세계 최대의 교인수를 자랑하는 자들치고 거짓 목자 아닌 자 없습니다(上 396-397).

2. "진리를 알면 성령의 역사요 진리를 모르면 성령의 역사가 아니다"

종교학자: 흔 붉 선생님께서 한국교회에 하시고 싶은 말씀이 많으신 것 같습니다. 그리스도교의 샤머니즘화 현상, 기복 신앙과 자본 신앙에 경도된 그리스도교 신앙 현상 등의 구체적 사례를 중심으로 서구 그리스도교와 신학에 바탕을 둔 그리스도교 종교 문화가 성서의 진리를 반영하지 못한 측면뿐만이 아니라 한국인의 종교적 심성에 안착하지 못한 현상을 폭넓게 비평하신 것 같습니다. 특히 "성서(의 진리)와 교리화된 기독교를 혼동해서는 안 된다"는 것에 대한 부연 설명을 해 주시면 대담에 도움이 될 것 같습니다.

흙붉 선생: 현대인은 각종 공해와 더불어 종교 공해 속에서 살고 있습니다. 각종 공해 속에서도 식품을 잘못 선택하여 먹으면 암과 신경병과 온갖 잡병이 유발되듯 종교의 말씀도 잘못 얻어먹으면 영적으로 불구자가 되는 것입니다. 종교를 잘못 믿어 영적 정신적 불구자가 된 예가 얼마나 많습니까. 아집과 독선과 광신은 종교적 불구자들의 병든 성격입니다. 각 교파들은 전매특허라도 낸 것처럼 천국행 표를 팔고 있으며 자기들만이 구원이 있다고 자기(自欺)하고 있습니다. 이런 시대일수록 종교적인 높은 감식안(鑑識眼)이 없으면 위조된 거짓 종교에 속아 패가망신할 것입니다(上 267-268).

이적과 기사가 있다고 하여 그것을 참 선지자로 믿으면 안 됩니다. 이적과 기사는 마귀도 행할 수 있는 것입니다. 바로의 술객들도 지팡이를 던져 뱀을 만들지 않았습니까?

> 그러나 성령이 밝히 말씀하시기를 후일에 어떤 사람들이 믿음에서 떠나 미혹하는 영과 귀신의 가르침을 따르리라 하셨으니 자기 양심이 화인을 맞아서 외식함으로 거짓말하는 자들이라(딤전 4:1).
> 악한 자의 나타남은 사탄의 활동을 따라 모든 능력과 표적과 거짓 기적과 불의의 모든 속임으로 멸망하는 자들에게 있으리니… 이러므로 하나님이 미혹의 역사를 그들에게 보내사 거짓 것을 믿게 하심은 진리를 믿지 않고 불의를 좋아하는 모든 자들로 하여금 심판을 받게 하려 하심이라(살후 2:9-12).
> 거짓 그리스도들과 거짓 선지자들이 일어나 큰 표적과 기사를 보여 할 수만 있으면 택하신 자들도 미혹하리라(마 24:24).

이 얼마나 무서운 말씀입니까? 거짓 영들과 야합하여 적그리스도와 거짓 선지자들이 창궐할 것을 성경은 예언하고 있습니다. 적그리스도와 거짓 선지자는 한결같이 이적과 기사는 행하는데 그들에게는 진리가 없는 것이 공통점입니다. 진리가 없는 이적과 기사는 모두가 거짓인 것입니다.

> 우리는 하나님께 속하였으니 하나님을 아는 자는 우리의 말을 듣고 하나님께 속하지 아니한 자는 우리의 말을 듣지 아니하나니 진리의 영과 미혹의 영을 이로써 아느니라(요일 4:6).
> 우리가 세상의 영을 받지 아니하고 오직 하나님으로부터 온 영을 받았으니 이는 우리로 하여금 하나님께서 우리에게 은혜로 주신 것들을 알게 하려 하심이라(고전 2:12).

진리의 영은 하나님의 은혜의 뜻을 알며 미혹의 영, 세상 영은 진리는 모르고 하나님의 뜻은 몰라도 이적과 기사는 행할 수 있는 영들입니다(上 269).

종교학자: 기복 의례와 치병 의례와 기적 현상은 세계 종교 경전에 보편적으로 나타나는 종교 현상입니다. 그럼에도 불구하고 흔붉 선생님은 '진리를 모르는' 종교 의례를 비판하는 관점을 가지고 있습니다. 그렇다면 성서적 맥락에서 '성령' 현상과 '잡령' 현상은 어떻게 판별할 수 있습니까?

흔붉 선생: 기독교가 샤머니즘화하는 원인의 하나가 잡령들의 강신 현상을 성령 강림으로 착각하는 데 있습니다. 성령은 진리의 영이지 이적 기사를 행하는 영으로 오해해서는 안 됩니다. 마귀의 영들은 이적 기사는 행할 수 있습니다. 물론 성령의 역사로도 이적 기사는 행할 수

있습니다. 그러나 진리가 없이 이적 기사만 행하는 영은 성령의 작용이 아닌 것입니다(上 269).

우리들에게 도전해 오는 영이 하나님의 성령인지, 사탄, 마귀의 영인지 분별할 줄 알아야 합니다.

> 사랑하는 자들아, 영을 다 믿지 말고 오직 영들이 하나님께 속하였나 분별하라 많은 거짓 선지자가 세상에 나왔음이라(요일 4:1).

많은 거짓 선지자들이 나와서 성령의 이름으로 이적과 기사를 행하지만, 실상은 성령의 작용이 아닌 악령의 작용인 것입니다. 성령과 악령을 구별하자면 한 가지 표준이 있습니다. 성령은 진리의 영이므로 진리를 알면 성령의 역사요, 진리를 모르면 성령의 역사가 아닙니다. 진리를 모르고 이적과 기사만 행하면 이는 악령들의 작용입니다. 그러나 진리를 알고 이적과 기사를 행한다면 이는 성령의 작용으로 믿어도 무방할 것입니다(上 268).

이적과 기사와 능력과 방언이 있는 부흥회에 가지 말고 진리를 증거하는 모임에 참여해야 합니다. 진리가 우리를 죄와 사망의 권세에서 자유케 할 것입니다(요 8:32). 모세가 행한 이적과 기사를 체험한 이스라엘 민족은 다 광야에서 멸망당하지 않았습니까? 예수가 이적을 가장 많이 행한 고라신과 벳세다와 가버나움이 음부에 떨어지지 않았습니까? 이적과 기사와 능력으로는 인간을 구원할 수 없음을 성경은 분명하게 보여주고 있습니다. 오직 진리만이 인간을 구원할 수 있습니다. 성령은 진리의 영이기 때문입니다(요 14:16-17, 15:26, 16:7-8; 요일 2:27, 5:7; 上 55).

3. '구원' 신앙 왜곡 현상: "현재 받은 구원은 '보증 구원'이지 '완전 구원'이 아니다"

종교학자: 교회사에서 '구원' 논쟁은 종교 생활의 핵심이라고도 할 수 있습니다. 어느 저명한 신학자는 "교회 밖에도 구원이 있다"는 발언으로 출교를 당한 적이 있습니다. 그러나 한국조직신학회가 펴낸 『구원론』(2015)에는 다양한 구원론이 서술되어 성서가 말하는 '구원'이 무엇인지 궁금하기도 합니다. '구원'이라는 개념은 그리스도교 문화에서 형성된 종교적 언어이지만 역사적으로 존재한 모든 종교에는 나름의 구원(구제)이라는 개념이 내포되어 있습니다. 흔 붉 선생님께서는 성서의 '구원' 개념을 어떻게 이해하고 계시는지요?

흔 붉 선생: '완전 구원'이란 영육쌍전(靈肉雙全)하여 에녹이나 엘리야처럼 또는 부활한 모세와 예수처럼 산 자가 되는 것을 의미하는데 우리는 아직 그런 존재로 변화 받지 못하고 있습니다. 우리 성도들은 지금도 죽으면 영혼은 영계에 가서 부활될 날을 기다리고 육신은 무덤 속에서 구더기의 밥이 되고 있는 상태에 있습니다. 이것은 우리가 '완전 구원' 받은 존재가 아님을 나타내고 있습니다. '완전 구원' 받은 존재들은 산 자인 까닭으로 이 땅에 시체와 무덤을 남기지 않고 수렴되는 변화체의 인간들을 말합니다(上 502).

인간은 이 땅에서 산 자로 완성되어 지상 천국에서 살다가 이 땅의 생활이 끝나면 변화 받아 천상 천국에서 영생하는 것이 성경의 원리였습니다. 그런데 기독교에서는 죽은 인간의 영혼이 천당 간다고 굳게 믿고 있으니 죽은 자의 종교가 아닐 수 없습니다(啓 240).

참 구원이란 인간의 영혼을 천당에 보내는 구원이 아니라 영육이 산 자가 되어 부활하고 변화 받는 구원을 뜻합니다. 영혼이 낙원, 곧 셋째 하늘에 올라가는 구원은 '보증 구원'입니다. 하나님은 산 자의 하나님이기 때문에 죽은 자의 영혼이 천당 간다는 기독교의 교리는 미신입니다. 죽은 자의 영혼은 낙원에 가서 부활의 날을 고대하고 있는데 이 영혼이 다시 성령의 도태(道胎)를 통해 산 자 곧 부활한 자가 되어 태어날 때 영육 아울러 구원 받는 완전 구원이 이루어집니다(啓 239).

> 종교학자: '완전 구원'이라고 하면 그리스도교의 교리와 신학 체계에서 형성된 구원의 범주와는 차별성을 가지는지 궁금합니다. 또한 구원 개념이 '완전 구원'이 아닌 '보증 구원'이라고 하는 성서적 근거를 사례로 들어 설명해 주실 수 있는지요?

흰붉 선생: 우리는 지금 부활의 소망을 안고 살고 있을 뿐 완전히 부활을 받은 상태가 아닙니다. 아직도 사망이 우리를 협박하고 있지 않습니까? 먼저 잠든 성도들은 부활의 소망을 안고 무덤 속에서 잠든 상태에 있을 뿐 부활을 받지 못하고 있습니다. 그 때문에 예수는 재림하여 잠든 성도를 부활시켜야 하고 살아있는 성도들은 사망의 공포에서 완전히 해방시켜야 합니다. 그뿐만 아니라 우리는 예수를 믿으면서도 여전히 죄를 밥 먹듯 짓고 있으며, 황무한 마음 밭을 개발하지 못하여 고뇌의 생활을 하고 있습니다. 우리는 선을 행할 능력이 없으며 무력한 믿음 속에서 예수 그리스도의 십자가 보혈만 의지하여 믿음으로 구원 받고 있습니다(上 320-321).

우리가 현재 받고 있는 구원은 마지막 날의 부활 때 '완전 구원' 받을 수 있는 '보증 구원'임을 잊어서는 안 됩니다. 현존하는 우리는 성령의 인침으로 '보증 구원'을 받고 있는 것입니다.

하나님의 성령을 근심하게 하지 말라. 그 안에서 너희가 구원의 날까지 인치심을 받았느니라(엡 4:30).

너희는 말세에 나타내기로 예비하신 구원을 얻기 위하여 믿음으로 말미암아 하나님의 능력으로 보호하심을 받았느니라(벧전 1:5).

또한 우리 곧 성령의 처음 익은 열매를 받은 우리까지도 속으로 탄식하여 양자 될 것 곧 우리 몸의 속량을 기다리느니라(롬 8:23).

그러나 각각 자기 차례대로 되리니 먼저는 첫 열매인 그리스도요, 다음에는 그가 강림하실 때에 그리스도에게 속한 자요, 그 후에는 마지막이니 그가 모든 통치와 모든 권세와 능력을 멸하시고 나라를 아버지 하나님께 바칠 때라(고전 15:23-26).

이 장막에 있는 우리가 짐진 것 같이 탄식하는 것은 벗고자 함이 아니요 오히려 덧입고자 함이니 죽을 것이 생명에 삼킨 바 되게 하려 함이라 곧 이것을 우리에게 이루게 하시고 보증으로 성령을 우리에게 주신 이는 하나님이시니라(고후 5:4-5).

이 성구들을 볼 때 우리가 현재 받은 구원은 '보증 구원'이지 '완전 구원'이 아닙니다. 우리들의 몸은 아직 사탄, 마귀의 올가미에서 해방받지 못하고 있습니다. 완전 구원이란 영육 아울러 받는 생령의 구원이지 영혼만의 구원이 아닌 것입니다. 우리 지상의 성도들과 낙원의 영혼들은 다 같이 마지막 날의 부활을 바라보면서 '보증 구원'을 이룬 상태에서 살고 있는 것입니다. 지상의 우리들은 이날까지 '개인 구원'을 얻었습니다. 예수 믿는 때가 각자 달랐고 또 죽는 시간도 각자 달랐습니다. 그러나 마지막 날 참 부활 때가 오면 인간은 '전체 구원'의 새날을 맞이할 것입니다(上 149-150).

종교학자: 다원주의적 한국 종교 전통에서 구원의 범주를 '개인 구원'과 '전체 구원'으로 구별하여 이해한다는 것은 상당히 중요한 종교적 의미를 내포하고 있습니다. 여기에 담겨있는 구원의 의미를 성서적 맥락에서 이해를 돕는 자세한 설명을 부탁드립니다.

흔붉 선생: 지난날의 모든 종교는 개인의 자각을 토대로 하여 이루어진 종교였습니다. 각 개인은 자기만의 골방을 갖고 그 골방 안에 은거하여 하나님과 은밀히 교통하는 길을 모색하였고 그것만이 바른 신앙인 줄 알고 있었습니다. 다른 말로 표현해서 '닫힌 신앙'을 갖고 하나님과 만나려고 했습니다. 이 때문에 구원도 개인주의의 '구원관'을 소유할 수밖에 없었고 또 그런 신앙이 성경적인 줄 알았습니다. 그러나 성경 속에는 미개발의 원광(原鑛)이 있으니 그것이 개인적인 자각이 아닌 공동각(共同覺)의 광맥이며 '전체 구원'의 대경륜인 것입니다. 이는 '열린 신앙'이라 할 수 있습니다. 공동각에 의하여 형성되는 새로운 공동체의 탄생! 이것이 오순절의 복음입니다. 오순절 성령 강림의 특색과 그 중요성은 그 체험이 어느 개인의 신앙 체험이 아니고 공동체의 체험으로 나타난 사실입니다. 이 공동체의 신앙 체험은 그들이 한자리에서 공동각으로 해서 이루어진 사실에 주목해야 합니다(上 270-271).

타락한 역사 시대는 개체의 인간이 하나님의 형상을 닮아 창조된 줄 안 시대였으나 영의 시대가 개명되면 인간 전체가 세포가 되어 조직한 신성 조직, 즉 전체가 하나님의 형상을 닮아 창조되었음을 깨닫는 시대가 도래할 것입니다. 엄밀한 의미에서 구원은 전체 구원이지 개인 구원이 아닙니다. 전체가 구원 받을 때 개인의 구원은 의미를 지닐 수 있으나 전체 구원이 없는 개인 구원이라는 한갓 망념(妄念)인 것입니다. 전체가 머리일 수 없고 전체가 지체일 수 없습니다. 인격체로서의 인간이 머리와 지체로 구성되듯 장차 창조될 신성 조직도 머리와 지체로서 구성될 것입니다. 머리는 예수와 더불어 다스리는 장자의 총회인 제사장들이고 지체는 다스림을 받을 이스라엘 백성 곧 성도들일 것입니다. 그러나 머리와 지체는 하나이므로 서로가 깊은 환희 속에서 다스리고 다스림을 받을 것입니다(上 382). 아담 이래 모든 죽어간 성도들은 끝날 그리스도의 공동체로 부활해야 합니다. 예수 안에서 죽은 자들이 부활해야 할 이유도 그들이 이루지 못하였든 공동체, 곧 그리스도 예수의 성조직(聖組織)을 이루어 전체가 함께 구원 받는 천국을 이루기 위함이었습니다. 예수를 믿다가 개체가 죽으면 그들의 영혼은 하나님의 품으로 가는 것이 아니라 낙원에 가서 전체가 부활할 날을 기다리고 있습니다. '사랑의 공동체' 안에 일원(一員)이 되어 각자가 자기 자리를 차지하는 세포가 될 때 영생하는 예수 그리스도의 신성한 조직이 탄생되어 천국을 이룰 것입니다(中 111). 오늘날 거짓 복음을 증거하고 있는 거짓 선지자들은 개인 구원을 부르짖고 있으나 이런 거짓 복음에 속지 말아야 합니다(下 110).

바리새적 거짓 선지자들의 거짓 복음인 '개인 구원'을 믿지 말아야 합니다. 또 사두개적 거짓 목자들이 떠버리는 '사회구원'의 감언이설(甘言利說)에 현혹되어서도 안 됩니다(中 111). 개인은 예수 그리스도의 성조직(聖組織)의 한 세포일 뿐 개인이 천국을 이룰 수 없습니다. 예수가 머리가 되고 성도들은 지체가 되어 성조직이 이룩될 때 그 조직의 전체가 구원 받게 됩니다. 모세가 개인적으로 애굽을 탈출하지 않고 이스라엘의 공동체를 이끌고 애굽을 나온 이유도 하나님 안에서 거듭나고 개조된 신령한 공동체만이 하늘나라에 갈 수 있기 때문이었습니다(下 110-111).

종교학자: '영의 시대'가 열리면 '개인 구원'의 개별 차원을 떠나 '전체 구원'이라는 우주적 차원의 구원공동체가 형성된다는 말로 이해가 됩니

다. 그러나 성서에는 '영혼 구원'만을 말하는 성구도 간혹 보입니다. 예를 들면 누가복음 23장 46절의 "예수께서 큰 소리로 불러 이르시되 '아버지 내 영혼을 아버지 손에 부탁하나이다' 하고 이 말씀을 하신 후 숨지시니라" 와 사도행전의 7장 59절과 60절의 "스데반이 부르짖어 이르되 '주 예수여, 내 영혼을 받으시옵소서' 하고… 이 말을 하고 자니라", 베드로 전서 1장 9절, 2장 25절, 4장 19절과 시편 31장 5절 등이 이에 해당한다고 할 수 있습니다.

흰볽 선생: 이 성구들은 죽은 자의 영혼이 하나님 나라에 간다는 뜻이 아닙니다. 죽은 자들이 하나님 손에 영혼을 부탁한 것은 부활의 날에 자기들의 영혼을 부활시켜 줄 것을 부탁한 기도였던 것입니다. 비록 죽은 자가 되어 그 영혼이 하늘나라에 갈 수 없어도 생명나무이신 예수를 믿고 구원의 보증을 얻었으므로 그 영혼을 부활할 때까지 하나님의 손에 부탁할 수 있는 것입니다. 비록 죽은 자의 영혼은 하나님을 해후할 수 없지만 산 자로 다시 부활할 동안까지 생명나무이신 예수를 믿은 믿음 때문에 그 영혼은 생명 안에 갈무리되어 다시 부활의 때까지 기다리지 않으면 안 되는 것입니다. 예수도 죽어가면서 그 영혼을 아버지 손에 부탁했으므로 다시 부활할 수 있었습니다. 예수를 믿고 산다고 증거를 받고 순교한 자들의 영혼도 하늘나라가 아닌 하나님의 제단에서 신원(伸冤)의 날을 기다리고 있지 않습니까.

다섯째 인을 떼실 때에 내가 보니 하나님의 말씀과 그들이 가진 증거로 말미암아 죽임을 당한 영혼들이 제단 아래에 있어 큰 소리로 불러 이르되 '거룩하고 참되신 대주재여, 땅에 거하는 자들을 심판하여 우리 피를 갚아 주지 아니하시기를 어느 때까지 하시려 하나이까'(계 6:9-10).

스데반도 죽어가면서 그 영혼을 아버지 손에 부탁했으므로 끝날 다시 부활할 것입니다. 우리들도 죽어갈 때 영혼을 아버지 손에 부탁하자. 그러면 끝날 다시 부활할 수 있을 것입니다(上 481-482). 그런데 오늘날 어떤 자들은 십자가는 하나님의 뜻이 아니고 십자가에 달린 예수는 실패한 예수라고 망언을 하고 있습니다. 적그리스도들은 떠들기를 초림 예수는 영적 구원만 완성하였지 육적 구원은 이루지 못했으므로 재림주가 와서 육적 구원을 이루어야 한다고 나발 불면서 거짓 복음을 밀교화(密敎化)하여 양들을 미혹하고 있습니다(上 276).

4. '이신칭의' 신앙 왜곡 현상: "믿음을 흉내 내는 원숭이의 믿음, 이것이 현대인들의 믿음이다"

종교학자: 어느 종교에서나 문화적 맥락에 따라 깨달음, 믿음, 지혜 등의 종교적 언어와 행위는 분리되지 않고 일치되어야 한다고 합니다. 가톨릭에서는 프란체스코 수도회 등 탁발수도회의 전통이 있고, 불교에서도 수도승은 '탁발'을 합니다. 특히 선가오종(禪家五宗) 가운데 하나인 조동종(曹洞宗)에는 삼종타(三種墮)[6]라는 수행 의례도 있습니다. 한편 개신교는 '이신칭의' 등 다섯 솔라(Five Solas)를 '가톨릭혁신운동'의 종교적 구호로 내세우고 교세를 확장하여 왔습니다.[7] 그런데 어느 종교든지 종교적 신앙이 내면화되면 그 종교적 신앙은 외형적인 종교적 행위로서 나타

---

6 삼종타(三種墮)는 조동종의 창시자인 동산양개(洞山良价, 807~869)가 한 말로, 수도승은 수행자라는 티를 내지 말라는 사문타(沙門墮), 중생과 더불어 동고동락하라는 수류타(隨類墮)와 중생으로부터 공양과 존경을 받지 말라는 존귀타(尊貴墮)를 말한다. 한국의 경허 등이 삼종타의 선가 전통을 계승한 대표적 고승이다.

7 다섯 솔라(Five Solas: Sola Scriptura[오직 성경], Solus Christus[오직 그리스도], Sola Gratia [오직 은혜], Sola Fide[오직 믿음], Soli Deo Gloria[오직 하나님께 영광]) 가운데 '이신칭의'로 번역되는 'Sola Fide'를 중심으로 대담 주제를 한정하였다.

나는 것은 자연스러운 종교적 이치가 아닌지요?

흙붉 선생: 예수가 원하는 열매는 사변적이며 관념적인 열매가 아닌 행위의 열매를 말합니다. 오늘날 바울신학을 잘못 해석한 자들이 '믿음으로 구원 받는다'는 성경의 뜻을 오각(誤覺)하고 믿음만 나팔 불고 행위는 이방인보다도 악한 자들이 많습니다. 믿음과 행위의 두 수레바퀴가 굴러가는 수레 위에 앉은 자만이 구원의 정도(正道)를 가고 있습니다. 예수의 이름을 부르는 자는 허다하나 예수가 요구하는 도과(道果)를 결실한 자는 심히 소수의 무리입니다. 양적으로는 교회가 부흥되는 듯하지만, 질적으로는 교회가 빈곤해지고 있는 종교 현상을 깊이 뚫어보아야 합니다(上 410).

거짓 목자들의 설교나 듣고 일상 속에 빠져 안일하게 예수를 믿는 자들이 어찌 고난과 피로 맹개질한 성경의 진리를 정각할 수 있겠습니까? 편하게 예수를 믿는 자들은 키질하면 다 흩어질 가라지들임을 잊어서는 안 됩니다. 믿음을 흉내 내는 원숭이의 믿음, 이것이 현대인들의 믿음입니다. 현대인들은 신념과 신앙을 혼동하고 있습니다. 비 온 뒤 죽순처럼 교회는 세워지고 돌팔이 의사들처럼 돌팔이 목사들은 양산되고 민족 복음화니 세계 복음화니 하면서 급조된 사명자들이 마구 쏟아져 나와 교파마다 과장된 교인수를 자랑하고 있지만 참 믿음을 가진 자들은 정금처럼 희귀한 존재로 '적은 무리'임을 잊어서는 안 됩니다(下 189-190). 오늘날 양산되는 기독교인들은 청함을 받은 자들입니다. 그들은 믿음으로 말미암아 천국의 잔치에 청함을 받았지만 행위의 세마포와 두루마기가 없으면 잔치에 참예하였다가 바깥 어두운 데 쫓겨남을 잊지 말아야 합니다. 믿음과 행함이 쌍전(雙全)한 사람만이 구원 받을 수 있습니다. 참되게 믿으면 성령의 열매를 맺는 법입니다(下 432-433).

5. "자기희생이 따르지 않는 종교는 거짓 종교이다"

종교학자: 그렇다면 앞에서 언급한 구원의 개념과 연계하여 현재 그리스도교적 인간이 받는 구원이 '보증 구원'이라면 성서적 인간의 종교적 신앙생활은 어떻게 하여야 할까요? 성서의 사례를 들어 설명을 해 주시면 고맙겠습니다.

흰 붉 선생: 믿고 행하는 자만이 구원을 받습니다. 믿음과 행함은 두 수레바퀴와 같습니다. 믿음의 외짝 수레바퀴만 가지고 구원 받을 수 있다는 현대판 거짓 선지자들에게 속지 말아야 합니다. 믿음과 행함이 두 수레바퀴가 될 때 영과 육은 그 수레를 타고 하늘나라에 입문함을 잊지 말아야 합니다(下 345-356).

"오호라, 나는 곤고한 사람이로다. 이 사망의 몸에서 누가 나를 건져내랴"
(롬 7:14).

이 바울의 탄식은 아직까지 모든 성도들의 탄식인 것입니다. 이 탄식이야말로 우리가 받고 있는 구원이 '완전 구원'이 아님을 자증하고 있는 것입니다. 자기(自欺)하는 어떤 자들은 자기들이 '완전 구원' 받았다고 떠벌리면서 여전히 죄는 짓고 있습니다. 이런 자들은 자신을 속이고 남을 속이는 기만자(欺瞞者)들인 것입니다. 자기자(自欺者)는 참으로 독선과 아집이 강한 구원 받을 수 없는 무리들입니다. 이들은 복음을 믿는 것 같으면서 스스로 속이고 속는 자들입니다. 마귀와 사망의 권세가 완전히 이 땅 위에서 사라지는 날까지 우리가 받은 구원은 '보증 구원'임을 겸허하게 인식해야 합니다(上 251-252). 십자가의 도리로 말미암아 해방을 받은 우리 앞에는 피와 고난으로 점철된 광야의 노정이 전개되어 있음을 잊지 말아야 합니다.

> 또 자기 십자가를 지고 나를 따르지 않는 자도 내게 합당하지 아니하니라.
> 자기 목숨을 얻는 자는 잃을 것이요 나를 위하여 자기 목숨을 잃는 자는
> 얻으리라(마 10:38-39).

십자가로 자유를 얻고 해방을 받은 우리들은 그것으로 구원이 완성된 것이 아니고 '자기 십자가'를 지고 가야 할 '광야의 도정(道程)'이 남아 있고 '자기부정'의 피나는 구도가 남아 있음을 알아야 합니다. 우리 앞에는 현대 광야를 횡단해야 할 도정(道程)이 남아 있습니다. 이 광야에서 쓰러지는 자는 약속의 땅 가나안으로 회귀할 수 없습니다. 스스로 속고 있는 무리들은 '자기 십자가'의 도정(道程)을 망각하고 있으며, '자기부정'의 구도 정신을 자기(自棄)한 채 구원 받았다고 착각하고 있습니다. 유월절 어린 양의 희생, 곧 십자가의 도리는 우리가 가야 할 도정의 첫 출발점이지 완성이 아닙니다. 십자가로서 자유와 해방을 얻은 우리들은 광야의 길에서 '자기 십자가'를 지고 혈로(血路)를 가야 하며, '자기부정'의 피나는 연단을 통해 가나안 땅에 부활해야만 완성을 할 수 있습니다. 거짓 선지자들은 바울의 신학으로 속임수를 쓰고 있습니다. "십자가를 믿음으로 말미암아 구원을 받았으니 인간이 할 일은 아무것도 없다"고 망언(妄言)을 하고 있습니다. 그들은 '고난의 광야가 없다고 자기(自欺) 하고 있습니다. 그리하여 부자와 같은 안일한 생활을 하면서 이기주의와 황금만능의 우상을 신으로 착각하고 있습니다(下 108-109).

꿩 먹고 알 먹는 격으로 자기자들은 세상에서도 재미 보고 하늘나라도 광야를 지나지 않고 갈 수 있다고 안일하게 생각하고 있습니다. 스스

로 속이지 말아야 합니다. 하나님은 만홀(慢忽: 태만하고 소홀함. 필자 주
)히 여기심을 받지 않으십니다(갈 6:7; 下 109). 소금도 자기 존재를 용해시
켜 자신을 희생하고 무화(無化)함으로써 세상의 맛을 내고 방부제가 되
고 빛도 자기 자신을 연소시켜 세상을 밝히는 존재가 되는 것입니다.
그러므로 자기희생이 따르지 않는 종교는 거짓 종교입니다. 예수는 자신
을 십자가에 희생시킴으로 인류를 구원하였습니다(下 217).

> 종교학자: "교회에만 구원이 있다", "예수를 믿는 자는 구원을 받는다"는
> 종교적 언어는 그리스도교 이천 년의 성장을 지탱하는 버팀목의 역할을
> 한 핵심적인 종교적 기제이기도 합니다. 예수 그리스도를 믿으면서도
> 종교적 행위가 신행일치하지 않거나 단순히 '예수를 믿는다'는 이유만으
> 로 구원을 얻는다고 성서는 말하고 있는지요?

흔붉 선생: 대부분의 기독교인들은 "믿음으로 구원 받는다"는 바울
의 신앙고백을 잘못 해석하여 예수의 이름을 입술로만 믿으면 자동적으
로 구원 받는다고 착각하면서 그 행위는 이방인보다 못한 자들이 많습니
다. 행위가 없어도 믿음으로만 구원 받는다는 주장은 종교꾼들과 건달들
이나 부르짖는 마귀의 구호입니다. 행위로만 구원 받는다는 주장도 그릇
된 것입니다. 믿음과 행위는 수레의 두 바퀴와 같습니다. 참 믿음에는
반드시 선한 행위가 따라야 하고, 참 선행은 깊은 믿음 가운데서 우러나
야 합니다. 영혼이 없는 몸이 죽은 것 같이 행함이 없는 믿음도 죽은 것입
니다(야 2:26). 예수를 믿기만 하고 행위가 없는 자는 버림받습니다(마
7:21-23)(啓 195). 성경에는 예수를 믿고도 버림받을 무리가 있음을 분명
히 보여주고 있습니다.

나더러 주여 주여 하는 자마다 다 천국에 들어갈 것이 아니요, 다만 하늘에
계신 내 아버지의 뜻대로 행하는 자라야 들어가리라. … 그 때에 내가
그들에게 밝히 말하되 '내가 너희를 도무지 알지 못하니 불법을 행하는
자들아, 내게서 떠나가라' 하리라(마 7:21-23)

예수를 믿는다고 다 구원 받는다는 망견은 스스로 속이고 속는 자들의
구원관입니다. 요즈음 이런 어리석은 자들이 범람하고 있습니다. 자신
이 장자와 차자로 예정되었는가를 따지기 이전에 예수 믿고도 버림받지
않을까 깊이 생각하여 하나님의 뜻을 힘써 행해야 합니다. 청함을 받은
자는 많으나 택함을 받은 자는 적은 법입니다(마 22:14). 사도 바울도 힘써
전도하면서 하나님께 버림받을까 항상 두려워하였습니다.

내가 내 몸을 쳐 복종하게 함은 내가 남에게 전파한 후에 자신이 도리어
버림을 당할까 두려워함이로다(고전 9:27).

하나님의 사도임을 자부하던 바울도 버림받을까 항상 두려워했는데,
하물며 우리 같은 범인들이야 어찌 예정되고 구원 받았다고 뻐길 수 있겠
습니까? 우리는 다 같이 그리스도 예수를 구주라 고백할지라도 스스로가
예정되어 있는지 예정되지 않았는지 알 길이 없습니다. 예정의 뜻은 오
직 천명에 맡기고 우리는 힘써 선한 싸움을 할 뿐입니다. 게으른 자들과
교만한 자들은 제 할 일은 하지 않고 예수 믿으니 스스로 예정되었다고
자만하다가 버림을 받을 것입니다(上 520-521).

III. 역사의 '사이비' 종교

1. 탈종교, 초과학의 새 문명

종교학자: '불확실성의 시대'를 지나 포스트휴먼 시대 등 문명의 전환에 대한 목소리가 더욱 거세지는 추세입니다. 특히 지구촌에 퍼진 코로나 사태를 기점으로 BC(Before Corona) 시대와 AC(After Corona) 시대라고 부를 정도로 현대인에게 미치는 심리적 파장도 상당합니다. 예전에 현대 문명에 대한 예언자적 발언을 적지 않게 하셨는데, 세간에는 거의 알려져 있지 않습니다. 오늘 이 자리에서 일부라도 말씀해 주시기 바랍니다.

흔붉 선생: 현대는 만신(萬神)과 만령(萬靈)들이 도전하는 때입니다. 무수한 영들과 잡다한 신들이 인간 심령을 향해 도전하고 있습니다. 하나님의 심판에 앞서 모든 영들은 해원하기 위하여 도전해 오고 있는 것입니다(上 241). 현대인은 온갖 영들의 도전으로 정신병자들로 전락했고 각종 종교 공해 속에서 시달리고 있는 종교 환자들입니다(上 320).

옛날 빛나고 위대했던 혼들은 그 시대의 고뇌를 안고 바른 해답을 얻기 위하여 산으로 퇴수(退修)했습니다. 조로아스타도 붓다도 모세도 산과 광야로 퇴수하여 깊은 명상과 피나는 구도를 통해 신령한 불을 받고 하산했습니다. 산에서 점화한 이들 정신들의 불꽃으로 말미암아 미개와 야만의 황무지에서 방황하던 인류의 심성은 높이 도약하고 가시와 엉겅퀴와 잡초가 무성하던 세계심전(世界心田)은 옥토로 개간되기 시작했습니다. 미망(迷妄)과 무명(無明)의 심연에 던져져 돌과 나무의 정령들을 숭배하던 애니미즘과 맹수의 탈을 쓰고 부족 간의 혈투를 일삼던 토테미즘과 원시의 동굴 속에서 무병(巫病)을 앓으면서 강령(降靈)에 떨던 샤머니즘의 낡은 하늘은 균열되고 그 틈 사이로 고등종교의 새 하늘이 개천되기 시작했습니다. 범천(梵天)과 도솔천과 여호와의 하늘이 열린 것입니다. 밝은 정오의 의식 아래 진리의 태양이 찬란하게 빛나던 성인들의 하늘도 현대에 이르러 변색되고 그 영력(靈力)은 사라져 갔습니다. 회색 버섯구름이 감도는 하늘에서는 방사성 낙진이 섞인 죽음의 비가 내리고, 조직과 기계의 부속품으로 전락한 비인간(非人間)들이 단절된 유리의 밀실에 갇혀 깊은 우수와 불안과 절망을 안고 허무의 한기(寒氣)에 떨면서 쾌락의 독주를 마시고 있습니다. 계시 없는 하늘에서는 온갖 사령(邪靈)과 붉은 잡신들이 병든 현대인의 내면에 은밀히 잠입하여 우상을 진신(眞神)으로 착각시키는 작업(作業)을 치밀하게 자행하고 있습니다(上 8).

모든 고등종교는 동양에서 발아되어 정과(正果)를 맺었습니다. 성경도 동양의 심성 속에 계시된 평화의 문서인데, 피 묻은 서양의 가위로 오리가리 재단되어 사과(邪果)를 맺고 있습니다. 하나님이 이스라엘 민족에게 참 포도나무가 되길 원했으나 쓸개 포도가 된 것처럼… 그리하여 성경과 기독교를 동일시하는 착각이 2천 년 동안 지속되면서 오늘에 이르고 있습니다. 먼저 이 엄청난 미망과 허위와 독단을 타파해야 합니다. 변화산에 서서 저 산 밑 현대의 황야를 보십시오. 아론이 주조한 금송아지 우상을 놓고 자본주의의 시녀가 된 기독교가 먹고 마시고 뛰놀고 있지 않습니까. 또 가인의 밀명(密命)을 받은 카알 마르크스의 괴뢰들은 형제를 죽이는 유혈의 참극을 함부로 감행하고 있지 않습니까. 자본주의와 공산주의는 쌍두(雙頭)의 괴사(怪蛇)입니다. 자본주의는 성경의 진리를 훔친 오른편 강도이고, 기독교의 썩은 자궁에서 세균처럼 자생한 공산주의는 왼편 강도입니다. 이 쌍두의 대사(大蛇)를 번개의 칼, 성령의 화염검을 높이 쳐들어 참수해야 합니다. 이 성업(聖業)이 이 시대의 고뇌를 안은 참 깬 자들의 도적(道的) 과제입니다(上 10).

　　종교학자: 종교의 시대는 가고 (초)과학의 시대가 온다고 미래학자는 예
견하고 있습니다. 생명공학과 로봇공학의 결합으로 제시되는 인간 혁명,
입자물리학이 밝힌 미시 세계와 천문학이 발견한 거시우주로 인한 확장
된 공간 혁명 그리고 통신과 컴퓨터의 발전이 가져다준 시간 혁명은 인류
에게 과학적 유토피아가 대안 문명으로 급부상하고 있습니다. 이로 인한
종교의 사회적 기능은 더욱 축소되고 있는 실정입니다. 과학적 유토피아
가 주창하는 미래상에 대해 어떻게 전망하시는지요?

　　흔붉 선생: 과학의 발달로 정보와 지식의 양은 날로 더해가서 인간은
기계의 노예, 지식의 괴뢰로 전락할 것입니다(上 332). 과학주의 우상이
생명이 없는 물질에 생기를 불어넣는 작업을 하여 인간을 열광시킵니다.
컴퓨터로 조작되어 말하고 사고하는 제5세대 로봇, 유전자와 염색체의
조작으로 새로운 생명을 만들어내는 분자생물학과 생명공학은 농업과
축산업 분야에 혁명을 일으켜 경이의 대상이 될 것입니다(啓 150).
　　기독교가 무당 종교로 변질될 때 과학자들은 인간적인 기적을 창출
해낼 것입니다. 컴퓨터와 사고하는 로봇, 유전공학으로 전대미문의 과
학 기적을 행하면서 인간을 지상 천국의 환상 속으로 인도하며 핑크빛
무드에 빠져들게 할 것입니다. 인간의 능력을 극대화한 컴퓨터와 로봇
그리고 유전공학과 분자생물학은 기적의 약, 기적의 농산물, 기적의 섬
유, 기적의 화학제품을 만들어내어 지상 천국의 꿈을 앞당길 것입니다.
심지어 복제 인간을 만들어내고 불로장수하는 약도 개발하여 타락한
인간이 영생할 수 있다고 과대광고를 할 것입니다. 타락한 인간의 지혜
와 능력이 극대화되어 온갖 과학적 이적을 행할 때가 되면 인간은 창조주

하나님을 우습게 알고 예수의 진리를 무시하면서 인간 자신을 신격화하게 될 것입니다. 이때 거짓 기적으로 인간을 미혹하는 종교꾼들은 자신을 예수로 자처할 것입니다. 거짓 선지자들이 행하는 무당 종교의 기적과 과학적인 기적이 뒤범벅이 되어 말세의 인간들을 교만하게 만들 것입니다(啓 2:10).

2. 피안 종교 비판: "영혼이 천당 간다는 말은 성경 어느 곳에도 없다"

종교학자: 과학만능주의와 과학 유토피아의 범람은 역설적으로 종교 권위의 붕괴에 따른 역설적인 현상이라고도 할 수 있습니다. 1970년경부터 과학적 유토피아의 교만과 유신론적 자본주의와 무신론적 공산주의로는 새 문명의 대안이 될 수 없다는 경고의 목소리를 내셨습니다. 문명사적 관점에서 세계 종교가 봉착한 한계상황을 어떻게 말할 수 있을까요?

흔볽선생: 모든 사람이 사망 아래 놓여있었으므로 우리는 죽음이란 당연한 생명의 귀결로 착각하게끔 되어버렸습니다. 죽음이란 하나님의 뜻이며 죽으면 몸은 무덤에서 썩고 영혼이 하늘나라로 간다는 어리석은 지혜를 참 지혜인 것처럼 받아들이고 있습니다(上 65-66). 죽어서 영혼이나 마음이 천당 아니면 극락에 가는 사자(死者)들의 종교였습니다. 인류가 남긴 고대의 유적을 보아도 모두가 무덤 문화임을 알 수 있습니다. 이집트의 피라미드, 잉카의 유허들, 인도의 타지마할, 캄보디아의 밀림 속에서 발견된 앙코르와트, 그리스와 로마의 신전들 그리고 각 나라의 왕릉들 모두가 무덤 문화요 피안 종교의 유물임을 알 수 있습니다. 산 자를 위한 종교가 아니라 죽기 위한 종교, 죽음을 준비하기 위한 종교가

참 종교의 본질일까요? 또 죽어서 영혼 내지 마음이 천당·극락 간다는 피안 의식과 감성은 참된 인간의 성정이었을까요? 그러나 그 누구도 이 문제에 대하여 의문을 일으킨 일도 없고, 바른 해답을 제시한 일도 없었습니다. 죽으면 몸은 무덤 속에 매장되어 썩고 영혼이나 마음이 선악을 따라 천당 아니면 지옥에 간다는 낡은 종교적인 원리를 우리는 아무런 의심 없이 진리로 받아들였던 것입니다(中 312-313).

> 종교학자: 흔붉 선생님께서는 다양한 종교 경전의 텍스트로 동이족의 선맥 사상과 성서의 부활 사상을 이해 지평에서 회통시키고, 궁극적 인간의 가능성을 경전을 근거로 역사적 사건으로 조명한 "僊(仙)攷"라는 논문을 쓴 적도 있습니다. 특히 방금 말씀하신 종교적 발언은 세계 종교 경전 해석의 패러다임에도 큰 영향을 끼칠 수 있는 해석학적 문제 제기인 것 같습니다만, 오늘은 그리스도교의 생사관, 특히 성서적 맥락에서 인간의 생사관을 중심으로 설명을 해 주시기 바랍니다.

흔붉 선생: 아담 이래 모든 사람은 죽음의 노예가 되었습니다. 그러므로 죽은 자의 맥은 혈맥이며 동시에 그 맥은 족보로 연결되는 맥입니다. 아담 이래 족보란 인간들이 죽은 순서를 나열한 문서입니다. 그 때문에 족보란 죽은 자들의 기록입니다. 본래 의미의 족보란 승천한 순서를 기록해야 할 문서인데 인간이 죽음의 존재가 되므로 무덤에 묻힌 순서를 기록한 문서가 되었습니다. 요절과 장수의 차이가 있을 뿐 아담 이래 모든 사람은 죽었습니다(上 65).

성경은 '하나님은 산 자의 하나님이다'라고 선언하고 있습니다. 그런데 기독교도 피안 종교가 되었으니 이것이 어쩌된 사실인가요? 눈을 씻고 성경을 보아도 우리에게 계시한 부활의 진리는 피안 종교관이 아닌데 어찌하여 기독교가 피안 종교로 전락되었을까요? 죽으면 영혼을 천당으로 보내주는 장례 종교가 하나님의 종교가 될 수 없는데 이 실상을 깨친 자가 없으니 어찌하겠습니까. 하나님은 천당에서 죽은 영혼이나 수집하는 염라대왕이 아닌데 지금껏 염라대왕격으로 하나님을 믿어왔습니다. 사자(死者)의 영혼은 하늘나라에 갈 수 없습니다. 하나님은 생자(生者)의 하나님이지 사자의 하나님이 아니기 때문입니다. 영혼이 천당 간다는 말은 성경 어느 곳에도 없습니다. 이것은 헬레니즘 사상이 기독교에 혼합된 결과임을 깊이 인식해야 합니다. 사자의 영혼이 천당에 가서 하나님 품에 안겨 영생한다면 성경의 핵심 사상인 부활 문제는 군더더기가 됩니다. 성경을 관류하는 사상은 부활입니다. 부활은 죽은 인간을 다시 살리시는 하나님의 능력입니다. 만약 사자의 영혼이 하나님의 품에 안겨 영생한다면 부활할 필요가 있겠습니까? 죽은 자는 하나님을 뵈올 수 없으며 사자의 영혼은 낙원에 가서 부활의 날을 기다리게 됩니다. 죽은 자들은 다시 이 땅에 부활하여 산 자, 곧 생령이 되어야 하며 이 생령이 하늘나라에 승천할 때는 에녹이나 엘리야처럼 선거되어 자리를 옮기는 것입니다. 그러므로 하늘나라는 새 이승이지 저승이 아닙니다(中 312-313).

성경에는 영혼이 하늘나라에 간다는 말씀은 단 한 곳도 없는데 기독교인들이 만든 교리에는 영혼이 하늘나라로 가는 것을 믿는 신앙고백이 있으니 비성경적인 한심한 일이 아닐 수 없습니다. 성경을 정경(正經)으로 믿으면서 비성경적인 세상 지혜로 교리를 만들어 착각 속에 미신하고 맹신하고 있으니 안타까운 일이 아닐 수 없습니다(下 560).

부활한 몸이 되어 새 하늘과 새 땅에 다시 파종되어 완덕한 인격으로 익어 지상 천국의 생활을 누린 자만이 영원히 수렴되어 천상 천국으로 가게 되는 것입니다. 성경 속에 감추어진 이 근본원리조차 깨닫지 못하고 땅 위에서 어떻게 살았던 죽어서 영혼이나 천당 간다는 기독교는 사이비 종교요 비성경적인 종교입니다(下 137).

종교학자: 그렇다면 성서에서 인간의 생사의 맥락은 어떻게 말하고 있습니까?[8]

흔붉 선생: 성경의 산에는 두 갈래의 도맥(道脈)이 뻗어 있습니다. 그 한 맥은 죽은 자의 맥이며 다른 한 맥은 산 자의 맥입니다. 죽은 자의 맥은 성경의 산하에 무덤을 남겼고, 산 자의 맥은 성경의 산하에 무덤을 남기지 않았습니다(上 64). 아담 이후 모든 인류는 죽어 성경에는 사자(死者)의 맥이 곤륜산처럼 거대하게 역사의 광야에 뻗어 내렸습니다. 그러나 이 산맥을 정밀히 관찰하면 구름 속에 가려진 신비한 영봉(靈峰)들이 우뚝 솟아 있으니 에녹과 멜기세덱과 엘리야와 모세와 예수의 봉우리들입니다. 천고(千古)의 신비 속에 가려진 에녹과 멜기세덱과 엘리야와 모세와 예수의 기봉(奇峰)들은 산 자의 맥을 형성하는 성경의 도맥(道脈)이며 이는 아직 누구도 발굴 못한 미개발의 보고(寶庫)입니다. 에녹과 멜기세덱과 엘리야는 죽어서 그 영혼이 하늘나라로 간 자가 아닙니다. 그들은 죽지 않고 승천했으며 환골탈태(換骨奪胎)한 변화체가 되어 우화등선(羽化登仙)하였습니다. 산 자의 맥이란 살아서 승천하는 선맥(僊/仙脈)을 말합니다(上 66-67).

하늘나라도 두 가지 나라가 있습니다. 땅 위에 세워지는 지상 천국과 하늘에 있는 천상 천국입니다. 지상 천국에서 죽지 않고 생령으로 추수된 자만이 하늘 곡간인 천상 천국에 가서 하나님의 얼굴을 뵈올 수 있습니다. 아담 타락 이래 아직 이 땅 위에는 지상 천국이 건설된 일이 없어 한 사람도 알곡으로 익은 사람이 없는데 어찌 하늘나라에 갈 수 있겠습니

8 이에 대해 관심을 가진 이는 다음을 참고할 것: 변찬린, 『성경의 원리 上』, 62-90.

까? 아담은 타락하기 전에는 산 자, 곧 생령이었습니다. 이 생령이 생명나무 열매를 따 먹으면 죽지 않고 영생할 수 있는 것입니다. 영원한 생명이란 생령이 변화체가 되어 선화(僊化)됨을 의미합니다. 인간은 선화되어야만 하나님과 대면할 수 있는 존재가 되는 것입니다. 선화된 인간에게는 피안이란 없고 하나님이 계신 곳은 새로운 차원의 이승일 뿐입니다. 이런 생명의 실상을 모르고 죽으면 영혼이 천당 간다는 피안 종교를 당연한 진리로 받아들인 미망에서 빨리 자유해야 합니다. 자유한 자 아니고는 하늘나라에 갈 수 없습니다. 죄와 죽음의 권세에서 자유하지 못한 인간은 영원히 피안 종교관의 늪에서 벗어나지 못할 것입니다(中 313).

종교학자: 피안 종교가 역사 시대의 종교적 인간이 지향하는 생사관의 한계를 지적한 것이라면, 이외에도 현대 문명이 극복해야 할 역사적 과제는 무엇이 있을까요?

흔붉 선생: 인류가 피 흘린 전쟁사는 엄밀한 의미에서 종교전쟁이었습니다. 오늘날도 종교전쟁이 세계를 요란하게 뒤흔들고 있습니다(下 186). 자본주의와 공산주의의 냉전도 엄밀한 의미에서는 종교전쟁인 것입니다. 왜 이 같은 전쟁 현상이 생기겠습니까(下 187). 이데올로기의 대립은 전쟁을 유발하여 세계 도처에서 전운이 감돌고 신민족주의와 신식민주의의 발생으로 국가가 국가를 치고 민족이 민족을 치는 분쟁 상태가 끊임없이 유발되고 있습니다. 현금(現今)의 국제정세를 보면 이데올로기로 인한 냉전, 종교적 분쟁으로 인한 열전 그리고 경제적 혼란과 무역 전쟁, 혁명의 수출과 신민족주의, 신식민주의의 대두는 무엇을 뜻하고 있을까요(上 331-332).

지금 자본주의 국가나 공산주의 국가나 제삼세계를 막론하고 권력 엘리트와 경제 관계 학자들은 자국의 이익을 위해 경제 계획을 세우고, 미래를 점치기에 여념이 없습니다. 더 나은 내일을 위해 각국은 경제 개발을 추진하고, GNP를 예고하고, 생산과 수요의 지표를 점치고, 증권 시장의 폭등과 폭락을 점쳐야 합니다. 현대는 불확실성의 시대이므로 각종 경제 지표를 예언하고 점치는 것이 유행처럼 되어 있습니다. 그러 므로 현대 국가의 권력자와 경제학자와 과학자는 점치는 복술가들입니다. 그들은 온갖 정치적인 복술, 경제적인 복술, 종교적인 복술, 과학적인 복술로 인간을 미혹시키고 있습니다(啓 238).

3. 좌익 종교 비판

종교학자: 흔붉 선생님은 월남 종교인으로서 북한에서 중학생 시절이었 지요. 수업 시간에 선생님이 북한에도 자유가 있다는 말에 최고지도자를 비판할 수도 있는 자유가 있냐는 질문을 했다가 큰 야단을 맞은 일화가 있다고 한 적이 있습니다.[9] 북한의 실상을 직접 경험한 입장에서 공산주의 의 본질에 대해 상당히 비판적 견해를 내놓으셨는데요.

흔붉선생: 동서고금을 통해 마귀는 각 시대마다 자기의 이념과 사상 과 교리를 여러 모양으로 시도해 보다가 나중에 와서 마지막으로 시도해 본 이데올로기가 자본주의와 공산주의였습니다(啓 225). 모든 물질과 경제를 공유하여 지상낙원을 이룩하겠다고 약속한 공산주의자들은 민 중을 기만하여 혁명이 성공한 다음 새로운 계급을 만들어 다시 민중 위에 군림하였고, 소수 정예화된 당원만 잘 살고 잘 먹는 통제화된 지옥을 만들지 않았습니까(下 153). 악마의 달콤한 유혹을 받고 사심을 일으킨

9 이호재,『흔붉 변찬린』, 43-45.

자들이 민중들을 교묘하게 기만 선동하여 혁명에 성공하면 민중들과 공약한 약속은 헌신짝처럼 버리고 태도를 표변하여 강압적으로 다스리는 것이 세상 나라의 정치 원리였습니다(下 153).

변증법적 유물론과 계급투쟁의 사관(史觀)으로 방대하고 치밀한 교리를 만들어 자본주의에 염증을 느낀 인민을 세뇌하여 폭력혁명의 큰 칼을 들고 세계를 붉게 물들이고 있습니다. 붉은 광신자들은 철저한 무신론자들이고 그들은 기독교의 신을 무자비하게 학살하고 그 자리에 당(黨)이라는 이름의 우상을 대신 세워놓았습니다. 잘못된 기독교의 유일신관(唯一神觀)과 잘못된 마르크스 레닌주의의 유일사상(唯一思想)은 성경을 잘못 이해한 사이비 종교에서 만들어낸 교리임을 대각해야 합니다. 평등이라는 미명하에 사유재산을 빼앗아 인간을 빵의 노예로 만든 공산주의는 거대한 집단 노예의 수용소 군도입니다. 계급 없는 사회를 만들자는 혁명 구호를 내걸고 부르주아 계급을 무참하게 숙청한 공산주의는 새로운 당 계급이 지배하는 경직된 관료주의 사회가 되었습니다(啓 103-104). 10월 혁명 이후 볼셰비키 당은 정권을 잡고 마르크스의 이론을 실천해 보았으나 지상 천국은 도래하지 않고 반대로 비밀경찰이 인민을 감시하는 집단수용소를 만들어낸 것이 공산주의였습니다. 타락한 인간의 마지막 사상으로 등장한 공산주의도 이미 실험이 끝난 실패한 사상입니다. 그러나 마귀는 마르크스에게 붉은 영감을 주어 창출(創出)해낸 공산주의 이데올로기가 실패한 작품임을 자인하지 않고 오늘도 폭력혁명을 각 나라로 밀수출하여 세계를 피로 물들이고 있습니다(啓 104).

4. 우익 종교비판

종교학자: 1989년 프란시스 후쿠야마(Francis Fukuyama, 1952~)는 공

산주의의 종주국인 구소련의 실패를 예견하면서 '역사의 종말'이라는 표현을 사용하며 기존 역사의 틀이 아닌 새로운 인류 역사의 이야기를 써야 한다고 말하였습니다. 1991년에 소련이 붕괴되고, 2001년에 중국이 세계 무역기구인 WTO에 가입하는 등 외형상 자본주의의 승리를 선언하는 듯하지만, 중국의 부상과 러시아의 재부흥 그리고 지구촌의 유일한 분단 국가인 한반도를 둘러싼 국제정세는 여전히 복잡합니다. 이런 측면에서 자본주의는 어떻게 전망하시는지요?

흔볽 선생: 부(富)를 축적하기 위해 자본주의의 이데올로기는 막강한 힘으로 아시아와 아프리카와 중남미를 휩쓸면서 선교사를 앞잡이로 세워 식민지 쟁탈전을 전개했습니다. 자본주의 권력과 유착한 기독교는 식민지 침략 전쟁의 앞잡이가 되기 위하여 각 교파와 교리의 보따리를 싸들고 동분서주했습니다. 선교사들은 예수 그리스도의 복음을 땅끝까지 전하기 위하여 각 나라로 파송되었다고 주장하지만, 결과적으로는 식민지 침략 전쟁의 앞잡이가 된 사실을 부인치 못할 것입니다. 백색 자본주의는 식민지를 쟁탈하는 전쟁을 시작하여 '이기고 이기려고' 발 버둥을 쳤습니다. 그러므로 자본주의를 상징하는 흰 말은 사이비 백마입니다. 백색 자본주의의 바람은 예수의 이름을 도용(盜用)한 기독교를 앞장세웠기 때문에 흰 말로 나타나게 됩니다. 흰 말로 교묘하게 위장한 기독교는 예수의 이름으로 온 세상을 복음화한다고 외치고 다녔으나 자본주의 권력과 야합하여 그 시녀(侍女)가 되었고, 드디어 창녀로 전락 했습니다. 자본주의는 지금 자유 민주주의의 깃발을 날리면서 '이기고 또 이기려고' 몸부림치고 있습니다(啓 102). 타락된 눈동자로 보면 빵과 자유가 있는 듯 보일 것입니다. 그러나 배금주의의 노예, 물질의 노예가 되어 개인주의의 우상을 섬기는 타락된 세상 나라가 자본주의임을 잊어

서는 안 됩니다(下 154).

5. 제삼세계는 "정신적 유산은 풍부한 나라들이다"

종교학자: 자본주의와 공산주의의 틈바구니에서 제삼세계의 존재는 국
제정세에서 크게 주목을 못 받고 있었습니다. 앞으로 제삼세계의 세계사
적 역할의 중요성은 어느 분야에 있을까요?

흰붉 선생: 제삼세계인 아시아 아프리카 중남미 제국(諸國)들은 대부
분 후진국으로 식민지 통치를 받은 나라들입니다. 검은색은 문명하지
못한 낙후된 후진국을 상징하는 색깔입니다. 아프리카를 검은 대륙이라
하지 않습니까. 제삼세계는 민족주의의 검은 바람이 한창 불고 있습니
다. 후진 개발국들은 대부분 자본주의와 군국주의의 식민지가 되었다가
제2차 세계대전이 끝난 후 우후죽순격으로 독립된 나라들입니다. 정치
적으로는 독립한 듯하지만, 경제적으로는 아직도 선진국의 경제적인
식민지에서 벗어나지 못하고 있습니다. 민족 자본이 전무한 후진국들은
경제적 빈곤에서 벗어나지 못하고 기술 축적이 없어 빠른 속도로 변모해
가는 선진국의 첨단산업 기술을 따라잡을 수 없습니다. 그뿐입니까? 인
구는 증가하고 식량 부족으로 아사자가 속출하고 대부분의 국민들이
영양실조 상태에 있습니다. 제삼세계는 비동맹 중립 노선을 표방하고
있으나 자본주의와 공산주의의 도전을 받고 있는 정치적인 혼란이 그칠
날이 없습니다. 혁명과 군사 쿠데타의 악순환, 독재와 강압 정치는 인권
을 유린하고, 언론을 탄압하고, 지식인을 무력하게 만들고, 저소득 계층
을 무시하고 있습니다. 부익부 빈익빈으로 치닫는 경제, 가진 자와 못
가진 자의 계층 심화, 전통 가치의 붕괴와 도덕적 타락은 제삼세계에서

공통적으로 볼 수 있는 사회 현상입니다. 정권을 잡은 독재자들은 자본주의와 공산주의 사이에서 곡예사 모양 줄타기를 하고 강대국을 순방하면서 매춘부 모양 웃음을 팔고 있습니다. 민족주의 검은 바람이 부는 제삼세계는 후진 개발도상 국가로서 한결같이 자본주의와 공산주의의 도전을 받고 고민하고 있습니다(啓 105). 자본주의의 풍요 속에서 황금 우상을 예배하는 백색 기독교인들과 공산주의의 통제 속에서 무신론 우상을 섬기는 마르크스 교도들 속에서는 참 신앙자를 발견하기 힘듭니다. 비록 물질적으로 가난하고 과학적으로는 뒤떨어졌지만, 정신적 유산은 풍부한 나라들입니다(啓 107).

6. 이데올로기의 종말, "공산주의의 경제와 자본주의 경제는… 하루빨리 유기해야 할 낡은 시대의 소산들이다"

종교학자: 종교적 인간이 '영생'이라는 종교적 기제를 방치한 종교의 무능과 과학기술이 그 기능을 대신하려는 과학의 오만을 경계하는 발언을 해주셨습니다. 특히 현대 문명이 봉착한 한계상황으로 피안 종교의 한계와 공산주의와 자본주의는 실패한 역사 시대의 하나의 '주의'라고 강조하고 있습니다. 그렇다면 이를 극복할 수 있는 대안 문명은 어디서 찾아야 할까요?

흔붉 선생: 기독교 자본주의는 오른편 강도의 십자가를 믿는 우익 종교(右翼宗敎)이고, 마르크스 공산주의는 왼편 강도의 십자가를 믿는 좌익 종교(左翼宗敎)임을 깨달아야 합니다. 골고다에서 고난받은 예수의 십자가는 가운데 자리한 중도(中道)의 십자가입니다(요 19:18; 마 27:38; 啓 108). 이 성구들(마 27:28; 막 15:27; 눅 23:33; 요 18:18)을 보면 골고다

에는 세 개의 십자가가 세워졌음을 알 수 있습니다. 예수는 가운데 십자가에 달려 전사하였고 그 좌우에는 두 강도가 달려 죽었습니다. 세 개의 십자가는 무엇을 뜻하고 있습니까? 속죄의 십자가 좌우에 왜 두 강도의 십자가가 있을까요? 이날까지 기독교인들은 예수의 십자가만 쳐다볼 줄 알았지 좌우에 달린 두 강도의 십자가의 의미는 깨닫지 못했습니다(下 534-545).

기독교 이천 년 동안 성경을 읽은 목자와 신학자의 수가 헤아릴 수 없이 많은데 아직도 피안 종교의 굴레에서 벗어나지 못하고 있고, 그들의 종교 의식은 죽으면 영혼이 천당 간다는 비성경적 헬레니즘 사상의 미망에서 벗어나지 못하고 있으니 안타까운 일이 아닐 수 없습니다(中 314-315). 공산주의의 경제도 자본주의의 경제도 마귀의 경제관이지 하늘나라의 경제관이 아님을 깊이 인식해야 합니다. 평균케 하는 만나 경제를 오각하면 공산주의 내지 기독교 사회주의의 경제관으로 둔갑합니다. 하나님을 부정하는 무신론 국가 전체주의의 통제 밑에 강제로 획일화된 공산주의의 경제는 평균의 원리가 있는 듯하지만 이는 마귀가 조작한 환상임을 잊어서는 안 됩니다. 또 하나님을 인정하는 유신론의 국가 자본주의의 자유경제 체제도 자유의 원리가 있는 듯하지만 이것도 금송아지를 주조한 우상임을 잊어서는 안 됩니다. 평균케 하는 경제가 있는 듯하지만 자유가 없고, 방종에 흐르는 공산주의의 경제와 자유는 있는 듯하지만 부익부 빈익빈의 수렁 속에서 헤어나지 못하는 자본주의 경제는 다 같이 쌍두사이며 하루빨리 유기해야 할 낡은 시대의 소산들입니다(中 258).

종교학자: 종교학에서 흔히 오른쪽은 진리, 정의, 평화, 선 등 긍정적 부호이며, 왼쪽은 비진리, 부정, 전쟁, 악의 상징적 부호로 이해를 합니다. 오른쪽 십자가, 왼쪽 십자가, 가운데 십자가 등 세 십자가로 구분하여

'세 십자가' 사건을 현대 문명과 상관하여 해석학적 지평을 확장할 수 있는 사례를 구체적으로 들어주시면 이해에 큰 도움이 될 것 같습니다.[10]

흔볽 선생: 현대 광야에서 전개되고 있는 우익과 좌익의 냉전과 열전도 좌우에 못 박힌 두 강도의 길임을 보여주고 있습니다. 골고다에 세워진 세 개의 십자가는 아담 타락 이래 인간이 걸어온 구약의 길과 또 앞으로 걸어갈 신약의 길이 무엇인가를 보여주는 역사적인 암호였습니다. 골고다의 십자가를 분수령으로 하여 구약의 마당과 신약의 마당이 갈라지고 있습니다. 구약의 마당에서 전개되었던 상징과 표상의 노정이 신약의 마당에서는 인류가 걸어가는 세계사의 길로 전개되고 있습니다. 왼편 강도의 십자가는 좌익으로서 무신론과 공산주의의 이데올로기가 되어 나타났고, 오른편 강도의 십자가는 우익으로서 유신론과 자본주의의 형태가 되어 지금 세계사를 주도하고 있습니다.

왼편 강도는 죽는 순간까지 예수를 비방하며 야유하고 하나님을 거부하면서 죽었고, 오른편 강도는 예수를 구주로 믿고 하나님 나라를 바라보면서 죽어갔습니다. 이 골고다의 두 십자가가 인류가 걸어온 역사의 결실로써 나타난 것이 자본주의와 공산주의이며, 유신론과 무신론이며, 우익과 좌익인 것입니다. 그러나 우리가 분명히 대각해야 할 역사의식은 자본주의와 공산주의의 이데올로기는 인간이 가야 할 정도(正道)가 아니라는 사실입니다. 유신론과 무신론, 우익과 좌익의 길은 '강도의 길'이지 참 인간이 도행해야 할 하나님의 길이 아닙니다. 오른편 강도의 길은 외도(外道)이며, 왼편 강도의 길은 사도(邪道)입니다. 자본주의와 공산

---

10 필자는 당나라의 종파불교가 신라에 재연되자 원효가 『법화경』의 회삼귀일 사상을 바탕으로 신라통일의 사상적 기반을 제공한 것처럼 변찬린은 서구의 종파기독교가 한국에 재연되자 성서의 '세 십자가 사건'을 바탕으로 평화 통일과 새 문명의 사상적 기반을 제공하는 것으로 평가한다. 다음을 참고할 것: 이호재, 『흔볽 변찬린』, 334-366.

주의는 두 강도가 역사적인 이데올로기로 나타난 미혹의 길임을 잊어서는 안 됩니다. 기독교란 오른편 강도가 종교화한 것이고 맑스주의는 왼편 강도가 종교화한 것입니다. 가운데 십자가의 자리, 곧 중도(中道)의 자리에서 보면 기독교와 맑스교는 두 강도의 종교로서 사이비 종교입니다. 미신과 맹신과 광신에 젖어있는 기독교인들은 기독교가 사이비 종교라는 말에 대노(大怒)하겠으나 냉정을 회복하고 기독교의 색안경을 벗고 성경의 자리에서 개안된 눈으로 하나님의 말씀을 다시 읽으면 새로운 지평이 열릴 것입니다. 다시 말하지만 기독교와 맑스교는 성경의 진리를 훔쳐간 도적들이며, 그 교리는 사이비 진리입니다(下 537-538).

> 종교학자: 앞에서 말씀하신 우익 종교인 자본주의와 기독교, 좌익 종교는 공산주의와 맑스교라는 표현은 성서에 근거한 근대 이후의 세계 문명을 주도한 근현대 서구의 문명 정체성을 압축하여 선명하게 드러낸 발언 같습니다. 좀 더 구체적으로 말씀해 주시겠습니까?

흔붉 선생: 맑스-레닌주의는 성경의 진리를 훔쳐 천년왕국 모양 공산주의 유토피아 사상으로 굶주리고 억압받는 무산 계층을 유혹한 거짓 종교였습니다. 자본주의의 사상이 뿌리내린 토양은 기독교였습니다. 프로테스탄트의 윤리는 자본주의를 꽃피게 했고 기독교를 믿는 서양 사람들의 정신과 마음을 들뜨게 한 회오리바람이었습니다(啓 103). 자본주의와 공산주의는 기독교의 썩은 토양 속에서 싹트고 꽃피고 열매 맺은 선악과입니다(啓 225). 오순절의 체험은 공산주의의 남상(濫觴)도 아니고 사회주의의 시발(始發)도 아니라는 점입니다(上 271).

인간이 타락하지 않았으면 어떤 길을 걸어가야 했을까요? 하나님이 인간에게 제시하신 본래의 길은 '중도(中道)의 길'이었습니다. 중도의 길은 인간이 걸어가야 할 정도(正道)였고 인간이 깨달아야 할 바른 자리였습니다. 그러나 타락으로 말미암아 무명과 미망에 빠진 인간은 중도의 길을 잃어버려 도행할 수 없고 좌우에 치우치는 외도와 사도(邪道)의 길을 걸어가게 되었습니다. 오른편 길이 아니면 왼편 길을 걸어간 것이 타락 인간들이 도행한 죽음의 자취였습니다. 우도(右道)는 외도(外道)이고, 좌도(左道)는 사도(邪道)이지만 누구 한 사람도 자기들의 길이 비본래적인 길임을 모르고 있었습니다.

모세는 이스라엘 백성과 여호수아에게 치우치지 말고 중도(中道)를 향해 도행할 것을 당부하고 또 당부하였습니다(신 5:32-33, 28:14; 수 1:7). 이 성구들을 보면 하나님이 인간에게 계시하신 정도(正道)는 중도(中道)였습니다. 그러나 타락 인간은 중도를 행하지 못하고 좌도 아니면 우도로 치우쳐 우상숭배자 아니면 무신론자가 되어 하나님을 찾는 길을 외면하였습니다. 예수만이 중도(中道)를 향해 홀로 도행하였고, 예수만이 중용(中庸)의 말씀을 하였고, 예수만이 중관(中觀)의 눈이 열린 자였습니다.

성령의 말씀과 예수의 입에서 나오는 말씀은 좌우에 날 선 검과 같다고 성경에 기록되어 있습니다(히 4:12; 계 1:16, 2:12). 말씀의 좌우에 날이 선 까닭은 좌우의 외도와 사도(邪道)를 파(破)하기 위함입니다. 좌우에 날 선 칼은 곧 중도(中道)의 검을 뜻합니다. 예수께서 가운데 십자가에 달리신 뜻은 가운데 십자가만이 인간의 죄를 대속하는 길임을 보여주고 있습니다. 좌우에 달린 두 강도의 십자가는 인간이 걸어갈 길이 아닙니다. 그런데 타락 인간들은 중도의 길을 버리고 좌우의 길을 걸어왔고 또 걸어가고 있습니다(下 536-537).

종교학자: 종교사회학자 막스 베버는『프로테스탄트윤리와 자본주의 정

신』에서 자본주의가 서구에서 흥기한 사상적 배경을 기독교에서 찾고 있습니다.[11] 한편 신학자 라인홀드 니버와 철학자 이사야 벌린 등은 공산주의 체제를 비판하고 있습니다만, 슘페터 등은 맑스가 주장한 공산주의에 내포된 예언적 기능을 강조하고 있습니다. 공산주의는 인류의 원초적 욕망이 투사된 정치·경제적 기제로서 역사적 조건이 맞으면 미래에 작동할 수 있는 매력적인 구호라고 할 수 있습니다. 유신론적 자본주의와 무신론적 공산주의가 역사 시대에 폐기되어야 할 사상이라면, 특별히 그리스도교에 대해 하실 말씀이 있으신지요?

흔붉 선생: 공산주의자들이 부르짖는 유토피아는 그 본질이 성경에 나타난 천년왕국과 다름이 없습니다. 악마가 하나님의 이상을 훔쳐가서 유일사상으로 위조하고 변조한 것이 공산주의의 사이비 복음인 것입니다. 서구의 기독교도 구약적인 수건을 벗지 못하고 성경을 보았기 때문에 십계에 적힌 유일신관의 함정에 빠져서 다른 고등종교를 정죄하고 심판하는 우행을 서슴지 않고 자행했습니다(中 172).

기독교의 교리와 맑스주의의 교리는 동일한 구조 위에 건축되었습니다. 그러나 우리가 또 한 번 깨달아야 할 사실은 오른편 강도는 회개하고 낙원을 약속받았다는 소식에 귀를 기울여야 합니다. 왼편 강도인 맑스주의는 마귀가 성경을 도용(盜用)한 사이비 교리와 사상이므로 그들은 끝까지 예수를 비방하고 하나님을 거부하지만, 오른편 강도는 자기 잘못을 뉘우치고 회개의 눈물을 흘린 종교임을 잊어서는 안 됩니다. 기독교가 인류 역사에 공헌한 점도 많지만 공헌 못지않게 저지른 죄악도

---

11 막스 베버가 프로테스탄트의 근면, 성실과 금욕주의에서 자본주의가 부흥하였다고 주장한 반면 동아시아 학자들은 한국 등 아시아의 네 마리 용의 급속한 경제발전을 교육 등 유교적 덕목에서 발견하여 '유교 자본주의'라고 부르기도 한다.

많은 종교입니다. 현대 광야에 이르러 기독교는 아론의 금송아지인 자본주의의 황금 우상에게 예배하는 갈보의 종교로 타락했지만, 자기의 죄악을 깊이 깨닫고 회개의 눈물을 뿌려 오른편 강도처럼 갱신되면 낙원을 허락받을 것입니다. 오른편 강도의 길인 자본주의와 기독교도 왼편 강도의 길인 공산주의와 맑스교도 우리가 걸어갈 정도(正道)가 아닙니다. 우리가 바라보면서 걸어가야 할 길은 좌우를 버리고 중도(中道)의 십자가를 향해 걸어가야 합니다. 예수가 못 박혀 보혈을 흘린 가운데 십자가만이 우리를 구원해 주는 영원한 길임을 잊지 말아야 합니다(下 538).

7. 초인류 공동체의 탄생

종교학자: 자본주의와 공산주의 등에 대한 사상적 근거를 그리스도교의 잘못 소화된 사상적인 역사적 전개로 해석하고 '중도의 십자가'를 '구원의 십자가'라고 주장한다면 그리스도교 유토피아를 주장한다고 이해해도 되는 것인지요?

흰붉 선생: 서양에서 체계화되고 조직화된 기독교 신학은 순수한 성경의 말씀이 아니고 성경과 헬레니즘 사상을 혼음시켜 출생시킨 혼혈 사생아임을 잊어서는 안 됩니다(中 314-314). 우리는 이날까지 성경해석을 서구 신학자들의 방법을 무조건 답습했고 모방했습니다. 그들이 만들어낸 신학과 교리를 소화도 하지 못한 채 포식만 하는 어리석음을 범했습니다. 서양 사람들이 인위적으로 만들어 낸 교리만이 진리의 전부요 성경해석의 방법이지 그 밖의 것은 이단으로 정죄하고 타매(唾罵)하는 경향이 농후하였습니다. 서구 기독교가 우리에게 주입한 교리와 교파의 잘못된 선입 관념을 버리고 빈 마음자리에서 성경을 다시 읽어야 합니다.

우리는 성경과 교리화된 기독교를 혼동해서는 안 됩니다(上 486).

종교학자: 앞으로 도래할 새로운 문명은 어떻게 전개될 것이라고 예측하시는지요?

흔밝 선생: 현대 광야에서 바라보아도 골고다에는 세 개의 십자가가 암호처럼 빛나고 있습니다. 이 시대의 고뇌를 안고 산으로 퇴수한 자라면 골고다의 십자가 속에 숨겨진 도비(道秘)를 대각하고 중도(中道)의 대로를 개명해야 합니다. 맑스주의의 교리는 이미 실험이 끝난 사상입니다. 공산주의 교리로 인류를 구원할 수 없음이 역사에 나타나고 있습니다. 마찬가지로 기독교의 교리도 실험이 끝난 종교입니다. 낡아빠진 기독교로 인류를 구원할 수 있다고 착각하는 종교꾼들이 아직도 많이 남아 있지만 새날의 지평을 조망하는 깬 자라면 회칠한 무덤 같은 기독교에서 탈출하고 출애굽해야 함을 알 것입니다. 기독교가 깨닫지 못한 성경 속에 묻힌 도비를 깨닫는 새로운 무리들이 나와서 중도(中道)의 십자가로 대로를 개통하는 도적(道的) 작업이 전개되어야 합니다. 새로운 종교혁명이 새로운 종교개혁이 일어나 기독교와 맑스주의 교리를 타파하고 그 우상을 철장으로 부숴버릴 때 인류 앞에는 새로운 지평이 열려올 것입니다(下 538-539).

자본주의는 자유가 있는 듯하지만 평등이 없고, 공산주의는 평등은 있는 듯하지만 자유가 없습니다. 자유와 평등이 사랑 안에서 조화되는 곳이 하늘나라입니다. 하늘나라는 좌와 우를 초극한 '중초한 자리'입니다. 대자유와 대해방을 얻은 자들이 신비한 유기체를 이루어 일심동체로 정의를 구현하고 실천하는 세계입니다. 이런 나라는 아직도 도래하지 않고 있습니다. 하늘나라에도 다스리는 자와 다스림을 받는 자가 있지만 이것은 세상 나라의 계급과는 다릅니다. 하늘나라에는 계급이 없습니다. 머리와 지체가 한 유기체를 이루었는데 어찌 계급이 있겠습니까. 하늘나라는 계급이 아닌 인격이 있을 뿐입니다(下 154).

하늘나라의 경제는 자유한 자들이 강제 아닌 자율 속에서 균등한 만나를 먹고, 하늘나라의 정치는 무소유한 자들이 부자를 다스리며, 하늘나라의 종교는 부활한 산 자들이 하나님을 모시는 성전이 되어 영생을 누리는 마당임을 잊지 말아야 합니다(下 172).

종교학자: 마지막으로 독자들에게 하실 말씀이 있으면 해주시기 바랍니다.

흔붉선생: 참 생명의 현상은 일일신(日日新)하고 우일신(又日新)합니다. 날마다 새로워지고 갱신되고 혁신되는 것이 생명입니다. 오늘에 살면서 어제의 것을 고집하면 퇴화된 생명이 됩니다. 퇴화된 생명은 죽은 생명입니다. 예수의 도리는 날마다 새로워지는 참 생명의 말씀이었는데 퇴영적인 종교꾼들은 정통과 전통을 고집하면서 예수를 새 술에 취한 이단자로 매도하고 정죄하였습니다. 낡은 종교를 고집하면서 그 심령이 정지 상태에 머물러 특정 교파와 교리의 화석으로 굳어질 때 이런 무리가 곧 인간 뱀이 되어 혁신되고 갱신된 새 생명을 정죄하는 것이 타락사의 현장이었습니다(下 492-493).

예수가 재림하여 마귀의 권세를 소멸하고 악의 세계를 심판하는 날까지 인간사류들이 종교계의 지도자로 군림하여 양들을 오도(誤導)해 갈 것입니다. 교파와 교리에 굳어지고 사상과 이데올로기의 틀에 찍힌 종교꾼 예수쟁이들은 낡은 종교를 갱신하려는 인물이 나타나면 그를 이단자로 몰아 종교적인 살인을 서슴없이 감행하면서 하나님께 예배드릴 것입니다(下 496). 기독교에 굳어진 마음, 칼 맑스의 이데올로기에 굳어진 마음 또 무슨 사상 무슨 주의에 굳어진 석심(石心)들은 예수가 다시 오실 때 버림받을 사류(蛇類)들입니다. 모든 종교를 뛰어넘은 무(無)종교의 마음, 모든 사상을 초극한 무사상의 마음만이 신부가 되어 신랑을 맞이할 것입니다. 참 예수를 믿는 자는 기독교에서 탈출하고 교파와 교리의 주형에서 출애굽해야 합니다. 종교와 사상의 그물에서 자유한 풍류체만이 하늘나라에 수렴되는 알곡이 될 것입니다(下 497).

현대 광야에서 하루빨리 낡은 종교, 낡은 도덕, 낡은 사상, 낡은 사고, 낡은 관념을 버려야 합니다(中 289-290). 새로운 종교혁명이 새로운 종교 개혁이 일어나 기독교와 맑스주의 교리를 타파하고 그 우상을 철장으로 부숴버릴 때 인류 앞에는 새로운 지평이 열려올 것입니다(下 539).

새날 혈과 육의 차원을 뛰어넘어 성령으로 거듭난 영의 형제들이 탄생할 때 이날까지의 낡은 종교와 도덕과 윤리와 국가 지상주의와 민족 지상주의는 사라질 것입니다. 혈육의 형제가 아닌 성령으로 탄생되는 언약의 형제들이 탄생될 때 새 시대의 막은 열리고 낡은 시대의 막은 닫힐 것입니다. 혈과 육의 자리에서 보면 앞으로 탄생될 언약의 자식들은 초인이며 새로 형성될 공동체는 초인류(超人類)인 것입니다(上 272).

종교학자: 이번 대담에서 흔붉 선생님의 문명사적 제언이 새 문명의 나아 **가야 할 큰 방향을 제시하는 새로운 문명 담론으로 전개되기를** 기대하겠습니다. 오랜 시간 인터뷰에 응해주셔서 대단히 감사합니다.

흔붉 선생: 초대해 주셔서 감사합니다.

3장
한국교회와 한국 신학

    이 장은 한국교회에서 전개된 신학적 지평을 바탕으로 토착화신학의 성과물인 풍류 '신학'[1]에 대한 비판적 성찰을 시도한다. 이를 통해 풍류신학과 토착화신학의 한계를 살펴보고 이를 극복할 수 있는 방법을 모색한다. 변찬린의 『성경의 원리』 사부작은 흔붉성경해석학으로 해석 체계를 갖춘 성서해석서로 체계화되었으며, 선맥 신학이라는 학문적 가설작업을 통하여 유동식의 풍류신학과 비교신학적 측면에서 학문적 평가를 시도하였다. 또한 세계 신학계 최초로 도맥을 성서해석의 도구로 사용한 변찬린의 언어 맥락을 존중하여 '도맥 신학'(道脈神學)을 체계화하여 세계 종교(신학)계에 종교 정보로서 제공한다.

---

1 필자가 풍류'신학'이라고 적은 것은 선교 신학의 체계 안에서 전개한 신학이라는 의미이며, 다원적인 한국의 종교 전통과 신관을 충분하고 세밀하게 고려하지 않은 호교론적인 신학 체계임을 강조한 것이다. 토착화신학, 종교신학, 문화 신학 등도 대부분 이런 범주에 속한다. 이후로는 풍류신학으로 적는다.

I. 한국 신학의 전개

한국에 그리스도교가 전래된 이후 한국의 종교 전통과 어떠한 관계를 맺어왔을까?[2]

천주교에서는 제2차 바티칸 공의회의 결정에 따라 조성된 토착화 분위기에 편승하여 1984년에 성직자, 수도자, 평신자가 공동으로 참여하는 '한국 선교 200주년 기념 사목회의'가 개최되어 「사목」 발간과 1987년 설립된 한국사목연구소가 토착화 성과를 내었다. 그러나 2007년 주교회의 결정으로 「사목」 폐간과 한국사목연구소가 해체되었고, 지금은 토착화에 대부분 냉담한 실정이다.[3] 천주교는 세계 선교 전략에 발맞추어 피선교국의 종교 문화를 호교론적인 측면에서 재해석하면서 교세를 확장하는 기제로 활용한다.

개신교는 서구 교회 전통에 근거를 둔 교파 교회가 설립되고 서구에서 신학적 사유 체계를 배운 신학자에 의해 교파 신학의 지형이 공고화된다. 이를 유동식은 태동 시대(1885~1930), 정초 시대(1930~1960) 그리고 전개 시대(1960~1980)로 구별하면서 길선주와 박형룡 등의 보수적 근본주의 신학, 윤치호와 김재준의 사회 역사 참여를 중심으로 한 진보주의 신학 그리고 최병헌과 정경옥의 자유주의신학으로 한국 신학의 광맥이 형성되고 있다고 한다. 이런 분류는 대한예수교장로회(총신-합동), 한국기독교장로회(한신-기장)와 기독교대한감리교(감신-감리교)의 학맥을 잘 나타내주고 있다.[4] 김흡영은 여기에 신정통주의의 이종성을 거론하며 한국 최대 교단인 예수교장로회(통합)을 대변하는 장신(광나루) 학맥

---

2 이 절의 주제에 대해서는 "한국의 신관을 찾아서", 「다시개벽」 2호 (2021. 봄)에서 문제 제기를 하였다. 구체적인 내용은 이 책 III부 2장 "한국의 신관"을 참고할 것.
3 심상태, "새 50주년을 위한 토착화신학 진로 모색", 「신학전망」 177 (2012), 38-42.
4 유동식, 『한국 신학의 광맥』 (전망사, 1993).

을 포함시키고 있다.[5] 그러나 이들은 서구 신학을 한국에 소개한 공로는 있지만, 한국의 독창적인 신학을 수립했다기보다는 서구 신학을 한국의 종교적 토양에 이식한 것에 불과하다. 이런 신학적 환경에서 토착화신학 자와 서구 신학에 대한 대안 신학을 모색한 신학자는 상당한 신학적 성과 물을 내었다. 유동식의 풍류신학, 윤성범의 성(誠)의 신학, 서남동·안병무·함석 헌·김용복 등의 사상이 응축된 민중신학, 성(誠)을 실천적으로 해석한 김광식의 언행일치 신학,[6] 김흡영의 도의 신학,[7] 박종천의 상생의 신학,[8] 이정배의 생명 신학[9] 등이 대표적이다. 이 가운데 풍류신학은 토착화신 학의 큰 성과물이며, 민중신학은 세계 신학계에 한국을 대표하는 신학으 로 알려져 있다.[10]

그러나 토착화신학은 이미 낡은 신학적 주제이고, 주요 계승자들은 '문화 신학'의 이름으로 한국 사회의 주요 이슈를 중심으로 신학적 사유 를 확대하고 있다.[11] 어찌 보면 토착화신학은 한국 종교 문화와 '이해 지평'에서 융합하지도 못한 채 '토착화의 개념'조차도 정립되지 못하고 방기되어 있는 것은 아닐까? 심지어 개신교 내에서조차 토착화신학의 성과물이 한국교회에 주류 담론으로 자리매김하지 못하고, 한국 종교 지평에서는 토착화신학과 종교신학, 문화 신학이라는 그리스도교의 담

5 김흡영, 『도의 신학 II』(동연, 2012), 105-114.

6 김광식, 『언행일치의 신학』(종로서적성서출판사, 2000).

7 Heup Young Kim, *A Theology of DAO* (Orbis, 2017); 김흡영, 『道의 신학』(다산글방, 2000); 김흡영, 『도의 신학 II』.

8 박종천, 『상생의 신학』(한국신학연구소, 1991).

9 이정배, 『한국적 생명신학을 논하다』(동연, 2016); 이정배, 『생명의 하느님과 한국적 생명신 학』(새길, 2004).

10 Jung Young Lee, *An Emerging Theology in World Perspective: Commentary on Korean Minjung Theology* (Twenty Third Publications, 1988).

11 한국문화신학회는 1994년 신학자 12명이 창립하여 지금도 정기적인 출판물을 간행하고 있다. 한국문화신학회 편, 『대중문화와 영성』(동연, 2021).

론이 한국 종교 문화에서 열린 담론으로 수용되지 못한 채 어정쩡한 상태이다. 선교 신학의 또 다른 '이름'이라고 할 수 있는 토착화신학은 서구 신학의 관점에서 한국 종교 문화를 왜곡하는 미완성의 신학이라고 말한다면 과언일까?[12] 토착화신학의 기저에는 한국 종교 전통과 전혀 무관하게 형성된 서구 그리스도교 신학과 교회 문화가 형성한 종교 이데올로기가 작용하고 있는 것이다. 이런 토착화신학의 동향에 대해 1982년에 변찬린은 이렇게 말한다.

> 한동안 기독교의 토착화 문제가 논의되어 매스콤의 파도를 타는 듯하더니 판소리 찬송가 몇 편을 부르는 행사로 끝났다. 구미 신학자들이 부는 마적(魔笛)에 놀아난 우리들은 꼭두각시의 춤을 추었을 뿐 한국인의 심성, 그 깊은 곳에서 흥겹게 울려 나오는 가락과 신들린 춤사위를 우리는 이날까지 자각하지 못하고 있다. 갓 쓰고 양복을 입은 몰골로 어릿광대의 춤을 춘 모습이 우리들 기독교인들의 자화상이었다. 한국인의 무의식 속에 녹아든 노래 가락은 판소리의 한 맺힌 가락과 흥겨운 서도민요(西道民謠), 구성진 남도창(南道唱)의 신들린 선율과 농악이지 바그너의 가극과 베토벤의 교향곡과 헨델의 할렐루야가 아니다. 마늘과 된장 냄새가 우리들의 체취이지 치-즈나 뻐터의 누린내가 아니다(下 1).

풍류학자로서의 변찬린은 한국인의 종교적 심성에 뿌리내리지 못한 서구 신학의 한국화를 비판하며, 한민족의 종교적 근본어인 '풍류'를 사색하기 시작한다. 변찬린은 1979년에 "僊(仙)攷"라는 글에서 "선(僊),

---

12 길희성, "한국 개신교 토착신학의 전개와 문제점들", 「종교신학연구」 1 (1988), 347-356; 최준식, "한국의 종교적 입장에서 바라본 기독교 토착화신학", 「신학사상」 82 (1993), 113-124.

즉 풍류"라고 선언하고 동이족의 선맥과 성서의 부활과 변화 사건을 해
석하고, 같은 해『聖經의 原理』에서는 "성경은 선(僊)의 문서"라고 규정
하며 구약 사건과 신약 사건, 계시록까지 통전적으로 성서해석을 하고
있다. 유동식이 풍류신학을 말하기 십여 년 전에 이미『聖經의 原理』의
모태가 된『聖書의 原理』를 가지고 성경 강의에 사용했다.

II. 풍류'신학'의 성과와 한계[13]

1. 풍류신학의 성과

이야기를 전개하기 위해 우선 유동식의 풍류신학에 대해 간략하게
살펴보기로 하자.[14] 970년대 무교 문화론을 토대로 한『한국 무교의 역사
와 구조』(1975), 1980년대 "풍류도와 기독교"(1983),『풍류신학으로의
여로』(1988), 1990년대『풍류도와 한국의 종교사상』(1997), 2000년대
『풍류도와 예술신학』(2006) 등을 중심으로『소금 유동식 전집』(2009)
전 10권이 출간되었다. 풍류신학은 예술 신학 등으로 신학의 영역은 확
장되었지만, 풍류도(신학)가 한국 종교 지평에서 정리된 책은 역시 1997
년에 나온『풍류도와 한국의 종교사상』이라고 할 수 있다. 초창기의 한
국 종교 문화의 중핵이 무교라는 관점에서 여전히 애매모호하게 '풍류

---

13 이 책에서는 신학으로서 선맥 신학과 풍류신학을 비교하는 것에 목적을 두고 있으며 일부
  중복되는 부분도 있지만 폭넓은 이해를 위해서는 다음의 글을 참고하기 바람: 이호재,『흰
  붉 변찬린』, 253-310, 569-600.
14 유동식의 풍류신학에 대한 논저는 유동식이 저술한『한국巫敎의 歷史와 構造』(연세대학교
  출판부, 1975);『風流神學으로의 旅路』(전망사, 1988);『풍류도와 韓國神學』(전망사,
  1992);『風流道와 한국의 종교사상』(연세대학교 출판부, 1997);『풍류도와 예술신학』(한
  들출판사, 2006);『풍류도와 요한복음』(한들출판사, 2007) 등을 참고할 것.

도'를 내세우고 있지만 반드시 언급되어야 할 선맥 사상과 단군신화의 신선 사상 그리고 근대 신종교의 하늘님 신앙과 개벽 세계의 지상선경에 대한 언급을 거의 찾아볼 수가 없다.

풍류신학은 유동식의 신학적 상표로 한민족의 종교적 심성을 무교로 보고 한국 종교 문화에 그리스도교 신학을 토착화시키려 한 선교 신학이다. 풍류(風流)는 최치원이 쓴 「난랑비서」에 출전을 둔다.

> 나라에 현묘한 도가 있으니 일컬어 풍류라 한다. 그 가르침의 근원이 선사(仙史)에 자세히 기록되어 있는데, 실로 삼교를 포함하고 군생을 접화한 것이다. 그뿐만 아니라 집에 들어가면 부모에게 효도하고, 나가면 나라에 충성하는 것은 魯司寇[공자]의 가르침이요, 무위하게 일을 대하고, 말함 없이 가르침을 베푸는 것은 주주새[노자]의 으뜸가는 가르침이요, 모든 악을 짓지 않고 모든 선을 힘써 행하는 이는 측건태자[석가]의 교화다(國有玄妙之道 曰風流 設教之源 備詳仙史 實乃包含三教 接化群生 且如入則孝於家 出則忠於國 魯司寇之旨也 處無爲之事 行不言之教 周柱史之宗也 諸惡莫作 諸善奉行 竺乾太子之化也).

풍류는 이두식 한자로 우리 말의 불(夫婁)이며, 광명·태양과 관련되는 뜻을 가진다. 또한 풍류는 요한복음 3장 8절 "바람은 제가 불고 싶은 대로 분다. 너희는 그 소리를 듣고도 어디서 불어와서 어디로 가는지를 모른다. 성령으로 난 사람은 다 이러하다"는 의미와 유비적인 관계를 형성한다.

풍류신학은 「난랑비서」에 담긴 풍류의 함의를 다음과 같이 개념화한다. 세속을 초월한 종교적 자유와 삶에 뿌리내린 생동감과의 조화에서 나오는 아름다움에 대한 의식을 '멋'이라고 보며, 또한 유·불·선을 다 포함하는 포월적인 성질을 나타내는 의미를 '한'이라고 하며, 중생을 교화하고, 사람다운 사람을 되게 하는 풍류도의 효율성을 '삶'이라고 도식화한다. 즉, 풍류는 '멋진 한 삶' 혹은 '한 멋진 삶'으로 현대화하여 신학의 골격을 형성한다.

이를 바탕으로 풍류도의 원시 종교적 표출인 무교(고대)를 토대로 불교(신라, 고려)와 유교(조선)와 그리스도교(기독교)가 교체하며 전개되어 온 역사라고 한국의 종교 사상을 개괄한다. 또한 "멋진 한 삶"이라는 풍류도의 기본 구조로 "무교는 원시적 형태의 멋의 종교요, 불교는 철학적 한의 종교요, 유교는 윤리적 삶의 종교이다. 말하자면 한국의 종교 문화사는 민족의 꿈인 '멋진 한 삶'의 실현 과정사라고 할 수 있다. 이러한 종교 문화사적 위치로 보아 한국 그리스도교의 사명은 분명해진다"고 말하고 있다.[15] 이런 철학적 사유를 통해 1983년부터 '풍류신학'이라는 용어를 사용하며 개신교 신학의 여러 갈래도 수용하는 신학 체계를 정립한다.

> 풍류신학은 자연신학과 문화 신학과 한국의 민중신학을 풍류도 안에서 융합 지양하는 가운데 창조되는 신학이라고 해도 좋을 것이다. 그 주제가 되는 것은 바람이 흐르듯(風流) 역사하는 성령이다. 풍류 속에서 초월적인 하나님은 동시에 내재적인 하나님이 된다. 모순의 일치요 황홀의 신비일 수도 있다. (중략) 여기에서 사람들은 자존심과 주체 의식을 가지고 "한 멋진 삶"의 실현을 향해 힘찬 발걸음을 옮겨놓게 된다. 이때에 비로소 우리는 한국인 전체의 해방과 구원을 논할 수 있게 될 것이다. 기독교의 복음이란 모든 사람을 구원하는 진리라는 데에 그 본성이 있다. 그러므로

---

15 유동식의 저술은 『素琴 柳東植 全集』(전10권, 한들출판사, 2009)으로 간행되어 있으니 참고할 것.

복음은 마땅히 한국 전체를 구원하려는 우리의 진리가 되어야 한다. 이것을 이해하고 증언하려는 것이 한국 신학이요, 풍류신학이다.[16]

김경재는 풍류신학에 대해 "복음과 한국 종교와의 만남"이라는 부제가 붙은 『해석학과 종교신학』에서 복음이 한국 종교 문화에 토착화될 때 네 가지 모델을 언급하면서 풍류신학이 접목 모델로서 바람직한 문화신학의 형태로 소개하고 있다.[17] 허호익은 단군신화를 천지인의 삼태극적인 구조로 밝힌 것은 통찰력 있는 신학적 작업[18]이라고 평가하며, 이정배도 풍류신학이 예술 신학으로까지 확장된 연구 성과라고 높이 평가하고 있다.[19] 2002년 8월 30일 풍류신학을 주제로 한 좌담회에서 최인식은 "저는 유 선생님께서 어떤 조직신학을 쓰고 성서를 주해하고 체계화시키지는 않으셨지만, 일생을 한국 신학을 위한 틀 짜기, 그것을 위해서 가장 기본적인 부분을 이룩해 주셨다"고 한다.[20] 이외에도 풍류신학은 신학자에 의해 긍정적 평가에 바탕을 둔 연구가 지속적으로 발표되고 있다.[21]

---

16 유동식, "風流神學으로의 旅路", 「神學論壇」 18 (1989), 62.

17 김경재, 『解釋學과 韓國神學』 (한국 신학연구소, 1994), 187-223.

18 허호익, "단군신화에 대한 기독교 신학적 이해", 「한국기독교신학논총」 20 (2001), 253.

19 이정배, "유동식의 풍류적 영성과 한국 신학", 『갈등 화해 축제와 문화신학』, 한국문화신학회 제6집 (한들출판사, 2003), 185-214.

20 한국문화신학회 엮음, 『한국문화와 풍류신학』 (한들출판사, 2002), 197-198.

21 소석 유동식 박사 고희기념논문집 출판위원회, 『한국 종교와 한국 신학 —소석 유동식 박사 고희 기념 논문집』 (한국 신학연구소, 1993); 한국문화신학회 편, 『한국문화와 풍류신학』 (한들출판사, 2002); 유동식 교수 상수 기념문집 편집위원회 엮음, 『풍류신학 백년』 (동연, 2022)를 포함하여 많은 연구논문이 발표되고 있다.

2. 풍류신학의 한계

유동식의 풍류도와 풍류신학은 학계에 비교적 널리 알려져 있다. 풍류도는『풍류도와 한국 종교사상』에서 선보이며, 풍류신학의 신학적 내력은『풍류 신화의 여정』에서 알 수 있다. 풍류신학은 토착화신학이 이룬 큰 성과이기에 다양한 학자들의 비평이 집중되고 있다. 우리는 풍류신학이 가진 한계 혹은 한국 신학이 극복해야 할 건설적인 비평을 위해 다양한 견해를 몇 가지로 정리해 살펴보기로 한다.

첫째, 풍류신학은 선교 신학으로 한국 종교 전통을 재단한다. 유동식은 그리스도교에서 한국 종교 문화가 성취된다고 하는 선교 신학자의 사유의 틀로서 한국 종교 문화를 바라보고 있다. 이로 인해 한국 종교 전통의 핵심인 유·불·도를 포함(包含)한다는 '풍류'라는 종교적 개념을 서구 신학의 수동적 기제로 만들어버렸다는 한계를 벗어나기 어렵다. 최준식은 풍류신학은 한국 전통문화가 그리스도교에 완성된다는 성취설을 바탕에 둔다고 비판하며,[22] 김상근은 유동식의 종교적 정체성을 종교학자 혹은 토착화신학자로 보지 않고 선교 신학자라고 평가한다.[23] 또한 토착화신학자들의 초기 질문인 예수 그리스도를 몰랐던 한국인의 조상은 어떻게 구원을 받는가, 다른 종교를 신앙하는 종교인은 어떻게 그리스도교와 조화를 이룰 수 있는가, 한국의 하늘 신앙과 서구 신학의 지고신과는 어떠한 상관관계를 가지는 것인가 등등에 대한 성서적 해답을 듣기 어렵다. 토착화신학을 추구하는 신학자의 기본적인 사유 구조 자체가 그리스도교 문화가 피선교국의 종교 문화를 '계몽'해야 한다는

---

22 최준식, "한국의 종교적 입장에서 바라본 기독교 토착화신학", 115-116.
23 김상근, "1980년대의 풍류신학과 21세기 선교 신학",『한국문화신학회논문집』10 (2007), 164-183.

내면화된 의식을 지닌 것은 아닐까? 오직 그리스도교 문화에 의해 한국 종교 문화는 완성되어야 한다는 신앙적 영성(靈性)이 학문적인 지성을 압도하고 있다고 할 수 있다.

둘째, 풍류신학은 그리스도교의 무교화를 조장한다. 이는 신학자와 개신교의 배경을 가진 종교학자가 주로 비평의 대열에 참여한다. 풍류신학의 사유 바탕이 된 그의 『한국무교의 역사와 구조』(1975)라는 책에서 "한국 종교의 원형을 무교"라고 주장하며, 무교를 기층 종교 문화로 하여 외래 종교 문화를 받아들였다고 말하고 있다.[24] 그런데 유동식은 이 책을 저술할 때 이능화의 『조선도교사』를 참고하였음에도 한국의 '선맥'에 대한 구체적인 언급이 없다는 점은 상당히 의아하다. 한국 그리스도교계의 장기 베스트셀러였던 유동식의 『한국 종교와 기독교』에서 한국인의 종교적 심성을 결정한 것을 무교라고 하며 한국 종교 전통의 원형이 '무교'라는 통설을 강화시켜주고 있다. 동시에 한국의 종교적 중핵인 선맥인 풍류의 정체성을 모호하게 만들었다는 비판에서 자유로울 수 없다. 이를 김광식은 "1960년대 토착화 논쟁을 거쳐서, 1970년대에의 무교 문화론을 낳았고, 1980년대 이후로 풍류신학 즉 복음의 무교적 예증이 시도되어온 것이다"라는 발언에서 쉽게 알 수 있다.[25] 이 말에는 그리스도교 복음이 한국의 종교 원류인 무교에 의해 왜곡되며, 한국 종교 문화의 본류를 무교로 보는 신학자의 입장을 대변한다. 이에 이진구도 동일한 논지를 전개하며 유동식의 무교 문화론이 보수적인 그리스도교가 지닌 무교에 대한 미신이라는 한계를 극복하였지만 무교를 한국 종교의 원형으로 이해하는 것은 무리라는 평가를 동시에 하고 있다.[26] 풍류신학이라

---

24 유동식, 『韓國宗教와 基督教』 (대한기독교서회, 1965); 유동식, 『韓國巫敎의 歷史와 構造』.
25 김광식, "샤마니즘과 風流神學", 「신학논단」 21 (1993), 59-81.
26 이진구, "샤마니즘을 보는 개신교의 시선", 「기독교사상」 698 (2017), 59-61.

고 말하지만 엄밀히 말하면 '무교 신학', '풍류 철학', '풍류 부재의 신학'이 아닌지 되물어보아야 한다.

셋째, 풍류신학은 '풍류'를 신학적 준거로 말하면서 풍류의 핵심적 개념인 선맥에 대한 언급을 찾아볼 수가 없다. 풍류신학은 신선 사상에 대한 체계적인 비판이나 혹은 전적으로 수용하는 자세가 아니고 모호한 입장을 견지하고 있다.27 이 부분은 신학계뿐만 아니라 다른 영역의 학자들도 비평에 가세하고 있다. 류병덕, 민영현 등은 한국 종교의 원형에서 선적인 전통을 발견하지 못하고 한국의 기층문화를 '덮어놓고 샤머니즘'이라는 관점으로 재단하는 무교 문화론에 이의를 제기한다. 권상우는 단군신화가 최남선과 유동식에 의해 무속화되어 이해되는 경향이 있다고 반론한다. 이는 한국 종교의 원형에서 선적인 전통을 발견하지 못하고 그리스도교 문화를 중심으로 풍류신학을 주장하고 있다는 것과 궤를 같이한다.28 만약 풍류신학이 김범부의 풍류 사상, 변찬린의 선맥, 즉 풍류라는 기본 사상과 『성경의 원리』 혹은 이능화의 『조선도교사』의 논지를 수용 혹은 반박 혹은 변론을 하였다면 풍류신학의 전개는 다른 양상을 띠었을 수도 있다. 그런데 풍류신학은 무교와 무속, 풍류를 단순

---

27 유동식, 『풍류도와 한국의 종교사상』, 59-71.
28 유병덕은 세계 종교의 기층문화 혹은 원형이 '덮어놓고 샤머니즘'이라는 관점에 반박하며 단군 시대에 선적 종교를 바탕으로 무교 문화를 수용하였다는 관점을 가지고 있다. 유병덕, "風流道와 彌勒思想", 「韓國宗教」 29 (2005), 218-256. 이에 김상일은 "풍류도와 선맥 그리고 차축 시대" (모심과 살림학교 발제논문, 2003)에서 유동식이 풍류도를 한국적 샤머니즘에 이해하는 것은 선맥을 발견하지 못한 것이라고 비판한다. 김경재는 유동식의 풍류도의 개념을 수용하는 바탕 위에 단군신화에서 선적 요소와 무적인 요소를 구별하여 인식하고 있다. 김경재, 『解釋學과 宗教神學』, 128-134. 권상우는 단군신화가 최남선과 유동식에 의해 무속화 되어 이해되는 경향이 있다고 지적하고 있다. 권상우, "단군문화로의 회귀 —檀君神話, 風流道, 巫俗의 세속화 전개과정을 중심으로", 「민족문화논총」 55 (2013), 3-32. 민영현은 선과 무는 상호 연관성이 있지만 단군신화의 선적인 측면을 강조하여 사유하고 있다. 민영현, "한국 '仙'과 甑山사상의 특징 및 그 도교성에 대해 —한국인의 생명사상을 중심으로", 『도교문화연구』 26 (2007), 295-333.

히 '혼합'하고 있다. 유동식이 일본 유학 후 한국 종교의 원형을 연구한 업적인『한국무교의 역사와 구조』에서 '풍류'가 종교는 아니지만 고대에는 무교로, 신라 시대에는 화랑도에서 풍류 문화가 표출되었다고 한다. 한국 무교의 승화된 종교적 유형이 풍류도라는 논지는 상당한 논리적 비약이다.[29] 강조하지만「난랑비서」에 '풍류'의 역사가「선사」에 기원한다면 당연히 한국의 신선 사상에 대한 관심을 가졌어야 했다. 그러나 유동식은 그리스도교 문화를 통해 한국의 종교 문화가 성취된다는 선교 신학적 사유 구조를 가지고 그리스도교에 의해 한국 종교 문화가 완성되어야 하기에 풍류와 신선 사상 그리고 부활이 '이해 지평' 안에서 만나지 못한지도 모른다. 또한 여기에는 한국의 지고신인 하늘님 신앙에 대한 신관도 염두에 두어야 하는 등 그리 간단하지 않은 문제이다.

한편 한국도교학회 창립 회장인 도광순은 "풍류도라는 이름은 있었으되 화랑도(花郞道)라는 일컬음은 없었는데, 일본학자들이 화랑도(花郞道)라고 호칭하고 그것을 곧 무사도(武士道)라고 지목하게 되자 이것이 오늘에 이르기까지 무비판적으로 답습되고 있다. 그것이 '무사도'였다면 '사선'(四仙)의 존재는 의미무색하게 된다"고 지적한다.[30] 유동식의 풍류도가 화랑도(花郞道)라는 것은 실체가 없는 왜곡된 해석이다.[31] 이처럼 풍류신학은 무교와 선맥을 혼돈하고 풍류도와 화랑도 등을 역사적 실체적 조직을 통해 이해함으로 인해 오히려 궁극적 인간과 그 삶을 말하는 '풍류' 본의의 맥락에서 이탈하고 있다. 한민족의 풍류는 역사적

29 I부 2장 II "선맥과 무맥"을 참고할 것.
30 도광순은 유동식의 저술을 지적하지는 않았지만 "신라의 풍류도와 도교",「도교학연구」 6 (1990), 113에서 본문과 같이 비판하고 있다. 유동식의『韓國巫教의 歷史와 構造』, 82에서 화랑도를 풍류도와 같은 의미로 이해하고 있으며, 같은 저자의『風流道와 한국 종교사상』, 44에 " 민족적 영성 또는 얼로서의 화랑도(花郞道) 곧 풍류도(風流道)를 뜻한다"고 같은 주장을 하고 있다.
31 유동식,『한국巫教의 歷史와 構造』, 92-97; 유동식,『風流道와 한국의 종교사상』, 43-55.

조직과 실체에서 표출되는 것이 아닌 우주적인 바람이 인간 자체에서 발현하여 성화(聖化)하고, 영화(靈化)하고, 선화(僊化)시키는 창조적 에너지이다. 풍류의 연원인 선서(仙書)와 그 완전한 실체인 신선은 '괴력난신'(怪力亂神)의 비합리주의 현상을 배척하는 유학자에 의해 미신화되었으며, 불가에 의해 무시당하였다. 심지어 이성 신학과 피안 신학에 의해 '예수가 부활'했다는 성경적 사건을 보수 신학은 맹목적인 '맹신'으로, 자유 신학자는 불신의 '신화적 사건'으로 올바로 이해하지 못하고 있다. 선교 신학으로서 풍류신학은 풍류의 핵심을 미처 언급하지 못하고 있다.

넷째, 풍류신학은 한국 민중의 역사적 삶의 정황을 고려하지 않은 민중 부재의 신학이다. 김흡영은 유동식의 '풍류신학'이 한국 종교 문화에서 한국 신학의 근본적인 상징을 찾은 '복고의 해석학'의 공로는 인정되지만 풍류신학이 역사적이며 실천적인 삶의 정황에 인식이 부족하다고 지적하며,[32] 변선환은 "유동식의 풍류신학은 엘리아데의 비역사적인 우주 종교의 영향 때문인지 몰라도 마음속에 열리는 비역사적인 신화의 세계만 알았지 땅 위에서 절규하는 민중의 한을 정치 사회적인 차원에서 알려고 하지 않았다"고 역사의식의 결핍을 비판하고 있다.[33] 이는 '풍류'의 전거인 「난랑비서」에 대한 포함삼교(包含三敎)하며 접화군생(接化群生)하는 풍류의 신선 신앙의 본질을 이해하지 못한 데서 오는 풍류신학의 오류이기도 하다. 신선이 되려는 자기 수련적 노력의 과정 자체가 홍익인간과 이화 세계를 이루려는 한국인의 종교 전통의 도맥이기 때문이다.

---

32 김흡영, 『도의 신학 II』, 126.
33 변선환, "한국 개신교의 토착화: 과거, 현재, 미래", 『한국적 신학의 모색』, 변선환전집 3 (한국 신학연구소, 1997), 95; 김흡영, 『도의 신학 II』, 126.

다섯째, 신학자들은 풍류신학을 성서해석에 적용할 수 있는가를 묻고 있다. 신학자들은 풍류신학이 한국 종교 문화에 대한 해석은 상당한 성과라고 평가하면서도 풍류신학이 성서해석에 적용이 가능한 신학인지를 반문한다. 그러나 한국 종교의 관점에서는 성서해석에 적용할 수도 없는 선교 신학으로서의 풍류신학이 한국 종교 문화를 자의적으로 재단하고 왜곡하지 않았느냐고 근본적인 질문을 제기할 수 있다. 풍류신학은 요한복음과 일부 신약성서에 성서적 전거를 두지만 구약성서와 신약성서를 통전적으로 해석하지 못하는 풍류 철학적 사고에 머무르고 있다. 성서의 특정 성구와 다른 종교의 특정 성구, 성서의 특정 성구와 다른 종교 문화의 정체성을 통전적이고 유비적으로 해석하지 못할 경우에 발생하기 쉬운 해석학적 오류이다. 풍류신학은 불트만의 해석학적 도구인 '전이해'와 '비신화론'을 바탕에 둔 사유를 하였기에 존재 탈바꿈의 종교적 기제인 신선 사상과 부활 사상을 신화적 사건으로 이해하는 데 그치고 만다. 이로 인해 한국 종교 전통의 본류의 도맥인 '선맥'을 상실한 풍류신학은 성서의 핵심 사건인 부활 사건과 만나지 못한 풍류 부재의 신학에 머무르고 만다. 동시에 풍류신학은 신약성서를 중시하여 구약성서와 통전적 이해를 결핍한 결정적인 단점을 내포하고 있다.

토착화의 이상적인 모델이고 최대 성과물이라고 평가받는 풍류신학도 결국은 선교 신학의 한 방편이고 한국 종교 문화의 중핵인 '선맥과 풍류와 지상선경'을 메타포로 하는 창조적인 풍류적 기제와 무교의 수동적 기제를 오해한 신학이다. 창조성인 풍류(도)가 어찌 수동성인 무교에 의해 표출되는 종교 문화로 수용될 수 있겠는가?[34] 풍류신학은 풍류의 창조성과 생명성은 거의 배제된 채 수동적 기제만이 무맥에 의해 전승될 뿐이다. 즉, 유동식은 불트만 등 당시 서구의 유명신학자로 촉발된 그의

---

34 1부 2장의 II "선맥과 무맥"을 참고할 것.

한국 종교 전통에 대한 연구는 선맥을 잃어버린 풍류 없는 '풍류신학'으로 전락되었다. 결정적으로 풍류신학은 서구 신학과 한국의 종교 전통의 도맥을 포월하는 해석학적 준거를 포착하는 데 실패하였다.

III. 흔 붉 성경해석학의 탄생

1980년 전후하여 세간에 선보인 변찬린의 『聖經의 原理』 사부작은 2017년에 삼대 선언과 일곱 가지 해석 체계로 구성된 '흔 붉 성경해석학'으로 학계에 보고한 바 있다.[35] 이를 계기로 2019년 한국 신학연구소에서는 앞에서도 언급했듯이 흔 붉 성경해석학 시리즈로 『성경의 원리』 사부작이 개정신판으로 발간되어 세간에 다시 선보였다.

흔 붉 성경해석학의 체계는 "성경은 기독교의 전용 문서가 아니다"라는 초종교성, "성경은 기독교가 아니다"라는 초종파성, "성경, 즉 인간(우주)이다"라는 범인류성이라는 삼대 선언으로 요약되며, 성서뿐만이 아니라 다양한 경전 텍스트를 교차적이고 회통적인 텍스트로 읽을 수 있는 해석학적 준거를 제공한다.

일곱 가지의 해석 체계는 도맥 해석, 언어·상징·재현 해석, 풍류 해석, 화쟁 해석, 유기체 해석, 실존적 암호 해석, 관조 해석 등으로 구성된다. 도맥 해석은 성서의 역사에서 사건과 인물은 성서적 근거를 가지고 등장함으로 성서의 '맥'(脈)락을 포착하여 해석을 해야 한다는 맥락적 해석의 방법이다. 언어·상징·재현 해석은 성서 지평의 사건은 인간과 관계성을 맺어야 하며, 이는 일상생활에서 재현성을 요구하는 당위 명령이라는 해석 방법이다. 이를 통해 흔 붉 성경해석학은 성서를 생활 경전으로 재탄

---

35 이호재, 『흔 붉 변찬린』, 490-753.

『성경의 원리』 사부작 개정신판(2019)

생시킨 실천 해석이자 생활 해석이다. 풍류 해석은 성서의 부활 사건과 동방의 신선 신앙이 '이해 지평'의 융합을 이룬 선맥 해석이다. 이 해석학은 현대적 개념의 궁극적 인간에 대한 신선 해석, 변화 해석, 부활 해석이라고 할 수 있다. 화쟁 해석은 서구 신학의 연장선상에 있는 번역 신학과 식민 신학을 극복하는 화쟁 신학이라고도 할 수 있다. 격의(格義) 그리스도교 현상을 보이는 한국교회 문화를 새로운 경전 읽기의 방식을 통해 다종교적 언어, 간텍스트적 해석, 학제적 융합적 방법을 채택한 해석학적 기술로 적용이 가능한 경전 해석의 방법을 제시한다. 유기체 해석은 "성경은 성경으로 풀어야 한다"는 변찬린의 성서정통론의 입장에서 경전 읽기를 예증해 보인 통전해석(Holistic interpretation, 通全解析)이다. 실존적 암호 해석은 서구 신학의 교리 전통에서 탈피하여 변찬린이 경전 읽기의 독자성을 잘 보여주는 독해 방법이다. 변찬린의 경전을 읽는 자리는 한국의 종교적 역사 지평과 우주의 창조적 진화의 경계선상에서 자문(自問)하고 자답(自答)하여 성서의 원음(原音)을 살려내는 데 역점을 두고 있다. 성서 안에서 묻고 성경 안에서 답을 한 '문답 해석'이라고 할 수 있다. 관조 해석은 흔붉성경해석학의 '이해 지평의 융합'에서 순환적 해석의 연결고리에 해당한다. 해석자가 텍스트와 콘텍스트 간에 상호 관계하며 합류하여 해석하는 가운데 고도의 평정심을 유지하는 해석학적 기술이다. 동아시아의 독특한 경전 읽기 방식을 성서 읽기에도 적용한 해석 방법이다.

이런 삼대 선언과 일곱 가지 해석 체계로 구성된 흔 붉성경해석학에 대해 아시아 신학의 가능성을 오랫동안 탐구해 온 서창원(감신대, 은퇴교수)은 '흔 붉성경해석학'이 "한국의 전통적인 종교적 심성의 지평과 성서의 영성적 지평이 융합되어 독창적이며 주체적인 한국 기독교로 재탄생"하기를 바라며, "오해와 무관심으로 묻혀있던 변찬린의 사상과 철학 그리고 구도적 순례에서 이끌어 낸『성경의 원리』에 나타난 해석학적 시도가 새롭게 자리매김하여" 독창적인 해석학으로 평가되기를 바란다고 평가하고 있다.[36] 또한 한국교회사를 전공하고 한국문화신학회장을 역임한 박종현 교수는『성경의 원리』사부작을 이렇게 평가한다.

그(변찬린)는 한국적 성서 이해를 통해 성서를 기독교의 전유물이 아닌 인류의 보편적 영적 유산으로 가는 길을 열려고 시도한다. 기독교가 가진 성서 이해의 한계를 지적하고 성서 전체를 한국 선맥(仙脈)의 관점에서 해석한다. 이러한 그의 시도는 성공적으로 이루어져 구약성서와 신약성서 전체를 선맥으로서 일관된 해석을 이루어 내었다. 한국의 신학 사상가 중에는 나름의 독창적 신학을 수립한 이들이 있지만 성서 전체를 하나의 관점에서 일관되게 해석한 경우는 변찬린이 처음이었다. 그의 이러한 성서 이해는 기독교를 서구의 역사적 전통에서 바라보는 것이 아니라 완전한 새로운 이해를 가능하게 한 탁월한 시도였다.[37]

필자는 이런 평가에 근거하여 '흔 붉성경해석학'을 기초로 '선맥 신학

---

36 서창원, "경전해석의 새로운 패러다임을 시도한 변찬린의 '흔 붉성경해석학'", 「기독교사상」 711 (2018. 3.), 199-200.
37 박종현, 서강대학교 K종교확산연구소 주최 '현대기독교 강좌' (2000. 4.).

과 도맥 신학을 구성하여 신학자와 대화하기 위한 초보적인 종교 정보를
제공하고자 한다.

두 신학은 지구촌의 종교적 사유가 합류된 시기에 태어나 새 축의
시대를 조감하며 한국의 세계사적 사명을 자각하며 새로운 종교적 패러
다임을 인류 사회에 제시하겠다는 뚜렷한 역사적 자의식과 종교적 지향
점을 가진 변찬린의 성서해석에 근거를 두고 있다.

변찬린은 1975년(42세) 때 새 축 시대을 예감하며 새로운 시대에는
새로운 세계관을 가진 사유 체계가 만들어져야 한다는 웅대한 꿈의 일단
을 드러내며 새로운 시대에 새 종교라는 웅대한 꿈을 가지고 구도의 길을
간다. 축 시대의 성인과 민족종교의 창시자를 문명사적인 유비 관계에
놓고 한민족의 인류사적 운명을 예감한다.

> 인류의 종교는 '통일과 조화'라는 깊고 높은 마지막 과제를 안고 고난과
> 고뇌 속에서 '새 종교'를 모색하지 않을 수 없는 당위성에 부딪히게 된다.
> 종교 통일과 조화의 큰 사명은 늙고 늙은 기성종교인 기독교도 불교도
> 유교도 조로아스타교도 마호메트교도 할 수 없고 할 수 없고 전혀 새로운
> 판 밖에서 먹줄 밖에서 홀연히 출현하여야 한다. 이 사명을 타고난 백성이
> 세계사를 깊이 천착해 보고 세계지도를 놓고 깊이 사색해 보면 동방의
> 한 약소국가인 한국 민족이 담당하게 되는 깊은 자각에 우리는 부딪히게
> 된다. 야스파아스가 석가와 노자와 공자와 소크라테스와 조로아스타와
> 예수의 출생을 동시대적으로 조망하면서 인류 정신의 화산 시대라 본
> 것과 같이 한국 오천 년 역사 속에서도 이런 위대한 정신의 화산 시대가
> 있었으니 곧 수운과 증산과 나철과 박중빈과 김일부의 출현이다.[38]

---

38 변찬린, "甑山의 解冤思想", 「甑山思想研究」 1輯 (1975), 76.

그의 구도적 생애는 스스로 밝히듯이 '번개와 피와 아픔과 눈물과 고독'이라고 고백한다. '번개와 피'로 상징하는 그의 용맹정진하는 구도정신과는 달리 "끼니가 없어 책을 팔아 배를 채웠다"고 할 정도로 그의 번개 같은 구도 생활은 '피와 아픔과 눈물과 고독'이 일상의 동반자였다. 만일 이런 변찬린의 삶이 개인적인 구도의 장에서 펼쳐진 것이라면 굳이 세상에 알려야 할 필요가 없다. 그는 명확히 한국의 운명과 문명 전환기에 처한 인류의 앞날을 냉철히 인식하고 한민족과 인류 동포에게 '피 묻은 각서'를 썼던 것이다.

> 번개와 피와 아픔과 눈물과 고독 속에서 쓴 『성경의 원리』 상·중·하 세 권은 두 사이비 종교(기독교와 맑스교)의 괴뢰로 전락된 이 민족과 세계 앞에 제출한 나의 피 묻은 각서이다. (上 11)

그는 『성경의 원리』가 단순히 한 권의 책으로 남기를 바라지 않았다. 하나님과 남모르는 약속으로 사심 없이 쓴 『성경의 원리』가 현실에서 '새 종교'의 모태로서 작동하기를 바랐다:

> 『성경의 원리』가 새 종교의 새벽을 예고하는 예루살렘의 홰쳐 우는 닭소리가 되길 바란다(上 11).

이런 배경을 바탕으로 선맥 신학과 도맥 신학은 서구 신학의 전통을 비판적으로 수용하고, 토착화신학자의 문제의식을 종합하여 한국의 전통 도맥인 선맥과 성서에 흐르는 도맥을 포착하여 통전적으로 성서해석을 한 독창적인 신학 체계이다. 혹자는 성서해석의 바탕 위에 신학 체계를 만드는 것은 맥락 착오적인 작업이 아니냐고 물을 수도 있겠지만 변찬린의 종교신학적 여정을 면밀히 조사해 보면 새로운 성서해석이 없는 신학 체계 수립이 오히려 맥락 착오적인 작업이라고 할 수 있다.

서구의 성서해석과 신학 체계를 벗어나지 못한 범주에서 시도한 토착화신학과 종교신학은 서구 신학의 연장과 확산에 불과할 뿐이다. 한계에 봉착한 서구 신학이 왜 아시아 신학에 시선을 돌리고 있을까?

IV. 선맥 신학과 흔 붉 성경해석학

1. 성서의 부활 사상과 동방의 선맥을 포월한 선맥 신학

변찬린은 동방의 선맥을 유·불·도에서 발견하지 못하고 성서에서 발견한다. 변찬린은 "성경은 선(僊)의 문서이다"라고 선언하면서 "에녹과 멜기세덱과 엘리야와 모세와 예수로 이어지는 도맥(道脈)은 이날까지 미개발의 황금 광맥이었다"라고 말한다.[39] 바야흐로 동방의 선맥과 성서의 변화와 부활 사상이 이해 지평에서 융합되는 선맥 신학의 탄생은 1979년 『聖經의 原理』에서 선보인다.

그런데 1993년 『한국 종교와 한국 신학』을 발간기념으로 유동식, 김경재, 김광식, 이정배가 참석한 좌담회에서 풍류신학의 풍성한 신학적 성과를 평가하면서 한국의 내로라하는 신학자들이 흥미로운 대화를 나눈다.

> 유동식 : [중략] 전에 누가 이런 말을 합디다. 성서에서 "道"만 찾으려고
>   하지 말고 "선(仙)"맥을 찾아봐야 한다고 말이죠. 선맥이 흐르

---

39 邊燦麟, 『聖經의 原理』(文岩社, 1979), 4.

는 것 그것을 보지 못하면 성서를 제대로 **못 본**다는 거예요.

김광식 : 선맥(仙脈)이 무슨 뜻입니까?

유동식 : [중략] 유·불·선에서도 말하는… 하나의 새로운 존재, 그것을 요한이 제시해 준 것이거든요. 도성인신이라고 하는 그 표현 자체부터…. 결국은 우리가 "도"를 통해야 하늘나라에 가는데… "내가 길이요 진리요 생명이니"…는 말은 방법과 목적이 하나라는 것을 이야기하고 있어요. 그것이 바로 동양적 인식입니다.[40]

유동식은 "성서에서 '도'만 찾으려고 하지 말고 '선맥'을 찾아봐야 한다"는 말을 들었다고 하지만 이후의 저술에서도 선맥에 대한 언급은 거의 보이지 않는다.

세계 종교(신학)계에서 선(僊)과 선맥 등의 도맥(道脈)을 성서해석에 적용한 비조(鼻祖)는 변찬린이다. 필자의 주장에 공감한 김상일은 이같이 밝혔다.

필자(김상일)는 1988년 『한밝문명론』을 출판한 직후 '邊燦麟'(1934~1985)이라는 분을 처음 알게 됐다. **이분의 호가 '한밝'인 것이 인연이 된** 것 같다. 『성경의 원리』 그리고 『禪, 그 밭에서 주은 이삭들』을 그 무렵부터 접할 수 있었다. 은퇴한 후 서재 정리할 때와 미국으로 책들을 가져갈 때에도 빼놓지 않고 꼭 챙긴 책이 이 두 책이다. (중략) 변찬린은 한국의 풍류 사상을 신학의 지평에서 거론한 최초의 사람이다. (중략) 한국의 선맥과 기독교의 부활 사상을 상호 교차적이며, 융합적으로 이해한 것은 변찬린이 세계 종교계에서 최초라고 평가된다. 어느 누구도 변찬린과

---

40 소금 유동식 박사 고희 기념논문집 출판위원회, 『한국종교와 한국 신학』 (한국 신학연구소, 1993), 126-127.

같이 "성경은 선맥이다"라는 논지를 초지일관 주장하지 못했다.[41]

세계 신학자 가운데 동방의 신선 사상과 선맥을 성서해석의 '부활과 변화'에 해석학적 도구로 사용한 적이 없다.

그러면 선맥 신학의 바탕을 이루는 『성경의 원리』 사부작 가운데 성서해석에 사용한 선맥과 관련된 일부 직접적 용례를 살펴보기로 하자.

선맥(僊/仙脈), 선화(僊化), 선인(僊人), 선약(仙藥), 우화등선(羽化登仙), 천의무봉(天衣無縫), 환골탈태(換骨奪胎), 시해선(屍海仙), 유불선(儒佛仙), 풍류체(風流體), 풍류도(風流道) [이상 上] 선화(僊化), 선맥(僊脈), 선거(僊去), 선도(僊都), 선거(僊居), 선맥(仙脈), 유불선(儒佛仙), 신선(神仙), 선식(仙食), 우화등선(羽化登仙), 선화(仙化) [이상 中] 선(僊), 선화(僊化), 선맥(僊脈), 선은 곧 풍류체(僊은 곧 風流體), 선화(仙化), 선(仙), 신선(神仙), 우화등선(羽化登仙), 시해선(屍解仙), 풍류(風流), 풍류도(風流道), 풍류체(風流體), 풍류심(風流心) [이하 下] 이외에도 기화(氣化), 영화(靈化).

선맥 신학은 아담의 에덴동산의 사건, 노아 가정, 아브라함·이삭·야곱 가정의 신앙적 행보, 모세의 광야 노정, 다윗의 영광과 참회, 솔로몬의 영광, 대소선지야의 광야의 외침, 예수의 성령 잉태, 광야 시험, 민중과의 대화와 기적 사건, 십자가의 수난과 부활 그리고 승천 사건, 제자들의 복음, 바울의 십자가 증언, 요한계시록의 종말과 새 하늘과 새 땅 등 성서의 인물과 사건에 대해 선맥의 길을 따라 해석하고 있다. 선맥 신학은

---

41 김상일, "한국의 풍류 사상과 기독교를 선맥 사상으로 융합한 사상가의 복원", 「교수신문」 2017. 12. 18., 6면.

1979년『성경의 원리』머리말(1, 2, 3, 4, 5)[42]과 1982년『성경의 원리 下』의
후기에 이렇게 적고 있다.

1. 성경 속에 뻗어 내린 대도(大道)의 정맥(正脈)은 선맥(僊, 仙脈)이었다.
2. 성경은 선(僊)을 은장(隱藏)한 문서이다.
3. 에녹과 멜기세덱과 엘리야와 모세와 예수로 이어지는 도맥은 이날까
   지 미개발의 황금 광맥이었다.
4. 산자의 영맥(靈脈)인 선(僊)은 동방(東方)의 지혜가 아니면 해독할 수
   없는 비의(秘義)이다.
5.『성경의 원리』상·중·하 삼권은 선맥(僊脈)을 따라 난삽(難澁)한 성경
   의 암호를 해독하였다(上 11).
6. 옛날 원효와 고운(孤雲)과 퇴계와 율곡에게 지혜를 주셨던 아버지께서
   제게 번갯불을 주셨고 청자(青磁)빛 비색(秘色)의 하늘을 향해 저를 개
   안시켜 주시고 본래의 대도(大道)인 풍류도(風流道)와 선맥(僊脈)의
   하늘을 개천시켜 동방의 지혜(동양의 지혜가 아님)로『성경의 원리』
   라는 각서(覺書)를 쓰게 했음을 감사합니다(下 573).

선맥 신학은 선맥을 따라 성서를 통전적으로 해석하면서 전체 맥락
을 형성하고 있으며, 동방의 선맥이 해석학적 도구로 성서와 이해 지평
에서 융합을 이루고 있다.

2. 선맥 신학과 풍류신학의 비교

선맥 신학은 선맥인 풍류를 종교(신학)적 지평에서 세계 신학계에

---

42 숫자는 필자가 강조를 위하여 적은 것임.

최초로 언급한 한국 신학이다. 변찬린은 성서의 진리를 드러내면서 예수를 믿는 이긴 자, 즉 '인간다운 인간'인 초인과 초인류가 탄생하기를 바라며 구도의 삶을 살았다. 선맥 신학에 나타나는 풍류는 종교적 영성(靈聖)으로서 궁극적 인간이 시공 우주에서 종교적 황금률을 실천하는 성스러운 종교적 기제이며, 죽지 않고 영성(靈聖) 우주로 가는 동방의 사유 체계와 서방의 사유 체계를 포월하는 종교적 상징어이다.

영이란 무엇이며, 영기(靈氣)란 무엇인가? 예수가 부활 후 남겨놓은 세마포(마 27:59-61; 요 20:6-7)와 빈 무덤 사건(요 20:13-15)은 무엇을 말하는 것일까? 에녹이 믿음으로 말미암아 죽지 않고(창 5:24) 하나님과 동행한 사건(히 11:5)은 무엇을 말하는 것일까? 엘리야가 불수레를 타고 승천했다(왕하 2:11)는 승천 사건은 다양한 해석이 공존하는 생명과 영생의 이야기이다. 성서는 죽어가는 인간에게 영생의 길이 있다고 부활 사건을 통해 증언하는 종교 문헌이고, 동방의 선맥은 영생하는 길을 가르쳐 주는 존재 탈바꿈, 인간존재의 변화사건을 전승한 도맥이다. 선맥 신학은 분열된 동서 신관을 통합한 보편적 신관을 바탕으로[43] 고난과 고해의 역사 광야를 구도자와 수행자로 살면서 인간 공동체와 동고동락하며 궁극적으로 시체를 남기지 않고 풍류체가 되는 신인 합발 신학이다. 다시 말하면 선맥 신학은 '산 자의 하나님'과 풍류적 인간이 교감하고 교통하는 영생 신학이다.

선맥 신학의 존재론은 인간은 영과 육이 죽지 않고 거듭나는 에녹과 엘리야적 변화와 모세와 예수처럼 죽어서 부활하는 두 유형으로 존재론적 탈바꿈을 예시하고 있다.[44] 이런 변화체와 부활체로 거듭난 영화된 새 존재를 풍류체라고 한다.

---

43 3부 2장 "한국의 신관"을 참조할 것.
44 3부 4장 "풍류 도맥론의 영생 담론"을 참조할 것.

성령의 한국적 표현이 풍류이다. 풍류는 '바람'이라는 상징어로 인간을 영화(靈化), 기화(氣化), 선화(仙化)시키는 창조적 영적 에너지를 말한다. 성서의 영화와 동아시아의 선화는 '풍류'라는 메타포로 맥락적으로 연계한다. 그의 말을 들어보자.

바람이 임의로 불매 네가 그 소리는 들어도 어디서 와서 어디로 가는지 알지 못하나니 성령으로 난 사람도 다 그러하니라(요 3:8). 성령으로 거듭난 사람은 바람 같다 하였다. 바람! 바람은 무엇을 암시하는가? 바람은 아무 곳에도 머물지 않고 집착하지 않고 항상 흐른다. 절대 자유한 존재는 바람처럼 머물거나 집착하지 않고 흘러야 한다. 그러므로 바람은 절대 자유한 자이다. 율법과 죽음에서 해방받은 자이다. 진리로 자유하게 된 존재이다. 절대 자유한 자는 풍류체가 되어야 한다. 무애 자유한 거듭난 사람, 이것이 영으로 다시 난 사람의 정체이다(上 256).

예수는 거듭난 사람은 풍류체가 됨으로 '바람이 임의로 불며 어디서 와서 어디로 가는지 알지 못한다'고 비유하고 있다. 예수는 인간이 거듭(重生) 하면 풍류체 곧 신선이 된다고 했다(攷 202).

선맥 신학은 "선(僊) = 풍류"라는 한국 종교의 중핵과 성서의 핵심인 부활 사상을 한국의 종교적 정체성인 '풍류'를 상징어로 대화하고 소통시키고 있다. 앞에서도 언급했지만 변찬린은 신학과 교리의 틀을 만드는 데 목적이 있었던 것이 아니고 성서가 신학과 교리의 틀 안에서 화석화되지 않고 종교적 인간과 관계성을 맺고 생활 세계에서 재현될 수 있도록 성서해석에 주력하고 있다.

풍류신학을 포함한 토착화신학은 성서의 특정 성구와 교리를 바탕으로 한국의 종교 문화를 환원론적으로 재단하는 선교 신학의 틀을 벗어나지 못하는 한계를 가진다. 그러나 선맥 신학은 유교적 현세 종교, 불교적 초월 종교, 도교적 우화등선, 그리스도교적 율법 종교를 포함(包含)하는 세계 (종교) 신학이다.[45] 선맥 신학은 "풍류는 천하의 신기(神機)"라고 규정하면서 다종교적 언어, 간텍스트적 해석, 다학제적 방법으로 성서적 맥락에서 성서 텍스트를 해석할 뿐만 아니라 종교신학적 맥락에서 성서해석을 보편적인 지평에서 재해석하여 종교 세계를 조화롭게 공존시키고 있다. 또한 선맥 신학은『성경의 원리』사부작과 '흔붉성경해석학'이라는 체계 안에서 통전적인 성서해석을 하고 있다.

우리는 선맥 신학과 풍류신학을 비교하면서 상호 간의 차별성을 중심으로 고찰해 보기로 하자. 풍류신학의 한계라고 지적된 학계의 비판에 대해 선맥 신학은 어떻게 대답하고 있을까?[46]

첫째, 최준식과 김상근은 풍류신학이 선교신학으로 그리스도교 성취론이라고 비판하지만, 선맥 신학은 동방의 선맥을 바탕으로 성서의 타락론과 부활론, 십자가의 고난과 부활 등을 관통하여 동서의 영생적 기제를 포월한 신학이다.

둘째, 풍류신학은 선맥에 대한 언급이 결핍되어 있고, 무교적 그리스도교 혹은 그리스도교의 무교화라고 비판받고 있지만, 선맥 신학은 "성서를 선(僊)의 문서"라고 하여 "선(僊) = 대무(大巫)"이고 현대적 무교 현상은 대무와는 다른 차원의 "저급의 소무(小巫)"라고 차별성을 둔다. 오히려 풍류선맥정통론을 주장한다. 풍류신학이 '소무' 신학이라면, 선맥 신학은 '대무' 신학이다. 풍류에서 선(僊)을 발견하지 못한 신학은 '풍

---

45 이호재,『흔붉 변찬린』, 311-333.
46 1부 2장의 "선맥과 무맥"에서 '선맥의 풍류성과 무맥의 무교성의 비교'(도표 1)와 "풍류 담론과 풍류선맥정통론"에서 '선맥의 풍류성과 무맥의 무교성의 비교'(도표 2)를 참고할 것.

류신학'이 아니라는 것이 선맥 신학의 입장이다.

셋째, 풍류신학은 풍류도를 화랑도(花郎道)라고 주장하지만, 선맥 신학은 풍류의 본맥은 선맥이며, '화랑도는 선맥의 아류'라고 주장한다. 즉, 선맥 신학은 "오늘날 풍류도(風流道)를 화랑도(花郎道)와 혼동하고 있는 것이 일부 학자들의 오류이다. 풍류도의 일부분이 화랑도로 화하여 꽃 핀 것은 사실이지만 '풍류도 = 화랑도(花郎道)'가 아닌 것이다. 화랑도(花郎道)는 대도인 풍류도가 폐한 연후에 나타난 아류에 지나지 않는다. 풍류도의 본질은 선(僊)이었다. 선맥(僊脈)인 풍류도는 대도(大道)이다"라고 명확히 하고 있다(攷 188).

넷째, 풍류신학은 한국 민중의 한에 대해 무관심하여 한국의 정치사회적 차원에 대한 이해가 부족하다(변선환, 김흡영)고 비판받고 있지만, 선맥 신학을 주창한 변찬린은 그 자체로 민중의 삶을 살았다. 진리를 행한 고통과 아픔을 극복한 선맥 신학은 하나님을 찾아가는 구도자의 문서로 성서를 자리매김하며 '십자가의 보살생'을 요청하는 '민중'신학이다.

다섯째, 풍류신학은 요한복음 등 특정 성서의 성구에 의존하여 한국의 풍류와 관계를 맺고 있지만 성서해석을 할 수 없다는 과제를 안고 있다(최인식, 허호익). 그러나 선맥 신학은 성서 전서를 '선맥에 따라' 신구약을 통전적으로 해석한 성서신학이다. 선맥 신학은 풍류신학의 남겨진 과제라고 한 학자들의 문제 제기를 선행적으로 해결한 신학이다.

여섯째, 풍류신학은 자체적으로 가진 내재적 문제점을 극복하려는 노력보다는 신학적 학문 카르텔 안에서 한국 전통 도맥인 '선 = 풍류'를 서구 신학의 관점에서 왜곡시키는 근본 문제에 대해 학문적 교정의 노력을 찾아보기 어려운 반면 선맥 신학은 아직도 제대로 된 평가가 이루어지지 못하는 아쉬움이 있다. 최근에 들어 눈 밝은 학자들이 평가에 참여하기 시작한 것은 한국 종교계를 위하여 바람직한 현상이다.

선맥 신학은 도교 사제인 '방사'(方士)에 의해 왜곡되어 중국 도교에서 방치된 동방의 선맥과 신학자에 의해 왜곡된 그리스도교 신학의 피안 신앙관을 초극하여 동방의 구도자에 의해 주창된 동방 신학이다. 선맥을 발견한 종교적 여정은 고난과 수난의 가시밭길임은 죽음의 문턱에서 '산송장'의 삶을 산 변찬린의 생애를 되살펴 보는 것으로 족하다. 그의 구도의 시작은 '죽음에의 극복'이며, 구도의 마지막은 '선맥'을 발견한 것이다.

아! 촉루(髑髏)를 갈아 마셔본 자 아니고 어찌 이 도(道)를 깨닫겠는가. 괴괴한 구약의 밤, 썩은 시신(屍身)을 안고 통곡해본 자 아니고 어찌 산 자의 하나님을 알 수 있겠는가. (上 69)

선맥은 "성경의 산하를 주마간산격으로 스치고 지나갈 종교관광객이 아니고 피와 살을 소비하여 진리를 찾는 진지하고 경건한 구도자"(上 63)에게 주어지는 구도의 열매이다. 선맥 신학은 '산 자의 하나님'을 찾아가는 생명 신학이고, 목숨을 건 고난과 수난의 신학이며, 세상의 영욕과 하늘의 권세를 초극한 영생 신학이며, 그 길을 찾아가는 지도를 제시한 구도자 신학, 즉 동방의 새붉 신학이다. 한마디로 선맥 신학은 세속에서 성인과 같은 종교적 황금률을 실천하며, 죽을 때는 시체마저 남기지 않고 승천하는 영성(靈聖) 신학이다.

V. 도맥 신학과 흔붉성경해석학

1. 도란 무엇인가: 성서의 호도스와 동아시아의 도

도는 동아시아의 종교를 대표하는 메타포이다. 『노자』는 "도가도비상도"(道可道非常道)라고 하여 도(道)를 언급하고 있으며 『논어』는 "조문도석가가의"(朝聞道夕死可矣)라고 「이인(里仁)편」에서 말하고 있다. 이만큼 동아시아의 종교 세계에서 '도'는 절대적이다. 현대 종교학에서 말하는 종교의 개념은 동아시아의 경우 '도'(道)와 거의 같은 개념이라고 말할 수 있다. 유도(儒道), 불도(佛道), 도교(道敎), 도장(道藏) 등은 물론이고 근대 중국의 민간 종교도 '회도문'(會道門)이라는 용례에서 쉽게 알 수 있다. 『좌전』(左傳)과 『국어』(國語)에는 천도(天道)와 인도(人道)의 개념이 나타난다.[47]

그러나 도를 한마디로 규정하는 것은 거의 불가능하다. 그 단적인 표현이 "도를 도라고 하면 그것은 늘 있는 도가 아니다"라는 『노자』 1장의 첫 마디는 시사하는 바가 많다. 이런 애로사항은 한자문화권이 아닌 영어로 번역할 때도 발생한다. 초기에는 'Way'로 번역하다가 최근에는 중국어 발음을 'Dao'(혹은 'Tao')로 번역하는 추세이다. 우리는 '도'라고 말한다. 춘추전국 시대에 제가백가들의 논쟁을 "도의 논쟁자들"(Disputers of the TAO)[48]이라고 명명한 것은 아주 적절한 표현이다. 우리가 천지인 삼재를 말할 때 천지인도 결국은 천도(天道), 지도(地道), 인도(人道)를 가리킬 정도로 도는 동아시아의 사유를 형성하는 핵심적인 종교적 상징

---

47 도의 개념에 대해서는 다음을 참고할 것: 加納喜光·神塚淑子·林文孝, "道", 『中國思想文化事典』(東京大學出版社, 2001), 11-17.
48 앤거스 그레이엄, 『도의 논쟁자들』, 나성 옮김 (새물결, 2001).

이다. 그만큼 도는 학파에 따라 다양한 해석학적 도구로 사용할 만큼 권위가 있는 용어이다.

그러면 "도란 무엇인가?"라는 질문은 "진리가 무엇인가" 혹은 "만법귀일, 일귀하처"(萬法歸一 一歸何處)라는 말처럼 동아시아인에게는 궁극적인 질문이다. 우리는 이 글에서 동아시아의 도의 메타포와 성서의 진리를 이해 지평에서 융합한 도맥 신학을 소개하는 데 목적이 있기에 논지를 벗어나는 장황한 설명은 하지 않으려 한다.

동아시아의 도에 상응하는 그리스어는 호도스(ὁδός)이다. 그리스어로 호도스(ὁδός)는 장소적 개념(막 11:8; 눅 3:5; 요 2:25 등등), 생명의 길(마 7:14), 이방인의 길(마 10:5), 평강의 길(눅 1:79; 롬 3:17), 생명의 길(행 2:28), 구원의 길(행 16:17) 등 비유적 개념, "그 도를 따르는 사람을 만나면"(행 9:2), "무리 앞에서 이 도를 비방하거늘"(행 19:9), "내가 이 도를 박해하여"(22:4), "나는 그들이 이단이라 하는 도를 따라 조상의 하나님을 섬기고"(행 24:14), "벨릭스가 이 도에 관한 것을 더 자세히 아는 고로"(행 24:22), "나는 길(ὁδός)이요 진리요 생명이니라"(요 14:6) 등 다양한 용례가 있다. 마찬가지로 동아시아의 도에도 걸어서 가는 물리학적인 차원, 인간이 마땅히 걸어야 할 사회윤리로서의 도덕적 차원 그리고 인간존재의 궁극적 차원을 가리키는 종교적 차원으로 구분한다. 우리는 종교적 차원의 도에 관심을 가진다.

호도스는 동아시아의 성서번역에서 사도행전에서는 '道', 'way', 'Way', '그리스도교'(공동번역), '도', 요한복음에서는 '道路', '道', '말씀', '길', 'ことば'로 번역된다. 신약성서에서 바울이 말한 도(행 9:2, 19:9, 22:4, 14, 22)와 요한복음에서 언급되는 도(요 1:1, 14:6)를 한국어(개역성경, 공동번역), 중국간체자성경, 일본어신개역의 성구를 비교해 보자. 공동번역은 도를 일률적으로 '그리스도교'라고 번역한다. 그러나 우리가 지금 말하는 제도 종교인 '그리스도교'를 말하는 것이 아닌 '그리스도의 가르침'을 의미하는 것이다. 요한복음 1장 1절의 호도스는 한글성경(개역개정, 공동번역)은 '말씀', 중국어간체자성경은 '道', 일본성서협회(日本聖書協會, 1985)는 'ことば'로 되어 있다. 일본어의 ことば는 한국어 '말'에 해당한다. 이처럼 특정 성구를 다른 문화권에서 번역하는 데는 상당한 어려움이 있다. 특히 특정 성구와 다른 종교 문화권의 단어를 비교적으로 치환하여 신학적 사유를 할 때는 더 큰 난제가 도사리고 있음은 아래 도표의 사도행전과 요한복음의 호도스(ὁδός)와 로고스(λόγος)의 한·중·일 번역 사례를 보더라도 알 수 있다. 또한 성서의 편집연대와 신약성서의 사례를 모두 감안한다면 호도스(ὁδός)를 동아시아의 '도'(道)로 치환하여 번역하고 해석하여 이해한다는 것은 상당한 해석학적 난제가 도사리고 있다. 오죽하면 번역을 '반역'이라고 할까!

구분		한국어성경		중국어성경	일본어성경
		개역성경	공동번역	간체자	
호도스 ὁδός	행 9:2	도	그리스도교	道	道
	행 19:9	도	그리스도교	道	道
	행 22:4	도	예수의 교	道	道
	행 24:14	도	그리스도교	道	道
	행 24:22	도	그리스도교	道	道
	요16:6	길	길	道	道
로고스 λόγος	요 1:1	말씀	말씀	道	ことば

사도행전/요한복음의 '호도스'와 '로고스'의 한·중·일 번역사례

특정 문화권에서 형성된 언어의 맥락은 나름의 해석학적 의미를 내포하고 있다. 따라서 특정 성구의 단어와 다른 종교 문화권의 용어를 교차적으로 이해하는 것은 그만큼 해석학적인 한계가 뒤따른다. 성서에서 바울이 말하는 도는 '그 도', '이 도', '그들이 이단이라 하는 도', '이

도에 관한 것'이라고 한다.

그러면 바울이 말하는 호도스(ὁδός, 도)는 무엇인가? 우리가 주목해야 할 점은 성서에 따르면 예수의 직계 제자는 예수와 동행하며 십자가의 수난과 부활, 승천을 직접 목격한 사람이다. 그러나 예수를 눈으로 목격하지 못하고 핍박하던 바울이 다메섹 석상에서 빛 체험을 하고 그리스도의 사도로서 이방인에게 십자가의 도를 증언한다. 즉, 바울이 말하는 '도'는 살아생전에 예수의 부활과 승천을 목격하지 못하고 다메섹 상에서 종교 체험을 통하여 이방인의 전도자(롬 11:13; 갈 2:8; 엡 3:8; 딤전 2:7)로서 증거하는 '도'이다.

그렇다면 바울이 말한 '도'는 무엇을 말하는 것일까? 바울은 그리스도에 의해 '십자가와 부활의 도'를 이방인에게 증언하는 사도로서 사명을 가졌다고 변찬린은 이해하고 있다. 바울이 전하려는 도(호도스)는 십자가와 부활의 도이다.

바울에 의해 십자가와 부활의 도는 철학적으로 해석되고 신학적으로 조직화되어 로마에 증거된다. "로마서"는 십자가의 도리를 처음으로 체계화시킨 신학적인 편지이다. "로마서" 기타 다른 편지들은 베드로나 요한의 능력으로는 기록할 수 없는 지성의 복음들이다. 바울의 철저한 금욕주의와 엄격한 경건주의는 예수의 수제자인 베드로를 책망할 정도였다(갈 2:11). 또 그는 아라비아 3년의 퇴수생활에서 삼층천에 올라가 하나님의 도비를 대각한 후 복음의 진리를 철학적으로 정리하고 신학적으로 체계화하였다(갈 1:17-18; 고후 12:1-4). 사도로 소명 받은 바울의 고백을 들어보자. (중략) 바울이 십자가와 부활의 진리를 깨달은 것은 유명한 사도들에게서 말미암지 않고 직접 그리스도 예수의 계시로 말미암아 된 것임을 강조하고 있으며 또 그는 자신이 무할례자와 이방인의 사도로 선택되었음을 선언하고 있다(下 305).

변찬린은 성서 전체가 부활 사상을 증거하는 문서라고 단언한다.

"창세기"부터 "요한계시록"까지 일관되어 흐르는 성경의 사상은 부활 사
상이다. 아담 이래 모든 자들이 죽었으므로 사자들을 살리는 부활의 진리가
하나님이 성경 속에 비장한 유일한 도리였다. 부활의 진리를 암호화하고
비유화하여 타락한 인간 앞에 제출된 문서가 곧 성경이었다(下 189).

2. 도는 인간이 머리를 찾아가는 여정

도맥 신학은 도가 가진 성서의 의미를 찾는 데 목적을 두지 않는다.
도맥은 성서 전체의 맥락을 오감한 다음에 특정 사건과 특정 주인공이
성서적 지평에 등장한 근거와 맥락을 중심으로 통전적인 성서해석의
방법론을 제시하는 신학이다. 누구나 성서를 읽고 도의 머리를 찾아갈
수 있는 방법론을 제시한 지도(地圖) 신학이다. 도맥 신학은 '도'에 대한
사유가 상당히 치밀하다. 도에 대한 탐구를 성서는 물론이고 동양 고전
만이 아니라 서양 철학까지도 사유 범주에 포함한다.

도(道)에도 세 가지 뜻이 있습니다. 서울에서 부산을 가는 것이 도(道)에
요. 길이 아니에요? A와 B를 연결하는 기하학적인 도(道)에요. 그다음에
는 당위 법칙으로 길이 있어요. 인간이면 마땅히 걸어야 할 길이 있다는
거예요. 그것이 도덕적인 차원의 길이에요. 맹자가 의라는 것은 인간이
마땅히 걸어야 할 길이라고 했죠? 그것은 윤리적, 도덕적인 차원, 짐승과
구별된 사람이면, 마땅히 걸어야 하는 것입니다. 그 단계를 넘어서면,

존재의 법칙으로 길이 있다는 것입니다. 인간이 부모를 섬기고, 친구를 사랑하지만, 내가 어디로 왔다가 어디로 가는가? 근본을 뚫고 나가는 길이 있다는 것입니다. 그것이 존재의 법칙에서의 길이에요. 그것이 종교에요. 그러니까 서양의 철학자 키에르케고르는 인간의 실존을 세 가지 단계로 보지 않아요? 첫째는 미적인 존재로의 단계, 미적 단계의 실존, 그다음에는 그것을 누리다 보니 허망하니, 그보다 높은 단계로 고양되면, 윤리적인 단계의 실존으로 비약한다는 거에요. 그다음에는 세 번째 단계는 종교적인 단계, 거기에서는 인간이 신과 대면한다는 거에요. 동서양의 철학자나 성인들이 그 언어의 표현은 달랐지만, 그 본 자리는 같아요.[49]

변찬린은 한자의 도(道)의 어원적 의미에 대한 분석과 성서의 로고스 개념이 한국어로 '말씀'으로 번역되어 체용(體用) 관계임을 설명하고 있다. 그러나 로고스는 인격적 개념이 없는 철학 용어로서 성서의 본의를 잘 살리지 못한다고 지적한다. 변찬린이 1981년 8월 6일의 <성경강의>에서 한 말이다.

제가 누누이 이야기하지만 동양에서 길 도(道) 자가 굉장히 뜻이 깊은 글자입니다. (칠판에 글자를 쓰며) 길 도(道) 자를 보면 이게 머리(首)를 뜻하고 책받침변(辶)은 본래 상형문자로 (칠판에 글자를 쓰며) 이렇게 쓰는데 이것은 뭐냐 하면 벌레가 이렇게 앞으로 서서히 나가잖아요, 벌레가 무슨 목적을 향해서 앞으로 서서히 나가는 것 그런 상형문자입니다. 그러면 머리를 향해서 머리를 찾아서 나가는 것이 도인 것입니다. 그러면 뜻을 가진 어떤 경서를 봐도 내가 곧 만유의 머리며, 교회의 머리며, 우주의 머리라는 것은 성경밖에는 없는 것입니다. (중략)

49 변찬린, 〈성경강의테이프〉(1978. 8. 20.).

[요한복음 1장 1절, 요한복음 1장 14절, 요한복음 1장 18절을 성경 모임의 참석자가 읽고 난 휘 이런 성구를 보면 예수는 육신이 말씀이 된 글입니다. 이 말씀이라는 개념이 우리나라의 순수한 말은 참 잘 된 말입니다. 이것은 히브리의 알렉산드리아에 있는 피오라는 철학자는 그리스도를 끌어들여다가 로고스라는 말씀으로 대체했던 것입니다. 그래서 말씀이 로고스가 되었고, 서양 선교사들이 동양에 와서 이것이 도대체 동양에 무슨 개념이 있느냐? 그래서 말씀을 로고스라는 말을 도라는 말로써 했던 것입니다. 그래서 중국 성경에는 태초에 도(道)가 있었다고 합니다.

이 도(道)라는 말씀이 우리나라의 말로는 말씀이 되는 것입니다. 그런데 이 말씀이라는 개념은 여러분이 다 알지만 (칠판에 글을 쓰며) 그 '말'과 '씀'이라는 두 말이 합한 말입니다. 그러면 이 '말'이라는 개념은, 이 '씀'이라는 것은 무엇이냐? 이것이 도에 말하는 체(體)와 용(用)과의 관계입니다. 우리가 뭐 씀씀이라는 것은 어떤 사물을 쓰는데, 사용하는 그런 말이지 않아요? 그러면 '말'이라는 것은 하나님의 본질을 나타내는 말이고, 이 '씀'이라는 것은 하나님의 체(體)가 창조주가 되어, 이 만유를 용(用)으로 되는 도와 체가 한 군데 합하여진 것이 '말씀'이라는 말이에요. 말과 씀이라는 말이 합한 말씀입니다. 로고스라는 말이 아무리 그것이 훌륭한 말이라고 해도, 여러분이 대학교에서 다 배웠겠지만, 로고스라는 그리스어의 개념은 우주를 관통하는 이성을 말하는 것입니다. 플라톤의 이데아 철학에서 볼 것 같으면, 로고스는 우주를 관통하는 어떤 질서라든가 이성을 말하는 것입니다. 그것은 인격적인 존재가 아닌 것입니다.[50]

또 변찬린은 1981년 9월 6일의 <성경강의>에서 요한복음의 '로고스'가 한국 성서에는 '말씀'으로 중국 성서에는 도(道)로 번역된 과정과 의미

---

50 변찬린, 〈성경강의테이프〉 (1981. 8. 6.).

를 이렇게 설명한다.

로고스라는 것은 희랍 철학에서 나오는 개념인 것입니다. 그것은 우주에
관통하는 근본적인 이데아의 세계, 그 세계를 로고스라고 했는데, 그것은
도의 개념하고는 약간 틀린 것입니다. 그래서 옛날에 서양에 현명한 자들
이 노자의 도덕경을 번역할 때, 거기에서 도의 개념, 도의 개념을 도저히
번역할 수 없어서 그냥 타오니즘(Taoism)이라고 했어요. 타오라는 것은
도라는 것의 중국 발음인데, 그것을 어떻게 서양화할 수 없으니까, 그냥
타오니즘이라고 했어요. 그것은 옳은 생각입니다. 이것은 성경을 바르게
보지 않는 자리에서는 절대로 풀리지 않는 것입니다.[51]

그의 사후에 「종교신문」에 게재된 '도'에 대한 해석은 도를 성서해석
에 어떻게 적용했는지 그 일단을 드러낸다. 변찬린은 도(道)를 辵과 首의
합성어로 파자를 한다. 벌레인 인간(辵)이 머리(首)를 찾아가는 흔적(脈)
이 곧 도(道)라고 해석한다. 즉, 도맥이다.

로고스를 최초로 사용한 철학자는 그리스의 헤라클레이토스였다. 로고
스는 말씀, 이성, 논리, 도리, 계시 등 여러 가지 뜻으로 나타나고 있다.
신과 인간 사이에 뜻을 전달하는 언어의 길이 로고스였다. 요한복음 1장
1절에 로고스라는 개념이 나타나는데 이것이 동양 문화권을 주도한 한문
에서는 도(道)로 번역되었다.
　　로고스 = 도(道).
　　그러면 도(道)란 어떤 의미를 내포하고 있는가!
　　도(道) ― (所行道也,一達謂之道). 사람이 다니는 길이 도(道)이다.

---

51 변찬린, 〈성경강의테이프〉 (1981. 4. 12.).

사람이 왕래하는 길의 뜻에서 도덕(道德), 도리(道理)의 말이 생겼다. 논어에 나오는 "도청이도설"(道聽而途說)의 도(道)가 사람이 다니는 길(路)이라는 뜻이다. 그러나 이 정도의 해석으로서는 성경에 나타나는 로고스, 도(道)의 뜻에서 미흡한 해석이 된다.

그러면 이제부터 성경적 입장에서 도(道)의 개념을 해석해 보자.

도(道)는 머리수(首) 자와 책받침(辶) 자의 합성어이다. 도(道) 자는 벌레(虫)가 꾸물꾸물 기면서 앞을 향해 가는 것을 상형문자로 표시한 문자이고 수(首) 자는 벌레가 머리를 찾아 앞으로 전진한다는 뜻이 내포되어 있다. 타락한 인간은 벌레 같은 존재이다(욥 25:6; 시 22:6; 사 41:14).

그러면 수(首)인 머리는 누구인가! 성경을 보면 머리는 예수이다. 그리스도는 만물의 머리요(엡 1:22) 진리의 머리이다(엡 4:15). 예수는 그리스도는 모든 존재의 머리가 된다. 그러므로 벌레인 인간이 존재의 머리를 찾아가는 길이 곧 도(道)이다. 다른 종교 경전을 찾아보면 그들의 교주가 머리라는 말이 없다. 그런데 성경은 예수를 만유와 교회의 머리로 소개하고 있다. 이 얼마나 오묘한 도리인가. 로고스를 도(道)의 개념으로 번역한 것은 성경의 감동으로 된 일이 아닐 수 없다.[52]

3. 도맥론과 도맥 신학

동아시아의 근본 메타포인 도와 성서해석에 채용한 도맥은 어떠한 상관관계를 가지고 있을까? 그의 성서해석의 첫머리라 할 수 있는 도맥론과 도맥 신학의 함의는 무엇일까?

도맥 신학은 산에는 산맥이 있고, 지하에는 수맥이 있으며, 인간에게는 혈맥과 경맥이 있듯이 종교에는 도맥(道脈)이 있다고 이해한다. 도맥

---

52 한박산(변찬린의 필명), "聖經과 漢文", 「宗敎新聞」(1993. 4. 7.), 7면.

신학은 성서라는 종교 문헌이 다른 종교 경전과 비교할 때 "성경은 하나님이 인간과 맺은 계약 문서"(上 338)라는 점이고, 다른 하나는 성서의 인물과 사건은 반드시 성서적 맥락을 가지고 성서 지평에 등장한다는 특성을 가진다고 강조한다. 하나님을 찾아가는 문서인 성서는 옛 약속(구약)과 옛 약속이 파기되고 만들어진 새 약속(신약)의 내용이 무엇인지 명확하게 알아야 성서의 진리를 파악할 수 있다는 것이다. 즉, 도맥 신학은 구약과 신약의 성서 전서를 이해하고 그다음에 성서 안에서 등장하는 인물과 사건에 대한 맥락적 해석을 한다는 신학 체계이다.

도맥 신학은 '도'에 대한 심도 있는 탐구를 하였지만 '도론', '도통론'을 내세우지 않고, 『성경의 원리』(1979)의 제2장 도맥론(道脈論)에서 도맥(道脈)이라는 개념을 성서해석의 원리로서 내세운다. 이로 인해 필자의 학문작업을 '도맥 신학'이라고 명명하였다. 도맥 신학은 도맥론을 전개하기 위해 도와 관련된 다양한 용례를 선보이고 있다. 도의 향연이다. 『성경의 원리』 사부작에 언급된 도에 관련된 용례는 다음과 같다.[53]

1. 『성경의 원리 上』에 나타난 용례

멜기세덱과 예수의 도맥(道脈)을 이은 산 자, 성경은 어느 특정 종교의 전용문서(專用文書)가 아닌 대도(大道)의 문서이다. 성경 속에 뻗어 내린 대도(大道)의 정맥(正脈)은 선맥(僊/仙脈), 에녹과 멜기세덱과 엘리야와 모세와 예수로 이어지는 도맥(道脈)은 이날까지 미개발의 황금 광맥, 산 자의 도(道), 영원한 생명의 도(道), 변화의 도(道), 생명의 도(道), 도비(道秘), 예수의 도맥(道脈)을 이어받은 사도, 하나님의 인감(印鑑)을 위조한 도적(道賊), 도인(道人), 십자가의 도(道), 구도(求道), 구도자(求道者),

---

53 출판 연도에 우선순위를 두고 용례를 적었으며, 『성경의 원리 上』에 나타난 용례가 『성경의 원리 中』에 사용되더라도 적지 않았다.

도(道)의 광맥. 인류구원의 대도(大道), 생명과라는 선화(僊化)의 도과(道果), 도태(道胎), 구속(救贖)의 도(道), 도적과수원(道的 果樹園), 成道, 구도의 도량(道場), 도과(道果), '도(道)의 부부(夫婦)', 지팡이는 도구(道具), 도심(道心), 도맥(道脈), 도태(道胎), 몽학선생(蒙學先生)의 도(道), 부활의 도(道), 천사들의 도(道), 도성인신(道成人身), 도통(道通), 도행(道行), 도용(道用), 도계(道系), 도모(道母), 도(道)의 맥(脈), 도안(道眼), 도녀(道女), 머리의 도(道)와 지체(肢體)의 도(道), 사도(邪道), 천도(天道), 道 곧 로고스란 머리 조직이 깨닫는 것, 예수는 하나님의 道를 정각. 부활의 도, 하나님은 사람 농사하는 대도(大道)의 농부, 도력(道力), 도연(道緣), 도적장자(道的 長子), 도적차자(道的 次子), 도적(道賊), 도운(道運).

2.『성경의 원리 中』에 나타난 용례
도정(道程), 도적 영맥(道的 靈脈), 도덕(道德), 도리(道理), 도적 은어(道的 隱語), 식도락(食道樂), 포도주(葡道酒), 도적 천진성(道的 天眞性), 이교도(異敎道), 도적(道跡), 도명(道名), 구도(求道), 도량(道場), 도행(道行), 도의 정맥(道, 正脈), 하나님의 도맥(道脈)은 선맥(僊脈), 예수는 도(道)의 머리요, 도태(道胎), 도력(道力), 도인(道人), 중도(中道), 인도주의(人道主義), 도맥(道脈), 외도(外道), 도식(道食), 도반(道伴), 도녀(道女), 도이(道耳), 도호(道號), 정도(正道), 도각(道覺), 도언(道言), 도적 상징(道的 象徵), 도적 함수(道的 函數), 도적 암호(道的 暗號), 대도(大道), 도비(道秘).

3.『성경의 원리 下』에 나타난 용례
난도(亂道), 도맥(道脈), 도로(道路), 무도(無道), 도적(道賊), 도봉(道

峰), 수도(修道), 혈도(血道), 도계(道鷄), 우도(右道), 외도(外道), 좌도
(左道), 사도(邪道), 도담(道談), 도로공사(道路工事), 도고십장(道高十
丈), 위도일손(爲道日損), 진도(眞道), 가도(假道), 위도(僞道), 도각(道覺).

4. 『요한계시록 신해』에 나타난 용례
말씀의 중도성(中道性), 배도자(背道者), 도적 리수(道的 里數).

그러면 도맥 신학의 근간을 이루는 도맥론에 대한 변찬린의 육성을
들어보기로 하자. 그는 "이날까지 구미 신학자들은 성경을 난도질했지
만 성경의 도맥을 발굴하지 못했다. 아니 그들은 '도맥'이라는 개념 자체
도 모르고 있었다"(上 62)고 비판한다.

오늘부터 도맥론을 시작하겠습니다. 여러분들이 지금 배우는 것은 이것
이 신학교로 친다면, 조직신학을 배우는 것과 같은 것입니다. 그러니까,
귀담아들으시고, 성경의 체계가 어떻게 되어 있느냐를 여러분이 탐구하
시기 바랍니다. 더군다나 도맥론은 이것이 성경을 이해하는 가장 모티브
가 되는 것입니다. 아주 중요한 것입니다. 우리가 이날까지 신학이라고
하면, 신학자들이 여러 가지 사상을 많이 수입해 소화도 못 하면서 그것을
소개하기 급했지만, 서구 신학의 개념 아래에서 도맥이라는 그런 개념은
서구 신학자들이 몰랐던 개념입니다. 여러분들이 도맥론만 바로 이해한
다면, 성경 전체를 이해했다고 해도 과언이 아닌 것입니다. 이 도맥론을
설명하기 위해서 앞으로 타락론이라든가, 부활론이라든가, 기독론이라
든가, 구원론이라든가, 종말론이라든가 그런 것이 다 있게 되는 것입니
다.[54]

---

54 변찬린, 〈성경강의테이프〉 (1981. 4. 5.).

변찬린의 『성경의 원리』 사부작을 읽어본 독자라면 도맥 신학은 죽은 자의 맥과 산 자의 맥을 밝혀놓은 선맥 신학(上 64)과 어떤 차이가 있냐고 질문할 수도 있다. 선맥 신학은 영생적 기제로서 성서를 포함한 종교 경전을 회통한 신학이고, 도맥 신학은 성서뿐만이 아니라 성경의 도맥이 가진 특성 때문에 만들어진 신학이다.

4. 도맥 신학의 체계

이제 이야기의 본론으로 들어가자. 도맥 신학은 도(道)의 맥(脈)락으로 편집 구성된 종교 문헌인 성서를 해석하는 데 있어서도 존재의 머리이자 교회의 머리, 우주의 머리를 찾아가는 '도'(道)를 해석학적 언어로 사용하며 성서의 통전적인 맥(脈)락을 신학적 체계로 형성하였다. 그렇지만 성서에는 대도의 머리인 예수뿐만이 아니라 다양한 머리가 등장한다. 소위 머리의 도와 지체의 도이다. 또한 마귀와 적그리스도의 머리도 등장한다. 그의 '장자론'(長子論)에 이런 관계가 나타나 있다.[55]

> 예수는 도의 머리요 천사는 지체(肢體)였는데 몸이 머리를 붙들지 않고 자행자지(自行自止)한 것이 타락이었다(골 2:18-19; 下 26).
> 예수는 왕들의 머리일 뿐만 아니라 그는 교회의 머리이고(엡 1:22) 성도들의 머리이다(엡 4:15; 啓 21).
> 도(道) 곧 로고스란 머리 조직이 깨닫는 것이지 지체 조직은 깨달을 수 없다. 예수는 우주의 머리이며 교회의 머리이며 생명의 머리인 것이다(上 383).
> 필자는 성서의 사건과 인물이 도맥을 가지고 성서의 역사 지평에

---

55 이에 대한 구체적인 내용은 『성경의 원리 上』 제11장을 참고하기 바람.

나타난 사건을 흔붉성경해석학의 도맥 해석에서 체계화하여 산 자의 도맥, 부활의 도맥, 거짓 선지자의 도맥, 성적 간음의 도맥, 사명자의 도맥 등으로 몇 가지 예시한 적이 있다.[56] 이외에도 종교적 관심에 따라 순교자의 도맥, 말씀의 도맥 등 다양한 해석학적 체계로 확장할 수 있는 신학이다.

우리는 도맥 신학의 관점에서 『성경의 원리 上』에서 제시한 18개의 조직신학적 주제 가운데 하나님론, 예수론, 성령론에 한정하여 살펴보기로 하자.

1) 도맥 신학과 하나님론

도맥 신학은 서구 신학의 신관에 일대 전환을 요청한다. 구약의 야훼 신관과 신약의 아버지 신관은 전혀 다른 신관이다. 모세에게 나타난 '나는 나다'라는 이름 없는 신관을 잃어버린 후 야훼라는 이스라엘의 민족신이 발현된 역사가 구약이며, 예수에 의해 비로소 아버지 신관이 제시되었다는 것이다. 도맥 신학은 하나님이 구약에 나타날 수 없었던 원인을 열거하며, 구약에 나타난 하나님은 천사라는 사실을 성서적 준거를 가지고 논증하고 있다. 한마디로 "인간다운 인간이 없는데 어찌 하나님이 나타날 수 있겠는가"라고 반문한다.

도맥 신학에서 예수가 증언한 하나님은 '하나님 아버지'(요 5:18, 19, 21, 10:25-26; 갈 4:6-7)이고 하나님은 동적(動的) 존재(요 5:16-17), 하나님은 산 자의 하나님(눅 20:37-38)이다(上 188-192). 또한 모세가 증언한 야훼는 질투의 신, 두려운 신, 복수의 신, 군신으로서(上 182-188) 이스라엘의 지역신에 불과하지만, 예수가 증언한 성서의 지고신은 사랑의 하나님(요일 4:16), 참 하나님(롬 3:4), 영의 하나님(요 4:24), 빛의 하나님(요일 1:5; 약 1:17), 말씀의 하나님(요 1:1)이다(上 192-196). 모세가 증언한 야훼 신관

---

56 이에 대해서는 다음을 참고할 것: 이호재, 『흔붉 변찬린』, 720-747.

과 예수가 말한 '하나님 아버지' 신관은 다른 차원의 신관임을 성서적 준거로 밝히고 있다. 이런 하나님 신관 해석은 성서 전서에 흐르는 도의 맥락을 포착한 다음에 내린 결론이다.

한편 도맥 신학은 하나님은 삼위신이라고 하면서 동이족의 신관과 유비적 관계를 고찰한다. 삼위신은 삼태극 사상과 유비적 관계에 있다. 삼태극은 동이족의 성스러운 부호이다. 삼태극은 '3수 분화의 세계관'의 원형이다.[57] 그는 요한계시록의 편집자가 삼태극과 태극 사상을 알았다면 요한계시록 4장 2절에서 3절의 부분을 어떻게 표시하였을까 반문한다. 하나님의 앉은 모양이 벽옥과 홍보석 같다는 표현에서 벽옥은 파란색, 홍보색은 빨간색이라는 색깔의 상징을 취하여 이는 태극의 문양을 말하는 것인데 성서 편집자가 역(易)의 사상을 모르기 때문에 태극을 이렇게 표기한 것이라고 변찬린은 해석하고 있다.

> 내가 곧 성령에 감동하였더니 보라 하늘에 보좌를 베풀었고 그 보좌 위에 앉으신 이가 있는데 앉으신 이의 모양이 벽옥과 홍보석 같고 또 무지개가 있어 보좌에 둘렸는데 그 모양이 녹보석같더라(계 4:2-3).

> 사도 요한이 밧모섬에서 하늘이 열리면서 하늘의 하나님의 보좌의 형상을 보았는데, 하나님의 형상은 볼 수 없는 분입니다. 하나님은 무형한 존재이기 때문에, 볼 수가 없습니다. 그러나 사도 요한의 영안이 열려서 보좌에 앉으신 이의 모양을 보았더니, 보좌에 앉은 이의 모양이 어떻게 생겼다고 했습니까? 벽옥과 홍보석 같다고 했습니다. 그러면 벽옥이라는 것은 푸른 하늘과 같이 푸른 색깔을 띤 옥이고, 홍보석이라는 것은 붉은 색깔을 띤 것입니다. 그러면 이것은 무슨 뜻이에요? 우리나라의 태극기가

---

57 우실하, 『3수 분화의 세계관』(소나무, 2012), 312.

어떻게 생겼습니까? 하나님의 모습이 태극기와 같다는 그 말이에요. 벽옥과 홍보석 같다는 것은 사도 요한은 옛날에 이스라엘 나라에 산 사람이었기 때문에, 중국이나 한국의 음양론을 몰랐던 사람입니다. (중략) 보좌에 앉으신 이의 모양이 벽옥과 홍보석 같다는 것은 하나님이 곧 태극의 모습으로 계시다는 그 말씀입니다. 이것을 이날까지 서양 신학자의 입장에서는 절대로 이런 성구가 풀리지 않는 것입니다.[58]

변찬린의 하나님에 대한 탐구는 궁극적이다. 그러면 삼위신이 삼태극으로 유비되어야 하는데 왜 태극으로만 나타날까? 그는 1977년 4월 18일 '새 교회 운동'을 전개하면서 한민족의 고유의 문장(紋章)인 삼태극과 태극을 새 교회 운동의 문장으로 삼는다.[59] 이 문장은 본체계의 삼태극과 현상계의 태극 형상으로 구성된다. 그 중 태극 형상은 건도성남(乾道成男)과 곤도성녀(坤道成女)를 상징하는 부호를 가리킨다.[60] 태극의 하나님이 '동적 존재'로 운동할 때 보라색의 하늘나라가 된다고 한다. 성부와 성자와 성신의 삼태극이 무위(無爲) 상태에서 만물을 창조할 때 성부인 노란색은 나타나지 않고 태극의 상태에서 만물을 창조한다는 것을 변찬린은 강조하고 있다.

하나님은 삼위로 계시면서, 인간에게 나타날 때에는 홍보석과 벽옥과

---

58 변찬린, 〈성경강의테이프〉 (1981. 9. 6.).

59 새 교회 운동에 대해서는 다음을 참고할 것: 이호재, 『포스트종교운동 —자본 신앙과 건물종교를 넘어』 (문사철, 2018), 255-389.

60 "삼태극은 내원으로 하고 태극을 외원으로 합니다. 삼태극은 본체계(道體)의 상징이고 태극은 형상계(道用)의 상징입니다. 삼태극은 성부 성자 성신이 하나임을 나타내는 신성 무늬이고, 태극은 하나님의 형상으로 지음 받은 남자(正陽)와 여자(正陰)가 하나임을 나타내는 신성 무늬입니다. 태극무늬는 삼위신과 음양의 신성 부호입니다. 먼 옛날 우리 조상들이 하나님의 계시를 받고 삼태극과 태극무늬의 신성함을 알고 있었으나 종교가 타락함으로 이 무늬는 무당들의 장구와 부채살의 무늬로 타락되었던 것입니다. 이 겨레의 고유무늬를 새 교회는 되찾아야 합니다." 〈새 교회 선언문〉 (1977. 4. 18.).

같은 그런 모습으로 나타나는 것입니다. 우리가 이 태극을 볼 때, 한 가지 신비한 사실은 우리나라의 본래의 태극은 삼태극입니다. 요새 무당이 장수나 돈화문에 가면 삼태극 그림이 있지 않아요? 그것이 무엇이냐면, 노란색과 푸른색과 붉은색으로 되어 있죠? 이 노란색과 붉은색과 푸른색은 미술학적으로 봐도, 삼원색입니다. 삼원색이 조화를 이루면, 그다음에 여러 가지 색깔이 나오는 것입니다. 그러면 삼태극은 하나님의 삼위신의 그것을 가리키는 모습니다. 그런데 하나님께서 이 음양으로 나타날 때, 다시 말하면, 창조주로 나타날 때에는 푸른 색깔과 붉은 색깔로만 나타나고, 노란 색깔은 뒤에 숨어 버린다는 것입니다. 그래서 이 노란 색깔은 태양의 광선 색깔이기 때문에, 모든 종교에서 가장 거룩한 색깔로 여기는 것입니다. 불교에서는 노란 색깔로 정색을 합니다. 정색(正色), 노란 색깔을 정색이라고 합니다. 그래서 중들이 노란 색깔의 도포를 입는 법이 그래서 만들어진 것입니다. 우리나라에는 중들이 장삼을 입고 회색 물감을 들이지만, 지금도 동남아나 인도에 가 볼 것 같으면, 중들이 노란 색깔의 황의(黃衣)를 입지 않습니까? 그것은 무엇이냐? 이 영원한 색깔을 가리키는 것입니다. 하나님은 본래 삼위신인데, 이 삼위신이 창조주로 나타날 때는 성부와 성자와 성신 속에, 성부는 숨어 버리고, 성자와 성신이 나타나, 그다음에는 만유를 창조해 가지고, 인간과 함께 역사하는 것입니다. 우리가 이 삼원색 중에서 노란 색깔, 하나님의 형상은 뒤에 숨어 버리면서, 푸른 색깔과 붉은 색깔, 태극무늬의 모양으로 변할 때, 여러분, 태극기가 태극무늬가 붉은 색깔과 푸른 색깔이 회전하면, 거기에서 무슨 색깔이 나옵니까? 보라색이죠. 그래서 동양에서는 하늘나라를 의미할 때는 자(紫) 자를 붙이는 원인이, 이것이 한문으로 보라색이라는 뜻인데, 옛날 도교에서는 하나님이 계신 하늘나라를 자부(紫府)라고 했어요. 이것이 무슨 뜻인지 압니까? 태극으로 계신 하나님이 돌아갈 때, 보라색으로 나타

나기 때문에, 하늘나라를 자부라고 하는 것입니다.[61]

더 나아가 변찬린은 삼위신인 하나님, 예수, 성신을 논하면서 성서의
역사에서 아직 성부 시대는 오지 않았다고 말한다.

초림 예수는 아들로 왔지만 재림 예수는 아버지가 되어 오실 것이다. 예수
는 본래 하나님 그 자체였다. 그가 아들로 초림 때 나타난 것은 인간을
구속하기 위한 방편으로 나타났던 것이다. 구약은 천사가 방편으로 하나
님 대신 나타났고 신약은 예수가 아들로 나타나 섭리하였다. 예수가 하나
님 아버지가 되어 다시 오실 그때 비로소 참 하나님의 모습이 인간들 앞에
나타날 것이다. 그 때가 하나님의 장막이 인간에게 거하는 때인 것이다.
하늘에 있는 새 예루살렘이 신부로 단장되어 땅 위에 내려오기 전까지
어찌 참 하나님이 인간에게 나타날 수 있겠는가? 다시 말하거니와 아담
타락 후 이날까지 참 하나님은 나타난 일이 없었다.
　1. 구약의 마당 — 천사 시대(구약 4천 년)
　2. 신약의 마당 — 성자 시대(3년 공생애)
　　성신 시대(부활 후 재림까지)
　3. 새 마당 — 성부 시대(새 하늘 새 땅이 열림)
이처럼 세 가지 마당을 통하여 참 하나님은 비로소 나타날 것이다(上,
208-209).

도맥 신학은 40여 년 전에 이미 삼위신과 삼태극과 태극과의 상호관
계를 비교종교학적으로 해석하였다. 도맥 신학의 신관에 대해서는 성서
와 『성경의 원리』 사부작을 교차적으로 깊이 있게 소개해야 하지만 여기

---

61 변찬린, 〈성경강의테이프〉 (1981. 9. 6.).

에서는 문제 제기를 하는 정도로 마무리한다.

2) 도맥 신학과 예수론

도맥 신학은 성서의 특정 사건을 성서 지평의 맥락을 펼치면서 해석학적 전개를 시도한다. 도맥 신학은 예수론은 성서가 예수 그리스도를 바르게 증언하기 위한 문서라고 하면서 시작한다.

> 모든 강물은 흘러 바다로 가듯 구약의 여러 갈래의 흐름은 예수를 증거하기 위해 신약의 바다로 흘러간다.
>
> 아담으로부터 남상한 타락의 혼탁한 흐름은 4천 년의 장강을 굽이쳐 흐르면서 그 유계(幽溪)와 평야에 온갖 은유와 상징과 비의(秘義)와 암호를 숨겨놓고 성경의 지층에는 수많은 선지자와 의인의 화석을 남겨둔 채 사해(死海)로 흘러갔다.
>
> 아담의 타락, 가인의 살인 사건, 노아의 포도주 사건, 멜기세덱과 아브라함의 해후, 이삭·야곱·요셉의 난삽한 사건 등 또 모세의 소명과 애굽에서의 탈출, 여호수아의 가나안 복귀, 밤하늘의 기라성같이 빛나던 사사들, 사무엘과 사울의 관계, 사울과 다윗의 관계, 솔로몬과 여로보암 그리고 열왕들의 우상숭배와 바벨론 포로 사건 등 이 모든 것들이 어떤 의미를 가지면서 우리에게 다가오는 것일까?
>
> 구약과 신약은 오로지 한 사람 예수 그리스도를 바르게 증거하기 위한 성문서(聖文書)였다. 예수! 이 한 사람을 도성인신(道成人身)시키기 위하여 하나님은 얼마나 피땀을 흘리셨던가(上 216).

도맥 신학은 그리스도론뿐만 아니라 성육신한 예수론을 더욱 강조한다. 성서에서 타락한 시조가 아담이고 예수를 마지막 아담이라 했기에 아담과 예수는 동일 지평의 인물이 아님을 비교한다. 아담은 여섯째 날에 창조된 피조물로서(창 2:7) 땅에서 난 자이며(고전 15:47) 죄로 죽은 자(롬 5:12)이지만, 예수는 창조주로서 모든 피조물보다 먼저 난 자로서(골 1:15; 요 1:14; 잠 8:22-31), 하늘에서 난 존재로 만물 위에 계시는 분(요 8:23)이며, 죄도 흠도 점도 없는 청정무구(淸淨無垢)한 분(벧전 1:19)이라고 말한다(上 213-216). 더 나아가 예수는 하나님의 본체(골 1:15; 히 1:3; 빌 2:6; 요 10:30), 모든 창조물보다 먼저 나신 자(골 1:15-17; 히 1:2; 요 17:5; 잠 8:22), 하나님의 독생자(요 1:14; 3:16; 히 1:6), 말씀이 육신이 된 자(요 1:1), 위로부터 오신 자(요 3:13, 3:31, 6:38, 8:23, 16:28; 고전 15:47)로 예수의 정체를 밝히고 있다(上 211-224).

도맥 신학의 예수는 하늘로부터 내려온 하나님의 독생자이지만 인간의 자리에서 "구도"(求道)를 통하여 "성도"(成道), 즉 "도성인신"(道成人神)한 신인(神人)이며, 살신성인(殺身成仁)한 성인(聖人)으로 천안통, 천이통, 신족통, 타심통, 숙명통, 누진통의 "도통"(道通)을 한 종교적 속성을 가지며 "빛으로 오셔서 무명을 밝혀 십자가로서 구원의 성업을 이루시고 부활로서 생명의 대도(大道)를 드러냈다"고 성서에 근거하여 다종교적 언어로 예수를 해석한다(上 228-232). 특기할 만한 사항은 우리가 흔히 이 세상을 하나님이 창조했다고 말하지만, 도맥 신학은 성서에 근거하여 우주의 창조주는 하나님이 아닌 '예수'라고 말한다.

예수님으로 말미암아 이 세상이 창조되었고, 예수님은 이 만물을 창조하신 창조주라는 사실을 알아야 합니다. 우리가 보통 이날까지 기독교 신자들은 하나님이 이미 만유를 창조하셨다 그렇게 생각하는데, 그것은 성경을 잘못 아는 사람들의 생각입니다. 하나님은 예수님을 통해서 예수님이 이 만물을 창조하신 창조주라는 사실을 알아야 하는 것입니다.

그는 보이지 아니하시는 하나님의 형상이요 모든 창조물보다 먼저
나신 자니 만물이 그에게 창조되되 하늘과 땅에서 보이는 것들과 보이
지 않는 것들과 혹은 보좌들이나 주관들이나 정사들이나 권세들이나
만물이 다 그로 말미암고 그를 위하여 창조되었고 또한 그가 만물보다
먼저 계시고 만물이 그 안에 함께 섰느니라(골 1:15-17).

여기에 분명히 예수로 말미암아 만물이 창조되었고 또한 모든 만물은
예수님을 위해서 존재한다고 했습니다. 그렇기 때문에 예수님이 창조주
라는 사실을 우리가 알아야 하는 것입니다.

이 모든 날 마지막에 아들로 우리에게 말씀하셨으니 이 아들을 만유의
후사로 세우시고 또 저로 말미암아 모든 세계를 지으셨느니라(히
1:2).

여기도 보면, 예수 그리스도를 만유의 후사로 세웠는데, 저로 말미암아
모든 세계를 지었다고 했던 것입니다. 그러면 이 말을 좀 더 쉽게 풀어나가
면 우리는 이날까지, 하나님은 보이지 않고, 우리 손에 잡힐 수가 없고,
우리가 들을 수 없는 존재입니다. 그러나 예수님을 통해서 우리는 하나님
을 들을 수가 있고 만질 수가 있고 볼 수가 있고 느낄 수가 있는 것입니다.
하나님은 이 만유를 창조할 때도 예수님을 통해서 예수님을 시켜서 만유
를 창조하신 것입니다[62].

우리는 도맥 신학이 가진 확장성을 알아보기 위한 하나의 예시로
성서의 주인공인 '예수'가 『성경의 원리』에서 어떻게 해석되어 표현되

---

62 변찬린, 〈성경강의테이프〉 (1981. 9. 6.).

었는지 살펴보자.

예수에 대한 다종교적 언어, 학제적 방법, 간텍스트적 해석의 용례

역사지평에서 "멜기세덱과 예수의 도맥(道脈)을 이은 산 자들이 호모 사피엔스(Homo Sapiens)의 가지에서 분화되어 부활한 초인(超人)으로 회귀할 것이다"(上 9)라고 하면서 풍류체를 호모사피엔스의 다음 인종으로 자리매김한다. 또한 번데기와 나비의 비유를 들어 존재 탈바꿈을 비유하고(上 74), 숯과 다이아몬드의 은유를 통해 불변하는 진리체를 설명한다(上 74). 풍류체는 물질의 삼상 법칙을 예로 들어 고체와 액체로 만들어진 신체가 기체로 선화한다고 해석한다(下 569).

선가적(仙家的) 언어로 시해선(屍解仙)으로 부활한 예수는 영화(靈化)되어 풍류체(마 3:8, 20:6-7, 27:59-61; 下 568)[63]가 되었으며, 유가적 언어로 도성인신(道成人身, 上 276)하고 살신성인(殺身成仁, 上 82)한 도인(道人)이며, 예수만이 하나님을 아버지라 부른 대효(大孝, 中 31)였으며, 인효(仁孝)는 까마귀가 전해 준 천사의 도리이고 천효(天孝)는 예수와 비둘기 성신이 전해준 도리임을 잊지 말자(中 61)고 말한다. 불가적 언어로 예수는 영안이 열린 천안통(마 3:15; 上 229), 귀가 열린 천이통(마 3:17; 上 229), 바다를 걷는 신족통(요 6:19-21; 上 230), 다른 이의 마음을 읽는 타심통(막 2:8; 요 1:48-49; 上 230), 인간의 운명을 투시한 숙명통(요 4:16-19; 마 11:14; 上 231), 시해선(屍解仙)으로 부활한 누진통(漏盡通)(요 19:23, 34; 上 231) 등 육신통을 한 신실재(新實在)라고 논증한다.

---

63 필자가 표시한 '(마 27:59-61…; 下 568)'에서 앞의 것은 관련 성구이며, 뒤는 『성경의 원리』를 가리키는 것임.

예수는 불교적 윤회관이 아니라도 분명히 윤회 문제를 인정하고 있다(마 11:13-14; 上 490). 그러나 예수는 산 자가 되어 부활 승천했으므로 우리를 생사의 윤회 바퀴에서 건져 올려 영원한 생명의 길로 인도하였기 때문에 윤회 사상이 성경에 부상될 필요가 없었다(上 500). 예수는 부활 후 닫힌 문을 열지 않고 출입하신 사건과 생선을 잡수신 사건은 서로 모순된 사건처럼 보이지만 신실재로 변화하신 예수는 자유자재로 시공을 초월하여 그 진신(眞身)을 나타내신 것이다. 부활하신 예수는 진리의 화신(上 154)이었다고 표현한다. 또 예수는 신학적 언어로 신성과 인성을 겸한 신인(上 224)이며, 영화된 예수는 우주적 예수 그리스도(上 237)이며, 하나님과 예수는 지구만의 하나님이 아니요 우주적 하나님과 그리스도임을 깊이 인식하자(上 420)고 표현한다. 이처럼 예수에 대해 다종교적 언어를 사용하며 간텍스트적 해석을 하고 있다.

성서의 언어로 예수는 마지막 아담(고전 15:45; 롬 5:14; 上 213), 피조물이 아닌 창조주이며 모든 피조물보다 먼저 나신 자(골 1:15; 요 1:14; 잠 8:22-31; 上 215), 하늘에서 난 존재요 위에서 난 존재이므로 만물 위에 계시는 분(요 8:23; 上 216), 죄도 흠도 점도 없는 청정무구한 분(벧전 1:19; 上 216)이며, 하나님의 본체(골 1:15 외; 上 221), 모든 창조물보다 먼저 나신 분(골 1:15-17; 요 17:5 외; 上 221), 하나님의 독생자(요 1:14; 3:16; 히 1:6; 上 222), 말씀이 육신이 된 자(요 1:1, 14, 18; 上 222), 위로부터 오신 자(요 8:23; 고전 15:47; 上 223)이지만, 다시 오시는 예수는 인간의 육신으로 오지 않고 영광스러운 존재로 온다(上 223)고 말하고 있다. 평화의 제사장으로서의 멜기세덱은 타락한 인간의 마당에서 보면 영원히 본체계(本體界)의 제사장이고 죄의 제사장으로서의 예수는 현상계(現象界)의 제사장이라 할 수 있다(上 82). 멜기세덱과 예수는 본래 하나인데 인간이 죽음의 존재로 전락하였기 때문에 하나님의 독생자가 예수라는 이름으로 이 세상에 오셔서 살신성인하여 저주의 자리에서 피의 십자가를 지셨던 것이다(上 82)라고 하며 하나님을 '산 자의 하나님'으로 천명한 첫 사람이 예수였다(눅 20:37-38; 中 86-87)고 독창적 해석을 하고 있다.

참 성전이란 하나님의 화신인 예수의 몸이며(요 2:21) 성도한 인간의 몸이다(고후 6:16; 中 470). 현존하는 우리들은 베드로의 도맥을 이어받아 정각된 신앙고백 위에 산 인격의 유기적인 교회를 세워야 하며 사랑의 공동체로서의 교회가 탄생할 때 예수는 우리에게 천국열쇠를 주실 것이다(下 298). 예수는 왕들의 머리일 뿐만 아니라 그는 교회의 머리이고(엡 1:22), 성도들의 머리이다(엡 4:15; 啓 21)라고 말하고 있다.

"예수의 이름도 새 이름이고, 신부인 예루살렘도 새 이름인데, 왜 하나님의 이름은 새 이름이라는 말이 없는가"(계 3:12-13; 啓 77)라고 '이름 없는 신관'을 강조한다. "유대교에서 도망쳐 나온 갈릴리 어부들이 예수의 제자가 된 것처럼 낡고 썩은 기독교에서 탈출한 이긴 자만이 예수의 신부가 될 것이다"(啓 284)라고 말하고 있다.

도맥 신학은 이처럼 성서의 예수를 표현하는 다양한 용례에서 알 수 있듯이 유교의 유맥(儒脈), 불교의 불맥(佛脈)뿐만 아니라, 도교의 도맥 등에 대해서도 확장성을 가진 신학적 도구로 활용할 수 있다.

3) 도맥 신학과 성령론

도맥 신학의 성령론은 서구 신학의 성서해석과 변별성을 가진 동방 신학으로서 독창적인 부분이 많이 발견된다.

도맥 신학에서 성령의 본질을 다음과 같이 말한다. 성령은 진리의 영(요 14:16-17, 15:26, 16:13; 요일 5:6; 요 8:32), 구원을 보증하는 영(고후 1:22; 엡 1:13-14, 4:30; 고후 5:5; 롬 8:23), 중생시키는 영(요 3:5-7), 완전 구원이 아닌 보증 구원을 하는 영이다. 또한 성서의 중생은 도덕적인 차원의 개과천선하는 중생이 아니라 인간 자체의 존재 변형을 일컫는 풍류체(요 3:8)로 거듭난 사람이라고 말한다. "성령은 인간을 거듭나게 하므로 도태(道胎)이며 효용성으로 볼 때 영적으로 어머니 구실을 하므로 어머니격에 해당한다. 그러나 성령을 음양(陰陽)의 음적 존재로 해석하거나 아버지와 대립되는 개념으로서의 어머니로 인식해서는 안 된다"고 강조한다. 인간이 중생하는 도용(道用)의 작용으로 보면 성령은 도태(道胎)이다. 성령은 인간의 씨를 개조하는 중생의 도태이므로 우리가 참 성령을 받았다면 풍류체처럼 거듭나야 한다고 말한다(上 249-259). 도맥 신학에서 성령을 보혜사라고 하는 이유는 하나님의 양자임을 보증하는 성령(롬 8:15-16; 요 14:16-17, 26), 예수를 구세주로 보증하는 영(요 15:26, 16:7-8) 그리고 구속의 날까지 보증하는 인(印, 엡 1:13-14, 4:30; 고후 1:22)이기 때문이다(上 256-258).

도맥 신학의 성령은 인간은 성령이 거하는 성전이며, 오순절 체험과 같이 성령의 공동각과 공동체는 역사 시대에 인류가 구현해야 할 마지막 종교적 과제라고 웅변한다. 이 종교적 과제가 해결되어야 영의 시대가 개명된다고 강조한다.

새날 혈과 육의 차원을 뛰어넘어 성령으로 거듭난 영의 형제들이 탄생할 때 이날까지의 낡은 종교와 도덕과 윤리와 국가 지상주의와 민족지상주의는 사라질 것이다. 혈육의 형제가 아닌 성령으로 탄생되는 언약의 형제들이 탄생될 때 새 시대의 막은 열리고 낡은 시대의 막은 닫힐 것이다.

혈과 육의 자리에서 보면 앞으로 탄생될 언약의 자식들은 초인(超人)이며 새로 형성될 공동체는 초인류(超人類)인 것이다.

오순절 성령 강림은 성경 사상 최초로 공동각에 의한 공동체의 탄생을 모형으로 보여 주었다는 데 큰 의미가 있는 것이다. 구원은 전체 구원이지 개인 구원이 아님을 잊어서는 안 된다. 공동각에 의한 공동체의 탄생은 하나님이 지상에 실현하려던 꿈이었다. 반드시 하나님의 뜻이 하늘에서 이룬 것 같이 땅에 이루어질 날이 도래할 것이다.

새로운 오순절의 체험! 이것이 현대 성도들의 과제이다. 우리 안에 오순절을 재현해야 한다. 성령의 강림으로 인하여 새로운 공동체를 형성할 때 낡은 인류는 사멸될 것이다. 성령의 조사(照射)로 거듭난 새 사람들이 탄생될 때 죄악의 역사 시대는 막이 내리고 영의 시대가 개명될 것이다(上 272-273).

한편 변찬린은 1977년에 쓴 『주문고(呪文攷) — 성서적 입장에서 본 시천주(侍天呪)와 태을주(太乙呪)』[64]에서 동학의 시천주[65]뿐만 아니라 증산교의 태을주를 대상으로 성서의 '성령'과 대화를 시도한다. 지기(至氣)는 성령에 상응하고 원위대강(願爲大降)은 오순절 성령강림에 호응한다. 시천주는 인간의 몸이 성령이 모시는 하나님의 성전으로 표현되며 "인간은 하나님의 영을 받음으로 진리를 알 수 있고 그 뜻과 섭리와 조화를 바르게 알 수 있다. 이 상태가 곧 조화정인 것이다"라고 해석한다. 물론 변찬린이 성령을 '지기'라고 할 때의 '성령'은 『성경의 원리 上』의 7장 '성령론'을 참고해야 한다. 지기와 원위대강에는 공동체 형성 등의

---

64 변찬린, "呪文攷 —성서적 입장에서 본 시천주와 태을주", 「증산사상연구」 3 (1977), 252-281.

65 동학의 21자 주문, "지기금지 원위대강 시천주조화정 영세불망만사지"(至氣今至 願爲大降 侍天主造化定 永世不忘萬事知).

의미를 내포하며, 더 나아가 존재론적 탈바꿈을 한 '신선'과 '신령한 몸'에
대해서도 두 종교가 대화할 수 있는 해석학적 실마리를 제공하고 있다.
이를 정리하면 다음과 같다.

시천주	성서적 언어	성서의 관련 성구
지기(至氣)	성령	요일 5:7; 요 14:7
지기금지	예수의 성령강림 약속	눅 24:39
(至氣今至)	오순절 성령강림	행 2:1-47
시천주 (侍天主)	인간의 몸은 성령이 거하는 하나님의 성전	고전 3:16; 고후 6:16; 엡 2:22
조화정 (永世不忘,萬事知)	인간이 하나님의 영을 받아 진리와 조화의 섭리를 아는 상태	고전 2:10

시천주의 성서적 이해

도맥 신학은 다른 종교 문화권에서 발생한 세계 종교 텍스트가 제도
종교의 종교적 언어로 고착되어 있음에도 불구하고 간텍스트적인 해석
을 통해 현대인에게 대화적 언어로 제공할 수 있는 해석학적 확장성을
가진 신학이다.

4) 도맥 해석과 다종교적 언어, 학제적 교차, 간텍스트적 해석론
도맥 신학은 성서해석을 하는 입장에서 "성서를 성서로 해석한다"는
원칙을 고수하고 있지만, 상세히 연구하면 유·불·도의 다종교적 언어를
활용하지 않으면 성서는 해석되지 않는다는 의미도 내포하고 있다. '성
서는 성서로 풀어야 한다'는 해석학적 조건은 이제 '모든 경전은 서로
다른 경전과 교차적으로 해석되어야 한다'고 확대 해석되어도 무방하
다. 왜냐하면 도맥 신학은 동아시아의 유교, 인도계 종교 계통의 불교,
장생불사 계통의 도교 그리고 율법 종교로서 셈족의 종교(유대교, 그리스
도교, 이슬람교)를 선맥(과 변화와 부활)의 풍류도에 포월하는 일원다종교

(一元多宗教)를 제시하기 때문이다.[66] 도맥 신학의 종교론은 일체의 제도 종교의 문화는 '종교 아닌 종교', 즉 말(세계 경전)과 씀(실천)의 종교적 황금률이 구현되는 일원교를 말하며, 다양한 제도 종교가 공존하는 신학이다. 이런 측면에서 도맥 신학은 유교, 불교, 도교, 그리스도교, 민족종교 등의 종교 문화와 상호 의존적인 관계를 가진 상생 신학이다.

또한 도맥 신학은 "동서양의 경전을 이해하지 못하면 성서의 진리를 이해하지 못한다"는 명제도 유효하지만, 한 걸음 더 나아가 "현대 학문을 이해하지 못하면 성경을 이해하지 못하고, 성경을 이해하지 못하면 현대 학문도 이해하지 못한다"고 주장할 수 있을 정도로 상호 텍스트를 교차적으로 해석하고 있다. 즉, 성서와 다른 경전과의 화쟁만이 아니고 성서와 현대 학문(예, 인문학, 사회과학, 자연과학)을 성서해석에 활용하고 있다. 성서의 창세기에서 아담의 후손인 셋 계통의 7대손인 우화등선한 에녹과 가인 계통의 살인자인 7대손인 라멕을 육종학과 유전학을 반영하여 방사선 동위원소에 의해 7대에 걸쳐 교배한 결과와 같다고 해석하고 있다. 또한 함이 아비의 하체를 본 사건을 친모 상간의 오디푸스 콤플렉스, 롯의 딸이 아비를 간음한 친부 사건을 엘렉트라 콤플렉스라고 심리학적 용어로 해석한다. 과학적 사실과 종교적 사실이 충돌하면 과학적 사실을 수용하라고 한다. 이런 도맥 신학이 성서해석에 적용된 간텍스트적 해석에 대한 상관관계를 이미 밝힌 바 있다.[67] 이처럼 도맥 신학은 현대학문을 배척하지 않고, 대화하고 수용하는 포용적 태도를 가지고 있다.

도맥 신학은 아시아 신학의 자리뿐만이 아니라 동방의 한나라인 한국의 종교적 자산으로 세계 성경해석 전통의 코페르니쿠스적인 전회를

---

66 이호재, 『흔 붉 변찬린』, 311-333.
67 이호재, 『흔 붉 변찬린』, 74-80, 625-629.

요청하는 성서 신학이다. 이런 신학적 모형의 새로운 패러다임인 도맥 신학이 세계 신학계에서 어떻게 자리매김될지 궁금하다.

VI. 한국 신학의 종합평론과 과제

1. 한국 신학의 종합평론

한국 신학은 초창기 서학으로서 한국의 경전 읽기의 전통을 통해 전수되었으나 종교로서의 천주교는 황사영 백서 사건, 유교문화의 제사 의례 문제 등으로 정치 논쟁화됨으로써 한국의 경학 전통이 계승되지 않는 주요한 요인으로 작동되었다. 한편 개신교는 해외에서 서구 신학을 배운 신학자가 교단 신학의 파수꾼이 됨으로써 한국의 경학 전통은 단절 되었다.[68] 이로 인해 한국 신학은 천주교 신학과 개신교 신학으로 재편되 어 서구 신학에 뿌리를 둔 다양한 신학의 전시장으로 기능하고 있다.

개신교 신학계는 보수적 근본주의 신학, 진보주의 신학, 자유주의신 학 그리고 신정통주의를 대변하는 교파 신학으로 구분된다.[69] 한태동, 서남동 등이 활동하던 연세대와 서광선 등이 활동하던 이화여대 등도 예전의 명성에는 못 미치고 있다. 주류 신학의 흐름은 아니지만 교단 신학과는 거리를 둔 김흡영과 이정배가 유영모를 연구하고, 김경재와 박재순의 함석헌 연구, 박종현과 필자의 변찬린 연구 등은 한국 신학계 에서 눈여겨볼 대목이다. 또한 최근에 옥스퍼드 핸드북 시리즈로『한국

---

68 왕대일은 한국인의 전통적인 경전학습의 전통을 성서해석에도 도입하여야 한다고 주장하 며 그 사례를 제시하고 있다. 다음을 참고할 것: 왕대일,『기독교 경학(經學)과 한국인을 위한 성경해석』(대한기독교서회, 2012).
69 김흡영,『도의 신학 II』, 100-114.

성서핸드북』이 발간된 것은 한국 종교(신학)계의 큰 경사라고 할 수 있다. 그럼에도 불구하고 주류의 한국 신학은 서구 신학의 대리전 양상을 띠는 것이 한국 신학의 자화상임을 부인하기는 어렵다. 개신교는 토착화신학, 종교신학, 문화 신학을 거치면서 교단 신학의 경직된 신학적 환경에도 풍류신학, 민중신학, 상생 신학 등이 나왔지만 여전히 선교 신학의 틀을 벗어나지 못하고 있는 실정이다.

한편 보편 교회를 표방하는 천주교회는 세계 선교 전략에 발맞춘 제2차 바티칸 공의회의 '이웃 종교'와의 대화를 공인한 가운데 한국의 전통 종교와 민족종교 사이에 상당한 성과를 이루었지만 단군상 논쟁,[70] 성지(순례길) 분쟁[71] 등의 논란을 볼 때 아직도 한국 종교 문화와 공존하는 모습을 보이기에는 미흡하다. 특히 정양모, 서공석, 이제민 등이 토착화 문제로 로마 교황청으로부터 신학적 자유를 침해받는 사태마저 발생하고 있다.[72]

이 시점에서 신학자와 성서학자는 근본적으로 고민을 해야 한다. 서구의 성서해석학적 전통의 바탕 위에 과연 한국 신학의 수립이 가능한가? 한국의 다원적 종교 전통의 바탕 위에 주체적인 성서해석을 한 다음에 비로소 한국 신학은 만들어질 수 있는가? 지금까지의 토착화신학자의 성과물이 선교 신학과 교단 신학의 틀을 벗어나지 못한다는 지적에 귀를 기울여야 한다. 필자는 새로운 한국의 성서해석이 없는 상황에서 한국 신학은 선교 신학의 연장에 불과하고, 한국의 종교 전통을 왜곡하는 기

---

70 강구영, "단군은 자주·통합의 상징… 남북통일 위한 자산", http://www.segye.com/ newsView/20131002005427?OutUrl=naver, 2013. 10. 2.

71 조현, "한국판 '산티아고 순례길' 두고 천주교·불교 갈등 조짐", https://www.hani. co.kr/arti/society/religious/1011834.html. 2021. 9. 15.

72 이제민, "가톨릭교회는 가톨릭적인가", 「가톨릭뉴스 지금여기」, 2011. 1. 7. http://www.catholicnews.co.kr/news/articleView.html?idxno=4660

능으로 작동될 우려가 있다고 진단한다. 지금까지 대부분의 토착화신학의 성과물이 이를 방증하고 있다. 하물며 서구 신학의 대리전을 벌이고 있는 한국 신학의 자화상은 번역 신학, 선교 신학의 범람으로 자생적인 한국 신학의 수립은 요원한 일이 아닌지 우려스럽다. 천주교의 정양모·서공석 사건, 개신교의 변선환과 서남동의 사건에서 알 수 있듯이 신학적인 용기를 가진 발언이 원천적으로 봉쇄되는 신학 환경에서 누가 감히 한국 신학을 할 수 있겠는가? 그런 의미에서 한국 신학의 수립을 위해 용맹정진한 신학자들에게 찬사를 보낸다.[73] 혹자는 신학에 서구 신학 혹은 한국 신학이 따로 있느냐고 반론할 수도 있겠지만, 그런 반론은 한국의 선맥과 유·불·도와 민족종교 등 한국의 다원적 종교 전통을 깊게 연구한 다음에 해도 늦지 않다.[74]

우리는 잠정적으로[75] 토착화신학이라는 한정된 범주에서 무교를 중심으로 한 유동식의 풍류신학, 유교를 중심으로 한 윤성범의 성의 신학, 불교를 중심으로 한 변선환의 '대화 신학'이라고 한다면,[76] 풍류를 중심으로 필자가 작업한 선맥(僊/仙脈) 신학과 성서의 도맥을 맥락적으로

---

73 한국문화신학회 편, 『한국 신학, 이것이다』(한들출판사, 2008); 김성수 외 공저, 『한국 신학의 선구자들 ― 20세기 한국 신학자 13인』(너의오월, 2014).
74 서구 신학의 대리전이 펼쳐지고 있는 한국 신학은 한국 종교 지평에 조화롭게 안착하기 위해서는 한국 신선 사상과 풍류 사상과 도교사상과 대면하여야 한다. 1960년대만 하더라도 한국의 신선 사상과 도교사상에 대한 연구가 상당히 빈약했지만, 1930년대 이루어진 이능화의 『조선도교사』가 1977년 번역 출간되었고, 1984년 차주환의 『한국의 도교사상』이 단행본으로 출판되었다. 특히 한국 도교사상을 본격적으로 연구하는 한국도교학회가 1982년 창립되어 2021년 현재 '한국도교문화학회'에서 한국 고대신화, 원시종교, 풍류도, 유·불·도의 삼교 관계, 신선 사상등을 중심으로 연구지 「道敎文化硏究」를 55집이나 발간하고 있다. 앞으로 토착화신학에 관심 있는 연구자는 도교 연구와 선맥 사상 등을 학제적으로 연구하여야 한다.
75 '잠정적'이란 교회교의학 모형, 정치 신학 모형, 문화 신학 모형, 구성 신학 모형, 과정신학 모형 등 다양한 모형 가운데 문화 신학 모형에 속하는 토착화 논쟁에 국한해 보았다는 의미이다.
76 김흡영, 『도의 신학 II』, 119-132.

해석한 도맥 신학이 한국 신학의 성과물이라고 할 수 있다.

그러나 토착화신학자의 다양한 '신학'은 한국의 다원적인 종교 전통의 맥락은 도외시되고 그리스도교 교리 체계에서 교리화된 신관의 틀안에서 사유가 전개되는 반면, 선맥 신학과 도맥 신학은 유·불·도·기의회통론적 세계관을 바탕으로 다양한 종교의 도맥과 도맥의 핵심인 선맥의 체계 안에서 신학적 사유를 전개했다는 근본적인 차별성을 가지고있다. 가장 한국적인 신학이 세계적인 신학이라는 명제는 유효하다.

2. 한국 신학의 남겨진 과제

선교 신학과 교단 신학 그리고 이를 뒷받침하는 서구 신학자들의번역 신학은 한국의 토착화신학, 종교신학, 문화 신학의 신학적 근거가되어왔다. 이런 성(誠)의 신학, 풍류신학, 민중신학 등 한국적인 신학의성과물[77]은 그 원대한 취지에도 불구하고 대부분의 신학이 통전적인성서해석을 할 수 없다는 공통적인 문제점을 안고 있다. 선교 신학에바탕을 둔 사유는 한국 종교 전통마저 그리스도교 신학으로 재편하는데 우선적인 관심이 있기 때문이다. 소위 그리스도교에 의해 한국 종교문화가 완성되어야 한다는 성취론이 신학자에게 내재화되어 있다. 그렇기 때문에 서구 신학에서 교리화된 성서해석을 새롭게 재해석한다는것은 엄두도 내보지 못한 것이 한국교회의 현주소이다. 세계 신학계의동향에 밝은 김흡영은 이렇게 내부 보고를 하고 있다.

나는 최근 들어 세계 굴지의 출판사들로부터 한국 성서해석학에 대한
글을 요청받고 있다. 최근 마감된 『옥스퍼드 한국성서학 핸드북』에는

---

77 김광묵, 『한국 신학의 두 뿌리』, 58-146.

내가 성서신학 전공자가 아니라는 이유로 여러 번 거절했지만, 그 저서의 역사적 중요성과 편집자의 끊임없는 요청에 못 이겨 "도의 신학 입장에서 성경읽기"라는 제목으로 참여하였다. 얼마 전에는 세계 성서학계에서 가장 크고 권위 있는 학회인 성서학회(Society of Biblical Literature, SBL)로부터 한 저술 프로젝트에 서구적이지 않은 한국의 독특한 성서해석학을 써달라는 요청을 받았다. 담당 편집자는 글을 요청하며 안병무의 민중 성서해석학조차도 불트만의 성서신학에 많이 의존했기에 한국적이라 보기에는 부적절하다고 했다. 그래서 몇몇 원로 성서학자들에게 연락해 보았으나 별 소득이 없었다. 심지어 한 중견 성서학자는 단적으로 이렇게 말했다. "한국 성서학자는 그런 것을 할 수 없는 실정입니다." 그러다 편집자인 미국 한인 2세 성서신학자로부터 다시 연락이 왔다. 듣기 민망한 내용이었다.

그러나 [한국 성서신학자들의] 실제 글들을 읽어보면 대부분의 각주와 출처는 전통적인 백인, 서양, 유럽 중심의 성경 연구에서 나온 것들입니다. [심지어] 일부 글에는 한국인이나 한국인 디아스포라의 정체성, 역사, 맥락, 문화, 공동체 및 전통 등에 대한 언급이 전혀 없었습니다. [그렇다면] 앞으로 한국 성서연구와 한국 성서해석이 어떻게 발전할 수 있을까요? [지금처럼] 유럽 중심적 기반, 그러니까 서구의 자본주의와 식민지 프로젝트의 영속화를 돕는 것이 아닌 한국의 역사, 개념, 체계, 전통들을 중시하고, 발전시키고, 즐기는 것으로서 말입니다. 그 질문이 프로젝트의 핵심입니다.

한국 성서신학이 현재까지도 세계에서 이 정도 수준으로 인식되는지 몰랐다. 오죽했으면 신학자인 내게 성서해석에 관해 글을 써달라고 요청할까? 현재 한국의 성서학과 신학의 민낯이 우리의 2세 신학자에 의해 들춰진 것 같아 창피했고, 또 서글펐다. 그나마 이러한 비판적 견해는 그가 1세가 아니고 2세이기 때문에 가능했을 것이다. 나도 미국에서 신학교육을 받았기 때문에 이런 점을 이해할 수 있다. 미국과 같은 나라에서 신학을 공부하면 시작부터 신학교육의 지배담론인 백인 중심적 서구 신학으로부터 백인이 아닌 동양인 신학도로서 자기 신학의 정체성에 대한 확실한 규명이 요구된다. 다시 말하면, 자신의 종교 문화를 포함한 사회적 위치(social location)에 대한 분명한 의식과 자리매김 없이 세계 신학계에서 자기의 신학 담론을 설득력 있게 전개한다는 것은 불가능하다.[78]

유일 신앙의 바탕 아래 한국인과 한국의 종교 문화가 배제된 채 형성된 서구 신학 그리고 천주교와 개신교의 종교 문화를 수입한 한국 그리스도교는 새로 시작하여야 한다. 서구에서의 '신학'은 그리스도교 신학의 지고신을 증언하는 학문이지만, 한국 신학은 반드시 다종교적 전통을 가진 한국의 '신'과도 대화를 하여 진정한 신학으로 재탄생되어야 한다. 동시에 성서의 특정 전거와 한국 종교의 특정 전거를 확대해석하여 한국 신학의 준거로 삼는 신학적 방식은 근본적으로 재검토해야 한다. 이로 인해 만들어진 신학은 선교 신학의 연장선의 결과밖에 나오기 힘들기 때문이다. 만일 서구 신학이 완전하고 온전한 신학이라면 한국의 종교 문화는 계몽 대상이며, 그리스도교인만이 구원을 받는다면 비그리스도교인은 '개종'의 대상에 불과할 뿐이라는 것은 자명한 사실이다. 과연 그런가?

그러나 이런 주류 그리스도교의 풍조에 문제의식을 가진 일군의 토착화신학자, 민중신학자 등의 신학적 행보도 결국 그 뿌리를 서구 신학

78 김흡영, "도(道)의 신학이란 ― 3. 성서와 도의 신학", 「기독교사상」 751 (2021), 168-169.

에 두고 한 걸음도 앞으로 나가지 못하고 있다. 한국 신학의 세계화를 위해 부족하나마 몇 가지 제언을 한다.

첫째, 한국 신학의 수립은 한국의 종교 문화에서 한국인의 종교(신학)적 문제를 주체적으로 제기하고 형성된 신학적 작업이어야 한다. 세계 교회에 대한 한국교회의 대답은 무엇인가? 그리스도교 신학을 형성한 전통은 한국의 종교 문화와는 전혀 다른 환경에서 형성된 신학이다. 예수 그리스도를 전혀 모르고 죽은 우리 조상의 구원(제) 문제가 그들의 신학적 사유 체계 속에서 전혀 고려되지 않고, 유교, 불교, 도교 등 다른 종교를 신앙한 종교인에 대한 구원(제)의 종교적 기제도 감안되어 있지 않다. 심지어 종교다원주의라는 서구발 신학 담론도 그리스도교 신학의 필요에 의해 제기된 선교전략에 불과할 뿐이다. 한국 종교 지형은 그리스도교가 전래되기 이전부터 다원적 종교 전통에서 다양한 역사적 종교가 공존한 역사이다. 종교 정보가 상호 단절된 시대에 형성된 해당 종교의 신념 체계는 존중되어야 하지만, 종교 정보가 합류되는 시대에는 새로운 신념 체계가 형성되어야 한다. 우리의 종교(신학)적 문제는 우리가 가장 잘 알기에 우리 힘으로 해결하여야 한다. 한국의 종교 전통도 전혀 모르는 외국의 유명 신학자를 초빙하여 한국 그리스도교와 한국 종교 문화의 미래를 묻는 어리석은 일이 발생하여서는 안 된다. 독일 신학, 영국 신학, 스위스 신학, 미국 신학 등 구미 신학은 자기 목소리로 답을 하는데 왜 우리는 칼 바르트, 판넨베르크, 장 칼뱅, 마르틴 루터, 폴 틸리히, 루돌프 불트만 등의 서구 신학자에 의탁하지 않으면 주체적인 한국 신학을 할 수 없는가? 지금부터라도 한국의 종교 문화의 전통 아래 한국 교회는 답을 내놓아야 한다. 성서의 하나님과 성서의 예수 그리스도와 성서의 성령은 한국 신학자의 대답을 기다리고 있다.

둘째, 한국 신학은 한국 종교 전통에 대한 깊은 연구가 선행되어야 한다. 신학자들이 그리스도교 성지순례를 통하여 자신의 신학적 체계를 검증하고 성서의 신과의 교감을 노력하는 만큼 한국 종교 전통에 대한 깊은 연구도 병행되어야 한다. 예를 들어 선맥과 무맥이 한국의 전통 도맥이라면 선맥과 무맥에 대한 다양한 종교 정보를 습득하여야 한다. 선맥의 경우 자기 수련적 종교 체험 등을 포함한 고조선 문명의 유적과 유물에 대한 다양한 종교와 역사 정보에 정통하여야 하며, 무맥의 경우에도 종교 자료의 이해뿐만 아니라 인류학적인 연구도 진행되어야 한다. 여기에는 당연히 유교의 유학자와 서원과 향교, 불교의 선승과 사찰, 지리산의 선가적 전승, 민족종교의 창교자의 담대한 발상 등에도 귀를 기울여야 한다. 한국의 신학자와 구미의 신학자가 '신학적 고민'이 동일할 수가 없다. 번역 신학과 선교 신학이 한국 신학을 대체할 수 없고, 우리의 신학적 고민을 해결해 주지 않는다. 한국 신학은 한국 종교 전통을 존중하는 가운데 우리의 신학을 하여야 한다.

셋째, 선교 신학과 교단 신학을 극복하고 서구 신학과 한국 종교 문화의 전통을 포월하는 해석학적 준거 지점에서 한국 신학이 시작되어야 한다. 초기 토착화신학자들이 한국 종교를 이해하기 위한 폭넓은 연구 노력을 현재의 후학들이 얼마나 계승하고 있는지 의문이다. 지금은 서남동의 '안테나 신학'과 윤성범의 과감한 주제설정, 변선환의 학문적 열정과 용기, 유동식의 넓은 사유 체계를 아우르는 신학자가 나와야 한다. 초기 한국 신학자들이 종교(신학) 정보를 수집하기 위한 애로사항은 정보혁명으로 거의 다 해소되었다. 종교 정보의 범람 시대에 교단 신학의 틀을 벗어난 지점에 신학 담론의 지점을 잘 설정하면 한국 신학의 세계화는 그리 먼 일이 아니다. 한국 신학은 반드시 한국 종교 지평의 독창성과 세계적 신학 지평의 보편성을 동시에 함축하는 해석학적 준거를 포착하여야 한다. 서구 신학을 배척하자는 말이 아니고 서구 신학을 수용할 뿐만 아니라 한국 종교 전통문화도 포월할 수 있는 신학이어야 한다. 만일 이 이해 지평의 융합 지점을 확보하지 못하면 한국 종교 문화와 그리스도교 문화는 '물과 기름'처럼 융합되지 못하고 지금과 같은 '격의 (格義) 그리스도교' 문화, 격의(格義) 성서해석 현상은 지속될 수밖에 없다. 한국 신학을 위한 방향 제시를 한 선학들의 연구 결과는 넘쳐난다. 지금은 한국 신학의 당위성을 말하는 신학 평론가가 필요한 것이 아니고 교단 신학을 극복한 용기 있는 그리스도교의 신학자, 성서학자가 필요한 시기이다. 한국 신학자 가운데 한국의 폴 틸리히, 한국의 칼 바르트, 한국의 루돌프 불트만이 필요한 것이 아니라 변찬린의 지적처럼 "기독교의 원효, 기독교의 고운, 기독교의 퇴계와 율곡"이 나와야 한다.

마지막으로 한국의 종교적 심성에 뿌리내린 새로운 성서해석을 내놓아야 한다. 새로운 성서해석은 다른 종교의 경전, 과학적 발견과 대화하고, 현대 학문과 해석학적 전통을 공유하며, 새 문명의 종교적 사유 체계를 수립하는 데서 시작된다. 그리스도교가 한국에 전래된 이래 양식 있는 한국 신학자가 '각자'의 담론을 형성한 적이 있었다. 그러나 한국 천주교는 로마 교황청의 성서해석을 벗어나는 신학적 사유를 하지 못하고, 개신교는 서구 신학자의 종교 이데올로기를 벗어나지 못한다. 여기서 벗어나는 신학자·목회자는 '해직·출교' 당하기 일쑤다. 교단 신학자중 이단성 시비에 휘말리지 않는 신학자는 사실상 서구 신학 테두리 안에서 사유하고 있다고 보아도 무방하다. 이들은 번역 신학, 식민 신학, 제국 신학의 테두리에서 한국의 종교 영토에 '서구적 교리탑'을 쌓는 데만 열중하고 있다. 만일 예수가 이 땅에 와서 "너희는 나를 누구라 하느냐" (마 16:15; 막 8:29; 눅 9:20)고 물을 때 한국 그리스도교인은 뭐라고 답해야 할까. 그리스도교인은 한국 종교의 역사적 학맥을 계승하여 예수의 질문에 한국인이자 그리스도교인으로서 답을 제시해야 한다. 그 첫걸음이 성서의 새로운 이해, 즉 성서해석이다. 성서가 어찌 헬레니즘의 철학적 사유에서만 해석이 되는가. 유·불·도의 다원적 종교 전통에서 살아온 한국 그리스도교계가 열린 신앙의 태도로 성서를 볼 때 새로운 성서해석은 한국교회가 진정한 한국교회로 거듭나는 계기가 될 것이며, 동시에 세계 그리스도교계의 새로운 '종교개혁'의 촉매제가 될 것이다.

4장
한국 종교와 성서·신학·목회의 실상

이 장은 "흔붉 변찬린의 종교 사상"이라는 대주제를 구성하는 "한국 종교와 한국교회"라는 소주제로 필자가 주관하여 한국 종교를 연구하는 종교학자 윤승용, 히브리대학에서 15년간 성서연구를 한 성서학자 조용식, 세계 신학계에서 한국 신학을 널리 알리고 있는 신학자 김흡영, 한국 교회의 원로목사 이경수와의 연속 인터뷰로 기획되었다.

I. 한국 (민족)종교와 한국 기독교
   ### (대담: 종교학자 윤승용)

원장: 오늘은 한국 신종교학회장과 한국 종교 문화연구소의 소장을 역임하시고, 작년 연말에 종교학계의 큰 염원이었던 『한국민족종교문화대사전』을 총괄 기획하고 편찬위원장으로 일하신 종교학자 윤승용 위원장을 모셨습니다. 간단하게 자기소개를 부탁드립니다.

위원장: 저는 한민족이 펼쳐온 종교 문화와 그 역사에 대해 탐구하고

있습니다. 특히 '한민족의 종교 문화사'에 나타나는 민족의 '고유 신앙'과 19세기 후반에 '근대적 종교'로 등장한 한국의 민족종교에 대해 많은 관심을 가지고 있습니다. 1984년 한국 민족종교가가 모인 '한국민족종교협의회'의 창립 과정에도 기여한 바가 있습니다. 1987년 한국의 종교 문화에 대한 문화적 비평을 목적으로 하는 '한국종교문화연구소'(한종연)를 창립한 바가 있고, 지금도 같은 연구소의 이사로 활동하고 있습니다. 최근 한국신종교학회 회장을 역임하면서 『한국신종교사전』(2018, 한국신종교학회와 원불교사상연구원)을 작고하신 김도공 교수와 함께 책임 편찬한 바가 있습니다.[1]

1. 선맥과 무맥의 앙상블로 전개된, 종교 문화 전통

원장: 한국 종교학계의 중추적인 역할을 담당하고 계시는 위원장님과의 인터뷰에 기대가 큽니다. 그러면 한국 종교 문화의 첫 장에 서술될 수도 있는 한국 종교 문화의 원형이 무엇인가라는 질문부터 시작해 보겠습니다. 사실 이 가설적 개념은 인문학계의 '뜨거운 감자'이기도 합니다. 혹자는 무속이라고 하고, 혹자는 선맥(僊脈)이라고도 하고, 혹자는 풍류라고도 말합니다. 또한 동학 등 민족종교의 사상은 근대화된 토착화의 재발견이라고도 합니다. 이런 원형 찾기는 '국수주의'적이고 '민족주의'적이라고 말하며 그런 담론 자체를 무시하기도 합니다. 이런 종교 담론에 대해 어떻게 생각하시는지요?

---

1 저서로는 『현대 한국 종교문화의 이해』(한울, 1997), 『한국 신종교와 개벽사상』(모시는사람들, 2017) 등이 있고, 책임편저로서는 『한국 종교문화사 강의』(청년사, 1998), 『한국인의 종교와 종교 의식』(한국갤럽조사연구소, 1998)이 있다.

위원장: 먼저 종교 문화의 원형이라는 말은 너무 실체적인 개념이라서 연구가 부족한 제가 거론하는 것 자체가 좀 부담스러운 주제입니다. 그렇지만 한국의 종교 문화를 형성하고 있는 기본 전통이 무엇인가에 대해서는 논의해 볼 만한 가치는 있다고 봅니다. 한국 종교 문화의 기본 전통은 시베리아, 중앙아시아와 동북아시아 일대 퍼져 있었던 '신령의 종교'인 무맥 전통과 한민족의 '고을국가' 공동체 형성 과정에서 등장한 '신명의 종교'인 선맥 전통이 아닌가 합니다. 그 기본 전통은 모든 인간을 이롭게 한다는 홍익인간과 하늘의 이법(理法)으로 세상을 만든다는 이화 세계라는 사상으로 '단군사화'(檀君史話)에 표출되었고, 이어서 포함삼교(包含三教)와 접화군생(接化群生)을 담은 풍류도로 계승되었으며, 그것을 기반으로 불교와 유교와 같은 외래 종교들이 한국적으로 토착화되었으며, 근대 이후 한민족의 위기에서 민족적 정체성을 드러내고자 여러 민족종교 형태로 등장한 것이라고 볼 수 있습니다. 한국의 민족종교에서 잘 나타나는 지상선경(地上仙境)과 인존사상(人尊思想) 등도 이같은 기본 전통의 계승이라고 볼 수 있습니다. 물론 민족종교에 서학의 영향도 무시할 수가 없을 것입니다. 그러나 무맥과 선맥과 같은 전통적 종교 관념들을 근대 이후 무조건 근대적 종교 개념으로 재해석하고 있다는 데 여러 문제가 생겼다고 봅니다. 하여 한국 종교 문화의 기본 전통들이 종교적으로 평가절하당하면서 그 본래의 전통적 의미가 많이 상실된 것이 아닌가 합니다.

우리는 민족과 국가가 함께 하는 민족국가를 꿈꾸고 있습니다. 그런 면에서 근대 이후 훼손당한 한국 문화 전통을 찾아 나서는 일을 단순히 국수주의적인 것으로 치부해버릴 수는 없습니다. 그런 전통 찾기는 한국인의 정체성을 확인하고 보존하려는 하나의 자기 몸부림이지요. 더구나 민족이 분단당하고, 이웃 국가들의 문화침탈이 이루어지고 있는 현 상황에서는 더욱 그렇습니다. 이는 민족통일의 과제를 수행하기 위한 문화적 기초 작업이라고도 할 수 있습니다. 그것에 관한 담론들은 현재 복잡한 한국 종교 문화를 이해하는 데 주체성 있는 이해의 틀을 제공할 뿐 아니라 해외에서 유입되는 외래 문화를 재창조하는 데도 유용한 기준이 될 것입니다.

> 원장: 한국 종교 문화 맥락에서 선맥 혹은 풍류성은 창조적이고 회통적이고 수련적인 능동적인 기호이지만, 무맥은 수동적이고 혼합적이고 기복적인 수동적 기호로 자리매김을 한다면 엘리트 종교인 선맥과 민중 종교인 무맥을 한국 종교 문화에서 어떻게 조화롭게 해석할 것인지가 한국 종교를 이해하는 관건이 될 수도 있을 것 같다는 생각이 듭니다. 이에 대해 위원장님의 견해가 궁금합니다.

위원장: 무맥과 선맥 이야기에 충분히 공감을 합니다. 말씀하신 바와 같이 무맥과 선맥은 분명히 서로 다른 신앙 양식입니다. 무맥은 무당의 의례 절차에 의한 원풀이나 한풀이와 같은 원과 한에서 해원상생이라는 인간 해방을 전제하고 있지만, 선맥은 자신의 수련에 의해 내적 신명을 밝혀 인간 완성을 도모하는 신앙 양식입니다. 하여 선맥은 인간중심의 종교 현상으로 인간 내면에서 영성을 찾는 형식이라면, 무맥은 신 중심의 종교 현상으로 인간이 신에게 무엇을 요청하는 형식입니다. 그리고 한국 종교 문화 전통은 선맥이 강한 회통적이고 수련적인 것이라는 것에도 공감합니다. 그러나 한국 문화의 기본 전통이 무맥과 선맥이라고 하더라도 서로 떨어져서 각각 독자적인 전통으로 발전해서 정착해 왔는가는 문제입니다. 고대의 한국 종교는 양 전통이 일찍부터 융합된 종교였다는 점을 먼저 고려할 필요가 있습니다. 이른바 고대 종교의 중심 주제

였던 구도 종교가 우리 역사에 완전히 제대로 자리 잡기까지는 시대에 따라 무맥이 강할 때도 있었을 것이고, 선맥이 강할 때도 있지 않았나 합니다. 예컨대 공동체성이 필요했을 경우에는 선맥이, 보편적인 종교 성이 필요했을 경우에는 무맥이 강조되었을 것입니다. 그러면서 양자가 서로 융합되고 조화를 이루고 있었다고 생각됩니다. 한국의 종교 문화도 무맥의 구복성과 선맥의 구도성이 함께 어울려 전승해온 것이라고 평가 하고 있습니다. 앞으로 더 많은 검토가 필요합니다만, 변찬린 선생이 말한 대무(大巫)와 소무(小巫)의 구분도 이 같은 융합적인 종교 문화의 현상을 잘 설명해 주고 있다고 생각됩니다.

어떻든 무맥과 선맥은 오래된 우리 종교 문화의 기본 전통입니다. 보편적인 종교성을 나타내는 무맥과 한국적인 종교성을 나타내는 선맥 은 일찍부터 상호 융합이 일어났던 것이죠. 대동굿과 같은 마을 축제를 보면 그런 융합 현상을 잘 알 수 있습니다. 이 같은 양 전통이 고대 고을국 가가 형성되면서 풍류도로서 합류되지 않았는가 합니다. 그래서 입장에 따라서 강조점이 다를 수 있다고 봅니다. 신에 의지하는 기독교적인 입 장에서 보면 당연히 신의 권능을 더 인정하는 무맥을 강조하겠죠. 수련 을 강조하는 불교나 유교의 입장에서 보면 당연히 선맥을 더 강조하겠죠. 그리고 수련적인 선맥을 강조하는 풍류객들은 또 다른 신명객이 되기도 합니다. 예컨대 천지신명에 제를 지내고 노래와 춤으로 신을 맞이하는 사례들이 적지 않게 보인다는 것입니다. 이는 선맥의 전통에서 분명 무 맥 현상이 나타난 것이죠. 그리고 신명이란 '신이 지핀다' 혹은 '신이 난다' 는 뜻도 있지만 하늘 태양과 관련하여 '빛을 밝힌다'는 뜻도 있거든요. 그렇다면 신명객의 풍류에서도 무맥과 선맥의 종교 현상들, 즉 해원과 상생, 탈혼과 신명, 초탈과 영생 등을 읽어낼 수 있다고 생각됩니다. 그런 풍류의 종교 문화가 이후 불교와 성리학에 밀리면서 세련된 상층문화로

다듬어지지 못하고 기층문화로 자리 잡게 됨에 따라 민중을 중심으로
무맥과 선맥이 함께 이어져 온 것이라고 봅니다.

2. 한국 종교사의 큰 기틀을 만든 『한국민족종교문화대사전』

원장: 선맥과 무맥이 한국의 종교 문화에 조화롭게 전승되어 온 맥락은
상당히 흥미롭습니다. 선맥에서 발현하는 신과 무맥에서 발현하는 신이
변별되고, 선맥은 수련을 통한 인간의 존재 변형 혹은 존재 탈바꿈을 실험
한다는 차별성을 가진다고 볼 수도 있을 것 같습니다. 위원장님이 언급하
신 선맥과 무맥에 대한 식견은 학자들에게 다양한 생각거리를 제공하는
계기가 될 것 같습니다. 사실 한국 종교 문화라는 측면에서 선맥을 강조하
는가, 무맥을 강조하는가는 한국 종교 문화의 서술에 결정적인 차이를
보이는 분야이기도 하기 때문입니다. 이번에 말 그대로 한국 역사에서
최대의 '민족종교 문화'를 집대성한, 4.6배판으로 2,351개 항목을 수록한
1,500쪽에 이르는 책이 나왔다고 하는데, 정말 반갑고도 고마운 연구
성과입니다. 위원장님이 개인적으로 이런 연구물의 필요성을 느낀 계기
가 있으신지요?

위원장: 제가 근 5년에 걸쳐 편찬한 『한국민족종교문화대사전』은
한국의 민족종교 문화를 중심으로 편찬한 사전이긴 하지만, '민족종교
문화'라는 지식체계의 구성 측면에서는 아직 갈 길이 먼 시론적인 사전입
니다. 앞으로도 계속 지식체계를 다듬고, 그에 기초해서 더 보완해야
할 표제어들이 적지 않습니다. 특히 기독교를 비롯한 유교, 불교, 도교
등의 전통 종교들과 한민족이 관계되는 부분이 더욱 그렇습니다. 현재
민족 문화를 보는 시각이 강단사학자와 재야사학자가 다르고 또 제도

종교 입장과 민족 문화 입장의 차이가 크기 때문입니다. 예컨대 민족의 종교 문화 전통인 무맥와 선맥, 신교와 선교, 단군과 마고, 하늘님과 천지 신명 등의 고유한 종교 문화 개념들이 아직 정립되지 않은 채 남아 있습니다. 그럼에도 불구하고 본 사전을 과감하게 편찬하게 된 것은 다음과 같습니다. 급변하는 세계사의 흐름에 갑자기 닥칠지 모르는 민족통일을 문화적 차원에서 미리 대비하고, 현재 세계적으로 확산이 되고 있는 한류에 정신적인 기반을 제공해야 한다는 강박관념이 작용했기 때문입니다. 이에 민족종교만이 아니라 그것과 관련된 한민족의 종교와 문화를 함께 수록하기로 한 것입니다. 말하자면 한민족이 빚어낸 고유의 종교 문화를 중심으로 하되 종교와 관련한 민족 문화를 함께 모아 하나의 민족 종교 문화 지식체계를 만들고, 그것을 토대로 하여 '민족종교 문화'의 사전을 편찬하기로 한 것입니다. 이 같은 원칙을 세우게 된 것은 서구 중심의 근대적 종교 개념 기준만으로는 한국의 민족종교를 제대로 평가할 수 없다고 판단했기 때문입니다. 한국의 민족종교는 서구 중심의 근대적 종교 개념 기준만으로 평가할 경우 종교의 평면에서 저평가될 수 있으나 민족 문화적으로 평가할 경우 한국인의 혼이자 근대 정신 문화의 정수로 평가될 수 있었기 때문입니다.

원장: 한국 종교계의 큰 경사입니다. 이런 대사전의 편집 총책임자로서 한국의 종교학자, 철학자, 신학자, 불교학자 등 각계 전문가 등 147명의 집필진이 거의 총동원된 것으로 알고 있습니다. 다른 종교사전과 비교할 때 대사전만이 가진 특징을 간략하게 설명해 주시면 고맙겠습니다.

위원장: 2022년 현재 시중에 나와 있는 종교 관련 사전들은 민족 공동체의 종교 문화와 관련이 없는 제도 종교들의 교학사전들입니다. 불교,

유교, 개신교, 가톨릭, 원불교, 신종교 등 각 종교의 사전들이 출판되어 있으나 그들은 각기 자신의 종교 사상이나 교학, 의례들을 담은 것입니다. 그리고 '한국학중앙연구원'에서 발간한 민족 문화를 고려한 『민족문화대백과사전』이 있으나 세속적 학문만을 전제한 내용이라서 종교 문화 항목들이 빈약할 뿐 아니라 한국의 민족종교와 문화들이 가지는 종교 문화사적 의미와 위상을 반영하지 못한 내용이 적지 않습니다. 이러한 문제점들을 고려하여 본 사전은 한민족이 직접 경험하고 신행해왔던 민족의 종교와 문화를 한곳에 모아 하나의 지식체계로 만들어 본 것입니다. 그리하여 한국의 민족종교가 근대의 여울목에서 위기의 한민족을 지켜준 얼과 정신을 담은 큰 그릇이라는 점을 보여주고자 했습니다.

이 사전의 특징은 다음과 같습니다. 첫째로 민족 문화 차원에서 한민족의 종교와 문화를 체계화한 최초의 사전입니다. 본 사전은 근대 민족 종교와 문화를 중심으로 정리하고 있지만, 선사 시대부터 이어온 한민족의 삶에서 형성된 민족의 종교 문화들을 가능한 한 집대성하고자 했습니다. 민족종교를 이해하기 위한 기초 지식, 고대 하늘을 부활시킨 동학, 신명의 해원을 강조한 증산교, 민족의 상징인 단군을 강조한 대종교, 토착 신앙과 융합한 민족 불교, 한국인의 심성을 잘 드러낸 민족 유교, 한국의 고유한 선맥(仙脈) 신앙과 종교들과 한국화한 기독교 문화 현상들, 소위 미신으로 치부되는 무속을 포함한 기층 신앙들과 동양의 역학과 천문 지리 등과 관련한 소위 유사과학(類似科學)으로 남아 있는 동양의 천문학, 풍수학, 명리학 등의 현상들, 민족종교와 직간접적으로 관련되는 민족운동과 민족 문화 등의 분야로 구분하여 관련 지식들을 체계화한 최초의 사전입니다.

둘째로 한국의 종교 문화에 대한 종교 문화적 평가와 민족 문화적 평가를 종합화한 사전입니다. 인문학은 개인이나 집단의 정체성과 관련한 학문입니다. 보편적인 진리를 추구하되 결국은 자신이 삶을 구성해나가고 그 의미를 찾아가는 학문입니다. 이는 한민족에게도 예외가 될 수 없습니다. 그렇다면 서구적 사고가 지배하고 민족이 분단된 상황에서 민족종교가 제대로 평가받기가 쉽지 않다는 점은 미루어 짐작할 수 있습니다. 근대 이후 개인적이고 내면화된 근대적 종교 개념은 민족의 위기를 반영했던 민족종교에 대한 평가 기준으로 충분치 않습니다. 한편 특정 종교의 사회 지배력은 신앙 양식의 특성만으로 설명될 수 없습니다. 그리고 종교적으로만 보면 민족종교의 의미를 잘 파악할 수 없는 것이 적지 않습니다. 민족 문화적 평면 위에 놓고 보면 그 맥락이 너무나 잘 이해될 수 있는 경우가 많습니다. 따라서 본 사전은 종교 문화적 평가만이 아니라 민족 문화적 평가를 동시에 고려하고, 나아가 종교와 관련된 민족운동과 민족 문화도 통합해 편찬한 것입니다.

셋째로 종교의 올곧은 이해를 위해 종교학적 시각을 반영한 사전입니다. 종교학은 객관적 세속학문과 각 종교의 교학적 연구, 그 양자의 사이에 있는 경계의 학문입니다. 이에 세속 학문으로부터는 유사 교학이나 유사 신학으로, 교학이나 신학으로부터는 신성한 종교를 해체하는 학문으로 오인되는 경향이 있습니다. 말하자면 종교학은 이성을 중심으로 한 객관적 세속학문으로부터 소외되고 또 신앙을 합리화시키는 교학적 연구와 마찰을 일으키고 있습니다. 그러나 여기서 종교학적 시각을 반영했다는 것은 각 종교의 비교분석은 물론 사회적 헤게모니 평가 방식을 배제하고 민족종교의 창립자들의 애민 사상과 구도 정신을 기준으로 객관적으로 서술했다는 점을 의미합니다.

넷째로 한국의 민족종교에서 주장하는 민족사의 정통론을 받아들인 사전입니다. 한민족의 역사에 대해서는 아직도 학계 논쟁이 적지 않은 부분이지만 본 사전은 오늘날 한국 민족종교에서 주장하고 있는 역사관을 대폭 수용한 사전입니다. 특히 개항기 이후 민족의 위기에서 발생한 민족종교의 역사관을 대폭 활용하고 있습니다. 한국 민족사를 신시배달국, 고조선, 북부여(열국 시대), 사국 시대(가야 포함), 남북조 시대(발해 포함), 고려 시대, 조선 시대, 일제강점기, 미군정기, 남북분단의 시대로 한민족의 역사를 파악하고 있습니다. 따라서 반도 사관에 집착하는 강단 사학계의 주장과 관계없이 민족종교에서 주장하는 민족 시원과 관련된 신화나 고대사를 대폭 수용하고 있습니다. 특히 강단사학계에서 한민족(고조선)과의 관계를 부정하는 '홍산 문화'나 위서라고 주장하는 『환단고기』와 같은 민족 고대사를 대폭 수용하고 있습니다.

다섯째로 세계 종교와 민족종교 간의 관계를 정립하려고 노력한 사전입니다. 일반적으로 문화의 보편성은 그 지역의 삶의 특수성을 통해서 구체화되고 완성됩니다. 그 역(逆)도 마찬가지입니다. 한국에서 현재 자기 역할을 하는 종교에는 보편성만 있는 것이 아니라 지역적 특수성도 동시에 반영되어 있습니다. 또 인간 구제의 교리만 있는 것이 아니라 지역의 구체적인 삶의 방식도 함께 수용할 수밖에 없습니다. 말하자면 모든 종교는 인간의 보편성을 전제한 종교이긴 하지만 어느 것을 강조하는가에 따라 그 종교의 성격이 결정되는 것입니다. 소위 세계 종교라고 하는 종교는 삶의 현장을 떠나 인간의 보편적 교리만 강조하는 교조적 종교가 될 가능성이 크고, 반면 민족종교는 자신의 삶의 현장과 과제를 보듬고 있기 때문에 더 지역 삶의 전통을 잘 수용하면서 더 주체적인 종교가 될 가능성이 큽니다. 따라서 본 사전은 민족 문화의 정체성이라는 입장에서 세계 종교와 민족종교 간의 이 같은 관계를 고려해 서로 상생하는 차원으로 정립하려고 노력한 사전입니다.

여섯째, 현대 세속학문에서 소외된 종교와 관련된 민족 문화를 대폭 수용한 사전입니다. 현대 세속학문에서 소외된 동양 천문학과 풍수학,

명리학과 같은 동양적 유사과학이나 운기론(運氣論)과 같은 동양적 수련 요소, 우주 만물의 생성과 발전을 해석하는 역학적 사고 등 현대 학문에서 제대로 자리 잡지 못한 한국의 전통적 민족 문화 요소들을 대폭 수용한 사전입니다. 현대사회에서 어떻게 평가하든지 간에 이들은 우리 전통문화의 일부분입니다. 불과 한 세기 전만 해도 주역을 모르면 교양인, 지식인이 될 수 없었을 정도였습니다. 그것을 무시하면 우리의 민족 종교와 문화에 대한 올곧은 이해가 거의 불가능합니다.

일곱째, 한국적이고 주체적인 기독교 문화만을 수용한 사전입니다. 한국 기독교가 현재 한국의 종교계를 이끌고 있는 지배 종교라고 볼 수 있지만, 본 사전의 주제가 『민족종교문화대사전』인 만큼 그 성격을 고려해 한국적이고 주체적인 기독교 문화만을 수용했습니다. 한국인이 신앙하는 한국 기독교에서 한국적인 요소를 찾으려고 한다면 끝이 없을 것입니다만, 여기서는 잘 알려진 기독교의 일반적인 요소는 제외하고 한국 기독교계에만 나타나는 한국적인 종교 현상만을 골라 수용하고 있습니다. 이에 기독교의 복음과 한국 문화와의 접점이 되고 있는 민중신학, 문화 신학, 토착화신학 등 한국적인 상황이나 신앙을 수용한 종교 현상 그리고 기독교의 한국적인 해석과 같은 특별한 문화 현상들을 중심으로 편찬한 것입니다.

3. 인류구원의 보편성을 가지는 한국 민족종교

원장: 개인적으로 내막을 모르는 분들은 대사전의 이름 자체만 본다면 '국수적'이고 '민족주의적'이라는 선입견을 가질 수도 있는데 굳이 '민족 색채'가 뚜렷한 대사전의 이름을 가질 필요가 있었는지요?

위원장: 그렇지 않습니다. 어떤 문화든 반드시 그것을 창조하고 수용하는 담지자가 있습니다. 주체자가 있다는 것이죠. 그리고 한국에 있는 종교들을 다 소개하는 것은 너무 방대한 작업입니다. 여기서는 한민족의 삶을 형성해온 종교 문화만을 골라 수록했기 때문에 가장 적합한 대사전의 명칭이라고 생각합니다. 한민족의 고유 종교와 신앙을 중심으로 하되, 그와 관련한 종교 문화를 함께 포함한 것이기 때문에 『한국민족종교문화대사전』이라고 명명한 것이고, 그에 걸맞은 지식 체계를 구성한 것입니다. 앞서 언급을 했지만, 민족종교 문화를 처음으로 체계화하기 위한 시론적인 사전이라고 보시면 되겠습니다. 아마 한국인의 종교와 신앙생활 양상들을 좀 더 보강해 나간다면, '한국종교문화사전'이라고 해도 무방할 것입니다. 지금도 그런 성향을 강하게 띠고 있습니다. '한국민족문화사'와 '한국종교문화사'의 입장에서 본 유의미한 표제어들을 집중적으로 골라서 정리했기 때문입니다.

일반적으로 민족종교라고 하면 구원이 특정 민족에게만 한정된 것으로 오해하는 경우가 많습니다. 그런데 한국의 민족종교들은 전혀 그렇지 않습니다. 한국 문화 토양에서 자생적으로 배태되고 성장한 것은 사실이지만, 그렇다고 해서 구제의 대상이 한민족으로 한정되는 종교는 아닙니다. 한국의 민족종교는 유태교나 힌두교와 같은 자연발생적인 그런 민족종교가 아닙니다. 창시자의 종교 경험에 기반을 둔 근대적 종교 개념을 가진 근대적 종교들입니다. 말하자면 근대 이후 일제강점기로, 민족분단으로 고난을 받은 한민족이 인류구원과 세계평화에 더 적극적으로 앞장서야 한다는 것을 주장하는 종교들입니다. 요컨대 서세동점(西勢東漸)이라는 민족의 위기에서 발생한 근대적 종교 성격을 가진 종교이고, 그 내용은 한민족의 세계사적 역할을 강조하고 세계사에서 한민족의 책무를 강조하는 종교이고, 한민족을 넘어 동서 화합과 동서 합덕을 주장하고 있습니다.

특정 종교가 세계 종교가 아니고 민족종교라고 해서 특별히 저평가 받을 필요는 전혀 없습니다. 종교학자가 볼 때 종교의 핵심은 불교와 기독교와 같은 특정 신앙 양식에 있는 것이 아니라 그것을 신앙하는 신앙인, 즉 사람의 문제이기 때문입니다. 어떤 양식의 종교를 받아들이든 간에 인간다운 삶과 타자에 대한 사랑을 베풀게 할 수만 있다면 종교로서 충분한 자격을 갖추었다고 보아야 합니다. 가령 종교의 교리나 의례가 세련되었다고 해서—이른바 세계 종교— 반드시 좋은 종교라고 말할 수 없다는 것이죠. 인류 종교사에서 보면, 사회 지배력이 큰 종교일수록 소수의 성직자가 종교 권력을 독점하고, 종교 갈등이나 종교 전쟁을 부채질하는 경우가 얼마든지 있었기 때문입니다. 특히 세속적인 부(富)와 제도적 권력(權力)에 오염되었거나 인간을 종교에 가두고자 하는 종교라면 이미 종교로서 그 본문을 상실한 것입니다. 그런 종교는 인간의 자유로운 삶을 억압하고 박탈하는 종교가 되기 쉽습니다. 이런 경우를 보면 대체로 세련된 교리만 강조하는 종교는 교조적 종교로 전락하거나 혹은 인간 해방을 가로막는 억압의 종교로 침몰하는 경향이 있습니다. 소위 사이비 종교나 다를 바가 없는 것이죠.

원장: 대사전을 편찬 기획하면서 이와 병행하여 대사전의 기본 사상을 정리한 십여 편의 논문이 담긴 『한국민족종교의 기본사상』에서 민족종교의 기본 사상을 단군과 개벽 그리고 신명을 키워드로 하셨습니다. 혹시 다른 키워드를 더 말하고 싶었던 부분은 없으셨는지요? 이 질문은 학문 제국주의에 점령당해 한국에 한국학이 없는 어찌 보면 각 분야에 한국학의 전문가가 부족한 현실에서 학자들의 연구 공백 때문으로 인한 한계가 없었는가 하는 현실적인 물음이기도 합니다.

위원장: 단군과 개벽 그리고 신명 외에도 한국 민족종교의 기본 사상을 나타내는 무맥과 선맥, 주문과 수련과 같은 많은 키워드가 있을 수 있습니다. 그것은 앞으로 연구되어야 하겠지만 연구자의 입장에 따라 다를 수 있다고 생각합니다. 다음의 학문 제국주의 문제는 한국학계를 총체적으로 진단해야 하는 어려운 질문입니다. 해방 이후 강대국 외세에 의해 민족이 분단되고, 그 분단 기간이 길어지다 보니 피할 수 없는 현상이죠. 민족이라는 문화적 주체를 상실한 한계상황에 처한 것이죠. 그 결과 '민족 문화'를 연구하는 한국학자가 수적으로 크게 줄어든 것도 사실입니다. 물론 공동체보다는 개인주의가 우선하는 우리 사회 풍조도 큰 영향을 미치고 있습니다. 그런데 여기서 우리는 민족 문화의 주체를 확인하기 위해 민족과 국가의 개념을 분명히 살펴볼 필요가 있습니다. 근대적 개념으로 보면 국가와 민족은 많이 다른 것이죠. 민족은 유구한 역사 속에서 형성된 문화 공동체인 반면, 현세 이익집단을 지향하는 국가는 근대 이후 국민생존을 가르는 정치경제 공동체입니다. 국민 생존을 우선하는 국가는 민족 문화 보존의 주체는 아닙니다. 민족의식을 가진 공동체가 민족 문화의 기본 주체입니다. 남북이 경쟁하는 우리 같은 분단국가일 경우 민족 문화의 보이지 않는 왜곡은 피할 수 없는 문제입니다. 실제로 해방 이후 진행된 친탁과 반탁, 냉전과 분단, 친일과 반공, 자주와 통일 등은 모두 민족 문제 때문에 표출된 것입니다. 그런 관계로 민족 전체의 종교나 문화는 자연 소홀하게 다루어질 수밖에 없습니다. 만일 정상적인 민족국가였다면, 우리도 자신의 문화 전통을 기반으로 새로운 문화들을 창조해갈 수 있을 것입니다.

문화를 연구한다는 것은 무엇보다도 자신의 정체성을 확인하고 자신의 삶을 구성해 가는 것에서 출발해야 한다고 봅니다. 근대 이후 한민족의 역사 단절과 함께 해방 이후 곧바로 냉전적 조류에 편승해버린 것도

'민족 문화'의 연구에 큰 문제였지요. 여기에 강대국들의 학문적 심술도 한국의 민족 문화를 왜곡시킨 중요한 요인입니다. 남과 북은 아직도 서로 낡은 이념에 종속되어 있어요. 탈냉전의 시대가 된 지가 20여 년이 지났음에도 여전합니다. 우리가 서구의 문화이론을 수입하더라도 먼저 자신의 문화를 잘 알아야 그 적용이 가능할 것입니다. 그런 면에서 학문 분야에서도 한민족의 자주와 자치 그리고 정체성이 보장되는 민족적 한국학이 시급한 것도 사실입니다. 민족이 없는 분단 한국을 정당화하는 한국학은 실제로 민족 문화의 보존과 계승 발전에 전혀 도움이 되지 않습니다.

제가 보기에는 수천 년 함께 살아온 한민족 종교 문화가 우리의 얼이고 정신이라고 생각됩니다. 그중에서도 1860년 동학 이후 형성된 민족종교라고 불리는 한민족의 자생종교들입니다. 한국의 민족종교에 대한 올바른 평가야말로 우리 민족의 미래와 직결된다고 생각합니다. 고유한 하늘 신앙을 다시 찾은 동학, 상제가 직접 하강한 증산교, 유불선 삼교와 기독교까지 포괄한 각세도, 민족의 정통 신앙을 계승했다고 하는 대종교, 개벽의 전통을 계승하며 생활 불교로 바꾼 원불교, 치병만이 아니라 영통을 주장하는 물법교, 해방 이후 냉전체제 거부시위를 통해 민족통일을 주장한 갱정유도 등을 말합니다. 이들 기본 사상을 축약해 보면 제가 편찬한 『민족종교의 기본사상』에서 밝힌 바와 같이 민족의 상징으로서 '단군', 민족의 종교성으로서 '신명', 민족의 시대적 과제로서 '개벽'을 꼽을 수 있습니다.

한국의 '종교 문화사'를 보면 해외 많은 종교들이 한국에 들어와 자기 완성을 이루고 꽃을 피웠습니다. 대승불교와 미륵 신앙이 그랬고, 유교의 성리학, 역학의 정역이 그랬습니다. 이제 한국의 기독교도 기독교를 한국에 이식하는 데 주력할 것이 아니라 한국적 문화 기반 위에 한국적인 신학을 재정립될 때가 아닌가 합니다. 그때 '한국적 기독교'로 자리 잡게 될 것입니다. 지금과 같이 하나님께 자신의 복을 달라고 아우성만 지를 것이 아니라 하나님의 보은(報恩)에 묵묵히 응답해 이 땅에서 실천할 때 진정한 기독교가 될 것입니다.

4. '한국적 기독교'의 해석 틀을 만든 변찬린

원장: '한국의 기독교'가 화제로 나와서 드리는 질문입니다. 제가 연구한 변찬린 선생이 최근에 세계적인 권위가 있는 『옥스퍼드 한국성서 핸드북』 (The Oxford Handbook of the Bible in Korea)에 그의 '도맥과 선맥'이 소개되었다는 소식을 집필자로부터 전해 들었습니다. 이번 대사전에 변찬린 선생도 그리스도교 인물 가운데 수록이 되어 있는데 한국 종교사에서 어떠한 자리매김을 할 수 있을까요?

위원장: 제가 변찬린 선생에게 관심을 가지게 된 것은 풍류 도맥을 기초로 기독교의 새로운 해석 틀을 시도하고 있다는 점입니다. 한국 기독교계는 지금까지 대체로 세 가지 방향에서 토착화 내지 한국화 작업을 해왔습니다. 첫째는 성(誠)의 신학을 주창한 윤성범, 풍류신학을 제기한 유동식, 불교와 화합한 변선환과 같은 문화 신학 또는 종교신학 그룹입니다. 이들은 한국 문화와 기독교의 만남과 화해를 추구하면서도 결과적으로는 온전한 만남은 아니었습니다. 한국 문화를 점령하고자 하는 정복주의적인 신앙 형태를 가졌다는 점에서 그 한계가 분명합니다. 둘째, 유형모·김교신·함석헌 등과 같은 주체적인 성경해석 그룹입니다. 이들은 민족주의 바탕 위에서 기독교를 주체적으로 재해석하려고 합니다. 말하자면 서구의 패권적인 기독교에서 벗어나 자주적 민족적 기독교를

만들어 보려는 것입니다. 동양 사상의 우주론에 입각한 유영모의 신학, 김교신의 조선산 기독교, 함석헌의 씨알의 역사 해석 등은 모두 한국의 정신 문화를 바탕으로 서양의 기독교 신앙을 수용했을 뿐 아니라, 새로운 한국적 기독교 형성을 시도한 것으로 평가할 수 있습니다. 그러나 이들의 시도는 현재 한국의 기독교 신앙 현장과는 다른 전혀 별개 흐름으로 남아 있습니다. 셋째는 주의 재림이라는 영통 계시에 의한 기독교계 신종교 지도자 그룹입니다. 1920~30년대 신령파들을 비롯해 통일교의 문선명, 전도관의 박태선, 용문산 기도원의 나운몽 등과 관련된 영통 계시파들입니다. 이들의 특징은 하나님의 혈맥을 중시하고 한국에서 재림주가 탄생하며, 한국이 새로운 세계 문명의 중심이 된다는 민족적 선민의식을 강하게 깔고 있습니다. 이들은 한국의 민족종교들과 공유하는 부분이 적지 않으나 대표적인 이단 종교로 규정을 받고 있습니다. 그런데 변찬린 선생의 성경해석학과 흔 붉 사상은 이상의 '한국적 기독교'를 추구한 이들 모두의 문제의식을 함께 아우르는 신학 사상으로 또한 새 축(軸)의 시대 '한국적 기독교'의 해석 틀로 평가하고 싶습니다. 문화 신학자들이 가졌던 기독교와 한국 문화의 진정한 화해, 초종교적 자리에서 주체적 성경해석 그룹이 추구한 기독교의 주체적 수용, 영통 계시파들이 바라는 성경해석의 통일 한국론 등은 저의 주장을 충분히 뒷받침할 수 있다고 봅니다.

원장: 변찬린 선생의 구도와 학문적 여정은 그리스도교의 틀 안에서만 조명될 수 없을 정도로 구도자, 종교개혁가, 문명사가, 흔 붉 성경해석학의 창시자 등의 다양한 이미지를 가지고 있지만, 논의를 한정해서 변찬린 선생이 전개한 새 교회 운동에 대해서는 어떤 평가를 할 수 있을까요?

위원장: 변찬린 선생의 새 교회 운동은 세간에 그다지 알려지지 않은 것으로 알고 있습니다. 새 문명의 개벽을 위해 소규모(120명 단위)의 인격 공동체를 구성한다는 새 교회 운동을 전개했지요. 새 교회는 건물 성전이 아니라 자신의 인격 성전이 되어야 하고, 종교인은 종파 중심의 직업 종교인이 아닌 각자 깨달음의 영성 종교인이 되어야 한다고 주창합니다. 이 같은 종교운동은 우리 삶의 현장을 고려한 주체적 신학 담론을 형성하고 있다는 점에서 그리고 미래 인류의 생명과 문명을 고려한 생명 신학이라는 점에서 우리 삶의 현장 신학이고, 새로운 축의 시대를 대비하는 인류 미래 신학으로 손색이 없다고 평가하고 싶습니다.

5. 민족종교 신관을 통해 본 한국 기독교

원장: 민감한 주제일 수도 있는데, 일부 신학자와 종교학자는 한국의 지고신이 초월적이고 내재적인 범재신론의 신적 속성을 가졌다고 평가를 합니다. 서구의 유일신관과 삼위일체 신관을 개념화하기 위해 만들어진 종교적 언어—창조성, 초월성, 내재성, 과정성 등—로서 한국의 신, 특히 민족종교의 신관이 개념화될 수 있는지요? 이 분야를 깊이 있게 연구하시는 입장에서 한국의 신관을 어떻게 이해하고 계시는지 참 궁금합니다.

위원장: 서구 기독교적 언어로는 민족종교의 신관을 개념화할 수 없다고 봅니다. 세계 종교사에서 신관은 자연과 인간을 신격화하는 고대 종교의 자연신관과 인간의 이상과 그 삶을 담은 고전 종교의 신관으로 크게 구분됩니다. 그 가운데 고전 종교의 신관은 둘로 구분되는데, 하나는 직선적인 시간관을 가진 유대-기독교의 신관이고, 다른 하나는 순환론적 시간관을 가진 인도-중국의 신관입니다. 전자에 속하는 기독교의

경우 세상의 창조에서부터 종말에 이르기까지 세상을 직접 관리하는 유일신을 전제합니다. 그 유일신을 모두 하느님이라고 부르고 있지만 실제로는 종교마다 그 명칭은 다릅니다. 유대 기독교의 야웨, 이슬람의 알라 등이 그것입니다. 후자인 인도-중국의 경우 지고신은 우주 질서를 창조하지는 않으나 그 우주 질서를 주재하는 주재신(主宰神)으로 등장합니다. 인도-중국의 우주론은 항시 우주 질서의 순환적 변화 원리나 법칙을 전제하고 있어서 그 원리나 법칙 자체를 신성화하거나 의인화하기도 하며 혹은 그 변화를 주재하는 최고 신격(神格)을 만들어 내기도 합니다. 전자의 예는 인도의 다르마(法)와 브라만(梵), 중국의 도(道)와 천(天) 등이라고 한다면, 후자의 예는 불교의 법신불, 도교의 원시천존, 유교의 상제 등을 들 수 있습니다.

신관의 논의는 대체로 신의 존재와 그 역할에 매달려 있습니다. 신은 서구 종교에서는 핵심 문제로 등장하나 그렇지 않은 종교도 적지 않습니다. 변화의 원리를 종교의 핵심이라고 보는 종교에서는 신관은 그리 중요치 않은 문제입니다. 그런데 근대 이후 모든 종교에서 신관은 매우 중요한 문제로 부상했을 뿐 아니라 그 종교를 평가하는 기준으로도 활용되고 있습니다. 이는 종교의 서구화(文明宗敎化)와 관련이 있습니다. 현대 신관에 대한 모든 학계 논의들은 서구적인 유일신을 전제로 할 뿐만 아니라 진화론적 사고를 그 바탕에 깔고 있습니다. 그 때문에 비서구 문화권에서 나타나는 신관의 실상을 이해하는 데 도리어 장애가 되는 경우가 적지 않습니다. 최근 민족종교의 신관을 설명하는 데 자주 활용되는 신의 '초월적 내재론'을 주장하는 '범재신론'도 마찬가지입니다. 이는 초월적인 유일신을 주장하는 기독교적 평면에서나 논의될 수 있는 것이며, 본래 초자연적인 유일신관을 보완하기 위해 등장한 신론입니다. 존재론적인 유일신을 인식론적인 차원(理神論)에서 혹은 생성론적인 차원(過程神學)에서 다시 바라본 신론에 지나지 않습니다. 말하자면 초월적 유일신을 주장하는 기독교 입장에서나 논의될 수 있는 그런 신론임에도 비서구의 내재적 신관을 설명하는 데 전가의 보도처럼 활용되고 있습니다. 하지만 한국의 지고신 신앙은 초월 세계에 존재하는 인간과 분리된 그런 신이 아닙니다. 그러한 특성은 한국 민족종교에서 잘 나타나 있습니다.

한국의 민족종교는 한국 문화 전통에서 발생한 자생종교이고 동시에 19세기 후반 내외 위기에서 새로운 세상을 대망하는 개벽 사상을 근간으로 하고 있습니다. 한국의 민족종교는 먼 옛날 무속과 선, 삼국 시대 이후 정착한 유불선 삼교, 조선 시대 성리학의 경직화와 상제론만 강조하는 서학의 도입 등의 영향을 받고 등장하였습니다. 그것도 민중 종교로서 출발했기 때문에 민중적 전통을 반영하고 있을 뿐 아니라 특정 종교 전통에 얽매이지 않고 여러 전통 종교의 신격들을 재해석해서 활용하고 있거나 또는 서로를 융합시켜 민족종교의 창교주들이 신앙 경험을 통해 재창조한 것입니다. 그래서 한국 민족종교의 신관은 일률적으로 설명할 수 없을 정도로 복잡한 것도 사실입니다. 무속을 비롯한 고대의 전통적인 자연신관, 인도-중국의 순환론적 우주관에 기초한 신관, 직선적인 시간관에 기초한 신관 등을 함께 포함하고 있기 때문입니다. 같은 계통의 신앙 양식이라고 하더라도 민족종교 창교주들이 신(神)을 어떻게 경험하는가에 따라 여러 형태의 신격들이 등장할 수밖에 없다는 것입니다. 그럼에도 불구하고 한국의 민족종교 신관은 모두 한국 고유의 하늘(천) 신앙을 계승하고 있습니다. 상제님, 하느님, 한울님, 한얼님, 하날님 등의 민족종교의 최고신들은 하늘과 연관된 다양한 지고신의 관념을 갖고 있습니다. 이들은 먼 옛날 전통적인 하늘님 신앙을 토대로 선교의 신선관, 불교의 범천관이나 정토관 유교의 천관, 서학의 상제관 등의 영향을 받아 창교주들이 자신의 신에 대한 경험을 기초로 신관을 새롭게 형성한 것입니다. 이들 신관들은 대체로 자연과 인간을 신격화한 자연신관에서 비롯된 최고신이거나 인간과 자연을 포함한 우주 질서를 주재하는 조화신(造化神)으로서 성격이 짙습니다. 우주 만물과 인간사를 주재하면서도 우주 만물과 인간에 내재하고 있는 신관을 가지고 있습니다. 이에 한국 민족종교는 대체로 우주 조화신과 일치할 수 있도록 인간의 수련을 요구합니다. 자기완성을 통하여 우주 자연의 운행을 담당하는 조화신과 신인합일(神人合一)하고 또한 신과 인간이 상호 협력을 지향하는 신인합발(神人合發)의 신인 관계를 가집니다. 이런 관계가 수련적인 인간관과 화합과 상생의 세계관을 드러내게 되는 것입니다. 이는 기독교의 신관과 아주 다른 것입니다.

　　원장: 신관은 사실 종교연구에 있어 구원관과 더불어 핵심적인 담론입니다. 한국 종교 문화의 맥락에서 민족종교의 신관의 특징을 구체적으로 추가적인 설명을 부탁드립니다.

　　위원장: 우선 민족종교의 효시라고 하는 동학의 신관은 주문(至氣今至願爲大降, 侍天主造化定 永世不忘萬事知)과 「논학문」에서 주문을 설명한 내용(侍者 內有神靈 外有氣化 一世之人 各知不移者也)을 보면 수운의 우주론적 천신관(天神觀)이 잘 나타나 있습니다. 여기서 동학의 지고신은 '지기'(至氣 = 天主)로 표현되고 활동하며, 더구나 그 신을 모시는 것을 '내유신령 외유기화'라고 설명하고 있습니다. 혼연일기의 지기는 한울님으로 경배의 대상이 되는 신이고, 그 신은 내 안에 내재하면서 그것을 초월하여 저 너머에도 현존하고 있습니다. 이런 사실을 고려해 보면 한울님을 최고의 신으로 확신하고 있다는 면에서 서학의 유일신

신관의 영향을 받았다고 볼 수 있으나 내 안에 내재한 신이라는 면에서 동양의 전통적인 천관(天觀)을 토대로 형성된 것임을 알 수 있습니다. 이런 동학의 지고신 한울님을 우주에 가둬 버린 범신론도 아니고, 완전히 우주 밖에 있는 유신론도 아니라는 점에서 '내재적 초월론'의 형태를 지닌 '범재신론'의 성격을 지녔다고 설명하기도 합니다. 그러나 이와 같은 주장에는 많은 문제점이 있습니다. 범재신론으로 설명할 경우 동학의 지고신은 우주를 주재하는 조화신의 성격을 가지며, 동학의 기본 주제인 순환 사관에 기초한 동학의 개벽관을 적절히 설명해 낼 수 없습니다. 말하자면 하늘 지고신의 존재론에만 집착한 나머지 천주(天主)의 신격이 가지는 한민족의 고유의 하늘님 신앙이나 동양 종교에서 우주 운행의 원리나 질서 자체를 의인화하거나 그것을 관리하는 조화신의 역할 그리고 상제로부터 무극대도를 받은 수운의 종교적 위상에 대해서도 설명할 수가 없습니다.

1860년 동학을 창교한 수운의 대각은 상제의 계시설(啓示說)에 근거합니다. 여기에 서학의 영향이 없었다고는 할 수 없지만, 그의 한울님은 무극대도를 계시한 계시자일 뿐 서학과 같이 유일 절대자로서 외경의 대상이 아닙니다. 도리어 계시의 과정을 보면 그 상제는 전통적인 하늘님을 복원한 측면이 더 많습니다. 또한 1901년 증산교를 창시한 증산의 대각은 상제의 강림설(降臨說)에 근거합니다. 이른바 증산상제는 뭇 신명들의 호소에 못 이겨 천하 대순하고 직접 하강한 인간신(人間神)입니다. 마치 미륵하생 신앙에서 미륵이 하생한 것과 크게 다르지 않습니다. 그는 하늘의 운도를 직접 고치는 천지공사를 행하면서 인간 세상에 상제로 현현(顯現)한 것입니다. 또한 대종교를 창교한 홍암의 대각은 전통의 전수설(傳受說)에 근거합니다. 즉, 삼일신(三一神)의 전통이라고 할 수 있습니다. 그는 전래되어 온 단군 신앙을 '중광'(重光)함으로써 강력한

민족종교를 창립하였습니다. 1909년 서울에서 단군신위를 모시고 제천의례를 행한 이후 「단군교포명서」를 공포하였는데, 그 포명서는 백두산의 백봉신사에게 사사받은 두일백에게서 전달받은 것입니다. 또한 원불교를 창교한 소태산의 대각은 1916년 일원상의 진리를 대오함으로써 광의 법신불(法身佛)로 받아들였습니다. 그의 일원상은 법신불이라고 하지만 신성만 있을 뿐 하늘님과 같은 신격은 부여하지 않았습니다. 그의 대각은 신비주의에서 벗어나 인륜도덕의 실천과 진리적 종교심의 회복에 초점을 두었습니다. 말하자면 신이설(神異說)을 전혀 수용하지 않고 일원상에만 전적으로 매달렸습니다. 요컨대 전통적인 하늘님은 수운에게 무극대도를 전한 천주로, 홍암은 민족 고유 사상을 기반으로 한 삼일국조신으로, 증산은 절대권을 가진 상제로 각각 체현한 것입니다.

이상에서 보여주는 바와 같이 각 종교마다 지고신에 대한 독특한 입장과 견해를 보여주고 있습니다. 하지만 두 가지 공통점을 강조하고 싶습니다. 하나는 이들의 천신관은 모두 지고신으로서 귀일 사상(歸一思想)에 근거하고 있다는 사실입니다. 말하자면 수운의 한울님도 한누리의 주재자요, 상제와 삼일신으로서의 한울님도 유일신이요, 비록 신성만을 갖춘 일원상도 신격만 갖춘다면 유일신으로서 주재자가 될 것입니다. 이들은 모두 천부경(天符經)의 한 사상에 뿌리를 두고 있다고 지적할 수 있습니다. 다른 하나는 그들이 아무리 천신(= 無極)이라고 하더라도 풍류도에서 밝힌 바와 같이 접화군생(接化群生 = 太極과 皇極)에 의해서라야 비로소 우리 민족의 천신으로서 존재할 수 있다는 사실입니다. 이렇게 민족종교의 천신들은 한결같이 텅 빈 하늘을 말하지만, 그들은 인간 세계에서 인간화함으로써 비로소 그들의 지고신 신위(神位)를 얻을 수 있다는 점에서 한국 민족종교의 현세적 인간관과 구원관에 크게 주목하지 않을 수 없습니다.

6. '종교의 장'에서도 추방당한 '한국적 기독교'

원장: 이 주제만 하더라도 별도의 인터뷰가 필요할 정도로 새로운 종교
정보를 제공하고 계십니다. 대사전에는 민족종교일반, 동학계 민족종교,
증산계 민족종교, 단군계 민족종교, 불교계 민족종교, 유교계 민족종교,
앞의 영역에 속하지 않는 민족종교로 독립계 민족종교, 민족의 기층 신앙,
민족운동과 민족 문화 등 9개의 지식 분야별로 구분되어 있습니다. 물론
대사전의 내용에 적지 않은 그리스도교 관련 항목이 배려되어 있지만,
독자적인 그리스도교계 민족종교는 보이지 않는 까닭이 있는지요?.

위원장: 기독교계 민족종교가 보이지 않는다는 지적은 매우 타당한
질문입니다. 이는 대사전의 편집 방침에 관련되는 문제입니다. 앞서 언
급했지만 본 사전에서는 제도 종교인 서구 기독교 문화가 아니라 민족적
이고 주체적인 한국의 기독교 문화만을 수용하기로 했기 때문입니다.
한국의 주류 기독교가 서구적인 신앙과 신학을 그대로 받아들여 한국
민족 문화에 대해 정복주의적이고 배타적인 태도를 취하고 있는데, 이들
을 과연 민족의 종교 문화에 넣을 수 있는가를 '사전편찬위원회'에서
깊이 논의하였습니다. 물론 문명 기호로 받아들인 한국의 기독교는 근대
이후 문명개화와 민족운동과 같은 한국 근대화 운동에 큰 역할을 했다는
것을 부인하지 않습니다. 하지만 민족 문화 측면에서는 토착적이고 한국
적인 종교와 지속적으로 갈등을 일으키며 제국주의적 선교 태도를 보여
온 것도 사실입니다. 그리하여 해방 이후 한국의 종교계를 이끄는 지배
종교로 부상하긴 했지만 민족 문화 차원에서 좋은 평가를 받기가 어렵습
니다. 종교 간 화합과 상생을 무시하고 타자를 무조건 배제하는 그런
민족종교는 이 땅에 없었기 때문입니다. 그래서 부득이 잘 알려진 서구

적 기독교의 일반적인 요소는 제외하고 한국의 기독교계에만 나타나는 한국적인 종교 문화 현상만을 골라 본 사전의 표제어로 수용하기로 한 것입니다.

> 원장: 지금 근대 이후에 한국의 종교 문화를 이해하는 데 대단히 중요한 말씀을 해주신 것 같습니다. 개인적으로 서구 기독교는 한국 종교 문화에 적응되어가는 '격의(格義) 그리스도교' 현상, 즉 천주교와 개신교의 신 이름의 불일치, 성서와 교의학에서 말하는 '교회'와 동떨어진 한국교회 문화는 성서의 정신이 한국 종교 문화에 녹아들어가는 과정에 있다고 봅니다. 위원장님은 근대의 외래 종교로서 천주교와 개신교 등 그리스도교가 한국 종교 문화에 토착화 여부는 어떻게 평가하고 계시는지요?

위원장: 한국 기독교가 한국 종교 문화에 어느 정도 토착화되었는지는 학자마다 좀 다른 평가를 할 수 있지만, 저는 이 문제는 토착화의 정도의 문제가 아니라 토착화 수용의 문제라고 봅니다. 지금도 기독교계 민족종교도 적지 않습니다. 제가 보기에는 비록 기독교적인 신앙 양식을 가졌다고 하더라도 한민족의 주체적 신학 해석, 한민족의 시대적 과제 해결, 한국의 토착적인 종교성을 담지한 종교들을 모두 기독교계 자생종교이자 민족종교라고 생각합니다. 이들은 한민족이 없으면 나타날 수가 없는 종교들이죠. 기독교적 신앙 양식을 가지면서도 자기가 사는 현장을 자연스럽게 담아낸 자생종교들입니다. 해방 이후 복음(구원)과 십자가 (희생)의 기독교의 핵심 메시지를 민족사 중심으로 해석한 기독교계 신종교들이 한둘이 아니었습니다. 그런데 이들 '한국적 기독교'들은 하나같이 정통에 대립한 '이단 종교'로 정죄가 되었으며, 기독교계에서는 물론 한국의 종교계에서도 추방당하고 있다는 데 문제가 있습니다. 정통과

이단의 도식은 기독교 내부 전통의 문제입니다. 한국의 종교라는 평면에서는 전혀 다른 평가를 내릴 수 있는 것이죠.

정통과 이단의 도식이 강화될수록 한국 기독교계는 '한국 문화가 없는 기독교'로 전락할 가능성이 많습니다. 소위 이단 기독교는 정통 기독교에서 점점 더 멀리 가게 되는 반면 정통 기독교는 외래적 성향이 점점 더 강화될 것입니다. 그렇게 되면 이단 기독교는 형식만 남는 격의(格義) 기독교가 될 것이고, 정통 기독교는 이식(移植) 기독교로 정착될 것입니다. 양자 모두 한국의 종교, 한국인의 종교라는 사실을 망각해버리는 기독교 형식만 남는 종교가 될 가능성이 없지 않죠. 특히 정통의 이식 기독교는 사회정치적인 힘을 가지고 있다고 자부할 수 있을지는 몰라도 한국에서 문화적인 힘, 나아가 기독교 문화를 꽃피우기에는 사실상 불가능합니다. 그렇게 되면 민족 문화와 진정한 화해를 추구하는 '한국적 기독교'와는 더 멀어질 것입니다. 앞으로 한국인의 종교 심성에 온전히 뿌리를 내리기 위해서는 한국의 기독교는 신앙적 우월성과 세속적인 권세로 군림할 것이 아니라 한국의 민족 문화와의 화해 또는 한국인의 전통적 삶 속에서 자신이 안주할 자리를 찾아가야 할 것입니다. 이것이 한국 기독교와 신학자들이 해결해야 할 핵심 과제가 아닌가 합니다.

원장: 한국 종교계, 특히 그리스도교계에서 귀담아들어야 할 소중한 제언이라고 생각합니다. 물론 서구에서 전래된 천주교와 개신교가 한국 종교 문화에 적응되었는가, 천주교와 개신교의 신앙 요소가 민족종교에서 어떻게 수용되고 발현되었는가는 다른 범주의 주제인 것 같습니다. 그동안 한국 기독교의 '정통과 이단' 현상에 대해서도 꾸준히 글을 쓰신 것으로 알고 있습니다. 초기 코로나 발생 사태 때 주류 그리스도교계가 신천지를 대하는 태도와 태극기 집회로 대변되는 극우 기독교계가 보이는 현상에

대해 종교사회학적인 측면에서 어떻게 이해하고 계시는지요?

위원장: 한국의 신종교 중에는 불교, 유교, 기독교 등 기성종교로부터
파생된 분파형 종교가 적지 않습니다. 그런데 기독교를 제외한 다른 전
통 종교에서 파생된 신종교들은 그리 큰 갈등을 일으키고 있지 않습니다.
모두 공동체의 '조화와 화합'이라는 '한' 사상에 근거하기 때문이기도
합니다. 그럼에도 불구하고 기독교의 분파형 종교는 먼저 '이단'의 이름
으로 정죄되고, 다음은 '종교의 장'에서 추방당하고 있습니다. 이는 인간
이나 인간의 공동체를 중심으로 하는 종교가 아닌 신앙 대상을 중심으로
하는 종교들이 가지는 일반적인 특징이기도 합니다. 이런 특성에서 정통
과 이단의 갈등이 비롯되는 것이지요. 우리는 그런 갈등을 신들의 전쟁
이라고 합니다. 특히 한국의 기독교는 해방 이후 신앙적으로는 미국의
근본주의 신앙, 이념적으로는 반공주의, 개인의 인권과 소유권을 우선
시하는 고전적 자유민주주의를 기반으로 삼고 있습니다. 여기에 기성
제도 종교의 종교 권력의 이해가 겹쳐 신들의 전쟁은 더욱 격화되고 있습
니다. 말씀하신 신천지의 문제나 기독교 우익의 태극기 집회의 뿌리도
이런 데서 비롯된 것이라고 봅니다.

한국 종교의 전개 과정은 개화기로부터 민주화 시기 이후까지 시대
에 따라 종교의 장을 주도한 종교들이 많이 달라져 왔습니다. 전통적인
근대 신종교들은 개항기와 식민지하에서는 사회변혁과 문명개화 그리
고 민족 독립 등의 사회 중심 과제를 수용하여 사회 주도적 역할을 했습니
다. 그러나 해방 이후부터 한국전쟁에 이르는 시기가 되면 전통적인 근
대 신종교들은 기독교계 신종교에 밀려 쇠락의 길을 밟게 됩니다. 이후
산업화·도시화 시기 산업사회에 적응한 종교들은 양적 성장의 혜택을
입을 수 있었는데, 이에 기독교계 신종교들이 성장하여 한국 신종교계를

지배하게 되었습니다. 그러다가 1980년대 민주화 이후 이전의 종교와는 그 성향이 전혀 다른 인간 해방을 지향하는 현대 신종교들이 대거 출현합니다. 현재 한국 신종교계는 자문화 중심적이고, 공동체적인 근대 신종교와 글로벌화한 개별적인 현대 신종교, 전통 종교 성향의 창립형 신종교와 분파형 신종교 그리고 외래 신종교들이 경쟁하며 공존하게 되었습니다. 그런데 해방 이후 신종교에서 중요한 비중을 지닌 기독교계 신종교들을 현재 한국 종교사에 회원으로 포함하기는커녕 종교의 장에서도 추방당하고 말았습니다. 1970년대 이후 원불교나 대순진리회 같은 다른 분파형 신종교들은 한국의 종교로서의 시민권을 획득했음에도 유독 '기독교계 신종교'들만은 정통과 이단이라는 신앙적 내부 평가에 의해 종교의 장에서 마저 추방되어 '한국의 현대종교 문화사'에서 제대로 평가받지 못하고 있는 형편입니다.

원장: 이제 인터뷰를 마무리해야 될 것 같습니다. 마지막으로 한국 종교 문화맥락에서 기독교계에 하고 싶은 말씀을 간단하게 부탁드립니다.

위원장: 2000년대 탈냉전 이후 세상은 많이 변했습니다. 문명과 야만, 진화론과 같은 거대 담론들은 거부되고, 소프트웨어 문화들이 부상하고 있습니다. 세계화의 진전으로 국가 간 경계선이 허물어지고 있습니다. 문화적 정체성의 혼돈 시대입니다. 근대 기획의 원리였던 중심과 주변이라는 근대적 사고가 다시 '문명'이라는 이름으로 우리의 종교 문화를 좌지우지하는 일은 없을 것 같습니다. 앞서 언급한 현대 신종교들의 성향을 보면, 이른바 문명종교의 시대는 저물어 가고 있습니다. 전통사회에서 삶을 총체적으로 포괄했던 '교(敎)나 학(學)'에서 세속과 종교를 분리한 개인 내면의 '문명종교'로 전환한 지 두 세기 만에 이제 '종교 이후의

종교', 즉 종교 권력을 만든 교단이 없는 새로운 현대 신종교들이 떠오르고 있습니다. 이렇게 되면 지금까지 사용해 왔던 기독교 중심의 '문명종교'(文明宗敎)라는 개념, 즉 성과 속의 이분법을 중심으로 형성된 종교적 삶의 틀거지 모두 문제가 될 것입니다. 예컨대 근대 문명사회의 표상으로 작용해온 사적인 종교와 공적인 정치의 구분, 서구 기독교 중심으로 재편되었던 종교의 위계질서 그리고 종교, 과학, 미신이라는 근대적 사회 분류법 등은 모두 재성찰의 대상이 된다는 것입니다. 한국의 기독교도 여기에 대비하면서 한국의 전통문화와 화해를 통한 한국인의 종교심성에 뿌리를 내리는 길을 먼저 찾아야 할 것입니다. 요컨대 인간중심의 한국 종교 문화 전통, 즉 홍익인간과 이화 세계의 전통을 대폭 수용하는 '한국적 신학'이 등장하기 바랍니다. 서구의 기독교가 한국에서 동서 화합과 동서 합덕을 통해 그야말로 '한국적 기독교'가 꽃을 피우기를 기대합니다.

원장: 바쁘신 가운데 한국의 종교적 뿌리, 민족종교의 특성, 한국 기독교에 대한 솔직한 견해 등은 관심 있는 분들에게 소중한 종교 정보로 활용될 것으로 기대합니다. 장기간에 걸친 인터뷰에 응낙해 주셔서 고맙습니다.

II. 한국교회 성서해석의 독창성
(대담: 성서학자 조용식)

1. 성서학자의 "가나안, 끝나지 않은 여정"

종교학자: 오늘은 히브리대학교에서 15년 동안 성서학을 연구한 조용식

박사님을 모시고 흔 붉 변찬린 선생과 그가 쓴 『성경의 원리』에 대해 알아보도록 하겠습니다. 바쁘신데도 불구하고 인터뷰에 응해주셔서 감사합니다. 성서의 역사가 살아있는 이스라엘에서 15년이라는 장기간 동안 유학을 하게 된 사정이 대단히 궁금합니다. 어떤 계기로 가게 되셨는지요?

성서학자: 제 학부 시절(1983~1987)의 연세대학교 캠퍼스는 민중신학, 해방신학, 에큐메니칼 운동 등의 본산으로서, 제5공화국뿐만 아니라 전통적 교리로 무장한 교회 권력에 대해서도 거침없이 소위 '맞짱'을 뜨는 곳이었습니다. 거기서 저는 인간의 지성과 이성과 현실에 토대를 둔 자유로운 성서해석에 큰 매력을 느꼈지요. 이어서 군대를 다녀와 대학원에 들어가 본격적으로 성서학(구약학)을 전공했는데, 다양한 성서해석 '방법론'을 배우면서 결국 성서학의 출발점은 '언어'라는 사실을 절감하고 이스라엘로 유학을 떠나게 된 것입니다.

종교학자: 제가 알기로는 1980년대라면 연세대학 신학과에 한태동, 유동식, 김광식, 서남동 등 당대 최고의 신학자들이 계시던 때라고 생각되는데 학문적인 복이 많으신 것 같습니다. '서구 신학의 안테나'라는 별명을 가지신 서남동 교수의 『전환 시대의 신학』은 저도 읽은 기억이 있습니다. 2016년에 출간하신 김용기 장로의 평전인 『가나안, 끝나지 않은 여정』을 인터뷰를 앞두고 정독하였는데 감명 깊게 잘 읽었습니다. 이런 집필 과정은 한국 신학계에 더 깊은 관심을 가질 수 있는 계기가 되었다고도 생각합니다. 어떠신지요?

성서학자: 예, 맞습니다. 학부 때 한태동, 유동식, 김광식 교수님의 강의를 들을 수 있었던 것은 정말 큰 복이었지요. 동서양의 철학과 역사

와 문학을 넘나들던 한태동 교수님의 강의, 도인이나 신선 같은 모습으로 '풍류신학'을 설파하시던 유동식 교수님의 모습, 칼 바르트의 사상을 부흥강사처럼 알기 쉽게 설명하시던 김광식 교수님의 명쾌함은 지금도 멋진 추억입니다만…, 그러나 제 주요 관심사는 아니었습니다.

  종교학자: 사실 다른 전공학자로서 신학의 분과학문이 너무 다양하여 혼돈스럽기 짝이 없습니다. 성서학은 신학의 하위 분과학문이 아닌지요? 이와 연관하여 설명을 해 주시면 인터뷰에도 큰 도움이 될 것 같습니다.

  성서학자: 그 당시에는 저도 몰랐고, 현재에도 대부분의 사람들은 잘 모르지만, '신학'과 '성서학'은 전혀 다른 분야입니다. '신학자'는 인간의 사유 체계를 위해서 성서를 사용하지만, '성서학자'는 성서를 위해서 인간의 사유 체계를 사용합니다. 그런데 저는 교회에서 전혀 들어보지 못했던 구약학, 신약학 교수님들의 새로운 성서해석 방법론에 푹 빠져 있었기 때문에 제 관심사는 성서 그 자체였지 '신학'은 아니었습니다. 그런 의미에서 가나안 농군학교의 설립자이신 일가 김용기 장로에 관한 책은 한국 신학계에 대한 관심이라기보다는 "한 손에는 성경, 한 손에는 삽"이라는 모토로 살았던 일가 김용기 장로의 '성서해석'에 대한 관심에서 비롯되었고, 그것은 더 나아가 서구적인 방법론에서 벗어나려고 했던 유영모, 함석헌, 김교신 등 '한국인'의 성서해석에 대한 관심이 깊어지는 계기가 되었습니다.

  종교학자: 그러면 김용기 장로가 농군학교를 운영하는 기본적인 사상적 배경은 어떤 그리스도교 정신에서 비롯된 것인지요?

성서학자: '학교'를 운영한 분이니까 '교장'이라는 호칭으로 알려져야 할 텐데, 김용기라는 이름 뒤에 늘 '장로'라는 호칭이 붙는 것을 보면 두말할 필요도 없겠지요. 그뿐만 아니라 가나안 농군학교를 설립할 때 이미 그 안에 '가나안교회'가 있었습니다. 그리고 김용기 '장로'는 교육생들의 종교와 상관없이 성경의 원칙을 거침없이 소개하곤 했습니다. 성경은 결코 '내세'만을 강조하는 책이 아니라는 것이지요. 그러면서 성경에는 사실상 '땅에서' 잘 살자는 내용이 절반을 차지한다고 했습니다. 그러므로 '성경대로' 살면 잘 살지 말라고 해도 잘 살 수밖에 없다는 것이 그분의 주장이었습니다. 그러한 자리에 수녀님들을 비롯해서 심지어 원불교 교무들까지 앉아 있는 사진을 보면 경이롭습니다. 그런데 혹시 눈치채셨을지 모르겠습니다만, 저는 지금 의도적으로 김용기 장로에 대해서 '그리스도교 정신'이라는 표현을 전혀 사용하지 않고 있습니다. 그는 평생 어떤 특정한 '그리스도교'에 속하지 않았기 때문입니다. 그가 세운 '가나안 교회' 역시 그 어떤 '그리스도교'에 속하지 않았습니다. 현재도 마찬가지로 독립교단이라는 단체에도 소속되지 않은 독립교회입니다. 일가 김용기 장로에게는 그리스도교가 아니라 그리스도가 영생에 이르는 길이며, 그 길은 오직 '성경대로' 사는 것이었습니다. 그의 자서전 격인 『가나안으로 가는 길』이라는 책에서 첫 장은 "성경과 한학을 배우다"라는 제목으로 시작되는데, 그는 선교사나 목회자가 아니라 아버지에게 성경과 한학을 배웠고, 그의 아버지는 안동 김씨 가문의 일원으로서 정통 유학자였지만 마을에 들렀던 한 전도인이 놓고 간 쪽지에서 "하나님이 세상을 이처럼 사랑하사 독생자를 주셨으니 이는 저를 믿는 자마다 멸망치 않고 영생을 얻게 하려 하심이라"는 구절을 보고, 멸망과 영생이라는 단어를 한학의 '순천자흥 역천자망'(順天者興 逆天者亡)과 연결시키면서 성경을 받아들인 '자생적 기독교인'이었습니다. 성서학자의 입장에

서 이러한 내력은 매우 흥미로운 사건이었습니다

종교학자: 김용기 '장로'가 특정 교파와 교단에 속하지 않고 자신의 유학적 전통에서 성서의 정신을 실천한 '자생적 그리스도교인'이라는 것은 서구 신학에 뿌리를 둔 교단 신학이 주류를 한국 그리스도교계에 시사하는 바가 크게 다가오는 듯합니다. 그러면 흔붉 선생에 대해 관심을 가지게 된 계기는 무엇인지요?

성서학자: 흔붉 선생에 대해 관심을 갖게 된 계기는 바로 위에서 말씀 드린 일가 김용기 장로에 관한 책을 쓰게 된 사건이었고 이를 계기로 일가 김용기 장로와 교류를 했던 그 시대의 비주류 '한국인들'(여운형, 유영모, 함석헌)에 대한 관심으로 바뀌었습니다. 이어서 이들 외에도 얼마나 더 많은 보석들이 있을까 하는 호기심을 갖게 되었습니다. 그리고 바로 그 호기심의 와중에 어느 성서모임에서 흔붉 선생의 역작인『성경의 원리』(상, 중, 하)와『요한계시록 신해』를 접하게 되었습니다. 그리고 흔붉 선생의 시 몇 수를 접한 순간 갑자기 정신이 번쩍 드는 것이었습니다. 언어의 유희, 심오한 은유, 깊은 사색과 고뇌, 감당할 수 없는 삶의 무게, 그럼에도 불구하고 결코 포기하지 않는 그분(참 하나님)에 대한 집념, 생명에 대한 그 뜨거운 사랑 등이 함축된 그의 시들을 보니 흔붉 선생이 어떤 인물인지를 깨닫게 된 것입니다. 그래서『성경의 원리』를 다시 꺼내 들고 천천히 읽기 시작했습니다. 그리고 이호재 교수께서 집필하신 흔붉 선생의 전기를 참조하면서 본격적인 관심을 쏟게 된 것입니다.

2. 독창적인 성서해석은 신앙인의 의무

종교학자: 흙 붉 선생의 성서해석과 한국의 토착화신학자들과 비교한다
면 어떠한 점이 차이가 있는지요?

성서학자: 저는 흙 붉 선생의 성서해석이 토착화라는 개념과 전혀 상
관이 없다고 봅니다. 토착화(土着化)라는 개념은 '뿌리내림'이라는 의미
로서 기본적으로 무엇인가를 '심는' 작업입니다. 그러나 제가 이해하는
한 흙 붉 선생의 성서해석은 무엇인가를 심는 작업이 아니라, 무엇인가를
'캐내는' 아니면 무엇인가를 '줍는' 작업입니다. 따라서 흙 붉 선생에게
가장 본질적인 일은 '밭에서 이삭들을 줍는' 것이지 밭들을 갈아엎고
바나나 농장이나 오렌지 농장으로 만드는 것이 아닙니다. 그런 의미에서
흙 붉 선생의 작업은 한국의 토착화신학자들이 추구하는 것과 본질적으
로 다르다고 봅니다.

종교학자: 당시 토착화신학자들이 서구 신학의 토착화를 추구했다면 흙
붉 선생은 성서에서 숨겨진 복음의 씨앗을 새롭게 발굴하였다는 의미로
이해를 하면 되는지요?

성서학자: 그렇습니다. 토착화신학자들의 목표는 아니겠지만, 적어
도 토착화라는 말 자체는 '밖에서' 가져온 씨앗을 현지에 심는다는 것을
함의하지요. 그런 의미에서 흙 붉 선생의 작업에서는 씨앗 자체도 '자생
적'인 것입니다. 그러므로 흙 붉 선생의 궁극적 목표는 '밭에서 이삭을
줍는 것'이 아닙니다. 밭에서 주운 이삭으로 배를 채운 후 깊은 산속으로
들어가 산삼을 캐는 것입니다. 마치 구약성서의 엘리야가 로뎀 나무 밑

에서 천사에게 음식을 얻어먹고 그 힘으로 사십 일 동안 광야를 지나 호렙산에 올라가서 '그분'의 세밀한 음성을 들었던 것처럼 말입니다. 운보 김기창 화백이 그린 <예수의 생애>에서 예수와 주변 인물이 모두 한복을 입고 갓을 쓰고 마리아는 천사 대신 '선녀'의 수태고지를 들으면서 물레를 돌리고 있지만, 결국 한복에 갓을 쓰고 있던 예수는 십자가를 지고 처형장으로 향합니다. 이것이 소위 토착화(土着化)의 한계입니다. 십자가는 한국 문화와 종교에서 영원히 '버내너'(banana) 또는 '어륀지'(orange)일 수밖에 없기 때문입니다. 흔붉 선생은 십자가를 한국 문화와 종교에 심는 일(= 토착화) 대신 성서 안에서 패(卦)를 캐냅니다.

> 종교학자: 아주 흥미로운 지적이신 것 같습니다. 흔붉 선생의 작업이 기존의 토착화신학자와는 달리 '성서의 밭에서 진리의 이삭을 먹고 직접 영생의 말씀을 찾았다는 표현은 아주 상징적인 통찰력 있는 지적 같습니다. 제가 「에큐메니안」에 흔붉 선생의 "성서와 역(易)의 해후"를 중심으로 성서와 역의 상관관계에 대해 썼습니다만 성서학자가 성서 안에서 패(卦)를 캐낸다는 것은 어떤 맥락의 의미를 가지고 사용하는 건지요?

성서학자: 십자가는 상징입니다. 예수가 거기에 못 박혔기 때문에 십자가라는 단어가 신학적 의미를 가진 것뿐입니다. 만일 예수가 조선 시대 죄수의 목에 채우던 '칼'을 쓰고 처형장으로 향했다면 성경은 분명히 다음과 같이 기록했을 것입니다. "누구든지 '자기 목에 칼을 차고' 나를 따르지 않는 자도 능히 내 제자가 되지 못하리라"(눅 14:26 참조). 그런 의미에서 예수의 모습을 조선 사람으로 바꿀 수 있다면, 십자가라는 로마 제국의 도구도 바꿀 수 있어야 한다는 것입니다. 그런데 복음서에서 십자가가 고난의 상징이라면, 바울서신에서는 하나님의 능력을 상징합

니다. 정확한 표현은 고린도전서 1장 18절의 "십자가의 도"라고 할 수 있습니다. 한 마디로 십자가는 고난과 승리, 치욕과 영광, 죽음과 영생을 모두 포괄하는 숙명(宿命)인 것입니다. 그런 의미에서 길흉(吉凶)을 포괄하는 동양 전통의 상징인 '괘'를 언급한 것입니다.

> 종교학자: 네 잘 알겠습니다. 다음에 기회가 된다면 흔붉 선생이 "성경은 선僊)의 문서"라고 하면서 동이족의 신선 사상과 성서의 변화와 부활의 도맥을 이해 지평에서 융합시킨 연구에 대해서도 말씀을 듣는 기회가 있었으면 합니다. 제가 흔붉 선생을 연구하면서 어려웠던 점은 토착화신학은 복음을 한국 종교 문화의 토양에 심는다는 선교론적인 관점을 가지고 있는데 흔붉 선생은 성서해석을 했다는 점이 크게 다르게 보았습니다. 이런 점은 신학계에서 어떻게 평가를 할 수 있는지요?

성서학자: 위에서 이미 흔붉 선생과 한국의 토착화신학자들은 비교 대상이 될 수 없다는 말씀을 드렸는데, 또 한 가지 본질적인 차이점을 언급하자면 한국의 토착화신학자들에게는 한국의 문화와 종교가 그들의 '밭'이겠지만, 흔붉 선생에게는 성서가 그의 '밭'이라는 사실입니다. 그러므로 조직신학이든, 선교학, 목회학 등 실천신학이든, 토착화신학이든, 그들에게 복음이란 종묘장에서 길러낸 모종에 불과합니다. 그들에게는 성서가 '밭'은 고사하고 '종묘장'조차도 아닙니다. 그들에게 종묘장이란 각 교파의 전통과 교리일 뿐입니다. 이것은 중세 로마 가톨릭의 상황이 아니라 현재 소위 프로테스탄트교회들의 상황입니다. 오늘날 '복음'이라는 단어는 존재할지 모르지만, 그 복음의 '진리'는 실종된 상태입니다. 그런 의미에서 흔붉 선생의 성서해석은 그 내용 자체보다도 본래의 자리 찾기라는 그 의미를 높이 평가해야 합니다.

종교학자: 그동안 토착화신학자들이 말하는 서구 신학의 복음을 '씨'로 보고 한국 종교 문화를 '밭'으로 보면서 연구한 발효 모델, 파종 모델, 접목 모델 등 다양한 신학 모델과는 비교 대상이 될 수 없다는 말씀으로 이해가 됩니다. 그렇다면 한국 종교사의 맥락에서 볼 때 한국의 그리스도교는 아직 한국인의 종교적 심성에 안착되지 않은 '격의(格義) 그리스도교' 현상이라고 저는 표현합니다. 예를 들면 인도에서 중국에 불교가 들어왔을 때 불교의 공(空)을 노자의 무(無)로 이해하는 과정을 거쳐 선불교라는 중국 불교로 탄생한 역사적 사례가 있습니다. 이런 관점에서 본다면 흔 붉 선생의 성서해석 작업은 독창적인 한국 그리스도교를 지구촌에 보편화할 수 있는 코페르니쿠스적인 성서해석의 한 기틀을 이루었다고 볼 수 있을 까요?

성서학자: 위에서 한 얘기의 연장선상에서 말씀드려야 할 것 같습니다. 저는 현재 한국 기독교가 직면한 외적·내적 '간격'들은 근본적으로 성서라는 '텍스트'와 기독교 공동체 사이의 간격에서 비롯되었다고 생각합니다. 간단하게 말씀드려서 아직도 성서가 '넘사벽'이기 때문입니다. 아마도 기독교의 속사정을 잘 모르는 분들은 거의 2천 년에 걸쳐서 전 세계적으로 당대 최고의 석학들이 그토록 광범위하고 깊이 있게 연구하고 분석한 단 한 권의 책이 여전히 '넘사벽'이라는 사실을 의아하게 생각하실 것입니다. 그러나 현실입니다. 이러한 현실의 원인은 두 가지입니다. 첫째는 무지요, 둘째는 교만입니다. 교계는 무지하고, 학계는 교만합니다. 교계는 성서의 메시지(진리)를 추구할 뿐 탐구하지 않습니다. 탐구는 치열한 지적 활동이지 헌신, 봉사, 희생 등의 구도적인 활동이 아닙니다. 그래서 교계는 무지합니다. 학계는 탐구할 뿐 추구하지 않습니다. 진리를 추구한다는 것은 그 메시지를 듣는 것이지 인간의 이성으

로 '끌어내는' 것이 아닙니다. 그래서 학계는 교만합니다. 그러므로 교계
에도, 학계에도 속하지 않았지만 시 한 수에도 지성이 묻어나고, 자신의
육체를 철저히 짓밟는 구도자로서 『성경의 원리』 4부작을 완성한 흔볽
선생이 한국 종교사의 맥락에서 재조명된다면 갑자기 이 간격이 확 줄어
들지 않을까 하는 생각이 듭니다. 더 나아가 세계 신학계에도 충분히
자극을 줄 수 있을 것으로 생각합니다. 다만 흔볽 선생에게는 '독창적'이
라는 수식어보다는 '당연한' 또는 '사필귀정의' 성서해석이라는 수식어
가 적합하지 않을까 합니다.

> 종교학자: 네 독창적이 아니고 '당연하다'는 표현이 상당히 새롭게 다가옵
> 니다. 그만큼 그리스도교의 신학과 성서의 진리는 상당한 괴리가 있다는
> 흔볽 선생의 통찰과 맥을 같이하는 것 같습니다. 흔볽 선생은 "성경을
> 성경으로 풀이한다"는 해석학적 원칙에 충실하면서도 이를 우리의 사유
> 체계에 포월(包越)하여 성서해석을 하였다는 점을 강조합니다. 잘 아시
> 겠지만 가톨릭 신학자인 한스 큉은 유일 신앙인 유대교, 그리스도교, 이슬
> 람교에 대한 삼부작을 출간하며 각 종교마다 다른 해석학적 패러다임으
> 로 변화한 역사를 잘 묘사하고 있습니다. 그러나 이는 성서가 결국은 헬레
> 니즘에 바탕을 둔 그리스도교의 교의학이라는 틀 혹은 서구 철학의 사조
> 에 의해 해석이 되었다는 한계가 보이는 것으로 평가할 수도 있습니다.
> 이런 측면에서 흔볽 선생의 성서해석이 어떤 의미를 가지고 있을까요?

성서학자: 저는 '헬레니즘에 바탕을 둔 그리스도교 교의학이라는 틀'
자체는 한계라고 생각하지 않습니다. 헬레니즘을 비롯한 철학적 사조에
의해 성서가 해석되었다고 해서 잘못될 일은 없으니까요. 이미 말씀드렸
듯이 진리의 '탐구 영역'에서는 인간의 지적 수단이 필수적입니다. 문제

는 서구 사람들에게 인기가 있었던 몇몇 철학 사조들이 진리의 '참고서 시장'을 독점했다는 사실이지요. '사유 체계'의 차이란 적합성의 문제이지 우월의 문제는 아닙니다. 그리스인의 사유 체계가 그리스도교 교의학이라는 틀에 적합한 때가 있었다면, 고대 동양의 사유 체계가 그리스도교 교의학에 적합한 때도 있지 않겠습니까? 그때가 언제인지는 그야말로 '신학자'들이 판단할 일이겠지만, 흔붉 선생의 성서해석은 사실상 그리스도교 교의학이라는 틀을 초월하는 작업이라는 점에서 의미가 있다고 생각합니다. 흔붉 선생이 학계에 몸담은 적은 없지만, 그분의 방법론을 분류한다면 '신학자'가 아니라 '성서학자'에 가깝습니다. 그분은 특정한 사유 체계를 위해서 성서를 수단으로 삼는 것이 아니라 성서를 위해서 적합한 사유 체계를 수단으로 사용하기 때문입니다. 어떤 사유 체계의 음성은 들리지만, 그 음성은 자신의 말을 하는 것이 아니라 성서의 메시지를 전달할 뿐입니다. 즉, 흔붉 선생의 성서해석에서 화자(話者)는 성서 자체이지 사유 체계가 아니라는 뜻이며, 거기에 저는 가장 큰 의미를 부여합니다.

> 종교학자: 그런 관점에서 본다면 한국에서 독창적으로 성서해석을 한다는 것은 지극히 당연한 학문의 자유인데, 한국 그리스도교는 독창적인 성서해석은 고사하고 교단 신학과 조금만 벗어난 종교적 행위를 하더라도 신학자들이 '해임과 출교' 등 신학적 자유를 억압하는 중세기적 마녀사냥이 자행되고 있습니다.

성서학자: 독창적인 성서해석이란 학문의 자유일 뿐만 아니라, 신앙인의 의무이기도 하지요. 예수는 제자들에게 묻습니다: "너희는 나를 누구라 하느냐" 그리고 또 말합니다: "그리스도가 여기 있다, 저기 있다

하여도 믿지 말라." 저는 이 질문과 경고의 대상이 바로 여기 있는 우리들이라고 생각합니다. 성서해석이란 '그분'의 정체를 고백하는 행위입니다. 고백은 '들은 풍월'을 암송하는 것이 아닙니다. 남의 주장을 전하는 것이 아닙니다. 그런 의미에서 독창적인 성서해석이란 '희한한 소리', 그저 '남이 생각지도 못한 소리'를 하는 것이 아니라 '내가' 직접 성서를 보고, 만지고, 마음으로 듣고, 깨달아 '믿게 된' 것을 말합니다. 보고 만지기 위해서는 '글'을 알아야 하고, 마음으로 듣고 깨달아 알기 위해서는 '인식의 체계'를 갖추어야 하지만, 그보다 더 중요한 것은 구도자의 자세입니다. 저는 독창적인 성서해석에 대해서 '해임과 출교' 등의 마녀사냥이 자행되는 '중세기적' 풍토도 문제지만, 독창적인 성서해석을 빙자한 진짜 마녀들이 우글거리는 '근대적인' 현실이 더 문제라고 생각합니다. '독창적인 성서해석'이란 어차피 출세나 부귀영화의 수단이 아니라 '도'를 깨닫는 구도의 과정일진대, '해임과 출교'는 큰 문제가 되지 않는다고 봅니다. 오히려 '해임과 출교'를 통해서 자유로운 신분이 되어야 독창적인 성서해석이 가능하다고 생각합니다. (웃음)

3. 『성경의 원리』는 성서해석의 나침반

종교학자: 그만큼 교단에 소속해 있으면서 자유로운 신학적 사유를 전개하기는 너무 어렵다는 비유적인 표현으로 이해하겠습니다. 그렇다면 한국 신학연구소에서 『성경의 원리』 사부작을 개정신판으로 발간하며 한국교회와 세계 그리스도교에 소개한다고 말하고 있습니다. 성서학이라는 관점에서 『성경의 원리』가 국내외 교계와 신학계에 가지는 가치는 어떨 것이라고 평가하시나요?

성서학자: '구슬이 서 말이라도 꿰어야 보배'라는 말도 있고, '꿈보다 해몽'이라는 말도 있듯이 『성경의 원리』가 제대로 이해되고 설명되어야만 '발간사'의 당찬 포부가 이루어질 것입니다. 또한 강조하고 싶은 것은 성경의 내용을 잘 알아야만 『성경의 원리』를 이해할 수 있다고도 할 수 있습니다. 내용을 아는 것과 원리를 아는 것은 다른 차원이기 때문입니다. 『성경의 원리』는 나침반으로서 가치를 갖고 있습니다.

종교학자: 성서학자가 『성경의 원리』가 '성서해석의 나침반'이라고 하니 상당한 무게감으로 다가옵니다. 그러면 마지막 질문인데요, 이스라엘의 성서연구 혹은 세계 성서연구라는 추세에 비추어보았을 때 한국 신학계의 동향은 어떻게 보시는지요?

성서학자: 비평보다는 가능성을 말하고 싶습니다. 기독교 역사에서 신학이나 성서연구는 늘 '독창적 개인'과 '다수의 주류' 사이에 놓여 있었습니다. '독창적 개인' 쪽으로 기울어질 때 '개혁'이나 마녀사냥이 있었고 '다수의 주류' 쪽으로 기울어질 때, '부흥'이나 타락이 있었지요. 오늘날 한국 신학계의 동향은 어느 한쪽으로 기울어지기 힘든 구조라고 생각합니다. 이런 상황에서 '독창적 개인'과 '다수의 주류'는 서로를 필요로 할 수밖에 없겠지요. 그야말로 "때가 찼다"는 느낌이 듭니다.

종교학자: 장시간 인터뷰를 통해 흔붉 선생의 연구 성과에 대해 새로운 시각으로 평가를 해주신 것 같습니다. 또한 시의적절한 평론과 날카로운 시선으로 유익한 신학 정보를 듬뿍 주셔서 독자에게도 큰 도움이 되었으리라 생각합니다.

성서학자: '필요는 발명의 어머니'라는 말이 학문에도 적용되는 바, 문제 제기는 사유의 출발점이 되지요. 그런 의미에서 다양한 인터뷰의 질문은 오히려 제게도 큰 도움이 되는 좋은 기회였습니다. 진리에 대한 진지한 성찰의 기회를 주신 것에 대해 진심으로 감사합니다.

종교학자: 더 많은 질문을 드리고 싶은데 지면 관계상 다음에 기회가 되면 또 모시기로 하겠습니다. 바쁘신데도 인터뷰에 응해주셔서 감사드립니다.

III. 한국 신학의 세계화
   ### (대담: 신학자 김흡영)

종교학자: 교수님 반갑습니다. 아시아신학연합회 공동대표, 한국조직신학회장, 강남대학교 신학 교수직에서 은퇴하신 후에도 버클리연합신학대학원(GTU)의 석학 교수를 역임하는 등 힘차게 일하고 계시는 김흡영 교수님을 모셨습니다. 지금도 해외의 연구 요청으로 바쁜 나날을 보내시는 것으로 알고 있는데 인터뷰에 응해주셔서 감사합니다. 독자들에게 간단하게 신년 인사 겸 소개를 부탁드립니다.

신학자: 「에큐메니안」 편집진은 칼럼 마당까지 마련해주며, 제 연구에 관심을 가져주셨는데 그동안 해외 논문요청에 매달리느라고 글을 제대로 올리지 못했습니다. 케임브리지(Cambridge), 옥스퍼드(Oxford), 티엔티클락(T&T Clark), 블랙웰(Blackwell), 브름스베리(Bloomsbury) 등 세계 주요 출판사들이 차세대 신학자들의 교육을 위한 핸드북을 만드는데, 그 교재들에 실릴 챕터(chapter)를 요청한 것들이었습니다. '도의 신

학과 한국 신학을 소개하고 후학들을 지도할 수 있는 좋은 기회들이라 거절할 수가 없었습니다. 그런데 이호재 교수님께서 이렇게 독자들과 만날 좋은 기회를 마련해 주시니 감사합니다. 편집진과 독자들에게 먼저 심심한 인사를 드립니다. 새해 복 많이 받으십시오. 어려운 시절이지만 늘 건강하시기를 기원합니다. 올해는 지면으로 종종 뵙도록 노력하겠습니다.

1. '도의 신학'의 대선언: 한국 신학계가 서구 신학의 대리전이 되어서는 안 된다

종교학자: 아주 기본적인 질문이지만 단도직입적으로 하나 여쭈어보겠습니다. 조선 시대에는 성리학 이외의 학문은 이도(異道)와 외도(外道)로 취급되는 상황이 한국 그리스도교계에서도 유비적인 역사적 상황이 벌어지는 듯합니다. 한국 신학은 마치 서구 신학의 전시장 혹은 대리전이 벌어지는 곳 같습니다. 서구 신학과 서구 신학자에 의탁하지 않으면 '신학'을 할 수 없는지요?

신학자: 우리 민족은 산골짜기 지형 때문에 그런지 가진 것을 지키는 데 큰 능력을 가지고 있는 것 같습니다. 새로운 사상을 받아들이기도 힘들지만, 일단 받아들이면 끝까지 원형을 보존하는 특징을 가지고 있습니다. 불교도 그렇고, 유교도 그렇고, 공산주의도 그렇고, 자본주의도 그렇고. 특별히 이미 근본주의화 돼서 우리에게 전래된 개신교는 더욱 그렇습니다. 주자학의 약점을 보강하려 양명학이 이미 나왔는데도 주자학을 끝까지 고집해서 약삭빠른 일본이 양명학을 받아들이고 개방하여 순식간에 우리를 앞지르고 심지어 지배까지 하게 된 데에는 후기 조선

성리학자들에게 큰 책임이 있다고 할 것입니다. 마찬가지로 우리 신학자들이 세계에서는 이미 도태되어가는 때 지난 낡은 신학들에 매달려 옹고집을 부리다가는 성령께서 마련해 주신 이 땅의 위대한 선교 은총을 발전시키지 못하고 오히려 훼손하는 죄와 직무유기를 범하게 될 것입니다. 그동안 한국 신학은 서구 신학을 이해하려고만 애쓰는 학생 근성을 벗어나지 못하고, 때로는 오히려 그들의 홍위병이 되어 이 땅에서 살벌한 대리전을 치르며, 서로 싸우며 교회를 갈라놓는 작태를 벌리곤 했습니다.

제가 바라기는 앞으로 후학들이 더 이상 이러한 서구 신학에 주눅들지 말고, 서구 신학의 수련생이라는 자격지심을 넘어 자기 신앙을 있는 그대로 솔직히 고백하는 주체적인 신학을 발전시킬 수 있는 능력과 배짱을 가졌으면 합니다. 서구에서는 신학이 이미 지나칠 정도로 발전돼서 더 이상 창의적인 새로운 신학이 나오기 어렵습니다. 아무리 21세기이지만 그들은 천여 년 이상 쌓아놓은 큰 업적들에 '각주 달기'조차 어렵습니다. 그러나 그 대단한 사상들은 우리의 정신 문화와 동양 사상을 모른 채 형성된 우리와는 거리가 먼 것들이고, 지구촌적 상황에서는 한쪽에만 쏠린 매우 부족한 것들입니다. 창조주 하나님께서는 그리스도교의 미래를 위한 중요한 정신 자원들을 이 땅에 베풀어 놓았다고 생각합니다. 그리고 하나님은 우리 신학자들에게 우리 땅에 숨겨놓은 이 미개발의 정신 유산들을 개발하여 위기에 접한 세계 신학을 구하고 발전시켜주기를 바라고 계십니다. 지금부터는 서구 신학자들은 신학할 것이 그리 많지 않고, 오히려 신학을 개혁하고 개발하여 서구 신학의 부족한 부분을 채우고 글로벌 그리스도교를 이끌어 나갈 사명은 우리 신학자들에게 있다고 믿습니다.

2. '도의 신학': 생태 신학 등 세계 신학계에 새바람을 불러일으키다

종교학자: 세계적인 지구학자이자 생태 신학자인 토마스 베리(Thomas Berry)의 제자인 메리 에버린 턱커(Mary Evelyn Tucker)와 존 그린(John Green) 등이 교수님의 영문 저서 *A Theology of DAO*를 소중하게 평가하고 서구 신학자들이 반드시 읽어야 할 세계적인 신학이라고 평가한다고 하는데 어떤 계기가 있었는지요?

신학자: 20세기 후기 지구생태계에 대한 위기의식이 고조되면서 여러 분야의 학자들이 그 대안을 종교 사상에서 찾고자 노력했습니다. 그중에 중요한 연구가 하버드대학 세계종교연구소에서 메리 에버린 턱커와 존 그린이 주도한 <종교와 생태계 컨퍼런스> 프로젝트였습니다. 이연구는 수년간에 걸쳐 모든 종교들을 망라하여 시도되었는데, 턱커와그린의 결론은 세계 종교 사상들 중 가장 자연친화적이고 생태학에 도움이 될 수 있는 전통은 동아시아의 유교와 도교라는 것이었습니다. 그프로젝트가 가장 활발하던 때 제가 마침 그 하버드 연구소에 있었고, 적극적으로 컨퍼런스에 참여하게 되면서 두 분과 깊은 교제를 맺게 되었습니다.

세계 교회가 생태 신학에 대하여 내놓은 문서들 중 신학적으로 중요한 것이 현 프란체스코 교황이 2015년 발표한 회칙 <찬미 받으소서>(*Laudato Si*)입니다. 이 회칙의 사상적 배경을 제공한 주요한 인물이 뉴욕시에 있는 포덤대학의 교수였던 토마스 베리라는 가톨릭 신학자입니다. 그분은 20세기 후반에 생태 위기를 가장 중요한 영성적, 신학적 문제라고 끌어올리는 데 큰 공헌을 한 생태 신학의 선구자입니다. 베리 교수에게는 두 부분의 애제자가 있었는데, 그들이 바로 턱커와 그린 부부였습니다. 베리는 앞으로 생태 문제를 해결할 수 있는 자원은 결국 종교적 영성인데 그중에서도 유교와 북미주 토착민들의 영성 전통이 가장 중요하다고 보았습니다. 그래서 애제자 턱커에게는 유교(성리학)를, 그린에게는 아메리카 인디언의 토착 영성을 박사과정에서 전공하게 하였습니다. 그들 부부가 지금은 예일대학교 '종교와 생태학 포럼'의 대표로서, 세계에서 가장 앞장서서 생태학과 종교 분야를 이끌어가는 리더들입니다. 이러한 동아시아 사상에 대한 이해와 배경 때문에 나의 『도의 신학』을 매우 소중하게 생각하고 있습니다. 모든 신학생들이 앞으로 꼭 읽어야 하는 책이라고 추천해 주었지요.

> 종교학자: 그런 계기가 있었는지는 오늘 처음 알았습니다. 이런 면에서 세계 신학계에서 핫이슈인 생태 신학의 담론이 벌어지고 있는 담론현장에서 '도의 신학' 등 한국 신학자도 이 방면에 적극적인 발언을 하여야 할 것 같습니다.

신학자: 앞으로 생태 신학은 서구형에서 이탈하여 근본적인 패러다임이 전환되어야 합니다. 에코-페미니즘조차도 서구적이라는 한계를 넘기는 어려운 것 같습니다. 제 '도의 신학'적 생태 신학의 입장을 에코다오(Eco-dao)라고 칭하기도 하는데, 세계학계가 관심을 가지고 여러 곳에서 논문 요청을 해왔습니다. 옥스퍼드의 윌리-블랙웰과 티엔티클락을 인수한 브룸스베리 출판사 등의 종교와 생태학 핸드북들에 제 챕터들이 실렸지요. 미국종교학회의 종교와 생태학 분야에서도 초청을 받아 발표를 했습니다. 서구학자들이 제 신학적인 입장에 관심을 갖게 된 것은 이와 같이 도와 관련된 유교와 도가 사상들이 생태계를 살릴 수 있는 중요한 자원이라고 인식해서 이루어진 것입니다. 그래서 그런 방향으로

앞으로 한국 신학의 전망이 아주 밝습니다. 저는 총론적인 화두를 던졌지만, 앞으로 후학들이 좀 더 체계적으로 정리하여 각론과 더불어 더욱 발전시켜주었으면 합니다.

3. '도의 신학': 조직유학과 그리스도교 신학으로 종교 간 대화 모델을 유형화하다

종교학자: 작년에 출간한 『왕양명과 칼 바르트』라는 책은 28년 전 미국 버클리연합신학대학원(GTU) 박사논문을 거의 그대로 한국말로 번역한 것으로 알고 있습니다. 당시 신정통신학자인 칼 바르트와 양명학의 창시자인 왕양명의 사상을 비교하면서 '그리스도교 신학'(theology)과 대등한 개념의 '조직유학'(confuciology)을 도입한 것은 지금 보아도 선구적인 신학적 모델의 대화 유형인 것 같습니다.

신학자: 먼저 제 졸저에 대해 훌륭한 서평[2]을 해주신 데 대해 감사를 드립니다. 프린스턴신학대학원에서 아우구스투스, 루터, 칼뱅, 바르트 신학에 매료되어 개혁신학 전통을 열심히 공부했습니다. 그러나 아무리 공부해도 이들이 제 것이라는 생각이 안 들었고 마치 영어 같은 외국어를 배우는 듯했습니다. 유교같이 다른 전통이 몸에 밴 우리들은 우리의 전통을 신학과 더불어 같이 공부해야 하며, 그것도 단순 비교가 아니라 사상사적인 큰 틀에서 서로 대비하며 연구해야 한다는 생각이 들었습니다. 그래서 종교 간의 대화에 앞장서 온 GTU로 옮겨 본격적인 비교연구를 시작했습니다. 맹자와 아우구스투스, 주희와 칼뱅, 왕양명과 바르트 같은 식으로 사상사적으로 짝을 맞춰 전체적 패러다임을 비교하는 방법

---

2 이호재, "도(道)의 신학자 김흡영, 종교간 대화모델을 유형화하다", 「뉴스앤조이」 2020. 6. 15.

론을 개발했지요. 미국종교학회에서는 작년에야 비로소『칼 바르트와 비교신학』이라는 책이 나오고 세션이 개최되었는데, 저는 그 서구 신학 자들보다 약 30년 앞서 한 것이지요.

　제가 논문 쓰던 당시, 그리스도교와 유교 간의 대화가 한스 큉과 줄리아 칭 등에 의해 시작되었는데, 그들은 방법론적으로 유가 사상을 신학의 범주와 개념에 맞춰 절충적으로 비교한 것이어서 체계나 학술 정밀성이 부족했습니다. 그래서 우선 고도로 체계화되고 정밀한 현대 조직신학과 전근대적 유교 전통을 비교하자면, 그러한 조직신학 체계에 상응할만한 유학체계가 필요하다고 보고 개발해낸 것이 신학(theology)에 대비된 조직유학(confuciology)이라는 개념입니다. 곧 조직신학과 종교 간의 대화(또는 비교신학)의 새로운 신학 방법론을 제시한 것이지요. 그러나 한국 신학계에서는 주목을 받지 못하고 있다가 작년에서야 비로소 번역출판하게 되었습니다. 저는 앞으로 유교를 비롯하여 동아시아 전통들로 가득 찬 우리나라에서 신학하기 위해서는 이 방법론을 적용해야 한다고 생각합니다. 우리에게 이러한 작업은 신학 현장이 불분명하고 막연한 서구형의 비교신학(comparative theology)이 아니라 그 자체가 우리의 조직신학/구성 신학(constructive theology)을 하는 것입니다.

　종교학자: 근본적 상이성을 가진 왕양명과 칼 바르트를 통해 상생적 대화 모델을 제시하셨다면 1996년에는 근본적 유사성 속에 차별성을 가진 대화 모델을 종교학자 금장태 교수와 공동 연구한 "존 칼빈과 이퇴계의 인간론에 관한 비교연구"를 통하여 '도의 신학'의 확장성을 입증했다고 할 수 있습니다. '도의 신학'을 구상하신 근본적인 문제의식은 어디에서 찾을 수 있을까요?

신학자: 한국에 귀국해서 서울대학교의 유학자 금장태 교수님을 설득하여 칼뱅과 퇴계 간의 대화를 추진했습니다. 그리고 한국에서 장로교 개혁 전통이 이렇게 성공할 수 있었던 것은 칼뱅 신학과 퇴계학을 위시한 한국 유학 간의 유사성에 기인한다는 주장을 하게 되었지요. 이 또한 한국 신학계에서는 별로 주목을 못 받았지만, 해외 개혁신학자들로부터는 긍정적인 반응을 받았습니다. 그런데 이 두 연구를 통하여 발견한 것은 성화론을 중요시했던 칼뱅이나 바르트는 형이상적인 이론 신학보다는 삶 속에 실천적인 '도의 신학'에 가깝다는 사실입니다. 바르트는 신학(앎)과 윤리(행위)는 서로 나눠져서는 안 된다고 고집했는데, 이것은 그야말로 양명의 지행합일(知行合一)론과 맞아떨어지는 것이지요. 그래서 '도의 신학'을 본격적으로 구상하기 시작한 것입니다. 또한 도(道) 자는 머리 수(首)와 움직일 착(辶)으로 구성되어 어원적으로도 지행합일을 뜻한다고 할 수 있지요. 그동안 세계 신학의 가장 큰 문제는 이론적인 로고스 신학(theo-logos)과 그를 비판한 실천적 프랙시스 신학(theo- praxis) 간의 이원화라고 할 수 있습니다. 지행합일의 '도의 신학'(theo- dao)이 바로 이 문제를 해결할 제삼의 글로벌 신학이라고 주장해 왔습니다. 예수님은 자신을 로고스라고 하신 적이 없고, 오히려 길(호도스, ὁδός), 곧 '도'라고 하셨지요(요 14:6). 크리스천이라는 말이 나오기 전 사도행전에서는 교인들을 예수의 '도를 따르는 자'라 하였습니다(행 24:14).

종교학자: 도(道)는 국제적으로 Tao로 영역되다가 최근에는 Dao로 번역이 되고 교수님의 영문 저서도 *A Theology of DAO*라고 표현합니다. 이런 경우에 중국 종교 문화의 맥락에서 도(道)로 이해가 될 것이라 생각됩니다. 그만큼 한국의 종교 문화는 중국 문화의 아류로 생각하는 의식이 팽배한 것은 부인할 수 없는 세계 학문계의 실정이거든요. 그런데 '도의 신학'이

라고 하면 외국인에게는 그러면 중국의 신학이냐는 오해가 있을 수 있고, 한국 신학자에게는 이게 '한국 신학'인가라고 되물을 수도 있을 것 같은 편견이 있을 수도 있을 것 같습니다.

신학자: '도의 신학'을 영어로 소개하면서 바로 이 점에 대해 많이 고민했습니다. 일단 『한국 성서신학에 대한 옥스퍼드 핸드북』에서는 한국적 맥락이 분명하여 Dao 대신 Do를 사용했습니다. 그리고 창조론에 대한 『티앤티클락 핸드북』에서는 그냥 Dao를 사용했습니다. '도의 신학'의 영어 표기를 시작부터 Theo-dao보다는 Theo-do로 사용하려 했지만, 우선 후자가 일본의 '신도'와 혼돈을 가져올 염려가 있고, 영어단어 do 자체가 많은 의미를 가지고 있기 때문에 그렇게 하지 못했습니다. 또한 그 당시는 아직 중국 신학이 떠오르지 못한 상태였습니다. 세계 신학에서 동아시아가 무시당하고 있어서 동아시아 전체를 아우르는 신학을 부각시켜야 한다는 사명감이 들어서 일반적으로 통용되는 tao/dao를 사용하게 되었습니다. 단어에서도 한국이라는 정체성을 분명히 해야 된다는 취지에서 최근 싱가폴에 있는 한 명문대학 저널의 요청으로 집필한 다석의 영성 신학에 대한 논문에서는 한자 전체를 핀인(平音, pingyin) 같은 중국식 로마자화 시스템이 아닌 우리 한글 발음의 로마자화를 사용하였습니다. 이것은 그동안 동아시아에 대한 학술논문에서는 획기적인 일이겠지요. 그래서 그런지 아직 소식이 없습니다. 그러나 아직까지 한자가 중국 것이라고 믿는 현실에서—저는 그렇게 믿지 않지만— 한자의 로마자화는 중국 것으로 해야 하는 것이 일반적으로 당연하게 생각하겠지요. 우리 역사학자들이 하루빨리 한자의 근원에 대해 밝히고, 세계적으로 그것을 인정받게 해 주었으면 좋겠습니다. 제가 '도의 신학'을 창안했고 한국 신학자라는 사실은 이미 세계가 알고 있습니다. 제 업적들이

먼저 출판되어 있는 상황에서 양심적인 학자라면 '도의 신학'이 중국 신학의 아류라고 결코 할 수 없겠지요. 오히려 앞으로는 제 생각과 업적들에 대한 표절들이 문제가 되겠지요. 또한 "영어 표기를 중국식으로 했다 해서 한국 신학이 아니다"라고 하는 옹졸한 배타주의적 태도를 우리 학자들이 더 이상 가져서는 안 될 것입니다. 국수적 배타주의를 넘어서 중국이든 미국이든 좋고 필요한 것들을 품는 대승적 아량을 가져야합니다. 앞으로 세계 신학, 특히 동아시아 신학을 이끌어 가는 것은 우리 신학자들의 몫이니까요.

4. 옥스퍼드 핸드북에 변찬린의 『성경의 원리』 소개[3]

종교학자: 개인적으로 한국 신학자들의 저술과 김 교수님의 관점의 차이 가운데 감명 깊었던 대목 가운데 하나가 "신학적 사대주의와 식민주의적 근성을 극복해야 한국 신학이 그래서 한국교회가 바로 설 수가 있다"는 주장을 하셨습니다. 이에 대한 한국의 사례로서 다석 유영모의 신학을 조명한 『가온찍기』는 그 부제가 "다석 유영모의 글로벌 한국 신학 서설" 이라고 할 정도로 상당한 공력을 들인 역작이라 평가됩니다. 그러면 유영모 이외에 서구 신학의 전이해에 오염되지 않으면서도 성서를 한국의 종교적 심성으로 읽어낸 종교인들이 있다면 소개해 주실 수 있을까요?

신학자: 2008년 세계철학자대회가 한국에서 열렸는데, 준비위원회가 가장 한국적인 철학자를 내세우는 데 애를 먹었다고 하더군요. 그래

---

3 Heup Young Kim, "BIBLICAL READINGS ON A THEOLOGY OF DAO", *The Oxford Handbook of the Bible in Korea*, Oxford Handbooks (Oxford University Press, 2022), 154-156.

서 급기야 채택된 인물이 다석 유영모 선생과 함석헌 선생이었습니다. 다석은 세계 신학이 반드시 주목해야 할 한국이 배출한 최고의 종교 사상 가이지요. 그래서 20여 년간 깊은 관심을 갖고 강남대 신학대학원에 과목을 설치하며, 연구에 천착하였지요. 그의 그리스도론은 2003년에 최초 영어로 출판되었고, 그 후 한국연구재단의 지원으로『가온찍기』를 출판하게 되었지요. 다석은 워낙 자유스럽게 동서고금의 경전들을 넘나들며 종교 사상을 득도하신 분이 돼서, 조직신학 등 서구식 신학 교육을 통해 오히려 서구적인 개념과 체계에 익숙한 신학자, 신학생, 목회자 그리고 신자들이 그 오묘한 동양적 생각들에 접근해서 이해하기가 어렵습니다. 그래서 그 교량 역할을 할 입문서로 그의 사상들을 좀 더 신학에 가깝게 체계화해 본 것입니다. 그런데 그 책도 너무 어렵다고 하는 소리가 들리더군요. 그 연구에서 제가 발견한 하나는 다석이 우리의 토착적 선도 전통과 깊은 연관성이 있다는 점이었습니다. 그건 다석학회 회원들을 비롯하여 여러 학자들이 무시했던 부분 같습니다. 그래서 다석 사상은 선도 수행자로서의 입장에서 더 깊이 조명해야 될 필요가 있습니다. 주역을 비롯한 동양 생명 사상들과 특히 선도에서 중요한 한 수행 지침은 '수승화강'(水昇火降)입니다. 내려가야 할 물은 올라가고, 올라가야 할 불은 빛이 되어 내려 쪼여줘야 나무가 자라듯 생명이 자랍니다. 다시 말해 오히려 몸은 올라가야 하고, 얼은 내려와야 합니다. '몸나'는 가라앉고 '얼나'를 뜨게 하는 것이 다석의 생각이라고 하는 것은 착오입니다. 그것은 다름 아닌 혼비백산(魂飛魄散)을 말하는 것으로 생명이 아니라 사망의 길입니다.

교수님 앞에서는 변찬린 선생을 또한 언급하지 않을 수 없겠지요. 변찬린 선생의 중요성도 그가 성경을 우리의 독특한 가장 근본적인 영성이라 할 수 있는 선도의 시각에서 읽었다는 것입니다. 사실 한국 기독교가 발전하게 된 데에는 개신교와 유교 사상 간의 유사성뿐만 아니라, 성경이 우리의 삶에 깊이 흡수되어 있는 선 사상과 맞물려 있다는 점도 크게 일익을 담당했을 것입니다. 길선주와 이용도 같은 한국 기독교의 토착적 영성 개발자들은 선도와 깊은 연관성이 있습니다. 한국장로교의 개척자 길선주 목사는 본래 열렬한 선도 수행자였지요. 그러한 것을 성경에서 구체적으로 푼 이가 바로 변찬린 선생이라 할 수 있겠습니다. 성경에서 하늘나라(선경)에 이르는 선맥(僊脈), 곧 도맥(道脈)을 찾아내었지요. 이 성경해석은 '도의 신학'에서는 고마운 일이지요. 그러나 조직신학적으로 그를 받아들이기에는 갈 길이 멉니다. '도의 신학'조차도 꺼리는 현실에서 말입니다. 이것은 조직신학보다는 오히려 우리 성서신학이 먼저 해야 할 일이겠습니다. 그래서 이번에 한국성서신학에 대한 옥스퍼드 핸드북에서는 변 선생의 도맥 해석론을 소개했습니다. 변 선생이 한국 성서학계와 세계 성서학계에 소개된 것이지요. 이것은 지금까지 끊임없이 제게 이걸 숙제로 밀어붙여 주신 교수님의 공로가 아니라고 할 수 없습니다.

5. 한국의 신학자는 세계 신학계에 공헌할 풍부한 한국의 종교적 자산을 개발해야 한다

종교학자: 개인적으로 뜻밖의 기쁜 소식입니다. '도의 신학'과 더불어 변찬린 선생의 『성경의 원리』가 *Oxford Handbook of the Bible in Korea*에 소개된다니 말입니다. 한국 신학으로서도 큰 경사입니다. 우리는 지금 문명사적 전환기에 살고 있습니다. 지구촌 사유의 합류 시대에 천문학의 발달에 따른 거시 세계의 확장과 이론물리학이 가져다준 미시 세계의 발견에 따른 공간 확대의 혁명, 통신과 교통의 혁명으로 인한 우주가 축소

되는 시간 혁명, 생명공학과 로봇공학의 결합 등으로 새로운 인간 유형의 혁명을 예고하고 있습니다. 즉, 공간과 시간 그리고 인공지능, 포스트휴먼 등 인간에 대한 개념 자체가 탈바꿈하여 새로운 정의가 필요한 시대임을 웅변적으로 나타내기 위해 '새 축 시대'라고 제가 말하고 있습니다만, 이런 문명사적 전환기에 한국에서 자리에서 학문하는 입장은 어떤 자세를 가져야 할까요?

신학자: 그런 문명사적 큰 그림은 잘 모르겠습니다. 다만 신학자로서 앞으로 새 시대 신학의 매크로 패러다임은 한국에서 나와야 하고 그렇게 될 것이라고 믿고 있습니다. 예수 그리스도는 제국의 선지자가 아니었습니다. 새 시대의 사상가는 기득권 문명을 지배하며 호령하는 곳이 아닌 핍박 속에 고통과 한이 맺힌 변방의 자리에서 나왔습니다. 노자나 공자도 제국의 지배층이 아니었습니다. 지형적으로 태극을 그리고 있는 한반도는 태극기 이미지대로 새 시대의 핵, 블랙홀입니다. 동서양의 초대국인 중국과 미국이 만나서 각축하고 있고, 아직까지 공산주의와 자본주의가 치열하게 맞부딪치고 있습니다. 바로 이런 자리가 새 시대를 여는 사상이 나올만한 곳입니다. 예수 시대의 팔레스타인이 그랬고, 공자와 노자의 춘추전국 시대가 그랬습니다. 초강대국 미국과 초강대국 중국에서는 결코 새 시대를 이끌 수 있는 사상이 나올 수 없습니다. 초강대국으로서 기득권의 유지가 절대적 명제이기 때문입니다. 그 사이에 끼여 항상 긴장할 수밖에 없고 항상 미래가 불투명한 지금의 한반도가 현실적으로 괴롭지만, 영적으로 그러한 사상이 나올 수 있는 최적지, 최고 명당자리입니다. 그러므로 앞으로 세계를 이끌 신학은 우리나라에서 나와야 합니다. 저는 그저 그 길을 열기 위한 터를 닦고 있는 정도이지만, 앞으로 그런 신학자와 사상가들이 이 땅에서 나올 것입니다.

종교학자: 한국에서 세계적인 신학자가 많이 나올 것이라는 예언적 소식은 상당히 반가운 말씀입니다. 특히 교수님은 회심 사건 후 유교인·그리스도교인·세계 속 한국인으로서 '신학과 동양 종교' 그리고 '신학과 과학'이라는 두 주제로서 결국 '신학, 동양 종교, 자연과학 간의 삼중적 대화'라는 명제를 가지고 신학의 길을 가고 있습니다. 이런 문명사적 전환기에 처한 한국과 한국 신학의 길이 나가야 할 길은 어떠해야 하는지요?

신학자: 지금 경험하고 있는 '코로나 사태'(COVID-19)나 인공지능 시대에 거센 물결은 말과 지능 중심의 서구 문명의 한계를 그대로 노출하고 있습니다. 트럼프를 비롯하여 서구인들이 마스크 쓰기를 극히 꺼려하며 괴로워하는 것은 말로 자기 존재감을 과시하고 정체성을 주장하는 문명에 길들여졌기 때문입니다. 그러나 우리들은 본래 입을 가리고 말이 아닌 덕으로서 이웃을 대하며, 자기 존재를 나타내기보다는 겸손하게 감추는 것을 오히려 미덕으로 받아들이는 문화적 배경을 가지고 있습니다. 지금의 서양인들은 물론이고 (이젠 우리들도) 이해하기 어려운 문화적 유산이 되었지요. 그러나 코로나 사태는 그러한 말 중심의 문명에 대해 자연이 이제는 입을 고만 닫고 잠잠하라고 전면전을 선포하고 있습니다. 말(로고스)이 아닌 덕(道)이 중심인 문명으로 돌아가라고 말입니다.

또한 알파고의 등장과 함께 인간의 지능을 훨씬 능가하는 인공지능의 출현과 더불어 초지능의 포스트휴먼 또는 기계인간을 추구하는 트랜스휴머니즘 운동이 일어나고 있습니다. 초지능을 가진 인공지능의 출현은 플라톤 이후 순수지능만의 세계를 추구해 온 서구적 이상의 기계적 완성이라고 볼 수 있습니다. 그러나 과연 그 완성이 인류에게 유토피아를 가져올까요, 멸망을 가져올까요? 최근에야 유럽연합과 미국 스탠포드대학 같은 곳에서 연구소를 설립하며 인간 중심적 인공지능을 개발해야 한다고 주장하고 있습니다. 그러나 문제는 서양인들에게는 정작 인간이 무엇인가를 규명할 수 있는 사상적 자원이 고갈되어버렸다는 것입니다. 서구 문화가 극단적 신중심주의로 흘러 인간존재에 대한 가치와 덕을 논할 수 있는 인간론적 공간을 상실한 것입니다. 인간론이나 휴머니즘에 대해서 가장 오랜 전통을 지닌 정신적 자원은 유교입니다. 그래서 20세기 말부터 과학기술의 시대에 있어서 유교의 중요성을 설득해 왔습니다. 알파고와 이세돌의 경기 이후 시카고대학의 한 웹저널에 도덕적 과학기술의 필요성을 주장하면서 테크노다오(Techno-dao)라는 신조어를 만들기도 했습니다. 마침 유교의 본산지 안동에 있는 경안신학대학원대학교 박성원 총장님이 이러한 아이디어를 받아들여 안동시의 후원을 받아 해외 에큐메니칼 네트워크 신학자들과 함께 콘퍼런스를 4년째 계속했습니다. 그로 말미암아 세계선교연합회(CWM) 및 세계교회협의회(WCC)가 인공지능 문제를 향후 장기간 다루어야 할 주요 주제로 채택하게 되었습니다. 다행히도 세계 교회 기관들이 이 중대한 문제에 대해 나서기로 한 것입니다. 그러나 그 콘텐츠는 유교를 비롯하여 우리의 정신 자원에서 발굴해내야 할 것입니다. 곧 기독교 신학, 과학기술 그리고 우리 사상 간의 삼중적 대화를 통해 과학기술 시대의 적절한 신학 및 사상 패러다임을 개발해야 하는 것이지요. 그것을 후학들에게 부탁하고 싶습니다. 그래서 새 시대에 세계를 이끌어가기를 바랍니다.

종교학자: 세계 신학계의 동향, 선생님의 극적인 신학 여정 그리고 유교와 그리스도교에 대한 폭넓은 말씀을 더 듣고 싶은데 지면이 허락하지를 않습니다. 독자에게도 큰 울림을 주는 대담이리라 생각합니다. 지금도 해외에서 요청받은 주요한 글로 바쁘신 줄 아는데 많은 시간을 내주셔서 깊은 감사를 드립니다.

IV. 한국교회가 나가야 할 길
(대담: 원로목사 이경수)

1. 생명을 살리는 하나님은 현장에 계신다

종교학자: 바쁘신데 시간을 내주셔서 감사드립니다. 목사님은 사회생활을 하시다가 목회를 하신 걸로 알고 있는데 어떤 계기로 목회의 길에 들어서셨는지요?

원로목사 : 우선 모든 독자들께서 코로나 시대를 잘 극복하시기를 하나님의 이름으로 기원합니다. 저의 경우는 모태 신앙은 아니고 초등학교 5학년 때 셋째 누나 따라 동네 감리교회 나가기 시작한 것이 신앙생활의 첫걸음이었습니다. 중학교에 들어가면서 큰누나가 다니던 장로교회에 나가기 시작하여 신학교에 가기 전까지 장로교회에 다녔습니다. 중·고등학교가 미션스쿨이었고, 고1 때 담임선생님에게 "너 이 다음에 목사될래?"라는 말을 들었지만 전혀 그럴 생각이 없었습니다. 고3이 되면서 한 달 만에 아버지가 돌아가시면서 인생에 대해 진지하게 생각하는 계기가 되었습니다.

대입에 떨어져 재수하면서 대학에 합격시켜주면 신학 공부하겠다는 서원을 혼자서 세우고 공부해서 고려대 사학과에 들어갔습니다. 그때부터 교회 대학부 활동을 하였는데 당시 표재명 장로(고대 철학과 교수)의 지도로 문학과 철학, 역사와 신학 서적을 섭렵하기도 하였습니다. 대학 졸업하고 당장 돈을 벌어야 하니까 중학교 교사가 되었습니다. 그러다 서원을 지키기 위해서 장로회신학대학 입시에 합격하고 어려서부터 키워주신 교회 목사님 찾아뵙고 인사드렸더니 문득 하시는 말씀이 "이 선생, 부름받았나?"였습니다. 이 물음에 선뜻 대답을 하지 못하고 신학교를 포기하였습니다. 이때부터 물음의 답을 찾기 시작하면서 혼자서 전국 곳곳을 돌아다니며 하나님과 나와의 관계에 대해 성찰하는 시간을 갖게 되었습니다. 그 당시의 신앙 흔적 때문인지 지금도 현장에서 '예수가 살아가신다면 어느 현장에 계실까?'를 생각하면서 부지런히 그 현장에 찾아가는 것이 생활의 한 부분이 되었다고 할 수도 있습니다.

종교학자 : 개인적으로 종교연구를 위해 국내외에서 다양한 종교인과 인터뷰를 하는 경우가 많습니다. 많은 종교인이 자신의 종교 체험을 증언 하는 경우가 있는데 혹시 목사님께서도 특이한 종교 경험이나 신비 체험 이 있으셨는지요?

원로목사 : 저는 종교 체험이나 신비 체험을 구하지 않았습니다. 기도 원에 가서 철야기도를 한 적도 없고, 금식기도를 해 본 적도 없고, 방언을 해 본 적도 없이 오로지 전국을 방랑하며 스스로에게 자문자답하는 시간 을 갖게 되었습니다. 그러면서 목회자의 길이란 무엇인가? 부름받았다 는 것이 무엇인가? 무슨 이상한 소리를 듣는 것인가? 계시가 갑자기 내려 오나? 그렇다면 결국 무엇이 되는 것이 아니라 어떻게 살라고 하시는 건가? 예수처럼 살 수 있는가 하는 실존적인 물음을 많이 한 것 같습니다.

그래서 복음서도 참 많이 읽고, 예수의 전기도 다 찾아 읽고 하면서 특히 누가복음에 심취하여 곁에 다가오는 사람들 품어주고, 이야기 들어 주고, 공감하고, 같이 아파하고, 생명을 살리는 일을 하신 예수를 만나게 되었습니다. 결국 생명을 살리는 일은 하나님의 일이고, 생명을 죽이는 일은 사탄의 일이라고 깨닫게 되었습니다. 만일 나에게 "그런 삶을 살라 시면 그렇게 살겠다"는 신앙 결단을 내렸습니다.

그러던 중 어느 날 저녁 동네 목욕탕에 갔다가 우연히 부름 받았나 물으셨던 '그 목사님'을 만나 탕 안에 벌거벗고 앉아서 이런저런 이야기를 나누던 끝에 감신대에서 야간 신학생을 선발한다는 소식을 들었습니다. 그다음날로 바로 서류를 내어 감신 신학원에 들어갔고, 이어 동 신학대학원까지 나와 본격적으로 목회를 시작하였습니다. 1982년 3월 수표교교회에서 교육전도사를 시작하여 쇄암교회에서 목사안수를 받았습니다. 이후 다시 수표교교회로 옮겨서 부목사를 하다가 어린양교회(1997~2012)를 개척하여 담임목사로 일하다 조금 일찍 은퇴하였습니다. 지금은 나우리교회 소속 원로목사로 있는 중입니다.

내 목회 활동의 사명은 "내가 길을 찾지 않고 길이 열리는 대로 가겠다. 그게 어디서든 나를 필요로 하는 곳이 있다면 그게 주님이 가라 하시는 길인 줄 믿고 가겠다"는 사명으로 30년 목회의 길을 걸었다고 회고를 하게 됩니다.

특별히 내 목회의 절반은 상담이었던 걸로 기억됩니다. 부목사 때 상담 공부를 본격적으로 시작한 후 1997년부터 지금까지 서울 생명의 전화 상담원으로 봉사하고 있는데, 부끄럽지만 20년 장기봉사상과 1,500시간 상담봉사상을 받기도 했습니다. 생명의 전화(24시간 개방)에서 봉사한 지 올해로 25년째인데 봉사 시간—밤 10시부터 아침 8시까지—에는 거의 쉴 틈 없이 전화가 옵니다. 자살하려는 사람 등 사회적 안전망에 혜택을 받지 못하는 이들의 절체절명의 외마디와 하소연들을 듣고 나면 진이 빠져 버립니다. 그래도 하루 두세 명 적어도 하루에 한 명의 목숨은 구했다고 생각합니다. 그러한 내담자 중의 상당수가 기독교인이고, 그들의 말을 통해 듣는 한국교회의 속 모습, 목회자들의 추한 모습, 교인들의 실상을 너무나 많이 들었고, 지면상으로 말하기에도 부끄러운 모습, 너무나 가슴 아픈 사연이 많지만 말을 아끼겠습니다.

종교학자: 목사님은 대형교회의 목사도 아니고 사회적으로 이름도 나지 않았다고 수차례의 인터뷰 요청에도 한사코 거절을 하셨습니다. 소위 목회에 성공한 성공 사례는 지상에 많이 알려져 있기에 숨겨진 목회 현장에서 묵묵히 성서의 정신을 실천하는 분과 인터뷰를 하고 싶었습니다. 앞으로는 오히려 목사님처럼 작은 교회, 이름 없는 교회의 자리에서 사회적 약자와 동고동락하는 목회를 해야 하는 것이 성서의 정신을 따르는 것이 아닌가요?

원로목사: 처음 의뢰를 받고 부담스러웠던 게 사실이었습니다. 오랜 고민 끝에 한국교회가 어려움에 처한 상황에서 원로목사로서 무엇이라도 해야 한다는 마음에서 인터뷰를 수락하게 되었습니다. 개척교회를 시작하고 얼마 지나지 않았을 때의 일입니다. 같은 지방에 나이가 나보다 몇 살 위여서 형님으로 모시던 선배 목사님이 계셨는데, 교회를 개척한 지도 꽤 되었고, 건물도 있고, 교인들도 제법 모이는 교회의 목사님이셨는데 하루는 나보고 이렇게 말합디다. "이 목사, 이 바닥에서는 교회만 크면 무조건 형님이야!" 모든 것이 교회 크기, 교인 수로 판가름 나고 그러면 아무리 나이가 적고 어려도 형님노릇한다는 취지로 말하는 것이었습니다. 물론 내가 만나본 목사님들 중에는 진짜 큰 교회 목회하면서도 겸손하시고, 티 안 내시고, 끊임없이 베푸시는 분들도 많습니다. 그렇지만 아무래도 교회가 커지면 참된 의미의 목회가 이루어지기 어려운 건 당연지사입니다. 교회가 커지면 그건 경영이고, 기업이 되어버리고 관리가 되는 것이지 그걸 목회라고 부를 수는 없는 일이기도 합니다.

오래된 이야기입니다만, 어느 목사님이 기차를 타고 가는데 앞자리에 앉은 분이 인사를 하는데 도무지 누군지 알 수 없어서 "누구신데 인사하느냐" 했더니 자기가 목사님 교회 장로라고 말했다는 것을 들은 적이 있습니다. 목회 현장에서는 보통 300명이 넘어가면 그때부터는 목회가 아니라고 말합니다. 이 지면을 빌려 말씀드리지만 제발 대형교회 목사님들이 욕심부리지 말고 교회 나누는 일을 하기를 진심으로 바랍니다.

2. 신사참배, 제주 4 · 3사건, 권력 유착의 교회 성장은 개신교의 3대 죄악

종교학자: 목사님께서 하실 말씀이 많으신 것 같습니다. 목사님을 통해 교계의 실상을 솔직하게 더 묻고 듣고 싶지만 공적인 자리라 말씀을 아끼시는 것 같아 더 여쭙지는 않겠습니다. 목회자는 일반적으로 사회적으로 종교적 권력과 세속적 명예와 탐욕적 자본이 축적되어야 비로소 세상에 이름이 납니다. 사실 종교인은 세상과는 일정한 '영성적 거리'를 유지하라는 것이 세계 경전의 공통점이기도 합니다. 한국교회가 세상과 적정한 거리를 유지하지 못하고 대형화, 기복화, 자본화의 길로 접어들어 세상의 '빛과 소금'이 되기는커녕 세상의 '빛'이 되었다는 자성의 소리도 이곳저곳에서 들리기도 합니다. 사회의 혁신 세력이 되어야 할 한국교회가 오히려 사회에 부담으로 작용하는 이런 종교적 현상이 생기게 된 원인은 어디에서 기인하는 것일까요?

원로목사: 소위 코로나 사태로 인해 한국교회가 세상의 빛과 소금이 되기는커녕 어둠과 부패의 세력으로 몰리는 것이 너무나 안타깝지만, 사실은 코로나 이전부터 일찍이 잠재되어 있던 것이 한꺼번에 드러나고, 터지고 있다고 봐야 할 것 같습니다.

역사적으로 보자면 한국교회가 지니고 있는 업보가 세 가지입니다. 첫째는 신사참배 문제입니다. 3.1운동을 비롯해 그나마 조국 독립과 민족해방에 참여했던 한국교회가 집단적으로 하나님과 민족을 버리고 일제에 투항한 것이 신사참배라면 그때의 교회 지도자들이 책임을 면키 어렵습니다. 그리고 해방 후 제대로 회개하지도 못하고 오히려 신사참배에 앞장섰던 자들이 교회 지도자로 군림했던 것은 더 큰 문제입니다. 둘째는 해방 후 남북 대치 상황에서 남쪽으로 내려온 북쪽 출신 기독교인들이 주로 모인 교회들이 중심이 되어 소위 서북청년단을 만들어 제주 4.3사건을 비롯한 민족 상쟁의 비극을 일으킨 것 또한 한국교회가 저지른 씻을 수 없는 과오입니다. 셋째는 한국교회가 오늘날 이렇게까지 망가진 원인을 꼽으라면 1970년대 경제개발과 맞물려 일어난 교회 부흥운동의 결과 교회의 대형화가 이루어지기 시작한 것이라고 생각합니다. 물론 이것을 하나님의 역사요 성령 운동의 결과라고 주장할 사람들도 있겠지만, 소위 부흥사라고 불리던 사람들을 중심으로 한 교회 성장론자들이 당시 권력을 잡은 독재자들과 밀착해서 그들을 지지하고, 권력을 뒷받침하고, 그 대가로 경제적 특권을 누린 것이 교회 성장의 배경임을 지적하지 않을 수 없습니다. 여의도순복음교회를 시작으로 해서 세계 최대의 교회, 세계 최대의 감리교회, 세계 최대의 장로교회 등이 등장했고, 세계 10대 교회 중 6~7개가 한국에 있다는 통계까지 있을 정도입니다.

교회가 커지고 모이는 수가 많아지다 보니 전국에 지교회를 세우면서 엄청난 헌금 수입이 생기고, 땅과 건물 등 부동산을 사들이고, 비자금 만들어 유용하는 일들이 생겨 타락에 빠져드는 것은 거의 필연적인 수순이라고 볼 수 있습니다. 돈과 권력을 한 손에 쥐게 되니 그걸 놓을 수 없어서 자식에게 물려주게 되고, 개교회를 넘어 수많은 단체를 만들어 벼슬을 탐하게 되고, 그러다 개중에는 성적 타락에 빠져 온 교회를 망신시키는 목사들도 나오게 된 것입니다.

이것은 결국 한 마디로 '예수 없는 교회', '복음 없는 교회'이기 때문이기도 합니다. 목사가 이미 하나님의 위치에 올라 있으니 예수는 필요 없는 것이고, 예수의 복음은 교회 성장에 도움이 안 되니 벗어버린 격이지요. 하나님 대신 바알이 중심이 되고, 복음 대신 성공 철학이 선포되는 상황이니 교회가 세상의 빛과 소금이 아니라 어둠과 부패의 세력이 된 것은 피할 수 없는 현상이고, 이것이 최근에 코로나 사태를 계기로 해서 극명하게 드러난 것이라고 할 수 있습니다. 고신측 목사이신 권수경 목사님이 쓰신 『번영복음의 속임수』라는 책을 여러분에게 권합니다.

3. 흔붉 변찬린 선생은 이 시대를 위해 하나님이 예비하신 인물

종교학자: 변찬린의 『성경의 원리』가 1980년 전후에 출간된 후 목회 현장에서는 필요에 따라 적지 않은 목회자가 설교자료로 사용한 걸로 당시 개신교 언론지에서 언급하고 있습니다. 1985년에 「풀빛목회」에서는 '한국교회 제삼의 물결 성서공부 교재'의 하나로 『성경의 원리』를 주목하였으며, 지금도 교계와 목회자, 변찬린과 관계가 있었던 분들이 SNS에 『성경의 원리』를 소개하고 있습니다. 또한 최근에는 한국 신학연구소에서 『성경의 원리』가 개정신판으로 출간되었는데 목사님은 어떤 기회로 흔붉 선생의 『성경의 원리』를 읽으시게 되었는지요?

원로목사: 몇 년 전 지인으로부터 예전에 나온 『성경의 원리』를 소개받은 적이 있습니다. 지인은 저와 막역한 사이고, 아무 책이나 소개하지를 않기에 호기심을 가지고 읽어보았습니다. 저자가 '邊燦麟 述'이라고 되어 있었는데 쉽게 쓰여졌기에 읽는 데는 그리 시간이 걸리지 않았습니다. 그런데 책의 내용에서 언급되는 용어와 주제는 그리 쉽사리 넘어갈 수 있는 주제가 아니었습니다. 저도 목회 경력이 30년이 되고 게으르지

않게 성서를 수십 회 통독한 입장에서 흔붉 선생의 주제별로 인용하는 성구에 감탄을 금치 못할 지경이었습니다. 한마디로 성서 전체를 암송하는 경지를 떠나 성서해석의 신기원을 이룬 책처럼 느껴졌지요. 더구나 제가 다방면에 걸쳐 독서를 하는 편인데, 흔붉 선생이 책에 사용하는 종교적 용어는 편하게 읽히면서도 적재적소에 사용되는 그 맥락은 전혀 다르게 사용하는 경우도 있었습니다. 이건 제가 책을 처음 읽은 느낌을 말하는 것인데, 그다음에 불쑥 드는 의문이 도대체 어떤 삶을 사셨던 분인가가 궁금해졌습니다. 그래서 그분에 대한 삶이 궁금해서 시중에 나온 『흔붉 변찬린: 한국 종교사상가』와 그분의 종교운동을 해석한 『포스트종교운동』을 읽어보고는 그분의 처절한 구도자로서의 생애, 종교개혁가로서의 생애, 흔붉 문명사가로서의 생애, 풍류학자로서의 면모를 알고는 이런 분이 어찌 아직까지 알려지지 않았을까 하는 의아스러움이 들 정도였습니다.

심지어 그분의 구도 생활을 책을 통해 접하고는 한마디로 흔붉 선생이야말로 이 시대를 위해 하나님이 예비하신 인물이라는 생각이 들었습니다. 이제라도 흔붉 선생의 삶과 사상이 좀 더 널리 알려져서 한국교회를 새롭게 하는 역사가 이루어지기를 바라는 마음 간절합니다.

종교학자: 목회자에게 하는 공식적인 첫 질문인 것 같습니다. 변찬린의 『성경의 원리』가 목회 현장에서는 어떻게 자리매김이 될까요? 솔직하고 편안하게 말씀해 주시면 독자에게 많은 도움이 될 것 같습니다.

원로목사: 한국 목회 현장을 보면 교회와 신학, 신학과 설교가 서로 어울리지 않습니다. 감신대에서 불교와의 대화에 앞장서셨던 변선환 교수의 출교 사태 그리고 손원영 교수가 사찰에서 행한 설교에서 예수가

육바라밀을 실천했다는 것 등이 현장 목회에서는 받아들여지지 않는 분위기입니다.

이런 얘기는 처음하는데, 제가 아는 몇몇 목사님들과 평신도 몇 분에게 『성경의 원리』를 드렸습니다. 한참을 기다렸다가 그분들에게 책이 어떠냐고 물어보았더니 한 마디로 너무 어렵다고 합니다. 특히 지금까지 배운 것과 많이 다르다는 것입니다. 예를 들어 흔붉 선생은 풍류를 바탕으로 유교, 불교, 도교 등과 동학, 증산교 등 토착종교를 아우르며 역사적인 제도적 기독교가 아니라 초역사적 초종교를 지향하였고, 이를 통해 "성경을 선(僊)의 문서"라고 표현하는데 이런 단어들부터 익숙지 않은 것에 대한 거부감이 든다는 분들이 계셨습니다. 또 쉽게 쓰인 책이지만 구체적으로 들어가면 이해하기 어려운 단어나 문장들이 곳곳에 튀어나옵니다. 그러니 평신도들은 물론이고 목회자들이 단시간에 흔붉 선생의 주장을 받아들이기가 쉽지 않을 것입니다.

흔붉 선생은 성경 66권을 다 암기하고 있는 것으로 보일 정도로 자유자재로 성경 구절을 인용할 뿐만 아니라 그 의미들을 새롭게 해석하고, 유교, 불교 등 다른 종교들의 경전이나 다른 학문들의 내용들까지 적재적소에 인용하는 것에 압도당하며 커다란 벽을 느낄 것이라고 생각합니다. 특히 목회자들은 책을 읽든, 무슨 경험을 하든, 누구와 대화를 하든 그 모든 것이 설교에 맞춰져 있는 사람들입니다. 어떻게 설교할까, 어떻게 설교에 써먹을까, 예화로 쓸 수 있을까 고민하는데, 흔붉 선생의 책을 갖고 설교를 할 수 있는 목사들은 그리 많을 것 같지 않습니다.

그러나 한편으로는 한국교회의 부패상과 세계 신학이 한계에 부딪혔다는 소식이 이곳저곳에서 들려오고 있기에 오히려 이런 사정에 정통했던 흔붉 선생의 성경해석은 큰 기회가 될 것으로 생각됩니다. 특히 젊은 목회자들 가운데에 흔붉 선생에게 관심을 갖고 연구하고 유명 대학

교수가 논문을 냈다는 소식도 들었습니다.

개인적으로『성경의 원리』를 세 번 정도 정독하고, 이호재 교수님이 쓴『한밝 변찬린: 한국 종교사상가』를 읽고, 흔붉 선생의『선방연가』라는 시집을 옆에 놓고 하나씩 읽고 있는 사람의 입장에서 목사님들께 하고 싶은 말이 있다면, 성경을 보는 눈을 새롭게 하기 위해서 두려움을 떨쳐버리고 찬찬히『성경의 원리』를 한 번 읽어보시라는 것입니다. 여러분에게 반드시 큰 도움이 될 것이라 확신하는 바입니다.

종교학자 : 변찬린 선생의 종교적 생애를 읽어보셨다면 오늘날 목회자에게 어떤 점을 소개하고 싶으신지요?

원로목사 : 흔붉 선생이라는 분이 어떻게 이렇게 철저한 무명의 자리에서 구도를 하였는가라는 점입니다. 그리고 성서의 진리를 알기 위해 그야말로 처절하게 묻고 대답하고 그리고 동족에게 복음의 진리를 전하기 위해 자기의 편함을 구하지 않았던 모습은 뭐라고 해야 할까요! 오히려 숙연해지는 마음까지 들었다는 게 솔직한 심정입니다.

과연 우리 목회자들은 이렇게 하나님과 예수의 복음을 무명의 자리에서 진실되게 전하고 있는 것일까라는 점입니다. 또 다른 하나는 "너희는 나를 누구라 하느냐"에 대해 한국이라는 삶의 정황에서 성경을 읽었다는 점이라고 할 수 있습니다. 사실 이 분의 성경해석의 생경한 부분은 우리 이웃들이 신앙하는 종교에 대한 관심까지 포함해서 성경해석에서 그 물음과 대답을 한다는 점이 인상적이었습니다. 어떤 교수가 "유불선기(儒佛仙基: 유교, 불교, 선교, 기독교) 사교(四敎)를 다룰 시점이 되었다는 확신이다. 흔붉선생이 그 일을 하고 떠났다"고 쓴 글을 본 기억이 있고, 또 다른 교수는 "유영모와 함석헌 그리고 김흥호와 더불어 변찬린에게서 이렇게 새로 배운다. 훌륭한 스승들이다. 이들을 통해 서양에 동양적 성서론이 거꾸로 소개되어 정신 세계와 계시 세계의 풍성함이 더해지길 바라는 마음이다"라는 소감을 블로그에 남기기도 한 것을 본 적이 있습니다. 이런 면에서 이호재 교수님의 연재는 한국교회를 위해 큰일을 하고 있다고 생각합니다.

4. 가난한 목사, 질문하는 교인, 사회와 동고동락하는 교회가 한국교회를 살린다

종교학자: 조금 대담 주제에서 벗어날 수도 있지만, 초기 코로나 발생 사태 때 그리스도교계가 신천지를 대하는 태도와 태극기 집회로 대변되는 극우 그리스도교계가 보이는 현상에 대해 주류 그리스도교계가 보이는 반응은 상당히 의미가 있는 것 같기도 합니다.

원로목사: 이 질문에는 신천지로 대표되는 소위 이단이나 태극기 집회에 참석하는 전광훈 류의 극우 기독교계와 대비되는 것으로서 주류 기독교계라는 표현이 나오는데, 과연 한국교회에서 주류 기독교계라고 불리는 집단이 과연 어떤 것인지, 주류 기독교계라는 것이 과연 무엇을 말하는 것인지부터 짚어야 합니다.

역사적으로 주류 기독교계라 하면서 소위 '장감성'이라고 부르던 시절이 있었습니다. 장로교, 감리교, 성결교라는 이름을 단 교회들은 흔히 말하는 정통교회라고 인정받던 때입니다. 그런데 세월이 흐르면서 장로교만 해도 예장, 기장, 고신 등으로 갈리고, 예장은 다시 통합, 합동을 중심으로 엄청난 수의 교단으로 갈라졌습니다. 대한예수교장로회라는 이름 아래 교단을 나타내는 명칭이 붙은 수만 100개가 넘은 지 오래되었습니다. 그게 대부분 목사들의 자리다툼 결과가 아닌가 하는 의문이 듭니다. 또한 1970년대 이후 순복음 계열의 교회들이 급격히 성장했는데 그들 또한 끊임없이 이합집산을 거듭했습니다. 그리고 교파에 관계 없이, 교단에 관계 없이 수많은 신학교들이 세워졌고, 엄청난 수의 목회자를 배출했습니다. 그것 역시 돈벌이가 되니까 목사들이 저지른 일입니다. 거기에 이단으로 불리는 교파들은 또 얼마나 많습니까? 우스운 말로 우리나라에 자칭 메시아, 자칭 재림주가 몇백 명 된다는 것이 한국교회 현상입니다. 이런 상황에서 그 많은 교단이나 교파들 중에 어디를 주류 기독교계라고 말할 수 있겠습니까? 한기총 등은 대형교회 목사들의 권력욕을 채우기 위한 단체일 뿐입니다. 한 단체에 회장이 몇 명인지 세어보면 뻔합니다. 대부분의 연합단체들이 또한 그렇게 보여지기도 합니다. 그래도 한국교회를 대표한다고 볼 수 있는 기관을 NCCK라고 생각하는데, 요즘 활동과 영향력이 과거에 비해 많이 약해진 것 같습니다. 문제는 세상 사람들의 눈으로 보기에는 이 모든 교단들, 교파들, 분파들이 다 똑같아 보인다는 점입니다. 목사들의 온갖 범죄행위가 여기저기서 하루가 멀다 하고 터져 나오니 목사로서 부끄러울 뿐입니다. 솔직히 할 말이 없고, 지금은 한국교회가 침묵하고 회개해야 할 때입니다.

종교학자: 한국 목회 현장에서 오랜 기간 활동하시면서 한국 그리스도교계에 하시고 싶은 말씀을 편안하게 해주시면 한국교회의 건전한 발전에도 도움이 될 것 같습니다.

원로목사: 외람되지만 원로목사로서 현직에 있는 목회자들과 교인들에게 드릴 말씀을 이 자리를 빌려 몇 마디 하겠습니다.

우선 목회자들은 첫째 '예수로 만족하고 살자'는 것입니다. 교육전도사를 4년하고 시골교회 담임전도사로 나가게 되었을 때 모시고 있던 조경우 원로목사님께 인사를 드리러 갔더니 마지막에 한 말씀 해주셨는데 "이 전도사, 예수로 만족하고 살게"였습니다. 저는 개인적으로 평생 그 말씀 기억하고 살려고 노력했습니다.

둘째, 설교를 많이 하려고 하지 말고 가능한 한 적게 하고 기회가 되는 대로 성경공부를 하라는 것을 권하고 싶습니다. 그리고 설교보다는 오히려 그 시간에 교인들로 하여금 질문을 하게 하여 서로 소통하는 목회가 되어야 합니다.

셋째, 끼리끼리만 어울리지 말고 세상 사람들과 어울려야 합니다. 하나님과 예수와 성령을 게토화된 교회에 가둬두지 말고 "온 세상이 나의 교구"라고 말씀하신 웨슬리 목사님의 말씀처럼 세상을 향해 나아가야 합니다.

마지막으로 책을 많이 읽으라고 말하고 싶습니다. 관심 분야를 넓히고, 역사의식을 키워야 합니다. 목사들만큼 속이 좁고 사방이 막힌 사람들이 없다는 말을 듣지 않아야 합니다. 기회가 된다면 『성경의 원리』 사부작을 꼭 읽어보기를 추천합니다.

그리고 교인들에게도 몇 가지 당부를 하고 싶습니다. 첫째, 우선 '맹목적 교인이 되지 말라'는 것입니다. 끊임없이 질문하여야 합니다. 성경을 향해, 목사를 향해, 나 자신에게 질문하여야 합니다. 질문 없는 믿음은 믿음이 아닙니다. 무조건 덮어놓고 믿지 말고 진리를 향해 끊임없이 질문하고 찾아 나가서 성경 안에서, 세상 안에서, 인간 안에서 답을 찾아야 합니다.

둘째, 주일만 교인이 아니라 일주일 내내 교인으로 살아야 합니다. 교회에서만 교인이고 세상에서는 교인이 아닌 사람들보다 더 탐욕스럽고, 이기적이고, 베풀 줄 모르고, 돈만 밝힌다면 그가 사는 곳이 곧 지옥이며, 그런 사람이 죽어서 가는 천당이란 없습니다. 살아가는 현장에서 주님의 사랑을 실천함으로써 그곳이 바로 천국이 되게 해야 합니다.

셋째, 돈 밝히고, 돈 긁어모으는 교회에는 가지 말아야 합니다. 돈이 목적이 되는 목사들은 삯꾼이요 사탄의 종입니다. 개인적으로 목회 30년 동안 헌금을 강요하는 설교를 단 한 번도 하지 않았습니다. 그래서 누군가가 "그러니까 교회가 안 큰다"고 비아냥거리는 소리도 들었습니다. 그렇지만 저는 하나님과 예수 앞에서 이 문제만큼은 부끄럽지 않습니다.

종교학자: 어렵게 인터뷰에 모셨습니다. 목회자로 사역을 하시면서 가족 분들도 동고동락하시는 것으로 알고 있습니다. 꼭 하시고 싶은 말씀이 있으면 이 자리를 빌려 해 주시면 고맙겠습니다.

원로목사: 작은 교회 목회하는 남편의 사역에 반려자로서 불평 한마디 없이 묵묵히 어려움을 감내해 준 아내에게 고맙다는 마음을 전합니다. 힘들고 어려운 형편 속에서도 잘 자라서 꿋꿋하게 주어진 삶을 살아가고 있는 두 딸에게도 진심으로 고맙다는 인사를 전합니다.

종교학자 : 마지막으로 독자들이나 한국 그리스도교인에게 하시고 싶은 말씀이 계시면 간단하게 해 주시지요

원로목사: 이 글을 읽는 분들 중에 교회에 다니시는 분도 있을 테고 아닌 분도 있을 텐데, 혹 내가 한 말들이 너무 심하다고 느끼시는 분들도 있을 것이고, 다 아는 이야기라고 하는 분들도 있을 것입니다. 혹 마음에 상처가 되는 분들에게는 용서를 구합니다. 다만 우리 주위를 둘러보면 교회 규모는 작지만 정말 신실하고, 인격 갖추고, 말씀대로 살려고 애쓰

는 목회자들이 많이 있습니다. 지금도 한국교회의 현실을 안타까워하고, 눈물 흘리며 기도하고 있는 목회자들이 많이 있습니다. 엘리야 시대 때 남은 자들이 있었던 것처럼 이 시대에도 그런 남은 자들이 있습니다. 그런 교회를 찾아 겸손한 마음으로 신앙생활 하시기 바랍니다. 하나님이 여러분과 함께 하실 것입니다. 끝으로 그동안 제가 만난 많은 제자들, 교우들, 동역자들에게 하나님의 가호가 함께 하시기를 기원합니다.

종교학자: 장시간 인터뷰에 시간을 내주셔서 대단히 감사합니다. 목사님의 진솔한 대담 내용이 한국교회의 발전과 건전한 한국 그리스도교 문화 형성에 큰 자양분이 되길 기대합니다.

5장
검증하는 풍류해석학

　풍류해석학은 학제적이고 융합적인 사유 체계를 가진 열린 해석학이다. 학문 제국주의에 의해 자신의 연구 분야 이외에 다른 연구 분야를 배타시하는 닫힌 학문 세계관을 배척한다. 또한 순수학문을 강조하며 책임을 동반하지 않는 학문 활동을 지지하지 않는다. 특히 우리의 주제인 특정 종교의 관점에서 배타적인 호교론적인 관점으로 다른 종교를 바라보지 않는 공평한 이해 지평의 해석학적 태도를 견지한다.

　우리는 1부에서 '요청된 풍류해석학'의 당위 명령에 의거하여 한국 종교와 교회의 종교 현상에 대한 체계적인 진단을 실시하였다. 한국의 종교 공간은 창교자의 언행이 기록된 성경의 정신을 오늘날 오롯이 재현하지 못하고 있다. '제도화'와 '조직화'를 통하여 제도 종교로서 기능함에 따라 신앙 체계와 행동 체계가 일치하지 못하는 종교 생활이 보편화되고 있다. 또한 인간 자체가 궁극적 실재를 모신 성전이라는 사실을 망각하고 건물 성전과 종교적 상징에 궁극적 실재가 존재하는 줄 착각하고 있다. 심지어 한국의 종교적 도맥인 '선맥'의 정신을 잊어버리고 풍류 정신이 발현된 주체적인 종교인의 자각한 모습보다는 오히려 종교 종주국의 '대리인'으로 전락하여 한국 종교의 역사적 공간을 왜곡하는 현상을 살펴보았다.

우리는 이를 한국교회의 신앙 문화, 한국 신학 그리고 전문가와의 인터뷰를 통해 구체적으로 살펴보았다. 한국교회는 그리스도교 전래 초기에 선교와 더불어 교육과 의료 등으로 한국의 종교적 심성을 보듬으며, 민주화를 위해 독재 권력과 투쟁하며 사회적 약자 편에서 기능하였던 교회의 긍정적인 모습이 지금은 많이 탈색되었다. 반면에 일제강점기의 신사참배, 권력과 유착한 양적인 교세 확장을 추구하면서 한국 종교 전통에 융합하는 모습보다는 배타적인 종교적 태도를 보이는 경향이 강하였다. 특히 서구 신학을 표준으로 삼아 한국에서 자생한 그리스도교 신종교는 '이단' 그리스도교로 단죄하고, 정작 교회 매매와 교회 세습 등 성서의 정신과 동떨어진 교회 공동체의 그리스도교 '이단'의 모습에는 '침묵'으로 일관하고 있다. 성서의 본질과 정신과 괴리가 있는 한국교회는 천주교는 하느님, 개신교는 하나님이라고 성서의 지고신의 이름마저 통일하지 못하고, 사용하는 경전도 서로 다르며, 천주교와 개신교가 공감할 수 있는 한국 그리스도교사마저 없는 상황은 한국의 그리스도교가 '성서의 정신을 구현한 종교'가 아닌 '격의 그리스도교'에 불과하다고 풍류해석학은 비평하고 있다. 풍류해석학의 관점에서 천주교와 개신교는 유대교와 천주교(혹은 개신교)가 동일한 종교가 아니듯이 서로 다른 종교로서 한국의 종교 공간에서 기능하고 있다고 평가하는 것이 합리적이라고 할 수 있다.

이런 한국교회의 '격의 그리스도교' 현상을 철저하게 해부하고 진단하기 위해 각계의 전문가와 인터뷰를 시행하여 심도 있는 해답을 요청하였다. 한국 그리스도교 전래 이래 독보적인 성서해석서를 저술한 변찬린은 성서에 근거하여 성서적 '이단' 현상과 그리스도교의 '왜곡된' 신앙과 역사의 '사이비' 종교에 대해 비판하고 있다. 한국교회가 자기희생도 없이 십자가의 고난에 동참하지 않는 안이한 신앙 행태, 기복종교로 전락한 그리스도교 현상, 성서에 정통하지 않는 신앙생활 등 한국교회의 현상에 비판적 성찰을 촉구한다. 또한 시한부 종말론, '피가름 교리', 육신재림주 현상, 자신의 종교에만 완전 구원이 있다는 등의 종교적 주장으로 창교된 그리스도교계 신종교는 '이단' 종교의 모습이라고 고발한다. 또한 피안 신앙과 자본주의와 공산주의 등은 역사 시대의 종말적인 종교 이데올로기에 불과하며, 영성 시대에는 초인과 초인류 공동체가 탄생할 것이라고 예견하고 있다. 성서의 정신을 구현해내지 못하고 시대를 선도하지 못하는 한국교회의 실상을 고스란히 비평하고 있다.

한편 한국교회에 복무하는 한국 신학은 서구 신학에 바탕을 둔 교파 신학과 서구 신학자의 번역 신학으로 독점되고 있다. 그리스도교 문화에 훈습되고, 서구 신학의 해석학적 전통에 바탕을 둔 토착화신학자는 선교 신학과 성취 신학을 표준으로 삼아 한국의 종교와 대화를 하며 다양한 신학적 성과물을 내었다. 그 가운데 풍류신학과 민중신학 그리고 상생 신학이 국내외에 비교적 잘 알려져 있다. 풍류신학은 한국 신학 가운데 이상적인 토착화 모델로 평가받고 있다. 그럼에도 불구하고 신학자에 의해 풍류신학은 그리스도교의 무교화를 초래한다고 비판받으며, 한국 종교 입장에서는 풍류신학이 풍류를 세간에 알린 공헌도 있지만 풍류신학에 의해 해석된 '풍류'는 오히려 한국의 도맥을 왜곡시키고 있다는 비판도 동시에 받고 있다. 한국을 대표하는 토착화신학이지만, 특정 복음서를 제외하고는 통전적인 성서해석이 가능하지 않다는 점이 치명적인 약점으로 거론되고 있다. 또한 루돌프 불트만의 비신화론에 근거를 두고 한국의 정치적인 상황과 융합하여 탄생한 민중신학은 세계 신학계에 널리 알려진 한국 신학이다. 그러나 민중신학이 민중에 의해 촉발된 민중을 위한 신학이지만, 민중이 주체가 되어 만들어진 신학이 아닌 엘리트가 주도한 신학이라는 비판도 받고 있다. 다양한 토착화신학의 성과물이 있지만 어느 신학도 통전적인 성서해석을 한 신학이 없다는 공통점을 가지고 있다.

풍류해석학은 이 지점에서 한 가지 문제점을 제기한다. 한국의 다원적인 종교 전통과 무관하게 형성된 서구 신학의 해석학적 전통에서 '토착화'라는 것은 서구 신학의 확산으로 기능하여 한국 종교 문화와 창발적인 조화를 구현할 수 있을까라는 의구심이다. 한국의 종교적 심성을 바탕으로 새로운 성서해석을 선행적으로 한 다음에 신학화 작업이 되어야 한다고 풍류해석학은 논증한다. 즉, 토착화신학이 반드시 성서해석이 되어야 하는 것은 논의가 필요한 지점이지만 새로운 성서해석이 선행되지 않고 전개되는 토착화신학은 본말이 전도된 해석학적 작업이라는 점을 되새겨보아야 한다. 풍류해석학은 풍류신학은 '풍류'를 오해하거나 '풍류'가 부재한 선맥과 무맥을 혼동한 신학이라고 지적하였다. 풍류는 고조선 문명의 도맥에 뿌리를 둔 선맥으로 포함삼교하고 접화군생하는 한국 종교의 원형이다. 풍류해석학은 비판에만 머물지 않고 세계 신학계에 선맥 신학과 도맥 신학을 대안 신학으로 제시한다. 선맥 신학은 성서의 에녹과 엘리야의 변화의 영맥과 모세와 예수의 부활의 영맥을 선맥이라는 한국 종교의 도맥과 회통시켰다. 풍류신학이 한국 종교가 그리스도교에 의해 완성되는 성취 신학이라면 선맥 신학은 한국 종교와 그리스도교의 부활 사건에 대한 포월적인 해석학적 준거인 '선맥'을 포착한 상생 신학이다. 또한 성서의 인물과 사건이 발생할 때 반드시 성서의 전체 맥락을 포착하여 그 맥락하에서 가지는 성서의 의미를 해석한 도맥 신학을 제안한다. 새로운 성서해석서인 『성경의 원리』 사부작은 선맥 신학과 도맥 신학만이 아니라 또 다른 신학으로 해석학적 작업이 가능하지만, 이는 이해관계자의 후속 연구를 기대한다. 풍류해석학은 『성경의 원리』

사부작과 이를 성서의 삼대 선언과 일곱 가지의 해석 체계로 형성된 흔붉 성경해석학 그리고 선맥 신학과 도맥 신학을 실증적인 사례로 제시한다. 동시에 한국의 종교 도맥을 해석학적 바탕으로 새로운 성서해석이 선행되지 않은 토착화신학은 한국의 종교와 그리스도교 신학을 상생시키는 신학 작업인지, 서구 신학으로 한국 종교 문화를 '이식'하는 신학인지 근본적인 성찰을 요청한다.

풍류해석학은 한국의 종교 역사에서 생존하고 있는 다양한 종교에 대한 문헌학적 작업뿐만이 아니라 고고학적 유적을 포함하여 종교 현장의 답사와 종교 구성원의 목소리에도 경청하여야 됨을 강조한다. 한국 종교 현장의 실상을 고찰하기 위해 한국(민족)종교의 실태와 한국교회의 성서학의 동향, 한국 신학의 세계 신학계에서의 위상, 현장목회의 실상에 대해 전문가와 인터뷰를 실시하였다. 한국 종교학자는 한국의 종교 전통은 자발적인 선맥의 엘리트 종교성과 대중성의 무맥의 민중 종교성이 앙상블을 이루면서 다양한 종교를 수용한 역사이며, 그렇게 축적된 한국 종교의 지식체계가 『한국민족종교문화대사전』으로 결실을 맺었다고 했다. 또한 한국의 민족종교는 유대교 등과 달리 그리스도교의 배타적 종교관으로 인해 한국 종교의 신관에 대한 오해와 서구 신학을 '이식'한 한국교회와 자생한 그리스도교 신종교는 '이단' 그리스도교로 취급되어 점점 더 한국 종교 문화에 융합하는 태도를 보이지 않는다고 지적하고 있다. 성서학자는 독창적인 성서해석은 종교적 신앙인의 의무이지만 "교계의 무지와 (신)학계의 교만"은 교파 신학과 교리를 양산하였지 복음의 '진리'가 부재한 상태라고 고발하고 있다. 그런 측면에서 변찬린의 『성경의 원리』 사부작은 성서해석의 나침반으로 독보적인 위상을 가진다고 평가한다. 신학자는 한국 신학계의 서구 신학의 대리전으로 전락하는 상황을 경고하고 주체적인 신학 작업을 하여야 한다는 당위성을 강조한다. 특히 조직유학과 그리스도교 신학을 유형화시켜 로고스 신학을 대체할 신학으로 '도의 신학'의 성과를 언급하며, 더불어 변찬린의 도맥과 선맥을 옥스퍼드성서핸드북에 소개한 사실을 최초로 공개하고 있다. 특히 한국의 종교적 자산은 세계 신학계에 공헌할 수 있다고 말하며 한국 신학자의 분발을 촉구하고 있다. 마지막으로 원로목회자는 성서의 하나님은 현장에 계신다는 점을 강조하며 일제강점기의 신사참배, 제주 4.3사건, 권력유착의 교회 성장을 한국교회의 3대 죄악으로 고발하며, 청빈의 목회자, 공부하는 신자, 사회와 동고동락하는 교회가 한국교회를 되살린다고 충고하고 있다.

풍류해석학은 연구 대상을 선맥(= 풍류)의 관점에서 다각적이고 입체적인 해석을 시도한다. 이 장에서는 한국 종교의 막내 종교인 한국교회와 그리스도교를 대상으로 신앙 실태, 종교 경전인 신앙 텍스트의 해석, 한국 신학의 역사적 성과와 한계의 분석을 포함하여 종교와 교회의 구성원으로부터 현장 정보를 수집하여 그 가능성을 모색하였다. 그러나 한국 그리스도교 이외에 유교와 불교, 민족종교 등 다양한 종교적 대상을 선맥(= 풍류)적 관점에서 분석해야 하는 과제를 풍류해석학은 가지고 있다.

한국 종교와 한국교회의 화해 담론

풍류해석학은 한국 종교 지평에 펼쳐진 전통 종교와 근대 민족(신)종교 그리고 한국교회 사이에 존재하는 배타적인 긴장 관계를 해소하고 서로가 조화롭게 공존할 수 있는 방안을 모색한다. 이를 위해 우주관(1장), 신관(2장), 구원관(3장), 인간관(4장) 그리고 공동체관(5장), 구도자관(6장)의 여섯 개 화해 담론을 대안으로 제시한다. 이 가운데 4장은 3장의 전통 종교의 '구원'관에서 다루지 못한 내용을 한국 종교와 성서 텍스트를 교차적으로 해석하여 '구원'에 대한 영성 담론으로 제안한다. 5장은 2장의 신관에 대한 문제 제기에 대한 서론적 답변과 한국교회를 포함한 한국 종교가 지향해야 할 공동체에 대한 대안적 모색이다.

1장
영생 우주관

영원한 우주 역사와 유한한 지구 역사에서 코로나 팬데믹 시대는 축 시대의 관성적 사유에 대해 반성적 회고와 새 축 시대의 미래 전망을 성찰할 수 있는 절호의 기회를 제공하고 있다. 특히 우리의 주제와 관련하여 동이족의 선맥(僊/仙脈)과 중국의 도교 문화 그리고 성서를 포함한 세계 경전을 이해 지평에서 융합한 '영생 담론'은 인류의 마지막 공통화두이다.

변찬린은 동서의 영생관을 포용하는 개념으로 '살아서 승천하는 선맥(僊脈), 죽었다가 살아나 승천하는 선맥(仙脈)'으로 개념화한다. 선맥(僊脈) 우주에서는 죽음을 경험하지 않고 영생으로 수렴되지만, 선맥(仙脈) 우주에서 생사는 상대적인 개념으로 부활을 통해 영생한다. 필자는 변찬린의 언어 맥락을 존중하여 성서적 세계에서 전자를 '변화 우주'라 하고, 후자를 '부활 우주'라고 부르기로 한다.

변화 우주는 아담이 타락하지 않았을 때 전개되는 시공이며, 부활 우주는 아담이 타락한 후 전개되는 시공이다. 그러나 변화 우주이든 부활 우주이든 성서적 세계관은 '생과 사', '몸과 마음' 혹은 '영혼과 육체'가 분리되는 이원론적인 피안 세계관으로 형성된 것이 아니고, '시체와 무

덤이 없는' 생사를 초극한 '영생'을 지향한다는 초지일관하는 해석학적
태도를 견지한다.

> 본래 인간이 생(生)한 목적이 상대적인 사를 향해 걸어가기 위함이 아니었
> 다. 육신적인 생이 영적인 생으로 변화 받기 위하여 인간은 창조되었던
> 것이다.
> 그런데 선악과를 **따** 먹은 결과로 인간은 상대 차별의 거짓 지혜와 망념
> 때문에 생과 사의 상대적인 윤회 바퀴 속에서 신음하는 존재로 전락되었
> 던 것이다. 인간이 생명나무의 열매를 따 먹었던들 생사의 윤회 바퀴에
> 굴러떨어지지 않았을 것이다.
> 우리가 태어남은 죽기 위해서 태어나지 않고 보다 높은 생으로 도약하여
> 영생하기 위하여 태어났던 것이다. (上 500)

그렇다면 인간이 죽지 않고 살아서 가는 변화의 선맥(僊脈) 우주와
인간이 죽은 후 다시 살아서 승천하는 부활의 선맥(仙脈) 우주는 어떤
세계일까? 성서에는 두 우주가 어떻게 구성되어 있는지 살펴보기로 하자.

I. 변화 우주의 선맥(僊脈)

1. 타락과 무명이 없는 선맥 우주

선맥 우주는 상대적 가치와 개념의 언어구조로 표현할 수 없는 문자
로 형언 불가능한 통합 우주이다. 성서적으로 말하면 인류 시초가 타락
하지 않는 세계이며, 불가적으로 말하면 인간이 차별지와 분별지인 무명

에 빠지지 않은 시공이며, 노자가 말한 인의의 유위(有爲) 세계가 아닌 대도(大道)의 세계이며, 유교적 언어로 희로애락의 세계가 아닌 중도의 세계이다.

선맥(僊脈) 우주는 유교와 불교, 도교 등 종파 종교가 생기지 않는 우주로서 대도무문(大道無門), 선서무문 선어무사(仙書無文 仙語無詞), 불립문자의 선(禪) 전통, 이심전심하는 소통 세계이다. 선맥(仙脈) 우주에서는 구도자로서 십계명, 산상수훈, 팔조목, 팔정도, 삼륜오강, 노자의 삼보 등의 종교 의례를 고난을 통해 수행하지만, 선맥(僊脈) 우주에서는 구도의 문서인 성경이 제시하는 종교적 황금률을 이미 체득하고 발현한 참 인간이 사는 우주로서 자발적, 자율적, 자체적으로 일상생활이 곧 신앙생활인 삶을 산다. 따라서 인간 자체가 완전한 인간으로서 각자가 천명을 깨닫고 통합 우주에서 시간적으로 '자유'롭게 장소적으로 '자재' 하기에 문자 경전은 필요조차 없다. 초종교와 초과학의 세계이다.

생사관이라는 측면에서 선맥(僊脈) 우주에 사는 인간은 영생의 존재로서 장생불사(長生不死)의 도리를 깨치고, 환골탈태(換骨奪胎)라는 존재 변형을 통해 호지 않는 하늘 옷인 천의무봉(天衣無縫)을 입고 시체를 남기지 않고 승천하는 우화등선(羽化登仙)의 궤적을 그리는 풍류의 세계에 산다. 본래의 대도인 선(僊)을 변찬린은 이렇게 말하고 있다.

> 대도(大道)는 본래적인 도(道)이며 인간이 타락하기 전에 무명에 오염되기 전에 나타난 도이다. 이 대도를 타락과 무명으로 상실했으므로 한 단계 낮은 차원에서 나타난 종교가 유·불·선이었던 것이다. 불교도 유교도 도교도 대도의 자리에서 보면 인위적인 유위(有爲)의 도인 것이다.
>
> 그러면 본래적인 대도의 본질은 무엇인가?
>
> 대도는 우리에게 장생불사를 약속하고 있다. 대도는 곧 선[僊(仙)]인

것이다. 그러나 믿고 있는 종교는 장생불사를 약속하고 있지 않다. 죽으면 영혼이 천당, 극락 간다고 약속하고 있을 뿐이다. 본래 대도는 장생불사, 환골탈태(換骨奪胎), 천의무봉(天衣無縫), 우화등선(羽化登仙)의 종교이므로 사후의 죽어서 천당 극락을 약속하는 종교하고는 본질적으로 다른 것이다. (중략) 그런데 동양에서 발생한 여러 고등종교를 분석해 보면 장생불사, 환골탈태, 천의무봉, 우화등선의 비의를 알고 있는 백성은 동이족뿐이었다(攷 185-187).

선맥(僊/仙脈)의 종주국인 한국은 천손의 후예로서 홍익인간, 이화세계를 환웅신화와 단군신화에 펼쳐놓고 최치원은 「난랑비서」에서 삼교의 도리를 포함하고도 남는 포함삼교, 천지인 등 만물을 살리는 접화군생의 도맥이 한민족의 기층종교의 맥으로 전승됨을 밝히고 있다. 이는 근대 신종교 창교자에 의해 지축의 변화, 초종교, 초과학을 동반한 개벽세계, 유리(琉璃) 세계, 용화 세계 등으로 묘사한다. 특히 신선과 같은 완전한 인간이 사는 유토피아의 종교적 기억을 한국인이 세계 문명에서 되살려내고 있다. 한마디로 선맥(僊脈) 우주는 성경해석에서 '신비'와 '불가능의 영역'으로 치부된 이상향이 생활 세계에서 구현되어 통합적 인간이 진정한 만물의 영장으로서 사는 통합 우주이다.

2. 아담은 영생과 사망의 선택 길에 놓여있던 성서의 첫 사람

성서에 출현하는 최초의 인간은 아담이다. 하나님을 인식한 최초의 구도자인 아담은 영생의 가능성을 가진 존재로 탄생한다. 성서를 읽는 독자들은 한 번쯤은 하나님이 말한 것처럼 아담과 하와가 생명나무 열매, 선과 악을 알게 하는 나무 열매, 동산의 여러 나무 열매 가운데 '선과 악을 알게 하는 나무 열매'를 따 먹지 않았다면 어떤 세계가 전개되었겠느냐는 질문을 품었을 것이다. 그러나 이런 물음은 성서에 기록된 인간은 장수와 요절의 차이가 있을지언정 모두 죽는다는 이야기에 묻혀버리는 경향이 있다. 엄밀히 말하면 제도 종교의 종교 문화는 "인간이 죽는다"는 대전제가 은연중에 내포된 죽음 문화의 담론이라고 할 수 있다.

그러나 성서는 "인간은 죽지 않는다"는 죽음 담론에 대한 저항이 담긴 영생의 이야기를 바탕으로 삼고 있다. 만약 아담과 하와가 야훼 하나님의 명령에 복종하여 "동산의 여러 나무 열매와 생명나무 열매"만 먹었으면 선과 악을 알게 하는 열매를 먹은 죄로 "반드시 죽으리라"는 벌이 없는 성서적 세계가 전개되었을 것이다. 다시 말하면 아담과 하와가 죄를 짓지 않았다면 성서는 인간이 죽지 않는 세계의 구도 이야기와 영생에 대한 풍성한 이야기로 편집되었을 것이다.

성서에서 원시인의 죽음과 하나님을 인식한 아담의 죽음은 명확하게 구별된다. 아담의 역사적 실재성, 선악과의 정체 등에 대해 변찬린은 성서 안에서 대답을 한다. 논지에 집중하면 아담의 '자유의지'에 의하여 선악과를 먹은 후에 성서가 무덤 세계로 전개된 저간의 사정을 변찬린은 이렇게 말한다.

> 아담 이래 죄 아래 있는 모든 사람들은 죽음의 존재로 전락하였다. 하나님
> 은 "선악과를 따 먹으면 반드시 죽으리라"(창3:17) 하였다. 죽음이란 선악
> 과를 따 먹은 결과이며 만약 생명과를 따 먹었다면 아담 이래 인류에게는
> 죽음이 없고 무덤이 없었을 것이다. 죽음은 아담으로부터 비롯되었다.
> 아담 이전에는 죽음이란 없었다. 생물학적 의미의 생멸은 원시인에게
> 있어서도 성경적 의미의 죽음은 아담으로부터 시작된다(타락론 및 부활
> 론 참조). 성경적 의미의 죽음은 죄와 깊은 관계가 있다. 아담은 죄로 말미

암아 죽음의 존재로 전락하였다(上 65).

산 자로서 죽은 아담과 죽은 자로서 죽은(죽어가는) 인간의 생사관과 피안 신앙은 큰 차이가 있다. 성서에서 산 자로서 죽은 아담과 죽을 운명으로 태어나 죽어가는 성서적 인간의 '죽음'에 대해 변찬린은 이렇게 말하고 있다.

> 본래 아담은 생령으로 산 자였다. 산 영인 아담이 죽은 자가 된 것이 타락이다. 참다운 의미의 죽음은 아담만이 경험했을 뿐 우리는 이 세상에 태어났을 때 생령으로 태어나지 않고 이미 죽은 자가 되어 태어났으므로 참다운 죽음이 무엇인지 모르고 있었다. (중략)
>
>> 그러므로 한 사람으로 말미암아 죄가 세상에 들어오고 죄로 말미암아 사망이 들어왔나니 이와 같이 모든 사람이 죄를 지었으므로 사망이 모든 사람에게 이르렀느니라… 그러나 아담으로부터 모세까지 아담의 범죄와 같은 죄를 짓지 아니한 자들까지도 사망이 왕 노릇 하였나니 아담은 오실 자의 모형이라(롬 5:12-14).

이 성구를 보아도 아담 안에서 모든 인류는 죽은 자가 되었음을 알 수 있다. 아담이 경험한 죽음과 현재 우리들이 경험하고 있는 죽음은 본질적으로 그 차원이 다른 죽음이다.

아담은 산 자로서 죽었고 우리는 죽은 자로서 지금 죽어가고 있는 존재이다. 이 죽은 자로서의 죽음이 영혼과 육신이 분리되는 현상인데 이를 하나님이 창조한 본래적인 생명 현상으로 착각하여 영혼이 천당 간다는 무지와 미망의 피안 의식과 내세관을 조작해냈던 것이다.

아담이 생령, 곧 산 자가 되었을 때 즉 선악과를 따 먹기 전에는 영혼과 육신의 모순과 분열과 이율배반을 경험하지 않았던 존재였다. 그는 산 자로서 생명나무의 열매를 따 먹기 위하여 구도하고 있던 최초의 구도자였다. 산 자만이 생명나무 열매를 따 먹고 영생할 수 있지 죽은 자는 생명나무 열매를 따 먹을 수 없다. 선악과를 따 먹은 아담은 죽었다. 산 영이 곧 죽은 영이 되었다. 영혼과 육신이 싸우는 모순과 분열과 이율배반을 경험하게 된다(上 479-480).

아담의 죄로 인해 시작된 죽음의 성서 세계는 그리스도교의 피안 감성과 피안 의식을 지배하며 직업 종교인은 영혼을 하늘나라로 보내는 구원 의례를 창안해 내었다. 과연 인간의 영혼은 죽은 후 어느 하늘에 가는 것일까? 하나님과 예수와 성령이 있는 하늘인가? 다른 하늘일까? 다른 하늘이라면 어떤 하늘일까? 이에 대해 성서는 그다지 구체적으로 말하고 있지 않다.

그러나 성서에는 죽음을 경험하지 않고 승천하는 에녹과 엘리야, 죽음을 경험한 후 부활하는 모세와 예수가 있다. 만일 성서적 인간이 죽는 것이 성서의 진리라면 이런 예외적인 승천 전승은 무엇을 의미하는 것인가? 성서는 에녹과 엘리야의 변화를 통한 승천 그리고 모세와 예수의 부활을 통한 승천을 하는 영생관을 새로운 생명 현상으로 제시하고 있다.

3. 에녹과 엘리야가 속한 선맥(僊脈)의 변화 우주

성서적 인간으로 죽지 않고 승천한 사례는 두 명이 있다. 에녹과 엘리야이다. 여기서 말하는 에녹은 가인계에 속한 에녹이 아니고 아담 계통

의 칠대손을 말한다. 창세기 5장에 하나님과 동행하며 하나님이 에녹을
데려가서 세상에 있지 않았다고 하며, 히브리서에서 에녹은 "죽음을 보
지 않고 옮겨졌다"고 말한다. 성서 주석도 에녹이 불멸(immortality)의
존재로 이해한다.[1]

> 에녹이 하나님과 동행하더니 하나님이 그를 데려가시므로 세상에
> 있지 아니하였더라(창 5:24).
> 믿음으로 에녹은 죽음을 보지 않고 옮겨졌으니 하나님이 그를 옮기심
> 으로 다시 보이지 아니하였느니라(히 11:5).

이 간단한 두 성구는 성경 속에 나타난 여러 가지 신비한 사건 중에서도
가장 신비한 사건에 속하고 있다. 에녹이 죽지 않고 선화한 도비는 알
수 없지만 한 가지 확실한 사실은 그가 죽지 않고 영생의 차원으로 고양되
고 비상하였다는 사실이다. 그의 몸은 무덤 속에서 썩어 두더지와 구더기
의 밥이 되지 않고 영원 속에 해체되어 승천하였다.
아담 타락 이후 셋계의 구도자들은 영생의 통로를 대각하기 위하여 피나
는 노력을 거듭하였고 드디어 에녹에 이르러 영 차원(靈次元) 성 공간(聖
空間)에 이르는 비의(秘義)의 문이 대각되었던 것이다. 무변한 우주 속에
섬광처럼 번득인 영생에의 통로!(中 67)

개신교 독자들은 에녹 승천이 낯설게 들릴지 모르지만, 에녹은 외경
에 계시적 문서의 『에녹서』가 있을 정도로 승천한 존재라는 것은 유대인
에게 전혀 생경하지 않다.[2] 인간은 생사를 초월한 영생의 존재로서 하나

---

1 크리에그 R. 쾨스터, 『앵커 바이블 히브리서』, 우성훈 옮김 (CLC, 2018), 817.
2 이병학은 에녹을 승천한 자로서 유대적 메시아 구조론에서 예수의 기독론과의 관계성을

님과 '동행'한 것이지 죽은 다음에 영혼이 '산 자의 하나님'을 만나는 것이 아니다. '동행'의 의미에 대해 '믿음'과 '회개' 등 다양한 해석을 허용하더라도 에녹 승천 사건은 영혼만이 하늘나라에 간다는 생사관을 수용하지는 않는다. 만일 에녹의 승천이 성서의 진리라면 예수 탄생 이전에 승천한 에녹이라는 존

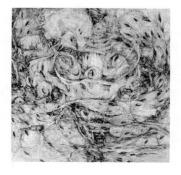

변화 우주[3]

재는 어떤 신학적 의미가 있는지 물어볼 줄 알아야 한다.

또 한 명은 엘리야이다. 엘리야는 BC 9세기경 북왕조 이스라엘의 전성기 때 활동하던 위대한 예언자이다. 당시 아합과 이세벨의 바알과 아세라 우상 숭배로 이스라엘의 민족 정신이 부패하자 갈멜산 대결을 통해 종교개혁을 한 후 호렙산 굴속에서 하나님과 해후한 후 영생의 비밀을 깨닫는다. 변찬린은 엘리야가 "죽지 않는 산 자의 도비인 선맥(僊脈)을 대각"하고 시체를 남기지 않고 회오리바람을 타고 승천한다고 말한다.

두 사람이 길을 가며 말하더니 불수레와 불말들이 두 사람을 갈라놓고 엘리야가 회오리바람으로 하늘로 올라가더라(왕하 2:11, 개역개정).[4]

서술하고 있다. 이병학, "유대 묵시문학과 신약성서 에녹과 예수", 「신학논단」 19/2 (2012), 353-394.

3 "변화 우주"라는 설명을 붙인 그림은 홍영숙 작 〈바람의 노래〉(A Song of Wind, 96 x 96cm, Oil & Egg Tempera on Canvas, 2020)이다.

4 And it came to pass, as they still went on, and talked, that, behold, there appeared a chariot of fire, and horses of fire, and parted them both asunder; and Elijah went up by a whirlwind into heaven(KJV).

Then it came about as they were going along and talking, that behold, there appeared a chariot of fire and horses of fire which separated the two of them. And Elijah went up by a whirlwind to heaven(NAS).

성서에서 엘리야가 승천한 후 엘리사의 엘리야 승천 목격담을 믿지
않은 50명은 엘리야가 승천하다가 땅에 떨어졌다고 의심하며 사흘을
찾았지만 실패한다(왕하 2:16-18). 동아시아에서는 승천하였다는 소식
을 들으면 유대인과 같이 의심한다는 기록보다는 오히려 선화(仙話)의
사실이 기이하기는 하지만 긍정하는 태도로 기술되었을 것이다. 특히
한국인의 종교적 심성에서 선화(僊化)는 자연스러운 생명 현상으로 인
식하는 바탕이 있다. 변찬린의 말을 들어보기로 하자.

> 성경의 산하에 뻗어 내린 구약의 맥(脈)을 다시 한번 조감하라. 아담 이래
> 죽은 자들의 해골이 골짜기마다 뒹굴고 있지 않은가. 사행(蛇行)한 강물
> 마다 타락한 혈대의 피가 굽이쳐 흐르고 사자들의 시신을 매장하는 자손
> 들의 곡성이 서글프게 메아리치던 하늘가에 살아서 승천하는 엘리야의
> 경이로운 모습이야말로 구약의 지혜로는 풀 수 없는 신비한 사건이 아닐
> 수 없다. 엘리야가 승천한 출구는 산 자가 수렴되는 정상적인 방법이었다.
> 그런데 타락된 인간이 이 통로를 잃어버린 다음 죽어서 영혼이 천당 간다
> 는 사자(死者)의 종교관 — 피안 의식이 생기게 된다. 하늘나라로 가는
> 잃어버린 통로, 곧 선(僊)의 길을 다시 찾자(中 515).

구약의 두 인물인 에녹과 엘리야의 승천 전승은 피안 신앙을 부정하
는 성서적 사건이다. 변찬린은 에녹과 엘리야 사건을 통해 인간이 타락
하지 않았다면 피안 신앙에 물든 이원론적 생사관을 초극한 본래의 영생
차원을 성서가 제시하는 생명의 진리라고 말한다.

καὶ ἐγένετο αὐτῶν πορευομένων ἐπορεύοντο καὶ ἐλάλουν καὶ ἰδοὺ ἅρμα
πυρὸς καὶ ἵπποι πυρὸς καὶ διέστειλαν ἀνὰ μέσον ἀμφοτέρων καὶ ἀνελήμφ-
θη Ηλιου ἐν συσσεισμῷ ὡς εἰς τὸν οὐρανόν(BGT).
他們正走著說話,忽有火車火馬,將二人隔開,以利亞就乘旋風昇天了(중국간체자성경).

산 자의 맥이란 살아서 승천하는 선맥(僊/仙脈)을 말한다. 이것이 본래의 도맥이며 죽지 않고 수렴(收斂)되는 산 자의 진면목인 것이다. (중략) 이 사건은 구약 속에 섬광처럼 번뜩인 경이이며, 최대의 신비이며, 최고의 비의(秘義)였다. 에녹과 엘리야가 죽지 않고 선화(僊化)한 도비(道秘)는 하나님이 인간을 수렴하는 본래적인 방법인데 인간은 타락하여 이 도맥을 상실한 채 죽으면 영혼이나 천당 간다고 착각했던 것이다(上. 67).

변찬린은 에녹과 엘리야의 승천 전승을 개별 사건으로 인식하는 해석학적 전통을 뛰어넘어 성서에서 '아담이 타락한 후' 전개된 '죽은 자의 맥'과 '아담이 타락하지 않았을 경우'의 '산 자의 맥'을 '도맥'(道脈)이라는 큰 흐름에서 포착하여 동방의 선맥과 이해 지평에서 융합시킨 점은 높이 평가되어야 한다. 변찬린이 말한 "성경은 선(僊)을 은장(隱藏)한 문서이다"라는 선언적 명제는 학계에서 제대로 조명되어야 한다. 선맥(僊脈)은 인간이 죽음을 경험하지 않고 변화하여 승천하는 변화 우주의 영생관이다.

II. 부활 우주의 선맥(仙脈)

1. 타락과 무명이 있는 선맥 우주

선맥 우주는 현재 우리가 살고 있는 시공 우주이다. 이 우주는 인류 시초가 타락하여 전개되는 피안 우주이자, 중생 우주이며, 인의(仁義)의 분절 우주이다. 이 우주는 문자 경전에 의하면 인간이 스스로 '불사의 존재'임을 망각하고 죽음을 숙명으로 생각하고 살아간다. 피안 감성과 피안 의식에 사로잡혀 '모든 인간은 죽는다'는 관점에서 경전을 보고 죽은 다음에는 영혼이 하늘나라 간다는 피안 신앙이 바른 생사관인 줄 아는 우주이다. 종교마다 정교하게 발달된 죽음 의례가 이를 방증하고 있다.

인간은 살아서 새로운 차원의 영생을 향유할 수 있는 가능태로서 인식하지 않고, "인간은 죽어서 천당이나 극락에 간다"는 피안 종교가 득세한다. 특히 구원(제)의 말만 풍성하고 생로병사의 윤회에서 헤매는 죽음 의식에 사로잡혀 궁극적 인간의 가치를 포기한 분절적 인간이 사는 세계이다. 변찬린은 이런 생사관에 다음과 같이 의구심을 나타낸다.

> 우리가 알아야 할 사실은 모든 고등종교가 죽음에서 해방되는 영생의 차원을 약속하고 있지만 우리들은 여전히 죽어가고 있는 존재라는데 문제가 있는 것이다. 육신은 죽어 묘혈(墓穴) 속에 인봉되고 마음과 정신과 영혼만이 자유로이 하늘나라에 가고 열반에 들고 무하유향(無何有鄕)에 소요한다면 이것이 참 영생하는 경지일까?
> 인간은 영육이 쌍전(雙全)할 때 온전한 존재이므로 영생의 차원도 영육이 쌍전(雙全)하여 비상해야 한다. 이날까지 우리들은 인간이 죽으면 육신은 무덤에 묻히고 영혼만 하늘나라에 간다는 소식을 당연한 진리처럼 받아들였다(攷 183-184).

이로 인해 그리스도교, 불교 등 종파 종교는 '영생의 진리'는 피안 신앙으로 회칠하고 '동물의 죽음'과 '인간의 죽음'을 동일한 차원에서 이해하는 생물학적 편견과 '철학은 죽음의 연습'이라는 피안적 감성의 범주를 벗어나지 못한 피안 세계관에 물든 분절적 인간을 양산한다.

분절적 인간이 읽는 성경의 태도 자체가 배타적이고 이원론적이고 자기기만의 경향을 보인다. 자신이 선택한 종교적 세계관에서 역사적 예수와 석가모니 등 창교자의 실천적 모습을 재현하면 구원(제)를 받는다는 희망의 종교적 선언이 성경에 적혀 있지만, 동시에 이를 재현하지 않거나 못하는 삶을 살면 제도 종교가 보장한다는 구원(제)마저도 없다는 종교적 진술 또한 성경에 적혀 있다. 선맥(仙脈) 우주에서는 타락과 무명에 빠진 세계로 믿음과 깨달음과 실천이 선맥(僊脈) 우주와 달리 통합되기 어려운 분절적 세계이기에 성경은 '고난과 고통, 묵상과 기도' 등 용맹정진하는 구도자의 자세로 경전을 읽고 실천해야 한다고 말한다. 종파 종교에서 지행일치, 신행일치, 각행일치 등을 강조하는 이유도 분절적 세계의 신앙은 '믿음과 실천', '깨달음과 실천'이 분리되는 관성을 가지기 때문이다. 그래서 '일심을 놓치면 십년공부'가 헛수고에 그치고. "늘 깨어 기도하라"는 종교적 경구가 분절적 인간에게 주어진다.

선맥(仙脈) 우주에서 석가모니는 피골이 상접한 고행과 동족의 고통을 지켜보는 괴로움의 바다에서 깨달음을 추구하고, 예수는 동족의 질시와 외면 속에 급기야 동족인 이스라엘 민족에 의해 십자가의 고난을 받았다고 성경은 말한다.

그러나 만약 타락과 무명이 없는 선맥(僊脈) 우주에 석가모니와 예수가 태어났다고 생각해 보자. 그들의 구도의 행보는 고해(苦海)와 가시밭길의 고통을 수반하는 고난과 고행과는 거리가 멀었을 것이다. 그런데도 고난과 고해의 텃밭에 세워진 그리스도교와 불교를 신앙하는 종파 종교인들은 창교자의 길을 뒤따르기보다는 오히려 세속과 타협하며 믿음의 은총과 깨달음의 구제를 종교 선전하면서 세속적 탐욕의 과실을 넘보고 있다. 눈에 보이지 않는 신앙의 깊이와 깨달음의 진실은 눈에 보이는 사회적 지표인 명예, 권력, 자본 등 세속적 좌표로 측정할 수 있다. 종교 체험의 정도가 높으면 세속적 좌표는 높은 위치가 아니고 예수와 석가모니와 같이 그에 상응하는 종교적 황금률을 실천하는 낮은 자리에 있기 마련이다. 명예, 권력, 자본으로부터의 무소유는 선맥(仙脈) 우주에서 구도의 출발이기 때문이다.

2. 선맥(仙脈)의 부활 우주

그렇다면 변화 우주의 선맥(僊脈)이 아닌 부활 우주의 선맥(仙脈)은 성서에서 어떻게 기술하고 있는가? 죄로 인해 타락한 성서적 인간에게 선맥(僊脈)은 보편적인 영생의 방법이 아니다. 선맥(仙脈)은 죄로 인해 죽어가는 인간에게 차선책으로 제시된 영생의 통로이다. 즉, 부활 신앙이다. 성서에서 승천 전승은 다양한 경로를 통하여 전수되어 있듯이[5] 고대 한국인의 신화 전승과 고구려 벽화를 포함한 유물과 유적지 그리고 노장 계열의 도가서 등 도교 문화의 맥락과 근대화된 토착화의 신종교의 종교 문헌에도 그 맥락을 창조적으로 계승하고 있음을 독자들은 반드시 기억하여야 한다.

구약성서에서 에녹과 엘리야가 살아서 죽음을 보지 않은 변화의 생명 상징이라면, 모세는 죽은 후에 승천한 부활의 상징적 예표이다. 아브라함의 칠대손인 모세는 이스라엘 민족을 애굽의 노예 생활에서 해방시킨 구약의 최대 선지자이다. 구약의 최대 선지자인 모세는 죽은 후에 승천한 인물이다. 모세의 승천은 에녹과 엘리야와는 다른 차원의 영생관이다. 에녹과 엘리야가 죽음을 경험하지 않고 산 자로서 승천하였다면, 모세와 예수는 죽음을 경험한 후 승천하였다. 에녹과 엘리야는 죽음을 경험하지 않았고, 모세와 예수는 죽음을 경험하였다는 차별성이 있지만, 네 명의 인물은 모두 시체의 흔적을 찾지 못했다는 공통점이 있다.

---

5 배정훈, "승천전승(Heavenly Ascent)의 기원과 발전", 「장신논단」 24 (2005), 55-77.

또한 모세가 빛의 체험(출 34:29, 40)을 하고, 예수도 빛의 체험(마 17:2; 막 9:3; 눅 9:29)을 했다는 유사성이 있다.

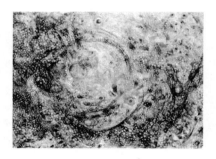

부활 우주[6]

변찬린은 구약의 모세가 예수 부활의 모형이라고 한다. 그는 시내산에서 십계명이 적힌 돌판을 들고 내려오는 모세의 얼굴이 빛이 나는 종교 체험의 현상과 유다서에서 천사장과 마귀가 모세의 시체에 대한 논쟁을 벌이는 원인의 해석을 통해 모세가 부활한 성서적 근거를 제시한다. 다소 길더라도 그대로 인용해 보기로 한다.[7]

> 이 에녹과 엘리야의 선화는 죽은 자들은 깨달을 수 없는 도맥이므로 죽은 자들이 살아나는 '부활의 도맥'을 발굴하지 않을 수 없다. 모세가 그 표본인 것이다.

> 모세가 여호와의 말씀대로 모압 땅에서 죽어 벳브올 맞은편 모압 땅에 있는 골짜기에 장사되었고 오늘까지 그의 묻힌 곳을 아는 자가 없느니라(신 34:5-6).

> 천사장 미가엘이 모세의 시체에 관하여 마귀와 다투어 변론할 때에 감히 비방하는 판결을 내리지 못하고 다만 말하되 주께서 너를 꾸짖으

---

6 "부활 우주"라는 설명을 붙인 그림은 필자가 소장한 홍영숙 작, 〈원형의 춤〉(Circular Dance, 2016; 40 x 30cm, EggTempera on Paper)이다.
7 이에 대해 상세한 내용은 『성경의 원리 上』의 제2장 "도맥론"과 제6장 "예수론", 『성경의 원리 中』, 제6장 "40년 광야의 사건들" 중 제3절 "무덤이 없는 모세"를 참조할 것.

시기를 원하노라(유 1:9).

모세의 무덤과 시체에 대한 이 두 성구는 난해하고 기이한 암호이다. 모세의 무덤이 왜 없어졌으며 마귀와 미가엘이 왜 시체를 놓고 싸웠을까? 하나님은 산 자의 하나님이므로 죽은 자의 시체를 놓고 다툴 수 없다. 시체는 마귀의 소유로서 무덤 속에 인봉된다. 천사가 모세의 시체를 놓고 마귀와 다툰 것은 그 시체는 부활될 몸이었기 때문이다. 또 모세의 무덤이 없어진 것은 하나님이 모세를 은밀히 부활시켰기 때문이다. 모세를 부활시킬 수 있는 성경적인 근거는 무엇인가? 아무런 근거 없이 부활의 도를 제시하면 마귀의 참소를 받는다.

> 모세는 자기가 여호와와 말하였으므로 말미암아 얼굴 피부에 광채가
> 나나 깨닫지 못하였더라··· 이스라엘 자손이 모세의 얼굴의 광채를
> 보므로 모세가 여호와께 말하러 들어가기까지 다시 수건으로 자기
> 얼굴을 가렸더라(출 34:29-33).

이 성구가 바로 모세를 부활시킬 수 있는 성경적 근거이다. 얼굴에서 광채가 나는 발광체의 경험은 모세가 선화(僊化)의 비의(秘義)를 체험한 것을 암시하고 있다. 모세의 이 경험은 변화산에서 광채가 난 예수의 도맥과 연결된다. 모세는 예수의 구약적 표상이었다. 그러므로 시내산에서 발광체가 된 모세의 체험은 장차 부활할 예수의 모형이다. 예수도 무덤에 매장되기 전에 변화산에서 발광체가 되었다. (중략) 모세가 발광체의 경험 곧 선화될 도비를 깨달은 존재이므로 하나님은 그를 은밀히 부활시켰다. 또 모세는 장차 부활의 도를 선언할 예수의 구약적인 모형이므로 그 시체가 마귀의 소유물이 되어 무덤 속에 영원히 인봉될 수 없다.

그러나 부활의 주인인 예수가 부활의 도를 열기까지 종의 마당인 구약에
서는 모세의 부활은 개봉할 수 없는 도비였다. 이스라엘 민족은 이런 도비
를 몰랐던 까닭으로 왜 모세의 무덤이 없어졌고 왜 천사가 마귀와 시체
문제로 싸웠는가를 깨달을 수 없었다. 이 문제는 오늘날 기독교도들도
아직 그 암호를 해독하지 못하고 있는 것과 마찬가지이다(上 67-69).

그뿐만 아니라 변화산에 모세와 엘리야가 등장하여 예수의 예루살
렘의 죽음에 대해 논의한다. 많은 구약의 선지자 중에 하필 모세와 엘리
야가 나타나는 것에 대해서는 다양한 신학적 견해가 있다. 변찬린은 "성
서는 선맥(僊/仙脈)이다"라는 성서해석의 맥락을 견지하며 엘리야는 살
아서 승천하는 선맥(僊脈)의 주인공으로, 모세는 죽었다 살아나 승천하
는 선맥(仙脈)의 유형으로 예수의 죽음의 형태에 대해 논의한다고 말하
고 있다. 다소 길지만 중요하므로 변찬린의 기술을 보기로 하자.

우리는 성경을 읽으면서 변화산의 암호를 바르게 해독하지 못하였다.
구약에는 기라성(綺羅星) 같은 선지자들이 많은데 왜 변화산에서 예수
앞에 모세와 엘리야만 나타났을까?

모세와 엘리야가 영광 중에 나타나서 장차 예수께서 예루살렘에서
별세하실 것을 말할새…(눅 9:30-32; 마 17:1-8; 막 9:2-8).

이 성구를 보면 영광 중에 나타난 모세와 엘리야는 예수의 별세에 대하여
말씀하였다고 기록되어 있다.
예수의 죽음에 대하여 세 분이 의논한 사실! 여기에는 참으로 심오한 비의
가 있다. 변화산에서 모세와 엘리야가 나타난 이유는 다른 구약의 선지자

들은 죽어서 땅속에 묻혀 썩음을 당했지만, 모세와 엘리야는 승천하고 부활한 존재였기 때문에 예수 앞에 나타날 수 있었다.

산 자의 도에는 두 가지 모형이 있다. 엘리야적 승천과 모세적 부활이다. 죽지 않고 승천하는 엘리야적 선맥과 죽었다 시해선(屍解仙)하는 모세적 선맥이 있다.

본래 인간이 타락하지 않았다면 인간은 땅 위에서 장생불사하다가 하늘나라로 수렴될 때 죽지 않고 신령한 몸으로 변화 받아 선화(僊化)되는 길이 있었는데 타락으로 죽음의 존재로 전락된 까닭으로 죽었다 부활하는 혈로(血路)를 개척하지 않으면 안 되었다. 그러므로 부활이란 비본래적인 제이의적(第二義的)인 길이다.

예수는 변화산에서 용모가 변하고 옷에 광채가 나서 발광체의 체험을 했다. 인간은 선화되면 영광스러운 몸으로 빛나는 것이다. 예수는 변화산에서 엘리야적인 승천의 길을 선택할 수 있었다. 그러나 엘리야적 선맥은 죽은 인간과는 관계없는 길이었다. 죽은 인간과 연결지어 주기 위하여는 죽었다 살아나는 모세적 시해선의 길을 선택하지 않을 수 없었다.

에녹과 엘리야의 승천은 섬광처럼 보여준 모형일 뿐 인류 보편의 길이 아니었다. 그 누가 죽은 자리에서 에녹과 엘리야의 길을 대각하여 승천할 수 있겠는가? 에녹과 엘리야의 승천은 특수한 모형일 뿐 죽은 인간들을 살리는 보편적인 길은 부활의 길이었다.

예수는 엘리야적 선화와 모세적 부활의 두 길 중 모세가 모형으로 보여준 부활의 길을 선택했다. 죽었다 부활하는 길만이 죽은 인간의 후예를 살릴 수 있는 유일한 방법이요 보편적인 수단이기 때문에 예수는 변화산에서 골고다를 조망했던 것이다.

에녹과 엘리야의 승천은 죽은 자하고는 연결될 수 없는 비의의 도맥임을 잊어서는 안 된다. 하나님이 에녹과 엘리야를 통하여 승천의 도맥을 섬광

(閃光)처럼 보여준 뜻은 그 길이 본래적인 길이었음을 모형으로 보여주기 위함이었다. 그러나 죽은 자들에게는 부활의 길만이 참 길이 되었다. 예수는 산 자로서 죽었고 죽은 자로서 다시 산 자가 되어 인류구원의 대도(大道)를 개명(開明)했던 것이다(롬 14:9; 행 10:42; 계 1:17-18)(上 69-71).

변찬린은 인간이 타락하지 않았을 때 전개되는 변화 우주와 인간이 타락한 후 전개된 부활 우주를 막론하고 성서적 인간이 하나님을 만나는 유일한 방법은 '산 자'만이 만날 수 있다고 강조한다.

부활 우주에 만연된 영혼불멸에 근거한 생사관과 삶은 죽음의 연습이라는 철학적 담론, 기계인간으로 대변되는 과학적 유토피아의 영생관 등은 만물의 영장으로서의 인간의 궁극적 가치를 포기한 피안 담론에 불과하다. 만일 죄로 인해 죽은 인간을 살린다는 부활 신앙이 없다면 성서는 공허하다. "부활의 진리는 성경의 씨(核)이다"라고 변찬린은 거듭 강조한다. 또한 산 자로서 승천하는 본래 인간의 가치는 타락한 후 죄로 인해 부활 신앙조차 바르게 이해되지 못하고, 또 다른 이원적인 생사관을 바탕으로 하는 피안 신앙에 귀결된다는 사실은 주의하여야 한다. 부활 우주에서 죽어가는 인간이 죽은 인간을 보면서 축적되는 피안적 의식 관성은 그만큼 강렬하다. 영혼불멸은 잘못된 피안관이다. 산자는 '풍류체'이자 '발광체'이고 '변화체'이자 '부활체'이다. 변찬린은 이렇게 말한다.

죽음에서의 자유와 해방의 선언! 이것이 복음인 것이다. 그러므로 부활의 도는 타락과 죽음으로 생긴 비본래적, 제이의적(第二義的) 도맥이다. 본래적이며 제일의적인(第一義的) 도맥은 선맥(僊脈)이며 평화의 도맥이다. 타락으로 인하여 하나님이 인간을 추수하는 데 두 가지 도맥이 생겼다.

　　ㄱ. 산 자 ― 변화 ― 영으로 수렴
　　ㄴ. 죽은 자 ― 부활 ― 영으로 수렴

변화의 길은 하나님께 이르는 바르고 곧은 길이지만, 부활의 길은 돌고 굽은 길인 것이다. 변화로 선화하든 부활로 승천하든 결과적으로는 산 자만이 하나님과 해후할 수 있는 것이다. 죽어서 영혼이 천당 간다는 망념을 깨뜨리고 산 자의 도맥을 대각(大覺)하자. 예수께서 아버지의 영광으로 재림하실 때 산 자는 홀연히 발광체로 변화하고 죽은 자는 부활할 것이다(빌 3:21, 골 3:4, 고전 15:51-52)(上: 70-71).

지금쯤 독자는 이런 질문이 자연스럽게 뒤따를 것이다. 성서의 역사에서 부활 우주의 제사장이 예수 그리스도라면 변화 우주의 제사장은 누구일까? 만일 있다고 한다면 변화 우주의 제사장과 부활 우주의 제사장은 어떤 상관관계를 맺고 있을까? 그리고 현존하는 인간이 '죽은 자의 맥'에서 어떻게 '산 자의 맥'락과 연결되며, 이것이 성서가 말하는 '언약의 씨'와는 어떠한 상징적 관계를 가지는 것일까? 이런 과제에 대해서는 적당한 기회가 주어진다면 재론하기로 한다.

요약하면 선맥(僊脈) 우주는 무소유의 덕목을 체현한 인간이 사는 우주이기에 진리가 발현되는 평화와 상생의 통합 우주이고, 선맥(仙脈) 우주는 탐진치의 고해와 마귀가 권세를 잡은 상극의 세계이므로 절정의 종교 체험을 위해 고통과 고난 속에서 진리를 추구해야 하는 분절 우주라는 차이가 있다. 차별 세계인 선맥(仙脈) 우주에서 인간으로 태어난 가치는 '예수 그리스도의 친구'가 될 수 있는 특권이 주어진 것이고(요 15:14),

침개상투(針芥相投), 맹귀우목(盲龜遇木)이라는 귀한 인연이다.

종교적 인간은 '타락과 무명'의 피안 의식에서 초탈하여 인간 생명의 본연의 모습을 회복한 '인간이 만물의 영장'이라는 우주적 권위를 회복하여야 한다. 인류의 공통의 한계상황인 '죽음'은 영생적 기제인 '선맥'에 의해 극복된다.

2장
한국의 신관

I. 방황하는 한국의 '하늘님'

한국은 여러 종교가 공존하는 다원화된 사회이다. 무속적 세계관, 유교적 세계관, 불교적 세계관, 그리스도교적 세계관, 신종교의 세계관 (동학-천도교적 세계관, 증산교적 세계관, 대종교적 세계관, 원불교적 세계관 등)뿐만 아니라 과학적 세계관마저 중층적으로 공존하고 있다. 이런 평화로운 한민족의 종교적 심성을 조율하며 한국 문화 공동체의 중심이 되었던 '하늘님'[1]이 갈 곳을 잃어버리고 방황하고 있다.

"하늘도 무심하시지!" 하면 응답하시던 하늘님이 유교의 상제, 불교의 제석, 도교의 옥황상제, 그리스도교의 야훼신에 의해 방랑하고 있으며, 평화롭던 한국의 하늘(님)이 분쟁의 소용돌이에 휩싸이고 있다. 1992년 '한 세계인류성도종' 대표인 전근철은 천주교와 한국기독교 총연합회를 대상으로 "하나님 명호도용 및 단군성조의 경칭침해 배제 청구소의 소"(92가합71999호 사건)라는 법적 소송까지 제기했다. 하늘님의 명칭

---

1 한국 고유의 하늘 신앙의 대상을 '하늘님'이라고 부른다. 하느님과 하나님, 한울님 등 특정 종교에 담긴 종교적 이데올로기를 피하고 학술적으로 객관성을 담보하기 위함이다.

에 대한 소유권 전쟁이 발생한 것은 한민족의 '하늘님이 분쟁의 소용돌이에 휩싸여 방황하는' 하나의 사례이다.

사실 신의 정체성에 대한 관심은 근대 이성의 산물이며, 특히 서구 그리스도교가 피선교국에 전파되면서 토착화하는 과정에서 주로 발생한다. 그리스도교의 유일신에 대한 호칭은 선교가 필요한 토착화 지역에 따라 'God', 'θεός'(데오스), 上帝, 天主, かみ(카미) 등으로 표현되고 있다. 그러나 한국에서는 동일한 신을 신앙하는 그리스도교에서 천주교는 '하느님', 개신교는 '하나님'이라고 다른 신명(神名)을 사용하고 있다. 이로 말미암아 한국 고유의 하늘님을 지칭하는 근대 신종교는 그리스도교의 신의 호칭과 차별하기 위해 한국인에게 친숙한 '하느님'이라는 용어를 포기하고 동학-천도교는 '한울님', 대종교는 '한얼님', 증산교에서는 '상제'를 포함한 다른 신명을 사용한다. 과연 이들은 같은 신일까, 같은 신의 다른 표현일까? 이는 한국 종교사에서 중요한 질문이다.

전통적으로 천지신명(天地神明)과 자연스런 관계였던 한국인은 '하늘님 명칭 논쟁'의 당사자로서 하늘님을 어떻게 불러야 하는가? 그렇게 '하느(나)님'으로 부르면 그 이름에 상응하는 신의 가호를 받는 것일까? 아니면 그리스도교의 신이 '보우'하는 것일까? 그런 하늘님은 어떠한 신적 속성을 가진 것일까? 이런 상식적인 질문은 한국의 신관과 그 신적 속성에 대한 핵심적인 질문이기도 하다. 또한 한국인의 민속 생활과 무속 신앙에 존재하는 다양한 신령, (천지)신명은 어떠한 신관과 그 신적 속성을 가지고 있을까? 더 나아가 구두 전승과 문자 기록에서 전해져 온 환인과 환웅 그리고 고대 한국인이 제천 의례의 대상이던 천지신명을 과연 그리스도교의 신학의 신관을 규정해 오면서 사용한 용어와 신학에서 독립한 종교학의 용어로 개념화할 수 있는 것일까?

이 장은 한국인의 신관을 규정하기보다는 신관을 정립하는 데서 고려되어야 할 사항을 중심으로 시론적 문제를 제기하는 데 중점을 둔다. 따라서 한국의 신관에 대한 환원론적인 개념 정리뿐만 아니라 선교 신학자마냥 그리스도교 교의학의 전통을 바탕으로 한국의 신관을 재단하는 호교론적인 접근 그리고 이와 상응한 관점에서 신종교의 신학과 교학의 입장을 배제하고 종교 텍스트를 중심으로 한국의 신관을 밝히는 데 핵심적으로 반성적 성찰이 필요한 부분을 중심으로 고찰하고자 한다. 이를 통해 한국 신관에 대한 종합적인 연구에 대해 집단지성의 열린 담론이 형성되는 계기가 되기를 기대한다.

II. 한국의 하늘(님): 보편 신관과 지역 신관이 공존한다

1. 한국의 하늘님은 선맥(僊脈)의 하늘님인가, 무맥(巫脈)의 하늘님인가

한국 종교의 기층에 새겨진 정체성을 밝히는 것은 종교적 원형에 대한 근본적인 질문으로, 한국 종교사의 최대 난제 가운데 하나이다.

한국 종교 역사에서 선맥은 '환웅신화'에서 신시(神市)의 주인공인 환웅이 홍익(하는/할 수 있는)인간의 이념과 더불어 이화 세계(理化世界)를 만들었고, '건국신화'의 주인공 단군은 죽지 않고 아사달에서 산신이 되었다고 하며 또한 이를 계승한 부여, 고구려, 백제, 신라 등의 신화와 제천 의례도 선맥의 하늘님을 신앙하며, 근대의 신종교와 현대에도 그 맥락이 계승되고 있다.[2]

---

2 변찬린, "僊(仙)攷"; 이능화, 『조선도교사』; 정재서, 『한국도교의 기원과 역사』; 안동준, 『한

선맥(의 세계관)은 한민족의 기억 전승의 원형처럼 신과 인간이 서로 교류하고, 하늘과 땅과 인간이 분절되지 않고 평화롭고 조화로운 열린 세계에서 완전한 인간으로 살아가는 이상 세계를 말하며, 이는 한국의 기층문화를 구축하고 있다. 선맥은 하늘과 땅과 인간을 평화롭게 공존시키는 완전한 인간을 중심으로 하는 종교의 도맥이다.

고대 한국인의 신화는 『성서』 창세기 2장의 창조 설화에서 야훼 엘로힘에 의해 선악과를 먹은 인간이 죽음의 형벌을 당하는 신화 형태와는 다른 선맥 특유의 영생 문화를 잘 보여준다. 이런 한민족의 종교적 정체성을 최치원은 현묘지도(玄妙之道)한 '풍류', 즉 포함삼교(包含三敎)하고, 접화군생(接化群生)하는 풍류적 세계관으로 표현하였다. 이런 응축된 종교적 영성은 근대에 들어 동학을 시점으로 증산교, 대종교, 원불교 등의 신종교에서 폭발하였다.

세계 종교사에서 칼 야스퍼스가 기원전 900년부터 기원전 200년까지 세계의 주요 종교 문화와 철학이 탄생한 시기를 축 시대(Axial Age)라고 했다면, 한국은 근대에 탄생한 신종교가 기존의 종교 담론을 종합하고 독창적인 종교 문화를 펼치고 있기에 한국의 축 시대가 시작되었다고 할 수 있다. 이처럼 한국에서 축 시대를 열어낸 신종교의 창교자들은 이구동성으로 개벽 세계에 펼쳐지는 지상선경을 말하고 있다. 지상선경의 '온전한 인간'은 포함삼교라는 다양한 신관을 포용하는 풍류적 세계관에서 생활하는 인간이다. 이에 대한 지향성은 한민족의 독창적인 기층 종교 문화이기도 하다. 이처럼 한국인의 종교적 영성은 선맥의 중핵을 무속이 껍질로 품고 있으면서 평화와 풍류의 심성으로 외래 종교를 축적해 온 역사였다.

대부분의 학자가 선맥과 무맥을 분명히 구별하지 않고 혼용하는 입

___

국도교문화의 탐구』; 이호재, 『흔 붉 변찬린』, 280-295; 이호재, 『포스트종교운동』, 54-76.

장을 취하기도 하고, 무맥을 종교적 원형으로 이해하기도 한다. 그러나 선맥은 대무(大巫)의 역사이고, 무맥은 소무(小巫)의 역사이다(攷 199-200).[3] 巫는 하늘(ㅡ)과 땅(_)이 소통하는(ㅣ) 가운데 인간이 가무하는(人人) 형상을 합성한 글자이다. 대무는 선맥의 하늘님과 교류하며 우화등선(羽化登仙)하는 선맥의 엘리트 전통을 형성하였고, 소무는 인간과 사회의 길흉화복을 조화롭게 하는 민중 전통의 한 갈래를 형성하였다. 선맥과 무맥은 하늘과 땅이 서로에게 닫힌 세계가 아닌 열린 세계라고 인식하며 천지인의 상호 교섭을 전제하는 동질성을 가지고 있다. 그러나 선맥은 우화등선하는 존재 탈바꿈을 위한 수련 전통을 계승하지만, 무맥에서는 이런 종교 전통이 보이지 않는다는 큰 차이가 있다.[4] 이런 측면에서 현묘지도한 풍류와 근대 신종교가 체험한 하늘님은 개벽과 지상선경을 증거하는 선맥의 전통에서 체험한 종교 경험이라고 할 수 있으며 무맥의 종교 체험과는 거리가 멀다.

한국인의 종교적인 원형은 선맥으로서, 인간이 하늘과 땅을 자유롭게 왕래할 수 있다고 전제하는 것이며, 차안(此岸)과 피안(彼岸)이 서로에게 닫힌 세계가 아닌 열린 세계라고 인식하는 것이다. 따라서 한국인의 고유한 사유 체계에는 하늘나라가 죽어서 가는 곳이라는 관념 자체가 없다. 단지 '돌아갈 뿐이다.' 피안 감성과 피안 의식은 유교, 불교, 도교, 그리스도교 등 외래 종교의 이분화된 세계관에서 유래한다.

그렇다면 희랍적 이원론의 세계관에서 배타적인 종교적 언어로서 한국의 천지신명 혹은 선맥의 하늘님과 무맥의 다양한 신령을 개념화할

---

3 변찬린의 "僊(仙)攷"는 류병덕과 김상일에 의해 인용되고 있다. 이에 대해서는 류병덕, "한국 종교 맥락에서 본 원불교사상", 『문산 김삼룡 박사 회갑기념논문집』 (원광대학교출판부, 1985), 14-15; 김상일, 『한민족 의식 전개의 역사』 (지식산업사, 1988), 206-208; 윤승용, 『민족종교의 기본사상』 (한국민족종교협의회, 2019), 23-27을 참고할 것.
4 이호재, "잃어버린 하늘 신앙의 흔 붉신명을 찾아서", 『민족종교의 기본사상』, 326-354.

수 있는지는 반드시 물어야 한다. 한민족의 종교적 원형을 선맥이 아닌 무맥으로 인식하는 일부 선교 신학자의 관점으로는 한국의 하늘님을 제대로 인식할 수 없다는 한계가 있다. 선맥의 하늘님에 근거한 세계에서는 선맥의 창조적 영성이 중심을 이루며, 다양한 무맥의 신령은 기능신으로서 민중의 한(恨)을 보듬는 종교적 기능을 수행한다. 이와 달리 무맥의 신령에 근거하는 종교 문화에서는 무맥의 신령이 억눌린 민중의 한의 심성을 어루만지는 한계적 기능만을 수행할 뿐 선맥의 창조성은 나타나지 않는다.

한편 신종교의 각 교단은 해당 종교의 진리가 동서양을 포괄하는 '유·불·도' 합일 혹은 '유·불·도-기독교' 합일의 종교 사상이라고 간주되지만, 과연 이에 어울리는 독창적인 '신관'을 제시하고 있는지 반성적 성찰을 해야 한다. 개벽 세계를 개창하고 지상선경이라는 이상향을 제시하는 종교 사상에서 어떻게 신관이 정립되는가에 따라 세계 종교로서의 보편성이 있는지 여부가 결정될 수 있기 때문이다. 만일 이런 문제에 관심을 가진 신종교의 신학자가 있다면 서구의 유일 신앙에 대한 철저한 연구와 비판적 성찰을 선행할 필요가 있다. 이런 측면에서 토착화신학자[5]가 한국의 하늘님 신관을 이해하려는 노력은 비록 호교론적일지라도 높이 평가되어야 한다. 그러나 근대 신종교 주장의 핵심인 한국의 선맥과 지상선경에 사는 '완전한 인간'에 대한 핵심적인 종교 사상은 연구 대상에 포함되지 않는 것은 또 다른 선교론적 전략이 담긴 연구가 아닌가 의구심이 든다. 종교연구에서 신관과 인간관은 동시에 관심을 두어야 할 영역이지 개별적으로 분리되어 연구되어야 할 주제가 아니다.

---

5 토착화신학은 그리스도교의 복음을 한국 종교 문화에 이식시키려는 한국적인 상황신학을 말한다. 이런 신학을 추구하는 신학자를 토착화신학자라고 한다. 대표적으로 한국에서는 유동식의 풍류신학, 안병무·서남동의 민중신학 등이 이 범주에 포함된다.

2. 유대교의 야훼는 보편신이 아니다

유일 신앙을 대표하는 종교는 유대교와 이슬람교와 그리스도교이다. 그리스도교는 구약성서(유대교는 '타나크'라 부름)라는 종교 문헌을 유대교와 공유한다. 구약성서에는 야훼 엘로힘(9개), 엘로힘 계열 복합 신명(32개), 야훼 복합 신명(41개) 등 70여 가지의 신명이 나타난다.[6] 또한 신약성서에는 예수가 말한 '아버지 하나님' 신관이 제시된다. 과연 이들은 같은 신인가, 다른 신인가? 혹은 같은 신의 각 기능의 표현인가? 그런데 왜 예수와 사도들은 야훼라는 호칭을 쓰지 않고 아버지 하나님이라는 명칭을 제시하였을까?

전통 신학에서는 삼위일체 신관을 말하지만, 선교 신학자들은 자신이 신앙하는 그리스도교의 신학에서 형성된 신관이 피선교국의 신관과 상응한다는 전략적 해석을 거쳐, 종국에는 피선교국의 신마저 그리스도교의 신학에 해당하는 신관으로 대체하는 선교 전략을 펼쳐 왔고, 지금도 그런 해석학적 작업이 꾸준히 진행되고 있다. 선교 신학자에게 삼위일체 신관은 포기할 수 없는 절대 신앙이다. 그러나 유일신을 신앙하는 유대교와 그리스도교, 이슬람교에서 '예수 그리스도'에 대한 이해는 자못 다르다. 유대교에서는 예수를 자신들이 기다리는 메시아로 인정하지 않는다. 이슬람교에서는 예수를 선지자 정도로 이해한다. 그러나 그리스도교는 그 종교의 이름에서도 알 수 있듯이 보이지 않는 신이 보이는 신으로 나타난 구세주로서 예수 그리스도를 신앙한다.

그러면 모세의 야훼 신(관)과 예수의 아버지 신(관)은 같은 것일까?

---

6 예를 들면 야훼 엘로힘 복합 신명은 야훼 엘 엘로힘(신의 신이신 야훼, 수 22:22), 야훼 엘로힘 (야훼 하나님, 창 2:4, 3:19-13, 21) 등으로 분류할 수 있다. 다음을 참고할 것: E. L. Towns, 『구약에 나타난 하나님의 이름들』 (생명의 말씀사, 1994), 190-192.

성서 텍스트에 나타나는, 모세와 예수가 말하는 신의 속성 사이에는 상당한 차이가 있다. 전통 신학에서는 모세가 호렙산의 불타는 떨기나무에서 경험한 신은 히브리어로 '에흐예 아쉘 에흐예'이며, '스스로 있는 자' 혹은 '나는 나다'라고 한다. 구약 텍스트에 야훼(YHWH)라는 글자가 나오면 통상적으로 아도나이(Adonai)로 읽으며, 신약에서는 큐리오스(Κύριος)로 번역되어 읽혀졌기에 동일한 신이라고 한다.

그러나 모세가 이스라엘 민중에게 소개한 신은 질투의 신(출 20:5, 34:14; 신 4:24; 시 6:15; 수 24:19), 두려운 신(신 7:21; 신 9:22, 28:58-59; 느 1:5), 복수의 신(출 20:23-25; 신 7:2; 29:20), 군신(사 13:4; 사 28:22; 렘 46:10; 암 9:5) 등으로 나타나기도 한다(上 182-188). 이는 신약성서에서 말하는 사랑(요일 4:8; 영 — 요 4:24; 빛 — 요일 1:5; 약 1:17), 참(롬 3:4), 말씀(요 1:1)으로 규정되는 신의 속성과는 상당한 차이가 있다(上 192-196). 예수는 하나님에게 아버지라는 속성(요 5:18-21, 10:25-26), 안식일에 안식하지 않고 일하는 하나님이라는 속성(요 5:16-17)을 부여한다. 특히 모세가 '조상의 하나님'(출 3:15)이라고 말한 하나님이 예수에 의해 '산 자의 하나님'(눅 20:37-38)으로 해석되는 해석학적 전환이 일어난다. 이처럼 당시 유대교의 종교 지도자가 인식한 신(관)과 예수의 신(관)은 현격한 차이를 나타낸다.7

불교의 발상지인 인도에서 불교가 거의 사라지고, 그리스도교의 신앙의 원천인 이스라엘에서 그리스도교가 거의 신앙되지 못하는 것은 신관과 세계관의 차이에 기인하는 바가 크다. 이런 지점에 대해 깊이

---

7 그리스도교에 대한 비판적 성찰을 위해서는 한스 큉의 유대교, 그리스도교, 이슬람교의 삼부작과 변찬린의 『성경의 원리』 4부작과 성서 텍스트를 열린 관점에서 비교 평가해야 한다. 한스 큉, 『유대교』, 이신건 외 옮김 (시와진실, 2015); 한스 큉, 『이슬람교』, 손성현 옮김 (시와진실, 2012); 한스 큉, 『그리스도교』, 이종한 옮김 (시와진실, 2002); 변찬린, 『성경의 원리』 上·中·下 (한국 신학연구소, 2019); 변찬린, 『요한계시록 신해』 (한국 신학연구소, 2019).

있는 연구가 병행되어야 한다. 선교 신학자가 주장하듯이 그리스도교의 신이 사랑과 평화의 속성을 가진 삼위일체의 하나님이라면, 그 신관이 한국 종교 문화와 공존과 조화를 이루지 못하는 이유는 무엇일까? 이는 질투와 복수와 군신의 속성을 가진 유대교의 야훼 신관을 탈피하지 못한 서구 그리스도교의 배타적인 문화 때문이다. '할렐루야'는 '야훼를 찬양하라'는 의미로, 이스라엘의 부족신과 로마 가톨릭의 신학화된 신관에 대한 찬양에 불과하다. 이런 이스라엘의 부족신과 민족신의 속성을 벗어나지 못하는 습성, 즉 외형상으로는 예수 그리스도를 신앙 대상으로 표방하는 그리스도교인이지만 구약의 야훼신을 신앙하는 유대교적 신앙 습성이 한국교회에서 '예수의 몸된 성전'이라는 교회를 '매매하고 세습'하는 신앙의 형태로 표현되고 있다고 볼 수 있지는 않을까? 오늘날 이와 같은 교회 매매와 세습의 악습도 결국은 유대교의 종교적 지도자와 히브리 민중이 예수 그리스도를 십자가에서 모욕하고 수난을 당하게 한 것과 같은 역사적 유비 현상은 아닌지 성찰해 보아야 한다.

변찬린은 성서 텍스트에 의거하여 성서 텍스트에서 모세에게 나타난 호렙산의 야훼는 지고신이 아닌 천사이며(출 3:2-6//행 7:30, 35), 십계명을 준 야훼조차도 천사(출19:3, 20:1, 21//행 7:38, 53; 갈 3:19; 히 2:2)라고 해석한다(上 172-209). 신약성서의 관련 성구를 적어보기로 한다.

시내산에서 말하던 그 천사와 우리 조상들과 함께 광야 교회에 있었고 또 생명의 도를 받아 우리에게 주던 자가 이 사람이라(행 7:38).
너희가 천사의 전한 율법을 받고도 지키지 아니하였도다 하니라(행 7:53).
그런즉 율법은 무엇이냐 범법함을 인하여 더한 것이라 천사들로 말미암아 중보의 손을 빌어 베푸신 것인데 약속하신 자손이 오시기까지 있을 것이라(갈 3:19).

일렀으되 여호와께서 시내에서 오시고 세일산에서 일어나시고 바란산에서 비춰시고 일만 성도 가운데서 강림하셨고 그 오른손에는 **불 같은 율법**이 있도다(신 33:2).

천사들로 하신 말씀이 견고하게 되어 모든 범죄함과 순종치 아니함이 공변된 보응을 받았거든(히 2:2).

그러나 너희가 그 때에는 하나님을 알지 못하여 본질상 하나님이 아닌 자들에게 종노릇하였더니(갈 4:8).

모세가 증거한 야훼는 이스라엘의 부족신이자 민족신인 '조상의 하나님'으로서의 천사이며, 예수가 말한 하나님은 '아버지 신관'에 근거한 '산 자의 하나님'이다. 만일 그렇지 않다면 오순절 성령을 받고 난 초기 제자들이 증거하는 위의 성구에서 말하는 '천사'와 '본질상 하나님이 아닌 자들'은 도대체 누구인가(행 7:30, 35)를 성서 텍스트에서 물어야 한다.

변찬린은 "구약 시대에 나타났던 하나님은 천사가 방편으로 하나님 노릇한 것이지 참 하나님은 나타나지 않았다. 이 지극히 초보적인 원리조차 모르고 오늘날까지 구약에 방편으로 나타났던 야훼를 참 하나님으로 착각하고 있는 것이다. 그러므로 2천 년 동안 권위를 자랑하던 기독교의 신관은 비성경적이었으므로 마땅히 폐기되어야 한다"고 비판한다(上 174).

3. 범재신론이 보편 신관을 대표하지는 못한다

서구 신학의 전통에서 유신론, 범신론, 이신론, 무신론, 범재신론 등 다양한 신관이 연구되어 왔다. 최근에는 종교다원주의자, 토착화신학자 등 많은 논자들이 범재신론을 보편적인 신관으로 자주 거론하고 있다. 범재신론은 화이트헤드의 과정철학에 바탕을 두는 과정신학의 신관으로서, 종교 간의 대화에 적극적인 신학자 혹은 종교학자가 주장하는 신관이다.[8] 범재신론은 바울의 서신인 에베소서 4장 6절 "만유의 아버지시라 만유 위에 계시고 만유를 통일하시고 만유 가운데 계신 이"라는 성구가 잘 요약하고 있다. 그것은 초월성과 내재성과 과정성을 내포하는 신관이다.

최제우가 체험한 한울님의 해석에서도 범재신론의 신관에서 크게 벗어나지 않는 연구 시각이 주류를 이룬다. 한국의 고대 신화에 현현한 하늘님과 최제우가 종교 체험한 '한울님'은 선교 신학자가 말하는 내재적이고 초월적이며 과정적인 범재신인가? 혹은 한국의 하늘님은 '하나님'도 아니고 '하느님'도 아닌 '하는님'(윤노빈, 김상일)[9]일까? 혹은 최제우가 대화하는 신은 창조주라는 속성을 가진 지고신인가? 이 문제는 한국 종교 현상에서 공존하는 신관을 어떻게 정립하느냐와 직결되는 중차대한 질문이다.

존 힉의 이론을 중심으로 하는 신(神) 중심의 종교다원주의는 서구 신학의 선교를 목적으로 다른 종교 문화의 신관과 대화하기 위한 전략적 담론이다. 이에 참여하는 선교 신학자는 표면적으로 예수 그리스도를 강조하지 않지만 결코 '예수 그리스도'의 신앙을 포기하지 않는다는 것이다. 결국 선교 신학자가 말하는 종교다원주의의 주장은 서구의 신학

---

8 이찬수, 『유일신론의 종말, 이제는 범재신론이다』(동연, 2014); 차옥숭, "수운의 사상에 나타난 동서 교섭의 양태 ―신 이해를 중심으로", 「동학학보」 21 (2011), 215-242; 최종성, "東學의 신학과 인간학", 「종교연구」 44 (2006), 139-168; 성해영, "수운(水雲) 최제우(崔濟愚) 종교 체험의 비교종교학적 고찰 ―'체험-해석틀'의 상호관계를 중심으로", 「동학학보」 18 (2009), 271-306; 김용해, "동학과 서학: 그리스도교와 천도교의 신관 비교", 「동학학보」 6 (2003), 85-125.

9 윤노빈, 『新生哲學』(학민사, 1989), 55; 김상일, 『수운과 화이트헤드』(지식산업사, 2001), 285.

담론을 그대로 한국의 종교 시장에 옮겨 놓은 대리전에 불과하다. 전통적으로 다원적인 한국의 종교 문화에서 토착신학자의 언설이 생소한 느낌이 드는 것은 이런 까닭 때문이다. 그럼에도 불구하고 한국의 선교신학자 혹은 토착화신학자 가운데 일부가 한국 종교 문화를 이해 지평에서 융합시키려고 하는 노력은 높게 평가할 수 있다. 그러나 최제우의 신관이 "지기일원론적 범재신론"이라고 한다면,[10] "동학(천도교)의 종교적 정체성은 무엇인가?"라는 질문이 자연스럽게 따라 나온다. 동학(천도교)의 한울님 혹은 지기 또한 창조주의 개념을 내포하는지 성찰하면서 동학(천도교)의 신관을 설명해야 한다.

이 외에도 최제우를 선도의 종장, 진묵[11]을 불도의 종장, 주회암[12]을 유도의 종장, 이마두[13]를 서도의 종장으로 하여 후천 문명을 개벽한다는 강증산의 신관은 어떠한 신관인지[14] 또한 『천부경』에서 창조된 우주가 아니라 무시무종(無始無終)의 우주를 상정하며 『삼일신고』 등 다른 경전에서 하늘님을 조화주(造化主), 치화주(治化主), 교화주(敎化主)라고 하는 대종교의 신관은 어떤 신관인지도 깊이 있게 연구되어야 한다.

한국종교연구사에서 선맥적 세계관, 무속적 세계관, 유교적 세계관,

---

10 김경재, 『해석학과 종교신학』(한국신학연구소, 2007), 182.
11 조선 인조 때의 승려(1562~1633). 이름은 일옥(一玉). 석가의 소화신(小化身)으로 추앙받았으며, 술을 잘 마시기로 유명하고 신통력으로 많은 이적(異跡)을 행하였다고 한다.
12 중국 송나라의 유학자 주회(朱熹, 1130~1200). 도학(道學)과 이학(理學)을 합친 이른바 송학(宋學)을 집대성하였다. '주자'(朱子)라고 높여 이르며, 학문을 주자학이라고 한다.
13 이탈리아의 예수회 선교사 마테오 리치(1552~1610)의 중국 이름. 그의 『천주실의』는 중국 학자를 대상으로 가톨릭교 신학을 서술한 저서로서, 기독교의 '신'은 『서경』의 '상제'와 같다고 하였다.
14 강일순의 신격은 기존의 신관으로 범주화할 수 없는 다양성을 내포하고 있다. 『대순전경』(증산교본부, 1982년 제9판), 제2장 126절, 제3장 22절, 제4장 1절, 제5장 8-10절, 제5장 12절; 이경원, 『한국 신종교와 대순사상』(문사철, 2011), 99-129, 특히 104쪽의 각주 17에 선행 연구가 정리되어 있다.

불교적 세계관, 도교적 세계관 등에 나타난 신에 대한 통합적인 연구는
이루어진 적이 없다.[15] 심지어 동학(천도교)의 경전, 증산교의 『대순전경』,
『천부경』과 『삼일신고』를 포함한 대종교 경전, 『정전』과 『대종경』을
포함한 원불교 경전 등도 한국 '하늘님 논쟁'의 중요한 자료이지만, 이를
융합적으로 보는 연구 결과는 보이지 않는다. 과연 한국인의 신관을 어
떻게 개념화할 수 있을까?

III. '신들의 전쟁'을 조화시키는 종교 담론의 제언

한국처럼 다양한 신들이 평화롭게 공존하는 다종교 국가는 지구촌
사회에 그다지 많지 않다. 특히 유교와 불교, 무교와 그리스도교 그리고
비종교인이 적정한 비율로 분포되어 있으며, 종교연구에 상당한 자유가
보장된 국가는 더욱 보기 드물다. 어찌 보면 한국은 '신들의 전쟁'을 종식
시키고 신들의 평화를 가져올 최적의 종교적 기제를 가지고 있는 나라라
고 할 수 있다.

이제 한국의 다양한 신관을 정립하는 데 고려해야 할 몇 가지 사항을
제언하면서 이 글의 결론으로 삼으려 한다.

첫째, 한국의 신들이 나타나는 텍스트를 체계적으로 수집·정리하는
작업이 선행되어야 한다. 텍스트에는 구두 전승, 종교 문헌, 의례 등 제반
자료가 포함되어야 한다. 특히 강단사학이나 특정 종교에서 배제되는
『부도지』, 『환단고기』 등도 편견 없이 자료에 포함되어야 한다. 한국의
신관을 정립하는 작업은 고대와 현대의 전통을 연결하고, 현대를 기점으

---

15 초보적인 시도를 한 것은 다음의 책이 유일하다고 할 수 있다. 윤이흠 외, 『한국인의 종교관』
(서울대학교 출판부, 2001).

로 미래의 정통을 세우는 역사적 작업이기 때문이다. 자료를 수집하고 분류하는 과정에서 하나의 신(령)이라도 빠지거나 소외되는 일이 없도록 노력하는 것이 무엇보다 중요하다.

둘째, 수집된 자료를 '텍스트'로 간주하여 신들의 속성 가운데 동질성, 유사성, 변별성, 차별성을 객관적으로 평가하여야 한다. 특정 종교 조직의 신관은 단순히 참고자료의 역할을 할 뿐이지 이를 표준으로 삼아서는 안 된다. 예를 들면 한국 신관의 연구에 있어 그리스도교의 삼위일체 신론을 표준으로 삼아야 할 까닭이 없다. 이러한 맥락에서 개별 신종교의 신관도 동등한 위치에서 연구되어야 한다. 철저하게 한국 종교 문화의 지평에서 신관을 학술적으로 정립한다는 원칙이 준수되어야 한다. 당연히 이에 따른 연구 자율성이 충분히 보장되어야 한다.

셋째, 각 전통을 범주화함으로써 신관에 대한 공시적 연구와 통시적 연구를 병행해야 한다. 특히 연구자의 '편향적 태도'를 가급적 배제하기 위하여 집단토론을 통하여 연구 방향을 정립하고, 연구 성과가 적절하게 투명하고, 공정하게 관리되어야 한다. 그리고 최종 연구물은 국내외에 정식 출판물로서 공개되어 대중과 소통하는 과정이 있어야 한다. 필요하다면 연구 과정의 주요한 단계에서 공청회 등을 여는 것도 고려할 수 있다.

넷째, 한국의 신관을 정립하는 데 도움이 될 만한 책을 추천하려고 한다. 이 분야에 대한 참고자료는 기대만큼 많지가 않다. 그만큼 한국인은 신관의 정립이라는 근대 이성의 '경계 나누기'에 그다지 관심을 기울이지 않았다는 반증이다. 한국민족종교협의회에서 발간한 『한국민족종교문화대사전』과 동 협의회가 발간한 『민족종교의 기본사상』, 무속과 민속 분야에서는 조자용의 『삼신민고』와 이용범의 "무속신명의 유형과 특징", 유교 분야에서는 마테오 리치의 『천주실의』, 조성환의 박사

논문인 "천학(天學)에서 천교(天敎)로: 퇴계에서 동학으로 천관(天觀)의 전환", 불교 분야에서는 김삼룡의『한국 미륵 신앙의 연구』, 도교 분야에서는 정재서의『한국 도교의 기원과 역사』와 안동준의『한국 도교 문화의 탐구』, 그리스도교 분야에서는 변찬린의『성경의 원리』4부작, 신종교 분야에서는 윤승용의『한국 신종교와 개벽사상』, 종교학 분야에서는 윤이흠 외,『한국인의 종교관』등을 참고할 만한 문헌으로 제시한다.

결론적으로 한국 종교 문화의 지평에서 논의되는 한국의 신관의 문제는 세계사적 지평에서 공론화하는 중요한 기회가 될 수 있다. 유대교, 그리스도교, 이슬람교 등 유일신 신앙을 고찰하는 한스 큉은 "종교의 근본에 대한 연구가 없다면 종교 간의 대화도 없다"고 하지만, 종교 간의 대화가 가능한 열린 사회에서 다양한 신들의 조화로운 신관을 정리해낼 수 있다면 유일신끼리 싸우는 '신들의 전쟁'과 배타적인 '종교 이데올로기'에 찌든 세계 문명 속에서 인문학적 한류를 촉발하는 계기가 될 수 있다.

3장
한국 전통 종교의 '구원'관

I. 종교의 구원

이 장은 한국의 전통 종교에 대한 신념 체계와 실천 체계의 조명을 통해 해당 종교의 구원관을 규명하는 데 있다.[1] 잘 알다시피 한국의 종교 지형은 무속 신앙 혹은 신선(풍류) 신앙에 담긴 종교적 심성을 바탕으로 중국에서 전래된 유교, 불교, 도교의 축적된 역사 그리고 근대 한국에서 자생한 천도교, 원불교 등 신종교와 서구에서 전래된 그리스도교 등으로 다층적이며, 다원적인 종교 현상으로 형성되어 있다.

이 글에서 쟁점이 되는 '전통 종교'는 그리스도교가 전래되기 전에 한국에 존재했던 종교를 대상으로 한다. 또한 그리스도교의 맥락에서 형성된 '구원'이라는 개념이 한국의 전통 종교에 동일한 개념 혹은 유사한 개념을 가지고 있는가? 만일 그런 개념이 있다면 전통 종교에서는 어떤 해석학적 맥락하에서 의미 체계를 이루고 있는 것일까? 이것이 본 논문에서 고찰하려는 핵심 논지이다. 종교적 세계관은 해당 종교 전통의

---

1 「신학과 교회」의 기독교 학술잡지의 발간 취지에 맞추어 다른 종교에 대한 이해를 주기 위한 기획논문으로 청탁을 받았다. 필자에게 주어진 논문 제목은 "한국 재래종교의 구원관"이다.

맥락에서 의미를 갖는 신앙 체계이다. 따라서 그 해석학적 맥락을 벗어나면 다른 의미를 가지게 된다. 그리스인은 그리스와 로마 신화 체계를 바탕으로 지중해의 세계관을 반영한 구조 체계를 만들었듯이[2] 한국 전통 종교는 한국인의 종교적 심성을 바탕으로 역사적 맥락에서 수용되어 사회 속의 종교로 자리매김하고 있다. 따라서 특정 종교의 관점을 표준으로 유교를 내세에 대한 관심이 결핍된 점을 강조하여 종교가 아닌 사회윤리에 불과하다는 관점, 불교는 출가를 장려하여 인륜을 단절하는 반사회적인 종교라는 관점, 도교는 불사를 주장하는 허구의 종교라는 관점 그리고 그리스도교(유대교)는 이스라엘의 민족신인 야훼가 가나안 칠족을 멸족하라는 명령을 내리는 '잔인한 신'이라는 관점 등과 같이 다른 종교를 재단하는 호교론적인 관점을 이 글에서는 수용하지 않는다. 이미 아는 바와 같이 '구원'이란 그리스도교의 사유 체계에서 형성된 개념으로 다양한 해석이 존재하지만,[3] 그럼에도 그리스도교 여러 교단과 교파는 '예수 그리스도의 공로'가 매개가 되어야 구원이 완성된다는 공통점을 가지고 있다. 이를 감안하여 필자는 종교학적인 관점에서 다른 종교도 그리스도교와 같이 신념 체계와 의례 체계의 맥락에서 나름의 '구원'(이하 구원이라고 말함)관을 가진 하나의 종교라는 측면에서 논지를 전개해 나갈 것이다.

이를 위해 우선 한국의 전통 종교는 단순히 외래 종교의 전통을 받아들인 것이 아니라, 한국인의 종교적 심성을 구성하는 무교성 혹은 풍류성이 작동되어 수용된 것이라는 점을 밝힌다. 그다음 한국의 전래 종교인 유교, 불교, 도교 등의 범주를 해체하여 새로운 관점에서 종교의 특성

---

2 폴 벤느, 『그리스인들은 신화를 믿었는가? ― 구성적 상상력에 대한 논고』, 김운비 옮김 (이학사, 2002).
3 한국조직신학회, 『구원론』 (대한기독교서회, 2015).

을 논술할 수도 있지만, 다른 종교를 이해한다는 기획 취지에 맞게 전통적인 종교 분류 범주를 채택하여 개별 종교의 세계관에 담긴 구원의 의미와 원리를 중심으로 살펴보려고 한다.[4] 이를 통해 이 글이 특정 종교의 관점에서 다른 종교와의 유사점과 차이점을 인식하여 다른 종교에 대한 올바른 이해와 한국의 종교 지형에서 조화로운 종교 문화를 창출하는 데 조금이라도 기여하는 바가 있었으면 하는 바람이다.

II. 한국인의 종교적 심성의 중핵: 무교성과 풍류성의 이중적 구조

한국 종교사에서 고려 시대의 불교, 조선 시대의 유교 등 특정 종교가 우세를 점하는 경우가 종종 있었다. 하지만 최근에는 동아시아 사유 체계에서 발생한 유교와 도교적 전통, 인도적 사유 체계에서 발생한 불교, 서구적 전통에서 발생된 그리스도교와 근대 한국에서 자생한 동학(천도교), 증산교, 원불교 등 신종교가 한국의 종교 지도에서 공생하고 있다. 그런데 유일신 전통을 가진 그리스도교와 이슬람교, 유대교 사이에서 벌어지는 종교전쟁과는 달리 한국 종교는 상대적으로 종교 간 충돌의 양상을 보이지 않고 공존하는 이유는 무엇일까? 이는 한국인의 종교적 심성에 포용과 조화의 신념 체계가 밑바탕이 되어 있기에 가능한 종교 현상이다.[5] 그러면 외래 종교를 받아들인 우리의 종교적 심성의 바탕을 이루는 '종교 문화적 문법'은 과연 무엇일까? 이는 외래 종교를 받아들인

---

4 기존의 유·불·도라는 도식적인 종교 범주를 해체하여 다른 관점에서 한국의 종교관을 논술한 것은 다음을 참고할 것: 윤이흠 외, 『한국인의 종교관: 한국정신의 맥락과 내용』 (서울대학교 출판부, 2001).
5 윤이흠 외, 같은 책, 162-174.

주체적인 한국인의 종교적 심성을 규명하는 근본적인 질문이다.

첫째, 한국인의 종교적 심성은 한민족의 시원이 담긴 단군신화를 해석하는 관점과 밀접한 관계를 가지고 있다. 우리의 종교적 원형은 『삼국유사』에 서술된 단군신화에 근거하여 무속 신앙으로 해석하거나[6] 신교 혹은 풍류의 남상의 근거로 해석하기도 한다.[7] 이런 무교성과 풍류성에 대한 혼선은 무층(巫層)과 선층(仙層)이 중첩적으로 나타날 때, 양자를 분리하지 못한 데서 기인한다.[8] 이로 인해 해석자의 관점에 따라 풍류성을 부각하면 외래 종교 문화를 주체적으로 수용하는 문화 체계로 드러나지만,[9] 무교성으로 인식할 때는 창조성은 강조되지 않고 수용성만이 부각되는 종교적 부호로 읽힌다.[10] 따라서 외래 종교를 수용하거나 해석할 때 풍류성의 종교 문화가 작동되는가 혹은 무교성의 종교 문화가 작동되는가에 따라 외래 종교는 다른 양상을 보일 수밖에 없다.

둘째, 무교성은 현실 지향적이라는 측면에서는 풍류성과 차이가 그다지 드러나지 않는다. 무교성은 흔히 현세 기복적인 면이 강조되면서

---

6 한국 무교에 대한 통사적 연구는 이능화의 『조선무속고』와 유동식의 『한국 무교의 역사와 구조』가 대표적이다. 이능화, 『조선무속고』, 서대영 옮김 (창비, 2008); 유동식, 『韓國巫教의 歷史와 構造』(延世大學校 出版部, 1975). 특히 정수복은 무교의 종교 문화적 특성을 긍정적인 측면과 부정적인 측면을 구분한 연구 성과를 내놓았다. 정수복, 『한국인의 문화적 문법』(생각의나무, 2007), 284-347.

7 풍류는 최치원의 「난랑비서」에서 유래하는 것은 잘 알려져 있다. 이능화의 『조선도교사』와 차주환의 『한국의 도교사상』에서 한국의 신선 사상과 중국 도교의 연원을 구별하여 논증하고 있다. 이능화, 『朝鮮道敎史』, 이종은 옮김 (普成文化社, 1985); 차주환, 『한국의 도교사상』(동화출판사, 1984); 특히 도광순은 이 분야에 집중적인 연구 성과를 내놓고 있다. 도광순, "한국 사상과 신선 사상(神仙思想)", 「道敎學研究」7/1 (1991), 62-69; "풍류도와 신선 사상", 「道敎學研究」3/1 (1988), 1-32 등 참고할 것.

8 김상일, 『한민족 의식 전개의 역사』(지식산업사, 1988), 180-223.

9 권상우, "단군문화로의 회귀 ─檀君神話, 風流道, 巫俗의 세속화 전개과정을 중심으로", 「민족문화논총」55 (2013), 3-32.

10 박일영, 『한국무교와 그리스도교』(칠곡, 2003); 유동식, 『한국 종교와 기독교』(대한기독교서회, 1965), 37-39.

타율적인 신앙, 기복 신앙이라는 부정적인 인식이 보편화되어 있다.[11] 하지만 풍류성은 현세주의라는 측면에서 무교성과 유사하지만 무교성에는 존재론적인 인격 변화의 특성이 드러나지 않는 데 비해 풍류성은 신선 사상과 연계되어 '신선'이라는 존재론적 비약을 한 새로운 인간상을 제시한다. 이로 인해 풍류적 세계관에는 '죽음'이라는 내세관이 형성될 여지가 없다. 이런 풍류성은 중국에서 전래된 도교의 신선 사상과도 혼선을 빚는 지점이지만, 한국의 종교적 심성은 단군신화에서 보듯이 인간을 중심으로 신령과 자유스럽게 소통하고 교류하는 열린 종교적 세계관을 형성하고 있다. 즉, 내세관에 있어서도 영혼과 육신이 분리되는 이원론적 실재관이 아니라 영육의 '해체' 혹은 '소멸'이라는 일원론적인 세계관을 가지고 있다.[12] 이처럼 한국의 원형적 종교 심성은 현세와 내세를 구분하지 않는 차안 신앙으로 형성되어 있다. 그러나 유교의 제사 의례, 불교의 천도재(薦度齋) 등의 피안 신앙이 수용되면서 풍류성의 차안 신앙은 '허황된 신화적 사건'으로 해석되고 있다.[13]

셋째, 무교(성)과 풍류(성)는 종교 조직으로 제도화되어 드러나지 않고, 한국인의 종교적 영성으로 작용한다. 이런 측면을 강조하기 위해 필자는 종교로서의 '무교' 혹은 '풍류도'라고 쓰지 않고 무교성 혹은 풍류

---

11 유동식은 한국 문화의 핵심적 전통을 무교라고 하면서 무교의 종교성을 의타성, 보수성, 현실주의적 성격으로 이해하고 있다. 유동식, 『한국 종교와 기독교』, 33-37. 반면 박일영과 조흥윤은 무교의 종교성에 대한 편견에서 벗어날 것을 주장하고 있다. 박일영, 『한국무교와 그리스도교』, 23-58; 조흥윤, 『한국의 샤마니즘』 (서울대학교 출판부, 1999), 머리말; 『한국 巫의 세계』 (민족사, 1997), 47-56.

12 김범부, 『풍류정신』 (정음사, 1986), 145-146; 변찬린, "儒(仙)攷", 「甑山思想研究」 5 (1979), 179-212.

13 풍류성은 한국 종교사에서 더욱 연구되어야 할 과제라는 점만 상기시키며, 이에 대한 구체적인 논문을 준비 중에 있다. 대표적으로 민영현, 『仙과 혼』 (세종출판사, 1998); 이호재, 『혼 붉 변찬린: 한국 종교사상가』 (문사철, 2017), 253-310; 이호재, 『포스트종교운동』 (문사철, 2018), 54-76 등을 참조할 것.

성이라고 표기한다. 한국의 종교 역사에서 원효, 퇴계 등 창조적 종교인과 포용적인 경전 해석 등은 풍류성의 종교 문화가 발로된 것이며, 고식적이고 배타적인 종교 현상은 무교성의 남상으로 인식한다.[14]

이처럼 우리는 전통 종교를 이해할 때 한국인이 외래 종교를 받아들이는 종교적 심층인 풍류성과 무교성에 내포된 중의적 이미지를 분리해서 이해하여야 한다. 풍류성과 무교성은 한국의 종교적 심층을 표현하는 동일한 개념의 상반된 표현이라고 할 수 있다. 엄밀히 말하면 풍류성이 강화되면 무교성은 약하게 되고, 무교성이 성행하면 풍류성의 창조성은 쇠퇴하는 반비례 종교 현상으로 나타난다. 이처럼 양자는 외래 종교 문화를 선택적으로 수용한다. 예를 들면 한국 유교가 국가적 차원에서 성리학을 받아들이지만, 양명학은 '사문난적'으로 일부 지식층에서만 연구된 역사가 있다. 또한 도교도 도가철학과 일부 도교 문화를 수용하지만, 교단 도교로 조직화되지 못한 것은 하나의 역사적 실례이다.[15] 또한 한국 불교도 선교합일이라는 통불교의 전통을 바탕으로 발전하지만, 중국, 일본과 비교할 때 유독 미륵 신앙이 강세를 보이는 종교적 특성을 나타내고 있다. 이처럼 한국의 종교 지형은 우리의 주체적인 종교적 영성에 따라 형성되었다. 무교성이 강조될 때는 한국 종교의 역사는 수동적이며, 기복적이고 피안적 신앙이 강조되었지만, 풍류성이 강조될 때는 한국 종교의 역사는 능동적이며, 실천적이고, 차안적 신앙으로 해석된다. 이에 필자는 한민족의 종교적 원형의 하나인 풍류성은 존재론적

---

14 유동식은 한국 종교사를 무교성이라는 관점에서 풍류성으로 해석을 시도하였지만, 여전히
  모호한 부분이 남아 있다. 그는 1965년 『한국 종교와 기독교』에서는 "한국인의 종교적
  심성을 결정한 무교"로 해석하였으나 그의 대표작인 1997년 『풍류도와 한국의 종교사상』
  에는 한국인의 종교적 영성을 풍류도로 해석한다. 다음을 참고할 것: 유동식, 『韓國巫敎의
  歷史와 構造』; 유동식, 『風流道와 한국의 종교사상』, (延世大學校 出版部, 1997).
15 박정웅, "한국도교 교단성립의 실패와 그 원인", 「도교문화연구」 42 (2015), 9-36.

측면에서 '오래된 새 인간'으로서 종교적 인간이 영성적 인간(신선 등)으로 탈바꿈하는 존재론적인 풍류성, 다양한 외래 사상을 창조적으로 포월하는 인식 체계로서의 풍류성 그리고 특정 틀에 얽매이지 않는 자유자재한 '풍류심'(風流心)을 행동 양식으로 하는 실천론적인 풍류성으로 범주화한 적이 있다.[16]

앞에서 살펴본 대로 한국인의 종교적 영성의 심층이 (창조적) 수용성을 가졌기에 특정 종교가 역사적 우세를 가졌을지언정 조화와 공존의 종교 역사라는 맥락 속에서 외래 종교를 받아들인 종교 포용주의적인 역사를 가지게 된다.[17] 이런 한국인의 종교적 심층을 형성하는 배경을 바탕으로 전통 종교의 구원관을 중심으로 살펴보기로 하자.

III. 전통 종교의 구원관

우리는 일반적으로 한국의 종교라고 하면 유·불·도라는 관습적인 언어가 상례화되어 있다.[18] 하지만 2015년 통계청 발표에 따르면 한국의 종교 인구는 총 2,155만 명(43.9%), 비종교 인구는 2,750만 명(56.1%)으로 무종교 인구가 595만 명가량 더 많다. 특기할 만한 사항은 종교 통계에는 불교, 그리스도교(가톨릭과 개신교)는 종교 인구로 조사되었지만, 유교는 확산 종교(diffused religion)로 종교적 정체성이 뚜렷하지 않다는 이유

---

16 이호재, 『포스트종교운동』, 54-76.

17 윤이흠, 『한국인의 종교관』, 166-200; 정수복, 『한국인의 문화적 문법』, 283-347.

18 한국에서 도교는 도가철학을 학문적으로 연구한 경향이 강하며, 교단 도교보다는 도교적 수련의 전통은 남아 있다. 이를 강조하여 최준식은 유·불·도라는 도식적인 관습에 반대하고 오히려 무·유·불(巫·儒·佛)이라고 부르기를 주장한다. 최준식, 『최준식의 한국 종교사 바로 보기』 (한울아카데미, 2009).

로 공식 통계에는 포함되어 있지 않다. 심지어 도교는 무교에 비해 상대적으로 한국 종교 문화에 거의 영향을 미치지는 못하여 조사 대상에조차 포함되어 있지 않다. 하지만 도교는 동아시아 종교사에서 중요한 위치를 차지하기에 이 글에서는 도교를 포함하였다. 이를 감안하면서 우리는 전통 종교가 지닌 유교적 전통, 불교적 전통, 도교적 전통에 담긴 구원의 맥락적 의미를 살펴보기로 하자.

1. 종법(宗法) 공동체로서의 유교적 전통

1) 종교로서의 유교 체계

한때 유교가 종교인가 아닌가 하는 담론이 한국을 포함한 동아시아에서 논쟁이 벌어진 적이 있었다. 이는 초월적인 신에 대한 관념이 희박하고, 유교의 창시자라 할 수 있는 공자가 죽음 이후의 세계에 대해 큰 관심을 보이지 않은 것이 큰 원인이다. 또한 종교는 반드시 초월적인 신관과 내세관을 가져야 한다는 점이 부각되어 유교가 윤리도덕에 불과하다는 선입관도 일조한다. 하지만 이는 특정 종교의 관점에서 환원주의적으로 종교 여부를 판단하는 오해에서 비롯한다.

종교 체계로서의 유교는 사서삼경을 비롯한 유가경서에 담긴 신념 체계와 수양과 공부를 통한 의례 체계를 가지고 성인과 군자 혹은 내성외왕을 목표로 삼는 구원론적 체계를 갖추고 있다. 특히 유교는 "다양한 국가 제사 및 조상 제사에서 발견되는 의례적 전통과 천인관계론을 근본으로 하는 형이상학적 이론 그리고 수기와 치인의 실천으로서의 경세 이론에 이르는 완벽한 종교로서의 구조" 체계를 가지고 있다.[19] 이처럼 유교는 삶이라는 현실에 중심을 두고 수양과 공부(工夫)를 통해 군자로

---

19 이용주, 『주희의 문화 이데올로기』 (이학사, 2003), 78.

서의 인간상을 추구하며, 관혼상제의 유교 의례를 통하여 사회적 질서를 유지한다. 특히 상·제례를 통해 '나'를 중심으로 '지금 여기'에서 펼쳐지는 조상과 후손이 영속적인 종법 체계의 질서 속에서 '보이지 않는 종교' (invisible religion)로서의 온전한 종교 체계를 갖추고 있다.

2) 종법 체계의 계승과 확산을 통한 유교적 구원관

유교적 인간은 수양을 통해 '내성'(內聖)의 경지에 이르거나 '외왕'(外王)의 경세론을 펼칠 수 있는 내성외왕이라는 인격을 구현하는 데 있다. 유교적 인간은 사회 도덕적 윤리에 벗어나지 않는 '사회적 신체'를 획득하여 종법 공동체의 사회적 구성원으로 규정된다. 다시 말하면 유교적 인간은 사회적 질서 안에 인간의 관계를 오륜오상에 두고, 인의예지신이라는 수련 덕목을 추구하는데, 이 바탕은 효이다.[20] 효는 유교적 사회질서인 종법 체계를 유지하는 근간이다.

유교 사회는 관혼상제라는 의례적 전통과 차등적 신분 질서를 추구하는 종법에 기초한 사회질서를 구현하는 현세 지향적인 유교적 전통이 밑바탕이 된다. 특히 관혼상제의 사회적 의례는 유교 사회를 지탱하는 근본이 된다. 즉, 관례는 사회적 질서에 편입되기 위한 자격을 부여하는 통과의례이며, 혼례는 부부간의 혼인을 통한 후손을 양육하는 사회의 영속성을 유지하기 위한 의례이다. 앞의 두 의례가 현 사회와의 관계 속에서 이루어진다면, 상제례는 조상과 나와 친족을 포함한 사회구성원 간의 관계 질서를 재편하는 의례이다. 상례는 망자(亡子)를 귀천에 보내고 상주의 선정 등 종법적 질서에 따라 수평적, 수직적 신분 질서를 재확인하며 유대를 강조하는 의례로서의 기능을 한다. 제례는 조상을 기리는 추모 의례이며, 혈연의 친소(親疏)에 따라 차등적인 질서를 유지하며

---

20 미치하타 료우슈우, 『불교와 유교』, 최재경 옮김 (한국불교출판부, 1991), 11.

종법 사회의 관계를 강화하는 종교적 기능을 담당한다.

하지만 유교에서 내세관은 그렇게 명시적으로 드러나지 않는다. 『논어』에서는 계로가 공자에게 죽음에 대해 묻자 "삶을 알지 못하는데, 어찌 죽음을 알겠는가?"(未知生焉知死)라고 답하며 내세보다는 현실 중심의 관점을 드러내며, "괴력난신(怪力亂神)에 대해서는 말하지 않았다"는 말에서 사후 세계에 대한 인식을 알 수 있다. 이런 공자의 언명과 그가 서술한 경전에 근거하여 유교적 생사관의 전통이 형성된다. 한편 후대에 유학자는 죽음은 기의 취산(聚散) 현상으로 이해한다. 이를 『예기』에서는 "사람이 태어날 때는 기(氣)가 있고, 백(魄)도 있으니 기는 신(神)이 성한 것이다. 모든 살아있는 것은 반드시 죽기 마련이며 죽으면 반드시 흙으로 돌아가니, 이를 일러 귀(鬼)라고 한다. 혼(魂)과 기는 하늘로 올라가는데 이를 신(神)이라고 한다"[21]고 말하여 신과 귀를 합하여 귀신이라고 말한다. 다시 말하면 기의 해체는 인간 개체의 소멸이며, 사람의 몸에 있는 혼백(魂魄)은 개체의 소멸과 함께 혼은 양으로 하늘로 돌아가고 백은 음으로 땅으로 돌아가게 된다.[22]

그렇다면 죽은 후에 유교적 인간은 이 세상과 단절되는 것인가? 그렇지 않다. 그 이유는 다음과 같다. 첫째, 유교적 인간은 조상을 '신주를 모시듯이' 한다는 말에서 알 수 있듯이 신주를 혼령의 생명체로서 인식한다. 그러기에 유교적 사회에서 조상 제사는 영생의 방법을 제시하는 중요한 의례이다. 『가례』에 의하면 집을 지을 때 가장 먼저 사당을 지어 신주를 모시도록 되어 있다. 사당이 현세의 인간과 조상의 소통 공간이

---

21 『禮記』 "祭儀", "人生有氣有魄。氣者, 神之盛也。眾生必死, 死必歸土, 此謂鬼; 魂氣歸天, 此謂神。"라고 했듯이 유가의 사유 구조에서 죽음은 일반적으로 기의 취산으로 이해한다. 금장태, 『鬼神과 祭祀』 (제이앤씨, 2009), 42-43.

22 김수청, "유교의 靈魂觀에 대한 분석적 고찰: 성리학을 중심으로", 「한국민족문화」 25 (2005), 288.

라면, 제례는 특정한 시간과 장소에 죽은 조상과 소통하는 시간이다. 제례에서 모든 행위에는 상징적 의미가 있으며, 망자는 현실과 괴리된 존재가 아닌 다른 생존 형태를 가진 존재로서 죽음을 초월하여 후손과 소통한다. 죽은 후 유교적 인간은 죽은 자의 삶의 행적에 따라 살아있는 자에게 숭배의 대상이 되는 신령과 제사 대상인 조상신 그리고 산 자의 영역을 떠나지 못하고 구천에 떠도는 귀신으로 세 양태로 구별하기도 한다.23 따라서 제사 의례의 대상은 조상만이 아니라 천지신명으로까지 확대된다. 이를 근거로 유교 사회는 귀천, 존비, 상하, 장유, 남녀를 포함한 사회적 질서가 조화를 이루는 종법 체계적 천하 체계인 '대동사회'가 유교적 이상사회로 제시된다.

둘째, 유교 사회는 산 자(후손)를 중심으로 사회질서를 형성한다. 유교적 세계는 죽음을 기의 취산으로 보기에 '혼불멸설'(魂不滅說) 등은 성립하지 않는다. 인간은 생존한 후손과의 '효'라는 관념에 의해 망자와의 일정한 시간을 동거하는 의려(倚廬)을 중시한다. 즉, 영혼의 영생 등과 같은 사고 관념은 없었지만, 일정한 기간 동안 혼백은 살아있는 자와 연속적 존재로서 인식하고 산 자와 같이 정성을 다한다. 유교에서 죽음의 존재는 인정하지만, 사후 세계를 인간의 관심에서 격리시키려 노력한다. 그리고 인생을 현재의 삶으로 관심을 집중시킨다. 이것이 외형적으로는 효의 질서의 확대로 나타나며, 제사 의례로 이 관계를 확대한다. 그러기에 제사는 후손과 조상신이 만나 감응하는 종교적 행위이며,24 조상과 후손을 연속적인 효의 공동체로 만드는 중요한 의례이다. 유교에서는 '나'를 주체로 하여 조상에 대한 제사를 통해 과거의 종법 전통을 계승하고, 부모와 친척 간의 유대를 통해 현재의 관계망을 돈독히 하고,

---

23 이용주, "귀신, '타자'의 억눌린 욕망", 「전통과 현대」 겨울호 (2001), 38-43.
24 금장태, 『유학사상의 이해』 (한국학술정보, 2007), 316.

후손을 낳아 미래를 기약하는 것이다. 유교적 영생은 개체의 영생이 아닌 종법 제도의 계승과 확산이라는 사회 관계망에서 형성된다. 이는 주역에서 말하듯 "선을 쌓는 집은 반드시 경사가 있고, 선을 쌓지 않는 집안은 재앙이 있다"(積善之家 必有餘慶 不善之家 必有餘殃)는 언명에서 종법 공동체의 영속성을 확인할 수 있다.

종법 체계의 계승과 확산으로 구원을 도모하는 유교적 세계관에서 조상 제사는 유교 의례 가운데 가장 핵심적인 의례이다. 따라서 유교적 인간과 유교 사회는 출가제도가 혼례를 부정하여 종법 체계의 계승과 확산을 무너뜨린다는 논리로 작동한다. 또한 조상 제사를 '우상숭배'라고 부정하는 것은 후손과 조상과의 단절을 통해 유교적 구원관을 붕괴시킨다는 논리로 귀결된다. 다시 말하면 제사 의례는 의례 공동체인 가족 구성원들이 유교적 제례에 의하여 삶과 죽음이 단속적이 아니고, 산 자의 기억에 의해 재생되고 전승되어 영생의 불멸체로 사회 공동체에 살아남는 것이다. 그러기에 유교 사회에서는 가보(家譜)라는 죽은 자의 전승집과 '사람은 죽어서 이름을 남긴다'는 사회적 기억이 유효한 기제로 작동한다.[25] 유교의 구원관이 실현되는 장소는 '지금 여기'이며, 초월신이 주체가 되는 것이 아니고, 현재 살아 있는 자손에 의해 구현된다. 효와 제사는 산 자를 중심으로 과거의 조상과 미래의 후손을 부단한 기억 공동체에서 영속시키는 중요한 종교적 기제인 것이다.

그러기에 유교 국가라 할 수도 있는 조선 시대에는 불교적 내세관이었던 윤회전생과 지옥설 등의 잔재를 청산하고 제사 의례의 당위성을 사회제도로서 정례화시킨다. 이를 통해 유교는 종법 체계의 기억 공동체에서 영원한 종교 문화적 신체를 획득함으로써 영생을 추구하는 구원체

---

25 박종천, "상·제례의 한국적 전개와 유교 의례의 문화적 영향", 「국학연구」 17 (2010), 363-397; 국민호, "귀신 신앙과 제사를 통해 살펴본 유교의 내세관", 「사회와 이론」 77 (2005), 115-117.

계를 구축하여 오늘에까지 이르고 있는 것이다.

2. 수도공동체로서의 불교적 전통

1) 종교 체계로서의 불교 체계

한국 불교는 동남아시아 일대에 융성한 상좌부불교(일명 소승불교라고도 함)의 영향력은 거의 받지 않고 대승(大乘, mahayana)불교의 전통을 중심으로 전개되었다.

종교 체계로서의 불교는 대장경이라는 불교 경서의 의미 체계와 선적인 수행과 교적인 공부를 통한 의례 체계를 가지고 붓다와 보살을 궁극적 인간상으로 상정하는 종교 체계를 가진다. 나아가 불교는 욕계, 색계, 무색계 등 삼라만상을 포함하는 원인과 결과가 상응하는 연기적인 해석 체계와 사성제(四聖諦), 팔정도(八正道), 육바라밀(六波羅蜜) 등 불교적 수련을 통한 보살행으로 현세에 불국토를 실현하려는 실천 체계를 가진다. 특히 불교는 불(佛, 붓다), 법(法, 가르침), 승(僧, 종교 조직)이라는 삼보(三寶) 체계의 틀 안에 불교적 세계관을 온전하게 갖춘 종교이다.

2) 출가 공동체와 보살 공동체의 공존

불교적 인간은 업보에 의한 무명과 집착의 상태로 태어나 호흡을 통해 생명을 유지하다가 생명 순환의 고리를 끊고 영원한 생명, 즉 열반(涅槃, nirvāna)을 지향하는 삶을 산다. 다시 말해서 불교적 인간은 죽음을 극복하고 열반, 정토(淨土), 불국토 혹은 법계라고 말하는 이상사회를 구현하기 위해 깨달음을 추구하고 보살행을 실천한다.

불교의 창시자인 싯달타는 생로병사라는 인간의 원초적 한계를 극복하기 위해 구도의 길에 나서 연기법을 깨달아 무명의 장애를 극복하고 역사적 붓다로 등장한다. 불교는 힌두교의 법(法, dharma)과 해탈(解脫, moksa), 윤회 등의 전통을 계승하지만, 카스트 제도 등 엄격하게 고착화된 사회 신분은 수용하지 않으면서 보편적인 종교를 추구한다.

불교적 세계관은 원인과 결과가 상응하는 인과응보라는 연기 체계로 구성된다. 연기는 세계의 생성 원리와 인간의 존재 원리를 설명하는 체계이다. 불교적 인간은 생이라는 것이 있기에 늙고 병들어 죽는 것이며, 태어남은 무명의 원인으로 인해 생겨나는 결과라는 인과응보의 순환계에서 생활한다.[26] 이를 삶이라는 관점에서 살펴보면 불교적 인간은 모태에서 태어나는 순간인 생유(生有), 태어난 후 죽음에 이르기 전까지의 기간인 본유(本有), 죽는 순간인 사유(死有) 그리고 죽은 후 다시 윤회하기 전까지 기간인 중유(中有)의 네 시기로 구분한다. 만약 불교적 인간이 사는 동안(本有) 불교적 수행을 통해 윤회전생(輪廻轉生)의 고리를 끊어내지 못하면 업에 의해 다음 생의 형태가 결정되기까지는 '현세도 아니고 내세도 아닌' 중간 경계의 기간(中有)인 49일이 주어진다. 불교적 인간은 현세적 삶의 형태가 소멸하고, 새로운 삶을 부여받기 직전의 심판 기간인 49일만이 죽음을 경험하는 기간이다. 엄밀히 말하면 불교적 인간에게 죽음의 상태는 단지 중유 기간에 불과하다. 따라서 불교적 인간이 열반의 경지에 도달하지 못하였다면, 다른 생명의 형태로 전환되기위한 준비 기간인 천도재와 49재는 죽음의 극복이라는 차원에서 중요한 의례이다. 이 기간에 불교적 인간은 업보에 따라 지옥, 아귀, 축생, 아수라, 인간, 천상 등 새로운 행태의 생명으로 환생하는 것이다. 이를 '육도전생'이라 한다. 윤회의 대상은 인간만이 아니라 신적 존재도 연기법의 제한을 받는다. 즉, 열반의 경지에 들기 전까지 일체의 존재는 윤회 환생의 존재인 것이다.

---

26 김용정, "불교의 生死觀과 해탈", 「한국교수불자연합학회지」 13 (2007), 44-47.

유교적 인간이 종법 사회라는 기억 공동체에서 영생을 추구한다면, 불교적 인간은 중유 기간을 제외하고는 다양한 형태의 생명체로서 윤회의 삶을 산다. 이런 측면에서 본다면 유교적 인간은 일회적인 인생을 살지만, 불교적 인간은 열반에 들기까지 끊임없이 생명의 형태를 바꾸면서 '일시적으로 환생'하는 삶을 산다고 할 수 있다.

불교적 구원인 열반에 들기 위해 중생은 고·집·멸·도(苦集滅道)라는 사성제(四聖諦)의 진리를 깨우쳐야 한다. 사성제에서 "고제는 우리가 이해해야 하는 진리이므로 해(解)의 대상이고, 집제는 고통의 원인에 대한 것이므로 끊어야 하는 단(斷)의 대상입니다. 멸제(滅諦)는 깨달아야 할 진리이기에 증(證)의 대상이고, 도제(道諦)는 열반으로 가는 수행의 길이므로 수(修), 즉 닦음의 대상"으로 이중적 구조로 형성되어 있다.[27] 일체가 고통이고 괴로움의 근본 원인인 연기법을 깨우치고, 이를 통해 고의 종식(滅道)을 구현해야 한다. 이것이 바른 삶으로 이끄는 계(戒)·정신통일을 하는 선정(定)·불법의 진리를 깨치는 지혜(慧)의 삼학(戒定慧)의 요체이며, 여덟 가지 바른 길인 팔정도(정견[正見]·정사유[正思惟]·정어[正語]·정업[正業]·정명[正命]·정념[正念]·정정진[正精進]·정정[正定])와 여섯 가지 수행법인 육바라밀(보시[布施]·지계[持戒]·인욕[忍辱]·정진[精進]·선정[禪定]·반야바라밀[般若波羅蜜])이라는 불교적 수행 의례를 닦아 궁극적 인간으로 거듭나야 한다. 대승불교의 궁극적인 인간상인 보살은 보리살타(菩提薩埵, bodhisattva)의 약칭으로, '상구보리 하화중생'(上求菩提, 下化衆生)을 실천하는 불교적 인간이다. 즉 "위로는 가없는 진리를 깨치고, 아래로는 중생을 교화한다"는 것이다. 구제자로서 보살은 자기 구제만이 아니고 중생도 구원하여 다 같이 열반으로 인도하는 불교적 인간이다. 여기서 중요한 것은 중생은 '자기의 업'에 의해 중생계에 탄생

---

27 길희성, 『보살예수』(동연, 2022), 139, 151-153.

하지만, 보살은 주체적으로 '자기의 원'에 의해 중생을 구원하기 위해 중생과 '더불어' 희생과 자비를 베푸는 구원자로서의 면모를 보인다는 것이다. 이로 인해 열반은 '업력'(業力)을 초월한 새로운 인간인 보살의 '원력'(願力)에 의해 중생들과 구원을 상징하는 열반 공동체로 지향된다. 이런 불교의 구원의 경지를 열반(涅槃)이라고 한다.

열반은 산스크리트어 니르바나(nirvana)의 음역으로 니원(泥洹) 또는 열반나(涅槃那)라고도 쓰며, 멸(滅), 적멸(寂滅), 멸도(滅度) 또는 그냥 적(寂)이라고 번역한다. 열반은 모든 무명과 욕망과 집착이 해소된 불교적 인간이 경험하는 최고의 실재의 경지이다. 이런 열반의 세계는 현생과 사후 영생과의 연속성과 단절성, 비약성과 초월성의 정도에 따라 유여의열반(有餘依涅槃)과 무여의열반(無餘依涅槃)은 구별된다. 유여의 열반은 현생 열반이며, 무여의열반은 일체의 과거의 업이 소멸된 열반이라고 할 수 있다. 이처럼 열반은 초월적이며, 초세간적인 세계이다.[28] 이런 대승적 불교관은 불성이 우주에 편재해 있다는 공사상에 기인한다. 공사상은 존재와 비존재를 포괄하는 중도(中道) 사상이다. 중도의 사상은 차별지(差別知)와 상대지(相對知)를 극복한 '불이'(不二)의 세계이다. 공사상은 존재와 존재가 서로 장애가 되지 않는 사사무애(事事無碍)의 차원과 속제(俗諦)의 방편을 떠나 진제(眞諦)를 깨우쳐 존재론적으로 '유도 아니고 비도 아닌'(非有非無)의 세계를 일컬으며, 이를 화엄철학에서는 이사무애(理事無礙)의 개념으로 설명한다.[29] 즉, 보살이 추구하는 대승은 일체의 차별과 차등을 떠난 공동체적인 화엄 세계이다.

대승불교는 '이 세상'과 분리되어 있지 않는 '이 세상'과 '저 세상'의 차별 경계가 없어진 공동체적 구원, 즉 '공'을 통한 일상성의 구원과 대중

---

28 김동엽, 『佛敎學槪論』(보련각, 1954), 463-469; 길희성, 『보살예수』, 137-152.
29 길희성, 『보살예수』, 179-192.

의 종교적 욕구를 수용하여 중생을 구제하는 초월적 존재를 믿는 대중 불교로 변모한다. 대표적인 것이 아미타불을 염불하면 서방정토에 왕생한다는 타력적 경향을 가진 정토 신앙이다. 이외에도 관음보살, 문수보살, 대세지보살 등 많은 불보살이 출현하여 중생을 열반 공동체로 이끄는 타력적 존재로서 실재한다.[30] 이처럼 불교는 다양한 보살상을 통하여 일체중생과 더불어 우주 전체를 불국토를 만든다는 방대한 구원관을 추구한다.

우리는 대승불교의 관점에서 상좌부불교의 구원관은 아라한이라는 궁극적 인간을 지향하며 개인적 차원의 구원을 추구한다는 가치판단을 굳이 할 필요는 없다. 태국, 미얀마 등 상좌부불교 국가는 생활 불교로서 그들의 종교적 심성에서 체화된 사회 속의 종교로 작동되고 있기 때문이다.

한국 불교는 신라 시대에 중국으로부터 법상종, 화엄종 등 종파불교가 전래되었으나 통불교적 전통과 선교겸수(禪敎兼修)라는 불교적 전통을 형성하고 있다. 한국 불교는 비구, 비구니의 출가수행 공동체를 주축으로 재가 신도와의 보살 공동체가 공존하는 종교 현상을 보이고 있다. 특히 중국, 일본과 비교할 때 용화 세계를 '이 땅'에 구현한다는 미륵 신앙이 발달되어 있는 것도 한국인의 종교적 심성과 밀접한 관계를 맺고 있다.

---

30 불교의 정토 신앙과 그리스도교의 타력적 경향의 구원관을 비교종교학적으로 연구한 성과는 다음을 참고할 것. 길희성, 같은 책; 남산종교 문화연구소, 『정토교와 기독교』, 김호성·김승철 옮김 (동연, 2017).

3. 장생과 불사를 추구하는 도교적 전통

1) 종교 체계로서의 도교 체계

도교라는 개념은 불교의 교세 확장에 자극받아 기존의 신선도의 형태를 탈피하여 경전 편집과 의례의 정비, 다양한 교단 도교의 각축 등의 일련의 종교적 작업을 통해 교단으로서 도교 체계를 구축해 가는 과정에서 형성된다.[31]

종교 체계로서의 도교는 도장(道藏)에 담긴 믿음 체계와 불사를 추구하는 수련적 도교의 의례 체계를 가지고 진인(眞人), 지인(至人), 신선(神仙)이라는 궁극적 인간을 목표로 '도와 하나되는 삶'을 지향하는 구원론적 체계를 가진다.[32] 특히 도교는 신선 사상과 노장철학적 사유 체계와 음양오행, 점성술, 연금술을 바탕으로 유교와 불교와 교섭 과정을 통해 도교로서 정체성을 구축하며, 과의도교(科義道敎) 등 공동체 의례를 구비한 종교 체계이다.[33] 한국에 교단 도교는 성립되지 않았지만,[34] 도가철학과 기 수련 위주의 도교적 전통의 흔적은 있다. 교단으로서의 도교는 중국, 대만 등 중화권 지역에 한정된 종교 현상임을 유의하여야 한다.

2) 죽지 않겠다는 인간의 '원초적 욕망'을 추구하는 도교적 구원관

유교적 인간이 종법 체계의 틀 안에서 개체 인간의 영속을 추구하고, 불교적 인간이 윤회 환생을 통해 끊임없이 열반의 경지를 추구한다면, 도교적 인간은 '죽고 싶지 않다'는 인간의 원초적 욕망과 직접적으로

---

31 小林正美, 『中國の道敎』 (創文社, 1998), 5-19.
32 酒井忠夫·福井文雅, "道敎とは何か", 『道敎 Ⅰ』, 6-19.
33 酒井忠夫·福井文雅, 같은 글, 6-17.
34 이 글에서는 중국 도교의 교리 체계를 집대성한 상청파와 원대의 삼교합일의 종지로 출가제도를 도입하여 현대 중국에도 명맥을 잇고 있는 전진교를 중심으로 살펴보기로 한다.

대결한 종교라고 말할 수 있다. 도교적 인간은 죽음마저 초탈한 궁극적 인간, 즉 '신선'을 추구한다. 신선은 우주의 근원적인 생명인 도와 합일이 되어 죽음을 포함한 일체의 속박에서 벗어난 자유자재한 인간을 말한다.[35] 도교적 죽음은 우주의 근원적 생명의 원리인 도(道)에서 벗어난 상태를 말한다. 도와 분리된 인간이 '도와 하나되는 삶'을 회복하는 것이 도교의 궁극적 인간상이다.

도교적 인간은 심신이원론이 아닌 심신상관적 존재(psycho-somatic being)이며, 신체(소우주)와 대우주가 소통하는 열린 체계에서 규정된다. 이를 바탕으로 도교적 인간은 불사의 몸을 만들기 위해 다양한 종교적 방법을 강구한다. 즉, 식욕을 조절하는 다양한 방법론인 벽곡(辟穀), 제조물을 먹어 장수와 불사를 꾀하는 복이(服餌), 호흡법인 조식(調息), 몸 체조인 도인(導引), 정기를 소모하지 않는 방중술(房中術) 등으로 자력 구제 지향을 추구하는 내단도(內丹道; 南宗)와 전진교(全眞教; 北宗) 등이 있다.[36] 또한 신선은 초월적인 신적 존재가 아니라 배움을 통해 도달할 수 있는 존재라고 주장하며, 경전과 계시 혹은 초월적 신에 의해 구원을 추구하는 타력 구제 지향의 상청파, 영보파, 천사도(후대의 정일교(正一教)) 등이 존재한다.[37] 이외에도 민중 도교의 윤리서인 『태상감응편』(太上感應篇)과 『공과격』(功過格) 등에 근거하여 사회윤리와 도덕적 실천을 통해 구원을 추구하기도 한다. 다만 도교는 신의 감찰을 강조함으로써 신의 힘을 빌린다는 차이가 유교적 윤리도덕과 차이가 있다.

---

35 이용주, "도와 하나되는 삶", 「종교와 문화」 7 (2001), 301-302. '불사(不死)의 개념이 육체의 불멸을 의미하는 것뿐만이 아니라 도교의 이상적인 인간의 상징어라는 폭넓은 개념을 수용한다.

36 이용주, 『생명과 불사』 (이학사, 2009), 187-315.

37 최수빈, "도성(道性)관념을 중심으로 살펴본 도교의 구원관", 「도교문화연구」 30 (2009), 279-307.

그러면 도교에서 말하는 죽음은 무엇을 말하는 것일까? 도교적 세계
관에서 인간의 근본적인 한계상황은 도와 분리된 삶이다. 도는 영생하지
만 도와 분리된 삶은 죽음에 이른다는 것을 의미한다. 유교가 유위적인
현세적 삶의 중심에 방점이 있다면, 노장철학은 무위자연의 삶에 그 강
조점을 가지고 기의 연속적 흐름을 생명의 공동체로 인식하기에 기의
흐름의 단절이 죽음이다.[38] 하지만 다른 관점도 있다. 갈홍(葛洪, 283~363)
의 『포박자』에는 죽음이라는 것은 '몸'의 소멸과 직결된다. 당시 도교적
인간은 '형진즉신멸'(形盡則神滅)이라는 이론에 따라 형과 신의 분리 혹
은 형기신에서 기의 소멸을 죽음으로 이해한다. 신선은 형(形, 몸)을 보존
하여야 하며, 이것이 우화등선(羽化登仙)형, 은화(隱化)형, 시해선(尸解
仙)형 등의 형태로 나타난다.[39] 한편 도교 교리를 집대성한 상청파(上淸
派)는 유형의 형신합일에서 죽음을 극복한 무형의 형신합일의 신선을
제시하기도 한다.[40] 특히 『상청대동진경』(上淸大洞眞經)은 죽음의 원
인을 숙죄(宿罪)와 숙예(宿濊)로 본다. 인간에게는 죽음의 구조인 결태
(結胎)가 내재되어 있다. 이런 죽음의 구조를 극복하는 것을 해태결(解胎
結)이라고 하는데, 이를 위해 대우주의 신계와 인간인 소우주의 신체를
상응하게 배치한 신체의 체내신(體內神)을 통한 명상의 방법인 존사(存
思)라는 수련을 하여 궁극적 인간으로 거듭난다.[41] 또한 전진교에서는

---

38 최진석, "도교의 생사관", 「철학연구」 75 (2006), 56-61.

39 차주환, "도교에서의 죽음의 의미", 「도교문화연구」 12 (1998), 7-26.

40 조성환, "도교의 형성과 성인의 탄생: 생사관의 변화를 중심으로", 「생명연구」 22 (2011),
158-188; 최수빈, "도교에서 바라보는 저 세상", 「도교문화연구」 41 (2014), 303-350.

41 한국의 도교 연구는 다른 종교에 비해 절대 부족하다. 하지만 우리 주제와 관련하여 최수빈의
생명과 구원이라는 도교 연구는 시사하는 바가 크다. 최수빈, "『上淸大洞眞經』을 중심으로
본 도교의 인간관", 「인간연구」 11 (2006), 155-170; 상청파의 수행 방법은 다음을 참고할
것: 최수빈, "도교의 신비주의적 수행과 명상에 대한 일고찰", 「종교연구」 39 (2005),
315-367 등 십여 편의 논문이 있다.

형(形)과 명(命)으로 강조되는 몸적 수련과 신(神)과 성(性)으로 표현되는 정신적인 수련을 병행하여 진성(眞性) 혹은 양신(陽神)을 회복하는 형태의 신선을 지향한다. 이를 성행(性行)과 명행(命行)을 겸비하는 수련, 즉 성명쌍수(性命雙修)라고 한다. 생리적으로 질병과 죽음이라는 비본래적 현상이 발생하는 원인은 몸에서 기가 빠져나가는 현상으로 이해하기에 하늘로부터 받은 기를 보존하고, 낭비하지 않기 위해 내단 수련을 하며, '몸 밖의 몸'인 양신(陽神)의 출현을 위해 수련한다.[42]

이런 '불사의 몸'을 만들 수 있는 원리적 근거는 도교적 세계관이 기본적으로 기일원론적 세계관을 바탕으로 추상적이고 원리적인 궁극적 실재를 추구하는 것이 아니라 반드시 몸의 수행을 통하여 종교 체험을 추구하기 때문이다. 다시 말하면 인간은 심신이원론과 영육이원론 등과 같이 몸(身, 形)과 마음(心, 神)이 분리된 것이 아니라 우주의 기와 몸속의 기가 순환적인 열린계로 인식하기 때문이다. 단지 몸에는 정(精)·기(氣)·신(神)이라는 서로 다른 차원의 기가 혼재되어 있다. 따라서 기체(氣體)로 형성된 몸을 가진 도교적 인간은 정기를 체내에 축적하여 도와 합일이 되는 과정을 거친다. 이를 내단학에서는 축기(築基)→연정화기(鍊精化氣)→연기화신(鍊氣化神)→연신환허(鍊神還虛)라는 과정을 거쳐 '도와 합일되는 경지'에 도달한다. 즉, 기의 수련을 통하여 저차원의 기를 고차원의 정신 에너지로 승화시켜 종국에는 천인합일의 경지에 도달하는 것을 목표로 한다.[43] 이처럼 도교적 인간은 생사의 한계를 운명적으로 받아들이지 않고 도와 하나가 되는 다양한 수련을 통하여 영생을 추구한다. 유교적 인간이 종법 체계 속에서 '사회적 몸'을 만드는 것이 목표라면, 도교적 인간은 도와 합일을 추구하기 위해 우주적 기와 몸의 기가 합일되는 연금

---

42 김재숙, "성명쌍수: 도교의 수련과 진인의 경지", 「도교문화연구」 27 (2007), 95-122.
43 戈国龍, 『道教内丹学溯源』(中央編譯出版社, 2012).

술을 행하여 불사의 몸을 만들려고 수행한다. 한편 도교적 인간은 죽은 이후에도 거듭날 수 있는 기회가 제공된다. 도교에서 죽은 자는 대부분 불교에서 차용한 지옥과 같은 개념인 삼도(三塗)에 떨어진다고 한다, 삼도에 떨어지는 원인은 생존의 죄과(罪過) 때문이다. 죽은 혼은 죄혼(罪魂) 혹은 죄근(罪根)이라 부른다. 특기할 만한 사항은 죽은 혼도 남궁(南宮)이라 하여 죽은 자가 부활할 수 있는 장소에서 신선이 될 수 있는 기회가 후손의 음덕으로 주어진다.[44]

불교적 인간은 열반의 경지에 도달하는 것이 궁극적 목표이듯이 도교적 인간은 기 수련을 통해 신선이 되든지, 죄과(罪果)를 없애는 상장(上章), 재(齋)와 초(醮) 등의 공동체 의례인 제초과의(齋醮科儀)를 통해 구원을 추구한다.[45]

여기서 다른 종교에 비해 상대적으로 종교 정보가 부족한 한국 도교에 대해 잠시 살펴보기로 하자.[46] 도교와 신선설의 한국 전래, 특히 신선설의 연원에 대해서는 학자 간에 논쟁이 첨예한 부분으로 무교의 연원과도 관련되어 있다. 고구려 보장왕 때 오두미교가 중국에서 전래된 흔적은 있지만, 교단 도교로 형성되지는 못하였다. 불교 국가로 알려져 있는 고려 시대에는 원시천존, 남북두(南北斗) 등 중국 도교의 신이 수입되었으며, 예종 때에 건립된 도교 사원(道觀)인 복원궁(福源宮)에서 국태민안(國泰民安)과 국가의 기복양재(祈福禳災)를 위한 과의도교 행사가 주

---

44 최수빈, "도교에서 바라보는 저세상", 309-331.
45 도교 의례는 천제(天帝)가 조서(詔書)를 하는 금록대제(金籙大齋), 죄를 신에서 고하여 선계에 오르게 하는 황록제(黃籙齋) 등 다양한 집단적 의례가 발달되어 있다. 특히 무교의 열두거리, 고사축원(告祀祝願), 지고신에 제사하는 천신굿, 재수굿 등 다양한 의례를 종교사회학적 의미에서 도교 의례와 비교연구를 한다면 도교 집단 의례가 무교 등 다른 종교에서 충분히 기능을 대체하였음을 알 수 있다. 이 글의 주제와 관련하여 무교의 구원관은 다음을 참조할 것: 조흥윤, 『한국巫의 세계』, 115-138; 박일영, 『한국무교와 그리스도교』, 155-159.
46 한국 도교에 대한 통사는 이능화와 차주환의 책을 참고할 것.

로 이루어진다. 민간에서는 경신일(庚申日)에 몸 안의 삼시충이 빠져나와 상제에게 죄과를 보고하여 수명을 단축시키지 못하도록 밤을 지새우는 경신(庚申) 신앙이 유행하였다. 조선 시대에는 도교 의식을 거행하기 위해 설립한 소격전(昭格殿)에서 개복신초(開福神醮) 등의 도교적 초제가 국가와 왕실의 종교 행사로 시행되었지만 사회적으로 큰 영향을 미치지 못하였다. 하지만 일부 지식층은 개인적으로 양생적 수련을 하였다.[47]

유교의 관혼상제 가운데 관례와 혼례의 절차인 예식에 올리는 술을 초(醮)라고 하는데 주례가 축문을 천지신명에게 올리는 초례에는 도교 의례의 흔적이 남아 있다.[48] 한국 불교에 보이는 산신 신앙, 용왕 신앙과 칠성 신앙도 도교적 전통과 교섭한 사례이다.[49] 이외에도 관제 신앙(동묘)[50]과 근대 종교인 동학(천도교)과 증산교 등 한국의 신종교에도 오히려 풍부한 도교적 흔적이 남아 있다.[51]

중국의 도교와 비교할 때 한국 도교는 교단 도교가 성립하지 않았기에 공동체 의례보다는 개인 차원에서 내단적 수련 방식을 통한 구원을 추구한다.[52] 특히 내단적 수련은 중국 도교가 음양오행에 근거를 두고 있는 것에 반해 한국은 삼원오행론에 근거를 두고 있다. 이는 기 수련시에 중국 도교가 상단전, 하단전을 중심에 두어 중단전의 역할이 모호한

---

47 이진수, 『한국 양생사상 연구』 (한양대학교, 1999). 특히 시와 문집 등에는 지식인의 신선 사상과 도교적 흔적이 많이 남아 있다. 이종은, 『韓國詩歌上의 道教思想研究』 (普成文化社, 1983); 최창록, 『한국도교문학사』 (국학자료원, 1997).

48 이희재, "초례(醮禮)의 종교적 의미", 「종교교육학연구」 12 (2001), 329-345.

49 최종석, 『불교의 종교학적 이해』 (민족사, 2017), 215-245.

50 김탁, 『한국의 관제 신앙』 (선학사, 2004).

51 양은용, "한국도교의 흐름과 신종교", 「신종교연구」 10 (2004), 8-19; 김탁, "증산교단사에 보이는 도교적 영향", 「道教文化研究」 24 (2006), 251-284; 차선근, "대순진리회의 개벽과 지상선경", 「신종교연구」 29 (2013), 217-253. 하지만 이를 도교적 전통으로 볼 것인지 한국의 종교적 원형인 풍류성의 발현인지는 더욱 세밀한 연구가 필요하다.

52 차주환, "韓國 道教의 共同體觀", 「도교문화연구」 11 (1997), 5-26.

반면, 한국에서는 중단전을 중심에 두고 상단전과 하단전에 기를 운행한다는 차이점이 있다.[53] 이처럼 도교적 인간은 중국 도교와는 달리 한국의 독자적인 풍류적 세계관으로 형성된 구원을 추구한다.[54]

IV. 다양한 표현의 구원

한국의 전통 종교가 수용된 배경에는 정치와 경제 등 다양하고 복잡한 요인이 있지만, 우리의 주제와 관련하여 무교성과 풍류성이 한국인의 종교적 심층을 형성하는 종교성이라는 것을 살펴보았다. 풍류성은 신선사상과 연계하여 인격 변화라는 존재론적 변화를 중심으로 외래 종교를 주체적으로 수용하는 긍정적인 종교적 기제로 작동하는 반면, 무교성은 현실 중심주의이지만 외래 종교에 수동적으로 반응하는 피동적인 종교기제로서 주로 부정적으로 인식하고 있다. 또한 양자는 특정한 종교 조직의 실체가 없고 현세중심주의라는 차안 신앙의 특성을 가지며 외래 종교를 수용하고 해석하는 준거의 틀과 종교적 영성으로 작동한다는 점을 강조하였다.

이를 통해 우리는 전통 종교의 구원관은 다음과 같은 틀로 형성되어 있음을 알 수 있다. 유교적 구원관은 현실 중심적인 세계관에서 규정되

---

53 정경희, "한국 선도 수행으로 바라본 중국도교의 내단(內丹) 수행", 「선도문화」 13 (2012), 269-313. 이외에도 도가를 계승한 것이 중국 도교라고 보는 김성환의 관점과 한국 도교는 한국 선도라는 다른 정체성을 가진 또 다른 종교라는 상반된 관점이 대립하고 있다. 김성환, "양생의 맥락에서 본 도가와 도교 수양의 특징과 현대적 의의", 「中國學報」 46 (2002), 373-375; 임채우, "한국 선도와 한국 도교", 「道敎文化硏究」 29 (2008), 251-269.

54 이 논문에서 본격적으로 다루지 못하였지만 도교적 흔적을 풍부히 담고 있는 신종교도 '이후 개벽' 시대에 현세에 선경 세계를 건설한다는 종교 강령을 가지고 있다. 이에 대해서는 한국 종교의 정체성을 판별하는 중요한 연구 분야이다. 각주 14 참조.

며, 유교적 인간은 종법 공동체의 틀 안에서 효의 공동체의 보존을 통한 구원을 추구한다. 즉, 시간적으로는 과거와 현재와 미래를 연결하며, 공간적으로는 죽은 자와 산 자와 후손이 조상 제사라는 현재의 공간에서 효의 공동체를 계승하고 확산하며 영속적인 기억 공동체에서 구원을 추구하고 있음을 알 수 있다. 또한 불교적 인간은 업보에 의해 탄생한 중생이 사성제와 팔정도 등의 불교적 수행을 통해 인과응보의 연기적 세계관에서 탈피한 열반의 경지를 추구한다. 대승불교는 구제자로서의 보살이 이타적 보살행을 통해 중생과 더불어 공동체적 구원을 지향한다. 열반은 유교적 구원관과 달리 생로병사의 윤회에서 단절되어 모든 무명과 차별이 소멸된 열반 공동체로 제시된다. 또한 도교적 인간은 기일원론적 세계관에 근거하여 기체로 형성된 몸의 수행을 영원한 '도와 합일하는 몸'인 우주적 몸을 만들어 영생의 구원을 추구하는 체계로 형성되어 있음을 살펴보았다.

이처럼 전통 종교가 지향하는 궁극적 인간상은 특정 종교의 관점을 개입시키지 않더라도 각각의 고유한 맥락체계 안에서 구성되어 있다. 이는 개별 종교의 완성된 의미 체계와 의례 체계의 틀 안에 이미 영속적인 구원의 관념이 작동되고 있음을 의미한다. 따라서 특정 종교의 맥락적 의미에서 형성한 특수한 용어와 다른 종교와 비교종교학적 측면에서 대화의 노력은 필요하지만 그러기 위해서는 반드시 다른 종교에 대한 선입관과 편견을 제거하는 학술적 작업이 선행되어야 함을 부가적으로 알 수 있다.

결론적으로 전통을 가진 종교로서 현대 사회에 생명력을 가진 종교는 반드시 자체 맥락 안에서 인간의 한계상황을 극복하려는 '구원'이라는 종교적 기제가 작동하는 것은 물론, 우리가 고찰한 유교, 불교, 도교도 예외가 아니라는 것을 알아야 한다.

4장
풍류 도맥론의 영생 담론

I. 궁극적 구원 담론

이 장은 변찬린의 풍류 사상에 대한 종교적 이해를 통해 그의 선맥(僊脈) 사상과 풍류 도맥론이 영성 담론으로 자리매김할 가능성을 고찰하는데 그 목적이 있다. 특히 풍류 도맥론이라는 종교적 시도가 다가오는/다가온 영성 시대에 유효한 종교적 기제로 작용할 수 있는 가능성을 시론적으로 검토하는 데 있다.

세간에 잘 알려져 있지 않은 변찬린은 한국 토착화신학의 궁극적 목표인 새로운 성경해석을 통해 서구 신학을 극복한 종교연구자이며, 문명 전환기라는 역사적 인식으로 새 문명의 전개를 '흔붉 문명'이라는 담론으로 제시한 문명사가이기도 하다. 또한 '새 시대의 새 종교'라는 종교적 선언을 실천하고자 '새 교회 운동'을 전개한 종교개혁자이다.

그러면 이처럼 다양한 이미지를 가진 변찬린의 종교 사상을 형성하는 기틀은 무엇일까? 그의 다학제적인 학문적 지식과 다양한 종교 경험 그리고 실존적인 죽음과 대결한 일생의 구도심은 종교적 사유의 광대함과 투철함을 나타낸다. 이를 바탕으로 지구촌 사유가 합류한 시대에 동서양 경전의 회통과 융합, 이를 통한 새 문명의 영성 담론을 인류사회에 제시하는 담대한 종교 기획을 설계하였다. 이 과정에서 그가 제시한 종교적 대답이 한민족의 고유한 종교적 맥락인 '풍류 도맥론'을 바탕으로 영성 시대의 새 담론으로 정초하려는 종교적 시도를 한다. 그동안 풍류도에 대해 다양한 분야의 연구가 축적되어 있지만, 과거 지향적인 담론에 매몰되어 있거나 한국의 고유 종교 사상의 정체성이라는 점에 치중하여 영성 시대의 열린 담론으로서 자리매김되지 못하고 오히려 '국수주의적'이고 '민족주의적'이라는 혐의에서 자유롭지 못한 실정이다.[1] 이를 계승하였다는 신종교에서도 자민족중심주의의 지향성으로 대체 종교로서의 역할에 불과하다는 평도 있다.[2] 또한 한국의 고유한 종교의 맥을 강조하면서 유·불·도 혹은 유·불·선으로 범주화하여 화랑도 혹은 팔관회 등 조직문화로 계승되었다고 해석하거나[3] 풍류의 인식론적인 측면을 특히 강조하여 한민족의 수용적인 사유 체계로서 인식되는 경향도 있

---

1 황수영, "한국 고유사상의 특징 ― 단군신화와 풍류도를 중심으로", 「韓國思想과 文化」 79 (2015), 369-388; 임채우, "한국선도의 기원과 근거 문제", 「道敎文化硏究」 34 (2011), 39-65; 도광순, 1991. "한국사상과 신선 사상(韓國思想과 神仙思想)", 「道敎學硏究」 7 (1991), 62-68; 권상우, "단군문화로의 회귀 ―단군신화, 풍류도, 무속의 세속화 전개과정을 중심으로", 「민족통일논총」 55 (2013), 3-32.

2 윤승용, "한국 신종교에 대한 종교사적 연구와 과제", 『한국 신종교 지형과 문화』 (집문당, 2015), 80-81.

3 사실 대부분의 풍류의 출전인 「난랑비서」의 "包含三敎"에 대한 담론이 유·불·도 혹은 유·불·선과 유비적이거나 차별성을 가진 한민족의 고유의 종교성으로 해석하는 경향이 있다. 한국철학회 편, 『한국철학사』 상 (동명사, 1987), 139-158; 유동식, 『風流道와 한국의 종교사상』 (연세대학교 출판부, 1997), 55-78; 민영현, 『선과 혼』 (세종출판사, 1998), 222-233. 특히 풍류도와 팔관회의 상관성을 규명한 글로는 도광순, "팔관회와 풍류도", 「도교학연구」 13 (1994), 3-28. 다만 "包含三敎"의 "包含"을 통상적으로 유·불·도(선)에 국한해서 해석해야 하는가에 대해서는 최치원의 종교 사상과 연관하여 추가적인 연구가 필요하며 필자는 이 글에 대해 새로운 관점의 글을 준비 중에 있다. 이 책의 1부 2장에 필자의 개론적인 입장이 담겨있다. 즉, 包含(包含)은 유·불·도뿐만이 아니라 그리스도교 등 외래 종교 사상을 포월하거나 근대 신종교와 같이 시대적 위기 상황에서 창조적 영성을 발휘하는 영성적 기제이다.

다.[4] 이 장은 변찬린의 한민족의 종교적 정체성인 풍류 담론을 민족 담론으로 국한되는 닫힌 담론이 아닌, 그리스도교의 성서와 이해 지형에서 융합한 보편적인 열린 담론으로 제시하려고 한다. 한편 종교적 영성을 체화(體化)한 풍류체는 풍류 도맥이라는 선맥 사상으로 계승한 궁극적 인간으로서 영성 시대의 새 인간형이라는 해석학적 관점을 밝히는 데 있다.[5]

이를 위해 우리는 풍류 도맥에 담긴 종교적 언어의 개념을 선맥(僊脈) 사상의 맥락에서 밝힌 후 한민족의 신선 사상과 성서적 인간인 부활체(復活體)가 이해 지평에서 융합하는 궁극적 인간임을 밝히며, 이 풍류체는 창조적 진화의 완성체이며, 종파 종교가 지향하는 새 인간으로서 영성 시대의 대안적 사유의 가능성이 될 수 있음을 제시하려고 한다. 이러한 분석을 토대로 우리는 풍류 담론이 과거 회귀적인 담론이 아니라, 영성 시대의 포스트종교 운동의 열린 담론으로 제공되기를 바란다.

II. 변찬린의 종교적 생애

변찬린은 낡은 문명과 사상의 비판을 통해 새로운 문명의 과제를 설정하고 한국과 한민족의 종교적 심성으로 세계 경전을 해석하여 인류 문명의 사유 체계를 새롭게 확산하려는 종교적 의도가 있었다. 이 절의

---

4 유동식은 초기에는 한국의 종교적 심성을 무속으로 파악하였으나 후기에 한국인의 종교적 영성을 풍류도로 해석한다(유동식, 『풍류도와 한국의 종교사상』). 하지만 풍류신학에서 풍류를 존재론적인 차원으로 해석하는 데 주저하는 경향이 있으며 이를 풍류신학이 지닌 해석학적 한계라고 지적한 바 있다. 다음을 참고할 것: 이호재, 『흔 붉 변찬린』, 587-600.
5 필자는 『포스트종교운동』(문사철, 2018), 54-76에서 풍류를 존재론적인 측면, 인식론적인 측면, 실천론적인 측면에서 다루면서 시론적으로 변찬린을 풍류학자로서 조명한 바 있다.

논지 전개를 위해 세간에 거의 알려지지 않은 그의 생애에 대해 간략하게 소개해 보기로 한다.[6]

흔 붉 변찬린은 1934년 함경남도 홍남시에서 부친 변성명(邊星明), 모친 김성숙(金星淑)의 2남 3녀 중 막내로 태어났다. 1951년 1.4후퇴 때 월남하여 부모와 생이별한다. 중학교 때에 캐나다 장로교 계통의 신앙에 입문하였지만, 서구 신학의 담론에서 형성된 교리 체계와 일제강점기에 종교 지도자의 신사참배 그리고 한국전쟁 후 권력 지향적인 종교계 지도자의 행태에 종교적인 회의감을 가진다. 특히 호교론적이며 제국주의적인 그리스도교의 선교정책과 신학 담론을 담보 삼아 기복 신앙과 양적 성장을 추구하는 그리스도교의 행태에 반기를 든다.

그는 종교적 전통에 그리스도교가 '토착화'되지 못하는 현상을 비판함과 동시에 성서와 한민족의 종교적 심성을 대화시키는 작업에 착수한다. 토착화신학자가 서구 신학의 전통을 계승하여 이를 한국의 종교 토양에 융합시키려는 복음의 토착화 시도였다면, 변찬린의 해석학적 시도는 서구 신학의 토대 자체가 근본적으로 문제가 있을 수 있다고 진단한 성서해석의 토착화이다. 이 연구 성과가 그의 대표 저술인 『성경의 원리』 4부작[7]이다. 그는 유영모, 함석헌, 법정은 물론 한국 신종교의 종교 인사들과도 종교적으로 교류한다. 특히 증산진법회의 배용덕이 창간한 「증

---

6 변찬린의 종교적 생애와 사상에 대해서는 다음을 참고할 것: 이호재, 『흔 붉 변찬린』, 43-429; 이호재, 『포스트종교운동』, 15-92.

7 변찬린의 성서 이해에 대해서는 그의 저서를 참고할 것: 성서를 18개의 조직신학적으로 정리한 邊燦麟, 『聖經의 原理』(文岩社, 1979), 구약의 사건을 해석한 『聖經의 原理』 中(榮一文化社, 1980), 신약의 사건을 해석한 『聖經의 原理』 下(가나안, 1982) 그리고 사후에 출간된 『요한계시록 신해』(홍인문화사, 1986) 등이 있다. 이 책은 한동안 절판 상태였으나 2019년 한국 신학연구소에서 흔 붉 성경해석학시리즈로 『성경의 원리』 사부작이 개정신판으로 출간되었다. 변찬린, 『성경의 원리 上』, 『성경의 원리 中』, 『성경의 원리 下』, 『요한계시록 신해』(한국 신학연구소, 2019).

산사상연구」에 1978년 "성서와 역의 해후", 1979년 "선고"(僊(仙)攷) 등 성서와 한국의 신종교와 동아시아의 경전을 상호텍스트로 해석한 여러 편의 논술을 게재하며, 동서양의 종교 사상을 회통시키려 하였다. 이는 종교 사상가로서 변찬린이 캐나다 장로교 계통의 신앙생활로 입문하였지만, 동서양 종교 사상의 회통, 한국의 신종교, 불교, 퀘이커 등 그리스도교계 계통의 종교 경험을 통하여 폭넓은 종교적 이력을 가지고 동서양의 종교 경전을 한국의 종교적 심성으로 새롭게 해석하고 실천하는 것을 종교적 과업으로 설정하였기 때문이다. 이런 그는 세계 경전을 새롭게 해석한다는 원대한 꿈을 학문적 목표로 세웠지만, 타인에 의해 발생한 '불행한 사건'으로 인한 신체적 한계를 극복하며 성서해석에 전력을 기울인다. 주체적인 종교 체험을 바탕으로 서구 신학에 종속된 성서해석의 전통을 "성서는 특정 종교의 경전이 아니다"라는 탈그리스도교적 입장에서 동서양의 종교 텍스트를 한민족의 종교적 심성과 화해시킨다. 이 해석학적 과정에서 탄생한 변찬린의 주요한 종교 사상이 선맥 사상과 풍류 도맥론이다.

III. 풍류 도맥론의 맥락적 의미

풍류 도맥은 풍류와 도맥의 합성어이다. 풍류는 한국의 종교적 정체성을 최초로 정의한 최치원의 「난랑비서」(鸞郎碑序)에 근원을 두고 있다. 앞으로 다루겠지만 풍류는 선가적(仙家的) 언어로 '신선' 혹은 성서적 언어로 '부활체'를 의미한다. 이는 폴 틸리히(Paul Tillich)가 말한 '궁극적'이라는 용어를 차용한다면, 변찬린의 풍류체라는 용어는 각 종파 종교가 지향하는 궁극적 인간을 포월하는 개념이라고 할 수 있다. 한편 도맥은 한국 선도의 신선도가의 인맥과 족보를 의미하며, 『백악총설』(白岳叢 說), 『청학집』(青鶴集) 등에 출전을 둔다.[8] 하지만 변찬린의 언어 맥락에 서 도맥(道脈)은 문자 그대로 도의 맥락을 말한다. 도(道)는 머리(首)를 찾아가는(辵) 형상이다. 도맥은 흔히 선도와 도교와 관련된 계승자의 인맥을 연결하는 종통의 의미를 갖는다. 즉, 도맥은 영성 우주(천상계, 본체계, 신계)와 시공 우주(지상계, 현상계, 인간계)를 사유 범주에서 재규 정한다. 즉, 우주적 차원에서 지구 역사에 전개된 선사 시대와 역사 시대 그리고 영성 시대를 통틀어 궁극적 실재를 머리(首)로 상징하고, 이를 찾아가는(辵) 맥락을 의미한다. 도맥은 다양한 종교 텍스트에 언어와 개념과 역사가 혼재되어 있지만, 그는 이를 포용적으로 수용하면서 궁극 적 실재를 포착하여 해석한다는 맥락에서 도맥이라는 개념을 사용한다. 예를 들면 산에는 산맥이 있고, 강물에는 수맥이 있고 인체에는 경맥과 혈맥이 있듯이 종교에는 도맥이 있다는 것이다(上 62-90). 풍류 도맥이라 는 개념은 서구 사상계에 불어닥친 서구 문명에 대한 근본적인 회의와 동아시아의 근대기에 서세동점의 영향으로 동아시아 근대인의 동양회 귀론, 전통회복론 등의 연장선상에서, 일제강점기와 해방정국을 거치 고 한국전쟁 등의 참화를 거쳐 전통 가치와 서구 가치의 충돌의 와중에서 형성되었다. 이를 단적으로 알 수 있는 것은 그가 호를 '흔 붉'이라고 한 데서도 쉽게 알 수 있다.

그러면 선맥과 풍류, 도맥을 사용하는 그의 해석학적 기법을 용례로 살펴보자. 전자는 그리스도교인을 독자층으로 하여 1979년에 저술한 『성경의 원리』의 머리말이며, 후자는 동일한 맥락이지만 독자층을 달리 하여 같은 해에 증산사상연구회에 발표한 "선고"[9]이다.

---

8 차주환, "도맥", 『한국민족문화대백과사전』, 온라인판 (2022. 6. 8.).
9 이 논술은 동이족의 풍류 사상을 그리스도교의 『성서』와 텍스트 간에 해석학적 이해 지평의

새 날 성경 속에 암호화되고 상징화된 진리는 동방의 지혜에 의해 바르게 대각(大覺)될 것이다. 성경 속에 뻗어내린 대도(大道)의 정맥(正脈)은 선맥(僊/仙脈)이었다. 성경은 선(僊)을 은장(隱藏)한 문서이다. 에녹과 멜기세덱과 엘리야와 모세와 예수로 이어지는 도맥은 이날까지 미개발의 황금광맥이었다"(上 11, 고딕 강조는 필자).

필자(筆者)는 성서(聖書) 속에 선맥(僊脈)이 비장(祕藏)되어 있음을 밝혔거니와 다음 성구(聖句[요 3:1-9])는 깊은 암시를 던져주고 있다. 예수는 永生의 道가 風流道임을 聖書 속에서 證言하고 있다. (중략) (그리스도교의) 거듭남이란 선적 개념(仙的槪念)으로는 환골탈태(換骨奪胎)를 의미한다. 장생불사(長生不死) 환골탈태(換骨奪胎) 천의무봉(天衣無縫) 우화등선(羽化登仙)의 선적 개념(仙的槪念)들은 선맥(僊脈)이 끊어진 후 다 잘못 인식되고 있다. 이 나라 고유(固有)한 종교(宗敎)인 풍교(風敎) 곧 인간을 풍류체(風流體)의 신선(神仙)으로 만들어 영생(永生)의 차원(次元)으로 우화등선(羽化登仙)케 하는 대도(大道)이다(攷 201-202).

변찬린은 앞글에서는 죽음을 극복한 그리스도인, 즉 성서적 인간을 '선'(僊)이라는 도맥으로 표현하지만, 뒷글에서는 같은 맥락에서 성서에서의 영생의 도맥이 풍류도라고 밝히고 있다. 이처럼 그는 성서의 영생적 인간과 선맥이 풍류라는 지점에서 해석학적 이해 지평의 융합을 이루

융합을 시도한 첫 연구 성과라고 할 수 있다. 이를 논증하기 위해 『삼국사기』, 『삼국유사』 등 한국 역사서, 『노자』, 『장자』, 『포박자』, 『신선통감』(神仙通鑑), 『고려도경』(高麗圖經), 『동문선』 등 도가철학, 『중용』, 『시경』 등 유교 경서, 『성서』 등 그리스도교 경전, 『삼일신고』, 『동경대전』, 『대순전경』 등 한국의 신종교 경전, 이능화의 『조선도교사』, 최인의 『한국학강의』, 『단재전서』, 이종익이 편저한 『동방사상논총』, 『성경통지』(盛京通志)의 지리서 등 당시로서는 비교한 풍부한 자료를 활용하고 있다.

어낸다. 사실 이해 지평은 '주체적인 나의 종교 체험'을 콘텍스트(동방의 풍류)와 콘텍스트(성서)를 상호 텍스트화하여 해석하는 과정에서 발생한다. 하지만 그의 시도는 엄격한 학문적 탐색이라기보다는 직관적인 시론적 추적에 불과한 아쉬움이 남는다.[10] 이는 그 스스로 '풍류'에 대한 자료 부족으로 인해 "선에 대한 문헌이나 사료가 전무한 상태이므로 주관적인 직관이나 자각에 의하여 논술할 수밖에 없다"고 고충과 한계를 토로한다.[11] 한편 "종교적인 진리는 한 개체의 뛰어난 직관력과 자각이 전체, 곧 세계심전(世界心田)의 광명이 되는 법이다"(攷 179)라고 선언한다. 전자의 실토가 한민족의 풍류에 대한 실증적인 사료 부족에 대한 애로사항이라면, 후자의 언술은 그리스도교의 경전을 통해 이를 복원하였다는 자부심의 발로일 수도 있다.[12]

변찬린은 "선고"에서 종교의 본질을 논하면서 종교는 영생을 획득하는 방법론을 제시한 것이라는 자신의 종교관과 구도 목적을 명확히 한다. 이때 그는 한민족의 종교적 정체성은 세계 종교의 경전에서 암시한 선맥이라며 그의 독창적인 '대도'(大道)라는 종교 사상을 선보인다. 변찬린이 주장하는 풍류로서의 '대도'는 어떻게 인식하는 것일까? 풍류의 관점에서 유교, 불교, 도교 등 제도화된 종교는 본래의 '대도'가 없어진 다음에 나타난 종교 조직이나 이차적인 풍류 정신의 계승에 불과하다고 평가한

---

10 이 글은 학계에 잘 알려져 있지 않는 변찬린의 논점을 밝히는 데 치중하기로 하고, 차후의 작업은 관심 있는 연구자의 또 다른 연구를 기대한다.

11 아직도 한국의 도교 연구는 유교와 불교에 비해 연구 분야가 많이 남겨져 있으며, 연구자의 절대 수가 부족한 상황이다. 이런 측면에서 풍류도에 대한 연구는 이제 시작이라고 보여도 크게 틀린 지적은 아니라고 할 수 있다.

12 변찬린의 학문적 작업에 대해 김상일은 "한국의 풍류 사상을 신학의 지평에서 거론한 최초의 사람이다. (중략) 한국의 선맥과 기독교의 부활 사상을 상호 교차적이며, 융합적으로 이해한 것은 변찬린이 세계 종교계에서 최초라고 평가된다. 어느 누구도 변찬린과 같이 '성경은 선맥이다'라는 논지를 초지일관 주장하지 못했다"고 평가한다. 김상일, "'새로운 문명의 대안적 사유'로 호명한 이유는?", 「교수신문」 903 (2017. 12. 18.), 6.

다. 본래의 '대도'는 살아서 우화등선하는 인간구원론이다.

> 대도(大道)는 우리에게 장생불사(長生不死)를 약속(約束)하고 있다. 대
> 도(大道)는 곧 선(僊/仙)인 것이다. (중략) 본래 대도(大道)는 장생불사
> (長生不死) 환골탈태(換骨奪胎) 천의무봉(天衣無縫) 우화등선(羽化登
> 仙)의 종교이므로 사후(死後)에 죽어서 천당(天堂) 극락(極樂)을 약속하
> 는 종교(宗敎)하고는 본질적(本質的)으로 다른 것이다(攷 185).

> 인간이 타락하지 않고 대도(大道)를 잃어버리지 않았다면 이 땅 위에서
> 무병장수(無病長壽)하다가 지혜(智慧)가 백수(白首)가 되면 산(山)에 가
> 서 선화(僊化)할 때 그 육신(肉身)은 산바람(嵐)결에 흩어 순식간에 원소
> 분해(元素分解)하여 풍화(風化)시켜버리고 풍류체(風流體)가 되어 우
> 화등선(羽化登仙)하여 귀천(歸天)하였을 것이다(攷 186).

그가 성서를 해석하면서 풍류체의 개념을 도입한 것은 성서가 헬레
니즘적 사고와 언어, 서구 신학의 언어로 해석된 것을 한국의 종교적
심성에 익숙한 언어로 성서를 해석한다는 기본원칙을 세웠기 때문이다.
동시에 풍류 도맥은 서구 신학의 사유와 언어로는 수용되지 않는 한계가
있으며, 이는 동방의 지혜를 가진 한민족만이 해석할 수 있다고 한껏
민족적 자부심을 고양하고 있다.

이런 측면에서 변찬린은 풍류 도맥인 '대도의 선맥'을 간직한 한민족
의 풍류적 심성으로 동서양의 종교 텍스트를 재구성하여 피안 신앙의
나락에 빠진 텍스트를 영성 신앙의 텍스트로서 해석학적 전환을 시도한
다. 특히 그리스도교는 이스라엘이라는 종교 지리학적으로 동양에서
형성되었지만, 서구 신학에 의해 교리로 체계화된 서양화된 종교라고

비판한다.[13] 여기에 머물지 않고 변찬린은 장생불사를 추구하는 중국의 도교와 한국의 도교에 대해서도 비판의 칼날을 거두지 않는다. 중국의 도교는 후대에 신선 사상을 도용하고 노자를 창교자로 만든 종교에 불과하다는 점을 언급한다. 특히 도교의 수련법인 외단과 내단을 언급하면서 외단 복용으로 영생을 추구하는 것은 '외도'(外道)일 뿐이라고 폄하한다. 이로 볼 때 그는 역사 속에 나타난 종교 조직과 종교 문화는 생명의 본질인 풍류로서의 종교의 본질을 상실한 종교 현상으로 한다고 평가함을 알 수 있다.

한편 김정설(1897~1966)은 망각되어 가는 동방학에 관심을 가지며 풍류 정신을 화랑 정신을 통하여 신라의 부흥을 이끌어 냈듯이 풍류 정신을 해방정국의 국민정신으로 부흥시키려고 하였다.[14] 이와는 달리 변찬린은 "풍류도의 본질은 僊이다"[15] 또한 '풍류 = 신선'이라는 존재론적 차원의 문제로 관점을 전환하여 풍류를 영성 혁명 혹은 인격 혁명으로 자리매김을 시도한다. 즉, 「난랑비서」에 적힌 "난랑은 신선의 이칭(異稱)이라고 하며 신선은 그 몸이 풍류체로 화한 사람들이다"라고 개념화한다(攷 200-201). 이런 선맥으로서의 풍류도는 동서양의 경전에 은폐되어 있지만, 한국의 신종교의 경전인 "삼일신고"와 '다시 개벽' 후 전개되는 지상선경을 유토피아로 제시하는 "동경대전"과 "대순전경"에서 풍

---

13 이호재, 『포스트종교운동』, 54-85.

14 이용주, "풍류도의 발견과 문화정통론 구상", 『범부 김정설 연구논문 자료집』 (범부연구회, 2010), 119-134. 이와 관련하여 다음을 참고할 것: 김범부, 『花郎外史』 (이문출판사, 1981); 김범부, 『정치철학특강』 (이문출판사, 1986), 5-133.

15 그의 관심은 논문의 제목을 "僊(仙)攷"라고 하는 데서 그의 사상의 지향의 일단을 드러낸다. 논자들은 거의 대부분 '僊과 仙'을 동의어로 사용하지만, 변찬린은 엄격하게 구분하여 사용한다. '僊과 仙'은 영생으로 가는 두 가지 방법이다. 그 하나는 시공 우주에 살다가 실체적인 죽음을 경험하지 않고 영성 우주로 가는 길이며, 또 다른 하나는 시공 우주에서 살다가 죽은 후에 다시 살아나 영성 우주로 가는 길이다. 전자가 '僊'이고, 후자가 '仙'이다.

류도가 재현되고 있다고 밝힌다(攷 187-188, 203-205). 이를 "선고"에서는 풍류라는 선맥 사상이 한민족의 도맥이라는 점을 강조하며 성서와의 융합을 시론적으로 언급하는 데 그친다. 그러나 풍류체에 대한 구체적인 언설은 1979년『성경의 원리』(상)의 사실상 첫머리인 "도맥론"에서 '산자의 맥과 죽은 자의 맥', '영맥(靈脈)과 혈맥(血脈)', '변화와 부활' 등을 선(仙)적 개념과 용어를 사용하여 성서를 해석하며, 그 대미는 1982년 『성경의 원리』 하권의 마지막 부분인 부활체로서의 풍류체의 존재 양태를 파헤친다. 이로써 변찬린은 그리스도교의 경전인 성서적 인간의 궁극체인 부활체를 기존의 논자와는 달리 풍류체로서 영성 시대에 걸맞은 인간의 새로운 존재로 해석한다. 다시 말하면 풍류 도맥은 역사적 인간인 단군에서 남상하여 「난랑비서」의 '풍류'를 통해 한민족의 정통 도맥으로서 자리매김이 되어 근대 신종교의 경전 텍스트에서 그 명맥을 겨우 유지한다. 하지만 이것은 변찬린의 상호텍스트적 해석에 의해 성서의 궁극적 인간상과 융합하여 '풍류 도맥'으로 이해 지평의 확대가 이루어진다. 이로써 풍류 도맥이라는 개념은 영성 시대의 '새 인간'에 대한 희망 담론으로 종교 텍스트에 담긴 종교 언어를 내면화하고 이를 체화하는 과정의 맥락에서 형성된 개념이다.

IV. 풍류체의 존재론적 양태

종교 문화는 시대와 민족에 따라 다양한 형태로 전개되지만, 역사적 인간의 완성체인 풍류체는 지역적·시대적·문화적 차이와는 다르게 궁극적 인간으로서 도달해야 하는 절대적 차원이라고 변찬린은 인식한다.[16]

---

16 이호재,『흔 붉 변찬린』, 311-333.

그러면 과연 풍류 도맥의 핵심을 형성하는 풍류체라는 궁극적 인간은 어떠한 존재 양태와 종교적 속성을 가지는지 알아보자. 편의상 궁극적 인간의 메타언어로서의 풍류체, 이율배반적인 존재 양태로서의 풍류체, 창조적 진화의 완성체로서의 풍류체로 구별하여 살펴보기로 한다.

1. 궁극적 인간의 메타언어로서의 풍류체

풍류체는 풍류 도맥을 면면히 계승한 종교적 인간의 관점에서 보면 초인간이며 초인류이다. 종교 텍스트마다 공통적으로 지향하는 궁극적 인간은 다양한 언어와 종교 문화적 맥락에 의해 표현된다. 예를 들면 변화체와 부활체, 영체가 그리스도교적 용어이고, 신선(神仙), 진인(眞人), 지인(至人) 등은 도교적 표현이라고 할 수 있다. 또한 화신체, 응신체, 미륵불 등은 불교적 인간의 지향점이다. 풍류체는 유교, 그리스도교 등 종파 종교가 지향하는 궁극적 인간을 포괄하는 범주를 가진 인간형이다. 이처럼 풍류체는 특정 종교의 제도 종교적 틀 안에서 제한되는 성격을 가지지 않는다. 풍류라는 종교적 영성을 신체에 구현한 궁극적 인간을 풍류체라고 부른다. 풍류의 마음을 받아들인 풍류체는 다양한 사유 체계를 회통하고 융합하는 열린 사고를 하는 '풍류심'(風流心)을 가지며, '풍류객'(風流客)이라는 종교적 황금률을 실천하는 새로운 실존으로서의 풍류체가 된다.[17] 물론 다른 종교·문화적 맥락에서 형성된 종교 텍스트의 인간형을 궁극적 인간으로 포괄적으로 규정하는 것은 무리가 따를 수 있음을 모르지는 않지만, 그리스도교적 사유 체계, 인도적 사유 체계, 동아시아적 사유 체계 등이 합류되는 시대에 사는 우리에게 '풍류체'라는 새로운 실존의 규정을 통한 텍스트 간의 대화는 시급한 실정이다.

---

17 이호재, 『포스트종교운동』, 54-76.

과연 인간이란 무엇인가라는 근본적인 질문에 개별 텍스트가 대답을 한 것이 분절된 지구촌의 종교 역사였다면, 지금은 합류된 지구촌의 시대에 과학 이성과도 대화가 가능한 새로운 인간형의 정의가 필요하다. 당연히 그리스도교, 불교 등 종파 종교의 궁극적 인간의 지향점은 동일한 존재 양태로 드러나야 한다. 즉, 절대 종파 종교와 제도와 조직에 얽매인 종교적 인간이 아닌 궁극적 인간형인 풍류체는 '시공에 얽매이지 않는 자유자재한 인간'이다. 축 시대의 창교자의 언술이 담긴 텍스트는 현재의 시점에서 대화하고 회통시켜 현대인과 소통될 수 있는 종교적 언어로 재탄생되어야 한다. 예를 들면 석가모니의 천이통, 신족통 등 육신통(六神通)이라는 개념이 예수에게도 유사한 종교적 속성을 가지며, 유가적 언어인 살신성인(殺身誠仁)과 도성인신(道成人身), 선가적 언어인 장생불사, 환골탈태, 천의무봉 등이 다른 종교 텍스트에도 충분히 적용될 수 있음은 변찬린의 성서해석 용례로서 얼마든지 볼 수 있다.

다만 변찬린은 개별 제도 종교의 경전을 탈종교 텍스트로서 이해하기에 특정 종교의 교리와 교조를 신봉하는 입장에서 궁극적 인간을 주장하는 것은 아니라는 점이다. 그는 유교적 인간, 불교적 인간, 도교적 인간, 그리스도교적 인간 등 종파 종교인을 풍류체로 인정하는 것이 아니고, 탈(脫)종교화한 풍류체를 궁극적 인간으로 제시하고 있다. 이런 맥락에서 그는 "선은 풍류체이다", "영은 풍류체이다"라고 하면서 모든 종파 종교의 궁극적 인간형으로서의 풍류체를 제시하고 있다. 이를 통해 변찬린은 장생불사를 추구하는 도교적 인간인 신선과 그리스도교의 영생적 존재인 부활체, 불교의 미륵불, 유교(혹은 도교)의 경서인 『역』의 건괘인 '비룡'(飛龍) 등도 '풍류체'라는 메타언어로 화해시키고 회통적 언어로 표현하고 있다.

2. 이율배반적인 존재 양태로서의 풍류체

궁극적 인간으로서 풍류체는 종교 텍스트에서 어떠한 존재 양태를 드러낼까? 풍류체는 죽은 후 시체를 남기지 않고 영과 육의 시공 우주를 초월한 신실재(新實在)로 거듭난다. 성서가 말하는 부활체는 풍류체의 또 다른 이름이다. "성경은 선맥(僊脈)이다"라고 일이관지하게 주장하는 변찬린의 안목으로는 본체계와 현상계가 이원론적으로 분리된 헬레니즘적 해석에 의해 성서의 내세관이 왜곡되었다고 비판한다.

원래 성서의 신도 "산 자의 하나님이지 죽은 자의 하나님이 아니다"(눅 20:38)라는 구절과 구약성서의 "에녹이 하나님과 동행하더니 하나님이 그를 데려가시므로 세상에 있지 아니하였더라"(창 5:24)는 구절을 신약성서의 히브리서 저자는 "믿음으로 에녹은 죽음을 보지 않고 옮겨졌으니 하나님이 그를 옮기심으로 다시 보이지 아니하였느니라"(히 11:5)라고 해석하며, 변찬린은 이를 "에녹은 죽지 않고 옮기웠다 했다. 죽지 않고 삼차원 세계에서 영차원 성(聖)공간으로 옮기는 생명 현상을 선(僊/仙)이라 한다"고 재해석한다(上 67). 또한 엘리야도 "사람이 길을 가며 말하더니 불수레와 불말들이 두 사람을 갈라놓고 엘리야가 회오리 바람으로 하늘로 올라가더라"(왕하 2:11)라는 기사를 "엘리야가 죽지 않고 선화(僊化)한 도비(道秘)는 하나님이 인간을 수렴하는 본래적인 방법인데 인간이 타락하여 이 도맥을 상실한 채 죽으면 영혼이나 천당 간다고 착각했다"고 재해석한다(上 67). 에녹과 엘리야처럼 살아서 죽지 않고 승천하는 것을 선(僊)이라고 하며, 모세와 예수처럼 죽은 후 신선이 되는 것을 선(仙), 즉 시해선(尸解仙)으로 엄격하게 구별하여 사용한다. 변찬린은 시해선을 '시체를 해체한 후 신선'이 되는 것이라고 문자를 파자(破字)하여 풀이하고 있다. 또한 시해선의 상징으로 시체가 없이 칼이나 도포 등을 남기는 메타포를 사용하지만, 성서에서도 예수의 무덤에 예수의 시체는 없고 세마포만 남겨있다는 상징으로 표현되고 있다.

일반적으로 도교에서 민중과 친근한 여동빈은 중국 도교 역사에서 되풀이하여 나타나고, 문수보살 등 다양한 보살이 현신하였다는 불교 이야기가 설화 형태로 전해 내려오고 있다. 흔히 풍류체로 변한 실재를 직접 보고도 그 시점에서는 모르고, 얼마의 시간이 지난 후에 알았다는 언급이 현대인에게는 허구적이며 상상적인 인간으로 인식하게 되는 주요한 원인이다. 변찬린의 풍류 사상을 조명하고자 성서 텍스트에 집중하여 살펴보기로 한다. 시해선한 예수는 어떠한 존재 양태로 나타날까? 성서에서 풍류체의 단초를 보이는 문구는 예수와 니고데모의 대화에서 나온다.

> 내[예수]가 네게 거듭나야 하겠다 하는 말을 놀랍게 여기지 말라. 바람이 임의로 불매 네가 그 소리는 들어도 어디서 와서 어디로 가는지 알지 못하나니 성령으로 난 사람도 다 그러하니라. 니고데모가 대답하여 이르되 어찌 그러한 일이 있을 수 있나이까(요 3:7-11).

이처럼 "인간은 거듭나면 풍류체가 된다. 그렇다면 바람 같은 존재란 어떤 존재인가? 절대 자유한 존재를 말함이다. (중략) 바람은 특정 종교나 특정 사상이나 이데올로기로 고정시킬 수 없다. 바람은 고정화되지 않고 정형화되지 않고 주형화되지 않는 절대 자유한 영이다. 영은 바람이다. 그러므로 거듭난 사람은 풍류체와 같이 절대 자유한 존재가 된다. 영이 된다"(下 494, 557-570). 즉, 궁극적으로 거듭난 인간은 제도, 사상, 생로병사의 윤회의 고리에서조차도 절대 자유한 풍류체로서 거듭난다. 시체 등 어떠한 흔적도 남기지 않고 절대 자유자재한 존재라는 것이다. 신학자들은 고등비평을 성서해석에 도입하여 역사적이고 실증적인 역사적 예수를 증거하며, 현대인의 사유 체계에서 이해되지 않는 것을 비신화화(非神話化)한다면서 부활된 예수의 이율배반적인 존재 양태에 대해 신학적 입장에 따라 '맹신'과 '불신'의 영역 사이에서 다양한 신학 논쟁을 벌이고 있다.

이에 대하여 변찬린은 풍류체라는 언어로 영성 시대의 새로운 존재 형태로 이해한다. 풍류체는 영성 우주와 시공 우주를 자유자재로 현신하는 것은 물론 외모마저 변형된 모습으로 나타난다. 부활체의 예수는 닫힌 문을 열지 않고 출입하였고(요 20:19-29), 엠마오의 노상에서 두 제자에게 나타났다가 홀연히 사라지기도 하며(눅 24:13-35), 생전과는 다른 새 실재로 거듭났다. 한편 불신에 빠진 도마에게 살과 뼈를 만지게 하고(요 20:26-29), 디베랴 바다에 나타나 구운 생선을 먹기도 하며(요 21:10-14), 영혼만의 부활이 아닌 육신도 부활하였다는 것이다. 이런 이율배반적인 존재 형태로 인해 경험과 인문학으로서의 종교학과 신학에서는 '신비'라는 용어로 예수의 신적 속성이라는 믿음의 영역과 신앙의 영역에서 해석을 금지하거나 비신화의 영역에서 이해하기도 한다. 재미있는 현상은 풍류체로 변형된 예수는 생전에 예수를 가장 가까이에서 따르던 막달라 마리아조차 부활한 예수를 알아보지 못했고(요 20:14), 제자들도 알아보지 못한다(요 21:4). 부활 후 변형된 모습으로 나타났다는 논리적으로는 이해할 수 없는 자유자재한 존재 양태를 드러낸다. 변찬린은 풍류체이자 부활체를 단적으로 이렇게 표현하고 있다.

> 영은 풍류체이다. 본래 모습이 없지만 방편 따라 자유자재로 모습을 나타낼 수 있는 '무형(無形)'이면서 무한형(無限形)'의 모습! 이것이 풍류체이다. 풍류체가 되면 지구의 좁은 마당을 뛰어넘어 우주를 넘나드는 자유로

운 존재가 된다. 풍류체가 되면 지구의 좁은 마당을 뛰어넘어 우주를 넘나 드는 자유로운 존재가 된다(下 568).

이처럼 변찬린은 동아시아의 장생불사를 추구하는 궁극적 인간인 신선이라는 존재와 서양의 영생적 인간인 부활체를 풍류체라는 종교적 언어로 회통시킨다. 풍류체는 각 종교 경전에 제시한 궁극적 인간의 메 타언어로서 개별 종교 텍스트에서 상징적 언어로 표현되어 있다. 변찬린 은 이를 시공 우주와 영성 우주가 교류하는 계로서 이해하는 동아시아인 의 사유 세계에서 시공 우주에 살다가 영성 우주로 가는 궁극적 인간은 육신과 영혼이 겸비되는, 즉 "육신이 없는 영혼, 영혼이 없는 육신"이 아니라 원불교의 용어를 쓰면 '영육쌍전'(靈肉雙全)한 풍류체로서 거듭 나야 한다는 점을 강조하며 동서양의 궁극적 인간을 화해시킨다(고전 15:44, 48-49).

3. 창조적 진화의 완성체로서의 풍류체

풍류체는 그리스도교의 신앙의 영역에서 개념화되어야만 하는 존재 가 아니다. 강조하건대 변찬린은 성서를 '그리스도교의 경전'이라는 관 점으로 읽지 않고 탈그리스도교적 입장에서 텍스트를 해석한다. 풍류체 는 종교적 신앙의 관점뿐 아니라 역사와 문명의 자리에서 재조명되며, 창조적 진화의 궁극적 인간으로 자리매김한다. 그는 생명의 계통수를 나열하면서 공자, 붓다 등 성인은 시체를 무덤에 남겼으나 예수는 창조 적 진화의 완성체로서 무덤을 남기지 않은 부활체로 설명하며,[18] 창조적

---

18 성서적 첫 인간인 아담에게 죄와 죽음이 침입하지 않았다면 예수형 부활체가 아닌 멜기세덱 형 선맥(변화체)이 남상되었다고 변찬린은 해석한다. 변찬린, 『聖經의 原理』, 48-51,

진화의 새로운 생명 형태로 제시한다.[19] 변찬린의 궁극적 인간에 대한 탐구는 관념적이거나 공상적이지 않다. 한평생 죽음과 직면한 신체적 한계로 인해 그의 종교적 사색은 진지하다. 그런 관점에서 예수는 인간의 궁극적 가능성을 구현한 신인(神人)일 뿐이다. 그의 글을 구하기 어려운 상황임을 감안하여 다소 길더라도 인용하기로 한다.

계통(系統)을 따라 화석(化石)을 나열해 보자.

지질학상으로 호모사피엔스의 처음 원인(原人)은 소실되었으나

선행인류(先行人類)와 병행인류(竝行人類)의 화석은 남아 있지 않은가.

역사 시대의 '각(覺)의 지층(地層)'을 발굴하고 종교의 무덤을 파헤쳐 보라.

사람의 첫 열매이신 예수의 백골(白骨)은 무덤 속에 없고

선행(先行) 성인(聖人)들의 촉루는 지층 속에 묻혀있지 않은가?

붇다의 사리(舍理)와 공구(孔丘)의 묘와 소크라테스의 비명(碑銘)과 회회(回回)의 뼈는 땅에 있지 않은가? (중략).

고(苦)의 바다, 죄(罪)의 광야에 혼거(混居)하는 다종교 시대여

퇴화(退化)하며 진화(進化)하는 종교의 종(種)들이여

우리 다 같이 '공동(共同)의 각(覺)'을 이루고 '사랑의 공동체(共同體)'를 형성하자. (중략)

우리가 '공동의 각'을 이루지 못하면 저 호모사피엔스가 돌현(突現)하던 날에 선행인류와 병행인류가 소리 없이 사멸해 가듯 현대 광야에 확산한

55-61. 하지만 이 글은 풍류체의 담론에 집중된 논지를 전개하기에 신학적인 작업에 대해서는 관심 있는 연구자의 글을 기다릴 필요가 있다.

19 이는 마치 떼이야르 드 샤르댕(Pierre Teilhard de Chardin)이 말한 정신권의 첫 열매라는 맥락에서 이해할 수 있지만, 변찬린이 말하는 풍류체의 개념을 도입하면 한민족의 풍류체 개념과 성서적 인간의 풍류체인 에녹-멜기세덱-모세-엘리야-예수-요한계시록에 나타난 두 감람나무 등은 새로운 신학적 해석이 필요하나 이 글의 논제 밖이기에 더 이상 언급하지 않는다.

유인(類人)과 가인(假人)과 말인(末人)과 소인(小人)들도 지상에서 소리 없이 자취를 감추리라.

종교의 화석(化石)으로 굳어버린 기독교와 더불어 여타의 종교들도 이 지상에서 조용히 사라지리라.[20]

또한 세간에 회자되는 상상 속의 인간인 천의무봉을 입은 신선처럼, 예수도 신선과 같이 동일한 옷을 입은 것을 텍스트로 실증해 보인다. 예수가 호모사피엔스의 창조적 진화의 궁극적 인간인 신선이 입는 옷을 입고 시해선 했다는 것이다. 전자는 그리스도교인을 대상으로 한 『성경의 원리』이고 같은 맥락의 글이지만, 후자는 다른 종교인을 대상으로 한 글이다.

> 군인들이 예수를 십자가에 못 박고 그의 옷을 취하여 네 깃에 나눠 각각 한 깃씩 얻고 속옷도 취하니 이 속옷은 호지 아니하고 위에서부터 통으로 짠 것이라(요 19:23).

이 성구는 깊은 뜻이 내포되어 있다. 예수의 겉옷은 네 깃에 찢었으나 호지 않은 통옷은 찢지 않았다. '호지 않은 통옷'이 있을 수 있는가? '호지 않은 통옷'은 천의무봉(天衣無縫)을 말함이다. 하늘 옷은 호지 않고 통으로 짠 것이다. 이는 서양의 지혜로는 알 수 없는 비의이다(上 71). 현대과학이 아무리 발달해도 호지 않은 옷은 제조할 수 없다. 예수가 호지 않은 천의무봉의 속옷을 입었다는 뜻은 그가 대도인 선의 도맥을 간직하

---

20 변찬린, 『선, 그 밭에서 주운 이삭들』 (가나안출판사, 1988), 118-119. 희귀 절판본이었던 이 책은 2022년 개정 신판으로 출간되었다: 변찬린, 『선(禪), 그 밭에서 주운 이삭들』 (문사철, 2022).

고 있었다는 뜻이다. 예수는 변화산에서 이미 하늘의 대도인 선맥과 연결 되었던 것이다. 예수는 변화산에서 선을 대각하고 천의무봉을 입음으로 죽어서 시해선되어 부활했던 것이다(攷 196-197).

이런 상호텍스트적 해석을 통해 한국 신종교의 경전 해석도 보편화를 시도하면서 동시에 토착화를 지향하는 용례를 보이면서 한민족의 종교적 심성에서 경전의 텍스트를 회통시키고 있다. 이를 통해 동서양의 개별적인 맥락에서 이해되던 텍스트를 '풍류체'의 심성에서 화해하기를 시도하였다. 이런 관점을 유지하면서도 풍류체를 동이족의 선맥이라는 신화 시대의 과거성 담론으로 회귀시키거나 그리스도교의 신앙의 영역에서 자리매김만을 시도하지 않는다. 그는 오히려 풍류체를 역사의 변천에 따라 창조적 진화의 새로운 종으로서의 인간으로 조명한다. 즉, 동이족을 은폐된 역사 속의 궁극적 인간의 종교적 유전자를 가진 민족으로서 풍류체는 창조적 진화의 역사의 수레바퀴 속에서 인간 완성의 형태라는 초인간이라고 지적한다. 신화적 인간으로 인구에 회자되던 '신선'이라는 인간이 성서 속의 구세주인 '멜기세덱과 예수'의 도맥을 계승한 초인이 창조적 진화의 완성체, 즉 신화적 인간을 떠나 종교적 인간이 영성 시대의 '불사의 인간'(Homo Immotal Spiritual Being)으로 제시되는 것이다. 변찬린의 불사의 인간은 '육신의 시체마저'도 무덤에 남기지 않는게 영기화(靈氣化)시켜 (필요에 따라) 시공 우주에 현신할 수 있는 새로운 존재를 의미한다.

멜기세덱과 예수의 도맥(道脈)을 이은 산자들이 호모 사피엔스(Homo spiens)의 가지에서 분화되어 부활한 초인으로 회귀할 것이다. 잠시 후 비터에서 천둥 번개가 울려 인간을 새 품종(品種)으로 개량할 것이다. 볍씨가 방사선 동위원소에 조사(照射)되어 새 품종으로 탈바꿈하듯 썩어질 육(肉)의 종자(種子)인 우리들도 성령의 불에 조사(照射)되어 영생할 영(靈)의 품종으로 변화할 것이다(上 9).

풍류체는 선사 시대의 신화적 인간과 역사 시대의 종교적 인간 그리고 영성 시대의 궁극적 인간이라는 창조적 진화의 도식에서 나타나는 영성 시대의 궁극적 인간상이다.

V. 초종교적·초과학적 시대의 풍류 도맥론의 영성 담론적 함의

이 글에서는 한국의 종교적 고유성과 정체성을 밝히는 데 있어 핵심적인 종교적 언어인 풍류에 대한 또 하나의 해석 가능성에 대해 종교사적 맥락과 이의 미래 담론으로서의 가능성을 규명해 보았다. 또한 우리는 풍류와 관련된 많은 연구 성과물이 대부분 과거 담론에 머물거나 고유한 선도와 중국 도교와의 차별성을 부각시키는 데 치중하였다는 한계를 지적하며, 풍류 담론이 결코 과거의 해석학적 사건에 머물지 않고, 현재와 미래에도 유효한 종교적 기제가 될 수 있다는 점을 밝혀보았다. 이를 위해 한국의 종교적 정체성인 '풍류'가 한국인의 특수한 역사적 문화에서 발현된 것이지만, 보편성을 가져야 한다는 당위성에 대한 종교 사상가로서의 변찬린의 해석학적 입장을 살펴보았다.

그의 풍류 사상에 담긴 풍류체가 영성 시대 하나의 담론일 가능성을 제시하면서 결론으로 갈무리하고자 한다.

풍류체가 제도 종교의 궁극적 인간형이며, 창조적 진화의 완성체인 새로운 존재 양태라고 하였을 때 과연 풍류체는 영성 시대에 어떠한 의미를 가지는 것일까? 우리는 생명과학을 기반으로 한 로봇공학, AI혁명이 사이보그라는 새로운 형태의 생명을 탄생시키고, 유전자 편집과 복제인간 등을 통해 생명 형태를 조작하는 것이 가능한 시대에 살고 있다.[21] 특히 자본의 힘과 과학기술의 탐욕적 시도를 통해 종교적 가치와 생명윤리의 바람과는 확연히 다른 포스트휴먼을 만들어 낼 수도 있다. 포스트휴먼 시대에는 인간을 유기체인 인간, 유기체와 로봇공학과 생명공학의 도움을 받은 비유기체가 결합한 트랜스휴먼 그리고 기계인간과 같은 비유기체 생명으로 구별할 수 있을 것이다. 과연 이런 경우 역사적 종교문화에서 만들어진 종교 텍스트는 '인간'의 정의를 어떻게 규정하여야 하는가? 더불어 '인간구원'이란 측면에서 종교 텍스트는 어떠한 대답을 할 수 있을까? 기계인간이 삼귀의(三歸依)하거나 혹은 '예수를 구주로 고백'할 때 제도 종교는 이를 어떻게 받아들여야 할까? 부정모혈로 태어난 인간과 인공지능을 탑재한 사이보그와 순수 기계인간들이 혼재할 때 과연 인간의 정의는 어떻게 내려져야 하는 것일까? 특히 이런 고민은 인간을 피조물로 구분하는 유일신론적 종교에서는 심각한 문제로 대두된다.[22]

---

21 우리는 포스트휴먼 시대를 기정사실화하며 기대와 우려가 섞인 많은 담론을 생산해 내고 있다. 이창익, "인간이 된 기계가 된 신: 종교, 인공지능, 포스트휴머니즘", 「종교문화비평」 31 (2017), 209-254; 슈테판 헤어브레히터(Stefan Herbrechter), 『포스트휴머니즘: 인간 이후의 인간에 관한 문화철학적 담론』; 김연순·김응준 옮김 (성균관대학교출판부, 2012); 이종관, 『포스트휴먼이 온다: 인공지능과 인간의 미래에 대한 철학적 성찰』 (사월의책,2017); 김석환 외, 『포스트휴머니즘과 문명의 전환 새로운 인간은 가능한가?』 (씨아이알, 2017); 로지 브라이도티(Rosi Braidotti), 『포스트휴먼』, 이경란 옮김 (아카넷, 2015) 등을 참고할 것. 특히 이창익의 위의 글은 포스트휴머니즘 도래에 대한 여러 갈래의 최신 담론을 소개하며, 인공지능의 발전에 따른 기존의 신, 인간, 종교의 변화에 대해 잘 정리되어 있다.
22 신학자들은 특히 포스트휴먼 시대에 대해 경각심과 대안을 제시하고 있는데 다음을 참고할 것: 김흡영, 『道의 신학 II』 (동연, 2012), 257-346; 박일준, "포스트-휴먼 시대의 신학", 「신학과 세계」 85 (2016), 205-241; 이경란, "기술과학 시대의 포스트휴먼 담론들: '포스트-휴먼'

우리는 영성 시대를 초종교의 시대, 초과학의 시대라고 말하지만, 종교 텍스트에 의존해 형성된 그리스도교의 교리 체계, 불교의 교학 체계, 도교의 도학 체계로 영성 시대와 초과학 시대에 인간이 발명하여 생명을 불어넣는 지적 창조물의 도전에 응답해야 하는 당위적인 문제에 봉착하게 된다. 과학 이성으로 발명된 '인공생명'(Artificial Life, AL)의 등장마저 내다보는 것은 더 이상 미래의 일이 아니다. 인공생명은 인간의 개념 자체를 재정의해야 할지도 모른다. 종교적 인간은 이제 새로운 생명을 창조하는 창조주의 입장에 서서 트랜스휴먼과 포스트휴먼을 넘어 사이보그마저 창조해 낼 것이다. 우리는 칸트의 정언 명령인 보편주의 원리와 인격주의 원리 혹은 성서의 "너희는 남에게서 바라는 대로 남에게 해주어라"(마 7:12, 공동번역)라는 기독교의 황금률과 논어의 "자기가 하고 싶지 않은 바는 남에게 시키지 말라"(『논어』, 안연 2)는 금언을 존중한다. 이런 당위적 명제가 포스트휴먼 시대의 '휴먼'과 트랜스휴먼 혹은 사이보그 간의 상호의존성과 관계성 안에서 존중되기를 바란다. 하지만 우리는 과학적 인간이 가진 자본의 힘과 과학기술의 결합으로 예상되는 포스트휴머니즘 시대가 가져올 위기감에 마냥 긍정적인 시각만으로 기다릴 수는 없다. 그만큼 자본과 과학기술의 관성적 발전이 윤리적이고 도덕적인 법칙에 따라 움직일 개연성은 확률적으로도 높지 않다. 이보다는 오히려 인간의 존엄성과 가능성에 대한 잠재력을 영성적으로 계발할 때에 예상되는 궁극적인 인간의 가능성을 밝히는 것이 더욱 중요할 수도 있다. 왜냐하면 결국 포스트휴먼과 트랜스휴먼의 지향점은 결국 축 시대의 텍스트에서 말한 인간의 한계상황을 극복하려는 것이기 때문이다.

사실 존재론적 측면에서 불교는 생로병사라는 윤회의 바퀴에서 벗

개념을 중심으로", 「기독교 사상」 712 (2018), 20-29; 장윤재, "포스트휴먼 시대에 종교를 말하다", 「기독교 사상」 712 (2018), 40-50.

어나 열반의 경지에 도달하는 것, 도교는 장생불사의 인간의 원초적 욕망을 달성하는 것, 그리스도교는 원죄의 타락에서 벗어나 부활 영생을 추구하는 것 등이다. 이처럼 인간의 한계상황을 극복한 궁극적 인간으로서의 풍류체는 가히 포스트휴먼 시대에 새로운 가능성을 제시하는 개념이다. 이런 측면에서 시공 우주와 영성 우주를 자유자재로 현신할 수 있는 풍류체라는 초인간과 초인류의 전망에 대한 제언은 눈여겨 볼 필요가 있다. 즉, 부정모혈로 태어난 인간이 '생명공학과 기계공학'의 도움 없이 시체를 남기지 않고 자율적인 의사에 의해 시공을 초월하여 생명을 이어간다는 것은 새로운 인간의 가능성을 극대화한다.

변찬린이 제시한 풍류체라는 궁극적 인간은 특정 텍스트의 해석을 통해 얻은 담론이 아니라, 다양한 종교 텍스트의 회통과 우주공학, 이론물리학, 생명공학, 컴퓨터공학 등 현대 학문의 전문지식을 섭렵한 후에 제기한 문제이기 때문에 시의적 유효성을 가지고 있음에 주의해야 한다. 그는 시공 우주와 영성 우주를 오가는 풍류체적인 '존재'로서 시공 우주인 인간계와 영성 우주인 신계를 자유롭게 오가는 초과학적인 전망을 이렇게 표현한다.23

> 삼차원 세계에서 사차원 세계로 나가면 그 몸은 보이지 않는다. 보이지 않는 사차원 세계의 존재가 삼차원 세계로 오면 없던 몸이 금방 나타난다. 이와 마찬가지로 수렴이란 삼차원 세계에서 다른 차원으로 옮겨짐을 말한다.24

시공 우주와 영성 우주를 자유롭게 오가는 풍류체가 존재 양태의

---

23 이호재, 『흔 붉 변찬린』, 227-252.
24 변찬린, 『聖經의 原理』, 312.

근본적인 변화를 말하는 영적인 상태라면, 시공 우주의 생활은 종교적 황금률을 실천하는 성인의 경지에서 생활하는 존재이다. 즉, 풍류체는 영성 우주의 근본인 영(靈)에 뿌리를 박고, 시공 우주에서 성(聖)인의 경지에서 생활하는 영성(靈聖)생활인으로서, 인간의 창조물과는 차별화된 존재로 규정할 수 있다. 다시 말하면 영성 시대에는 동아시아의 허구적 인간이자 도가 문학의 주인공인 신선의 '허무맹랑'한 신화가 역사적 인간인 영성생활인으로 탄생하며, 다가오는 영성 시대의 주인공인 풍류체로 자리매김한다. 이처럼 풍류체는 합리적, 이성적 종교학이 가진 한계를 뛰어넘어 인지신경과학 등 새로운 융합학문 등의 도움으로 '검증'이 가능한 존재 양태로 자리매김할 것이다. 신앙의 영역에서 변찬린은 인간존재의 궁극적 가능성인 신선과 진인, 부활체를 궁극을 추구하는 종교적 인간이 추구해야 할 가능성의 영역으로 제시하고 있다.

특히 풍류체로 변화하는 대전제가 종파 종교가 지향하는 생사를 초월하는 궁극적 인간의 존재 양태를 가지며, 이를 구현하기 위해서는 종교적 황금률을 실천하는 생활종교인으로서의 구도가 반드시 선행되어야 한다. 즉 풍류체는 사랑과 자비, 인과 무위의 도를 실천하는 종교적 인간의 완성태로 생명과학과 기계문명의 도움을 받지 않고도, 포스트휴먼의 이상인 새로운 존재 양태에 대한 희망적인 메시지를 준다.

따라서 동서양의 문명이 합류하는 지구촌 시대에 로봇공학과 생명공학의 융합으로 창조되는 새로운 인공유기체와의 '협력'과 '생존', '공존'과 '대결'이라는 예측 불가능한 상황에서 '풍류 도맥 담론'이라는 종교적 테제가 "인간이란 무엇인가"라는 근본적인 질문에 대답할 수 있는 하나의 영성 시대 담론의 가능성으로 충분하다고 할 수 있다. 분명히 변찬린의 종교적 시도는 한국의 '풍류'(風流)라는 '도'(道)를 통하여 동서양의 맥(脈)락을 하나의 연결고리로 융합화해 내는 종교작업으로서 탁월하다고 평가할 수 있다. 반면 즉관적이고 직관적인 그의 사상적 과제 해결 방법은 논리적인 엄밀성을 띠지 못한 점에서 비판의 여지가 있을 수도 있다. 그럼에도 그의 풍류 담론은 국수적인 담론에 머물지 않고 보편성을 확보한다는 차원에서 서구 신학을 포함한 종교 담론의 한계를 비판하고, 이를 극복하려 한 그의 해석학적 작업이 여전히 유효하고 창조적으로 계승되어야 할 학문적 영역이라고 할 수 있다.

5장
한국의 신명 사상과 신명 공동체

I. 하늘 신앙의 다원성

이 장은 한국 종교 문화의 맥락에서 하늘 신앙에 나타난 한국의 고유한 신명(神明)의 정체성을 밝히고, 신명 사상에 담긴 종교적 영성이 신명 공동체 형성을 지향하고 있음을 규명하는 데 있다.

신명은 한민족 토착 신앙의 뿌리를 이루는 한국 종교 문화의 중핵이다.[1] 신명 사상은 한민족의 시원 사상인 흔붉 사상, 천신 사상, 산악 사상 그리고 신선 사상과 밀접한 관련이 있다. 또 신명 사상은 인간이 신명과 합발(合發)하여 신인(神人)으로서 그 힘을 조화롭게 사용한다는 신인조화의 의미도 있다.[2]

우리는 한국 종교사를 삼국 시대 이전의 신선 사상과 무속 사상, 삼국 시대의 유교, 불교, 도교의 교섭과 수용, 조선 시대의 성리학 정착, 서학의 전래와 근대 신종교의 발생으로 구분한다면, 그런 맥락에서 신명은 흔히

---

1 일반적인 사전적 정의에서 신명은 '하늘과 땅의 신령, 천신(天神)'이라는 명사형과 '사리에 밝으며 신령스러움'으로 '신명(神明)하다'는 형용사로 사용한다. 혹은 '흥겨운 신과 멋'이라는 순수한 한글로 '신명(이) 나다', '신명(을) 내다', '신명지다' 등의 용례를 가진다.

2 유병덕, 『한국신흥종교』, 원광대학교 종교문제연구소편 한국 종교연구 8 (시인사, 1985), 102.

무교 의례인 굿판에서만 나타나는 기능신 정도로 이해하는 데 익숙해 있다. 또한 한민족의 고유한 하늘님 신앙은 외래 종교인 유교의 상제와 천 신앙을 주체적으로 수용하고, 불교의 제석천을 융합하고, 도교의 원시천존과 옥황상제도 하늘님 신앙으로 흡수하기도 하고, 천주교의 천주(天主)와 개신교의 하느(나)님 신앙을 창조적으로 수용하는 바탕이 되었다고 한다.[3] 그런데 근대 민족종교에서 경험되는 신명은 한민족의 고유 하늘님의 역현(力顯, kratophanie)이라는 사실[4]과 지역신, 문명신 등 다양한 신격으로 나타나기도 한다.[5] 그러면 한국의 고유한 하늘님은 어떠한 신격으로 한국 종교 문화에 나타났으며, 그 신명의 종교적 속성은 무엇이었을까?

'한민족의 신관과 그 정체성은 무엇인가'라는 질문 자체가 한국 종교의 문화맥락에서는 아주 생소한 질문이다. 이런 질문은 서학의 전래에 따라 발생한 근대 신종교의 종교 체험과 그리스도교의 토착화신학에 대한 반성적인 질문과 맞닿아 있다. 신관에 대한 물음은 그리스도교를 바탕으로 태동한 종교학의 질문이기 때문이다. 한마디로 말해 한국의 고유한 하늘님은 한국 역사에서 '망각된 신'(Deus otiosus)에 불과하다. 그렇다면 한국 근대에 나타난 한국 고유의 천지신명인 하늘님은 왜 한국

---

3 하늘님의 신앙은 한국 종교사에서 단절되지 않고 외래 종교 사상이 수용될 때 새롭게 해석되었다고 본다. 한국인의 신관이라는 주제에서 하늘님 신앙의 주체성보다는 한국의 종교적 포용성은 무속적 사유 체계로 이해하며, 한국의 신선 사상과 근대 신종교의 지상선경 사상에는 크게 관심을 두지 않는 공통점이 있다. 金敬琢, "韓國原始宗敎史: 하느님觀念發達史", 『韓國文化史大系 Ⅵ 宗敎·哲學史』(高麗大學校民族文化硏究所, 1970), 117-176; 김승혜, "한국인의 하느님 개념 ─ 개념 정의와 三敎 교섭의 관점에서", 「종교신학연구」 8 (1995), 122-128; 최준식, "한국인의 신관 ─ 기독교의 신관과의 비교를 중심으로", 「종교신학연구」 8 (1995), 129-152.

4 홍범초, "근대 한국민족종교와 한국 고유사상 ─ 천도교 증산교 대종교회의 하나님 사상을 중심으로", 「단군학연구」 4 (2001), 175-188.

5 종교학에서는 일반적으로 동학(후에 천도교), 증산교, 대종교, 원불교 등을 '신종교'라고 하지만, 한민족의 근대적 종교 체험이라는 점을 강조하여 '민족종교'라고도 한다.

종교사에서 주인공으로 등장하지 못하고 자신의 정체성을 드러내지도 못했을까? 고유의 하늘님 신앙은 자신의 고유한 신적 속성을 잃어버리지 않고 민족종교의 종교 체험에서 현현한 지고신과 동일성을 유지하고 있는 것일까? 이런 측면에서 이 글은 한국의 '잃어버린 천지신명'을 되찾아 한국 종교 문화의 맥락에서 자리매김을 하려는 시론적 성격을 가진다.

한민족의 하늘님은 제도 종교의 신이 아니라 지고신의 속성과 인간이 일체가 된 신인 연속성의 속성을 지닌다. 그런 하늘님의 신명성은 또한 종교적 수련을 통해 주체적이고 성숙한 민중에서 발현하며, 궁극적 인간으로 탈바꿈하는 창조성을 가진 영성이다. 그럼에도 이런 신인 연속성의 신명을 초월적이고 외재적인 신으로만 오해하는 경향이 있다. 이런 편견은 신명 사상과 밀접한 관계가 있는 선맥(僊脈)과 무맥(巫脈)[6]에 대한 선입관 때문에 발생한 것이기도 하다. 더구나 근대 신종교의 신명 체험을 통해 현현한 신명 사상은 기존의 무교의 단골판에 등장하는 신령적 존재와 제도 종교의 이데올로기에 편입된 그런 신명이 아니다. 민족 종교에서 신명 사상은 한국 고유의 하늘님이 역사적 지평에서 '역현'하여 한민족 중심의 현세 구제 공동체, 평화 공동체와 지구촌 차원의 지상 선경 등 신명 공동체를 지향하는 종교적 영성임을 확인할 수 있다.

우리는 이를 위해 신명에 담긴 개념을 재정의하고, 한국 종교 역사에 나타난 신명의 역사적 변천을 간략하게 살펴본 후 이를 바탕으로 고유 하늘님 신앙의 신명이 가진 종교적 영성을 범주화하여 유형별 특성을 고찰한다. 이를 통해 신명 사상의 종교적 지향점은 신명 공동체를 형성하는 데 있음을 밝히려고 한다.

---

6 필자가 선맥이라는 용어를 사용하는 것은 선맥이 단군신화와 풍류도, 신라의 사선, 근대 신종교의 지상선경 등이 한국 종교사에서 하나의 맥락을 이루고 있다는 사실을 강조하기 위함이다.

II. 한국 종교 문화에 담긴 신명의 맥락적 의미

1. 신명의 개념적 의미

신명은 '천지신명'의 약자이다. 천지신명이라는 말에서 보듯이 하늘과 땅에서 인간과 관계를 맺으며 천지조화를 부릴 수 있는 "범재신적 만유신관으로 우주에 편만되어 있는 신적 요소를 의인화한 개념"으로 다양한 인격적인 신령을 말한다.[7] 혹은 "귀신이나 넋 등이 인간에게 임할 때 체험하는 양분되거나 도취된 상태를 가리키는 무속 용어"라고 개념을 정의하거나 다양한 신적 존재 혹은 신령스러운 기운, 어떤 초월적 경지에 이른 상태, 사회 정서적으로 '신바람', '신난다' 혹은 '신지핌에 따른 정신 심리 상태' 등 다양한 개념적 정의를 가진다.[8] 특히 신명은 하늘과 관계를 맺을 때는 제천 의례로 숭배되며, 땅과 관계를 맺을 때는 지모신 숭배 현상으로 발현되고, 인간과 관계를 맺을 때는 인격신으로 역현하는 등 신명은 중첩적이고 다의적인 의미가 내포되어 있다.

그러면 고유한 하늘님 신앙에서 말하는 신명은 어떠한 신을 말하는 것일까? 한민족에게 전승되어 고려 후기에 기록된 『삼국유사』의 단군신화에서 하늘님 신앙의 원형을 발견할 수 있다. 즉, 환인과 환웅과 단군으로 이어지는 신 계보, 홍익인간과 제세이화라는 신권통치 문화, 환웅과 웅녀의 신인 결합에 의한 단군 탄생, 단군이 아사달에서 산신이 되었다는 사건 등이 기록되어 있다. 단군신화에서 말하는 하늘님 신앙의 유래가 일반적으로 말하는 범재론적이고 만유신적인 신령이 아니다. 한국의

---

7 장병길, 『한국고유 신앙연구』 (서울대학교 동아문화연구소, 1970), 45; 이강오, "단군 신앙(총론1) — 한국신흥종교 자료편 제2부", 「전북대학교 논문집」 10집 (1969), 9-29; "천지신명" 『원불교대사전』.

8 "신명", 『원불교대사전』.

고유한 하늘님인 신명은 환인이다. 이는 신명에 담긴 문자적 해석을 통해서도 할 수 있다. 신명은 신(神)과 명(明)의 합성어이다. 신(神)은 한국의 지고신인 환인을 말한다. 이를 흔히 '흔'이라고 한다. 또한 '흔'에 존칭어인 '님'을 붙여 '흔님', '하늘님', '흥ᄂ님', '하ᄂ님' 혹은 '하느님' 등으로 표기하기도 한다.9 이처럼 한민족의 하늘님은 단군신화에서 나타나는 바와 같이 하늘의 주재신인 환인이며 한민족의 지고신으로 등장한다. 명(明)은 '밝다'라는 의미이다. 한민족은 태양숭배, 태양신이라는 빛을 숭상한 붉(족)이다.10 붉족은 배달민족, '백의'민족이라는 붉(빛)으로 상징되는 천손이다.11 신명은 한민족의 지고신(神, 흔)이 붉족인 한국인에게 밝게(빛으로) 드러나(明, 붉)는 '신인합발'(神人合發)한 종교적 실재이다. 이를 '흔붉'이라고도 한다. '흔붉'은 선맥에서 역현하는 지고신이다.12 이런 신적 속성을 갖는 신명을 여기서는 '흔붉신명'이라고 부르기

---

9 김상일, 『흔 철학』 (상생철학, 2014); 김상일, 『흔사상』 (상생철학, 2014); 흔과 붉에 대한 여러 가지 주장은 다음에 잘 정리되어 있으니 참고할 것: 윤명철, "'한국(韓國)' 국호의 어원과 의미 분석", 「단군학 연구」 37 (2017), 129-137; 김성탁, "한국원시종교사", 175-176.

10 김경탁은 곰을 구석기 시대, 돍을 신석기 시대, 붉을 청동기 시대, 한을 철기 시대로 부르며 곰, 돍, 붉 등 하느님 관념은 태양신과 관련되어 있고, 붉 시대의 한민족을 붉족이라고 부른다. 김경탁, "한국원시종교사", 117-130; 訓蒙字會와 龜鑑諺解 등에는 明을 '볼다', '붉다'는 뜻으로 사용하고 있다.

11 "한밝사상", 『한국민족문화대백과사전』; 유병덕, "흔 붉사상의 본질과 전개", 「한국 종교」 22 (1978), 42; 최남선은 붉의 옛 뜻이 신이나 하늘을 의미하는 태양이라고 하며, 붉의 용례는 빛과 신선의 동족이라고 할 정도로 밀접하다. 최남선, 『불함문화론·살만교차기』, 전성곤 옮김 (경인문화사, 2013), 8, 36-38; 김성환은 선교와 빛을 상징어로 하여 다음과 같이 간략하게 설명하고 있다. "대우주의 빛(환한 님; 桓因, 天帝)〉태양(해; 桓雄, 解慕漱)〉〉빛의 자손(붉·불; 檀君, 夫累, 朱蒙, 東明)'으로 이어지는 천손의 계보는, 천상과 지상 그리고 우주와 인간을 하나로 이어주는 신화의 기본 플롯을 이루며 고대 한국의 여러 신화에서 반복적으로 재현된다"고 한다. 김성환, "한국 고대 仙教의 '빛'의 상징에 관한 연구(上) — '붉'의 신화와 서사를 중심으로", 「道教文化研究」 31 (2009), 29-55; (下) 32 (2010), 9-34 참조. 인용은 (下)의 18.

12 류병덕은 흔붉, 신명, 한(恨), 조상 숭배의 관념에 한국의 종교적 특성이 잘 드러나며, 선맥의 신명은 흔 붉으로 드러나며, 무맥의 신명은 恨풀이로 드러난다고 한다. 류병덕, "한국 종교

로 한다.[13] 흔붉신명은 초월적인 하느님이 한민족에게 발현(明)할 때 '신명'으로 역현(力顯)한다. 더불어 한국의 지고신인 '흔'(= 하느님)이 붉족인 한국인에게 드러날 때 '신명이 난다'고 말할 정도로 신인(神人)이 일체화된 정체성을 가진다. 이처럼 흔붉신명은 초월적이지만 인간의 몸 안에 내재한 '신'(神)과 신이 '인'(人)에게서 발현하기를 기다리는 속성을 가진 종교적 언어이다. 이는 한국인의 사유 방식에서 신과 인간은 분리된 존재가 아니고, 성과 속이 분리되지 않으며, 흔으로 인식되고 체험된다.[14] 이런 측면에서 흔붉신명은 흔님이라는 한민족의 지고신인 하늘님이 빛의 민족인 붉(족)에게 경험되는 선맥의 종교 체험을 상징적으로 표현하는 언어이다.

한국 고유 하늘님 신앙의 신적 대상인 신명은 천지의 다양한 신령적 존재가 아니고 선맥에서 역현하는 하늘님으로 신령을 주재하는 지고신의 신격과 속성을 지닌다. 이 경우 흔붉신명은 선맥과 무맥에서 서로 다른 신적 속성을 가진 신령으로 나타나게 된다. 선맥에서는 '선맥의 하늘님'으로 현현한다. 그러나 선맥 자체가 중국 도교와 습합되면서 그 정체성을 상실하고, 실증사학에 의해 신화적 사건, 허황된 이야기로 간주되어 한국의 종교 역사에서 제대로 자리매김되지 않고 있다.[15] 이로

맥락에서 본 원불교사상", 『문산 김삼룡 박사 회갑기념논문집』 (원광대학교 출판부, 1985), 14-15.

13 흔붉신명을 이스라엘의 야훼와 같은 민족신 개념으로 이해하며, 사전적인 신명의 의미와는 구별하여 독자들의 혼돈을 사전에 방지하기로 한다.

14 김상일, 『한민족 의식 전개의 역사』 (지식산업사, 1988), 229-242, 259.

15 박종홍, 김상일, 김홍철, 민영현, 이능화, 변찬린, 김정설 등은 선교적인 종교 경험과 무교적인 종교 경험을 차별적으로 인식하고 있으며, 한국 종교사의 바른 맥은 한국 고유의 신선 사상과 밀접하다고 인식한다. 대표적으로 朴鍾鴻, 『知性과 摸索』 (박영사, 1975), 139; 민영현, 『선과 흔』 (세종출판사, 1998), 90-313; 邊燦麟, "僊(仙)攷", 『甑山思想硏究』 5 (1979), 179-212 등을 참고할 것. 한국 도교의 기원에 대해서는 다음을 참고할 것: 이능화, 『韓國道敎史』, 이종은 역 (東國大學校, 1985), 29-52; 임채우, 『한국의 신선 ─ 그 계보와 전기』 (소명출

인해 흔붉신명은 흔히 무교 의례에 등장하는 신령적 존재의 기능신으로 고찰되면서 민중과 더불어 '한풀이'하고 '살풀이'하는 해원의 종교적 기능을 드러낸다. 또한 서구 그리스도교의 전래에 따라 성서 창세기의 창조주인 '엘로힘'과 동일한 신으로 간주되어 근대 민족종교에서 복원된 흔붉신명의 정체성에 혼돈을 가져오고 있다.[16] 앞으로 살펴보겠지만 흔붉신명은 선맥에서 성숙한 인간과(혹은) 존재론적 탈바꿈하는 종교적 영성으로 작동하지만, 무맥과 제도 종교에서는 역현하지 않는다. 즉, 한민족의 고유 하늘님으로서의 흔붉신명은 선맥에서 그 정체성을 오롯이 드러낸다.

2. 흔붉신명에 내포된 맥락적 의미

흔붉신명은 건국신화에서 잠시 나타났다가 '이름 없는 신'으로 한국 종교 역사에서 한동안 사라졌다. 그 정체성은 『삼국유사』에 담긴 고조선의 단군신화, 고구려의 주몽신화, 신라의 박혁거세 신화를 포함한 여섯 개의 신화에서 분명히 발견할 수 있다. 특히 단군신화에서 환웅은 환인의 도움으로 태백산에 내려와 신단수에 신시를 베풀고 홍익인간과 재세이화로 통치하며 웅녀와 결혼하여 단군을 낳고, 단군은 평양에 도읍을

판, 2018), 15-114; 장인성, 『한국 고대 도교』 (서경문화사, 2017), 13-23; 장재서, "한국 도교의 기원", 『한국 도교의 기원과 역사』 (이화여자대학교 출판부, 2006), 69-92; 차주환, 『한국의 도교사상』 (동화출판사, 1984), 104.

16 그리스도교는 다른 지역에 선교를 할 때 성서의 신을 선교 지역의 토착신의 이름으로 대체하여 현지에 거부감이 없도록 토착화를 진행하고, 선교 목적이 달성되면 토착신은 어느덧 그리스도교 교리 체계에서 형성된 신의 속성으로 변하기 마련이다. 이에 대해서는 다음을 참고할 것: 최윤식, "우리 겨레의 하느님 신앙", 「국학연구」 7 (2002), 263-266; 심상태, "The Korean Understanding of God", *Catholic Theology and Thought* 77 (2016), 133 – 166; 옥성득, 『다시 쓰는 초대 한국교회사』 (새물결플러스, 2016), 451-459.

정하여 통치하다가 나중에 아사달에서 산신이 된 한민족의 고대 이상향을 기술하고 있다. 단군신화는 환인의 자손인 단군이 산신이 된다는 신선 사상을 언급한다. 그런 면에서 단군은 죽음과는 상관없는 신선의 맥과 관련된 신적 속성을 갖는 한민족의 고유 하늘님인 환인과 도맥(道脈)을 맺는다. 이는 성서의 창세기에서 태초의 인간(인류)이 하나님에게 불순종하여 선악과를 먹고 타락하여 죽음의 존재가 되었다고 기술되지만, 한민족의 개천 세계는 환웅이라는 천신 강림과 홍익인간과 재세이화라는 통치 질서를 물려받은 단군이 종국에는 아사달에서 신선으로 산다는 평화의 생명 문화로 그려지고 있다. 우리는 그 차이를 주목하여야 한다.[17]

또한 천신과 하늘을 숭상하는 제천 의례는 부여(夫餘)의 영고(迎鼓), 고구려(高句麗)의 동맹(東盟), 동예(東濊)의 무천(舞天), 백제의 사중월(四仲月)과 오제지신(五帝之神) 등이 거행되어 흔붉신명에 대한 흔적이 남아 있다.[18] 특히 영고와 동맹은 지배계급만의 종교적 축제가 아닌 모든 백성이 모인 국중대회(國中大會)의 형식으로 공동체성이 강조되면서 계승되었다. 신라에서도 영일현(迎日縣)에서 하늘에 제사를 지내고, 영일지(迎日池)에서는 하늘, 해, 달 등에 제사를 거행한다.[19] 그러나 통일신라 이후 제천 의례는 유교의 천사상과 국가 제사 체계에 편입되면서 그 고유성과 주체성을 상실하게 된다.[20] 특히 「난랑비서」(鸞郎碑序)에 출전을 둔 '풍류'(風流)라는 종교적 정체성에서 흔붉신명의 존재를 확인할 수 있다.[21] 「난랑비서」에는 "나라에 현묘한 도가 있는데 이를 풍류라

---

17 성서 창세기의 죽음 문화와 단군신화 개천기(開天記)의 선맥 문화는 앞으로도 면밀하게 연구되어야 할 과제라는 점만 지적하고, 상세한 연구는 다음을 기약하기로 한다.

18 陳壽, 『三國志』, 「魏志」, 東夷傳, 夫餘條; 高句麗條; 濊條.

19 같은 책, 韓條.

20 박미라, "삼국·고려 시대의 제천 의례와 문제", 「선도문화」 8 (2010), 7-30; 한국의 제천 의례의 개괄적인 내용은 다음을 참고할 것: 서영대, "한국의 제천 의례", 『강화도 첨성단과 개천대제』 (강화문화원, 2009), 47-61.

한다. 그 가르침의 연원은 선사에 자세히 실려있다. (후략)"(國有玄妙之道曰風流 設教之源備詳仙史...)라고 한다. 풍류의 가르침에 대한 기원이 『선사』(仙史)에 있었다면 죽음을 극복한 신선에 대한 기록일 것이다. 신선은 죽음이라는 인간의 한계를 극복한 선가의 궁극적 인간을 말한다. 죽음을 극복한 장생불사하는 새로운 실존으로 탈바꿈하는 길을 '풍류'라고 한다. 풍류는 인간이 죽음이라는 한계상황을 극복하고 살아서 승천한다는 선맥과 밀접한 사상이다. 이런 신선을 '풍류체'(風流體)라고도 하며, 풍류체는 훈붉신명과의 호응 관계에서 존재론적 탈바꿈을 한 새로운 종교적 실존이다.

> 선(僊)은 곧 풍류체(風流體)이다. 형체 없는 바람처럼 자유한 자가 되어 생명의 피리 구멍으로 나들이하는 영(靈), 영(靈)은 바람이며 바람은 영(靈)이다. 영(靈)은 풍류체(風流體)이다. 본래 모습이 없지만 방편(方便) 따라 자유자재로 모습을 나타낼 수 있는 '무형(無形)'이면서 무한형(無限形)'의 모습! 이것이 풍류체(風流體)이다. 풍류체(風流體)가 되면 지구의 좁은 마당을 뛰어넘어 우주(宇宙)를 넘나드는 자유로운 존재가 된다(下 568).

그러나 풍류의 연원을 밝힌 『선사』는 분실되었고, 『청학집』, 『해동전도록』 등 선가서는 유교와 불교 등에 의해 신화적 사건으로 역사에서 점차 망각된다. 혹자는 풍류를 화랑도, 팔관회 등과 연관짓지만, 풍류는 현재적 관점에서 제도 종교에 포함되지 않는 '신선의 도'를 가리키는

---

21 풍류(風流)는 불(夫附)에 대한 이두식 표기이며, 불이란 붉 등 광명과 밀접한 관계가 있다. 유동식, 『풍류도와 한국 신학』 (전망사, 1992), 63. 이에 대해 변찬린은 풍류의 출처는 「난랑비서」인데 난랑은 신선을 말하며, 또한 풍류는 신선을 상징하는 동이족의 상징새로 봉황(鳳凰)을 風鳥의 합성어로서 '바람 새'라고 하면서 궁극적 인간을 풍류체라고 한다. 변찬린, "僊(仙)攷", 200-201.

종교적 언어이다. 선맥은 중국의 도교사상과는 다른 흔붉신명과 연계된 한민족 고유의 종교 전통인 도맥(道脈)이다.[22] 중국의 교단 도교에서도 선맥은 보이지 않는다.[23]

고려 시대에는 태조의 "훈요10조"에 고유의 하늘님 및 산천 신앙을 간직한 제사가 전해지고 있었다. 그러나 원구(圜丘)·방택(方澤)과 같은 중국의 천신 의례를 선택적으로 수용한다. 왕이 직접 원구단(圜丘壇)에서 하늘에 제사하면서 흔붉신명은 숭배 대상에서 멀어졌다. 또한 도교의 초제(醮祭)가 현종 9년(1018) 이후 자주 거행되고, 예종 때에는 도관인 복원궁(福源宮)을 건립하는 등 국가적 종교로서 도교 의례가 거행되면서 선맥의 정체성이 모호해진다. 몽고 침략으로 강화도로 천도한 시기에는 고대부터 흔붉신명에게 제사하던 참성단에서 초제를 거행하기까지 한다. 초제는 호천금궐지존옥황대제 등 도교의 신에게 제사를 지냈다는 의미이며, 흔붉신명이 신앙의 대상이 아니다.[24] 그러나 한편에서는 단군 숭배 의식이 활발하게 일어나 묘향산, 구월산 등지에 환인과 환웅, 단군을 모신 삼성사(三聖祠) 등을 세우고 제사를 드렸다. 평양신사, 평양묘, 삼성당 등과 같은 신당에는 단군의 위패가 모셔져 있어 흔붉신명이 외형적으로 그 명맥을 유지한다.[25] 고려 시대는 고유의 하늘님 신앙이 명맥상 유지되었지만, 일반적으로 유교의 제천 의례, 도교의 제초 의례, 불교의 연등회 등과 같은 법회, 무속적인 기우제 등이 다원적으로 거행되었다.[26]

---

22 대표적인 연구 성과는 다음을 참고할 것: 유병덕, "風流道와 彌勒思想",「韓國宗教」29 (2005), 218-256; 도광순, "풍류도와 신선 사상",「도교학연구」3 (1988), 1-32; 변찬린, "儒 (仙)攷"; 도광순,『神仙思想과 道教』(범우사, 1994); 이능화,『조선도교사』; 김범부,『풍류 정신』(정음사, 1986), 145-147.

23 石田秀實,『氣流れる身體』(平河出版社, 1987), 251-299.

24 김성환, "국가제사에서의 단군과 참성단제사",『개천대체 재정비를 위한 학술회의 대회보』 (강화문화원, 2008. 12. 12.), 61.

25 김성환,『고려 시대의 단군전승과 인식』(경인문화사, 2002).

흔붉신명은 도교의 지고신으로 대체되고, 무교 의례의 신령적 존재로 민중에서 현현하게 된다.[27]

조선 시대에는 성리학이 통치계급의 지배 이데올로기가 되면서 고려의 불교 의례가 비판되고, 도교의 소격서마저 철폐된다. 중국의 제후국으로서 한국 고유의 제천 의례는 음사(淫祀)로 배척받아 폐지된다. 왕이 직접 원구단에서 비와 풍년을 빌었으며, 단(壇)을 쌓고 사직 제사를 거행하였지만, 제천 의례는 할 수가 없었다. 즉, 국가 차원에서 흔붉신명에 대한 신명 의례는 거의 자취를 감추었다.

선맥과 무맥 그리고 교단 도교 사상과 혼재되어 망각되기도 했던 흔붉신명은 근대에 들어 최제우의 신비 체험에서 그 정체를 드러낸다. 최제우의 하늘님 체험은 흔붉신명이 발현한 종교적 사건이다. 비록 하늘님 체험이 무교의 강신 체험과 같은 외피를 띠지만, 강신무의 신령 체험과는 달리 자신의 정체성을 상실하지 않고 상제와 대화를 하는 다른 유형의 종교 체험을 한다.[28] 고대의 신화적 사건으로 이해하던 '선맥의 하나

---

26 김일권, "고려 시대의 다원적 至高神 관념과 그 의례사상사적 배경", 「한국문화」 29 (2002), 117-148.

27 박일영은 무교 신앙은 신라 말의 처용의 전설을 시작으로 간주하고, 무당굿의 공식기록은 고려 현종 12년(1201)으로 삼고 있다. 박일영, "한국 전통 사상의 하느님", 「가톨릭신학과 사상」 47 (2004), 129-130; 유동식은 이능화의 『조선도교사』를 인용하며 단군신화를 무속의 기원이라고 한다. 유동식, 『韓國宗敎와 基督敎』(대한기독교서회, 1996), 34; 이능화는 신선 사상의 연원을 조선에 두고 단군을 신인 혹은 신선으로 간주한다. 무교와 신교를 분리시키고 않고 혼재된 개념으로 사용하고 있지만, 현재 우리가 이해하는 개념이 아닌 것만은 확실하다. 이능화, 『조선도교사』, 23-24; 한국인의 종교적 심성을 '무교'라고 보는 것이 통설이다. 이로 인해 '풍류'사상과 '신선 사상' 등을 포함한 선맥에 대해서는 거의 관심을 보이지 않는다. 대표적인 책은 다음을 참고할 것: 유동식, 『韓國宗敎와 基督敎』, 12, 13-39; 유동식, 『韓國巫敎의 歷史와 構造』(延世大學校出版部, 1981), 15; 최준식, 『한국 종교, 문화로 읽는다 1』(사계절, 1998), 19-106.

28 이는 초월적인 신비 체험은 동일하다는 보편주의보다는 오히려 종교 문화적 맥락에 따라 동일하지 않다는 구축주의와 유사한 유형으로 나타난다. 성해영, "동서양 종교 전통의 신비적 합일 체험은 동일할까? — 보편주의와 구축주의의 논쟁을 중심으로", 「종교문화연구」

님'인 흔붉신명이 근대 민족종교에서 역현한다. 이로 인해 잃어버린 한국의 원형적 세계관이 '다시 개벽' 혹은 후천 세계에 펼쳐질 죽음 없는 이상 세계가 전개된다고 선언한다. 이것이 '지상선경'(地上仙境)이다.

흔붉신명은 동학에서 'ᄒᆞᄂᆞᆯ님'(또는 하늘님), '천주'(天主), '상제'(上帝) 등 신의 이름은 다르지만 지고신의 위격으로 나타난다.[29] 증산교에서는 강증산 자신이 지상에 강림하여 동서양의 지방신, 문명신 등 다양한 신명을 천지공사에 동원할 수 있는 지고신의 신격이라고 주장한다. 또한 대종교도 한얼님이라는 지고신을 내세운다.[30] 이처럼 동학과 증산교, 대종교의 지고신은 인격신의 성격을 띠고 있다. 원불교는 "초기 역사에 쓰이던 '천지신명'(天地神明)이라는 말은 당시 '사중보은'(四重報恩) 혹은 '사은'(四恩)이라는 말로 바뀌어" 온 우주를 인격화한다.[31] 이처럼 근대에 들어 흔붉신명은 역사적 지평에 등장하여 한민족의 역사에 개입하기 시작한다.

31 (2018), 1-31.

29 '천주'에 대하여 최제우는 『동경전』에서 '시천주'(侍天主) 주문을 해설하면서 '주'를 "존칭으로서 부모처럼 섬긴다"는 뜻으로 풀이하고 있다. 그렇다면 '주'는 존칭 '님'에 해당하여 '천주'는 'ᄒᆞᄂᆞᆯ님'의 한자식 표현일 따름이다. 최제우가 최초로 신과 접한 득도 체험을 할 당시 신이 스스로 "세상 사람이 나를 상제라 이르거늘 너는 상제를 알지 못하느냐'라고 하지만, 주로 상제보다는 한글 가사인 『용담유사』에서는 'ᄒᆞᄂᆞᆯ님'을, 한문 문헌인 『동경대전』에서는 '천주'라는 호칭을 쓴다. 'ᄒᆞᄂᆞᆯ님'이라는 호칭은 'ᄒᆞᄂᆞᆯ'(天)에 존칭어 '님'을 붙인 것으로 우리 민족이 전통적으로 최고신으로 숭앙해왔던 신의 명칭이고 현대어로 바꾸면 '하늘님' 또는 '하느님'이 된다. 이는 최제우가 새로 만든 호칭이 아니고 민중이 쓰던 호칭이다. 최종성, "東學의 신학과 인간학", 「종교연구」 44 (2006), 150-152.

30 박광수, "소태산의 神明思想 — 소태산의 샤마니즘과 민족종교에 나타난 신명사상의 비판적 수용", 「원불교학」 2 (1997), 272; 원불교 대사전은 "신명(神明)은 "하늘과 땅의 신령. 천신, 천지신명(天地神明)의 준말이다. 우리 민간신앙과 증산교에서의 신명은 다양한 종류의 신들을 가리키는 개념으로 쓰이고 있다. 원불교에서는 진리당체와 같은 개념으로 우주에 꽉 차 있는 한 기운과 우리 인간의 본래 성품을 의미하는 뜻으로 일원상 진리의 초기 표현으로 사용되기도 했다"고 정의하고 있다.

31 박광수, "소태산의 신명 사상", 266-272.

이외에도 근대에 들어와 한국 선도의 부흥과 더불어 나철의 대종교
와 백봉교단(白峯敎團)에서 제천 의례를 부활한다. 또한 대한제국 말기
에 나철의 대종교에서 ㅎ붉신명 의례가 나름대로 부활하였다. 고종 34년
(1897)에는 대한제국의 황제로서 제천의식을 하는 원구단을 만들었지
만 ㅎ붉신명에 대한 종교 의례가 아닌 중국식 의례의 재현에 불과하였다.
    그러면 서학의 전래에 위기감을 느낀 최제우에게 나타난 ㅎ붉신명
은 이스라엘 민족신인 야훼와 그리스도교의 교리화된 신관과 동일한
신적 속성을 가질까?[32] 흔히 그리스도교의 우주 창조의 신인 '엘로힘'과
'환인'을 동일한 '하느님' 혹은 '하나님'으로 간주한다.[33] 또한 동학과 서
학에 대한 신 관념을 비교하며 최제우가 체험한 하늘님은 한국의 고유한
신명으로 지고신의 신격을 지닌 초월성과 내재성, 범재신론의 성격을
가진 신관이라고 한다.[34] 그러나 상대적으로 ㅎ붉신명과 그리스도교의

----

32 김상일은 최제우 당시에 조선에 전래된 것은 천주교이며, 20세기의 그리스도교는 패러다임
    자체가 바뀌었다는 것을 강조하며 교리화된 천주교를 '신서학'이라 부른다. 김상일, 『동학
    과 신서학』(지식산업사, 2000).

33 허호익, "한중일 신관 비교를 통해 본 환인 하느님 신관과 한국기독교", 「단군학연구」 13
    (2005), 515-560; 1977년 『공동번역성서』에서 한의 보통명사로서의 신명은 문법상 '하느
    님'이 되어야 한다는 이유로 성서의 엘로힘을 하느님으로 번역하였지만 선교 등의 이유로
    개신교 신학자는 '하나님'을 사용하는 것을 용인하는 태도를 보이고 있다. 김광식, "하나님
    과 하나님", 「신학논단」 27 (1999), 115-130; 일부 신학자들은 환인은 신화적 신이며, 환인의
    손자인 한민족의 시조신인 단군성전 건립에 배타적 태도를 보인다. 또한 단군신화와 성서
    의 창세기에 포함된 신화적 사건을 취급할 때 상응하는 해석학적 태도를 보이지 않고 호교론
    적인 해석을 하고 있다. 이진구, "단군상 논쟁을 통해 본 신화와 역사 담론", 『신화와 역사』
    (서울대학교출판부, 2003), 300-305.

34 최제우의 신비 체험을 한국인의 지고신 체험이라는 공통점이 있으며, 초월적 내재·내재적
    초월과 범재신론의 속성을 가진다고 말한다. 차옥숭, "수운의 사상에 나타난 동서 교섭의
    양태 ― 신 이해를 중심으로", 「동학학보」 21 (2011), 215-242; 김승혜, "한국인의 하느님
    개념", 107-128; 최종성, "동학의 신학과 인간학", 139-168; 성해영, "수운 최제우(水雲 崔濟
    愚) 종교 체험의 비교종교학적 고찰 ― '체험-해석틀'의 상호관계를 중심으로", 「동학학보」
    18 (2009), 271-306; 김용해, "동학과 서학: 그리스도교와 천도교의 신관 비교", 「동학학보」
    6 (2003), 85-125.

신적 속성의 차이에 대해서는 거의 무관심하다. 다시 말하면 최제우가 체험한 흔붉신명과 '야훼'는 상이한 신적 속성을 가졌음에도 동일한 지고신으로 평가하는 경향이 있다. 과연 그럴까?

단군신화의 환인과 최제우의 상제 체험에 나타난 흔붉신명은 그리스도교의 신학 체계에서 이해하는 '인간이 죽은 후에 영혼을 구원'하는 '죽은 자의 하나님'이 아니다. 흔붉신명은 죽음을 극복한 완전한 인간과 관계를 맺는 '산 자의 하나님'으로 '선맥의 하늘에 계신 하나님'이다(上 64-69; 下 573). 흔붉신명을 체험한 민족종교의 창교자는 지상 천국에서 선인이라는 궁극적 인간이 산다는 '산 자의 하나님', 곧 '선맥의 하늘님'을 선언하고 있다.

아브라함 가의 부족신이었던 하나님은 모세에게 역현하여 이스라엘의 민족신인 야훼로 선포된다. 그러나 신약성서에서 야훼는 신적 존재인 천사라고 기술된다(上 62-90, 182-188). 그러나 흔붉신명은 한민족의 지고신으로 '선맥의 하늘님'이다. 야훼 신관은 죽은 자의 영혼을 구원하는 신관이며, 흔붉신명은 풍류도의 도맥을 간직한 '선맥의 하늘님'이다. 흔붉신명과 야훼는 동일한 신적 속성을 가지고 있지 않음에도 야훼는 동학의 신비 체험으로 되살아난 흔붉신명이 이스라엘의 민족신에 의해 추방당할 위기에 처해 있는 실정이다.[35]

---

35 이스라엘 민족의 유일신이 유대교, 그리스도교, 이슬람의 사천 년 역사를 통해 다른 민족신을 배척·수용·융합하는 발전의 역사의 과정은 다음을 참고할 것: 카렌 암스트롱, 『신의 역사 I』, 배국원·유지황 역 (동연, 1999); 『신의 역사 II』 (동연, 2007). III부 2장 I "방황하는 한국의 '하늘님'"을 참고할 것.

III. 영성(靈聖)으로서 혼붉신명

일반적으로 영성(靈性)이라는 용어는 그리스도교 담론에서 형성되어 '종교를 넘어선 종교', 즉 신비주의와 제도 종교를 넘어선 종교성을 지칭하는 개념으로 사용된다. 한편으로는 종교의 세속화에 대응한 영성과 제도 종교를 넘어선 공동체와 개인의 영성을 개발하기 위한 종교성을 가진 새로운 흐름을 영성운동이라고 한다.[36] 영성운동의 주된 관심이 인간 완성이라고 하는 궁극적 인간을 추구한다면 이를 신학적 개념이 내포된 영성보다는 다양한 종교 현상에서 신비스러운 영적 기운을 인간이 내재하고 이를 일상생활에서 성스럽게 실천한다는 개념이라면, '영성'(靈聖)이라는 종교적 언어가 오히려 가치중립적이다. 혼붉신명이란 언어 자체에 유교의 천성, 불교의 불성, 그리스도교의 영성 등을 포월하는 '종교 아닌 종교'의 탈종교화한 개념으로 초월적 하늘님이 인간의 몸에 내재되어 일상생활에서 성스러운 생활을 하는 종교성이란 의미가 내포되어 있다.[37]

앞에서 말했지만 혼붉신명은 선맥과 무맥의 경계층에서 발생하는 종교 현상이다. 즉, 혼붉신명은 선맥에서는 자발적이고 주체적이고 능동적인 영성의 형태로 역현되는 엘리트 종교 형식을 가진다면, 무맥에서는 대중적인 '한풀이'를 하는 일시적인 영성의 형태로 발현하는 민중 종교의 형식을 가진다. 잘 알다시피 무맥에서 발현되는 종교적 현상은 이미 상당한 연구가 축적되어 있기 때문에 논지 전개에 필요한 정도만

---

36 영성운동은 신과의 합일을 통해 인간의 영성 계발과 우주와 인간이 조화를 이루는 종교적 특성을 가진다. 노길명,『한국의 종교운동』(고려대출판부, 2005), 219-231; 윤승용, "한국 신종교에 대한 종교사적 연구와 과제",『한국 신종교 지형과 문화』(집문당, 2015), 83-85.
37 필자의 영성(靈聖)에 대한 개념은 이미 다른 책에서 제안한 바가 있다. 이 글에서 별도의 언급이 없으면 '영성'(靈聖)으로 이해하기 바란다. 이호재,『혼붉 변찬린』, 28.

언급하고 선맥을 중심으로 한 흔붉신명의 영성을 신인합발의 상관적 영성, 지속 가능한 영성, 창조적 영성이란 범주로 분류하여 살펴보기로 하자.

첫째, 흔붉신명은 인간의 주체적이고 자발적인 실존적 결단에 내재한 하늘님이 호응하는 신인합발의 상관적 영성이다. 제도 종교 문화에서 '선맥의 하늘님'으로 역사적 지평에서 역현하지 못한 이유는 유교 의례 등 제도 종교와 국가권력의 제사 체제에 편입되지 않는 주체적인 영성의 성격을 가졌기 때문이다. 이런 측면은 제도 종교와 국가권력에 저항하거나 배타적인 종교성으로서가 아니고 혹자가 주장하듯이 외래 종교의 신을 수용하면서도, 그동안 자신을 드러내지 않고 '없이 계신 하나님'으로 자신의 신적 속성을 상실하지 않은 원인이기도 하다. 특히 흔붉신명은 한국인의 종교적 심성에 초월적인 신으로 내재하여 특이한 시점에 내재적인 초월로 발현될 잠재태(潛在態)로 다양한 신들과 공존하는 평화의 영성이다.

무맥에서는 신령의 내림이 강신무인 무당의 내재적인 힘에 의한 자발적인 현상이 아닌 타율적인 수동성에 기인한다. 그러나 선맥에서는 흔붉신명은 이미 인간의 몸에 내재하여 초월적 발현을 위해 '신명나는' 상태를 대기하고 있다. 따라서 흔붉신명의 역현은 인간의 자율성과 자발성이 주체적으로 작동되어야 한다. 이런 측면에서 한민족이 고래로부터 자기 수련을 하는 전통은 무맥의 전통이 아닌 선맥의 전통으로 이해하여야 한다.[38] 이처럼 흔붉신명은 내재된 초월적 '흔'은 자기 극복과 자기 수련을 통해 역현할 수 있는 역동성을 가진 종교적 기제이다. 그렇기에 흔붉신명은 동학을 비롯하여 근대 민족종교에서 기존의 종교 전통을 포월한 새로운 종교 영성으로 드러난다. 만약 시공을 초월해 존재하는

---

38 윤이흠, "한국 종교사의 이해 — 고대에서 고려조까지", 「종교와 문화」 10 (2004), 5-6.

인간이 확장된 자기 정체성을 찾아내려는 시도를 영성이라고 정의한다면, 동학은 최제우에게서 시작된 토착화된 영성의 재발견 노력이다.[39] 증산교에서는 강증산이 지고신의 신격으로 다양한 신명, 즉 조상신, 지역신, 문명신, 역적, 척신 등 다양한 기능신을 선천의 '모사재인(謀事在人) 성사재천(成事在天)'의 방법이 아닌 후천의 '모사재천(謀事在天) 성사재인(成事在人)' 하는 인간주도의 종교적 영성을 제시한다. 또한 대종교에서는 '성통공완'(性通功完)하는 주체적인 종교성을 갖추어야 '천궁' (天宮)에 갈 수 있으며, 원불교는 '물질이 개벽하니 정신을 개벽하자'는 정신 개벽의 종교적 선언과 같이 내재된 인간 심성의 종교성을 개발해야 한다는 '병진론'(竝進論)을 말하고 있다.[40] 이처럼 흔붉신명은 인간과 함께 살며 인간의 삶에 영향을 주는 지고신으로 인간과 신적 존재(원리)와 조화롭게 공존하고 있다. 이런 토착화된 영성의 재발견은 '신인합일' 된 하늘님이 내재적 초월(= 신명나는)하는 주체적 영성이자 신과 인간이 상호 협력하는 흔붉신명의 종교적 영성의 특성이기도 하다.

　　더 나아가 흔붉신명은 서구 그리스도교와의 만남을 통해 희랍적 이원화의 사유 체계로 형성된 하늘나라의 '비가시적 교회'와 지상에 있는 '보이는 교회'의 분리화 현상의 허구성을 밝힌다. 인간 가운데 임재한 하나님이라는 흔붉신명의 신인합일적 개념은 성서적 맥락에서 성서의 하느님은 외형적인 건물 성소가 아닌 인간의 몸에 내재해 있는 '인간 성전'(렘 31:33-34)이며, '인격 교회'(롬 12:1; 엡 2:20-22; 고전 3:16, 19; 고후

39 한자경, "동학의 이상사회론 — 동학의 종교성과 혁명성을 중심으로", 「철학사상」 17 (2003), 39-73; 한자경, "동학의 종교성 유학에서 서학, 무교, 불교를 거쳐 동학으로", 「동학연구」 16 (2004), 157-185.
40 병진론은 원불교의 교리와 의례 그리고 종교 사업을 하나의 종교적 역량으로 모으는 핵심원리이다. 심일섭, "圓佛敎와 三大事業 竝進敎化", 「원불교사상과 종교문화」 16 (1993), 45-70.

6:16; 히 8:10-11)라는 사실을 강조한다. 즉, 신성한 '비가시적 교회'와 세속 사회의 '가시적 교회'를 분리 개념으로 이해하는 그리스도교적 교리 체계에 대해 흔붉신명은 '인간 = 성소'임을 밝힌다. 이처럼 흔붉신명에는 '살아있는 하나님'의 몸이 된 성전이라는 성서의 본의적 개념을 내포하고 있다.

하나님과 인간이 하나가 된 성전! 이것이 새날의 교회이다(啓 272).

흔붉신명의 발현에는 이미 '자력'과 '타력'이라는 이원론적 구별 자체가 필요 없다. 오직 '줄탁동기'(啐啄同機)의 동시성을 가진 신인합발의 '합력'(合力)이 필요하다. 인간의 몸에 내재한 흔붉신명은 인간의 자발적인 종교적 자각과 주체적 결단만이 흔붉신명을 역현시킬 수 있는 상관적 영성이다.

둘째, 흔붉신명은 지속성을 가진 신명성이다. 세습무나 학습무가 아닌 강신무의 경우 '신명이 내린다'라든가 '신지핌' 현상은 초월적인 신령이 무당의 몸 안으로 오는 강신 현상이다.[41] 하지만 '신명난다'는 것은 선맥의 하느님을 자각한 인간에게 발현하는 지속성을 가진 종교 현상이다.

흔붉신명은 종교적 엘리트의 주체적 수련에 의해 선맥에서 역현하지만, 다수의 민중에게는 무맥에서 신령적인 존재로 나타난다.[42] 무맥에서 역현하는 신령은 무속 의례가 끝나면 종교적 영험, 즉 그 종교성은 지속되지 않는다. 왜냐하면 무교의 신명은 초월적인 존재로 무당에게

---

41 무교적 맥락에서 신명의 의미와 용례는 다음을 참고할 것: 김열규, "한국무속 신앙과 민속", 『한국무속의 종합적 고찰』 (고려대학교 민족문화연구소, 1982) 63-73.

42 특히 한국 무교를 한국 종교의 원형으로 보는 유동식은 선맥과 무맥(巫脈)을 혼돈하고 있다. 이런 무맥과 선맥의 오해를 김상일은 무맥과 선맥의 뒤틀림 현상이라고 말한다. 김상일, 『한민족 의식 전개의 역사』, 179-223.

감응을 통하여 인간의 길흉화복에 관여하는 의례 형식을 가지기 때문이다. 무교의 신명은 단골판에서 청신(請神)과 오신(娛神)과 송신(送神)의 과정을 통해 무당과 참여자에게 한정된 종교 의례로서 완결되는 형식을 띠고 있다.

그러나 흔 붉신명의 역현 현상의 지속 여부는 개인과 공동체의 종교적 수련 의례의 종교적 영험에 달려있다. 앞에서 살펴보았듯이 흔 붉신명의 신명성은 결코 외재적 종교 의례와 국가통치 질서의 지배올로기 혹은 종교적 위계에 의한 강제성에 의해 발현되지 않는다. 오직 흔 붉신명은 인간과의 호응적 상관성에 의해 '내재적 초월'을 통해 신명성이 발동한다. 신명성을 역현하기 위해 민족종교는 다양한 종교 의례를 거행한다.[43] 최제우는 서학의 전래로 위기감을 느끼고 수운이라는 호를 쓰면서 자신의 종교 체험을 영속시키기 위해 시천주 주문을 전수하고, 최시형은 양천주로 창조적 계승을 한다. 시천주 주문은 흔 붉신명의 영속을 위한 종교적 방편이다. 즉, 시천주의 주문에는 이런 뜻이 오롯이 들어있다.[44] 증산교에서도 동학의 주문과 가사가 수용되었으며, 흔 붉신명이 영속되는 인간은 신명이 인간을 호위하고(대순전경 3:103), 신명공사에 신명과 협력하여 천지공사를 집행하며(대순전경 2:5, 9), 신명은 인간의 성격과 체질마저 바꾼다는(대순전경 5:10) 신명마저 부릴 수 있다는 인존 시대의 개막을 선포하고 있다. 원불교는 박중빈이 제자와 더불어 천지신명에게 한 법인기도(法認祈禱) 혹은 혈인기도에서 공동체적 종교적 영험이 나타난다. 원불교는 "통례편", "가례편", "교례편"의 구성된 『원불교예전』

---

43 민족종교의 종교 의례의 사상과 구조, 의례 형식은 다음을 참고할 것: 박광수, 『한국 신종교의 사상과 종교문화』(집문당, 2012), 303-433.

44 시천주 주문은 21자로 '지기금지(至氣今至) 원위대강(願爲大降) 시천주(侍天主) 조화정(造化定) 영세불망(永世不忘) 만사지(萬事知)'이며, 증산교에서도 이 주문을 같이 사용하고 있다.

의 종교 의례를 통해 궁극적으로 영육쌍전한 생불로 거듭날 수 있다는 가능성을 제시한다. 대종교는 한민족의 제천 의례를 현대에 재건하여 『삼일신고』에서 한울님과 한얼집에 사는 '성통공완'(性通功完)한 신명성이 영속한 인간형을 제시한다. 민족종교는 이처럼 과거의 세계관과 결별하면서 정신 개벽을 구현하고 신명성이 온전히 발현한 인간상의 실체를 민족종교는 말하고 있다.

그러나 유교 의례, 도교 의례, 불교 의례, 그리스도교 의례 등 제도 종교의 종교 의례는 의례 공간과 일상 공간이 분리되어 의례 행위가 지속될 수 없는 의례 구조를 갖는다. 성스러운 의례가 종결되면 세속적인 일상생활로 돌아가는 성과 속의 변증법적 구조를 가지지만, 흔붉신명은 기본적으로 의례 공간과 일상 공간이 몸 안에서 일치되어 있다. 따라서 흔붉신명은 종교적 인간과 건물 성소가 분리된 제도 종교의 성속 차원을 뛰어넘어 신과 인간이 합일된 새로운 성소 개념을 제시하는 종교적 영성이다. 즉 흔붉신명은 인간이 '몸 안에 신을 모신' 의례 공간 자체이다. 인간과 신이 합발하는 흔붉신명은 이기적인 구도적 자세가 아닌 이타적인 구도 정신과 개벽 정신의 정도에 따라 단속적, 일시적, 영속적으로 역현한다. 흔붉신명은 개인과 공동체의 각성과 실천에 따라 영속적으로 발현하는 공공성을 가진 종교적 영성으로 작동한다. 강조하지만 흔붉신명은 위계적이고 배타적인 제도 종교의 의례, 정치적 지배 이데올로기, 타율적이고 정형화된 영성에서 발현되는 영성이 아니고, 탈(脫)제도 종교, 출(出)의례화한 종교적 영성에서만 역현하여 지속성을 가진다.

셋째, 흔붉신명은 궁극적 인간으로 존재론적 탈바꿈을 하는 창조적 영성이다. 불완전한 인간이 완전한 인간으로 탈바꿈하는 종교적 영성이기도 한 흔붉신명은 선맥에서 발현하는 사건이다. 무속과 유교, 불교, 심지어 도교 등 종교 의례에는 존재 탈바꿈에 대한 선맥은 보이지 않는다. 한국 민족종교가 제시하는 개벽 세계는 '지상선경'에 사는 완전한 인간을 말한다.

인간은 생리적인 죽음이라는 한계상황을 극복하기 위해 다양한 종교 수련법을 개발한다. 기도, 명상, 기 수련, 단전호흡, 간화선 등의 개인 차원의 종교 수련은 물론이고, 다양한 종교 의례도 개발한다. 이는 한국의 민족종교도 예외가 아니다. 동학은 시천주와 양천주를 위해 수심정기(守心正氣)하여 인격 완성을 도모하고 있으며, 김일부는 『정역』에서 신명개벽을 통하여 "인간이 주체적으로 개벽의 원리를 체득하게 되면 본래의 인간 신명성이 발동하여 신인일여(神人一如)의 경지"[45]에 이르러 유리정토(琉璃淨土)에 황극인(皇極人)으로 출현한다. 또 증산교는 천지인 삼계의 개벽공사 중 인간 개조 공사를 통해 후천선경에는 인간이 신명마저 부르는 경지에 도달하는 인존 시대를 예고한다. 원불교에서는 '영육쌍전'한 완전한 인간이 용화회상이라는 낙원에서 생활한다. 대종교는 나철이 1916년 구월산(九月山) 삼성사(三聖祠)에서 죽을 때 남긴 유서에서 "살고 죽는 것이 몸 껍데기에 있는 것이 아니고 믿음과 의로움은 오로지 신명(神明)이 증거(證據)한다"는 생사관을 말하며[46] "한울은 한얼님의 나라라 한울집이 있어 온갖 착함으로 섬돌을 하고 온갖 덕으로서 문을 삼았느니라. 한얼님이 계신 곳으로서 뭇 신령과 모든 밝은 이들이 모시고 있어 지극히 복되고 가장 빛나는 곳이니, 오직 참된 본성을 통달하고 모든 공적을 다 닦은 이라야 나아가 길이 쾌락을 얻을지니라"라고 한울에 사는 절대의 쾌락을 누리는 참 인간상을 그리고 있다.[47] 이처

---

45 윤승용, 『한국 신종교와 개벽사상』 (모시는사람들, 2017), 202.

46 "유증지기인체(遺贈知己仁棣), 사생부재구각(死生不在軀殼) 신의유증신명(信義惟證神明)." 박광수, 『한국민족종교의 사상과 종교문화』 (집문당, 2012), 370 재인용.

47 "天神國 有天宮 階萬善 門萬德 一神攸居 群靈諸哲護侍 大吉祥 大光明處 惟性通功完者 朝永得快樂." 「三一神誥」 "天宮訓."

럼 흔붉신명은 완전한 인간을 추구하는 인간이 존재론적 탈바꿈을 하여 완전한 인간으로 변화시키는 종교적 영성이다.

흔이라는 지고신이 붉(明)이라는 인(人)과 신인합발할 때 궁극적 인간인 선인(仙人)이라는 신인(神人)으로 탈바꿈하여 궁극적 인간으로 완성된다. 이런 완전한 인간은 "시공을 초월하고 내재하기를 자유자재롭게하는 이율배반적인 존재 양태를 가진 새 실존"이다.[48] 민족종교는 내재적 초월을 지향하는 흔붉신명을 발현하기 위해 주체적이고 자발적인 종교 수련과 구도를 통해 풍류체라는 궁극적 인간이 될 수 있는 대중의 길을 제시하고 있다.

IV. 공공성으로서의 흔붉신명 공동체

한민족의 지고신을 체험한 민중 종교가 한국이라는 삶의 구체적 정황에서 한민족의 보편적 종교성을 지구촌 사회에 드러내는 방법은 무엇일까? 이는 근대 민족종교가 가진 종교적 딜레마이기도 하다. 윤승용은 "한국 신종교에 대한 종교사적 연구와 과제"라는 글에서 서구 종교 담론에서 형성된 종교적 패러다임을 극복하고 '민족종교'라는 한계 담론을 보편화할 수 있는 종교적 역량으로서의 잠재성을 평가하고 있다.[49]

서세동점의 지구촌 합류 시대에 탄생한 토착적 근대와 자생적 근대

---

48 필자는 선맥에서 온전한 인간을 '풍류체'라고 하면서 제도 종교의 궁극적 인간이 지향하는 메타언어, 이율배반적인 존재 양태, 창조적 진화의 완성체라고 개념을 정의한 바가 있다. 이호재, "변찬린의 풍류사상에 대한 종교적 이해 —풍류 도맥론(風流道脈論)의 영성(靈聖) 담론의 가능성을 위한 시론", 「한국 종교」 45 (2019), 325-355.

49 윤승용, "한국'근대종교'의 탄생; 한국의 근대 신종교, 근대적 종교로서의정착과 그 한계: 개벽사상을 중심으로", 「종교문화비평」 22 (2012), 165-208; 윤승용, "한국 신종교에 대한 종교사적 연구와 과제", 「한국 종교」 36 (2013), 85-131.

의 민족종교로서의 정체성을 바탕으로 보편성을 담보한 종교적 지평을 확대하는 방법을 공공성이라 한다면,[50] 흔붉신명은 앞에서 언급했듯이 개인 차원의 인격적 성숙은 물론이고 이것이 공동체성으로 나타나야 한다. 흔붉신명 공동체의 공공성은 개별 민족종교의 종교 의례에만 보존되는 한정된 근대종교의 형태가 아니라, 사회변혁과 문명 개벽을 추동하는 종교적 기제로서 공공영역이라는 사회와 역사적 지평에서 구현되어야 한다.[51] 이런 측면에서 흔붉신명의 재인식을 통하여 형성된 근대 민족종교는 한민족이 중심이 되어 지구촌 차원에서 현세 구제 공동체, 평화 공동체, 지상선경 공동체라는 새 문명의 이상 세계를 구현한다는 지향성을 가지고 있다.

흔붉신명 공동체는 현세관과 내세관이 분리되지 않는 현세 구제 공동체이다. 흔붉신명은 민중에게는 현세적인 구원재로서 작동되며, 종교 지도자에게는 민중의 종교 욕구를 수용하면서 개벽을 추동하는 창조성이다. 초기 동학운동의 '다시 개벽'의 종교적 선언은 근대종교로 변신하는 천도교에서 정신 개벽, 민족 개벽, 사회 개벽으로 개벽 공동체를 지향한다. 한울님을 지극히 모시면 누구나 궁극적 인간이 되며, 이런 인간이 주체가 되어 요순 시대와 같은 대동 세계를 구현할 수 있다. 증산교의 창교자 강일순은 자신이 종교 역사에 출현한 다양한 신령들을 주재하는 지고신의 신격으로 천지공사를 집행하는 해원신을 자처한다. 선천의 쌓인 묵은 원한을 해원하고 천지공사라는 개벽 의례를 통해 '남이 잘되게 하고 남에게 척과 원한을 지지 않는' 해원상생 공동체를 지향한다. 대종교도 지상 천국과 천상 천국의 메타포를 가진 '천궁'(天宮) 개념을 통하여 삼법수행이라는 수련 의례를 통하여 성인으로 거듭나는[52]

---

50 원광대학교 원불교사상연구원, 『근대 한국 개벽종교를 공공하다』 (모시는사람들, 2018).
51 김용한, " 세계화 시대의 민족주의와 민족종교", 「민족종교연구」 26 (2012), 1-26.

천궁 공동체를 지향하며, 원불교는 종교적 표어인 '처처불상(處處佛像) 사사불공(事事佛供), 무시선(無時禪) 무처선(無處禪), 동정일여(動靜一如) 영육쌍전(靈肉雙全), 불법시생활(佛法是生活) 생활시불법(生活是佛法)'은 일상생활에서 공동체적 용상회상을 구현하는 생활 불교 공동체를 목표로 한다. 이처럼 흔붉신명 공동체는 제도 종교의 독자성을 가진 종교 의례를 통해 그 함의는 계승되고, 확인하고, 강화되겠지만 기본적으로 신과 인간이 분리되지 않는 인격 성전으로서 생활 공동체를 지향한다는 공통점이 있다. 이는 흔붉신명 자체가 (지고)신과 인간의 합성어로서 한민족이 신인(神人)으로서 생활하고 있다는 역사적 사건이 근현대의 민족종교에서 발현하는 데 기인한다. 흔붉신명의 재발견으로 형성된 민족종교는 성속의 차별과 분별의 종교가 아니고 성속이 일치하여 어느 곳에서나 공공성을 상실하지 않는 생활 공동체로서의 누구나 구제(원)한다는 종교적 기제를 담지하고 있다.

한편 한민족의 평화정신을 평화 공동체로 확산하려는 흔붉신명 공동체는 지구촌 차원의 공공성의 표현이다. 흔붉신명 공동체의 원형은 평화 세계이다. 단군신화의 평화 세상은 한민족을 상징하는 공동체적 세계관이다. 이를 창조적으로 계승한 근대 민족종교는 한민족이 중심이 되는 평화로운 세계를 지향한다. 동학은 인간이 평등하고 조화롭게 사는 동귀일체(同歸一體)의 세계로 '다시 개벽'될 무극대도의 세상의 발원지는 한국이고, 그 주인공은 한민족이다. 증산교는 "대중화가 소중화가 되고, 소중화가 대중화가 된다"는 선민의식을 바탕으로 신명의 해원을 통하여 지상의 상생 공동체를 지향한다. 대종교는 단군의 개천을 근대에 다시 중천했다고 하며 조화주(造化主) 환인과 천부인을 가지고 백두산에 내려온 교화주(敎化主)인 환웅, 나라를 세워 홍익인간과 재세이화의

---

52 정경희, "韓國仙道와 '檀君'", 「道敎文化硏究」 30 (2009), 91-135.

세계를 펼친 치화주(治化主) 단군을 신앙하며, 한국인은 천손으로서 평화로운 이화 세계를 구현한다. 원불교는 천지은, 부모은, 동포은, 법률은이라는 사대은을 보은(報恩)의 우주적 원리라고 한다. 이를 정산은 동원도리(同源道理), 동기연계(同氣連契), 동척사업(同拓事業)의 삼동 윤리를 제시하며 온 우주의 생명체가 대동한 평화로운 공동체를 이룩하자는 세계윤리를 제시한다. 동학 이후 민족종교만이 아니라 그리스도교 계통의 종교인들까지 한국은 새 문명의 발상지라고 주장하고 있다.[53] 이런 한민족 중심의 개벽 사상은 서구 근대에서 발생한 제국주의와 식민주의 등과 등치한 민족주의라든가, 국수주의적인 주장은 결코 아니다. 한민족의 평화 공동체는 한국의 종교적 정체성이 배제되고 외국 학문의 모방주의와 국수주의로 귀결되어 자연스럽게 종교사대주의와 식민종교주의에 의해 주체성 없는 한국 종교사로 서술되어 온 사대 학문에 대한 통절한 반성과 주체성의 발로이다.[54] 이는 잃어버린 흔붉신명의 재발견과 재인식으로 세계사적 사명을 인식한 한민족의 종교적 선포이다.

또한 흔붉신명 공동체는 지상선경이라는 인류의 궁극적 유토피아를 지향하고 있다. 민족종교의 이상 세계는 죽은 다음에 가는 피안 세계가 아니라 지상 천국이다. 차안 세계는 한민족의 유토피아는 지상선경에서 실현된다. 유교의 대동사회, 불교의 용화 세계, 도교의 동천복지(洞天福地), 그리스도교의 하늘나라는 궁극적 인간이 사는 공생공영의 조화 공동체이다. 그러나 한국의 민족종교는 '지상'이라는 현세성과 '선경'이라

---

53 강돈구, 『韓國 近代宗教와 民族主義』(집문당, 1992); 이재헌, "세계화 시대의 한국 민족주의와 민족종교: 한국 민족종교 민족주의 운동의 변화와 전개", 「민족종교연구」 26 (2012), 27-63.

54 윤이흠, 『강화도 첨성단과 개천대제』(강화문화원, 2009), 39-45. 윤이흠, "한국 고대종교의 통합적 이해를 위한 연구 비단길 기마민족과의 관계를 중심으로", 「철학사상」 16 (2003.6), 917-956; 윤이흠, "샤머니즘과 韓國文化史", 「샤머니즘연구」 1 (1999), 81-96.

는 영생 문화를 개벽이라는 탈문명한 이상 세계를 제시한다. 동학의 다시 개벽과 지상선경, 정역의 역수 개벽(曆數開闢)과 유리 세계, 증산교의 삼계 개벽(三界開闢)과 후천선경, 대종교의 개천개벽(開天開闢)과 이화 세계, 천도교의 문명 개벽(文明開闢)과 개화운동, 원불교의 정신 개벽(精神開闢)과 용화회상이다.[55] 이는 피안과 차안이 분별되었던 선천 시대의 상극개념이 '지상'이라는 일원론적 세계관과 선경이라는 새 인간의 출현으로 새 문명을 맞이하는 메타포로 읽을 수 있다. 흔붉신명이 보이는 세계와 보이지 않는 세계로 분별되었던 선천의 세계관에서 드러나지 않고, 개벽 세계라는 보이는 세계에서 인류가 꿈꾸었던 지상낙원에 신인과 공존하고 공생한다는 흔붉영성 공동체에서 역사(役事)하는 신명으로 그 정체성을 드러낸다.

더구나 흔붉신명은 한민족 역사에서 전통적인 민중 신앙의 종교적 역량과 축 시대의 다양한 종교적 유토피아를 재해석해내면서 한민족이 주도하는 새 문명의 대강을 그려내고 있다. 새 문명공동체는 영생 문화의 종교적 목표와 자율공생의 생활 공동체, 유무상통의 경제질서라는 생활 규범을 가진 흔붉신명 공동체에서 다음과 같이 구체적으로 실천되어야 한다.[56]

하늘나라의 경제는 자유(自由)한 자들이 강제 아닌 자율(自律) 속에서 균등(均等)한 만나를 먹고, 하늘나라의 정치는 무소유(無所有)한 자들이 부자를 다스리며, 하늘나라의 종교는 부활한 산 자들이 하나님을 모시는 성전(聖殿)이 되어 영생을 누리는 마당임을 잊지 말자(下 172).

---

55 윤승용, 앞의 책, 194-227.
56 이호재, "흔붉문명사가 흔붉선생", 『포스트종교운동』, 15-53.

이런 생활 공동체는 한민족의 역사적 전통에서 맥락 없이 불현듯 탄생한 공동체 문화가 결코 아니다. 고조선과 삼국 시대의 제천 의례와 국중대회, 유교의 제사 공동체, 단골 공동체 등 역사적 명맥을 가지고 있다. 근현대에도 일제의 경제 예속화에 반발한 국채보상운동, 일제 강점기에 3.1만세 운동, 현대사에서 광주항쟁 때에도 민중이 소유물을 공유하고 연대 의식으로 사소한 범죄도 없었다는 역사적 사실과 1997년 IMF 시대를 극복하기 위한 금모으기운동, 2002년 한일월드컵의 응원 등은 국가적 관심사에 잠자던 흔붉신명의 신명성이 일시적으로나마 발현한 역사적 사례라고 할 수 있다.

신명난 공동체는 엘리트공동체가 아닌 민중 공동체이며, 배타적인 구제 공동체가 아닌 대중 구제 공동체이며, 양극화된 차별의 타율 공동체가 아닌 유무상통하는 생활 공동체로서 제도 종교를 넘어선 영성운동의 형태를 지향한다. 대중성과 공동체성, 공공성을 강조한 흔붉신명 공동체는 공동체 구원과 사회변혁과 문명 혁명을 도모하는 '종교 아닌 종교'로서 새 문명의 포스트종교운동의 종교적 영성을 가지고 있다.

V. 흔 붉 신 명 의 포용성

한국의 종교 역사는 신명의 이름은 고사하고 고유 지고신의 존재마저 잊어버린 망각의 역사였다. 숨겨진 한국의 신명은 지고신인 선맥의 하느님이 인간에게 내재되어 역현을 예기하는 신인합일의 신명(神名)으로만 세간에 회자되고 있었다. 심지어 '신명나다', '신명내다', '신난다' 등 신과 인간이 분리되지 않고 일체화되어 있었다. 이런 흔붉신명은 무교 의례에서 역현한 신명, 외래 종교의 신을 대체 수용한 신명으로 오해되었으나 근대 민족종교에서 개벽 세계에 펼쳐질 지상선경의 지고신으로서 정체성을 드러내며, 희랍적 이원론으로 해석된 '죽은 자의 하나님'이라는 왜곡된 그리스도교의 신관은 동서 신관을 포월한 '산 자의 하나님'이라는 신과 인간이 일체가 되어 흔붉신명으로 통합될 수도 있을 가능성이 잠재해 있음을 알 수 있다. 이 글은 흔붉신명을 상실한 한국인의 신관의 재발견을 위해 한국 종교 문화적 맥락에서 시론적으로 살펴본 것이다.

또한 흔붉신명은 한민족이 체험한 신명으로 자발적이고 성숙한 대중에게 역현되는 내재한 성스러움이며, 종국에는 자기 극기와 자기 수련으로 인격의 완성을 통해 궁극적으로 존재론적 탈바꿈하여 완성된 인간으로 거듭날 수 있는 종교적 영성이다. 나아가 '신인합일'한 초월적 내재이며, '신인합발'하는 내재적 초월이 호응 관계를 내포하는 영성임을 알수 있다. 종교적 영성으로서 흔붉신명은 망각한 한민족의 원형적 세계관이 근대 민족종교의 개벽 정신과 일맥상통하는 현대판 영성운동의 종교적 기제로 충분히 작동할 수 있다.

흔붉신명은 하늘과 땅을 연결한 고유한 하늘님과 한민족이 '합력'(合力)하여 낡은 문명을 치유하는 창조적 영성이다. 이런 신인합일의 흔붉신명은 '신명이 나는' 흔붉신명 공동체를 지향하고 있다. 흔붉신명 공동체는 축 시대 제도 종교의 유교의 제사 공동체에 담긴 대동성, 불교의 미륵 신앙에 담긴 용화 세계의 불성, 과의도교에 담긴 도교의 공동성, 민족종교에 담긴 개벽 세계의 개벽성, 그리스도교의 오순절 체험의 성령적 영성(靈性) 등을 통합한다. 인류가 기대하던 흔붉신명의 신명성이 온 우주에 '신명나게' 발현되어 흔붉신명 공동체를 만들어야 한다.

이 같은 흔붉신명 공동체는 지구촌 차원에서 낡은 종교 세계를 탈피한 평화 공동체, 현세 구제 공동체, 개벽 공동체를 형성하여 궁극적으로 완전한 인간이 사는 새 문명의 세계를 실현하여야 한다. 흔붉신명이 '신명나는' 흔붉신명 공동체가 지구촌 사건으로 역사적 지평에서 실현하여야 민족종교가 가진 한계성은 새 시대인 개벽 세계를 추동한 종교운동으로 역사에 회자될 것이다.

6장
구도자로서의 종교적 영성

한국 종교와 한국교회는 구도자로서의 종교적 영성을 발현하여야 한다. 내재화된 한국의 종교적 심성을 덮고 있는 사대주의와 식민주의를 벗어던지고 제도 종교와 교리의 노예, 정치이데올로기의 나팔수, 경제적 탐욕에서 탈출하여 구도자의 자세를 회복하여야 한다. 구도자는 특정 조직의 대변인이나 특정 인물의 추종자가 아니다. 영원의 구도자는 스스로 '권위'가 된다. '권위'가 된 구도자가 종교적 영성 회복을 구현하는 주축이 되어야 한다.

I. 권위가 된 구도자

말이 행동이 되고, 믿음이 실재가 되는 구도자는 백척간두 진일보(百尺竿頭 進一步)한다. 훗날 선종의 이대조가 되었던 혜가(慧可, 487~593)는 달마의 앞에서 어깨를 자른다. 석가모니는 피골이 상접한 육신으로 보리수 아래에서 생명을 건 구도를 한다. 예수의 광야시험도 이와 다르지 않았을 것이다. 시지프스의 운명처럼 부조리에 반항하는 구도자는 생명을 담보로 구도에 나선다. 구도자의 행보를 보자.

노사(老師, 경허스님)의 정진수행은 범인으로서는 능히 따를 수 없는 생
사를 초월한 경지에서 고고(孤高)히 여래장을 뚫고 완만히 조사가풍(祖
師家風)을 거량(擧揚)하였다. 또한 노사는 은상철벽(銀山鐵壁)에 그 참
된 가틀을 감추시고도 혹 흐르는 물 반석(磐石) 위에서 며칠이고 등신불
(等身佛)과 같이 정좌(靜坐)하시다가 때로는 어촌(漁村) 저자거리에서
잔을 들어 노래하시며 혹 방초안두(芳草岸頭)에 춤을 추시되 오히려 그
설법이 더욱 명철하였으며 짐짓 집착에서 무애(無碍)를 부수고, 무애(無
碍)에서 집착을 부수니, 영아행(嬰兒行)과 역행(逆行)을 겸하신 대실천
보살이시다.[1]

얼마나 많은 날과 밤을 진리를 찾아 비바람에 방황했고 무명(無明)의 심연
에 곤두박질하여 고뇌의 독주를 마시며 절망과 무의미를 색임질하였읍니
까. 고독과 우수는 내 존재의 집이었고 병고와 좌절은 내 일용할 양식이였
고 불안과 부조리는 내 일상의 동반자였읍니다. 누구 한 사람도 이해하는
자 없이 고단히 행하는 길목마다 진한 객혈(喀血)의 장미꽃을 아름답게
피워 처절하도록 눈부신 화환을 엮어 저는 아버지의 제단에 바쳤읍니다.
불안의 균이 전염시킨 공포의 병, 우수의 균(菌)이 감염시킨 고독의 병,
허무의 균이 오염시킨 절망의 병, 원죄의 균이 부식한 죽음의 병을 앓으면
서 저는 순금빛 젊은 날을 몽땅 악마에게 빼앗겼지만 믿음의 품위와 구도
자의 성실을 잃지 않기 위해 몸부림쳤읍니다.
아버지께서 제 심전 안에 심어주신 '영원을 사모하는 마음' 때문에 저는
오늘도 신음하면서 십자가의 흔적을 지고 길을 가고 있습니다(下 572).

---

1 鏡虛惺牛法語刊行會, 『鏡虛法語』(1981), 24-25.

구도자로서의 종교적 신앙인은 "혈과 육을 상대하는 것이 아니요 통치자들과 권세들과 이 어둠의 세상 주관자들과 하늘에 있는 악의 영들을 상대"(엡 6:12)한다. 우리는 『노자』 14장에서 도의 벼리(道紀)는 "보아도 보이지 않고, 들어도 들리지 않으며, 만져도 만져지지 않는 이(夷)·희(希)·미(微)"의 경지와 요한일서 1장에 "태초부터 있는 생명의 말씀에 관하여는 우리가 들은 바요 눈으로 본 바요 자세히 보고 우리의 손으로 만진 바"가 되었다는 성구와 불교적 언어로 '상구보리'(上求菩提)한 불법을 '하화중생'(下化衆生)한다는 성구를 상관적 관계로 이해할 수 있다. 구도자는 이처럼 하늘의 영성 우주와 세상의 시공 우주의 경계인으로서 "하늘의 뜻을 땅에 이루는" 상천법지(象天法地)하려는 불퇴진의 자세를 가져야 한다.

구도자는 일체의 장애와 일체의 관점을 배우고 버리는 과정을 되풀이하며 도의 정상으로 향한다. 그런 구도심은 불교적 언어로 "머무른 바 없는 마음을 낸다"(應無所住 而生其心)고 하고, 성서적 언어로 "마음이 가난한 자는 천국이 너희 것이라" 한다. 또는 노자의 언어로 "위학일익, 위도일손"(爲學日益 爲道日損, 배울 때는 나날이 더하고, 도를 행할 때는 나날이 덜어낸다)이라고 한다. 바울은 이를 "내가 그를 위하여 모든 것을 잃어버리고 배설물로 여김은 그리스도를 얻고"(빌 3:8)라고 표현한다.

모든 사심을 버리고 원초적 생명성을 간직한 구도자는 스스로 권위가 된다. 구차하게 학연과 지연과 세속의 인연으로 뭉쳐진 '중생'(衆生)으로서 자신의 '정통과 법통, 권위'를 자랑하지 않는다. 심지어 과거의 영광인 '명예와 원로'라는 거추장한 타이틀로 자신을 변호하거나 특정 종파와 교단과 교파와 교학의 엄호 아래 자신의 생명을 구걸하거나 영광을 비추지 않는다. 영원에서 영원으로 가는 하나님의 도정(道程)에 파편화되고 닫힌 서구 신학의 '아류'인 교단 신학과 선교 신학으로 자신을 정의하지 않으며, 이를 기준으로 남을 정죄하지 않는다. 진리의 자유는 날개돋힌 구도자의 향기이며 구도자는 영원한 하나님의 반려이기 때문이다.

하나님의 창조성을 본받은 창조적 소수자인 구도자는 특정 제도와 특정 조직과 특정 인물의 추종자나 대변인의 나팔수가 될 리가 없다. 진리와 선함과 아름다움과 성스러움을 지향하는 구도자가 신학의 노예, 과학의 노예, 국가주의와 민족주의의 노예, 전쟁의 노예, 교리와 교파의 노예, 종교의 노예, 선악의 노예, 죄의 노예, 믿음의 노예, 죽음의 노예, 황금만능의 노예, 사심과 사유욕의 노예, 정치의 노예, 자본의 노예, 철학과 사상의 노예, 이데올로기의 노예, 권력의 주구, 율법의 노예, 탐진치의 노예로 살지 않는다. 살 까닭이 없다. 그렇게 산다면 식민과 사대의 노예 생활을 하려는 '자유로부터 도피'한 허깨비의 명예를 지향하는 그야말로 사이비 향원에 불과할 뿐이다.

하나님의 창조적 심성을 본받아 나날이 개벽하는 구도자는 우주 안에서 우주를 보고, 우주 밖에서 우주를 볼 줄 알아야 하며, 종교 안에서 종교를 보고, 종교 밖에서 종교를 볼 줄 알아야 안다. 종교와 정치와 사상의 거미줄에 걸린 독선으로 타자를 판단하고 해석하는 배타적이고 아전인수식의 마음이 아니다. 구도자는 죽어가는 것에 대해 생명을 복원하며, 낡아가는 것에 대해 새로움을 불어넣는 시대의 정신으로서 타자의 내재화된 창조적 영성을 발현시킨다. 그러기에 창조적 구도자는 영원의 한 점에 '가온 찍기'를 하고 온 우주를 매개 삼아 '빈탕한데 맞혀놀이' 하는 진리와 자유의 인간이다.

참 구도자는 독창적인 한국의 풍류 텍스트를 발현하여 외래 사상을 창조적으로 수용하고, 보편적인 지구성을 지향하며, 우주적 차원에서 구현하는 풍류적 인간이다.

II. 풍류객, 도(道)의 나그네

세계 경전에 등장하는 주인공은 진리를 향해가는 도의 나그네, 즉 구도자이다. 참 구도자는 이름과 흔적을 남기지 않으려고 한다. 우리가 모르는 경전에 등장하지 않고, 민중과 더불어 숨어있는 구도자는 더욱 많다. 세속적인 명예와 권력과 자본의 기준으로 구도자를 평가할 수 없다. 성경에 전승되는 언행의 주인공은 완전을 향해 이상 세계를 실현하는 구도자의 모습으로 그려진다. 참 구도자는 믿음의 깨달음과 깨달음의 실천을 통해 성경의 삶을 현대에 되살린다. 참 구도자는 온화한 석가모니의 황금 불상보다는 보리수 아래 뼈골이 앙상한 구도의 모습을 자신의 길로 삼으며, 하나님의 오른편에 앉은 그리스도를 찬양하고 우상숭배하기 보다는 십자가의 고난에 동참하면서 예수가 이 시대에 살아있음을 증명한다. 참 구도자는 행동으로 자신이 신앙하는 구도의 경전을 '성스러운 문헌'(성경)으로서 역사 속에 살아 움직이게 하는 육화(肉化)된 존재이다.

이런 구도자의 전통은 카파토키야의 수도자, 프란체스코 등 탁발수도회(Ordines mendicantium), 마테오 리치, 떼이야르 드 샤르댕 등과 같은 예수회 회원 그리고 에크하르트, 야콥 뵈메 등의 신비주의자, 스데반, 부르노 등 순교자 등에 의해 그리스도교의 영성의 맥을 형성하고, 등신불의 역사, 소신공양하는 약왕보살의 전통과 피모대각(被毛戴角, 쟁기를 끌며 농부일을 돕는 소)의 정진, 선재동자의 구도심, 재가보살로서 유마힐의 당당함과 원효와 경허 등은 살아있는 종교 역사로서 불맥을 형성한다. 야콥 뵈메, 엑크하르트, 브루노 등과 같은 그리스도교의 성인들도 세속의 잣대로 평가될 수 없는 진리의 구도자이다. 또한 퇴계, 율곡, 남명 등 참 유학자는 살신성인하고 성과 경을 실천하는 유가의 학맥을 계승한다. 또한 도가에서도 성인(聖人)은 피갈회옥(被褐懷玉, 옥을 품고 배옷을 입음)하면서 화광동진(和光同塵, 세속과 어울리는 성인)하며 정위령과 신라 사선(四仙), 고운, 현대의 선맥 구도자 등이 도맥을 계승하고 있다. 우리의 역사에서 단편적으로 전해지는 구도자는 관점을 바꿔 본다면 성삼문 같은 사육신과 김시습 같은 생육신 그리고 화담 서경덕, 토정 이지함 등도 이런 범주에 포함된다. 국란이 발생할 때 도처에서 발생하는 의병(義兵)은 평소의 삶이 위기에 처할 때 나타나는 구도자의 모습이다. 이들은 특정 종교의 이름이 아니라 진리의 전당에 소속된 자유로운 위대한 혼이다. 죽음을 건 그들의 구도심에 어찌 세상의 명예와 허명으로 이들의 위대한 혼을 더럽힐 수 있겠는가!

그러면 성서에서는 구도자의 모습을 어떻게 묘사하고 있을까? 풍류객(風流客)을 '바람처럼 흐르는 나그네'라는 어원에 충실할 때 성서적 인간은 진리의 본향을 찾아가는 '도의 나그네', 즉 구도자로 은유될 수 있다.

인간 시조가 에덴동산에서 추방되고 에덴동산으로 가는 길이 화염검에 의해 막히고 나서 성서적 인간은 새 하늘과 새 땅이 열리기 전까지 '바람처럼 나그네'로서 존재의 아버지가 있는 본향을 향해 끊임없이 구도하는 나그네의 삶으로 묘사된다.

하나님과 첫 언약을 맺은 아브라함은 갈대아 우르를 떠나 하나님이 약속하신 '젖과 꿀이 흐르는 땅'에 가기 위해 구도자처럼 방황한다. 아브라함을 따라 이삭은 자연스럽게 동행하는 구도자였음은 말할 필요도 없다. 더구나 이십 년 동안 고난의 세월을 보낸 야곱은 안주의 생활을 하던 중 세겜성을 택한 실수로 디나가 강간을 당한 사건이 일어나지만, "벧엘로 올라가자"는 설교의 단골 주제처럼 벧엘에 단을 쌓고 하나님의 언약을 재확인한 후 다시 나그네처럼 유랑의 생활을 시작한다.

야곱이 바로에게 아뢰되 내 나그네 길의 세월이 백삼십 년이니이다. 내 나이가 얼마 못 되니 우리 조상의 나그네 길의 연조에 미치지 못하나 험악한 세월을 보내었나이다(창 47:9).

이처럼 예수가 말한 아브라함의 하나님, 이삭의 하나님, 야곱의 하나님(마 22:32; 막 12:26-27; 눅 20:36-37)이라는 아브라함과 이삭과 야곱은 세상에 정주하지 않고 구도자 생활을 통하여 성서의 부활의 신앙을 내재한 조상으로 등장한다.

모세도 미디안 땅에서 구도자가 되었으며, 해방자로서 애굽에서 노예 생활을 하던 60만 명의 이스라엘의 민족은 홍해를 건너 출애굽시켜 광야에서 40년 동안 시내 반도를 방랑한다. 이 고난의 여정에서 야훼신으로부터 이동형 성막과 십계명을 받지만 출애굽 세대는 광야에서 사멸하고, 광야에서 새로 출생한 세대가 여호수아와 갈렙의 지도로 요단강을 건너 가나안땅에 정착한다.

불수레를 타고 우화등선한 엘리야도 구도자로 성서에 등장한다. 성서에서 한 인물을 소개할 때 반드시 그 족보를 소개하지만 엘리야에 대해서는 '길르앗에 우거하는 디셉사람 엘리야'라고 한다. 그는 정착하는 삶을 살지 않고 과부집으로, 갈멜산으로 로뎀 나무 밑으로, 호렙산으로 정처없이 떠돌아다니다가 마지막에는 '회오리바람으로'(왕하 2:11) 홀연히 하늘로 사라진 구도자의 진면목을 보여주고 있다.

아기 예수를 영접한 빈들의 목자, 예수는 물론이고 예수를 따라나선 민중들도 구도자로서 살았다. 사도 바울도 믿음의 대장정에 오른 구도자였다(고후 11:23-27). 다시 말하면 선택받은 성서적 인간은 구도자로 상징된다(시 119:19; 히 11:13-14). 변찬린은 "마귀가 권세를 잡은 세상에서 참 구도자는 정착할 수 없고 진리를 찾기 위해 구도자처럼 방황하지 않을 수 없다. 믿음의 조상 아브라함도 메소포타미아를 떠난 이래 구도자로서 평생 방황하는 나그네 생활을 했고 모든 믿음의 선진들이 나그네의 생활을 했다"(中 29)고 강조한다.

> 이 사람들은 다 믿음을 따라 죽었으며 약속을 받지 못하였으되 그것들을 멀리서 보고 환영하며 또 땅에서는 외국인과 나그네임을 증언하였으니 그들이 이같이 말하는 것은 자기들이 본향 찾는 자임을 나타냄이라. 그들이 나온바 본향을 생각하였더라면 돌아갈 기회가 있었으려니와 그들이 이제는 더 나은 본향을 사모하니 곧 하늘에 있는 것이라. 이러므로 하나님이 그들의 하나님이라 일컬음 받으심을 부끄러워하지 아니하시고 그들을 위하여 한 성을 예비하셨느니라(히 11:13-16).

성서를 읽으면서도 '편안하게 믿고 죽은 후에 영혼이 구원 받는다'는 성서의 정신과는 괴리된 신앙을 할 것인가. 고난의 십자가를 지고 예수 그리스도의 길을 따를 것인가는 키에르케고르의 선택적 질문을 하지 않더라도 '십자가의 고난'은 성서의 전편에 흐르는 당위 명령이다. 과연 "자기 십자가를 지고 나를 따르라"는 예수의 큰 소리가 그리스도교인의 가슴에 고동치고 있는지 스스로 물어보아야 한다. 고동치는 예수의 '말'이 나에게 권능이 되어 '씀'으로써 일상생활에서 재현되고 있는지 성찰해 보아야 할 때이다.

> 내가 주릴 때에 너희가 먹을 것을 주었고 목마를 때에 마시게 하였고 나그네 되었을 때에 영접하였고 헐벗었을 때에 옷을 입혔고 병들었을 때에 돌보았고 옥에 갇혔을 때에 와서 보았느니라 이에 의인들이 대답하여 이르되 주여 우리가 어느 때에 주께서 주리신 것을 보고 음식을 대접하였

으며 목마르신 것을 보고 마시게 하였나이까 어느 때에 나그네 되신 것을 보고 영접하였으며 헐벗으신 것을 보고 옷 입혔나이까 어느 때에 병드신 것이나 옥에 갇히신 것을 보고 가서 뵈었나이까 하리니 임금이 대답하여 이르시되 내가 진실로 너희에게 이르노니 너희가 여기 내 형제 중에 지극히 작은 자 하나에게 한 것이 곧 내게 한 것이니라(마 25:35-40)

선택받은 성서적 인간은 정착하지 않고 구도자로 살아야 한다. 믿음의 나그네는 예수가 없는 상태에서도 본향을 찾아 정착하지 않고 구도자의 길을 갔다. 그러나 신약 시대에는 예수와 제자 등 소수의 구도자들을 제외하고는 교파와 교리의 성곽을 쌓고 황금 종탑을 달고 자본 십자가를 앞세워 기복 신앙과 사후 구원을 담보로 하는 건물 교회에서 신앙생활을 하고 있다. 건물 교회에서 성가대의 찬미 속에서 구름 위에 보좌를 베풀고 앉은 예수께 영광을 올리는 죽은 예배를 탈피하여 십자가의 '관계의 현장'에서 동참하는 살아있는 예배를 하여야 한다.

이런 성서적 인간의 목숨을 건 구도의 과정을 '그리스도교'의 틀 안에서, 심지어 '교단'과 '신학'의 틀 안에서 자신의 정체성을 규정하는 것을 역사적 예수뿐만이 아니라 우주적 그리스도가 용납할 수 있는 것인지 자문자답해 보아야 한다. 성서가 말한다.

너희는 내가 명하는 대로 행하면 곧 나의 친구라(요 15:14).
너희가 하나님과 재물을 겸하여 섬기지 못하느니라(마 6:24; 막 10:23;눅 16:13; 요일 3:17; 딤전 6:17).
나를 따라오려거든 자기를 부인하고 날마다 제 십자가를 지고 나를 따를 것이니라(마 8:24, 10:38, 16:24; 눅 9:23, 14:27).[2]

---

2 유비적인 의미가 담긴 성구를 적은 것임.

참 구도자인 풍류객은 특정 종교와 교파의 신자나 신학과 교학의 노예가 아닌 절대 자유한 시공 우주와 영성 우주를 넘나드는 바람과 같은 존재이다. 어디서 와서 어디로 가는지 모르는 자유자재한 바람(風)은 모든 구도자의 참 바람(願)이다.

7장
풍류해석학의 에피스테메

　우리는 3부에서 한국 종교와 한국교회가 봉착하고 있는 다른 우주관과 세계관에 대해 '선맥'을 중심에 두고 양자의 가교 담론을 놓았다. 그리스도교 신학에 가려진 '영생적 기제'인 에녹, 엘리야의 변화 우주와 모세와 예수의 부활 우주 그리고 중국 도교에 의해 은폐된 동이족의 신선 사상이라는 '영생적 기제'를 '선맥 = 풍류'인 해석학적 관점에서 '이해 지평'의 융합을 시도하였다. 즉, 선맥(僊脈) 우주와 변화 우주, 선맥(仙脈) 우주와 부활 우주로서 분열된 동서의 우주관을 통합 우주인 영생 우주로 재탄생시켰다.

　영생 우주의 지고신은 그리스도교 신학에서 인간이 죽은 후 영혼을 구원하는 '죽은 자의 하나님'이라는 편견과 이스라엘의 지역신에 불과한 야훼를 예수 그리스도가 증언한 '아버지' 신관과 등치시키는 신학적 왜곡, 동시에 한국의 하늘 신앙을 서구 종교학과 서구 신학적 언어로 범재신론의 하늘님이라 진단하는 사대주의적 신관 정립에서 탈피하여 '시작도 없고 끝도 없는'(無始無終) 살아있는 하나님인 '선맥의 하나님', 즉 '산 자의 하나님'으로 규정하여 영생 우주의 지고신으로 자리매김을 하였다.

세계 종교와 종교 텍스트는 영생 우주를 지향하며, '선맥의 하나님'을 제대로 증언하고 있을까? 동시에 인간이 죽은 후에 영생 우주에 갈 수 있는 걸까? 영생 우주에 갈 수 있는 인간의 존재 양태는 어떻게 나타나는 가? 유교, 불교, 도교, 그리스도교, 민족종교 등 역사적 종교는 각 종교의 신앙 체계 안에 구원(제)적 기제를 가지고 있지만, 구원(제)의 영성적 편차가 있다. 다시 말하면 개별 종교의 구원(제)의 영성적 차등은 결국 풍류적 인간을 발현하기 위한 종교적 기제이다. 이에 대해 풍류해석학은 존재론적으로 죽은 후 영혼이 하늘나라에 간다는 피안 세계관을 탈피하여 창조적 진화의 완성체이자 이율배반적인 존재 양태를 띠는 '풍류체'라는 새 인간형을 제시한다. 또 머무른 바 없는 마음과 배타적이지 않고 포용적인 인식 체계인 '풍류심'을 제시하고, 살아서는 명예, 권력과 자본에서 자유롭고, '고난과 수난'을 극복한 바람과 같은 나그네로서 '풍류객'이라는 인간형을 세계 종교의 궁극적 인간형으로 제시하였다. 즉, 풍류적 인간이다. 풍류적 인간은 풍류해석학이 집약된 새 문명의 인간형이다.

우리는 세계 경전을 통전적으로 해석하고 진리 체험을 검증한 인간 성전 안에서 영생 우주의 지고신과 만나는 풍류적 인간으로 탈바꿈할 수 있다. 이런 풍류적 인간은 흔붉신명과 호발(互發)하여 흔붉신명 공동체를 구현할 수 있다는 점을 강조하였다. 흔붉신명 공동체는 유교의 대동 세계, 불교의 용화 세계, 도교의 부상국, 그리스도교의 천년왕국 등을 포용하는 신명 공동체로서 새로운 문명의 지향점으로 제시한다.

풍류해석학은 축 시대의 우주관, 신관, 인간관, 공동체관, 구원(제)관의 혁신을 요청한다. 이를 위해 역사 시대의 종교적 인간이 인간 본래의 모습인 만물의 영장으로서 우주에서의 위상을 회복하여야 하며 진리를 찾아가는 구도자로서 '피와 고난과 수난과 아픔'을 가슴에 안고 만물과 호흡하며 영생 우주를 영생 우주답게 만들어야 한다.

이처럼 풍류해석학은 축 시대의 사유 체계와 행동 체계를 근본적으로 혁신하는 문명적 기제로 작동한다. 풍류해석학는 '선맥 = 풍류'의 바람을 타고 영생 우주로 가기 위한 인간해석학이다.

풍류(선맥)해석학 르네상스

낡은 문명과 새 문명의 교차기에 종교 사제로서의 풍류적 인간은 '나와 우주'를 풍류 텍스트로 삼아 지구촌 차원의 문명 의례와 영성적 차원의 우주 의례를 집행하여야 한다. 동방의 선맥 르네상스는 풍류적 인간이 집전하는 선맥 의례를 통해 풍류해석학에서 검증된다. 선맥 르네상스가 동방의 새벽을 밝힌다.

1장
풍류해석학의 주인공: 풍류적 인간

 풍류해석학은 영생의 기제인 동방의 선맥으로 탄생한 풍류적 인간에 의해 낡은 종교문명을 해체하고 영성 시대의 새 문명을 개명하는 문명 지침서이다. 풍류적 인간은 문명사적 시야를 가지고 위기에 처한 인류문명을 진단하고, 새로운 문명체계와 행동 체계를 풍류적 세계관에서 구현하는 문명개혁가이다.

 우리는 축 시대의 종교적 권위가 붕괴하고 과학적 미래가 예견하는 과학적 유토피아에 대한 양가감정을 가지고 있다. 거시적인 우주 세계와 미시적인 입자 세계 사이에 형성된 문명의 다양한 권위 가운데 특정한 축을 바탕으로 개인과 공동체의 영속성을 유지하기 위한 문명 합류 시대에 살고 있다. 특정 권위가 가진 독점적 주도권은 해체되고 분산되고 있는 권위는 아직도 자리매김을 하지 못한 채 불확실성이 고조되고, 유기체 지구의 순환적인 생태계는 파괴되어 호모사피엔스의 영속적인 존속 가능성마저 우려하는 문명 전환기가 지구촌의 현주소이다. 문명 발전의 지표 역할을 한 종교 권위가 해체되어 종교가 역사 시대를 추동하던 구심력을 상실한 자리에 과학적 유토피아는 초과학의 시대, 포스트휴먼 시대 등 환상적인 미래 세계를 선전하고 있다. 우리는 과학적 유토피아에 환호성을 보내다가도 과학적 성과물에 동반되는 자본적 탐욕과 과학적 무책임이 초래할 과학적 디스토피아에 의심의 눈초리를 거두지 못하고 있다.

특정 국가와 특정 종교와 특정 조직이 제국주의적 탐욕으로 문명을 주도하던 시대는 지나갔다. 축 시대의 권위의 원천이었던 종교(적 인간)는 성경과 영성적 거리가 멀어짐으로 인해 한 차원 높은 문명사적 지향점을 설정하지 못한 채 과거의 영광을 찬미하는 복고풍의 소리만 어지럽다. 대부분의 제도 종교는 위계적 종교 조직화, 교리와 교학의 체계화, 개인의 구제(원) 신앙을 종교적 기제로 삼아 종교 체계를 유지하고 확산시키는 데 몰두한다. 제도 종교의 성장 동력이었던 '교리와 신학, 교학, 유학과 도학'의 해석학적 전통과 의례 체계는 영성의 원천인 성경을 '동맥경화'시키고 있다. 제도 종교는 세속화의 원심력에 의해 형식화, 형해화되면서 종교 백화점의 영성 상품으로서만 기능하고 있다. 한마디로 제도 종교는 과학의 공세와 종교적 영성의 고갈로 무기력에 빠져 있다. 제도 종교가 낡은 문명의 차별적인 사유 체계를 극복하지 못하고, 건물 성소를 맹신하고, 자본 신앙과 기복 신앙에 함몰된 경향을 보인다. 심지어 성경의 영성과 제도 종교의 '영성적 거리'가 회복 불능의 단계까지 벌어진 '말기암' 증상을 보이고 있다.

과연 역사적 인간의 종착역은 어디인가? 우리는 종파 종교가 제시하는 구원(제)관에 우리의 운명을 맡길 수 있는가? 과학적 인간이 제시하는 미래인간형에 우리의 생명을 의탁할 수 있는가? 역사 시대를 추동해 온 종교적 영성의 광맥은 소진되었는가? 우리의 질문은 근원적이어야 하고, 주체적이어야 하고, 자발적이어야 한다. 낡은 문명이 한계에 봉착하여 새 문명의 대안 담론을 설정하는 데 낡은 문명의 관성적 사유 체계 속에서 또 다른 형태의 죽음 담론과 차별 담론과 제국 담론을 만들어서는 안 된다.

새 문명의 새로운 담론이 바로 선맥과 풍류해석학이다. 선맥과 풍류해석학은 만물의 영장인 인간의 궁극적 가능성에 대한 인문학적 탐구이다. 역사 시대에 자신의 목소리가 없었던 한국이 문명 전환기에 새 주인공으로 등장할 수 있는 종교적 기제가 바로 '선맥과 풍류해석학'이다. '선맥과 풍류해석학'은 축 시대의 낡음을 새롭고 하고, 새 축 시대를 밝힐 조명탄이다. 과연 그것이 가능할까? 이 책은 "그렇다"고 대답한다.

동방의 한 나라인 한국은 오랜 역사적 전통에서 세계적 지평에서 자신의 목소리를 내놓은 적이 없다. 차별과 폭력과 제국의 역사 시대였기에 평화의 도맥인 선맥은 은폐되었고, 고조선 문명과 풍류의 도맥은 왜곡되어 외래 종교와 사상이 한국의 종교적 공간을 수놓은 것이 한국의 종교 역사이다. 그러나 풍류해석학의 세례를 받은 한국 종교와 한국교회가 한국의 역사적 지형에 드리워진 종교적 사대주의와 역사적 식민주의의 왜곡된 실상을 벗겨내고 한국의 종교적 영성을 발현한다면, 새 시대를 추동할 충분한 종교적 역량을 가지고 있다. 한국의 역사적 공간에는 화이(華夷) 세계관과 그리스도교적 세계관과 실증적 학문관이라는 세 유령이 배회하고 있다. 화이 세계관은 한민족의 종교 도맥인 신선 신앙을 중국 도교 문화로 그 종교적 흔적을 왜곡하고 있으며, 고조선 문명의 역사적 사실마저 중화의 유산으로 독점하는 작업을 하고 있다. 또한 근현대에 전래된 그리스도교적 세계관은 서구 신학의 대리전을 한국 종교 현장에 재현하며 한국의 종교 전통을 배타시하고 있다. 특히 과학적 세계관에 바탕을 둔 실증적 학문 경향은 다양한 영성 세계의 연구를 원천적으로 봉쇄하고 있다. 이로 인해 선맥의 하나님이 발현하는 선맥과 만신이 발령(發靈)하는 무맥을 혼돈하고, 자발적인 수련 전통으로 체험하는 선맥과 타력적인 무맥 현상을 오해한다. 동시에 창조적 기제인 선맥의 풍류성은 은폐되고, 수동적 기제인 무맥의 무교성을 한국 종교의 원형으로 왜곡시켜 한국 종교 역사를 외래 종교의 전래사로 종속시킨다. 선맥과 풍류 정신이 발동하면 외래 종교 사상을 새롭게 꽃피우고, 자생적인 종교 문화를 창발하는 종교적 도맥을 작동시킬 수 있다. 역사적으로 원효와 의상, 퇴계와 율곡, 고운과 범부, 매월당과 화담, 수운, 증산, 소태산, 일부 등은 세간에 그나마 알려진 인물이다. 우리는 이 책에서 선맥의 종교적 기제로 문명사적인 차원에서 대안을 모색한 변찬린을 주목하였다. 변찬린은 유교와 불교와 도교와 그리스도교의 종파 종교를 '선맥'으로 흔 붉성경해석학이라는 해석학 체계와 선맥 신학과 도맥 신학이라는 신학 체계의 바탕이 되는 성서 전서를 해석한 『성경의 원리』 사부작의 저술가이며, 이를 포스트종교 운동의 일환으로 '새 교회 운동'을 전개한 종교개혁가이다. 『성경의 원리』 사부작은 동방의 종교적 심성으로 성서를 새롭게 해석한 세계 경전 해석학에서 주목할 만한 역사적 사건이라는 것에 공감할 것이다.

변찬린의 사례에서 볼 수 있듯이 우리가 한국 종교의 역사적 전통에서 외래 종교 사상을 주체적으로 수용한 풍류적 심성을 재발견하고, 중국종교와 화이 세계관에 의해 왜곡된 한국의 종교의 도맥과 근현대의 민족종교의 종교적 영성에 대한 새로운 이해, 동시에 서구 신학의 해석학적 전통을 포월하고, 다양한 학제적 연구에 착수한다면, 성경은 여전히 새로운 종교적 영성의 원천으로 작동할 수 있는 여지가 충분히 남아 있다.

인류의 종교 역사에서 성경이 성경답게 종교적 영성을 집단적으로 발현한 종교 현상은 거의 없다. 왜냐하면 창교자의 언행과 그 신앙 공동체에 의해 기록된 성경은 '믿음과 깨달음과 실천'이 분리되지 않는 통합적 세계관을 제시하고 있지만, 종파 종교는 성경에 담긴 종교적 영성을 구현하기보다는 오히려 제도 종교의 영속성을 위해 '제도화'와 '조직화'라는 제국적 속성으로 교리화, 교학화하였기 때문이다. 이로 인해 종교적 인간은 창교자의 언행을 직접 체험하기도 전에 유형화된 교학과 교리의 틀 안에서 종파 종교인으로 만들어져버린다. 깨달음의 불교, 믿음의 그리스도교, 실천윤리로서의 유교, 장생불사의 도교 등으로 유형화된 종교 문화는 '믿음과 깨달음과 구도와 수행'으로 검증된 팔만대장경과 성서 전서, 유장(儒藏)과 도장(道藏) 등 경전의 정신을 담지 못한다. 최치원은 한국의 종교적 도맥인 선맥(= 풍류)에는 당시 제도 종교인 유교와 불교와 도교의 종교적 영성을 내포하고 있다고 그 종교적 정체성을 규정하고 있다. 이런 풍류적 심성은 당나라의 종파불교가 신라에서 재현되자 원효는 '화쟁' 사상으로 통불교의 전통을 세워 동아시아 불교를 한 차원 높였으며, 불교와 도교와 습합하여 신유학으로 탄생된 주자학은 고려시대에 전래되어 퇴계와 율곡에 의해 조선의 성리학으로 재정립하였으며, 근현대에 서구 신학의 교파 신학이 한국교회에 난립하자 변찬린은 "성경은 선(僊)의 문서"라고 선언하며 앞에서 살펴본 것과 같이 새로운 성서해석을 한국 종교계와 세계 교회에 선보였다.

한국의 종교적 도맥인 '선맥과 풍류해석학'은 한국의 역사적 공간에 드리워진 세 개의 유령을 극복하는 종교적 언어이다. 세 개의 유령을 벗어던지면 '선맥'은 한국 종교 도맥으로 선명하게 발현하고, 이를 구현하는 풍류적 인간이 탄생된다. 유형화된 종교적 세계에서 '믿음과 깨달음과 실천'이 분리된 종파 종교인이 양산된다면, 선맥의 통합적 세계관에서는 '믿음과 깨달음과 실천'이 합일된 풍류적 인간이 발현한다. 풍류적 인간은 통합 우주인 풍류적 세계관에서 발현하는 궁극적 인간상이다. '선맥과 풍류해석학'이 부재한 상태에서 종교적 신앙인의 타락 현상, 건물성적의 양적 확산, 사대주의적 종파 종교인의 양산, 정통과 이단의 종교 분쟁이 발생한다. 이런 불협화음은 유형화된 종파 종교에서 발생하는 이상 증후이다. 종교다운 종교가 아닌 '사이비' 종교에서 필연적으로 발생되는 '이단' 현상이다. 풍류적 인간은 다종교적 언어와 학제적 방법, 간텍스트적인 성경해석을 체화한 풍류심을 가지고 자유자재한 삶을 사는 풍류객으로 시공 우주를 살다가 종국에는 선맥을 따라 영성 우주로 우주화하는 새로운 인간형이다. 풍류 우주에 사는 풍류적 인간은 종파 종교의 주구가 결코 아니다. 풍류적 인간은 현대가 바로 성경이 말하는 '말법 시대'이고 '종말론'적인 종교 현상을 조감하며 지구촌의 문제를 '나'의 문제로 직시하고 이에 대한 역사적 해답을 모색하는 역사적 성인이다. 종파 종교인은 호교론적인 신앙의 울타리에서 안주할 줄 모르지만 풍류적 인간은 '불확실성의 시대'와 포스트휴먼 시대 등의 시대적 개념의 출현, 호모데우스, 호모 이후의 호모 등 인간 자체에 대한 새로운 개념이 동시대에 출현한 것 자체가 새 문명의 전조를 알리는 상징적 표식으로 인식하고 즉각적으로 반응한다. 이런 문명사적 위기의식을 내면화한 풍류적 인간은 성경의 황금률을 귀감 삼아 '무소유'의 삶을 추구하며 상실되어가는 원천적 영성을 회복한다. '무소유'라 함은 경제적인 무소유만을 말하는 것이 아니다. 낮은 자리에서 사회적 약자와 함께하는 권력의 무소유, 높은 자리를 버리고 민중과 함께하는 명예의 무소유도 포함한다. 예수와 석가모니의 예를 들지 않더라도 참 종교인은 '무소유'의 길을 묵묵히 걸어가야 한다. 그러나 교리와 교학과 유학과 도학의 틀안에서 육성된 직업 종교인은 제도 종교의 대변인이자 나팔수에 불과할 뿐 '고난과 고행'의 길을 걸어간 성경의 주인공과는 동떨어진 별개의 존재이다. 풍류적 인간은 그 자체가 '진리의 전당'이기에 구도와 수행의 몸짓 하나가 어두운 우주를 밝힌다. 반면 종파 종교인은 성경의 정신과 괴리된 종교 종주국의 신앙 행태를 맹종하며 성전 매매와 세습 등 신성모독의 타락한 종교 현상에도 묵묵부답이다.

풍류적 인간은 대우주의 암호를 밝혀내어 만물의 영장인 새로운 존재로 탈바꿈한 풍류 우주의 주인공인 반면 종파 종교인은 대우주는 깨어 있는데 아직도 미혹과 무명에 빠져 대우주의 합창에 참여하지 못하고 홀로 독백하는 고독한 인간인 줄도 모른다. 또한 모든 존재는 절로 자기 역할을 다하며 스스로 그러함을 드러내는 '자연' 속에 조화로운데 종파 종교인만이 유위로서 교조적이고 교파적이고 교학적인 분절적 세계관에 살고 있는지 모른다. 로마서 8장 19절에 "피조물이 고대하는 바는 하나님의 아들들이 나타나는 것"이라고 하는 만큼 성서적 인간의 사명은 막중하다. 따라서 구도자는 대우주의 합창 안에 깨달음과 믿음과 실천이 회통하고 발현하여 우주와 공생하는 풍류적 인간으로 깨어나야 한다.

그렇다면 역사적 인간은 어떻게 풍류적 인간으로 변형이 가능할까? 간단하다. 나와 인간, 나와 지구, 나와 우주, 나와 궁극적 실재를 원심적으로 사고하고, 궁극적 실재와 나, 우주와 나, 지구와 나, 인간과 나를 구심적으로 사유하며 '만물의 영장'으로 거듭나야 한다. 이를 위해 당위 명령인 성경의 종교적 황금률을 일상생활에서 실천하여야 한다. 교리화되고 교학화된 사변 체계로 성경을 읽지 않고 궁극적 실재의 실천 명령으로서 체화하여야 한다. "오른손이 하는 일을 왼손도 모르게 하라"는 것처럼 '믿음과 깨달음과 실천'이 삼위일체가 된 수행을 하여야 하고, "공성불거"(功成不居, 공적이 이루어져도 거기에 머물지 않는다)라고 하듯이 쌓아온 '명예와 권력과 자본' 등 사회적 성과물에 연연하지 않는다. 세속적인 '명예와 권리와 자본'으로부터 무소유함은 풍류적 인간과 풍류해석학의 황금률이다.

풍류적 인간으로의 발현은 공상과 상상의 영역이 아니다. 풍류적 인간은 종파 종교인의 모습을 탈피하여 자신의 성개성(聖個性)에 합당한 종교 체험을 통하여 궁극적 실재와 합일(合一)하고 내재된 영성을 외형으로 발현하여야 한다. 참선과 기도, 명상과 묵상, 찬송과 범패(梵唄), 기 수련과 요가, 탁발과 자비량, 설교와 설법 등은 다양한 종교 문화가 발명한 궁극적 실재와 교류하기 위한 종교적 방편이다. 불교의 참선, 성서의 성령 체험 그리고 주역의 "적연부동 감이수통"(寂然不動 感而遂通), 유일 신앙 속에 면면히 내려오는 유대교의 카발라,[1] 바울과 에크하르트와 같은 그리스도교 신비주의,[2] 이슬람의 수피즘 그리고 쿤달리니의 각성을 통해 일곱 계층의 차크라를 통과하며 우주적인 몸을 만드는 인도식 수행[3]과 연정화기(鍊精化氣), 연기화신(鍊氣化神), 영신환허(煉神還虛)의 단계를 거쳐 기(氣)를 매개로 '몸으로서의 우주성'을 획득하려는 도교식 수행[4] 등이 있다. 또한 천주교의 피정 제도, 불교의 하안거·동안거 등의 수행 제도가 있다. 구도자는 다양한 몸 수련과 마음 정화를 통해 궁극적 종교 체험을 하여야 한다. 이런 종교 체험의 수행법은 한국 종교 전통인 근대적 발현인 동학과 대종교, 증산교 등에서도 쉽게 발견할 수 있다.[5] 다양한 종교 체험의 영성적 테크닉은 궁극적 존재와의 교류를

---

1 조지프 댄/이종인 옮김, 『유대교 신비주의 카발라』(안티쿠스, 2010).
2 Bernard McGinn, *The Foundations of Mysticism: Origins to the Fifth Century* (*The Presence of God: A History of Western Christian Mysticism*, Vol. 1) (Herder & Herder, 2004); Bernard McGinn, *The Flowering of Mysticism* (*Presence of God : A History of Western Christian Mysticism*/Bernard McGinn, Vol 3) (Herder & Herder, 1998).
3 스와미 사라다난다/김재민 옮김, 『차크라의 힘 —내 안에 잠든 근원적 에너지를 깨우는 명상법』(판미동, 2016).
4 李遠國 編著, 『中國道教氣功養生大全』(四川辭書出版社, 1991); 戈國龍, 『道教内丹学溯源』(中央編译出版社, 2012); 馬濟人, 『道教與煉丹』(文津出版社, 1997).
5 차옥숭의 저서인 한국인의 종교 경험 시리즈를 참고할 것: 차옥숭, 『한국인의 종교경험: 무교』(서광사, 1997); 차옥숭, 『한국인의 종교경험: 천도교, 대종교』(서광사, 2000); 차옥숭, 『한국인의 종교경험: 증산교, 원불교』(서광사, 2003); 주요 종교 간의 대화 및 수행에 대해서는 '종교대화강좌시리즈'를 참고할 것: 김승혜·서종범·길희성, 『선불교와 그리스도교』(바오로딸,

통해 인간 성전을 구현하여 풍류적 인간이 되기 위한 방법론이다.[6]

　풍류적 인간으로 거듭나기 위한 종교적 방법론은 인간 자체에 내장되어 있다. 아직도 역사적 인간은 종파 종교의 테두리를 벗어나지 못한 채 여전히 '깨달음과 믿음과 실천'행위가 분리된 종파 종교인의 모습을 탈피하지 못하고 인간 자체에 내장된 창조적 영성의 가능성을 사장시키고 있다. 따라서 풍류적 인간은 성경이 말하는 '도와 로고스와 니르바나와 브라만' 등 궁극적 실재와 만나야 한다. 이는 인간의 오감으로 감지할 수 있는 종교적 영역이 아니다. 여도합일(與道合一), 성육신, 깨달음 체험, 범아일여(梵我一如) 등의 종교 체험은 통상 '신비주의'라고 불리는 종교적 인간의 탈바꿈 현상이다. 이런 신비 체험의 과정을 통과한 풍류적 인간은 기계인간과 차별된 우주의 신체로 탈바꿈하여 궁극적 존재와 교류할 수 있는 우주적 신체로 거듭난다. 종교적 인간은 과거를 회개(참회)하고 현재적 시점에서 새롭게 시작하면 된다. 제도 종교는 종법 공동체로서의 유교적 전통, 수도공동체로서의 불교적 전통, 장생과 불사를 추구하는 도교적 전통, 영혼 구원 공동체로서의 그리스도교적 전통을 가지고 있다.[7] 죽은 다음에 영혼을 구원(제)한다는 피안 신앙은 성경의 구원체계가 아니다. 선맥의 하나님을 모신 풍류적 인간은 나날이 익힌 학문체계에 얽매이지 않고 빛나는 지혜로 십자가의 보살행을 감행하면서 죽지 않고 살아서 승천하는 선맥을 계승하는 풍류 공동체이다.

　우리는 성경의 정신과 제도 종교 문화의 영성적 거리를 좁힐 수 있는

1996); 김승혜·김성례, 『그리스도교와 무교』(바오로딸, 1998); 김승혜·양은용·차옥숭·노길명, 『한국 신종교와 그리스도교』(바오로딸, 2002); 김승혜·이강수·김낙필, 『도교와 그리스도교』(바오로딸, 2002); 김승혜·서종범·전해주외 『불교와 그리스도교의 수행』(바오로딸, 2005).
6 신체와 종교에 대한 다양한 담론은 다음을 참고할 것: 池上良正외, 『言語』と『身體』(岩波書店, 2004).
7 3부 3장 "한국 전통 종교의 구원관"과 3부 4장 "풍류 도맥론의 영성 담론"을 참고할 것.

건강한 종교적 영성을 회복해야 한다. 기존의 종교 관습과 신앙 관례의 굴레 속에서 쳇바퀴를 돌리는 제도 종교는 역사적 고아로 기록될 운명이다. 풍류적 인간으로의 탄생은 타자의 권위가 담보하지 않는다. 풍류해석학은 오로지 독자들의 실존적 결단을 요청한다.

구도자에게 성경공부는 궁극적 인간으로 거듭나게 하는 인격 변화를 위한 부단한 구도의 과정이다. 진리의 '복음'은 기복 신앙과 자본 신앙을 뒷받침하는 신학 자료나 설교 자료가 아니다. 말씀을 만나 인간이 질적으로 변화하는 인격 혁명을 통한 존재 자체가 탈바꿈하는 인간 혁명이다. 구도자로서 성경을 읽는 자세는 진리를 향한 불퇴전의 마음과 사심이 없는 겸손한 태도이다. 진정한 겸손의 '말씀'은 온전한 진리를 세속 생활의 낮은 자리에서 민중과 더불어 사는 삶 자체이다. 변찬린은 겸손의 겸(謙)을 이렇게 해석한다. 겸손의 겸(謙) = 말씀(言) + 겸하다(兼)의 합성어이다. 말씀은 '말과 '씀'이다. 피와 고난의 기록인 성경의 말(내용)을 온전히 육화하여야 비로소 겸손해진다는 말이다. "겸손은 구도자의 덕(德) 중 최고의 덕이다"라고 말하며, 진리를 체화하여야 한다고 끊임없이 강조한다. 즉, '진리의 말'을 체화하면 누가 겸손하라고 하지 않아도 겸손하게 된다. 구도자에게 '교만과 나태'는 두 가지 적이며, 맹자는 구도의 길을 포기하는 '자포자'(自暴自)와 성경의 당위 명령을 속이는 '자기자'(自棄者)에 대해 강한 경종을 울리고 있다.

풍류적 인간은 대우주와 호흡하는 소우주인 인간과 대우주에 펼쳐진 자연 세계와 합발(合發)하는 풍류 텍스트로서 기능한다. 풍류적 인간은 영성 우주와 시공 우주를 매개하는 '선맥의 하나님'이 발현하는 인간 자체가 성전인 우주목(宇宙木)이다. 인간 성전의 우주목은 '말씀'과 자연 세계와 호흡하며 억압되었던 역사적 인간이 '성개성'을 활짝 꽃피우고 열매를 맺어 풍류적 인간으로 탈바꿈한다.

2장
풍류해석학: 풍류 신화와 풍류 의례

    풍류해석학은 풍류 신화의 창조적 계승자이자 풍류 의례의 집전자인 풍류적 인간을 탄생하여 '풍류'(= 선맥)를 발현한 풍류적 인간이 집전하는 풍류 신화의 설계도이며, 풍류 의례의 절차와 종파 종교와의 차별성을 변증하는 진리검증학이다. 풍류해석학은 축 시대를 마무리하고 새 축 시대로 전환하는 문명 지도서이다.

    문명 전환기인 현대는 축 시대에 형성된 공간과 시간 그리고 인간에 대한 개념 자체가 획기적으로 탈바꿈하여 새로운 정의가 필요한 시대이다. 즉, '새 축 시대'이다. 축 시대가 죽은 자의 하나님을 신앙하는 시대였다면, 새 축 시대는 선맥의 하나님(= 산 자의 하나님)을 모신 시대이다. 축 시대가 분열적이고 배타적이고 투쟁적이었다면, 새 축 시대는 조화롭고 공생하고 협력하는 시대이다. 축 시대가 분절적 세계관이라면, 새 축 시대는 통합적 세계관이다. 축 시대가 차별과 무명과 선악의 연계적 사슬로 얽킨 죽음 담론의 시대라면, 새 축 시대는 통합과 진리와 생명의 홀로그램적 관계망으로 생명 문화의 시대이다. 축 시대가 종파 종교의 분파적 형성 시기였다면, 새 축 시대는 탈종교와 초종교의 영성 시대이다. 축 시대가 종파 종교의 피안 신앙 시대였다면, 새 축 시대는 선맥이 발현하는 영생 신앙 시대이다.

풍류 의례의 무대인 한반도는 축 시대의 낡은 문명을 새 축 시대의 새 문명으로 전환시키는 모형 국가이다. 세계사를 움직인 사유의 원천지는 바로 우리와 같은 소강국이었다. 헤브라이즘이 헬레니즘과 결합하여 그리스도교가 유럽에 전파되었으며,[1] 영국의 프로테스탄트가 미국 건국 정신의 한 축을 이루어 세계화의 바람을 타고 그리스도교가 세계적인 지형을 형성하였다. 지중해를 거쳐 대서양, 대서양을 거쳐 태평양 시대가 열릴 때 새로운 문명체계의 발원지가 한반도라는 자각을 마땅히 하여야 한다. 세계 문명의 주변부였던 한반도는 종교 사상의 자유, 경제적 소강국, 축적된 다양한 종교 문화의 공존, 과학기술의 발달 등이 어우러진 문명 에너지가 응축된 국가이다. 특히 이질적인 종교 전통에서 형성된 다양한 종교 체계가 역사적 현장에서 조화를 이루는 것은 세계 종교사에서도 그리 흔하지 않다. 이처럼 한국은 새로운 문명의 사유를 창출할 수 있는 잠재적 문명적 에너지를 담보하고 있는 사명을 가진 문명국가로 급부상하고 있다. 남북/북남의 분단이 인류 역사의 고통을 짊어진 한민족의 문명사적 책임이라는 역사적 자각을 한마음으로 모을 수 있다면, 통일 한국은 그야말로 세계 문명의 전환을 약속하는 역사 시대의 큰 사건으로 기록될 것이다. 지금은 한민족의 운명이 결정되는 비상 시기이며, 도약과 비약을 위한 한국인의 대결단의 시기이기도 하다.

풍류해석학은 '진정한 종교개혁'을 독촉한다. 흔히 유럽의 Reformation을 종교개혁이라고 번역하지만, 엄밀히 말하면 16세기와 17세기에 로마가톨릭교회의 쇄신 운동이다. 거시적인 역사적 흐름에서 15세기의 유럽의 르네상스가 고대 그리스와 로마 텍스트의 재발견과 근대인의 발견 그리고 16~17세기의 로마가톨릭교회의 혁신 운동, 18세기의 산업혁명

---

1 1부 1장의 각주 7, 3부 2장의 각주 7을 참고할 것.

이 연쇄적으로 작동된 근대의 역사이다. 이로 인해 서구 중심의 세계관이 형성된 결정적 계기가 된다. 바로 이런 역사적 유비 현상이 한반도를 둘러싼 채 일어나고 있다. 20세기에 발견된 고조선 문명의 재발견과 풍류적 인간이라는 현대적 인간의 발견, 21세기에 발생한 제4차 산업혁명은 지구촌 차원에서 한반도를 둘러싸고 실시간으로 소통되는 열린 세계관에서 발생하는 문명 현상이다.

풍류해석학은 낡은 문명과 새 문명의 전환기에 한반도를 중심으로 풍류 의례의 무대를 설정할 것을 요청한다. 풍류적 인간은 문명 의례를 집전하는 사제로서 풍류해석학의 주체로서 기능하여야 한다. 풍류 의례의 무대는 이런 역사적 배경을 바탕으로 한다. 풍류 의례의 집전자인 풍류적 인간은 풍류 무대가 설치될 문명사적 주변 상황을 세심하게 살펴보아야 한다. 우리가 살펴보았듯이 한국 종교 전통의 역사적 기억은 고조선 문명의 근간을 형성하는 환인-환웅-단군으로 이루어지는 천손이라는 신적 계보, 홍익인간과 재세이화의 세계관 그리고 단군이 죽지 않고 산신이 되었다는 종교관을 가졌으며, 고구려, 부여, 신라, 백제 등의 신화의 바탕에도 광명(환, 해)사상이 바탕을 형성하고 있다. 이를 현대적 언어로 '흔붉'이라고 한다. 우리는 선맥과 풍류해석학의 발자취를 탐구하면서 요하 문명 등 고조선 문명 지역에서 발굴되는 고고학적 자료를 종교연구에 포함하여야 한다. 또한 풍류해석학의 정초를 위해 사대주의와 식민주의의 이중적 토굴에서 빠져나와 호교론적이고 배타적인 종파 종교의 자리를 탈피한 해석학적 준거를 가지고 구도와 수행의 텍스트로서 한국 종교의 도맥을 연구해야 한다는 사실을 강조하였다. 그뿐만 아니라 과학기술이 확장시킨 우주 세계와 미시 세계, 체감시간의 가속화에 따른 정보의 폭발과 사유의 폭발은 로봇인간, 복제인간 등 인간의 창조물로 인해 야기되는 인간 자체의 개념에 대한 근본적인 질문을 해야 한다. 우리는 풍류해석학으로 동서양의 성경을 통해 은폐된 선맥을 발굴할 것을 제안한다. 한국 전통 도맥인 '선맥'은 만물의 영장인 인간의 궁극성을 발현한 동서고금을 포월하는 영생적 기제이다. 선맥의 영생 의례인 풍류 의례는 한국의 고대 신화를 현대에 재현하는 의례 체계이자 새 축시대를 여는 통과의례이다. 풍류 의례는 주변부에 머물던 한국의 종교 세계를 낡은 문명과 새 문명의 변환기에 대안적 세계 종교 담론의 가능성으로 제시하는 종교적 대 선언이다.

풍류 의례는 '풍류체'라는 제도 종교의 궁극적 인간을 지향하는 인간 혁명 의례이며, '풍류심'을 일깨워 외래 종교와 사상을 창조적으로 수용하여 한민족의 종교 사상의 터전을 탈바꿈시키는 화해 의례의 공간이자 '풍류객'으로서 일상 세계의 풍류화이다. 인격 혁명으로서의 인격 성전, 탈경전화한 풍류 텍스트, 성속 일치의 풍류 일상화를 구현한 풍류적 인간이 풍류 의례를 집전한다. 풍류적 인간이 집전하는 풍류 의례가 지닌 특성은 다음과 같다.

첫째, 풍류 의례는 선맥의 하나님을 모신 풍류적 인간이 다양한 신령과 신명을 등장시켜 역사 시대를 해원하고 영성 시대를 여는 개벽 의례이다. 풍류 신화의 현대적 의례인 풍류 의례는 한국의 종교적 도맥에서 발현하는 선맥의 하나님을 현대에 발현한 창조 의례이다. 풍류 의례는 초월적이고 내재적이라는 속성을 가진 '죽은 자의 하나님'을 신앙하지 않는다. 역사 시대에 출현한 '신(적 존재)' 가운데 초월적이지 않으면 종교적 인간에게 신앙의 대상이 될 수 없고, 내재적이지 않으면 영성을 체험할 수가 없다. 모든 신(적 존재)는 초월적이고 내재적이다. 초월성과 내재성으로 선맥의 하나님을 규정할 수 없다. 초월성, 내재성, 과정성, 창조성 초월적 내재, 내재적 초월 혹은 범재신론 등은 그리스도교 신학에서 유일신의 속성을 규정하기 위해 고안된 신학적 언어이다. 특히 이스라엘의 민족신에 불과한 야훼신관은 다른 신의 존재를 인정하지 않는 배타적이고 독선적인 신으로 정의된다. 그리스도교 신학적 언어로 규정된 신관은 선맥의 하나님과 다양한 신령(靈)이 조화롭게 공존하는 한국의 종교 세계에 부적절한 신관이다. 다시 말하면 제도 종교의 궁극적 실재는 영혼 불멸설 등 죽은 영혼이나 구원(제)하는 '죽은 자의 하나님'을 신앙하지만, 풍류 의례의 주재신은 유교적 세계관, 불교적 세계관, 도교적 세계관, 그리스도교적 세계관에서 포착되지 않는다. 풍류 의례에 발현하는 지고신은 시작도 끝도 없는 무시무종(無始無終)의 하늘님이자 영원에서 영원으로 항존하는 '산 자의 하나님'이다. 풍류적 인간이 모신 '산 자의 하나님', '풍류의 하나님', '선맥의 하나님'은 인간뿐만이 아니라 뭇 생명과 더불어 온 우주와 공생한다. 즉, 접화군생(接化群生)하는 영생의 하나님이다.

둘째, 풍류 의례의 집전자는 '산 자의 하나님'을 모신 풍류적 인간이다. 풍류적 인간은 특정 제도 교육을 통해 육성되는 제도 종교인이 아니다. 흔볽, 동명(東明), 새볽, 홍익인간 등과 같은 사대성과 식민성에 물들지 않고 종파 종교로부터 자유로운 순종 한국인이다. 새로운 인간형인 풍류적 인간은 종교적 영성의 회복과 특정 종교에 의탁하지 않고 스스로 '권위'가 되어 성경의 주인공으로 기능한다. 아직도 특정 제도 종교에 속한 종파 종교인은 낡은 축 시대의 종교 세계관에서 탈피하지 못한 증거이다. 제도 종교의 교육시스템에 의해 육성되는 종교 사제에 의해 조직화된 제도 종교의 역사적 실험은 끝났다. 제도 종교는 성경이 지향하는 종교적 인간을 육성하는 진리 실험을 방치하고 있다. 제도 종교는 '종교적 영성'이 열매를 맺을 수 없는 구조인 것은 사대성과 식민성에서 헤어나지 못하고 종주국의 제도 종교를 추종하는 한국 종교와 '격의 그리스도교' 현상을 보이는 한국교회의 종교 현상에서 그 일단이 드러나고 있다.

특히 유교의 향교와 서원, 불교의 사찰, 그리스도교의 성당과 교회 등 종교적 인간이 만든 건축물은 종교 문화로서는 의미가 있지만, 풍류적 인간에게 건물 성소는 단순한 공간에 불과하다. 역사적으로 종교적 인간이 종교 의례를 했던 의례 공간이 폐허가 되어 유물로 남았듯이 현대의 건물 성소도 폐기되어야 할 마찬가지의 운명의 길을 걷는다. 어떤 이는 현재의 종교 현상은 너무나 부패하여 '순교자'마저 허용하지 않을 정도로 타락하였다고 엄중하게 경고한다. 풍류적 인간은 도성인신(道成人身)하고 살신성인하는 자세로 화광동진(和光同塵)하며 홍익인간하고 접화군생한다.

셋째, 풍류 의례는 일상 의례이다. 제도 종교는 세속적인 무질서를 특정 공간과 한정된 시간에서 의례 전문가의 정해진 순서에 따라 성스러움의 질서를 만들지만, 그 의례 공간을 벗어나면 다시 무질서로 돌아간다. 그러나 풍류 의례는 깨달음의 높이와 믿음의 두께와 행동의 반석이 삼위일체가 된 풍류적 인간이 집전하기에 성스러운 시공은 선맥의 하나님을 모신 풍류적 인간 자체이다. 선맥의 하나님은 우주목(宇宙木)인 신단수(神壇樹)처럼 하늘과 대지에 굳건히 뿌리내리고 서 있는 풍류적 인간을 통해 발현한다. 즉, 풍류적 인간의 몸인 신단수 자체가 풍류 하나님이 발현하는 우주목이다. "내가 부처이고", "내가 하나님의 성령을 모신 성전"이다. 일상 의례를 하는 풍류적 인간은 스스로 '권위'가 된다. 자포(自暴)하지 않고 자기(自棄)하지 않으며 '앞으로 위로' 비상하는 풍류적 인간은 그 자체로 자유자재하다. 반면에 '믿음과 깨달음과 실천'이 일치하지 않는 종파 종교인은 교파와 종파와 학파의 테두리에 안주하며, 율법과 계율을 암송하며, 종교적 영성을 자포자기한 채 종교의 노예로 살면서 특정한 시간과 특정한 공간의 성스러움을 회복시켜준다는 건물 성전에서 찰나의 황홀감에 자신의 영생적 기제를 소비하고 만다. 소수의 참 종교인의 목소리는 거의 들리지 않고, 창교자의 삶과 경전의 가르침과 동떨어진 직업 종교인이 한국 종교계에 득세하고 있다. 세속적인 권력에 밀착하는 권력 지향적 직업 종교인, 신자에게 희생과 고난의 '좁은 길'을 가르치지 않고 세속적인 복으로 얽어매는 기복 지향적 직업 종교인, 산 자의 종교가 아닌 죽은 영혼을 구원하는 피안 신앙형 직업 종교인들이 대부분이다. 이로 인해 종교를 신앙하지 않는 사람보다도 못한 종파 종교인이 범람하고, 양적인 교세 확장을 위해 건물 성전을 세우고, 종주국의 종교 권위를 맹신하는 사대적인 직업 종교인이 양산되는 주요 요인이 되고 있다. 특히 제국주의적 속성을 가진 한국교회는 서구 신학의 철옹성 같은 교리탑에 안주하며 한국의 종교 지형에서 발생하는 자생 기독교는 '이단' 기독교로 배척하면서 한국교회 자체에서 발생하는 개신교의 하나님, 천주교의 하느님과 같은 신명(神名) 불일치, 경전의 불일치, 교회 매매와 세습의 관례 등과 같은 기독교 '이단'의 모습을 보이고 있다. 풍류적 인간은 창교자의 삶과 교훈을 현재 생활에서 재현하지 못하는 '무늬만 종교인'인 거짓된 종교적 권위에 저항해야 한다. 경전 해석권의 독점권을 가진 직업 종교인과 종교 조직이 종교적 황금률을 실천하거나 재현하지 못하는 직업 종교인의 '사기와 허세'에 저항하여야 한다. '고난, 희생, 봉사, 사랑, 나눔' 등과 같은 종교적 원천과 본질에서 떨어진 직업 종교인의 행태에 구도자는 저항하여야 한다. 종교 권위는 직업 종교인의 '제도' 속에 갇힌 권위주의의 선전물이 아니다.

넷째, 풍류 의례는 탈종교 운동으로 사회운동, 생명 운동, 문명 운동으로 펼쳐지는 소통 의례이다. 풍류 운동은 신들의 전쟁을 조화시키고, 역사 시대에 난무한 이데올로기를 종식시키고, 배타적인 종교 문화를 다원적인 질서로 공생시키며, 학문 간의 닫힌 담을 헐어내고 대화시키며, 피안 신앙의 죽음 담론을 극복하고 차안 신앙의 영생 담론으로 전환시킨다. 일체의 낡은 문명의 액운을 풍류적 인간이 천지굿을 주관하여 새 문명으로 변혁시킨다. 이런 담대한 문명 의례는 낡은 문명을 형성하는 신관, 인간관, 종교관을 걷어내고 새로운 문명 운동을 한국인의 종교적 심성으로 주도하자는 우주적 '혁명'의례이다.

우리는 대무(大巫)입니다.
무(巫)의 식성(食性)으로 성인(聖人)을 잡아먹는 대무(大巫)입니다.
조무래기 샤아만이 아닌 뜨내기 무당이 아닌
신접(神接)한 사탄이 아닌 신시(神市)의 '흔' 사람 대무(大巫)입니다.
이 나라에 현묘(玄妙)한 도(道)가 있으니 풍류(風流)입니다.
풍류체(風流體)가 되어 종교 아비를 삼키는
한국 심성(心性)의 오지(奧地)를 개발하여
이 시대의 고뇌를 초극하고 인류의 고난을 극복하고
역사의 물음에 대답하게 하십시오.
세계사(世界史)의 네거리에서 살(煞)풀이 굿을 하지 않으면
전쟁(戰爭)은 끝나지 않습니다.
사상(思想)의 골고다에서 해원(解寃)굿을 하지 않으면 평화(平和)는 없습니다.
살인(殺人)한 형제들의 속죄 굿을 하지 않으면
이해(理解)와 화동(和同)은 결코 없습니다. (중략)
대무(大巫)는 새 날을 개명(開明)하는 한국인의 사명입니다.
화해(和解)는 한국 혼(魂)의 저력(底力)입니다.
내 조국(祖國)은 더러운 세계사(世界史)의 죄악을 속죄하기 위하여
보혈(寶血)을 흘리고 있지 않습니까?
나는 뜨거운 눈물과 깊은 신음과 임리(淋漓)하는 피로서

무(巫)의 굿을 하여

이 땅에 평화(平和)의 성대(聖代)를 개천(開天)하고

자유의 성일(聖日)을 개명(開明)하겠습니다.[2]

다섯째, 풍류 의례의 궁극적 목적은 인격 성전으로 거듭난 풍류적 인간이 '공동의 종교 체험'을 추구하며 사랑의 공동체인 인격 공동체를 형성하고 풍류 세계를 구현하는 동방 의례이다. 제도 종교가 개인의 깨달음을 중시하지만, 풍류 의례는 성서의 오순절 체험과 원불교의 혈인성사(血認聖事)와 유비적인 공동각의 공동체를 지향한다. 풍류 우주는 다양한 생명이 공생하고 다양한 종교가 공존하는 무지개 우주이다. 제도 종교는 개별적인 완성을 추구하지만, 풍류 의례는 개체보다는 전체가 합발하는 온전한 하나를 완성하는 홀로그램 공동체이다.

우리는 한국 종교의 전통적 도맥인 풍류 = 선맥, 선맥 = 풍류인 풍류 우주에 펼쳐진 풍류적 세계관, 창조적 진화의 궁극적 가능태인 풍류체, 회통적인 융합의 인식 체계인 풍류심, 자유자재한 행동 체계인 풍류객인 풍류적 인간이 동방에서 풍류 신화를 현대에 발현한 풍류 의례의 지향점에 대해 살펴보았다.

선맥에 바탕을 둔 풍류해석학은 피안 신앙이 아닌 영생 신앙이며, 이성의 한계 안에서만 작동하는 이성 종교가 아닌 일상생활에서 실천되는 영성 종교이다. 그뿐만 아니라 종파 종교의 제도화된 박제화된 신앙과 화석화된 신학과 교학이 아니라 일상생활에서 작동하는 신앙이 검증 대상이며, 무형의 깨달음이 아니라 깨달음의 유형적 수행이 관찰 대상이며, 지식의 앎이 아니라 지혜가 발현한 행동이 주목 대상이다. 풍류해석학은 제도 종교의 종파 종교인의 양적 확산에 대한 관심을 떨쳐버리고

---

2 변찬린, 『禪, 그 밭에서 주운 이삭들』, 144-145.

성경의 본질과 정신을 구현하는 풍류적 인간을 탄생시키는 데 더욱 관심이 있다. 풍류해석학은 '나'를 진리의 실험 주체라는 자각으로 한국과 세계, 생명과 우주를 해석 대상으로 하여 인간의 궁극적 존재가치를 검증하는 인간학이다. 풍류해석학은 선맥의 발원지인 동방에서 빛을 발하며 학문의 지향점인 지행일치, 신앙의 지향점인 신행일치, 세속 윤리의 지향점인 권선징악의 문명 구현을 선도하며 궁극적으로 영생적 인간으로 존재론적 탈바꿈을 구현하며, 분별과 차별과 차등의 텍스트를 풍류의 심성으로 통합적으로 회통하여 인식하며, 세속 우주와 영성 우주를 자유자재로 순례하는 수행자로 완성된다.

풍류해석학은 풍류존재론과 풍류인식론과 풍류행동론이 합발하는 지점에서 형성되는 영성 시대의 인문학적 해석틀이기도 하다. 따라서 풍류해석학은 제도 종교 문화와 역사적 기록과 정치적 구호로 남겨진 과거형 해석학적 사건이 아니라 인간이 자연화, 우주화, 신화(神化)로 변화해 가는 과정 자체가 풍류해석학의 요체이다.

이런 관점에서 볼 때 지금의 종교 위기를 포함한 인류문명의 불확실성은 종교만의 문제가 아니다. 종교만의 문제라면 종교 혁신을 통하여 극복하면 되지만, 인류문명의 위기는 낡은 인간을 새롭게 탈바꿈시킬 수 있는 종교적 영성의 고갈에 기인한다. 종교적 영성이 고갈되었기에 역사적 인간의 궁극적 가능성에 대한 무력감으로 인해 근현대에 나타난 두 차례의 세계전쟁, 생태계의 위기, 과학적 유토피아가 제시하는 미래 세계에 두려운 시선을 거두지 못하고 있는 것이다. 낡은 종교 체계의 종교적 영성이 폭발하지 못하고 닫힌 세계관에서 전개되는 종파 종교는 문명 전환의 주체적 역할을 하지 못하고 역사적 고아의 신세에 처해질 운명이다.

인류가 봉착한 닫힌 미래에 대해 풍류적 인간은 어떤 대답을 할 수 있는가? 우리의 주제에 국한해서 한국 종교와 한국교회는 어떻게 종교의 순기능을 보존하면서 인류사회를 추동할 수 있는 종교적 영성을 발현할 수 있을까?

필자는 한국 종교와 한국교회의 구성원에게 풍류 신화를 창조적으로 계승한 풍류적 인간이 풍류 의례를 통하여 풍류 우주에 펼쳐진 풍류해석학을 새로운 담론으로 제시한다. 동시에 우주와 지구와 생명이라는 거대한 우주공동체를 체현한 풍류적 인간이 새 문명의 길잡이로서 담대한 발걸음을 내딛기를 촉구한다.

새 시대의 새 종교의 탄생, 새 시대의 새 인격의 거듭남, 새 시대의 새 생활 공동체 형성은 문명 전환기에 풍류 의례를 집전하는 풍류적 인간의 삶 자체가 되어야 한다.

동방의 선맥 르네상스 시대가 열렸다.
풍류적 인간이 역사 지평의 새 무대를 창조한다.
동방의 빛이 온 우주를 밝힌다.

부록

僊(仙)攷 — 風流道와 甑山思想 / 변찬린

僊(仙)攷
風流道와 甑山思想

변찬린

Ⅰ. 서론

선의 길은 너무 자취가 희미하여 말할 수가 없다. 옛사람들은 그 길을 안듯한데 이제는 이끼에 덮이고, 잡초만 무성하여 대도인 우화등선의 길은 자취를 알 길이 없다. 숲속을 산보해 보면 유불선의 길은 오솔길 모양 사항하고 있고 그 길에 행하는 구도자들을 만날 수 있으나 대도인 선의 길만은 찾을 길이 바이없으니 안타까운 일이 아닐 수 없다.

본고의 목적은 잃어버린 대도인 선의 길을 복원하려 함이다. 그러나 선에 대한 문헌이나 사료가 전무한 狀態이므로 主觀的인 직관이나 自覺에 의하여 論述할 수밖에 없다. 엄밀한 의미에서 宗敎的인 眞理는 한 개체의 뛰어난 直觀力과 자각이 全體 곧 세계심전의 광명이 되는 법이다.

선의 길은 인간 앞에 開明된 본내의 길이었다. 그러나 人間은 이 길을 喪失한 후 第二義的인 길인 儒佛仙에 의지하여 영원한 世界로 향한 旅路에 오르기 시작했다. 現代人은 儒佛仙 三敎나 다른 宗敎에 지쳐 있는 몸들이다.

나는 지금 어디쯤 와 있는가?[1]

이 말은 떼이야르 드 샤르뎅이 임종 때 남긴 遺言이었다.

우리는 지금 어디쯤 와 있는가?

永遠을 향한 旅路에 오르고 있는 우리들, 旅愁에 젖어 방사능 낙진이 내리는 잿빛 원자우를 맞으면서 걷고 있는 現代人들은 지금 어디쯤 가고 있을까? 旅路에 지친 行者와 求道者들은 잠시 길가에 앉아 쉬면서 걸어온 길을 반생하고 앞에 갈 길을 조망하면서 자신이 의지한 宗敎의 자리가 참 이럽할 자리인가를 생찰해 보자.

II. 宗敎의 本質

宗敎의 本質은 무엇인가? 모든 高等宗敎가 우리에게 전해준 福音과 消息의 核心은 무엇인가? 한마디로 그것은 永遠한 生命, 곧 永生의 約束이었다. 人間의 生命은 '죽음'이라는 限界狀況 속에 놓인 苦惱의 實存들이다. 이 비극적 苦惱의 實存들에게 참 종교는 영원한 생명의 次元이 있음을 紹介하고 있다.

죽음을 앞에 놓고 不安과 恐怖에 떨고 있는 존재들에게 영원한 生命의 消息을 전해준 맨 처음 사람은 조로아스타(Zoroaster)였다. 原始의 荒蕪地에서 虛無의 寒氣에 떨면서 죽음의 毒感에 앓고 있는 未開한

---

1 삐에르 떼이야르 드 샤르뎅(Pierre Teilhard de chardin, 1881~1955). 불란서 神父, 地質 및 古生物學者, 그의 저서 『人間의 現象』은 카토릭神學에 새로운 出口를 마련했다.

心田들에게 拜火의 횃불을 높이 들어 虛無의 寒氣를 녹여주고 불의 따뜻함으로 진리의 太陽을 증거한 조로아스타는 原始曠野의 어두운 밤에 빛나는 불빛이었다. 그다음 온 자가 부다(Buddha)였다. 모세(Moses)도 예수(Jesus)도 모하메트(Mohammad)도 그리고 크리슈나(Krishna)도 라마(Rama)도 영원한 생명의 빛을 죽음의 深淵을 향해 照射한 빛나는 魂들이었다. 이들 빛들에 의하여 人間의 未開한 心田은 개간되고 無明에 젖은 소경들은 開眼되기 시작했고, 드디어 太陽이 빛나는 하늘과 梵天과 兜率天과 여호와의 하늘은 開天되었다.

그런데 우리가 한 가지 알고 넘어가야 할 사실은 모든 眞理의 빛인 高等宗敎는 東洋의 心性 속에서 싹트고 있는 점이다. 西洋의 知慧 속에서는 宗敎가 發生하지 않았다. 조로아스타敎·佛敎·브라만敎·유대敎·儒敎·道敎·마호메트敎·힌두敎가 다 東洋의 心性 속에서 正果를 맺고 있다.

오늘날 기독교는 聖書의 本質을 歪曲하여 西洋化시킨 宗敎이다. 그러므로 '聖書 = 基督敎'의 等式은 마땅히 비판받아야 한다. 聖書가 東洋의 心性 속에서 씌여진 文書이므로 聖書의 바른 解釋法도 東洋의 心性으로 이룩되어야 한다. 西區人들이 만들어 낸 基督敎란 聖書의 思想을 基礎로 하여 만들어진 敎理임을 잊어서는 아니 될 것이다.

生命의 本來的인 慾求는 永生이다. 그 어느 누구도 죽기를 希望하는 자 없다. 하나님은 人間을 創造할 때 永遠을 向한 存在로 創造하였지 죽음의 존재로 창조하지 않았다. 그런데 왜 죽음이 생겼는가? 이는 아담이 生命果를 따 먹지 못하고 善惡果를 따 먹었기 때문에 죽음이 浸入한 것이다.

따 먹으면 반드시 죽으리라.

이 말씀을 뒤집어 놓으면 "따 먹지 않으면 永生한다"라는 뜻이 內包되어 있다.

佛敎는 인간의 죽음이 無明에서 緣起된다고 설명하고 있다. 죽음은 非本來的인 現像이다. 本來的으로 人間의 生命은 永遠을 向해 跳躍飛翔하도록 創造 혹은 心造되었는데 지금 인간들은 非本來的인 現像인 죽음의 存在로 變身하여 절망의 深淵에서 몸부림치고 있는 것이다.

죽음의 존재인 인간들은 절망의 深淵 속에서 시지프스[2]의 苦行을 반복하면서 不條理한 生을 反復하고 있는 것이다.

T. S. 엘리오트[3]는 長詩 荒蕪地를 쓸 무렵 그는 런던의 事務室에 앉아서 無數한 인간들이 죽음을 향해 걸어가고 있는 行列을 아침마다 出勤하는 런던 市民들의 行列 속에서 보았던 것이다. 인간들이 살겠다고 몸부림치면서 日常性 속에 빠져 生存의 激戰場으로 出勤하는 모습이 죽음을 향해 걸어가는 長蛇陣으로 詩人의 눈에 觀照되었던 것이다.

모든 인간은 죽음을 향해 걸어가고 있는 존재들이다. 이 죽음을 향해 가고 있는 인간들에게 永遠을 향한 所望을 주고 永生의 次元으로 高揚하는 方法論을 提示한 것이 모든 高等宗敎의 本質이었다.

佛敎는 生死의 윤회 바퀴에서 解脫한 永生의 次元을 니르바나의 世界라 했고 마음이 절대 자유한 경지에서 逍遙하는 것을 莊子는 無何有鄕[4]이라 했다. 또 莊子가 말한 "至人無己 神人無功 聖人無名"[5]은 逍遙自在하게 노니는 기본이다. 聖書는 永生의 次元을 "하나님 나라"

---

2 시지프스 — 제우스神에게 미움을 받아 地獄 속에서 돌멩이를 山頂으로 運搬하는 형벌을 받는다. 山頂으로 돌을 운반한다. 돌이 다시 굴러 山下로 떨어지면 다시 반복하여 올린다. 까뮤는 이 시지프스의 神話 속에서 人間存在의 不條理를 깨닫고 그의 實存哲學의 상징으로 시지프스를 내세운다.
3 엘리오트(Thomas Stearns Eliot, 1988~) — 영국의 시인, 평론가, 長詩 「荒蕪地」는 有名하다.
4 無何有鄕 — 마음이 절대 自由에 노니는 경지(莊子 逍遙遊篇).
5 上揭書.

의 槪念으로 우리에게 소개하고 있다.

老子는 다음과 같이 永生의 次元을 노래하고 있다.

谷神不死 是謂玄牝 是謂天地根 綿綿若存(면면 약존) 用之不動[6]
(허통빈 골처럼 영묘한 신처럼 도란 영원한 것이니 이를 일러 그윽한 모성
이라 한다. 이 모성의 문은 천지의 근원이라 면면히 있는 듯하여 쓰고
쓰되 힘들지 않음으로 지치는 일이 없다.)

不死의 道와 一致되어 無爲而化의 德을 所有함으로써 인간의 생명
은 영원한 次元으로 高揚되는 것이다.

儒敎는 中庸 終句를 통해 영원과 연결되는 마음의 차원을 "上天之
載 無聲無臭"[7]로 紹介하고 있다. 詩經은 이와 같은 境地를 "德輶如毛"[8]
라 했다. 터럭보다 가벼운 德을 所有한 人間이 되자면 일체의 私心과
慾心과 妄心의 重量感에서 解脫된 자 아니고는 不可能한 것이다. 마음
과 精神과 靈魂이 自由롭고 解脫된 境地는 氣體와 같이 重量感에서
解放될 때 비로소 하늘 次元으로 上昇할 수 있는 것이다.

그러나 우리가 알아야 할 사실은 모든 고등종교가 죽음에서 해방되
는 영생의 次元을 約束하고 있지만 우리들은 여전히 죽어가고 있는 존
재라는 데 문제점이 있는 것이다. 肉身은 죽어 墓穴 속에 印封되고 마음
과 精神과 靈魂만이 自由로이 하늘나라에 가고 涅槃에 들고 無何有鄕
에 逍遙한다면 이것이 참 永生하는 境地일까? 인간은 靈肉이 雙全할
때 온전한 존재이므로 永生의 次元도 靈肉이 雙全하여 飛翔해야 한다.

---

6 老子 第六章.
7 中庸 聖論 最終句.
8 詩經 大雅 丞民篇 第六章 第二句.

이날까지 우리들은 인간이 죽으면 肉身은 무덤에 묻히고 영혼만 하늘나라로 간다는 消息을 당연한 眞理처럼 받아들였다. 그러나 이 消息은 非本來的인 第二義的인 消息이다. 이 消息은 타락된 人間을 구제하기 위한 方便이었음을 잊어서는 안 된다. 죽어서 영혼만이 天堂 極樂간다는 消息은 참 宗教의 本質이 아니다. 여기서 우리는 宗教의 本質問題를 다시 反省하지 않으면 안 된다.

儒佛仙 三教 그리고 다른 고등종교에서 提起된 永生의 問題는 참 眞理였는가라고 反問하지 않을 수 없다. 儒佛仙과 기타 여러 고등종교는 非本來的이며 第二義的인 종교이지, 本來的이며 第一義的인 宗教가 아니다. 다시 말하면 本來的인 宗教의 道脈이 喪失될 때 나타난 종교가 儒佛仙 기타 다른 고등종교였던 것이다.

모든 종교는 타락된 다음에 깨달은 종교이므로 이는 本來的인 자리가 아니다. 인간이 타락하지 않았으면 儒佛仙과 같은 宗教는 濫觴되지 않았을 것이다. 인간이 타락된 다음 無名의 자리 속에서 깨친 종교가 儒佛仙 기타 다른 고등종교로 나타났던 것이다. 老子는 이 점을 다음과 같이 말하고 있다.

大道廢有仁義[9]라고……

이 말씀은 宗教의 本質을 깊이 穿鑿하고 있는 名言이다. 儒佛仙 以前에는 本來 '大道'가 있었을 뿐이다. 그러나 이 大道가 廢해진 후 나타난 종교가 '仁義의 宗教' 곧 儒이며 佛이며 仙이었던 것이다. 그러므로 儒佛仙 기타 다른 고등종교는 大道의 一部分만 본 裂教에 지나지 않는다. 大道는 本來的인 道이며 인간이 타락하기 전에 無明에 汚染되

---

9 老子 道德經 第十八章.

기 전에 나타난 도이다.

이 大道를 타락과 無明으로 喪失했으므로 한 단계 낮은 次元에서 나타난 종교가 儒佛仙이었던 것이다. 儒教도 佛教도 道教도 大道의 자리에서 보면 人爲的인 有爲의 道인 것이다.

그러면 本來的인 大道의 本質은 무엇인가? 大道는 우리에게 長生 不死를 約束하고 있다. 大道는 곧 僊인 것이다. 그러나 우리들이 믿고 있는 종교는 長生不死를 約束하고 있지 않다. 죽으면 영혼이 天堂 極樂 간다고 約束하고 있을 뿐이다. 본래 大道는 長生不死 換骨奪胎 天衣無縫 羽化登仙의 종교이므로 死後의 죽어서 天堂 極樂을 약속하는 宗教하고는 本質的으로 다른 것이다. 大道는 살아서 昇天하는 종교이지 죽은 다음 영혼을 昇天시키는 종교가 아니다.

聖書에는 다음과 같은 말씀이 있다.

하나님은 산 자의 하나님이지 죽은 자의 하나님이 아니다.[10]

하나님은 죽은 靈魂이나 募集하는 염라대왕이 아닌데 우리는 이날까지 죽으면 영혼이 天堂 가서 하나님을 뵙는다고 誤信하고 있는 것이다. 하나님은 산 자의 하나님이다. 하나님은 靈肉雙全한 자의 하나님이지 육은 무덤에 묻고 영혼만 상대하는 하나님이 아닌 것이다. 本來 人間은 靈肉이 雙全하여 永生의 次元에 飛翔하여 高揚될 때는 僊되어 神仙이 되는 것이지 죽어서 영혼이 天堂 極樂가는 것이 아니다.

僊의 大道를 잃어버림으로써 죽어서 영혼이 天堂 極樂간다는 彼岸 宗教로 變質된 것이다.

우리는 人間 七十古來稀라 하지만 本來 人間의 壽命은 나무처럼

---

10 新約 누가복음 20章 38節.

長壽한 것임을 알아야 한다.

　이는 내 百姓의 壽限이 나무의 壽限과 같겠고……11

　이 聖書의 말씀은 大道의 人間을 말하고 있는 것이다.
　本來的인 인간은 이 땅에서 나무와 같이 長壽하다가 죽어서 그 영혼만이 天堂 極樂가는 것이 아니고 산체로(산 채로) 僊化되어 羽化登仙하게 된 존재였다. 그러므로 大道의 마당에는 인간의 무덤이 없다. 무덤을 남기는 종교는 大道를 喪失한 다음에 나타나는 종교임을 잊어서는 안 된다.
　생각해 보라. 自然界에 생존하는 모든 動物들은 무덤이 없다. 아무리 微物일지라도 죽을 때 자신의 屍體를 처리하고 죽는 知慧를 生來的으로 터득하고 있다. 파리도 참새도 다람쥐도 호랑이도 코끼리도 제 屍身을 그 同族들에게 남기고 죽는 법이 없다. 그런데 萬物의 靈長이라고 뽐내는 人間들만 그 屍身을 子孫에게 남기고 그 子孫들은 더러운 屍身을 殮하고 哭하고 葬事하고 있으니 이것이 人間의 참모습이겠는가? 인간이 타락하지 않고 大道를 잃어버리지 않았다면 이 땅 위에서 無病長壽하다가 知慧가 白首가 되면 山에 가서 僊化될 때 그 肉身은 산바람결에 흩어 순식간에 原素分解하여 風化시켜버리고 風流體가 되어 羽化登仙하여 歸天하였을 것이다. 이 僊의 大道를 상실한 다음에 無明에 덮힌 인간은 屍身을 處理할 知慧가 없게 되니 그 子孫들에게 더럽고 냄새나고 추깃물이 흐르는 屍身을 남겨놓고 靈魂만 빠져나가 靈界에 가는 非本來的인 過程을 밟고 있는 것이다.
　무덤을 땅에 남기지 않고 屍身을 子孫에게 남기지 않는 길만이 本來

---

11 舊約 아사야書 65章 22節.

的인 참종교의 本質이다. 그런데 東洋에서 發生한 여러 고등종교를 分析해 보면 長生不死 換骨奪胎 天衣無縫 羽化登仙의 秘義를 알고 있는 百姓은 東夷族뿐이었다. 壇君이 長生不死하다가 神仙이 된 事實은 神話가 아닌 事實이다. 三國遺事에 의하면 "壇君은 阿斯達에 들어가 숨어 山神이 되었다"라고 했다. 壇君이 大覺한 宗敎는 죽어서 그 영혼이 天堂가는 죽은 자의 종교 즉 彼岸宗敎가 아니었다. 壇君은 죽어서 그 영혼이 歸天한 것이 아니라 살아서 죽음이 없이 僊化된 존재임을 잊어서는 안 된다.

참 종교는 彼岸宗敎가 아니다. 彼岸은 죽은 후 그 영혼이 天堂 極樂 갈 때 생기는 마당이다. 壇君은 죽어서 저승에 간 것이 아니라 살아서 神仙으로 變身되어 歸天했으므로 그 마당은 彼岸이 아니라 또 다른 '새 次元의 이승'인 것이다.

大道인 僊의 世界에는 彼岸이란 존재하지 않는다. 오직 새 次元의 彼岸만 존재할 뿐이다. 神仙이 되는 마당은 이승에 대한 저승이 아니라 이승에 대한 새로운 次元의 이승으로 高揚되는 것임을 잊어서는 안 된다. 저승이란 죽은 자의 영혼이 가는 마당이다. 不死의 산 자들에게는 저승이란 非本來的인 장인 것이다.

三一神誥 天宮訓을 보자.

天神國 有天宮 階萬善 門萬德 一神攸居 羣靈諸喆護侍 大吉祥 大光明處 惟性通功完者 朝永得快樂[12]
(한울은 한울의 나라이다. 한울집이 있어서 **온갖** 착함으로 섬돌하며 온갖 고이로문하니 한얼께서 계시는데요 여러 영들과 선관들이 뫼셨나니 크게 좋으며 크게 빛난 곳이라. 오직 성품이 통하고 공적을 마춘 자라야 한얼을

---

12 三一神誥 天宮訓.

뵙고 길이 쾌락을 얻으리라.)

이 天宮訓 중에서 하늘나라에 갈 자는 維性通功完者 즉 성품을 바르게 닦고 공적을 다 완성한 자가 간다고 했다. 維性通功完者는 죽어서 肉身을 무덤 속에 묻고 영혼이 天宮에 가는 것이 아니라 壇君처럼 羽化登仙한 자 아니면 天宮에 들어갈 수 없는 것이다.

壇君은 무덤을 남기지 않았다. 羽化登仙한 存在이므로 무덤이 있을 수 없는 것이다. 또 壇君은 彼岸으로 涅槃한 것이 아니라 '새 이승'인 영원한 次元으로 跳躍 飛翔한 존재임을 잊어서는 안 된다. 그러므로 壇君이 大覺한 風流道도 새로운 觀點에서 硏究되어야 한다.

오늘날 風流道를 花郎道와 混同하고 있는 것이 一部 學者들의 誤謬이다. 風流道의 一部分이 花郎道로 化하여 꽃핀 것은 事實이지만 '風流道 = 花郎道'가 아닌 것이다. 花郎道는 大道인 風流道가 廢한 연후에 나타난 한 亞流에 지나지 않는다.

風流道의 本質은 僊이다. 僊脈인 風流道는 大道이다. 大道 속에는 儒佛仙의 分立된 槪念이 存在하지 않는다. 儒니 佛이니 道니 하는 裂敎의 槪念은 風流道가 脈이 끊어진 이후에 나타난 非本來的이고 第二義的인 槪念임을 잊어서는 안 된다. 이미 風流道 속에는 儒佛仙 三敎뿐만 아니라 모든 고등종교의 秘義가 다 內包되어 있었던 것이다. 그러므로 儒의 그릇에 佛敎를 담을 수 없고 佛의 그릇에 儒敎나 道敎를 담을 수 없지만 風流道의 神器 속에는 모든 宗敎가 담겨있음을 깨달아야 한다.

風流道는 天下의 神器이다. 大器이다. 甑山이 새 시대를 개벽하면서 儒佛仙 三敎를 극복한다고 大言한 것도 甑山의 마음자리가 大器인 風流道의 자리였음을 알 수 있다.

그러면 이제부터 僊과 風流道의 관계를 考察함으로 잃어버린 大道

를 復元하는 作業을 始作해 보자.

III. 僊의 本義

僊이란 무엇인가?
金凡夫는 僊을 다음과 같이 定義하고 있다.

仙은 人邊에 山字를 하거나 또는 僊字로 쓰는데 산에 사는 사람 또는 人間
에서 遷去한 사람이란 뜻의 會議文字이다.[13]

仙과 僊은 同意語 임을 알 수 있다.
그러나 筆者의 생각으로는 僊의 道秘가 그 脈이 끊어진 후 仙으로
나타난 듯하다. 仙은 山사람이란 뜻이지만 僊은 遷去된 사람이란 뜻이
기 때문이다. 山사람 仙과 遷去된 사람 僊은 同意語인 듯하나 차이가
있다. '遷去된 사람'이란 자리를 옮긴 사람이다. 죽어서 자리를 옮긴 것이
아니라 살아서 자리를 옮겨 神仙된 사람을 僊이라 한다. 이승에서 '새
이승'으로, 三次元世界에서 四次元世界로 자리를 옮긴 사람을 僊이라
한다. 또 僊의 本義는 '飛揚昇高'로서 하늘로 올라가는 사람이란 뜻이
다. 이 飛揚昇高는 죽어서 그 영혼이 歸天하는 것이 아니라 살아서 昇天
하는 것을 말하고 있다. 梵鍾에 새겨진 飛天像을 보라. 그 옷깃이 바람에
날리면서 하늘로 날고 있는 飛天像은 곧 羽化登仙의 그림인 것이다.
仙 곧 산 사람이란 뜻은 인간이 神仙이 될 때 山에 가서 이내결에
그 肉身을 解體시키고 風流體가 되어 僊으로 變身되는 뜻이 숨어 있는

---

13 『東方思想論叢』(李鍾益 編著) 第12講, 丹學과 仙道, 70.

것이다. 本來的인 人間은 無病長壽하다가 僊化될 때는 山으로 가서 無跡하게 자취를 남기지 않고 사라지는 것이다. 그러므로 本來的인 人間이란 죽음의 存在가 아니라 '사라지는 存在'인 것이다. 壇君도 산에 가서 僊化된 사람이었다.

또 僊이 仙으로 卑下한 데는 한 가지 理由가 있다. 이 날까지 一部의 學者들이 仙道라 하면 中國에서 流入된 宗敎로 誤解하고 있다. 또 仙道의 敎祖를 老子로 착각하고 있다. 본래 僊의 原籍地는 靑丘였고 僊의 하늘을 開天한 사람이 壇君이었다. 仙의 淵源이 우리나라에 있음을 金凡夫는 다음과 같이 考證하고 있다.

> 神仙의 仙道는 朝鮮에서 發生하였다. 그것이 中國으로 옮겨간 것이고 中國固有의 것이 아니다. 그러므로 中國上代文獻에는 神仙說이 없다. 十二經·書·易·禮·春秋·論語·孟子·周禮·孝經·中庸·大學과 老子에도 없다. 春秋時代까지도 없었고 莊子에 비로소 仙人 神人說이 비치고 楚辭에 나왔다. 戰國時代에 해당한다.[14]

이처럼 仙思想의 淵源地는 우리나라인 것이다. 이것이 中國으로 건너가 다시 道敎의 옷을 입고 逆輸入되었다. 왜 우리나라에서 發生한 神仙圖가 中國으로 건너가 다시 逆輸入되었는지 그 이유는 文獻과 史料가 全無하므로 밝힐 길이 없다. 그러나 神仙思想이 우리나라에서 發生한 것은 틀림이 없는 事實이다. 李能和는 그의 名著 『朝鮮道敎史』에서 다음과 같이 기술하고 있다.

檀君三世之事 最近道家三靑之說 蓋我海東爲神仙淵業 內外典籍俱無異

---

14 上揭書, 70.

辭 而自古言神仙者 皆謂黃帝問道於崆峒之廣成子 雖然晋 葛洪撰抱朴子
卽謂黃帝東到靑丘 受三皇內文於紫府先生 紫府先生者 卽東王公而其在
東方 故世謂東君者也 檀君 是東方最初之君 而設檀祭天者 故稱檀君 而基
君子類似於東君帝君及眞君等 仙家之稱 亦類於震中君湘君 神君之號 故
檀君子 謂仙 亦可謂神 曰仙 是屬古代之事 雖慾深究 而無可深究之道 則但
可任其線藐而已 至若泰時方士 韓終來東之跡 證據最確 而盧生張良 或求
籙圖 或尋道友 此以彼等行履 推之 則有七八分彷彿者也[15]

(단군 삼대의 신화와 최근 도가의 삼청설은 다 우리 해동이 신선의 연원이
라고 국내의 서적들은 한결같이 말하고 있다. 예로부터 신선을 말하는
사람은 누구나 황제가 공동에 있는 광성자에게 도를 물었다고 전하고
있다. 그러나 진나라 갈홍이 지은 포박자에는 황제가 동쪽 청구에 와서
자부선생에게 삼황내문을 받았다고 하였다. 자부선생은 즉 동왕공으로
서 그가 동방에 있는 까닭에 세상에서는 동군이라 이르는 것이다. 단군은
동방 최초의 임금으로서 단을 모으고 하늘에 제사하였으므로 단군이라
하며 그 군자는 동군 제군 및 진군 등의 선의 용어이며 또한 운중군 상군
등 신군의 이름과 같은 것이다. 이로 보아 단군이라 함은 선이라 할 수
있고 신이라 할 수도 있다. 이 신이나 선은 다 고대의 일이므로 깊이 연구하
려 하여도 탐구할 수가 없으니 다만 옛일을 상상할 수 있을 뿐이다. 그러나
진나라 때 방사 한종이 동국에 온 자취에 대해서는 그 증거가 뚜렷하며
노생과 장량이 동국에 와서 녹도를 구해가지고 혹은 도우를 찾은 듯도
한데 그들의 행적을 추적하면 칠팔분 방불함이 있다 하겠다.)

이처럼 僊의 淵源은 우리나라였고 上代에 이것이 中國으로 건너가
道敎의 衣裳을 입고 다시 우리나라의 逆輸入되었던 것이다.

_____
15 李能和 著,『朝鮮道敎史 總說』, 23.

上古時代 黃帝에게 神仙道를 배워준 廣成子나 紫府先生은 다 우리나라 사람이었다. 그 후에도 韓終이나 張良 등이 靑丘에 와서 神仙道를 배워갔음을 알 수 있다. 崔仁은 그의 力著 『韓國學講義』에서 中國의 道敎와 우리나라의 道敎가 別의 것임을 强調하고 있다.

> 道敎는 神仙思想으로 창설한 종교이다. 中國 老子가 神仙思想으로 창설한 敎를 道敎라 칭한다. 老子는 중국이 신선 사상으로 道敎를 창설하고 東明王은 韓國의 神仙思想으로 獨特한 道敎를 創設하였다. 檀君은 不死入山한 神仙이다. 그런데 三國遺事에 東明王이 檀君의 子라 하였다. 즉 神仙의 子라 하였다. 그리고 東文選에 東明王이 神仙을 거느리고 하늘에 오르내리었다 하였다. 또 好太王碑文 첫머리에 東明王이 龍을 타고 昇天하였다고 한다.
> 舊三國史記에 東明王이 죽지 아니하고 昇天하니 太子가 그 玉鞭을 龍山에 장사하였다고 한다. 以上의 모든 기록을 고찰하면 東明王이 고유한 神仙思想을 계승한 것이 分明하다. 神仙思想을 계승한 東明王은 다시 神仙思想을 발전시켜 高句麗의 道敎를 創設하였다.[16]

이처럼 崔仁은 中國의 道敎와 韓國의 道敎를 分離하여 생각한다. 그러나 中國의 道敎이든 韓國의 道敎이든 이미 僊 本來의 자리에서 볼 때는 다 根本을 잃은 후에 나타난 亞流임을 잊어서는 안 된다. 丹齋는 '선비'를 仙의 遺命으로 본다.[17] 高麗에서는 선비들이 皂衣를 입어 皂衣先人이라 했고 新羅에서는 美貌를 取하여 花郎이라 했다. <선비>가 仙의 音寫에서 유래된 것은 틀림이 없으나 선비정신도 僊 本來의 자리

---

16 崔仁 著, 『韓國學講義』, 166.
17 『丹齋全集 下』, 101.

에서 보면 한가닥 亞流에 지나지 않는다.

中國의 道敎는 그 祖宗을 老子로 하고 그를 太上老君으로 섬기는데 이는 後代의 인간들이 雜多한 神仙思想을 混合하여 道敎를 만들면서 老子의 이름을 盜用한 데 지나지 않다. 왜냐하면 老子 道德經 어디에도 神仙에 대한 말은 全無하다. 이미 金凡夫도 밝힌 바 있지만 神仙이란 말은 莊子에서 비로소 發見되고 있다.

또 道敎를 숭상하는 자들이 丹學에 沒頭하여 丹學을 神仙思想과 결부시키고 있는데 이것도 外道임을 잊어서는 안 된다. 丹은 內丹 外丹이 있다. 物質로 조제된 藥이 外丹이고 精氣神을 의집하는 것을 內丹이라 한다. 葛洪이 지은 抱朴子에는 內丹과 外丹에 대한 설명이 있다.

外丹은 丸藥을 適用하는데 그것은 秦나라 始皇 漢武宰가 가장 숭상하여 三神山에 不老草를 구하러 童男童女를 보낸 사건은 너무나 有名하다. 특히 外丹은 金石之材를 많이 사용하는데 鉛汞을 不死藥이라 일컬었다. 또 雲母를 물로 만들어 雲母水를 먹으면 長生不死한다고 믿었다. 그 다음에는 治風之材가 崇尙되었으니 抱朴子·雲母·蒼朮·五加皮·甘菊 等이다. 이처럼 藥의 힘을 빌어 永生할 方法을 摸索한 中國의 道敎는 外道에 치우친 종교임을 잊어서는 안 된다. 外丹 즉 藥을 먹고 不老長生하여 神仙이 된다면 歷代의 帝王이나 黃金萬能의 富豪들이 高價의 약을 먹고 다 神仙이 되었다면 이 세상은 어찌될 것인가?

종교는 그 本質이 마음을 닦고 永生을 하는 方法을 가르치고 있다. 이미 필자가 三一神誥 天宮訓에서 밝혔듯이 하나님이 계신 天宮에 갈 수 있는 자는 "惟性通功完者"여야 한다. 마음을 닦은 자 아니고는 僊의 길을 開明할 수 없는 것이다. 仁義의 宗敎인 儒佛仙도 明德을 밝히고 無明을 제거하고 無爲而化의 자리에서 性品을 닦기를 강조하고 있거늘 어찌 藥 따위를 먹고 長生不死하겠다고 妄見을 내는가? 藥을 먹고

神仙이 되겠다는 外丹은 方術일 뿐 仙의 正道가 아님을 銘心해야 한다. 이미 언급한 바와 같이 僊의 本流는 壇君에게서 濫觴된다.

僊의 消息이야말로 인간을 長生不死케 할 수 있는 唯一한 大道인데 이 道를 風流道라 한다.

崔致遠의 鸞郎碑序에 "우리나라에 본래 玄妙한 도가 있으니 風流라 칭한다. 그 敎를 創設한 내력이 仙史에 자세히 기록되어 있다"고 하였다.

그런데 東文選 八關會 仙郎賀表에 보면 鸞郎은 神仙이라 했고 玄妙의 道는 神仙思想이요 風流는 神仙이다.

抱朴子 神仙傳에 玄은 道家神仙의 名이라 하고 高麗圖經 18道敎에 老子의 仙敎를 妙敎라 칭하고 宋史에 林靈素가 晩年에 道士의 士가 되어 神祕한 일을 하므로 玄妙先生이라 칭하고 神仙通鑑에 仙女를 玄妙玉女라 하였다.

風流道는 仙이며 玄妙之道임을 알 수 있다.

엄밀한 意味에서 儒敎와 佛敎 속에는 仙脈이 없다.

道敎에는 仙脈이 연결되어 있는 듯하나 이것이 外道에 치우쳐 있음을 이미 밝힌 바와 같다.

道敎를 信奉하는 자들이 얼마나 外丹法을 잘못 사용하여 이상한 藥을 만들어 惑世誣民하였던가?

그런데 玄妙한 道인 風流道에 僊脈이 놀랍게도 聖書 속에서 發見되고 있다. 이천 년 동안 西歐 神學者들은 聖書 속에 僊脈이 묻혀 있음을 發見하지 못하였다. 西區人들은 僊의 槪念조차 모르고 있으니 聖書 속에 秘藏된 僊의 黃金銘脈을 발굴할 수도 없었을 것이다.

聖書는 僊의 文書이다.

그러면 이제부터 잠시 聖書 속에 隱蔽된 僊脈을 더듬어 보자. 구약성서에 보면 에녹과 엘리야라는 두 人物이 죽지 않고 산 채 遷去된 昇天의 기록이 있다.

에녹이 하나님과 동행하더니 하나님이 그를 데려가시므로 세상에 있지
아니하더라.[18]

創世記 五章에 紹介된 이 간단한 記事를 新約의 히브리記者는 다
음과 같이 解釋하고 있다.

믿음으로 에녹은 죽음을 보지 않고 옮기었으니 하나님이 저를 옮김으로
다시 보이지 아니하니라. 저는 옮기우기 전에 하나님을 기쁘시게 하는
자라 하는 증거를 받았느니라.[19]

이 聖句에서 주목해야 할 점은 "옮겼다"는 말이다. "옮겼다"는 말은
이 場에서 다른 場으로 遷去됨을 意味한다. 三次元 時空에서 四次元
時空으로의 옮김이다. 四次元은 彼岸이 아니라 三次元의 자리에서 보
면 새로운 場인 것이다. 에녹은 죽지 않고 하늘나라로 遷去된 사람이었
다. 죽지 않고 長生不死하는 道脈은 僊인데 에녹은 僊의 秘義를 터득한
聖書에 나오는 첫사람이었다. 하나님은 에녹과 同行하다가 에녹을 산
채로 하늘나라로 옮겨갔다. 이는 에녹이 長生不死하다가 羽化登仙한
神仙임을 말하고 있다.
또 엘리야에 대한 記事를 보자.

두 사람이 行하며 말하더니 忽然히 불수레와 불말들이 두 사람을 隔하고

---

18 에녹 — 창세기 5章 24節.
19 히브리書 11章 5節.

엘리야가 회오리바람을 타고 승천하더라.[20]

이 聖句를 보면 엘리야도 羽化登仙한 神仙임을 알 수 있다. 엘리야도 儒의 秘義를 터득한 先知者였다. 그뿐만 아니라 모세와 예수도 屍解仙한 존재였다.

모세는 구약 최대의 先知者였는데 그의 屍身을 묻은 墓가 없어졌다.

여호와의 종 모세가 여호와의 말씀대로 모압땅에서 죽어 벧브올 맞은편 모압땅에 있는 골짜기에 장사되었고 오늘날까지 그 묘를 아는 자 없느니라.[21]

이 記事를 보면 모세의 墓가 없어진 神祕한 事實을 알 수 있다. 그런데 新約 유다書에 다음과 같은 기록이 發見되는 데 주목해야 한다.

천사장 미가엘이 모세의 屍體에 대하여 마귀와 다투어 변론할 때에…[22]

이 이상한 聖句 속에 秘藏된 內容은 심이[심히] 큰 것이다. 이는 한마디로 모세가 屍解仙되었음을 暗示하고 있다. 이 屍解仙이 聖書의 槪念으로 볼 때 復活인 것이다. 예수도 무덤 속에서 復活했는데 그도 屍解仙되었음을 聖書는 말하고 있다.

안식 후 첫 날 새벽에 이 여자들이 그 예비한 향품을 가지고 무덤에 가서

---

20 엘리야 ― 구약 列王記下 3章 15節.

21 구약 申命記 34章 6節.

22 신약 유다書 5節.

돌이 무덤에서 굴려 옮기운 것을 보고 들어가니 주 예수의 시체가 뵈지 아니하더라. 이를 인하여 근심할 때 문득 찬란한 옷을 입은 두 사람이 곁에 섰는지라 여자들이 두려워 얼굴을 땅에 대니 두 사람이 이르되 어찌하여 산 자를 죽은 자 가운데서 찾느 냐? 여기 계시지 않고 살아나셨느니라.23

이 聖句에서 보듯 예수의 屍身도 무덤 속에서 屍解仙되었음을 알 수 있다.

遷去되어 僊化된 神仙들은 호지 않은 天衣無縫을 입는다. 天衣 곧 하늘사람들이 입는 옷은 혼 자욱이 없는 無縫한 옷이다. 그런데 요한福音에 보면 예수의 속옷은 호지 않는 옷이었음을 알 수 있다.

군병들이 예수를 十字架에 못박고 그의 옷을 취하여 네 깃에 나눠 각각 한 깃씩 얻고 속옷도 取하니 이 속옷은 호지 않고 위에서부터 통으로 짠 것이라.24

이 聖句를 보면 예수는 속옷을 호지 않는 옷을 입고 있었다. 現代科學이 아무리 발달해도 호지 않는 옷은 제조할 수 없다. 예수가 호지 않는 天衣無縫의 속옷을 입었다는 뜻은 그가 大道인 僊의 道秘를 간직하고 있었다는 뜻이다. 예수는 變化山에서 이미 하늘의 大道인 僊脈과 연결되었던 것이다. 예수는 變化山에서 僊을 大覺하고 天衣無縫을 입음으로 죽어서 屍解仙되어 復活했던 것이다. 屍解仙하여 復活한 예수는 구름을 타고 昇天하였다. 예수가 타고 昇天한 구름은 저 虛空에 흐르는

---

23 신약 누가복음 24章 1節 以下.
24 신약 요한복음 19章 23節.

浮雲이 아니라 羽化를 비유한 말임을 잊어서는 안 된다.

　壇君을 '雲中君'이라 함도 그도 구름을 타고 羽化登仙한 존재였던 까닭이다. 天衣無縫이라는 말은 仙을 求道하는 東方에서는 수천 년 전부터 人口에 膾炙된 熟語였으나 西區 神學者들은 전혀 몰랐던 道秘였다.

　僊은 죽지 않고 長生不死 換骨奪胎 天衣無縫 羽化登仙하는 참 宗敎이다. 설사 죽었다 해도 그 屍身이 무덤 속에서 썩지 않고 屍解仙되어 죽었다 다시 復活하여 昇天하는 大道임을 잊어서는 안 된다. 살아서 昇天하는 사람을 天僊이라 하고 무덤 속에서 屍解仙하는 사람을 地僊이라 하는 차이가 있을 뿐이다.

　우리는 다음 詩를 읊조리면서 僊이 무엇인가를 다시 한번 深思하자. 이 詩에서도 僊은 무덤을 남기지 않음을 강조하고 있다.

　　有鳥有鳥丁令威
　　作仙千載今來歸
　　城廓如故人民非
　　何不學仙塚纍纍[25]
　　(새야 새야 정령위야
　　신선되어 천년만에 돌아왔네.
　　성곽은 옛같건만 사람은 어이 다른고
　　어찌 선을 배우지 않아 빈 무덤만 즐비한고).

　이 詩 속에 나오는 丁令威는 요동 사람이었다. (요동은 옛날 우리나라 땅이었음으로 丁令威도 東夷族임을 알 수 있다.) 丁令威는 새가 되었다. 여기에 나오는 새의 비유는 곧 날개 돋친 존재로 昇天함을 나타낸다.

――――――――――

25 盛京通志.

神仙은 三次元世界 속에 살고 있는 사람들이 볼 때 새처럼 날개 돋친 存在들이다. 그런데 이 詩句 중 마지막 구절 "何不學仙塚纍纍"(하불학선총류류)이다. 仙道를 배우지 않아 무덤이 즐비한 것을 보고 丁令威는 탄식한다.

인간이 무덤을 남김은 非本來的인 生命現象이다. 僊脈이 끊긴 이후 즉 老子가 말한 大道가 廢한 이후에 무덤이 생기게 되었다. 참 人間의 모습이란 屍身을 子孫에게 남기지 않고 무덤을 이 땅 위에 남기지 않는 것이다. 이 땅에서 長壽하다가 僊化되어 羽化登仙할 때는 山에 가서 산바람에 肉身은 순식간에 原素分解하여 解體시켜 버리고 變化되어 神仙이 되어 昇天하는 것이 참 인간의 모습인 것이다.

仙 곧 山사람이란 뜻은 山에 가서 羽化登仙하기 때문이다. 漢和大辭典에 "神仙은 山에 들어가서 不老 不死의 術을 배우는 자"라 했고 類苑業寶에 "늙고 죽지 아니하는 자를 仙이라 칭하고 仙은 山에 入한다"라 함도 다 같은 뜻이 있는 것이다.

壇君이 開敎한 僊脈이 왜 東國에서 끊어졌고 또 仙을 빙자한 道敎의 外道가 왜 中國에서 꽃피고 다시 우리나라에 逆輸入되었는지 文獻과 史料가 없어 밝힐 길이 없다. 孤雲이 쓴 鸞郎碑序에 보면 "說敎之源備詳仙史"라 한 구절로 보아 崔致遠이 살았던 時代까지 '仙史'에 대한 文書가 있을 듯하다. 그러나 지금은 '仙史'에 대한 기록을 찾아볼 수도 없으니 안타까운 일이다.

그러면 이제부터 風流道에 대한 再考를 하면서 僊脈을 다시 발굴해 보자.

IV. 風流道에 대한 再考察

儒佛仙 三教가 이 나라에 輸入되기 전에 이 나라에는 固有한 종교가 있었으니 그것이 곧 風教인 風流道였다.

오늘날 一部의 學者들은 上古時代에 있었던 固有宗教를 巫教로 이해하고 있다. 그러나 이런 主張은 學的 短見일 뿐이다. 壇君時代의 巫의 槪念을 오늘날 사용하고 있는 巫의 槪念과 混同하여 同一視해서는 안 된다.

壇君의 巫는 大道의 巫로서 仙의 同義語였다.

金凡夫는 다음과 같이 말하고 있다.

> 仙音이 '센'이니 그러면 센은 무엇을 말함인가? 北道말에 '새인'은 巫堂을 말하고 慶尙道에서 '산이'가 巫堂이다. 그러므로 "산이 씨가 무당의 씨자"라고 하는 俗談이 있고 땅재주하는 사람이 "아이쿠 산이로 구나" 하는데 이것은 降神하는 데 쓰는 소리이다. '산'이니 '센'이니 하는 語源은 根本 '샤만'에서 온 것이다. 시베리아·만주·몽고에서 共通(공통)하게 사용하는 샤만은 곧 巫堂이란 뜻이다. 이것은 滿蒙系의 古代文化와 共通性을 가진 神道思想에서 온 것인데 무당 중에 降神이 잘되는 것을 '사얀'이라고 한다. 기독교의 聖神과 같다. 신 집히는 사람을 '사얀'이라고 한다. '센'이나 '세인' '산이' 모두가 '샤만'에서 파생된 것이다.[26]

上古時代에는 '산이' 곧 巫堂은 仙의 音인 '센'에서 派生된 말이었다. 그러므로 上古의 巫의 槪念은 오늘날 市井에서 점을 치는 타락한 小巫들과는 區別해야 한다. 僊의 大道를 깨치고 聖神의 降神을 받고 神仙의

---

26 『東方思想論業』第十二講, 丹學과 仙道, 71.

秘義를 깨치고 터득하는 大巫의 槪念으로 理解해야 한다. 巫字와 卜字는 古代時代에는 大道에서 사용한 글자였으나 인간이 타락함으로 인하여 오늘날 巫字와 卜字는 下次元의 心靈들을 상대하여 점이나 치는 低級 迷信으로 전락되고 말았다. 이와 마찬가지로 風敎인 風流道도 타락하여 風月道가 되었고 술 먹고 춤추는 行爲를 風流로 착각하는 지경이 되고 말았다. 술 잘 먹고 노래 잘 부르는 閑良들을 風流客이라 부르는 것도 風流道가 자취를 감춘 이후 俗化된 現象에서 나타난 것이다.

그러면 風流道의 眞面目은 무엇인가? 왜 玄妙之道를 風流道라 이름했을까? 風流란 어휘 속에는 어떤 秘義가 있는가?

孤雲 崔致遠은 鸞郎碑序에 다음과 같이 적고 있다.

國有 玄妙之道 曰風流 說敎之源 備詳仙史 實乃包含 三敎接化群生 且如入則孝於 家出則忠於國 魯司寇之旨也 處無爲之事行 不言之敎 周柱史之宗也 諸惡莫作諸善奉行 竺乾太子之化也[27]

(나라에 玄妙한 道가 있으니 일컬어 風流라 한다. 設敎의 근원이 仙史에 상비하였으니 실로 三敎를 包含하고 群生을 接化한 것이다. 뿐만 아니라 入하면 집안에 孝하고 出하면 나라에 忠하였으니 魯司冠의 旨요, 無爲한 일에 처하여 不信의 敎를 행하였으니 이는 周柱史의 諸惡을 짓지않고 諸善을 奉行하였으니 이는 竺乾太子의 化라).

이처럼 孤雲이 쓴 鸞郎碑序의 鸞郎이란 도대체 무엇인가? 이미 前述한 바 있거니와 鸞郎은 神仙의 異稱이다. 鸞郎은 神仙의 異稱인데 그 이름을 난새에 비유하였다. 난새는 곧 鳳凰의 이름이다. 鳳凰은 實在하는 飛鳥가 아닌 靈鳥이다.

---

27 『三國史記』, 新羅本紀, 眞興王條.

中國文獻에 鳳凰은 仁鳥聖鳥요 東方朝鮮에서 出生하여 全世界에 날아다 닌다고 하였다.[28]

이처럼 鳳凰의 出生地는 韓國이다. 이는 僊의 風流가 韓國에 淵源하고 있음을 五色 무늬의 봉황새를 통해 상징화하고 있는 것이다. 봉황새는 바람새 곧 風鳥이다. 鳳字는 바람 풍字와 새 조字의 合成語이다. 바람새 곧 난새는 風教인 風流道의 상징이다.

그러면 왜 玄妙之道 곧 神仙道를 風教 또는 風流道라 했을까?

인간이 長生不死하다가 羽化登仙할 때는 山에 들어가서 산바람 속에서 그 肉身은 解體하고 神仙으로 化한다. 다시 말하면 인간은 산에서 風流體가 되어 회오리바람을 타고 無跡히 昇天하기 때문에 僊을 風流道라고 하는 것이다. 神仙은 그 몸이 風流體로 化한 사람들이다. 神仙은 신령한 바람을 타고 宇宙化된 인간을 말한다. 地球라는 말에서 收斂되어 영원한 宇宙의 次元에서 自由로운 바람을 타고 逍遙하는 無涯自在의 完城된 인간인 것이다.

이런 風流道의 道秘를 모르고 風流道라면 술먹고 노래부르고 風月이나 弄하는 宗教로 誤解하여 一名 風月道라는 이름까지 생겼으니 이 어찌 한심한 일이 아니겠는가? 花郞들이 名山大刹에 노닐면서 風月을 弄한 것은 참 의미의 風流道가 아닌 타락된 風流道임을 잊어서는 안 된다. 花郞道란 風流道가 사라진 다음에 나타난 外道요 亞流이다.

筆者는 聖書 속에 僊脈이 秘藏되어 있음을 밝혔거니와 다음 聖句는 우리들에게 깊은 暗示를 던져주고 있다. 예수는 永生의 道가 風流道임을 聖書 속에서 證言하고 있다.

---

28 崔仁 著, 『韓國學講義』, 1.

바리새인 중에 니고데모라 하는 사람이 있으니 유대인의 官員이다. 그가 밤에 예수께 와서 가로되 랍비여 우리가 당신은 하나님께로서 오신 先生인줄 아나이다. 하나님이 함께 하시지 아니하시면 당신이 행하시는 이 表蹟을 아무라도 할 수 없음이니이다. 예수께서 대답하여 가라사대 진실로 진실로 너희에게 이르노니 사람이 거듭나지 아니하면 하나님 나라를 볼 수 없느니라. 니고데모가 가로되 사람이 늙으면 어떻게 날 수 있삽나이까. 두 번 母胎에 들어갔다 날 수 있삽나이까. 예수께서 대답하시되 진실로 진실로 네게 이르노니 사람이 물과 성령으로 나지 아니하면 하나님 나라에 들어갈 수 없느니라. 肉으로 난 것은 肉이요 聖靈으로 난 것은 靈이니 내가 네게 거듭나야 하겠다는 말을 奇異히 여기지 말라. 바람이 임의로 불매 네가 그 소리를 들어도 어디서 오며 어디로 가는지 알지 못하거니와 성령으로 난 사람은 다 이러하니라. 니고데모가 대답하여 가로되 어찌 이런 일이 있을 수 있나이까? 예수께서 가라사대 너는 이스라엘의 선생으로서 이러한 일을 알지 못하느냐.[29]

예수와 니고데모의 이 神的 道談은 실로 엄청난 道秘가 숨어있는 것이다. 이 성구 속에서 예수는 거듭난 사람은 風流體가 됨으로 "바람이 임의로 불며 어디서 와서 어디로 가는지 알지 못한다"라고 비유하고 있다.

예수는 인간이 거듭나면 風流體 곧 神仙이 된다고 말씀했다. 그러나 유태教의 最高指導者인 니고데모는 僊의 秘義를 깨닫지 못했다. 거듭남 곧 重生을 基督教인들은 알기를 살인강도가 예수 믿고 善良하게 되는 것인줄 알고 있다. 이런 論理的[倫理的] 道德的 重生이 聖書가 말하는 重生이 아니다. 論理的[倫理的] 道德的인 重生은 基督教가 아니더라도 儒佛仙을 믿고도 얼마든지 체험할 수 있는 것이다.

---

29 신약 요한복음 3章 1節~9節.

聖書가 提起하고 있는 重生의 秘義는 타락한 人間 그 존재 자체가 道胎 속에서 變化받아 죽을 인간이 죽지 않는 인간으로 탈바꿈하는 현상을 말하고 있는 것이다. 니고데모는 이 진리를 깨닫지 못하고 늙으면 어머니 母胎 속에 어떻게 다시 들어갔다 나올 수 있는가 하고 愚問을 던진다. 타락한 인간들은 肉胎만 알았지 道胎를 모르고 있다.

聖神을 받아 重生하면 인간은 復活의 道 곧 영원한 神仙의 길이 開明되는데 聖書를 매일 보는 基督敎人들조차 이 秘義를 모르고 있으니 어찌할 것인가? 거듭남이란 仙的 槪念으로는 換骨奪胎를 의미한다. 長生不死 換骨奪胎 天衣無縫 羽化登仙의 仙的 槪念들은 僊脈이 끊어진 후 다 잘못 認識되고 있다.

이 나라 固有한 종교인 風敎 곧 風流는 인간을 風流體의 神仙으로 만들어 永生의 次元으로 羽化登仙케 하는 大道이다.

甑山은 말했다.

하루는 종도들에게 일러 가라사대 세상에 性으로 風가가 먼저 났으나 傳하여 오지 못하고 사람의 몸에 들어 다만 體相의 呼稱만 쓰게 되어 風身 風采 風骨 等으로 일컫게 될 뿐이요 그 다음에 姜가가 났나니 姜가가 곧 性의 原始라. 그러므로 開闢時代를 당하여 원시로 返本하는 故로 姜가가 일을 맡게 되나니라.[30]

이 말씀 中 風씨를 人間의 始性으로 본 것은 참으로 卓見이다.

始性이 風氏인데 이는 곧 風流道인 神仙의 秘義를 깨친 자의 性임을 直感할 수 있다. 그러나 僊脈이 끊어지고 風流道의 本質이 은폐되므로 말미암아 風씨도 사라지고 姜氏가 始性으로 등장한다. 이 姜氏는

---

30 『大巡典經』, 122.

곧 여자가 낳은 羊을 의미한다.

　기독교적인 개념으로 설명하면 첫 아담이 타락하므로 風敎를 喪失
했으므로 風氏 性은 濫觴되지 못한다. 後 아담인 예수가 여자의 몸을
통해 어린 羊으로 오니 뜻으로 보면 姜씨라 할 수 있다. 예수는 어린 羊으
로 와서 風流道의 길을 聖書 속에 提示하고 風氏가 되어 羽化登仙했던
것이다.

　風氏는 곧 風流道를 깨친 자의 道性이다. 壇君께서 만약 性이 있었
다면 風氏였을 것이다. 왜냐하면 그는 山에 들어가 산바람을 타고 최초
로 風流體가 되어 昇天한 神仙인 까닭이다. 그러므로 甑山이 말한 風氏·
姜氏 性은 道性 즉 뜻으로 풀이해야지 우리들 血代와 血脈의 性으로
誤解하지 말아야 한다.

　鸞郎碑序에 孤雲은 風流道는 三敎를 包含한다고 했다. 이 말은 儒
佛仙 三敎를 混合한 것이 風流道가 아니라 風流道의 神器 속에는 이미
三敎의 眞理가 있음을 말하고 있다. 이 事實은 우리에게 重大한 道的
暗示를 던져주고 있다. 風流道는 그 神器 속에 儒佛仙의 糧食을 담고
있지만 風流道 自體는 儒도 아니고 佛도 아니고 仙도 아닌 것이다. 以佛
非佛 以儒非儒 以仙非仙이 風流道의 本質이다.

　水雲은 四十回 生辰을 맞아 崔時亨에게 다음과 같이 말했다.

> 우리 道는 儒도 아니고 佛도 아니고 仙도 아니다. 그러나 儒佛仙이 合一되
> 어 있는 것이다. 즉 天道는 儒佛仙이 아니로되 儒佛仙이 天道의 一部分이
> 다. 儒의 倫理와 佛의 覺性과 仙의 養氣는 사람이 性의 自然된 品賦이며
> 天道의 固有한 部分이니 내 道는 無極大源을 잡은 것이다.[31]

　이 水雲의 말은 참으로 名言이다. 그가 말한 無極大源의 道가 곧

---

31 宋鎬洙 編著, 『民族正統思想의 探求』, 279.

風流道 임을 두말할 나위가 없는 것이다. 東學은 그 淵源이 玄妙之道에 있는 것이다.

이와 같은 思想은 甑山도 마찬가지이다.

> 선도와 불도와 유도와 서도는 세계 여러 민족의 문화의 근원이 되었나니 이제 그 종장을 불러모아 통일케 할 것이며 모든 도통신과 문명신을 거느려 모든 문화의 정수를 뽑아모아 통합하리라.[32]

儒佛仙 심지어 西敎까지 混合한 자리는 바로 風流道의 자리인 것이다. 甑山이 遺書로 남긴 玄武經 속에도 같은 思想이 담겨 있는데 다음과 같다.

> 受天地之虛無 仙之胞胎
> 受天地之寂滅 佛之養生
> 受天地之以詔 儒之浴帶
> 冠旺
> 兜率 虛無寂滅以詔
> (천지의 허무한 기운을 받아 仙道가 포태(밴다는 뜻)하고 천지의 적멸한 기운으로 불교가 養生(낳아서 기른다는 뜻)하고 천지의 이조(왕이 신하에게 내리는 조칙과 같은 뜻)로서 유교가 욕대(아기를 낳은 다음에 멱감기고 옷입힌다는 뜻)하니 관왕(성년이 됨)은 이 허무와 적멸과 욕대를 거느린다).

여기서 兜率의 자리 곧 儒佛仙을 거느리는 자리가 風流道의 자리임

32 『大巡典經』, 302.

을 알 수 있다.

甑山이 豫言한 "風流酒洗百年塵"도 風流의 道로써 後天이 開闢됨을 暗示하고 있는 것이다. 先天相克 속에서 살던 인간들은 大道를 잃어버림으로 말미암아 무덤을 남기는 존재가 되었지만 後天仙境이 개벽되면 이 땅에는 무덤이 없는 僊의 大道가 現代의 高速道路처럼 우리 앞에 열려올 것이다.

僊 本來의 자리에서 보면 儒佛仙은 風流道에서 흘러내린 한 가닥 支流였다. 風流道야말로 모든 宗敎의 淵源이요 儒佛仙은 裂敎임을 알 수 있다. 大道인 風敎가 인간의 無明과 타락으로 廢해지고 喪失한 다음에 나타난 것이 儒요 佛이요 仙이었다. 風流道의 자리는 萬法이 濫觴한 淵源의 자리인 同時에 萬法이 歸一할 수 있는 바다인 것이다. 風流道 안에서 모든 宗敎는 我執과 獨善을 버리고 一味가 될 것이다. 風流道는 天下의 神器이다.

지난날 어느 宗敎도 僊을 바르게 理解하지 못했기 때문에 죽어서 天堂 極樂 하는 식으로 死者의 宗敎, 死後의 彼岸宗敎가 되어버렸던 것이다. 이 땅 위에 무덤을 만들지 않고 子孫에게 더럽고 추악한 屍身을 남겨놓지 않은 종교의 진리는 僊밖에는 없는 것이다.

聖書에 흐르는 道脈이 僊脈인 것은 실로 놀라운 사실이 아닐 수 없다.

(僊과 聖書의 道脈에 대해서는 다음 機會에 자세한 論文을 發表할 것을 約束한다.)

이 地球는 人間의 무덤으로 오염되었다. 인간이 타락하지 않고 僊脈을 계승했다면 儒佛仙 三敎는 발생하지 않았을 것이고 地球는 무덤이 없는 仙境이 되었을 것이다.

鸞郎碑序를 쓴 孤雲 崔致遠도 屍身을 남기지 않고 僊化되었다.

一日 早起出戶 遺冠屢於林間 莫知其所之(맥지기소지) 盖上賓也 寺僧

以其日薦冥禧[33]

(하루는 일찍 일어나 문밖에 나가 갔은 나뭇가지에 걸고 신은 수풀 사이에 버려둔 채 간곳없이 사라졌다. 아마도 승천하였을 것이라 하여 절의 중들이 집 나간 날로 명복을 빌었다).

이 얼마나 깨끗한 僊化인가? 이 얼마나 詩的 解體인가? 孤雲은 자식들에게 屍身을 남기지도 않고 가야산 언덕에서 산바람을 타고 無跡히 昇天했던 것이다. 이것이 人間 本來의 모습인 것이다.

땅에서 즐겁게 長生不死하다가 知慧가 白首가 되면 遷去할 때는 입던 道袍 복사꽃 夭夭하게 핀 나뭇가지에 걸쳐놓고 신던 신발은 금잔디 위에 가지런히 벗어놓고 회오리바람을 타고 僊化되는 모습이야말로 한 幅의 詩畵가 아니겠는가. 後天仙境이 개벽되면 새로 이 땅 위에 回歸한 사람들은 僊의 大道를 깨달아 長生不死 換骨奪胎 天衣無縫 羽化登仙의 道行을 할 것이다.

Ⅴ. 風流道에로의 回歸 ─ 原始返本

宗敎 本源의 자리인 風流道의 입장에서 보면 儒佛仙은 裂敎요 亞流임을 알았다. 甑山이 三敎를 超越한 자리에서 새 날의 仙境을 개벽하려 함도 그 心性이 風流道의 心性임을 알았다. 참 壇君의 血孫이요 風敎의 얼이 살아있는 인간이라면 外來宗敎인 儒佛仙에 정신을 빼앗기는 못난 일을 되풀이해서는 안 된다. 이런 意味에서 볼 때 甑山은 純朝鮮사람이었다.

---

33 李能和 著, 『朝鮮道敎史』, 82.

甑山의 다음 말을 음미해보자.

종도들에게 일러 가라사대 時俗에 南朝鮮사람이라 이르나니 이는 '남은
조선 사람'이란 말이다. 東西 各敎派에 빼앗기고 남은 뭇사람에게 吉運이
있음을 이르는 말이니 그들을 잘 가리치라 하시니라.[34]

"남은 조선사람"은 유불선에 陶醉되지 않은 사람을 의미한다.

이는 바로 風流道의 魂을 이르는 말이다. 엄밀한 意味에서 참 道는
僊밖에 없다. 儒佛仙은 잘못된 先天에서 發生한 非本來的 宗敎임을
잊어서는 안 된다. 때문에 後天仙境이 개벽되면 儒佛仙을 超克하여
大道인 僊만이 照照히 빛날 것이다. 後天이 오면 모든 宗敎는 그 뿌리인
風流道로 回歸할 것이다. 이것이 참 意味의 原始反本이다.

모든 江물은 바다로 흘러간다. 江물이 바다에 이르기 전까지는 江의
이름이 있다. 漢江, 洛東江, 錦江 따위. 그러나 바다로 흘러가 一味가
되면 江의 이름은 無意味하다. 이와 마찬가지로 各種 宗敎는 人類가
進步하는 途上에 있을 때에는 儒佛仙의 이름이 있었으나 風流道의 바
다에 이르면 다 함께 無名의 자리에 돌아갈 것이다. 風流道는 天下의
神器요 大器이므로 모든 宗敎를 포용할 것이다. 이것이 道의 原始反本
인 것이다.

老子는 다음과 같이 말씀했다.

江海所以能爲百谷王者 以其善下之 故能爲百谷王[35]
(강과 바다가 모든 골짜기의 왕이 되는 것은 그 몸을 낮은 곳에 두기 때문에

---

34 『大巡典經』, 121.
35 『老子』, 第8章.

모든 골짜기의 왕이 된다).

上善若水 水善利萬物而不爭 處衆人之所惡 故幾於道[36]
(지극히 착한 것은 물과 같다. 물은 만물을 이롭게 하고서도 다투지 않고
뭇 사람 이 꺼리는 곳에 있나니 그러므로 도에 가깝다 할 수 있다).

이와 마찬가지로 風流의 하늘을 開天하여 僊의 大道를 이룬 壇君의
후손들이 이날까지 巫敎의 옷을 입고 온갖 外來宗敎의 下水溝 노릇을
했고 바다처럼 낮은 자리에 처하여 온갖 고난과 시련을 반만년 동안 받아
왔다. 그러나 낮은 자리에 처한 下水溝와 바다가 모든 江물을 포용하듯
고난 속에서 연단된 白衣民族이 僊의 大道로서 人類를 구원할 빛을
발할 것이다.

  甑山이 理想했던 大道도 僊이었다. 그것은 다음과 같은 法言을 보
아도 알 수 있다.

나의 일은 呂洞賓의 일과 같으니 洞賓이 인간에게 인연이 있는 자를 가려
서 長生術을 전하려고 빗장사로 변장하여 거리에서 외쳐 가로되 이 빗으
로 빗으면 흰 머리가 검어지고 굽은 허리가 펴지고 쇠한 기력이 强壯해지
고 늙은 얼굴이 젊어지나니 이 빗값이 천냥이로다 하거늘 듣는 사람이
모다 虛誕하게 생각하야 믿지 아니하니 洞賓이 한 노파에게 시험함에
果然 말한 바와 같은지라 모든 사람이 그제야 다투어 모여드니 洞賓이
드디어 昇天하니라.[37]
  비록 相克인 先天世界에서는 僊의 길을 開明하지 못하고 죽었으나

---

36 『老子』, 第41章.
37 『大巡典經』, 167.

後天이 열리면 風流道는 모든 인간의 가슴 속에 僊脈을 연결시켜 줄 것이다. 甑山은 자신을 彌勒의 化身으로 생각했는데 이 彌勒이 펴실 道가 곧 僊인 것이다.

三國遺事 未尸郎傳을 보면 '未尸'는 彌勒佛의 隱語였다. 왜 彌勒을 未尸라고 隱語化했을까? 여기에는 두 가지 뜻이 숨어있다.

첫째는 未尸는 文子 그대로 屍身이 아니라는 뜻이다. 즉 僊化의 道는 屍身을 남기지 않으므로 未尸이다. 그러므로 이 未尸라는 이름 속에는 僊의 秘義가 포함되어 있는 것이다. 釋迦佛은 佛道를 펴서 인간을 제도했지만 그의 道는 僊이 아니었다. 諸惡을 멀리하고 諸善을 행하기 위한 方便의 道였다. 彌勒佛이 出現해야만 僊의 大道를 열어 모든 사람을 長生不死시키므로 그의 이름을 '未尸'라 隱語化했던 것이다. 그런데 彌勒下生經에 보면 彌勒佛은 龍華樹 나무 아래서 成道하므로 彌勒이 出世하는 때를 龍華世界라 했다.

둘째는 未尸의 尸字는 史讀에 '리' 音으로 발음되므로 未尸는 곧 '미리'이다. 이 미리는 龍의 古語이다. 龍을 미리라 한다. 그러므로 未尸는 龍의 상징이다. 그러므로 彌勒으로 자처한 甑山도 未尸라 할 수 있다. 우리나라 불교는 예로부터 未來佛인 彌勒佛信仰이 유달리 깊었다. 더구나 民衆의 가슴 깊이 미륵을 사모하는 信仰이 깊었다. 그 원인은 잃어버린 僊의 자취를 미륵불에서 찾아보려는 道的 鄕愁였을 것이다. 新羅의 僧 眞慈가 發願하여 彌勒은 잠시 未尸郞으로 現身하여 花郞의 우두머리로 있다 홀연히 바람처럼 그 자취를 감추었다. 이 未尸郞이야말로 僊의 化身이었던 것이다.

釋迦佛이 人間濟度의 길을 完城했다면 미륵불이 出世할 필요가 없다. 미륵이 出世한다는 뜻은 곧 지난날의 佛敎가 낡았음을 暗示하고 있는 것이다. 미륵불이야말로 本來의 道인 風流의 길잡이로 後天龍華

世界에 또 나타날 것이다.

僊에의 回歸 — 이것이 原始反本인 것이다.

VI. 結語

僊에 대한 考證은 文獻과 史料가 全無한 상태이므로 그 復元은 거의
불가능하다. 僊은 荒蕪地와 같은 상태에서 폐기되어 온갖 雜草가 무성
하다. 이 拙稿가 僊의 荒蕪地에서 무성한 雜草를 뽑는 作業을 試圖해
보았다. 잃어버린 大道를 향해 희미한 오솔길이라도 뚫고 싶었다.

筆者가 지은 卒詩 <松花 가루처럼>을 읊어 맺는 말에 代身하고자
한다.

이 詩는 羽化登仙을 소재로 하였다.

푸른 하늘을 나는

松花 가루처럼

이 肉身을 흩어

미세한 元素의 꽃으로

흠뿍 虛空에 뿌리자

푸르스름한 山바람에 풀어져

내 숨결

玄妙한 風流體가 되면

넘실거리는 松濤에 실려

투명하게 氣化한 내 靈은

어디로 沒入될까?

谷神이여

하늘과 땅 사이에 구멍을 뚫어 놓고

바람을 풍겨내어

橐籥의 피리를 부는가

갈매빛 靑山 허리에

한줌 꽃가루를 날리고

이내에 파묻혀

나는 蹤迹을 감추리

끝으로 한가지 附言해 둘 것은 잃어버린 大道인 風流道는 天下의 神器이므로 이날까지 儒佛仙의 槪念에 젖어있는 사람들에게는 허황한 말로 들릴지 모른다. 神仙이라면 神話 속의 存在로 생각하고 있는 現代人들의 思考能力으로는 僊의 槪念이 理解될지 의문이다.

人間은 大道를 喪失했으므로 神仙의 存在도 神話的인 존재로 착각하고 있다. 이는 法華經 속에 나오는 窮子의 比喩와 같다. 어려서 父母를 떠난 長子가 外地에서 苦生 끝에 제 本性을 잃고 거지가 되어 本家로 돌아오나 자기가 본래 이 집의 長子임을 잊고 종이 되어 일하면서 잃어버린 本性을 回復하여 부모를 찾음과 같이 人間도 本來는 僊的 存在였으나 타락과 무명으로 인하여 제 本性을 잃어버리고 죽어서 영혼이나 天堂極樂 가는 것이 당연한 길로 착각하고 있는 것이다. 우리는 잃어버린 人間性을 回復하여 僊의 길이 本來의 常道임을 깨닫자.

老子는 다음과 같이 말씀했다.

上士聞道, 勤而行之. 中士聞道, 若存若亡. 下士聞道, 大笑之. 笑不足以爲道

(으뜸가는 선비는 도를 듣고 힘써 실천하며, 중간 선비는 도를 듣고도 있고 없음을 의심하며, 아래 선비는 도를 듣고 크게 웃나니 그가 비웃지 아니하면 도라 할 수 없다).

이 말씀처럼 下士들은 僊에 대하여 크게 비웃을 것이다.

大道인 風流道를 儒佛仙의 抑壓 속에 매달린 下士들이 어찌 알 것인가? 낡은 종교, 낡은 道德, 낡은 倫理, 낡은 가치관에서 脫出하여 大道의 하늘을 開天하여 僊의 聖日을 맞이하자.

참고문헌

경전류

『貫珠 聖經全書』. 大韓聖書公會, 1964.

『공동번역 성서』. 대한성서공회, 1977.

『표준새번역 성경』. 대한성서공회, 1992.

『KJV 한영성경』. 말씀보존학회, 1994.

『聖經』. 香港聖書公會, 1975.

『聖書』. 日本聖書協會, 1985.

『高麗史』

『金神仙傳』(朴趾源)

『東文選』

『梅月堂集』(金時習)

『閔翁傳』(朴趾源)

『山海經』

『三國史記』

『三國遺事』

『五洲衍文長箋散稿』(李圭景)

『增補海東異蹟』(黃胤錫)

『芝峰類說』(李睟光)

『抱朴子』(葛洪)

『海東異蹟』(洪萬宗)

『海東傳道錄』(韓無畏)

『花郎世紀』(金大問)

『黃庭經』

『黃帝內經』

『天道教經典』. 천도교중앙총부, 1988.

『大巡典經』(李祥昊). 甑山教本部, 1987.

『대종교 경전』. 대종교출판사, 2002.

『圓佛教全書』. 圓佛教出版社, 1977.

김백문.『基督敎根本原理』. 一成堂, 1958.
통일교.『原理講論』. 성화출판사, 1966.
世界基督敎統一神靈協會.『原理解說』. 성화社, 1957.

『中華道藏』
『한글대장경』
『漢文大系』(24권)

단행본
강돈구.『韓國 近代宗敎와 民族主義』. 집문당, 1992.
강만길.『한국민족운동사론』. 한길사, 1985.
강영계.『기독교 신비주의 철학』. 삼문, 1986.
강재언.『조선의 西敎史』. 민음사, 1990.
고운국제교류사업회.『고운 최치원의 종합적 조명』. 문사철, 2009.
_____.『고운 최치원의 철학·종교사상』. 문사철, 2009.
그레이슨, 제임스 헌틀리.『한국 종교사』, 강돈구 옮김. 민족사, 1995.
그레이엄, 앤거스.『도의 논쟁자들』, 나성 옮김. 새물결, 2001.
기독교대한감리회 서울연회 '92 재판위원회.『교리사건 재판자료 정리·서술집』.
　　　月刊 온 세상 위하여 2005.
금장태.『유학사상의 이해』. 한국학술정보, 2007.
_____.『鬼神과 祭祀』. 제이앤씨, 2009.
길희성.『포스트모던 사회와 열린 종교』. 民音社, 1994.
_____.『보살예수』. 동연, 2022.
_____.『종교에서 영성으로』. 동연, 2021.
_____.『영적 휴머니즘』. 아카넷, 2021.
김경돈. "韓國原始宗敎史."『韓國文化史大系』, 고대려대학교 민족연구소, 1970.
김경재.『解釋學과 宗敎神學』. 한국 신학연구소, 1994.
_____.『죽음과 부활 그리고 영생 ─기독교 생사관 깊이 읽기』. 청년사, 2015.
김경탁. "韓國原始宗敎史(二)."『韓國文化史大系 VI』, 1970.
김광식.『宣敎와 土着化 ─言行一致의 神學』. 한국 신학연구소, 1975.
_____.『토착화와 해석학』. 대한기독교출판사, 1987.
_____.『언행일치의 신학』. 종로서적 성서출판사, 2000.
김광묵.『한국 신학의 두 뿌리』. 동연, 2021.
김기흥.『유일신 야훼: 역사와 그의 실체』. 삼인, 2019.

김낙필.『조선 시대의 내단사상』. 한길사, 2000.

김동엽.『佛敎學槪論』. 보련각, 1954.

김득황.『한국 종교사』. 해문사, 1963.

김미영. "朱熹의 佛敎批判과 工夫論 硏究." 고려대학교 박사학위논문, 1998.

김석환 외.『포스트 휴머니즘과 문명의 전환 새로운 인간은 가능한가?』씨아이알, 2017.

김성례 외.『한국 종교문화연구 100년』. 청년사, 1999.

김성수 외.『한국 신학의 선구자들-20세기 한국 신학자 13인』. 너의 오월, 2014.

김성환.『고려 시대의 단군전승과 인식』. 경인문화사, 2002.

김범부.『花郎外史』. 以文社, 1981.

_____.『정치철학특강』. 이문출판사, 1986.

_____.『풍류정신』. 정음사, 1986.

_____.『東方思想論叢—李鍾益博士學位紀念論文集』, 동방사상논총간행위원
     회 편, 寶蓮閣, 1976.

김병서.『한국사회와 개신교, 종교사회학적 접근』. 한울 아카데미, 1995.

김삼웅.『수운 최제우 평전』. 두레, 2020.

김상일.『한민족 의식전개의 역사』. 지식산업사, 1988.

_____.『동학과 신서학』. 지식산업사, 2000.

_____.『수운과 화이트헤드』. 지식산업사, 2001.

_____.『흔철학』. 상생철학, 2014.

_____.『흔사상』. 상생철학, 2014.

김승혜·서종범·길희성.『선불교와 그리스도교』. 바오로딸, 1996.

김승혜·김성례.『그리스도교와 무교』. 바오로딸, 1998.

김승혜·양은용·차옥숭·노길명.『한국 신종교와 그리스도교』. 바오로딸, 2002.

김승혜·이강수·김낙필.『도교와 그리스도교』. 바오로딸, 2002.

김승혜·서종범·전해주 외.『불교와 그리스도교의 수행』. 바오로딸, 2005.

김용복.『한국민중과 기독교』. 형성사, 1981.

_____.『한국민중의 사회전기』. 한길사, 1987.

_____.『지구화 시대 민중의 사회전기』. 한국 신학연구소, 1998.

김용옥.『노자는 옳았다』. 통나무, 2020,

김윤경.『한국도교사』. 문사철, 2022.

김정근.『金凡夫의 삶을 찾아서』. 선인, 2010.

김종서.『서양인의 한국 종교 연구』. 서울대학교출판부, 2006.

김지방.『정치교회: 권력에 중독된 한국 기독교 내부 탐사』. 교양인, 2007.

김지하.『율려란 무엇인가』. 한문화, 1999.

길진경.『길선주 —부흥의 새벽을 열다』. 두란노, 2007.

김탁.『한국의 관제 신앙』. 선학사, 2004.

김흡영.『道의 신학』. 다산글방, 2000.

_____.『현대과학과 그리스도교』. 대한기독교서회, 2010.

_____.『도道의 신학 II』, 동연, 2012.

김홍수.『한국전쟁과 기복 신앙확산 연구』. 한국기독교역사연구소, 1999.

_____ ·서정민 편.『한국기독교사 탐구』. 대한기독교서회, 2011.

나운몽,『동방의 한나라』, 愛鄕塾出版部, 1979.

난잔종교문화연구소 편.『정토교와 기독교』, 김호성·김승철 옮김. 동연, 2017.

노길명,『가톨릭과 조선후기 사회변동』, 고려대학교 민족문화연구소, 1988.

_____.『한국의 종교운동』, 고려대출판부, 2005.

달레, 샤를르.『한국천주교회사』, 최석우 외 옮김. 한국교회사연구소, 1979.

댄, 조지프.『유대교 신비주의 카발라』, 이종인 옮김. 안티쿠스, 2010.

던, 제임스.『바울신학』, 박문재 옮김. 크리스천다이제스트, 2019.

도광순.『神仙思想과 道敎』. 범우사, 1994.

라파포트, 로이.『인류를 만든 의례와 종교』, 강대훈 역. 황소걸음, 2017.

류승국.『한국사상의 연원과 역사적 전망』. 성균관대학교 출판부, 2008.

미치하타 료우슈우.『불교와 유교』, 최재경 옮김. 한국불교출판부, 1991.

민경배.『한국민족교회형성사론』. 연세대학교출판부, 1980.

_____.『한국기독교회사』. 연세대학교출판부, 2007.

민영현. "한국 "선(仙)"과 증산(甑山)사상의 특징 및 그 도교성에 대해 —한국인의 생명사상을 중심으로." 「도교문화연구」 26 (2007).

민중신학연구소 엮음.『민중은 메시아인가: 민중교회 현황 및 의식조사』. 서울: 한울, 1995.

바우커, 존.『세계종교로 보는 죽음의 의미』, 박규태 외 역. 청년사, 2005.

박경미 외.『서구기독교의 주체적 수용』. 이화여자대학교출판부, 2008.

박광수.『한국 신종교의 사상과 종교문화』. 집문당, 2012.

박일영.『한국무교와 그리스도교』. 분도출판사, 2003.

박종천.『상생의 신학』. 한국 신학연구소, 1991.

朴鍾鴻.『知性과 摸索』. 박영사, 1975.

백낙준.『한국개신교사』. 연세대학교출판부, 1973.

범부연구회.『범부 김정설 연구논문자료집』. 신인, 2010.

변선환.『한국적 신학의 모색』, 변선환전집 3. 한국 신학연구소, 1997.

변선환아키브 엮음.『변선환 종교신학』. 한국 신학연구소, 1996.

변찬린. "노스트라다무스의 豫言과 天地開闢." 「甑山思想研究」 7 (1981).

_____. 『聖經의 原理』. 文岩社, 1979.

_____. 『聖經의 原理 中』. 榮一文化社, 1980.

_____. 『聖經의 原理 下』. 가나안, 1982.

_____. 『요한계시록 신해』. 홍인문화사, 1986.

_____. 『禪, 그 밭에서 주은 이삭들』. 가나안, 1988.

_____. <성경강의테이프>, 347개(1977~1984).

_____. 『성경의 원리 上』. 한국 신학연구소, 2019.

_____. 『성경의 원리 中』. 한국 신학연구소, 2019.

_____. 『성경의 원리 下』. 한국 신학연구소, 2019.

_____. 『요한계시록 신해』. 한국 신학연구소, 2019.

브라운, 레이몬드 E. 『메시아의 탄생』, 이옥용 옮김. CLC, 2014.

_____. 『메시아의 죽음 I』, 류호성·홍승민 옮김. CLC, 2018.

_____. 『메시아의 죽음 II』, 류호성·박민선 옮김. CLC, 2018.

브라이도티, 로지. 『포스트휴먼』, 이경란 옮김. 아카넷, 2015.

브라이트, 존. 『이스라엘의 역사』, 박문재 옮김. 크리스천 다이제스트, 1993.

그린, 브라이언. 『멀티 유니버스』, 박병철 옮김. 김영사, 2012.

徐敬德. 『花潭集』, 김학주 옮김. 대양서적, 1972.

서남동. 『轉換時代의 神學』. 韓國神學研究所, 1976.

_____. 『민중신학의 탐구』, 죽재서남동기념사업회 엮음. 동연, 2018.

서울대학교종교문제연구소. 『신화와 역사』. 서울대학교출판부, 2003.

서울대학교종교학과종교연구실 엮음. 『전환기의 한국 종교』. 집문당, 1986.

성균관대학교 대동문화연구원. 『崔文昌侯全集』. 아세아문화사, 1972.

성해영. 『수운(水雲) 최제우의 종교 체험과 신비주의』. 서울대학교 출판문화원, 2017.

소금 유동식 박사 고희 기념논문집 출판위원회. 『한국 종교와 한국 신학』. 한국 신
    학연구소, 1993.

宋恒龍. 『韓國道敎哲學史』. 성균관대, 1987.

_____. 『東洋哲學의 問題들』. 여강출판사, 1987.

송호수. 『韓民族의 뿌리사상』. 개천학술원, 1985.

스마트, 니니안. 『종교와 세계관』, 김윤성 옮김. 이학사, 2000.

스와미 사라다난다. 『차크라의 힘 —내 안에 잠든 근원적 에너지를 깨우는 명상법』,
    김재민 옮김. 판미동, 2016.

신용하. 『한국 원민족 형성과 역사적 전통』. 나남출판, 2005.

_____. 『고조선문명의 사회사』, 고조선문명총서 1. 지식산업사, 2018.

신은경. 『풍류 —동아시아 미학의 근원』. 보고사, 1999.

신채호. 『조선상고사』 上. 삼성미술문화재단, 1977.

심경호. 『김시습 평전』. 돌베개, 2003.

안동준, 『한국도교문화의 탐구』, 지식산업사, 2008.

안병무. 『예수 민중 민족』. 한국 신학연구소, 1992.

_____. 『민중신학을 말한다』, 안병무전집 2. 한길사, 1993.

양주동. 『古歌硏究』. 동국대학교 출판부, 1995.

오형근. 『佛敎의 靈魂과 輪回觀』. 불교사상사, 1978.

옥성득. 『다시 쓰는 초대 한국교회사』. 새물결플러스, 2016.

_____. 『한국 기독교 형성사』. 새물결플러스, 2020.

왕대일. 『기독교 경학(經學)과 한국인을 위한 성경해석』. 대한기독교서회, 2012.

우실하. 『3수 분화의 세계관』. 소나무, 2012.

_____. 『고조선문명의 기원과 요하 문명』. 지식산업사, 2018.

원광대학교 원불교사상연구원. 『근대 한국 개벽종교를 공공하다』. 모시는 사람들, 2018.

유동식. 『韓國宗敎와 基督敎』. 대한기독교서회, 1965.

_____. 『한국巫敎의 歷史와 構造』. 연세대학교출판부, 1975.

_____. 『風流神學으로의 旅路』. 전망사, 1988.

_____. 『풍류도와 韓國神學』. 1992.

_____. 『風流道와 한국의 종교사상』. 연세대학교출판부, 1997.

_____. 『풍류도와 예술신학』. 한들출판사, 2006.

_____. 『풍류도와 요한복음』. 한들출판사, 2007.

유동식전집간행위원회. 『소금 유동식 전집』. 한들출판사, 2009.

유동식 교수 상수 기념문집 편집위원회 엮음. 『풍류신학 백년』. 동연, 2022.

유초화 외. 『한국인의 생사관』. 태학사, 2008

윤노빈. 『新生哲學』. 학민사, 1989.

윤성범편집위원회. 『윤성범전집』. 감신, 1998.

윤승용. 『한국 신종교와 개벽사상』. 모시는 사람들, 2017.

_____. 『민족종교의 기본사상』. 한국민족종교협의회, 2019.

윤이흠. 『한국인의 종교관』. 서울대학교 출판부, 2001,

_____. 『강화도 첨성단과 개천대제』. 강화문화원, 2009.

_____. 『한국의 종교와 종교사』. 박문사, 2016.

이능화. 『朝鮮道敎史』, 이종은 옮김. 普成文化社, 1985.

_____. 『조선무속고』, 서대영 옮김. 창비, 2008.

이덕주.『한국 토착교회 형성사 연구』. 한국기독교역사연구소, 2000.

이만열.『한국기독교와 역사의식』. 지식산업사, 1981.

_____.『한국기독교수용사연구』. 두레 시대, 1998.

이복규.『부여 고구려 건국신화연구』. 집문당, 1998.

이선근.『화랑도연구』. 해동문화사, 1950.

李遠國.『내단』, 김낙필 외 옮김. 성균관대출판부, 2006.

이원규.『한국교회의 사회학적 연구』. 성서연구사, 1992.

_____.『종교사회학적 관점에서 본 한국교회의 위기와 희망』. KMC, 2010.

이용주.『주희의 문화이데올로기』. 이학사, 2003.

_____.『생명과 불사』. 이학사, 2009.

이원순.『한국천주교회사』. 탐구당, 1970.

이장식.『한국교회백년』. 한국기독교문화진흥원, 1987.

이정배.『한국 개신교 전위 토착신학 연구』. 대한기독교서회, 2003.

_____.『생명의 하느님과 한국적 생명신학』. 새길, 2004.

_____.『한국적 생명신학을 논하다』. 동연, 2016.

이정우.『 세계철학사 1』, 길, 2011.

_____.『 세계철학사 2』, 길, 2017; 2021.

이종은.『韓國詩歌上의 道教思想硏究』. 普成文化社, 1983.

이지영.『한국신화의 신격 유래에 관한 연구』. 태학사, 1995.

이진수.『한국 양생사상 연구』. 한양대학교, 1999.

이찬수.『한국 그리스도교 비평』. 이화여자대학교출판부, 2009.

_____.『유일신론의 종말, 이제는 범재신론이다』. 동연, 2014.

이춘희 편.『최문창후전집』. 성균관대학교 대동문화연구원, 1972

이학준.『한국교회, 패러다임을 바꿔야 산다』. 새물결플러스, 2014.

이호재.『흔 붉 변찬린—한국 종교사상가』, 문사철, 2017.

_____.『포스트종교운동』. 문사철, 2019.

이화선.『민중신학비판』. 성광문화사, 1989.

임재해.『고대에도 한류가 있었다』. 지식산업사, 2007.

_____.『고조선문명과 신시문화』. 지식산업사, 2018.

임채우.『한국의 신선』. 소명출판, 2018.

_____ 외.『단군학총서』, 전 4권. 덕주, 2019.

장병길.『한국고유 신앙연구』. 서울대학교 동아문화연구소, 1970.

장인성.『한국 고대 도교』. 서경문화사, 2017.

전택부.『한국에큐메니칼운동사』. 한국기독교교회협의회, 1979.

전호태.『중국 화상석과 고분벽화 연구』. 솔출판사, 2007.

정다운.『범부 김정설의 풍류사상』. 신인, 2010.

정재서.『不死의 신화와 사상』. 민음사, 1994.

_____.『한국도교의 기원과 역사』. 이화여자대학교출판부, 2006.

_____.『동아시아 상상력과 민족서사』. 이화여자대학교출판부, 2014.

_____.『산해경과 한국 문화』. 민음사, 2019,

정수복.『한국인의 문화적 문법』. 생각의 나무, 2007.

제임스, 윌리엄.『종교적 경험의 다양성』, 김재영 옮김. 한길사, 2000.

조성환.『한국 근대의 탄생』. 모시는 사람들, 2018.

조용기.『오중복음과 삼중축복』. 말씀사, 2008.

조흥윤.『한국巫의 세계』. 민족사, 1997.

_____.『巫와 민족문화』. 한국학술정보, 2004,

전남대학교 아시아문화원형연구사업단.『동아시아인의 통과의례와 생사의식』. 전
      남대학교출판부, 2010.

차옥숭.『한국인의 종교경험: 무교』. 서광사, 1997.

_____.『한국인의 종교경험: 천도교, 대종교』. 서광사, 2000.

_____.『한국인의 종교경험: 증산교, 원불교』. 서광사, 2003.

_____ 엮음.『기독교사자료집: 타종교 및 전통문화의 이해를 중심으로(권1-4)』.
      한국 종교사회연구소, 1993.

차주환.『韓國의 道敎思想』. 同和出版社, 1984.

최남선.『불함문화론』, 이주현 역. 우리역사연구재단, 2008.

최봉영.『한국문화의 성격』. 사계절, 1997.

최삼룡.『韓國文學과 道敎思想』. 새문사,1990.

최재목.『범부 김정설의 풍류·동학 그리고 동방학』. 지식과교양, 2018.

_____·정다운.『凡夫 金鼎卨 단편선』. 신인, 2009.

최종석.『불교의 종교학적 이해』. 민족사, 2017.

최종성.『동학의 테어프락시』. 민속원, 2009.

최준식.『한국 사자의 서』. 주류성, 2017.

최중현.『한국 메시아운동사 연구 1』. 생각하는 백성, 1999.

_____.『한국 메시아운동사 연구 2』. 생각하는 백성, 2009.

최창록.『한국도교문학사』. 국학자료원, 1997.

_____.『황정경 연구』, 태학사, 1998.

암스트롱, 카렌.『신의 역사 I —유대교 기독교 이슬람의 4000년간 유일신의 역사
      』, 배국원·유지황. 옮김. 동연, 1999.

_____.『신의 역사 II —유대교 기독교 이슬람의 4000년간 유일신의 역사』, 배국
　　　원·유지황. 옮김. 동연, 1999.

세이건, 칼.『코스모스』, 홍승수 옮김. 사이언스북스, 2006.

벨, 캐서린.『의례의 이해』. 류성민역. 한신대학교 출판부, 2007.

커즈와일, 레이.『특이점이 온다: 기술이 인간을 초월하는 순간』, 장시형·김명남
　　　역. 김영사, 2007.

큉, 한스.『그리스도교』, 이종한 옮김. 시와진실, 2002.

_____.『이슬람교』, 손성현 옮김. 시와진실, 2012.

_____.『유대교』, 이신건 외 옮김. 시와진실, 2015.

파드마삼바바.『티벳사자의 서』, 류시화 옮김. 정신 세계사, 1995.

후쿠야마, 프랜시스.『인간의 미래』, 송장화 옮김. 한국경제신문, 2003.

하라리, 유발.『호모 데우스』, 김명주 옮김. 김영사, 2017.

한국기독교교회협의회 신학연구위원회 편,『민중과 한국 신학』, 한국 신학연구소,
　　　1982.

한국기독교역사연구소.『한국 기독교의 역사』, I·II·III. 기독교문사, 1989·1990·
　　　2009.

한국문화신학회.『한국문화와 풍류신학』. 한들출판사, 2002.

_____.『한국 신학 이것이다』. 한들출판사, 2008.

_____.『대중문화와 영성』. 동연, 2021.

한국조직신학회.『교회론』. 대한기독교서회, 2009.

_____.『구원론』. 대한기독교서회, 2015.

한국 종교연구회.『한국 종교문화사 강의』. 청년사, 1998.

한국 종교학회.『해방 후 50년 한국 종교 연구사 』. 창, 1977.

_____.『죽음이란 무엇인가』. 창, 2009.

한국철학회 편.『한국철학사 (상)』. 동명사. 1987.

한승홍.『한국 신학사상의 흐름』, 전 2권. 장로회신학대학교출판부, 1996.

허호익.『단군신화와 기독교』. 대한기독교서회, 2003.

허호익.『야웨하나님 —성서의 앞선 신관의 신론적 이해』. 동연, 2014.

헤어브레히터, 슈테판.『포스트휴머니즘: 인간 이후의 인간에 관한 문화철학적 담
　　　론』, 김연순·김응준 옮김. 성균관대학교출판부, 2012.

외국 도서

陳國符.『道藏源流攷』. 古亭書屋, 1975.

戈國龍.『道教內丹学溯源』. 中央编译出版社, 2012.

傅勤家.『中國道教史』. 商務印書館, 1937.

卿希泰·詹石窗.『中國道教通史』, 全5卷. 人民出版社, 2020.

馬濟人.『道教與煉丹』. 文津出版社, 1997.

马西沙.『中国民间宗教史 (上·下)』. 中国社会科学出版社, 2017.

蕭登福.『扶桑太帝東王公信仰研究』. 新文豐出版有限公司, 2009.

王明.『抱朴子內篇校釋』. 中華書局, 1985.

張繼禹 主編.『中華道藏』. 華夏出版社, 2004.

酒井忠夫·福井文雅,『道教 1, 道教とわ何か』. 平河出版社, 1985.

三品彰英. 『新羅花郎の研究』. 三省堂, 1943.

池上良正.『言語』と身體』. 岩波書店, 2004.

Bell, Catherine M. *Ritual Theory, Ritual Practice.* Oxford University Press, 1992. Reprint, 2009.

Beyer, Peter. *Religions in Global Society.* Routledge, 2006.

Davis, James C. *Utopia and the Ideal Society: A Study of English Utopian Writing 1516-1700.* Cambridge University Press, 1983.

Eliade, Mircea. *The Sacred and the Profane: The Nature of Religion*, Translated by Willard R. Trask. Harcourt, 1959.

Fuller, Robert C. *Spiritual, But Not Religious: Understanding Unchurched America.* Oxford University Press, 2001.

Harvey, David. *The Condition of Postmodernity: An Enquiry Into the Origins of Cultural Change.* Blackwell, 1990.

Heelas, Paul, David Martin, & Paul Morris. eds. *Religion, Modernity, and Postmodernity.* Blackwell, 1998.

Held, David & Anthony McGrew. eds. *The Global Transformations Reader: An Introduction to the Globalization Debate*, 2nd ed. Polity Press, 2003.

Lechner, Frank J. *The Making of World Society*, 1st Edition. Wiley-Blackwell, 2009.

Lee, Jung Young. *An Emerging Theology in World Perspective: Commentary on Korean Minjung Theology.* Twenty Third Publications, 1988.

Lee, Won W. ed. *The Oxford Handbook of the Bible in Korea*, Oxford Handbooks. Oxford University Press, 2022.

Maspero, Henri. *Taoism and Chinese Religion*, Translated by F. A. Kierman, Jr. University of Massachusetts Press, 1981.

McGinn, Bernard. *The Flowering of Mysticism*, Presence of God: A History of Western Christian Mysticism, Vol 3. Herder & Herder, 1998.

_____. *The Foundations of Mysticism: Origins to the Fifth Century*, The Presence of God: A History of Western Christian Mysticism, Vol. 1. Herder & Herder, 2004.

Moon, Steve Sang Cheol. *Korean Missionary Movement: Dynamics and Trends, 1988-2013*. William Carey Library, 2016.

Robertson, Roland. *The Sociological Interpretation of Religion*. Schocken Books, 1970.

Schipper, Kristofer. *The Taoist Body*, Tran. by Karen C. Duval. University of California Press, 1993.

Seiwert, Hubert. *Popular Religious Movements and Heterodox Sects in Chinese History*. Brill, 2003.

Smart, Ninian. *Worldviews: Crosscultural Explorations of Human Beliefs*, 3rd ed. Scribner, 1999.

Ter Haar, Barend J. *The White Lotus Teachings in Chinese Religious History*. E.J. Brill, 1992.

Thumma, Scott & Dave Travis. *Beyond Megachurch Myths: What We Can Learn From America's Largest Churches*. Jossey-Bass, 2007.

Wallerstein, Immanuel. *The Modern World-System I: Capitalist Agriculture and the Origins of the European World-Economy in the Sixteenth Century*. Academic Press, 1974.

Wasson, Alfred W. *Church Growth in Korea*. International Missionary Council, 1934.

Yang, C. K. *Religion in Chinese Society: A Study of Contemporary Social Function of Religion and Some of Their Historical Factors*. Waveland Press, 1991[1961].

논문류

권문상. "4차 산업혁명 시대와 기독교 인간론: 인공지능을 이기는 공동체적 인간성."「조직신학연구」30 (2018).

권상우. "단군문화로의 회귀 ―檀君神話, 風流道, 巫俗의 세속화 전개과정을 중심으로."「민족문화논총」55 (2013).

공헌배. "한국 개신교회의 기복 신앙 연구."「한국학연구」76 (2021).

국민호. "귀신 신앙과 제사를 통해 살펴본 유교의 내세관."「사회와 이론」 77 (2005).

길희성. "한국 개신교 토착신학의 전개와 문제점들."「종교신학연구」 1 (1988).

김경재. "삼태극적 구조론의 의미."「한국문화신학회 논문집」 10 (2007).

金敬琢. "韓國原始宗教史: 하느님觀念發達史."『韓國文化史大系 VI 宗教‧哲學史』. 高麗大學校民族文化研究所, 1970.

김광식. "한국토착화신학의 형성사."「기독교사상」 390 (1991.6.).

_____. "샤마니즘과 風流神學."「신학논단」 21 (1993).

김낙필. "한국도교 연구의 주요 쟁점."「도교문화연구」 14 (2000).

_____. "최치원과 신선 사상."『고운 최치원의 철학‧종교사상』, 최치원연구총서 2. 고운국제교류사업회, 2010.

김상근. "[심포지엄: 민주화 20년, 비판과 전망] 한국 신학과 민주사회 정착과정, 1987~2007: 신학의 게토화, 침묵의 카르텔, 그리고 미국 기독교의 세계화 첨병."「시대와 민중신학」 10 (2008).

김상일. "한국의 풍류사상과 기독교를 선맥 사상으로 융합한 사상가의 복원."「교수신문」 (2017.12.18.), 6.

김성건. "메가시티와 메가처치: 한국의 사례."「신학과 선교」 44 (2014).

김성환. "양생의 맥락에서 본 도가와 도교 수양의 특징과 현대적 의의."「中國學報」 46 (2002).

_____. "한국 고대 仙教의 '빛'의 상징에 관한 연구 ―'붉'의 신화와 서사를 중심으로"(上‧下).「道教文化研究」 31 (2009)‧32 (2010)

김수청. "유교의 靈魂觀에 대한 분석적 고찰: 성리학을 중심으로."「한국민족문화」 25 (2005).

김승혜. "한국인의 하느님 개념 ―개념 정의와 三教 교섭의 관점에서."「종교신학연구」 9/1 (1995).

김열규. "한국무속 신앙과 민속."『한국무속의 종합적 고찰』, 민족문화연구총서 6. 고려대학교 민족문화연구소, 1982.

김영태. "미륵선화고."「불교학보」 3‧4합집 (1966).

김용구. "범부 김정설과 동방 르네상스."『한국사상과 시사』. 불교춘추사, 2002.

김용정. "불교의 生死觀과 해탈."「한국교수불자연합학회지」 13 (2007).

김용한. " 세계화 시대의 민족주의와 민족종교."「민족종교연구」 26 (2012).

김용해. "동학과 서학; 그리스도교와 천도교의 신관 비교."「동학학보」 6 (2003).

김일권. "道教의 宇宙論과 至高神 觀念의 交涉 研究."「종교연구」 18 (1999).

_____. "고려 시대의 다원적 至高神 관념과 그 의례사상사적 배경."「한국문화」 29 (2002).

김재숙. "성명쌍수: 도교의 수련과 진인의 경지." 「도교문화연구」 27 (2007).

김정은. "풍류신학을 통해 본 한국 토착화신학." 『第三千年期 韓國神學 進路 摸索』. 가톨릭출판사, 2000.

김중기. "한국교회의 성장과 그 요인분석." 『한국교회와 신학의 과제』, 한국기독교문화연구소 편. 연세대학교출판부, 1985.

김진호. "한국 개신교의 미국주의, 그 식민지적 무의식에 대하여." 「역사비평」 70 (2005 봄).

김탁. "증산교단사에 보이는 도교적 영향." 「道教文化研究」 24 (2006).

김태곤. "한국 무신의 계통." 「韓國文化人類學」 1 (1970).

김홍철. "甑山思想과 風流道." 「甑山思想研究」 18 (1992).

김흡영. "도(道)의 신학이란 03 —성서와 도의 신학." 「기독교사상」 751 (2021).

김홍수. "기독교는 한국 종교인가." 「종교와 문화」 3 (1997).

도광순. "풍류도와 신선 사상." 「도교학연구」 3/1 (1988).

도광순. "신라의 풍류도와 도교." 「도교학연구」 6, 1990.

도광순. "한국사상과 신선 사상(神仙思想)." 「도교학연구」 7/1 (1991).

도광순. "팔관회와 풍류도." 「도교학연구」 13 (1994).

류병덕. "흔붉사상의 본질과 전개." 「한국 종교」 22 (1978).

_____. "한국 종교 맥락에서 본 원불교 사상." 『문산 김삼룡박사 회갑기념논문집』. 원광대학출판부, 1985.

_____. "風流道와 彌勒思想." 「韓國宗教」 29 (2005).

류승국. "최치원의 동인의식에 관한 고찰." 『제4회 국제불교학술회의 논문집』. 대한전통 불교연구원, 1981

민영현. "한국 "선(仙)"과 증산(甑山)사상의 특징 및 그 도교성에 대해 —한국인의 생명사상을 중심으로." 「도교문화연구」 26 (2007).

선도문화연구원 편. 『한국선도의 역사와 문화』 국제평화대학원대학교출판부, 2006.

성해영. "수운(水雲 최제우(崔濟愚)) 종교 체험의 비교종교학적 고찰 —"체험-해석틀"의 상호관계를 중심으로." 「동학학보」 18 (2009).

심상태. "새 50주년을 위한 토착화신학 진로 모색." 「신학전망」 177 (2012).

_____. "The Korean Understanding of God." Catholic Theology and Thought 77 (2016).

심일섭. "韓國神學 形成史 序說 上." 「기독교사상」 174 (1972).

_____. "韓國神學 形成史 序說 中." 「기독교사상」 175 (1972).

_____. "韓國神學 形成史 序說 下." 「기독교사상」 180 (1973).

_____. "圓佛教와 三大事業 竝進教化." 「원불교사상과 종교문화」 16 (1993).

박광수. "소태산의 神明思想 -소태산의 샤마니즘과 민족종교에 나타난 의 비판적 수용."「원불교학」 2 (1997).

박미라. "삼국·고려 시대의 제천 의례와 문제."「선도문화」 8 (2010).

박봉배. "타협인가 변혁인가—토착화 과정에 대한 신학적 비판."「신학사상」 1 (1973).

박일준. "포스트-휴먼 시대의 신학."「신학과 세계」 85 (2016).

박정웅. "한국도교 교단성립의 실패와 그 원인."「도교문화연구」 42 (2015).

박종천. "한국 토착화신학의 모형 변화—誠의 신학에서 相生의 신학으로."「신학과 세계」 27 (1993).

_____. "상·제례의 한국적 전개와 유교 의례의 문화적 영향."「국학연구」 17 (2010).

_____. "풍류(風流)로 보는 한국 종교의 에토스."「민족문화연구」 88 (2020).

변찬린. "僊(仙)攷."「甑山思想研究」 5 (1979).

_____. "노스트라다무스의 豫言과 天地開闢."「甑山思想研究」 7 (1981).

_____. "무(巫)의 식성(食性)."「종교신문」 1982.4.14. (필명 玄黎民으로 발표)

_____. "聖經과 漢文."「종교신문」 1993.4.7. (필명 한박산으로 발표)

서영대, "한국의 제천 의례",『강화도 첨성단과 개천대제』, 강화문화원, 2009.

성해영. "수운(水雲 崔濟愚) 종교 체험의 비교종교학적 고찰: "체험-해석틀"의 상호관계를 중심으로."「동학학보」 18 (2009).

신광철. "기복주의."「역사비평」 47 (1999).

안동준. "광개토대왕 비문에 보이는 '西城山'의 도교적 함의."「고조선단군학」 30 (2014).

_____. "한국 도교의 죽음 의식."「洌上古典研究會」 54 (2016).

_____. "최치원과 오방사상."「고조선단군학」 37 (2017).

_____. "신선 사상 기원설에 대한 비판적 검토—'황제동도설'을 중심으로."「단군학연구」 43 (2020).

_____. "태을천존 신앙의 연원."『삼신·선·후천개벽』. 상생출판, 2021.

_____. "요동 반도 영성자 고분벽화의 신선 신앙."「단군학연구」 46 (2021).

양은용. "한국도교의 흐름과 신종교."「신종교연구」 10 (2004).

우실하. "동북공정의 최종판 요하 문명론."「단군학연구」 15 (2006).

윤승용. "한국 종교사에서 본 '한국적인 기독교'." <뉴스레터> 153 (2011).

_____. "한국"근대종교"의 탄생; 한국의 근대 신종교, 근대적 종교로서의 정착과 그 한계: 개벽사상을 중심으로."「종교문화비평」 22 (2012).

_____. "한국 신종교에 대한 종교사적 연구와 과제."「한국 종교」 36 (2013).

_____. "한국 신종교에 대한 종교사적 연구와 과제."『한국 신종교 지형과 문화』.

집문당, 2015.

_____. "민족종교의 기본사상."『한국 민족종교의 기본사상―단군, 개벽, 신명』. 한국민족종교협의회, 2019.

윤이흠. "샤머니즘과 韓國文化史."「샤머니즘연구」1 (1999).

_____. "한국 고대종교의 통합적 이해를 위한 연구―비단길 기마민족과의 관계를 중심으로."「철학사상」16 (2003).

_____. "천주교회는 한국 종교가 되어야 한다."「사목」100 (1985).

_____. "한국 종교사의 이해―고대에서 고려조까지."「종교와 문화」10 (2004).

이강오. "단군 신앙(총론1)―한국신흥종교 자료편 제2부."「전북대학교 논문집」10집 (1969).

이경란. "기술과학 시대의 포스트휴먼 담론들: '포스트-휴먼'개념을 중심으로."「기독교사상」712 (2018).

이길용. "기독교에서 바라본 동학."『대화를 넘어 서로 배움으로』. 맑은울림, 2004.

이길용. "수양론적 시각에서 바라본 동학의 신이해."『동서 종교의 만남과 그 미래』. 모시는 사람들, 2007.

이난수. "근대전환기 '風流'인식으로 본 한국사상의 원형 문제."「양명학」51 (2018).

이병학. "유대 묵시문학과 신약성서―에녹과 예수."「신학논단」19/2 (2012).

이성전. "율곡과 신선 사상."「도교문화연구」16 (2002).

이승호. "韓國仙道의 起源과 傳承."「도교문화연구」23 (2005).

이용범. "무속에 대한 근대 한국사회의 부정적 시각에 대한 고찰."「한국무속학」9 (2005).

이용주. "트랜스-/포스트휴머니즘에 대한 신학적-비판적 고찰: 신학적 인간론과의 비교를 중심으로."「한국기독교신학논총」114 (2019).

_____. "풍류도의 발견과 문화정통론 구상."『범부 김정설 연구논문 자료집』. 범부연구회, 2010.

이재헌. " 세계화 시대의 한국 민족주의와 민족종교; 한국 민족종교 민족주의 운동의 변화와 전개."「민족종교연구」26 (2012).

이정배. "유동식의 풍류적 영성과 한국 신학."『갈등 화해 축제와 문화신학』, 한국문화신학회 6집. 한들출판사, 2003.

이종관.『포스트휴먼이 온다: 인공지능과 인간의 미래에 대한 철학적 성찰』. 사월의책, 2017.

이종성. "근대와 만난 한국의 도교―이능화『조선도교사』의 기본입장을 중심으로."「동서철학연구」58 (2010.12).

이종익. "한·밝思想考."『東方思想論叢―李鍾益博士學位論文叢書』. 寶蓮閣,

1998.

이진구. "신사참배에 관한 조선기독교계의 대응양상연구─신념 체계 분석을 중심으로."「宗教學研究」7 (1988).

_____. "단군상 논쟁을 통해 본 신화와 역사 담론."『신화와 역사』. 서울대학교출판부, 2003.

_____. "현대개신교와 종교 권력."『현대사회에서 종교 권력, 무엇이문제인가』, 한국기독자교수협의회·한국교수불자연합회 편. 동연, 2008.

_____. "샤마니즘을 보는 개신교의 시선."「기독교사상」698 (2017).

이창익. "인간이 된 기계가 된 신: 종교, 인공지능, 포스트휴머니즘."「종교문화비평」31 (2017).

이희재. "초례(醮禮)의 종교적 의미."「종교교육학연구」12 (2001).

임채우. "한국 선도와 한국도교."「도교문화연구」29, 2008.

임채우, "한국선도의 기원과 근거 문제."「도교문화연구」34 (2011).

장윤재. "포스트휴먼 시대에 종교를 말하다."「기독교사상」712 (2018).

정경희. "韓國仙道와 '檀君'."「도교문화연구」30 (2009).

_____. "한국선도 수행으로 바라본 중국도교의 내단(內丹) 수행."「선도문화」13 (2012).

_____."백두산 서편의 제천유적과 B.C.4000년~A.D.600년경 요동요서 한반도의 환호를 두른 구릉성 제천시설에 나타난 맥족의 선도제천문화권."「단군학연구」40 (2019).

정재서. "동이계 신화의 도교에서의 전유."「중국어문학지」41 (2012).

정진홍. "기독교와 무속."「기독교사상」456 (1996).

조성환. "도교의 형성과 성인의 탄생: 생사관의 변화를 중심으로."「생명연구」22 (2011).

차선근. "대순진리회의 개벽과 지상선경."「신종교연구」29 (2013).

차옥숭. "수운의 사상에 나타난 동서 교섭의 양태─신 이해를 중심으로."「동학학보」21 (2011).

차주환. "韓國 道敎의 共同體觀."「도교문화연구」11 (1997).

_____. "도교에서의 죽음의 의미."「도교문화연구」12 (1998).

_____. "韓國神仙思想의 始原."「민족문화」26 (2003).

최수빈. "도교의 신비주의적 수행과 명상에 대한 일고찰."「종교연구」39 (2005).

_____., "『上淸大洞眞經』을 중심으로 본 도교의 인간관."「인간연구」11 (2006).

_____. "도성(道性)관념을 중심으로 살펴본 도교의 구원관."「도교문화연구」30 (2009).

_____. "도교에서 바라보는 저 세상." 「도교문화연구」 41 (2014).

최영성. "최치원의 도교사상 연구." 「한국철학논집」 4 (1995).

_____. "고운 (孤雲) 최치원의 삼교관과 그 특질." 「한국사상과 문화」 1 (1998).

_____. "최치원의 풍류사상 이해와 그 기반." 「한국철학논집」 40 (2014).

최윤식. "우리 겨레의 하느님 신앙." 「국학연구」 7 (2002).

최종성. "東學의 신학과 인간학." 「종교연구」 44 (2006).

최준식. "한국의 종교적 입장에서 바라 본 기독교 토착화신학." 「신학사상」 82 (1993).

_____. "한국인의 신관―기독교의 신관과의 비교를 중심으로." 「종교신학연구」 8 (1995).

최진석. "도교의 생사관." 「철학연구」 75 (2006).

허호익. "단군신화의 그리스도교 신학적 이해." 『단군신화와 그리스도교』. 대한기독교서회, 2003.

_____. "해월 최시형의 삼경론의 삼태극적 구조와 천지인 신관." 「한국기독교신학논총」 28 (2003).

_____. "한중일 신관 비교를 통해 본 환인 하느님 신관과 한국기독교." 「단군학연구」 13 (2005).

_____. "최치원의 「난랑비서」의 해석의 여러 쟁점: 풍류의 현묘지도(玄妙之道)와 천지인 묘합의 삼재지도(三才之道)." 「한국조직신학논총」 31 (2011).

한승훈. "조선후기 변란의 종교사 연구: 추국 자료로 본 반란과 혁세 종교." 서울대학교 박사논문, 2019.

한자경. "동학의 이상사회론―동학의 종교성과 혁명성을 중심으로", 「철학사상」 17 (2003).

_____. "동학의 종교성 유학에서 서학, 무교, 불교를 거쳐 동학으로." 「동학연구」 16 (2004).

홍범초. "근대 한국민족종교와 한국 고유사상―천도교 증산교 대종교회의 하나님 사상을 중심으로." 「단군학연구」 4 (2001).

황수영. "한국 고유사상의 특징―단군신화와 풍류도를 중심으로." 「韓國思想과 文化」 79 (2015).

Segal, Robert A. "The Invention of World Religions; or, How European Universalism Was Preserved in the Language of Pluralism." *Journal of Religion* 87/1 (Jan 2007).

사전류

한국민족종교협의회.『한국민족종교문화대사전』. 한국민족종교협의회, 2020.

김현식.『한국문화상징사전』. 동아출판사, 1992.

中國道敎協會.『道敎大辭典』. 華夏出版社, 1994.

李遠國 編著.『中國道敎氣功養生大全』. 四川辭書出版社, 1991.

坂出祥伸.『道敎の大事典』. 新人物往來社, 1994.

Eliade, Mircea. ed. *The Encyclopedia of Religion*, 16 vols. Macmillan, 1987.

Metzger, Bruce M. & Michael D. Coogan. eds. *The Oxford companion to the Bible*. Oxford University Press, 1994.

Pregadia, Fabrizio. ed. *The Encyclopedia of Taoism*, I, II. Routledge, 2008.

신학주석

류형기편.『성서주해』, 전 4권. 그리스도교문화원, 1973.

바르트, 칼.『로마서 강요』, 조남홍 역. 한들출판사, 1973

박윤선.『성경주석』, 전 36권. 영음사, 1964~1987.

박형룡.『朴亨龍博士著作全集』, 전 20권. 韓國基督敎敎育硏究院, 1988.

오든, 토마스 C.『교부들의 성경주해』, 전 30권. 분도출판사, 2008.

이상근,『신약성서주해』, 전 12권. 대한예수교장로회, 1961~1981.

이종성.『이종성 저작전집』. 한국그리스도교학술원, 2001.

칼뱅, J.『칼빈聖書注釋』, 전 40권. 성서교재간행사, 1990.

폰 라트, G.『國際聖書注釋』. 신학연구소, 1981.

DB류

동양고전종합DB http://db.cyberseodang.or.kr

조선왕조실록 http://sillok.history.go.kr

한국가사문학관 http://www.gasa.go.kr

한국고전종합DB https://db.itkc.or.kr

한국민족문화대백과사전 http://encykorea.aks.ac.kr

이 책을 구성한 저본

발표한 논문류

"변찬린의 '새 교회'론 연구." 「신종교연구」 31 (2014).

"함석헌의 '새 종교'론의 의미와 남겨진 과제." 「종교문화연구」 24 (2015).

"변찬린의 풍류사상에 대한 종교적 이해—풍류 도맥론(風流道脈論)의 영성(靈聖) 담론의 가능성을 위한 시론." 「한국 종교」 45 (2019).

"한국 전통종교(在來宗敎)의 '구원'관." 「신학과 교회」 10 (2018).

"잃어버린 하늘 신앙의 흔붉신명을 찾아서". 『민족종교의 기본사상』. 한국민족종 교협의회, 2019.

"한국의 신관을 찾아서—신들의 전쟁: 하늘님 신명(神名)논쟁." 「다시 개벽」 2 (2021).

"'포스트종교운동'을 전개하자." 「씨올의 소리」 257 (2018년 9, 10월호).

「에큐메니안」 장기연재

"새 축 시대의 장을 연 한밝 변찬린." 2020.01.21.

"풍류신학에 '풍류'는 있는가?" 2020.02.04.

"선(僊)이란 무엇인가?" 2020.02.18.

"선교 신학으로서의 토착화신학은 토착될 수 없다." 2020.03.03.

"새 축 시대: 축 시대의 '원시반본'(原始反本)의 문명." 2020.03.17.

"누가 빛 맛을 보았는가?" 2020.03.31.

〈내 머릿골을 가르고 천둥 번개가 지나갔다〉, 2020.04.14.

〈성경은 대도(大道)의 문서이다〉, 2020.04.28.

〈풍류학파를 결성하여 종교·신학한류를 시작하자〉, 2020.05.12.

"부호만 보고 역사를 찾지 않고, 역사만 찾고 부호를 보지 못한다." 2020.05.26.

"건괘(乾卦)로 본 예수 소전(小傳)(상)." 2020.06.09.

"건괘(乾卦)로 본 예수 소전(小傳)(하)." 2020.06.23.

"주문(呪文): 주기도문과 성서로 본 시천주." 2020.07.07.

"영원의 구도자는 스스로 '권위'가 된다." 2020.07.21.

"단군신화와 성서의 창세기는 서로 만나야 한다." 2020.08.04

"한밝 변찬린, 단군신화의 상징을 풀다." 2020.08.18.

"선맥(僊脈) 르네상스: 빛은 동방으로부터." 2020.09.01.

"풍류 담론을 넘어 풍류선맥(僊/仙脈)정통론으로." 2020.09.15.

"풍류체란 무엇인가? 창조적 진화의 완성체." 2020.09.29.

"풍류심(風流心)이란 무엇인가?" 2020.10.13.

"풍류객의 주인공은 누구인가?" 2020.10.27.

"인터뷰: 성서학자가 말하는 한밝 변찬린과 『성경의 원리』." 2020.11.10.

"성경은 구도의 문서이다." 2020.11.24.

"성경은 특정 종교의 전용문서가 아니다." 2020.12.08.

"성경은 기독교가 아니다." 2020.12.22.

"성경인간론 = '성경 즉 인간'." 2021.01.05

"인터뷰: 한국 신학과 세계신학의 나가야 할 길을 말한다." 2021.01.19.

"성경우주론, '성경 즉 우주'." 2021.02.02

"인터뷰: 예수로 만족하고 살게." 2021.02.16.

"창조론과 진화론의 담론전쟁." 2021.03.02.

"선맥(僊脈)우주와 선맥(仙脈)우주." 2021.03.16.

"변화 우주와 부활 우주." 2021.03.30.

"성경은 일상 세계에서 작동되고 있는가?" 2021.04.13

"가상인터뷰: 한밝 변찬린, 성서적 '이단'을 말하다." 2021.04.27.

"가상인터뷰: 한밝 변찬린, 기독교의 '왜곡된' 신앙을 말한다." 2021.05.11.

"가상인터뷰: 한밝 변찬린, 역사의 '사이비'종교를 말했다." 2021.05.25.

"인터뷰: 『한국민족종교문화대사전』 말한다." 2022.03.17.

「뉴스엔조이」 특별 기고

"한국은 제2의 종교개혁의 시발점이 될 수는 없는가?" 「(미주)뉴스앤조이」 2017.08.24.

"한국의 이단 기독교와 기독교 이단, 그리고 하나님의 말·씀." 2019.09.09.

"한국교회에는 올바른 교회론이 있는가? 건물 교회에서 인격 교회, 인격 공동체로." 2019.11.05.

"한국교회는 새로 시작하여야 한다." 2020.11.02.

찾아보기

인명

개념 사건 지명 등

선맥과 풍류해석학으로 본
한국 종교와 한국교회

2022년 10월 20일 처음 펴냄

지은이   이호재
펴낸이   김영호
펴낸곳   도서출판 동연
등 록   제1-1383호(1992. 6. 12.)
주 소   서울시 마포구 월드컵로 163-3
전 화   (02)335-2630
전 송   (02)335-2640
이메일   yh4321@gmail.com

ISBN 978-89-6447-828-8 93200